HOMMAGE A HENRI JOLY

UNIVERSITE
SCIENCES
SOCIALES
GRENOBLE

## Préface

J.C. PARIENTE
F. LÉTOUBLON
R. PIETRA

## Travaux

P. BOURDIEU
M. BROC-LAPEYRE
J. BRUNSCHWIG
B. CASSIN
C. CHIESA
L. COULOUBARITSIS
E. DEBARBIEUX
J. DERRIDA
M. DIXSAUT
P. ENGEL
C. FEUVRIER-PREVOTAT
G. GRANGER
F. HEIDSIECK
C. IMBERT
S. IMHOOF
C. KAHN
A. KELESSIDOU
P. LACOUE-LABARTHE
J. LARGEAULT
F. LÉTOUBLON
L. MARIN
R. PIETRA

J.F. DE RAYMOND
D. SAINTE-ROSE
M. SCHAUB
A. TORDESILLAS
J. VUILLEMIN

... Et le témoignage d'anciens étudiants.

*A la mémoire d'Henri Joly*

(1927-1988)

# AVANT-PROPOS

*Jean-Claude PARIENTE*
*Université de Clermont-Ferrand*

Il est peu d'événements qui puissent, autant que la disparition d'Henri Joly, donner le sentiment de la force aveugle du sort.

Il m'avait dit au téléphone, quelques jours seulement avant le 22 août 1988, qu'il resterait à Venon pour y poursuivre la rédaction d'articles en cours, et qu'il renonçait à aller en Corse cet été là. Il m'avait parlé de ses projets d'avenir qui étaient des projets de travail. Nous avions parlé très longtemps, beaucoup plus longtemps que d'habitude, faisant ensemble ce que je dois appeler aujourd'hui un bilan, mais qui était alors un point d'où aller vers une suite. J'étais heureux de lui trouver une sorte de dynamisme, et ce qui pouvait chez lui tenir lieu d'optimisme, oui, une résolution, comme une tension vers le futur, comme la conquête d'un espoir.

Deux ou trois jours après cette conversation, il a descendu la vallée du Rhône, il a franchi la mer, il est allé à la rencontre de la mort.

Je ne dis pas de sa mort, au sens où un texte qui avait longtemps obsédé Henri parle de la mort propre à chacun de nous, de la mort qui se fomente pour chacun dans sa vie. Je ne crois pas que la mort qui a été la sienne ait été sa mort. Il a été pris pour un autre et personne ne peut dire pour qui. C'est ce qui rend sa disparition insupportable.

Nous nous étions connu au lycée Louis le Grand, en 1949-1950. Nous n'étions pas dans la même khâgne, mais l'enseignement d'allemand était commun. Il faisait partie d'un groupe d'amis, venus, comme lui, de Lyon. Je venais d'Alger. Les distances étaient grandes entre nous. Mais, au cours d'allemand, nous nous sommes trouvés assis l'un à côté de l'autre. Pendant plusieurs mois, nous ne nous sommes rien dit. Il n'était pas liant et le manifestait avec quelque provocation. Il m'a intrigué, je crois que je l'ai amusé. Finalement, nous nous sommes mis à parler, et nous n'avons plus cessé même quand la vie nous eut séparés, si du moins c'est ne pas cesser de parler que de pouvoir à la prochaine rencontre reprendre sans détour ni précaution l'entretien au point où on l'avait laissé.

Le monde entrait dans la guerre froide, à peine sorti de la guerre mondiale. Je n'ai su que plus tard quelle marque affreuse celle-ci avait laissée sur Henri. J'ai alors mieux compris pourquoi il était si sombre dans ces années, pourquoi il les vivait dans le tragique. Il a fallu qu'il réussisse à intégrer la pensée de l'histoire dans sa réflexion sur la pensée grecque pour surmonter son propre rapport à l'histoire et prendre avec elle la distance sans laquelle on ne peut pas vivre une vie personnelle. Son mariage, la naissance de ses enfants lui ont aussi appris cela : que l'histoire n'est pas la seule dimension de l'homme.

Il a longtemps et durement cherché la formule intellectuelle qui lui permettrait d'exprimer ce qu'il apprenait ainsi, et d'autres que moi diront ce qu'il a par là apporté aux études sur la philosophie antique : je ne puis que témoigner, et moins sur lui que sur ce que j'ai su de lui, mais il était aussi ce qu'il me donnait à voir, même s'il n'était pas seulement cela. A cette époque donc, la musique seule lui permettait de se retrouver, mais, dès son mémoire de maîtrise – c'était alors le Diplôme d'Études Supérieures –, il avait entrepris la recherche dont j'ai parlé, et je suis bien loin de penser qu'elle s'était achevée avec sa thèse. Il entrevoyait ces derniers temps d'autres horizons et il voulait les explorer. Il devait vivre. Ce qui est sûr, c'est qu'il a réussi à être un spécialiste reconnu des études antiques, et notamment platoniciennes, sans se vouloir uniquement tel. Il investissait dans son domaine de recherche tout ce que lui apportaient une curiosité philosophique d'une ouverture sans cesse en éveil, mais aussi ses engagements dans des entreprises très diverses au nombre desquelles le théâtre a, les dernières années, beaucoup compté pour lui. Il faisait partie de ceux dont l'œuvre ne s'élabore pas à l'abri du monde, mais au contact avec lui. C'est ce qui le rendait si accueillant notamment aux chercheurs plus jeunes que lui, auxquels il était reconnaissant du renouvellement de perspectives dont ils étaient porteurs. C'est aussi l'une des raisons qui lui rendaient si cher le Groupe de recherches sur la philosophie et le langage qu'il avait créé à l'université de Grenoble II et pour lequel il avait obtenu la reconnaissance du CNRS. C'est enfin ce qui faisait qu'il avait choisi de donner pendant plusieurs années un enseignement à l'Université de Genève, où il rencontrait d'autres traditions de recherche qu'en France, et où il s'était de plus réjoui de trouver pour son travail un cadre qui lui paraissait régi par des normes académiques, au lieu d'être devenu un simple enjeu de conflits politiques.

Henri Joly a été de ceux qui sont l'honneur de l'université. Sur ce terrain aussi, il s'est souvent engagé pour soutenir, en les faisant fonctionner du mieux qu'il pouvait, les institutions auxquelles il croyait. Siégeant dans les conseils, participant aux jurys du Concours d'entrée à l'École Normale Supérieure ou de l'Agrégation de Philosophie, il a donné son temps, son intelligence, son énergie. Il avait acquis le droit à la sérénité et à la maturation de ses prochains travaux, quand la mer s'est jetée sur lui, coupant à jamais sa voix basse et grave, rendant vaine la force de ses mains.

C'est ce qu'il y a d'intolérable dans sa fin qui faisait que tous ceux qui étaient autour des siens le 1er Septembre 1988, face à ces montagnes qu'il avait tant aimées, avaient froid sous le soleil de Venon, et qu'ils étaient seuls au milieu de la foule comme le pauvre corps de celui pour qui ils écoutaient souverainement s'élever la musique.

*

*   *

*Françoise LÉTOUBLON*
*Université Stendhal – Grenoble III*

Henri Joly entra à l'École Normale Supérieure (rue d'Ulm) en 1950. Il fut reçu à l'Agrégation de Philosophie en 1957, et commença à enseigner la philosophie aux lycées de Saint-Gaudens, de Bordeaux et de Chambéry. Il fut nommé assistant à la Faculté des Lettres de Clermont-Ferrand à la rentrée 1959, puis maître-assistant à l'Université de Grenoble en 1965. Il soutint en 1972 sa thèse d'État sur Platon, qu'il publia en 1974 sous le titre : *Le renversement platonicien. Logos, Épistémé, Polis* (Paris, Vrin). Il fut nommé Professeur à l'Université de Grenoble en 1980, puis en 1983 Professeur extraordinaire de Philosophie antique à l'Université de Genève. Henri Joly a disparu le 22 août 1988, en pleine force de l'âge et dans une période de productivité intellectuelle intense, dans un accident de pêche en Corse.

Ces indications rendent compte de ce qu'on appelle une « carrière », mais non de la chaleur humaine et de l'attraction qu'exerçait l'homme, dans son métier autant que dans la vie. Partout où il est passé, des monts du Lyonnais au lycée Ampère, à l'École Normale et dans le Sud-Ouest, à Clermont-Ferrand, à Grenoble et à Venon, ou dans cette Corse qu'il aimait tant, il a noué des amitiés solides, avec les meilleurs spécialistes contemporains de la philosophie et de ses alentours, comme avec des gens de tout milieu : capable de rester longtemps dans la solitude et le dialogue intérieur, il l'était aussi de s'adapter à toutes les situations et toutes les communautés.

Voici retracés brièvement le cheminement du professeur et du chercheur, et l'on trouvera plus loin sa bibliographie. De l'un et de l'autre, les Cahiers n° 10 et 11, encore sous le coup de l'émotion, ont tenté de parler. Nous souhaitons ici insister sur ce que furent sa recherche et son rôle dans le Groupe de recherche Philosophie et Langage, dont ce volume constitue le Cahier n° 12.

Henri Joly avait su regrouper autour de lui quelques collègues dans un séminaire dont l'activité d'abord informelle déboucha sur la publication en 1981 du *Cahier* n° 1, pour lequel Henri Joly choisit le dauphin d'une mosaïque de Délos qui devint ensuite l'emblème du groupe. Il sut alors donner au groupe une nouvelle dynamique, qui se traduisit par la reconnaissance du Groupe de Recherche par le Centre National de la Recherche scientifique, d'abord comme « Jeune

Équipe », puis comme Équipe de Recherche associée, U.A. 1230. Le contrat quadriennal du CNRS arrivait à échéance en novembre 1989 : la confiance qui a été renouvelée à l'équipe par la Commission de Philosophie et par le Directoire, après le décès de son directeur, témoigne de l'importance de l'œuvre d'Henri Joly et de la volonté que nous avons tous, à Grenoble et à Paris, de la continuer dans une fidélité respectueuse de ses thèmes de recherche, les contacts entre philosophie et langage, et dans l'attachement à l'Antiquité qui étaient sa marque.

Spécialiste de la philosophie platonicienne – et faut-il le préciser excellent helléniste – Henri Joly fit profiter le Groupe de sa science et de sa recherche en cours dans ce domaine dès le *Cahier* nº 1 où il s'interrogeait sur la relation entre la rationalité et la pensée mythique grecques. En 1985, il organisa à Grenoble un Colloque sur la Philosophie du langage et la Grammaire dans l'Antiquité : tous les participants furent sensibles à son accueil chaleureux et à la manière dont il savait établir la communication entre les spécialistes des deux domaines, que plusieurs avaient tendance à croire étrangers l'un à l'autre. Ce Colloque donna lieu à un *Cahier* double (nº 6-7, 1987, publié en co-édition avec Ousia, Bruxelles), et au moment de la rédaction, Henri ne voulut laisser à personne le soin de rédiger l'Avant-propos, alors qu'il donnait déjà à ce volume un gros article sur le statut des « lettres » chez un Platon, situé « entre le maître d'école et le fabricant de mots ». Sa dernière conférence à Grenoble fut prononcée en juin 1988, dans le cadre de nos recherches collectives sur la métaphore. Publiée de manière posthume dans le *Cahier* nº 9, elle part d'une analyse philologique du terme *philosophia* (grâce au *Dictionnaire étymologique* de Pierre Chantraine, un des ouvrages fétiches d'Henri), pour réfléchir sur le sens de ce syntagme étrange : l'« amour de la sagesse », définissant d'emblée la discipline comme métaphore. L'histoire de la philosophie, de Platon à Heidegger, vient brillamment compléter l'analyse critique du langage, étayant la conclusion :

> « Du même coup, la philosophie n'est pas seulement cette composition d'amour et de savoir, surgie dans le langage et dans les textes grecs, à une certaine époque sur laquelle Platon a imposé sa marque. La philosophie, c'est aussi une direction de vie qui peut être analysée selon différentes perspectives (...). Mais quelle que soit la perspective adoptée, dans les trois cas, la philosophie du langage cède la place à une philosophie de la vie, la vie devient l'objet d'une conversion protreptique, qui peut aller jusqu'au renversement et à l'interversion de la vie et de la mort » (p. 27).

Cette idée semblait habiter Henri Joly qui la reprend dans son dernier article des *Cahiers,* renvoyant à cette citation d'Euripide par Platon (*Gorgias,* 492e) :

> « Et qui sait si vivre, ce n'est pas être complètement mort
> Et si être complètement mort, ce n'est pas vivre ? ».

Henri se dirigeait avec sûreté et élégance dans les textex grecs – littéraires autant que philosophiques – mais n'a jamais voulu limiter les chercheurs de l'Équipe à ce domaine, ni s'y limiter lui-même : ses articles pour les *Cahiers* le montrent encore amplement, même en dehors du dernier article qui embrasse toute l'histoire de la philosophie : en 1983, il réfléchissait dans le *Cahier* n° 3 sur Kant et Hegel devant le mouvement des lumières, trouvant encore une fois un de ses si beaux titres : « La philosophie entre le clair et l'obscur ». Et en 1987, pour le *Cahier* n° 8, il trouvait le moyen de réfléchir sur l'un de nos philosophes contemporains majeurs, qui était aussi son ami, Michel Foucault, tout en restant dans le domaine grec : « Retour aux Grecs. Réflexions sur les « *pratiques de soi* de Michel Foucault », article qu'il terminait sur l'insolence de la mort qui sépare les amis et interrompt le dialogue :

> « Ce sont des questions philosophiques que j'aurais aimé poser à l'ami de toujours, mais voici que M. Foucault, en se séparant de ses livres, s'est aussi séparé de nous et n'est plus là pour nous répondre ».

*

*   *

*Régine PIETRA*
*Université de Grenoble II*

Quand, en 1981, un petit nombre d'entre nous avons publié le premier numéro de nos *Cahiers* (nous en avions, à Venon, fêté la parution), contents de voir aboutir les efforts de ce groupe de recherches constitué deux ans auparavant par Henri Joly, nous ne pouvions imaginer qu'il nous serait donné de présenter, quelques années plus tard, un numéro d'hommage à la mémoire de celui qui avait su, en stimulant nos énergies et en coordonnant nos différents travaux, donner une vitalité assez exceptionnelle à la recherche philosophique à Grenoble. Henri Joly, la plupart de nos lecteurs le savent, a disparu accidentellement à la fin du mois d'août 1988, au Cap Corse, emporté par une mer devant laquelle il aimait passer chaque année les quelques rares jours de vacances qu'il s'octroyait.

Grâce à Henri, à ces anciennes et fidèles amitiés, notre groupe de recherches, qui deviendra une URA du CNRS, avait pu accueillir à Grenoble la plupart des philosophes qui, dans notre hexagone et quelquefois bien au-delà, ont marqué la philosophie des trente dernières années. Aussi, lorsqu'au lendemain de sa mort, nous avons décidé de lui consacrer un nos *Cahiers*, nous n'avons pas hésité à faire appel à chacun d'entre eux, afin que, à travers leur réflexion philosophique, ils rendent à l'ami disparu le seul hommage digne de lui. Tous ceux qui l'ont pu – ils sont nombreux – ont répondu à notre demande. Qu'il me soit permis de leur exprimer toute ma reconnaissance. A eux se sont joints les membres de notre équipe grenobloise, que la mort d'Henri laissent si douloureusement démunis, mais qui se sont promis de continuer à travailler (Henri n'aurait pas compris qu'il en fût autrement) dans la voie, celle de la philosophie et du langage, qu'Henri avait ouverte.

Certains de ceux que nous avions sollicités nous ont confié qu'ils auraient aimé parler de l'homme et de l'ami philosophe. Pour s'y être essayé et avoir reculé devant la difficulté de la tâche, ils ont choisi de se taire et ne figurent donc pas parmi les contributions de ce volume. Bien que je l'aie comprise, j'ai quelquefois regretté cette trop grande réserve, et ce n'est pas, je crois, y contredire que de citer ces quelques lignes d'une lettre où parlant du « *Renversement platonicien,* qui n'est pas un commentaire de Platon mais Platon même aujourd'hui », cet ami d'Henri ajoute : « On y retrouve le bleu regard d'Henri Joly, ses yeux tour à tour si exacts et songeurs, moqueurs ou anxieux, qui ne cessent de scruter ou de rêver ». Qu'il me pardonne de n'avoir pas voulu passer sous silence cette évocation si éloquente de la présence d'Henri : elle m'a semblé pouvoir faire écho en chacun de nous...

D'une façon qui n'est paradoxale qu'en apparence, ce sont les étudiants d'Henri Joly – tous enseignants de philosophie dans l'Isère : ils transmettent le flambeau qu'Henri leur a passé – qui nous offrent de l'homme un portrait vivant, partiel certes, mais sur bien des points ressemblant. Sans doute avaient-ils ce recul que donne le respect. Je remercie bien sincèrement ceux qui ont bien voulu me communiquer ces courts textes sur Henri professeur. Sans eux une dimension importante de la tâche qu'Henri s'était assignée aurait manqué à notre hommage.

Que soient ici aussi vivement remerciés le CNRS et l'Université de Grenoble II qui ont souhaité donner à cette publication une présentation digne de celui qu'elle veut honorer. Aujourd'hui comme hier, dans les salles de l'Université de Grenoble II, la présence d'Henri demeure et il arrive à ses collègues du département de philosophie d'évoquer ces rencontres dans les couloirs, à la sortie d'un cours, rencontres furtives, jamais banales. Loin des politesses convenues, la cordialité courtoise et attentive d'Henri suscitait le meilleur de celui qu'il abordait. Certains de mes collègues, alors assistants et maîtres assistants, en mal de thèse, se souviennent avec moi de cette sorte d'embarras mais aussi sans doute de stimulation où les plongeait, à peine la poignée de main échangée, l'interrogation d'Henri : « Où en sont vos recherches ? ». Puisse ce volume et ceux qui suivront répondre aux exigences d'une telle question !

Les divers articles de cet ouvrage sont de longueur variable. Nous avions laissé aux participants toute liberté en leur indiquant cependant un optimum d'une quinzaine de pages. Cette inégalité quantitative ne nous semble pas gênante : elle scande la lecture en temporalités hétérogènes dont le choix est laissé à notre guise.

*

* *

# BIBLIOGRAPHIE D'HENRI JOLY

*Ouvrages parus :*

- *Le renversement platonicien. Logos, Épistémé, Polis,* Paris, J. Vrin, 1974, deuxième éd., 1980.
- E. Panofsky, *Idea. Contribution à l'histoire du concept de l'ancienne théorie de l'art,* traduction de l'allemand par Henri Joly, Paris, Gallimard, coll. Idées, 1983.
- E. Panofsky, *Idea,* Paris, Gallimard, coll. Tel, 1989, réédition de la même traduction avec une préface de Jean Molino.
- *Philosophie du langage et grammaire dans l'Antiquité. Actes du Colloque de Grenoble,* Cahiers de Philosophie ancienne, 5 et Philosophie et langage, Cahier n° 6-7, Bruxelles-Grenoble (Ousia-Université de Grenoble II), 1986.
- En collaboration avec Jean Sgard : *Condillac et les problèmes du langage,* Genève-Paris, Slatkine, 1982.

*Conférences, communications à des Colloques :*

- « La chrématistique. Recherches sur la théorie aristotélicienne des richesses », Colloque Aristote de Besançon, avril 1977.
- « La maison d'Aristote », Congrès de Chios, septembre 1977.
- « Sur quelques problèmes d'esthétique théâtrale chez Aristote et Brecht », Thessalonique, août 1978.
- « États du mythe grec et étapes de la rationalité », Congrès franco-allemand de philosophie de Porquerolles, septembre 1979 (article paru en allemand dans les Actes du colloque, en français dans le Cahier *Recherches sur la Philosophie et le Langage,* n° 1).
- « Pour une petite polysémie de l'idole grecque », XVIIIe Congrès de l'Association des Sociétés de Philosophie de langue française, La représentation, Strasbourg, 1980.
- « Poièsis et mimesis chez Platon et Aristote », IXth International Congress of Aesthetics, Dubrovnic, 25-31 août 1980.
- Coorganisation du Colloque « Condillac et les problèmes du langage » à Grenoble, 3-11 octobre 1980 et communication sur « Condillac et la critique de l'âge de raison ».

- « Kant et Hegel devant l'Aufklärung », Congrès international sur les Lumières, Halle (RDA), octobre 1981.
- « Homérologie et sémiologie », Séminaire du Centre de Recherche sur la pensée antique Léon Robin, UA 107 du CNRS, 1982.
- « Sur quelques significations ontologiques et épistémologiques de l'*eidôlon* démocritéen », Ist International Congress on Democritus, Xanthi, 6-9 octobre 1983.
- « Les mots et les choses d'Homère à Platon », Second International Philosophy Symposium, Athènes, mai 1984.
- « L'idole d'Amorgos et l'aurige de Delphes», Congrès de philosophie de l'art, Corfou, septembre 1984.
- « Du Voyage au Supplément. Recherches sur l'anthropologie de Bougainville et de Diderot », Colloque « Unité et diversité des Lumières », Halle (RDA), décembre 1984.
- « Retour aux Grecs. Réflexions sur les « pratiques de soi » dans *L'usage des plaisirs* », Colloque sur l'actualité de la philosophie ancienne, Bruxelles, décembre 1984 (texte paru dans *le Débat* et dans le Cahier *Recherches sur la Philosophie et le Langage,* n° 8).
- « Esquisse d'une anthropologie comparée de Diderot », Table ronde pour le bicentenaire de la mort de Diderot, Athènes, décembre 1984.
- Organisation à Grenoble du Colloque Philosophie du langage et grammaire dans l'Antiquité, CNRS et Université de Grenoble II, 3-6 septembre 1985.
- « Temps hésiodique et temps platonicien. Le temps du paysan et le temps du philosophe », Conférence publique à l'Université dans le Cycle « Comme le temps passe », Genève, 1984-5.
- « Rhétorique du discours d'avenir et éléments de la délibération selon Aristote ». L'avenir, XXIe Congrès de l'Association des Sociétés de Philosophie de langue française, Athènes, 17-22 juillet 1986.
- « La vengeance d'Ulysse. Sur quelques structures du récit chez Homère », Colloque sur le Merveilleux, Oslo, 21-28 juin 1986.
- Organisation à Grenoble de la rencontre annuelle du « Mercure de France » (Directeurs G.G. Granger et J. Vuillemin), 21 et 22 novembre 1986).
- « Merveilleuse Odyssée », conférence, Liège, 19 décembre 1986.
- « Platon et la question des étrangers », Conférence publique à l'Université de Genève (cycle de conférences sur le thème « L'autre, l'hôte, l'étranger »), 24 février 1987.
- « Philosophie », Contribution aux conférences du Département de Philosophie, Genève, 4 mars 1987.
- « Rhétorique et dialectique. Approches d'un problème platonicien », Université de Lausanne, 2 mai 1987.

– « Modes de raisonnement et modèles d'arraisonnement dans la philosophie du « xenos » selon Platon », Colloque *Naissance de la Raison dans la Grèce antique*, Nice, 12-15 mai 1987.
– « Kelsen et la critique de la Justice platonicienne », Troisième Colloque des Sociétés grecques de Philosophie, *La théorie platonicienne et aristotélicienne de la Justice*, Athènes, 29-30 mai 1987.
– Organisation à Grenoble de la Table ronde sur la *Métaphore*, 14-15 octobre 1987.
– « La philosophie comme métaphore », conférence du Groupe de Recherche Philosophie et langage, Grenoble, juin 1988.

*Articles :*

– « La maison d'Aristote », *Proceedings of the Ist International Week on Philosophy of Greek Culture, Diotima* 8, 1980, 48-53.
– « Autour de l'Aristote de Brecht », *Silex*, 7, 1978, 57-67.
– « Platon égyptologue », *Silex*, 13, 1979, 255-266. Article repris dans la *Revue philosophique*, 172, 1982.
– « Pour une petite polysémie de l'idole grecque », in *La représentation, Actes du Colloque de Strasbourg*, 1980, 245-249.
– « Essais sur la rationalité et la pensée mythique grecques. « États » du mythe grec et « étapes » de la raison », Cahiers *Recherches sur la Philosophie et le Langage*, n° 1, 1981, 87-113.
– « Die Rationalitat im griechischen mythischen Denken », in *Wissenschaftliche und nicht wissenschaftliche Rationalitat, Actes du Colloque franco-allemand de Porquerolles*, 1982, 69-95.
– « Condillac et la critique de l'âge de raison », in J. Sgard et H. Joly, *Condillac et les problèmes du langage*, Genève-Paris, Slatkine, 1982, 7-25. Article repris dans la *Revue philosophique*, 172, 1983, 613-630.
– « La philosophie entre le clair et l'obscur ou Kant et Hegel devant l'Aufklärung », *Recherches sur la Philosophie et le Langage*, Cahier n° 3, 1983, 79-105.
– « Faut-il raconter Homère aux enfants ? (I) ou Des valeurs aux antivaleurs (recherches sur la critique platonicienne des mythes) », *Diotima*, 12, 1984, 139-157.
– « Faut-il raconter Homère aux enfants ? (II). Sur quelques éléments d'un conflit platonicien entre valeurs esthétiques et valeurs éthiques », in *L'expérience esthétique et l'essence de l'art. Studia philosophica*, 43, 1984, 71-92.
– « Sur quelques significations ontologiques et épistémologiques de l'*eidôlon* démocritéen », *Proceedings of the Ist international Congress on Democritus*, International Democritean Foundation, Xanthi, 1984, 247-265.

- « Autour de Médée », in Livret de l'Opéra de Lyon pour la création de la *Médée* de Marc Antoine Charpentier (mise en scène de G. Wilson), Lyon, 1984, (6 pages sans numérotation).
- « Les mots et les choses d'Homère à Platon », in *Language and Reality in Greek Philosophy* (Greek Philosophical Society, K. Boudouris ed.), Athènes, 1985, 67-91.
- « Sur l'idole d'Amorgos comme *EIDOLON* », *Diotima,* 15, 1987, *Proceedings of the third International Week on the Philosophy of Art,* Corfu, 1984, 14-20.
- « Du voyage au Supplément. Recherches sur l'anthropologie de Bougainville et de Diderot », Actes du Colloque sur « Les lumières. Unité et diversité », (Halle, 14-18 décembre 1984, *Beiträge für romanistische Forschung,* 42, 1986, *Beiträge zur romanischen Philologie,* 26, 1987, 125-143.
- « Retour aux Grecs. Réflexion sur les pratiques de soi dans *L'usage des plaisirs* », *Le débat,* 41, 1986, 100-120. Article repris dans *Recherches sur la Philosophie et le Langage,* 8, 1987, 117-144.
- « Rhétorique du discours d'avenir et éléments de la délibération selon Aristote, in *L'avenir,* Actes du XXIe Congrès de l'Association des Sociétés de philosophie de langue française, Paris, Vrin, 1987, 230-233.
- « Platon entre le maître d'école et le fabriquant de mots. Remarques sur les *Grammata* », *in Philosophie du langage et grammaire dans l'Antiquité,* Actes du Colloque de Grenoble, *Cahiers de Philosophie ancienne,* 5 et *Philosophie et Langage,* Cahier n° 6-7, Bruxelles-Grenoble (Ousia-Université de Grenoble) 105-136.
- « Platon et Aristote historiens de la philosophie », in *Pourquoi la philosophie a-t-elle une histoire ?, Cahiers internationaux de symbolisme,* n° 56-57-58, 1987, 121-162.
- « La philosophie comme métaphore », *La métaphore,* Actes de la table ronde de l'URA 1230, octobre 1987, *Recherches sur la Philosophie et le Langage,* Cahiers n° 9, 1988, 8-31.

*A paraître :*

- Aux éditions J. Vrin, Paris : *Platon et la question des étrangers* (manuscrit inédit).
- Aux éditions Ousia, Bruxelles : Recueil d'articles dont quelques inédits. Outre le présent hommage rendu par le Groupe de recherche de Grenoble (URA 1230 du CNRS), il faut signaler que l'Université de Genève a aussi voulu lui rendre hommage en menant a bien son projet d'un Colloque sur le Non-être. Il s'est tenu à l'Université de Genève les 2 et 3 novembre 1989, et les Actes sont en préparation.

Je n'ai voulu faire figurer dans cette bibliographie que des textes dont nous avons eu réellement connaissance, qu'il s'agisse d'articles, d'ouvrages publiés ou à paraître, ou de conférences effectivement prononcées.

*Françoise Létoublon*
Grenoble, le 05.01.1990

*Pierre BOURDIEU*
*Collège de France*

# LA CONSTRUCTION SOCIALE DU SEXE

« On peut dire que ce signifiant [le phallus] est choisi comme le plus *saillant* de ce qu'on peut *attraper* dans le réel de la copulation sexuelle, comme aussi le plus symbolique au sens littéral (typographique) de ce terme, puisqu'il y équivaut à la copule (logique). On peut dire aussi qu'il est par sa turgidité l'image du flux vital en tant qu'il passe dans la génération »[1]. Ce qui s'énonce dans cet extraordinaire énoncé oraculaire, tout à fait dans la manière à la fois grandiloquente et un peu peuple, dont Lacan aimait à jouer devant les intellectuels parisiens, c'est, tout bêtement, l'inconscient social que le psychanalyste partage avec ses auditeurs et qui, remontant du fond des âges, fonde la complicité immédiate des plaisanteries de corps de garde. Il n'est pas besoin en effet d'être un adepte de la « lecture symptômale » pour apercevoir derrière le « saillant » la *saillie,* acte sexuel impérieux et bestial exercé par l'animal de sélection, et derrière l'« attraper », la naïve fierté virile (ou machiste) devant le geste de la soumission féminine pour se saisir de l'attribut *convoité* et non, tout simplement, désiré ; le terme d'attribut étant choisi à dessein pour rappeler ce que valent les jeux de mots heideggeriens – ici *copulation, copule* – à travers lesquels s'exerce si souvent l'effet Montesquieu, né de l'effort pour donner les dehors de la rigueur logique, voire de la scientificité, à des pensées ou des pulsions surgies des bas-fonds de l'inconscient collectif[2]. Les psychanalystes devraient se soumettre à la socioanalyse, sous peine de livrer de ces inquiétants lapsus, où se trahissent non seulement l'inconscient collectif mais leur incapacité, paradoxale dans leur prétention, de le maîtriser. Il faudrait ainsi remonter à l'inconscient social du fondateur, qui se trahit si souvent de la façon la plus naïve : « Elle [la petite fille] remarque le grand pénis bien visible d'un frère ou d'un camarade de jeu, le reconnaît tout de suite comme la réplique supérieure de son propre petit organe caché et dès lors elle est victime de l'envie du pénis »[3]. La différence biologique est ainsi constituée d'emblée en *déficience sociale,* et, en maint passage, en *infériorité morale :* « On hésite à le dire, mais on ne peut se défendre de l'idée que le niveau de ce qui est moralement moral chez la femme est autre. Son surmoi ne sera jamais si inexorable, si impersonnel, si indépendant de ses origines affectives que ce que nous exigeons de l'homme »[4]. Il suffit de rapprocher du précédent ce texte de moralisation méprisante – ou tant d'autres de même farine que la lecture pieuse scotomise – pour voir que Freud, comme Lacan, constitue en *mythe d'origine* une vision plus ou moins phantasmatique de la vision féminine du pénis : chaque femme reproduirait, avec la découverte initiale de son manque, de sa privation, de son moindre-être[5], l'acte de connaissance originaire de la mutilation féminine, principe ontogénétique de l'acte de reconnaissance de la supériorité masculine qui est si souvent inscrit dans la phylogenèse par les mythes d'origine issus de l'inconscient collectif.

Pour mettre en question, en l'historicisant, cet inconscient social que la psychanalyse habille des apparences de l'universalité, il suffira de passer sans transition à l'évocation de cette sorte de mythe d'origine que les Kabyles – pourtant peu prodigues en discours justificatifs – invoquent pour légitimer les positions assignées aux deux sexes dans la division du travail sexuel et, plus largement, à travers la division sexuelle du travail notamment, dans tout l'ordre social et, au-delà, dans l'ordre cosmique. « C'est à la fontaine *(tala)* que le premier homme rencontra la première femme. Elle était en train de puiser l'eau lorsque l'homme, arrogant, s'approcha d'elle et demanda à boire. Mais elle était la première arrivée et avait soif, elle aussi. Mécontent, l'homme la bouscula. Elle fit un faux pas et se retrouva par terre. Alors l'homme vit les cuisses de la femme, qui étaient différentes des siennes. Il resta frappé de stupeur. La femme, plus rusée, lui enseigna beaucoup de choses. 'Couche-toi, dit-elle, je te dirai à quoi servent tes organes'. Il s'allongea par terre ; elle caressa son pénis qui devint deux fois plus grand et se coucha sur lui. L'homme éprouva un grand plaisir. Il suivait partout la femme pour refaire la même chose, car elle savait plus de choses que lui, allumer le feu, etc. Un jour, l'homme dit à la femme : 'Je veux moi aussi te montrer ; je sais faire des choses. Allonge-toi et je me coucherai sur toi ». La femme se coucha par terre et l'homme se mit sur elle. Il ressentit le même plaisir et dit alors à la femme : 'A la fontaine, c'est toi (qui domine) ; à la maison, c'est moi'. Dans l'esprit de l'homme, ce sont toujours les derniers propos qui comptent et depuis les hommes aiment toujours monter sur les femmes. C'est ainsi qu'ils sont devenus les premiers et c'est eux qui doivent gouverner ».

L'intention de sociodicée s'affirme ici sans ambages : le mythe fondateur institue à l'origine même de la culture entendue comme ordre social dominé par le principe masculin, l'opposition constituante (déjà engagée en fait, avec notamment l'opposition entre la fontaine et la maison, dans les attendus qui servent à la justifier) entre la nature et la culture, entre la sexualité de nature, acte sauvage, barbare, qui s'accomplit à la fontaine, lieu féminin par excellence, et à l'initiative de la femme, perverse initiatrice, naturellement initiée aux choses de l'amour, et la sexualité de culture, acte domestique et domestiqué, qui s'exécute à l'initiative de l'homme et conformément à l'ordre des choses, à la hiérarchie fondamentale de l'ordre social et de l'ordre cosmique, et dans la maison, lieu de nature cultivée, de la domination légitime du principe masculin, symbolisé, entre autres choses, par la poutre maîtresse *(asalas alemmas)*, sur le principe féminin, la fourche *(thigejdith)* dressée vers le ciel[6].

*

* *

*Incorporation du politique et politisation du corps*

Pourquoi lorsqu'on veut tenter de fonder une anthropologie de la construction sociale de la division entre les sexes, faut-il s'adresser à des documents tels que ce mythe d'origine, inséparable de toute une vision du monde que l'on peut dire archaïque et qui ne subsiste que dans des mots, dictons, proverbes, formules sacramentales, dans des choses, comme les instruments agraires ou les maisons, et surtout dans toutes sortes de pratiques rituelles visant à assurer, principalement, la reproduction de l'ordre cosmique et de l'ordre social ? Parce que c'est chez ces montagnards berbères qui, par delà les conquêtes et les conversions, et sans doute en réaction contre elles, ont fait de leur culture le conservatoire d'une vision du monde méditerranéenne organisée autour du culte de la virilité masculine[7], que l'on a des chances de rencontrer des manifestations « pures » et « originaires » d'un inconscient culturel qui est encore le nôtre, mais qui, obligé de se dissimuler ou de se déguiser en *mythe savant*[8], ne trouve jamais d'expression directe et ouverte dans la tradition lettrée de l'Occident (dans laquelle par exemple Michel Foucault[9] s'enferme lorsqu'il choisit de faire commencer à Platon son enquête sur la sexualité et le sujet, ignorant des auteurs comme Homère, Hésiode, Eschyle, Sophocle, Hérodote ou Aristophane, sans parler des philosophes présocratiques, chez qui le vieux socle méditerranéen affleure plus clairement)[10]. L'ordre sexuel, au sens le plus large, c'est-à-dire la division du travail entre les sexes autant que la division du travail sexuel, est engagé dans un processus de *sécularisation* qui, bien qu'il soit entamé depuis plus d'un siècle, est à peine commencé (la psychanalyse qui institue la possibilité et la légitimité d'un discours technique sur une sexualité constituée comme telle et, par là même, démythifiée, n'est qu'un symptôme parmi d'autres de ce mouvement). Il est encore vécu et agi (plus que parlé) dans la logique de la magie et du mythe : cette logique pratique s'appuie sur tous les montages verbo-moteurs, tours de langage et plis du corps, qui se sont constitués dès la prime enfance, à travers les leçons des ténèbres d'une pédagogie du secret et de la honte (dans laquelle entrent aussi bien les réticences, les sous-entendus et les interdits des adultes que les révélations plus ou moins fantastiques des pairs), pour engendrer non des représentations à proprement parler, mais des réactions émotionnelles aussi obscures que les apprentissages insensibles dont elles sont le produit, phantasmes, angoisses, attentes, jalousies, désirs[11].

Premier enseignement d'une tradition à peu près totalement affranchie du travail symbolique de répression et de moralisation qu'opèrent les instances religieuses à travers la discipline et la confession réglée et du travail de rationalisation que réalisent les professionnels de la mise en discours : les catégories ou, plus exactement, les schèmes pratiques (*schémata tou somatos,* comme disait Platon) qui organisent la perception, la pratique et le discours selon la division en *genres relationnels,* masculin ou féminin, sont une construction culturelle profondément *arbitraire,* qui peut chercher dans les différences biologiques entre les sexes, caractérisés dans leur forme, leur usage et leur fonction, des raisons de s'apparaître comme *motivée,* c'est-à-dire comme fondée dans l'objectivité d'une différence naturelle, d'une distinction entre deux essences hiérarchisées. Il est à peine besoin d'invoquer des arguments linguistiques ou ethnographiques – ceux que livrerait par exemple une analyse du champ sémantique des mots désignant les organes sexuels dans le français standard ou argotique – pour apercevoir que, à l'intérieur d'une même tradition, le sexe comme réalité biologique se prête, comme tout autre objet du monde, à des constructions variées, cela au niveau même des structures collectives de la perception sociale, telles qu'elles se trahissent dans les distinctions linguistiques, et sans préjuger des constructions individuelles liées à la singularité des expériences originaires[12].

Ainsi par exemple, en relation avec la prééminence qu'ils accordent à tout ce qui a trait à la virilité, au point d'honneur, ce *nif* sans cesse invoqué dont la dimension éthique est toujours associée, au moins tacitement, à la dimension sexuelle (à travers notamment les attestations de puissance physique – défloration de la fiancée, nombreux enfants, etc. – qui sont attendues de l'homme accompli)[13], les Kabyles confèrent aussi un privilège indiscuté à la virilité masculine et au phallus qui semble fait pour porter, comme dans la mythologie personnelle de Jacques Lacan, tous les phantasmes collectifs de la puissance fécondante : le sperme se dit *zzel* ou *laâmara,* évoquant par sa racine – *aâmmar,* c'est emplir, prospérer, etc. – et par sa turgidité, chère à Lacan, ce qui est plein de vie et ce qui remplit de vie et aussi ce qui gonfle et ce qui fait gonfler (le terme le plus ordinaire pour désigner le pénis est *abbouch* – dont le féminin *thabbuchth,* désigne le sein – et le phallus « gonflé » est appelé *amboul,* gros boudin)[14]. Mais cela ne les empêche pas d'appréhender aussi les attributs masculins par analogie à des choses qui pendent (*laâlaleg, asaâlag,* employés aussi pour des oignons ou de la viande enfilée, ou *acherbub,* parfois associé à *ajerbub,* haillon)[15]. Et le regard féminin, bien qu'il soit lui aussi habité par les catégories de perception dominantes, et pour cette raison même, peut tirer parti de cet état diminué, pour affirmer la supériorité du sexe féminin, rappelant ainsi que les propriétés sociales des deux *genres* sont le produit de la domination – et peuvent toujours devenir enjeux de lutte : « Toi, tout ton attirail *(laâlaleg)* pend, dit la femme à l'homme, tandis que moi je suis une pierre soudée ». Et de même, le corps lui-même, masculin ou féminin, peut porter toutes les grandes oppositions culturelles qui, inscrites dans le corps, organisent la perception du corps et des usages – notamment sexuels – du corps : le corps a son haut et son bas, – dont la frontière est marquée par la ceinture, limite symbolique et signe de fermeture –, il a ses parties nobles, publiques, montrables, front, yeux, moustache, bouche, *organes de présentation de soi,* où se condense l'identité sociale, l'honneur social, le *nif,* qui impose de faire front et de regarder les autres au visage, et ses parties privées, cachées ou honteuses, que l'honneur commande de dissimuler[16]. Cette division primordiale est redoublée par l'opposition entre le devant, lieu de la différence sexuelle, et le derrière, sexuellement indifférencié, et potentiellement féminin, soumis, comme le rappelle, par le geste ou la parole, l'insulte méditerranéenne par excellence contre l'homosexualité.

Arbitraires lorsqu'on les considère à l'état séparé ou dans leur relation à d'autres principes possibles, les principes de di-vision qui organisent la perception des choses sexuelles, les usages qui en sont faits et les fonctions qui leur sont imparties reçoivent leur nécessité objective et subjective de leur insertion dans un système de relations homologues qui consacre comme nécessaire chacune des oppositions élémentaires, masculin/féminin, haut/bas, dessus/dessous, devant/derrière, droite/gauche, droit/courbe, sec/humide, dur/mou, épicé/fade, jour/nuit, et ainsi de suite. En sorte que pour donner une idée de l'expérience subjective de ce monde que l'on pourrait dire entièrement sexualisé s'il n'était vrai en même temps, et dans la même mesure, que rien n'y est à proprement parler sexuel au sens moderne, et sécularisé, du terme, il faudrait redéployer tout le système des oppositions parallèles que j'ai décrit ailleurs[17]. Paradoxalement, la fonction de justification de l'ordre social, et tout spécialement de la division du travail en vigueur, tant dans la production que dans la reproduction, est ignorée en tant que telle, aussi bien de ceux qui en bénéficient, que de celles qui en sont victimes et qui attestent leur soumission au mode de pensée dominant dans le fait qu'elles mettent en œuvre ses catégories jusque dans les actions ou les discours les plus directement destinés à en contester les principes ou les effets, comme ceux de la magie féminine[18]. Ce qui est sûr, c'est que la préséance masculine qui s'affirme dans la définition légitime de la division du travail sexuel et de la division sexuelle du travail (dans les deux cas, comme dans le mythe d'origine, l'homme y « prend le dessus » tandis que la femme « se soumet »), tend à s'imposer, au travers du système des catégories constitutives de l'habitus, en tant que matrice de toutes les perceptions, les pensées et les actions de l'ensemble des membres de la société et en tant que fondement indiscuté, parce que situé hors des prises de la conscience et de l'examen, d'une vision du monde tendant à faire admettre comme allant de soi une représentation androcentrique de la reproduction biologique qui englobe une représentation androcentrique de la reproduction sociale.

Le système mythico-rituel berbère est en quelque sorte l'archétype de toutes les idéologies justificatrices qui visent à légitimer une différence sociale en la naturalisant par le fait de l'inscrire dans l'ordre cosmique. Il propose, entre autres choses, une représentation du travail de reproduction qui tend à minimiser, voire à annuler, l'œuvre proprement féminine de *gestation* et d'*enfantement* au profit du travail masculin de fécondation[19]. Dans le cycle de la procréation comme dans le cycle agraire, il privilégie, notamment au niveau du rituel, l'intervention masculine qui est toujours marquée, qu'il s'agisse du mariage ou de l'ouverture des labours, par des rites publics, officiels, collectifs, tandis que les périodes de gestation, tant celle de la terre, pendant l'hiver, que celle de la femme, ne donnent lieu qu'à des manifestations facultatives et quasi furtives destinées seulement à assister la nature : d'un côté, une intervention discontinue et extra-ordinaire dans le cours de la vie, action risquée et dangereuse d'ouverture qui est accomplie solennellement – parfois, comme pour le premier labour, publiquement, à la face du groupe – ; de l'autre, une sorte de processus naturel et passif, un état de gonflement dont la femme ou la terre sont le lieu, l'occasion, le support plutôt que l'agent (leur plein étant un *être empli :* la femme, dit le français, est « engrossée ») et qui ne demande de la femme que des pratiques techniques ou rituelles d'accompagnement, des actes « humbles et faciles » destinés à assister la nature en travail, comme le ramassage des herbes à l'intention des animaux ou le sarclage et, de ce fait, doublement condamnés à rester ignorés, et d'abord des hommes : familiers, continus, ordinaires, répétitifs et monotones, ils sont pour la plupart accomplis hors de la vue, dans l'obscurité et la maison ou dans les temps morts de l'année agraire. Et les vertus que la morale collective assigne explicitement à la femme – qui n'a d'existence sociale véritable qu'en tant qu'épouse et mère de garçons – sont parfaitement conformes au rôle minoré et négatif que le système mythico-rituel lui assigne dans l'ordre cosmique et l'ordre social : aux valeurs actives du point d'honneur répondent les valeurs passives et obscures de soumission, de docilité et, surtout, de *discrétion* qui sont constitutives de l'honneur féminin[20].

Mais l'intention objective de tout le système symbolique ne se dévoile jamais plus clairement que dans une institution telle que le mariage avec la cousine parallèle patrilinéaire qui, même s'il reste peu fréquent dans la réalité des pratiques, représente le modèle idéal de l'association procréatrice : accorder un privilège symbolique à l'union avec la femme la plus proche généalogiquement au-delà des limites de l'inceste, la fille du frère du père, c'est-à-dire la plus masculine de toutes les femmes, c'est donner une version praticable du phantasme masculin de la procréation masculine, dont l'imaginaire méditerranéen a fourni une autre réalisation exemplaire, avec le mythe d'Athéna naissant tout armée de la *tête* de Zeus.

Ainsi, loin que les nécessités de la reproduction biologique déterminent l'organisation symbolique de la division sexuelle du travail et, de proche en proche, de tout l'ordre naturel et social, c'est une construction symbolique, arbitraire, du biologique, et en particulier du corps, masculin et féminin, de ses usages et de sa fonction, notamment dans la reproduction biologique, qui donne un fondement en apparence naturel à la vision androcentrique de la division du travail sexuel et de la division sexuelle du travail et, par là, à toute la vision masculine du monde. La force particulière de la sociodicée androcentrique lui vient de ce qu'elle cumule deux opérations : elle légitime une relation de domination en l'inscrivant dans un biologique qui est lui-même une construction sociale biologisée. La définition du corps propre, support vécu du travail de naturalisation, est en effet le produit de tout un travail social de construction, dans sa dimension sexuelle notamment. La sexualité étant chose trop importante socialement pour être abandonnée aux hasards des improvisations individuelles, le groupe propose et impose une définition officielle des usages légitimes des corps, excluant, tant des représentations que des pratiques, tout ce qui, chez les membres de chacune des catégories sexuelles, et tout spécialement chez les hommes, peut évoquer les propriétés statutairement assignées à l'autre catégorie. Le travail de construction symbolique, qui s'achève dans un travail de construction pratique, de *bildung*, d'éducation, opère logiquement par différenciation par rapport à l'autre sexe socialement constitué ; il tend par conséquent à exclure de l'univers du pensable et du faisable tout ce qui marque l'appartenance à l'autre sexe, – et en particulier toutes les virtualités biologiquement inscrites dans le « pervers polymorphe » qu'est, à en croire Freud, tout jeune enfant –, pour produire cet artefact social qu'est un homme viril ou une femme féminine.

Le corps biologique socialement façonné est ainsi un corps politisé, ou, si l'on préfère, une politique incorporée. Les principes fondamentaux de la vision du monde androcentrique sont naturalisés sous la forme de positions et de dispositions élémentaires du corps qui sont perçues comme des expressions naturelles de significations naturelles, comme une sorte de langage universel sinon des organes, du moins des poses et des postures corporelles. Toute la morale de l'honneur peut se trouver ainsi résumée dans un mot, mille fois répété par les informateurs, *gabel,* faire face, regarder au visage, et dans la posture corporelle qu'il désigne ; et la soumission paraît trouver une traduction naturelle dans le fait de se mettre dessous, de s'abaisser, de se courber, etc., la droiture au contraire s'associant à une posture droite, qui d'ailleurs est le monopole de l'homme, tandis que les poses courbes, souples, et la soumission corrélative, sont censées convenir à la femme[21].

C'est pourquoi l'éducation fondamentale est fondamentalement politique : elle tend à inculquer des manières de tenir le corps dans son ensemble, ou telle ou telle de ses parties, la main droite, masculine, ou la main gauche féminine, des manières de marcher, de porter la tête, ou le regard, en face, dans les yeux, ou, au contraire, à ses pieds, etc., qui, loin d'être de simples « techniques du corps », comme dit Mauss, sont grosses d'une éthique, d'une politique et d'une cosmologie, et cela, primordialement, parce qu'elles sont presque toutes sexuellement différenciées et qu'à travers ces différences, elles expriment pratiquement les oppositions fondamentales de la vision du monde. L'hexis corporelle, redoublée et soutenue par le vêtement, lui aussi sexuellement différencié, est un pense-bête permanent, inoubliable, dans lequel se trouvent inscrites, de manière visible et sensible, toutes les pensées ou les actions potentielles, toutes les possibilités et les impossibilités pratiques, qui définissent un habitus.

Il faudrait ici montrer, très concrètement, comment le travail de socialisation, et tout spécialement les rites d'institution, première coupe de cheveux, première entrée au marché, circoncision, mariage, etc., tendent à instituer dans les corps – et, en certains cas, dans leur forme et leur apparence visibles –, les structures de la division du travail entre les sexes, ainsi progressivement converties en structures mentales. Montrer, par exemple, comment la jeune femme kabyle apprenait les principes fondamentaux de l'art de vivre féminin, de la tenue inséparablement corporelle et morale – la morale féminine ayant toujours affaire avec le corps, du fait que le plus sacré, *h'aram,* touche à des usages du corps –, en apprenant à revêtir et à porter les différents vêtements correspondant à ses différents états successifs, petite fille, vierge nubile, épouse, mère de famille, en se faisant insensiblement, autant par mimétisme inconscient que par obéissance expresse, à la bonne manière de nouer sa ceinture ou ses cheveux, de remuer ou de tenir immobile telle ou telle partie de son corps dans la marche, de présenter le visage et de porter le regard. Cet apprentissage qui reste pour l'essentiel tacite, puisque les rites d'institution eux-mêmes agissent surtout en isolant ceux qui les subissent de celles qui en sont exclues, tend à inscrire au plus profond des inconscients les principes antagonistes de l'identité masculine et de l'identité féminine, ces plis du corps qui orientent les choix de la vocation, encore aujourd'hui, selon des divisions à peu près aussi brutales que celles de la division sexuelle du travail dans la société kabyle. Comme la femme kabyle était vouée aux travaux du dedans, tels que cuisine ou tissage, à la gestion de la nature humide, transport de l'eau, soin des animaux, sarclage des champs, modelage des poteries, cuisine, soin des enfants[22], les femmes européennes d'aujourd'hui continuent à s'orienter de préférence, dans les choix apparemment le plus libres de leur « vocation », vers les professions les plus proches, au système près, des rôles traditionnellement impartis à la femme : ainsi par exemple, suivant les principes inconscients de l'opposition traditionnellement entre la maison et la place publique (ou le lieu d'assemblée), elles choisiront la psychologie et tout ce qui ressortit à l'intériorité, comme la littérature et les beaux arts, plutôt que l'économie ou la sociologie, sans parler du fait, trop évident, qu'elles s'assigneront toutes les professions qui sont des variantes bureaucratiques des attributions les plus traditionnelles du dévouement domestique, comme les métiers de santé, d'éducation ou d'accueil.

*
* *

*Le beau rôle*

La logique de la vocation qui porte les agents à épouser de leur plein gré le destin social qui leur est assigné (les filles, qui sont désignées comme bonnes, ou douées, pour les disciplines féminines se sentant *faites pour* ces disciplines), est une des voies par lesquelles s'exerce la *violence symbolique* dont la domination masculine est sans doute la forme paradigmatique[23]. S'il y a un terrain en effet où l'économisme et les théories de l'exploitation (dans le cas particulier les théories du patriarcat comme fondement de l'exploitation féminine) sont insuffisantes, c'est bien celui de l'inégalité entre les sexes. L'exploitation prend, dans ce cas plus que jamais, la forme d'une auto-exploitation qui passe par la logique du devoir ou celle du sentiment (souvent réunis dans la logique du dévouement affectif), c'est-à-dire par cette sorte d'*amor fati* que favorisent l'accord des structures subjectives (comme structures objectives incorporées) et des structures objectives et la soumission absolue à l'ordre établi qu'implique l'expérience doxique du monde social (chose qu'oublient les ethnométhodologues, après les phénoménologues). La vision dominante, androcentrique, étant instituée à la fois dans l'objectivité d'un monde à peu près totalement organisé selon les oppositions fondamentales, à résonance sexuelle – je l'ai montré, dans le cas de la Kabylie, pour l'espace intérieur de la maison – et dans leur corps, leur inconscient, leurs structures cognitives, les femmes accordent à la vision dominante cette forme de reconnaissance absolue qu'est la méconnaissance de l'arbitraire de la domination ; elles peuvent même réaliser à leur insu les prévisions pessimistes qu'elle énonce à leur propos, lui donnant ainsi, paradoxalement, l'apparence d'une validation objective. Ainsi, constamment vouées et dévouées au petit, au mesquin, au banal, au trivial – ce sont elles qui, courbées vers le sol, ramassent les olives ou les brindilles, pendant que les hommes, armés de la gaule ou de la hache, coupent et font tomber -, sans cesse déléguées aux préoccupations vulgaires de la gestion ordinaire de l'économie domestique que les hommes affectent de dédaigner, les femmes kabyles réalisent inévitablement, dans des dispositions et des conduites que les hommes considèrent avec hauteur ou avec indulgence, même s'ils en participent ou en profitent – comme lorsqu'ils écoutent les ragots véhiculés par les femmes –, l'image d'elles-mêmes que la vision masculine leur assigne, donnant ainsi l'apparence d'un fondement naturel à une identité socialement construite[24]. Dépassant l'alternative traditionnelle de la coercition et du consentement, la violence symbolique impose une coercition qui s'institue par le consentement ou, plus exactement, par l'intermédiaire de la reconnaissance extorquée que le dominé ne peut manquer d'accorder au dominant lorsqu'il ne dispose, pour le penser et pour se penser, que d'instruments de connaissance qu'il a en commun avec lui et qui ne sont que la forme incorporée de la relation de domination.

Quant aux hommes, ils sont aussi prisonniers, et sournoisement victimes, de la représentation dominante, si parfaitement conforme, en apparence, à leurs intérêts : lorsqu'il parvient à s'instituer complètement dans l'objectivité des structures sociales et dans la subjectivité des structures mentales qui organisent les perceptions, les pensées et les actions de tout le groupe, ce système cognitif fonctionne comme une *selffullfiling prophecy* qui ne peut trouver ni en elle-même, ni hors d'elle-même le moindre démenti. L'exaltation forcenée des valeurs masculines a sa contrepartie ténébreuse dans les terreurs et les angoisses que suscite la féminité et qui sont au principe du traitement soupçonneux qui est fait aux femmes, à raison même du danger qu'elles font courir au point d'honneur masculin (la femme enferme une menace de déshonneur et de malheur : elle incarne la vulnérabilité de la *h'urma,* du sacré gauche, toujours exposé à l'offense, et elle enferme toujours la virtualité de la ruse diabolique, *that'raymith,* arme de la faiblesse qui oppose les recours de la fourberie et de la magie aux ressources de la force et du droit)[25] ; elle a sa rançon aussi dans la tension et la contention permanentes, et parfois poussée jusqu'à l'absurde, qu'impose à chaque homme le devoir d'affirmer sa virilité[26]. Pour mieux faire comprendre (ou même sentir) ce paradoxe du dominant dominé par sa propre domination, il faut, passant sans transition d'un extrême à l'autre de l'espace culturel, des montagnards kabyles au groupe de Bloomsbury[27], en appeler, pour finir, à Virginia Woolf et à la subtile évocation qu'elle fait, dans *La Promenade au phare,* du regard féminin sur cette sorte d'effort désespéré, et un peu pathétique, que tout homme doit faire pour être à la hauteur de son idée enfantine de l'homme.

Il est probable que, à la différence de Mrs Ramsay, qui craint que son mari n'ait été entendu, la plupart des lecteurs, surtout masculins, ne comprennent pas, à la première lecture, la situation étrange qu'évoque Virginia Woolf : « Soudain un cri violent, semblable à celui d'un somnambule à demi éveillé, dans lequel on distinguait quelque chose comme 'sous les balles, sous les obus, rafale ardente' (stormed at with shot and shell) résonna dans son oreille avec une extrême intensité et la fit se tourner toute inquiète pour voir si personne n'avait entendu son mari »[28]. Et il est probable qu'ils ne comprennent pas davantage lorsque, quelques pages plus loin, Mr Ramsay est surpris par d'autres personnages, Lily Briscoe et son ami : « Ainsi lorsque Ramsay se précipita sur eux avec des cris et de grands gestes, il fut bien sûr que Miss Briscoe comprit de quoi il s'agissait. 'Erreur ! Erreur fatale !' (someone had blundered) ». C'est seulement peu à peu, au travers des différentes visions que différents personnages ont pu avoir de ce qui est explicitement désigné comme une « situation embarrassante » (aux pages 34-35, 39-42, 45-46 et enfin 87), que la conduite de Mr Ramsay prend forme : « et son habitude de se parler ou de se réciter des vers grandissait, elle le craignait. Il en résultait des situations embarrassantes ». Ainsi, le même Mr Ramsay, qui était apparu, dès la deuxième page du roman, comme un formidable personnage masculin, et paternel, comme le père-roi dont les paroles sont des *verdicts*, est surpris en train de jouer comme un enfant, il est pris en flagrant délit d'enfantillage.

Toute la logique du personnage, archétype de la masculinité, réside dans cette apparente contradiction, qu'il faut expliciter plus complètement. Mr Ramsay, tel le roi archaïque qu'évoque le Benveniste du *Vocabulaire des institutions indo-européennes*, est celui dont la parole a force de loi, force de prédiction, de prémonition, parce que ses précisions ont le pouvoir de se vérifier elles-mêmes, de se rendre vraies : soit qu'elles agissent comme des ordres, bénédictions ou malédictions qui font advenir, magiquement, ce qu'elles énoncent (« tu n'iras pas au phare, tu es puni » – exemple imaginaire), soit que, par un effet infiniment plus redoutable, elles énoncent tout simplement ce qui s'annonce, ce qui est inscrit dans des signes infaillibles, accessibles à la seule prévoyance du visionnaire quasi divin, capable de donner raison au monde, de redoubler la force des lois de la nature naturelle ou sociale en les convertissant en lois de la raison et de l'expérience, en énoncés à la fois rationnels et raisonnables de la science et de la sagesse. « Mais, dit son père en s'arrêtant devant la fenêtre du salon, il ne fera pas beau ». Prévision de la science, le constat impératif de la prophétie paternelle envoie le futur au passé ; prédiction de la sagesse, il donne à cet avenir encore irréel la sanction de l'expérience et du conformisme absolu qu'elle implique. Adhésion inconditionnelle à l'ordre des choses et ratification empressée du principe de réalité, il s'oppose à la compréhension maternelle, qui accorde une adhésion d'évidence (« oui, bien sûr ») à la loi du désir et du plaisir mais doublée d'une double concession conditionnelle au principe de réalité : « 'Oui, bien sûr, s'il fait beau demain, dit Mrs Ramsay. Mais il faudra vous lever à l'aurore', ajouta-t-elle »[29]. Et il suffit de rapprocher les deux phrases[30], qui sont comme la formule génératrice de tout le roman, pour voir que *le non du père* n'a pas besoin de s'énoncer, ni de se justifier, le « mais » (« 'Mais, (...) il ne fera pas beau' ») étant là pour marquer qu'il n'y a pas, pour un être raisonnable (« Sois raisonnable », « Plus tard tu comprendras »), d'autre choix que de s'incliner sans histoires devant la force supérieure des choses. C'est ce réalisme désenchanteur et ce sociologisme rabat-joie et complice de la logique du monde, qui déchaînent la haine du père, haine dirigée, comme dans la révolte adolescente, non contre la nécessité que le discours paternel prétend dévoiler, mais contre l'arbitraire adhésion que le père tout puissant lui accorde, prouvant ainsi sa faiblesse : faiblesse de la complicité résignée qui acquiesce sans résistance ; faiblesse de la complaisance qui tire satisfaction et vanité du plaisir cruel de *désillusionner,* c'est-à-dire de faire partager sa propre désillusion, sa propre résignation, sa propre défaite. « Si James avait eu à sa portée une hache, un tisonnier ou tout autre arme susceptible de fendre la poitrine de son père et de le tuer sur place, là, d'un seul coup, il s'en serait emparé. Telles, et aussi extrêmes, étaient les émotions que Mr Ramsay faisait naître dans le cœur de ses enfants par sa seule présence lorsqu'il se tenait devant eux, à sa façon présente, maigre comme un couteau, étroit comme une lame, avec le sourire sarcastique que provoquait en lui non seulement le plaisir de désillusionner son fils et de ridiculiser sa femme, pourtant dix mille fois supérieure à lui en tous points (aux yeux de James), mais encore la vanité secrète tirée de la rectitude de son propre jugement » (p. 10). Les révoltes les plus radicales de l'enfance et de l'adolescence sont sans doute tournées moins contre le père que contre l'obéissance spontanée au père, contre le fait que le premier mouvement de l'habitus soit pour lui obéir et pour se rendre à ses raisons.

A ce point, grâce à l'indétermination qu'autorise l'usage du style indirect libre, on passe insensiblement du point de vue des enfants sur le père au point de vue du père sur lui-même, point de vue qui n'a, en réalité, rien de personnel puisque, en tant que point de vue dominant, légitime, il n'est autre chose que la haute idée de soi-même qu'est en droit et en devoir d'avoir de lui-même celui qui entend réaliser dans son être le devoir – être que le monde social lui assigne –, ici l'idéal de l'homme et du père qu'il *se doit* de réaliser : « Ce qu'il disait était la vérité. C'était toujours la vérité. Il était incapable de ne pas dire la vérité ; il n'altérait jamais un fait, ne modifiait jamais un mot désagréable pour la commodité ou l'agrément d'âme qui vive, ni surtout de ses propres enfants, chair de sa chair et tenus en conséquence de savoir le plus tôt possible que la vie est difficile, que les faits ne souffrent point de compromis et que le passage au pays fabuleux où nos plus brillants espoirs s'évanouissent, où nos barques fragiles s'engloutissent dans les ténèbres (arrivé à ce point Mr Ramsy se redressait et fixait l'horizon en rétrécissant ses petits yeux bleus) représente une épreuve qui demande avant tout du courage, de la sincérité et de l'endurance » (pp. 10-11). Aperçue sous cet angle, la dureté gratuite de Mr Ramsay n'est plus l'effet d'une pulsion aussi égoïste que le plaisir de désillusionner mais l'affirmation libre d'un choix, celui de la rectitude et aussi de l'amour paternel bien compris qui, refusant de s'abandonner à la facilité coupable d'une indulgence féminine, et aveuglément maternelle, se doit de se faire l'expression de la nécessité du monde dans ce qu'elle a de plus dur, de plus inflexible, de plus impitoyable (c'est sans doute ce que signifie la métaphore du couteau ou de la lame, que l'interprétation naïvement freudienne aplatirait, et qui, comme chez les Kabyles, situe le rôle masuclin – le mot et la métaphore théâtrales s'imposent pour une fois – du côté de la coupure, de la violence, du meurtre, c'est-à-dire du côté d'un ordre culturel construit contre l'abandon au laisser-faire et au laisser-aller, aux pulsions et aux impulsions de la nature féminine). On commence à apercevoir que le bourreau est aussi victime et que la parole paternelle est exposée, du fait même de sa puissance, à convertir le probable en destin dans l'effort même pour le conjurer et l'exorciser en l'énonçant.

Et ce sentiment ne peut que redoubler lorsque l'on découvre que le père inflexible qui, d'une phrase sans appel, vient de tuer les rêves de son fils, a été surpris en train de jouer comme un enfant, livrant à ceux qui se sont ainsi trouvés « introduits dans un domaine privé » (a privacy), Lily Briscoe et son ami, « quelque chose qu'on n'avait pas eu l'intention de leur montrer » (p. 27) : les phantasmes de la *libido academica* qui s'expriment métaphoriquement dans les jeux guerriers. Mais il faut citer en entier la longue rêverie de Mr Ramsay dans laquelle l'évocation de l'aventure guerrière, la charge dans la vallée de la Mort, la bataille perdue et l'héroïsme du chef (« Mais il ne voulait pas mourir *couché ;* il trouverait quelque arête de rocher et y *mourrait debout,* les *yeux fixés* sur la tempête... ») se mêle intimement avec l'évocation anxieuse de la destinée posthume du philosophe (« Z n'est atteint qu'une fois par génération ». « Jamais il n'atteindrait R ») : « Combien d'hommes dans un millier de millions, se demandait-il, finissent par atteindre Z ? Certes le chef d'une colonne infernale peut se poser cette question et répondre sans trahir ceux qui le suivent : 'Un peut-être'. *Un dans une génération.* Doit-il donc être blâmé s'il n'est pas celui-là ? Pourvu qu'il ait sincèrement peiné, donné tout ce qu'il pouvait jusqu'à ce qu'il n'ait plus rien à donner ? Et *sa renommée,* elle dure combien de temps ? Il est permis même à un héros de se demander en mourant comment après sa mort on parlera de lui. Cette renommée durera peut-être deux mille ans. Et qu'est-ce que deux mille ans ? se demande ironiquement Mr Ramsay les yeux fixés sur la haie. Oui, qu'est-ce que c'est lorsqu'on contemple la longue étendue des âges du sommet d'une montagne ? La simple pierre que l'on frappe de son soulier durera plus longtemps que Shakespeare. Sa propre petite lumière brillerait sans grand éclat, pendant un ou deux ans, puis serait absorbée dans une autre plus grande qui aurait le même sort. (Il regarda dans l'obscurité, dans l'enchevêtrement des rameaux). Comment donc blâmer le chef de cette colonne infernale qui, après tout, a grimpé assez haut pour voir la perspective stérile des années et la mort des étoiles si, avant que la mort ne raidisse ses membres et leur enlève le mouvement, il lève avec quelque solennité ses doigts engourdis jusqu'à son front et *se redresse ?* Car ainsi l'expédition de secours qui s'est mise à sa recherche le trouvera mort à son poste *en beau soldat.* Mr Ramsay *se redressa* et se tint *très droit* à côté de l'urne. Qui le blâmera si, pendant qu'il se tient ainsi un moment, sa pensée s'arrête sur *la renommée,* les expéditions de secours, les pyramides de pierre élevées sur ses ossements par des *disciples reconnaissants ?* Enfin qui blâmera le chef de l'expédition malheureuse si... » (pp. 45-46, souligné par moi).

La technique du fondu-enchaîné, chère à Virginia Woolf, fait ici merveille : l'aventure guerrière étant une métaphore de l'aventure intellectuelle, l'*illusio* ludique permet de reproduire à un degré plus élevé de déréalisation, donc à un moindre coût, l'*illusio* de l'existence ordinaire, avec ses enjeux vitaux et ses investissements passionnés – tout ce qui agite les discussions de Mr Ramsay et de ses disciples ; elle autorise le travail de désinvestissement partiel et contrôlé qui est nécessaire pour assumer et surmonter la désillusion (« Il n'avait pas de génie ; il n'y avait aucune prétention », p. 44) tout en sauvant l'*illusio* fondamentale, l'investissement dans le jeu lui-même, la conviction que le jeu mérite d'être joué malgré tout, jusqu'au bout, et selon les règles (le dernier des sans grade pouvant toujours « mourir debout »). Cet investissement viscéral dont l'expression est essentiellement *posturale,* s'accomplit dans des poses, des positions ou des gestes corporels qui sont tous orientés dans le sens de la droiture, de la rectitude, de l'érection du corps ou de ses substituts symboliques, la pyramide de pierre, la statue.

On est ici au cœur de l'*illusio* masculine, fondement de toutes les formes d'*illusio* spécifique proposées dans les différents champs ; celle qui fait que les hommes (par opposition aux femmes) sont socialement institués de manière à se laisser prendre, comme des enfants, à tous les jeux qui leur sont socialement assignés et dont la forme par excellence est la guerre. Le principe de division fondamental, celui qui divise les êtres humains en hommes et en femmes (et que les mythologies étendent à tout l'univers) leur assigne les jeux les plus sérieux, et le travail de socialisation spécifique dont ils sont les produits les dispose à *prendre au sérieux les jeux sérieux,* leur donne le goût de « jouer sérieusement » *(spoudaiôs paizein),* comme disait Platon à propos du philosophe, les jeux que le monde social constitue comme sérieux. Cette *illusio* primordiale, qui fait l'homme vraiment homme, et qui peut être désignée comme sens de l'honneur, virilité, *manliness* – les Kabyles, plus radicaux, disent *thakbaylith,* « kabylité » –, est le principe indiscuté de tous les devoirs envers soi-même, de tous les actes que l'on *se doit* d'accomplir pour être en règle avec soi-même, pour rester digne à ses propres yeux d'une idée (reçue) de l'homme – et dont la limite paradigmatique est le « mourir debout » de Mr Ramsay –[31].

Ainsi, en se laissant surprendre dans une rêverie éveillée qui trahit la vanité puérile de ses investissements les plus profonds, Mr Ramsay dévoile brusquement que les jeux auxquels il s'adonne, comme les autres hommes, sont des jeux d'enfant que l'on ne perçoit pas dans leur vérité parce que, précisément, la *collusion* collective leur confère la nécessité et la réalité des évidences partagées. Du fait que, parmi les jeux constitutifs de l'existence sociale, les jeux que l'on dit sérieux ou importants sont réservés aux hommes, tandis que les femmes sont vouées aux jeux d'enfants (la femme réalisant l'idée de la femme lorsqu'elle fait l'enfant ou la mère)[32], on oublie que l'homme est aussi un enfant qui joue à l'homme. L'aliénation est au principe du privilège : c'est parce qu'il est dressé à reconnaître les jeux et les enjeux sociaux où se joue la domination que l'homme en a le monopole ; c'est parce qu'il est désigné très tôt, notamment par les rites d'institution, comme dominant et doté, à ce titre, de la *libido dominandi,* qu'il a le privilège (ambigu) de s'adonner aux jeux pour la domination et que ces jeux lui sont en fait réservés.

Les femmes, en d'autres termes, ont le privilège (tout négatif) de n'être pas dupes des jeux où se disputent les privilèges, et de n'y être pas prises, au moins directement, en première personne. Elles en voient la vanité et, aussi longtemps qu'elles n'y sont pas engagées par procuration, elles peuvent considérer avec une indulgence amusée les efforts désespérés des « hommes enfants » pour faire les hommes et les désespoirs où les jettent leurs échecs. Elles peuvent prendre sur les jeux les plus sérieux le point de vue distant du spectateur qui observe la tempête depuis la rive – ce qui peut leur valoir d'être perçues comme frivoles et incapables de s'intéresser aux choses sérieuses, telles que la politique. Mais elles peuvent aussi participer *par procuration,* par une solidarité affective avec le joueur qui n'implique pas une véritable participation intellectuelle et affective au jeu et qui en fait souvent des supporters inconditionnels mais mal informés de la réalité du jeu et des enjeux[33].

C'est ainsi que Mrs Ramsay comprend immédiatement la situation embarrassante dans laquelle s'est mise son mari en mimant à haute voix La Charge de la brigade de cavalerie légère. Elle craint pour lui le ridicule (le cri de son mari la fait « se tourner toute inquiète », p. 25) ; elle craint pour lui la souffrance (« elle comprenait qu'il était outragé et torturé », p. 40) que peut lui causer le ridicule d'être ainsi surpris, mais aussi et surtout celle qui est à l'origine de son étrange conduite et dont elle saisit d'emblée la véritable raison. Elle le montre bien lorsque, blessé, et ainsi réduit à sa vérité de grand enfant, le père sévère qui venait de sacrifier à son goût (compensatoire) de « désillusionner son fils et de ridiculiser sa femme », vient lui demander sa sympathie (p. 47) pour une souffrance née de l'*illusio* et de la désillusion : « Elle caressa la tête de James ; elle transféra à son fils les sentiments qu'elle éprouvait pour son mari » (p. 40). Par une de ces formidables condensations qu'autorise la logique de la pratique, Mrs Ramsay identifie, dans un geste de protection affectueuse auquel tout son être social la destine et la prépare[34], le petit homme qui vient de découvrir l'insupportable négativité du réel et l'homme fait qui accepte de lui livrer la vérité entière du désarroi en apparence démesuré dans lequel l'a jeté son « désastre » (p. 42)[35]. Par un paradoxe qui n'est qu'apparent, c'est le père, victime de l'*illusio* mais aussi des désillusions correspondantes, qui fait reproche à la mère, exclue du privilège piège de donner « à ses enfants des espoirs manifestement absurdes » (p. 41), bref, des illusions. L'amplification, si caractéristique de la scène de ménage, fait voir que chacune des phrases, en apparence anodines, qui lui ont donné naissance, engageait des enjeux beaucoup plus vastes, plus fondamentaux, et que chacun des deux adversaires-partenaires le savait d'emblée, en vertu de la connaissance intime et quasi parfaite de l'interlocuteur qui, au prix d'un minimum de complicité dans la mauvaise foi, permet d'engager avec lui, à propos de *riens,* des conflits intimes sur le *tout.* Cette logique du tout *et* rien laisse aux interlocuteurs la liberté de choisir, à chaque moment, l'incompréhension la plus totale qui réduit le discours adverse à l'absurde en le ramenant à son objet apparent (ici, le temps qu'il fera le lendemain) ou la compréhension elle aussi totale qui est la condition tacite de la dispute par sous-entendus et aussi de la réconciliation. « Il n'y avait pas le moindre espoir de pouvoir aller demain au phare, déclara sèchement Mr Ramsay devenu irascible. Comment pouvait-il le savoir ? demanda-t-elle. Le vent changeait souvent. Le caractère extraordinairement irrationnel de cette remarque, l'absurdité de l'esprit féminin donnèrent à Mr Ramsay un accès de rage. Il s'était jeté dans la vallée où la Mort se tient prête ; il avait été mis en pièces et en miettes ; et voici que maintenant elle heurtait de front la réalité, donnait à ses enfants des espoirs manifestement absurdes, *disait en somme des mensonges.* Il tapa du pied sur la marche de pierre. 'Allez vous faire fiche !', dit-il, *Mais qu'avait-elle avancé ? Simplement* qu'il pourrait faire beau demain. Et cela pouvait en effet arriver. Pas avec un baromètre en baisse et un vent en plein ouest » (p. 41, souligné par moi). Cet extraordinaire dialogue où le mari, qui aura (provisoirement) le dernier mot, peut accuser l'épouse d'absurdité au moment même où il procède à des enchaînements parfaitement illogiques, au moins au niveau apparent (« et voici que maintenant... »), n'est possible que parce que l'épouse peut, tout en professant le contraire (« Mais qu'avait-elle avancé ? »), sans doute pour protéger la dignité de son mari, en comprendre le véritable enjeu et la logique profonde[36]. Le tortureur de son fils, de leur fils, est « torturé » (elle emploie le mot). Le verdict énoncé sans pitié émane d'un être pitoyable qui, lui aussi victime des verdicts impitoyables du réel, a besoin de pitié[37].

L'extraordinaire perspicacité qui, lorsqu'elle assiste à une de ces discussions masculines « sur les racines cubiques ou carrées ; (...) sur Voltaire et Madame de Staël ; sur le caractère de Napoléon ; sur le système français de propriété rurale ; sur Lord Rosebery ; sur les Mémoires de Creevy », lui permet d'« enlever leur voile à chacun de ces êtres » (pp. 125-126), lui vient de ce qu'elle est étrangère aux jeux masculins et à l'exaltation obsessionnelle du moi et de ses pulsions sociales qu'ils imposent[38]. Elle peut ainsi découvrir que les prises de position en apparence les plus pures et les plus passionnées pour ou contre Walter Scott n'ont souvent pour principe que le désir de « se mettre en avant » (encore un de ces mouvements fondamentaux du corps, proche du « faire face » des Kabyles) : « il ferait toujours la même chose, jusqu'à ce qu'il ait obtenu sa chaire de professeur ou se soit marié ; alors il n'aurait pas toujours besoin de dire : 'Moi, moi, moi'. Car c'est à cela que se ramenait sa critique du pauvre Sir Walter, ou peut-être s'agissait-il de Jane Austin : 'Moi, moi, moi'. Il pensait à lui-même et à l'impression qu'il produisait ; elle le savait au son de sa voix, à l'emphase et à la gêne de son débit. Le succès lui ferait du bien » (p. 126).

En fait, les femmes sont rarement assez libres de toute dépendance, sinon à l'égard des jeux sociaux, du moins à l'égard des hommes qui les jouent, pour pousser le désenchantement jusqu'à cette sorte de commisération un peu condescendante pour l'*illusio* masculine. Toute leur éducation les prépare au contraire à entrer dans le jeu *par procuration*, c'est-à-dire dans une position à la fois extérieure et subordonnée, et à accorder au *souci* masculin une sorte d'attention attendrie et de compréhension confiante, génératrice *aussi* d'un profond sentiment de sécurité. Laissant à leurs partenaires masculins le pouvoir et le souci du pouvoir, elles sont vouées à un amour du pouvoir que l'on peut dire altruiste ou oblatif puisqu'il s'instaure et se satisfait dans l'amour de ceux qui, statutairement, ont droit au pouvoir et à l'amour du pouvoir. Plus simplement, elles peuvent, comme Mrs Ramsay, rêver du pouvoir, aimer le pouvoir, pour ceux qu'elles aiment. Et d'abord pour leurs fils : (...) « sa mère en le regardant guider adroitement ses ciseaux autour du frigorifique, l'imaginait assis sur un fauteuil de juge, tout en rouge et en hermine, ou en train de diriger quelque grave entreprise dans une heure critique du gouvernement de son pays » (p. 10).

Plutôt que de chercher dans des dispositions affectives caractéristiques de la féminité le fondement (et la justification) de cette relation essentiellement médiate au pouvoir, il faut sans doute chercher le principe de ces dispositions affectives dans le statut proprement politique que l'arbitraire culturel fait à la femme dans la division du travail de domination et que Kant, dans un langage constatif qui est celui d'une morale théorique déguisée en science des mœurs décrit ainsi : « Les femmes ne peuvent pas plus défendre personnellement leurs droits et leurs affaires civiles qu'il leur appartient de faire la guerre ; elles ne peuvent le faire que par l'intermédiaire d'un *représentant ;* et cette irresponsabilité légale du point de vue des affaires publiques ne les rend que plus puissantes dans l'économie de la maison : là en effet joue le droit du plus faible que le sexe masculin par sa nature se sent appelé à protéger et à défendre »[39]. Le renoncement, et la docilité, que Kant impute à la nature féminine, sont bien inscrits au plus profond des dispositions constitutives de l'habitus, seconde nature qui ne présente jamais autant les apparences de la nature et de l'instinct que dans un cas où, comme ici, la *libido* socialement instituée s'accomplit dans une forme particulière de désir, de *libido* au sens ordinaire du terme[40].

Exclues des jeux de pouvoir, les femmes sont préparées à y participer par l'intermédiaire des hommes qui le possèdent : la socialisation différentielle disposant les hommes à aimer les jeux de pouvoir, les femmes à aimer les hommes qui les jouent, le charisme masculin est, pour une part, le charme du pouvoir, le charme ou la séduction qu'exerce, par soi, la possession du pouvoir sur des corps dont la sexualité même est politiquement socialisée[41]. C'est parce qu'il y a une somatisation du politique et que la socialisation inscrit des dispositions politiques sous forme de dispositions corporelles et verbales que l'expérience sexuelle elle-même est orientée politiquement. On ne peut nier qu'il existe une séduction du pouvoir, ou, si l'on préfère, un désir ou un amour des puissants, effet sincère et naïf qu'exerce le pouvoir lorsqu'il est appréhendé par des corps socialement préparés à le reconnaître, à le désirer et à l'aimer, c'est-à-dire comme grâce, charme, rayonnement, brillance ou, tout simplement, beauté.

Ainsi, la domination masculine trouve un de ses meilleurs appuis dans la méconnaissance que favorise l'application au dominant de catégories de pensée engendrées dans la relation même de domination (grand/petit, fort/faible, etc.) et génératrices de cette forme limite de l'*amor fati* qu'est l'amour du dominant et de sa domination, *libido dominantis* qui implique le renoncement à exercer en première personne la *libido dominandi.* Et Kant a raison de dire, dans la suite du texte cité ci-dessus, que « renoncer soi-même à sa capacité, malgré la dégradation que cela peut comporter, offre cependant de bien grands avantages » (le dominant voit toujours très bien les intérêts des dominés – ce qui n'implique pas que toute énonciation de ces intérêts soit discréditée pour autant)[42]. De fait, comme ne cesse de le suggérer Virginia Woolf, à être exclu des jeux de pouvoir, on gagne la quiètude que donne l'indifférence à l'égard du jeu et la sécurité procurée par la délégation envers ceux qui y participent (sécurité d'ailleurs bien illusoire, et toujours menacée de laisser place à la plus terrible détresse, parce que l'on n'ignore jamais complètement la faiblesse réelle de la grande figure protectrice et que, tel le spectateur fasciné d'un exercice périlleux, on est affectivement impliqué dans l'action, à travers une personne chère, sans en avoir réellement la maîtrise). L'image masculine participe toujours de la figure paternelle, dont les verdicts péremptoires, s'ils peuvent meurtrir, ont un immense pouvoir sécurisant : « Puis il disait : 'Bon Dieu !'. Il disait : 'Il pleuvra sûrement'. Il disait : 'Il ne pleuvra pas'. Et voici qu'une perspective divine de sécurité s'ouvrait instantanément devant elle. Il n'y avait personne qu'elle révérât davantage » (p. 42). Mrs Ramsay veut protéger son fils contre la violence du verdict paternel, mais sans ruiner l'image du père vérace : elle sait trop ce qu'assure la délégation au Père providentiel et ce qu'il en coûte de tuer la figure paternelle, notamment par le désarroi qu'elle éprouve lorsqu'elle découvre le désarroi de son mari (p. 49), pour encourager le meurtre du prophète vérace[43].

C'est principalement par l'intermédiaire de celui qui détient le monopole de la violence symbolique légitime (et par seulement de la puissance sexuelle) à l'intérieur de l'unité sociale élémentaire que s'exerce l'action psycho-somatique qui conduit à la somatisation du politique. Comme le rappelle *La Métamorphose* de Kafka, les propos paternels ont un effet magique de constitution, de nomination créatrice parce qu'ils parlent directement au corps, qui prend à la lettre les métaphores (« tu n'est qu'une petite vermine ») ; et si la distribution différentielle de la libido sociale qu'ils opèrent paraît si étonnamment ajustée aux places qui seront assignées aux uns et aux autres (selon le sexe, mais aussi selon le rang de naissance et mainte autre variable) dans les différents jeux sociaux, cela tient sans doute pour une grande part au fait que, même lorsqu'ils semblent n'obéir qu'au bon plaisir, les verdicts paternels émanent d'un personnage qui, ayant été façonné par et pour les contraintes et les censures des champs sociaux, a le principe de réalité pour principe de plaisir.

## NOTES

1. J. Lacan, *Écrits*, Paris, Seuil, 1966, p. 692. Le lien entre le phallus et le logos se trouve en effet *condensé* (selon une logique qui est celle du rêve) dans ce jeu de mots : « Le phallus est le signifiant privilégié de cette marque où la part du logos se conjoint à l'avènement du désir ».
2. Cf. P. Bourdieu, Le Nord et le Midi : contribution à une analyse de l'effet Montesquieu, *Actes de la recherche en sciences sociales*, 1980, 35, pp. 21-25.
3. S. Freud, « Quelques conséquences psychiques de la différence anatomique entre les sexes », trad. D. Berger in *La vie sexuelle*, Paris, PUF, 1977, p. 126.
4. S. Freud, *ibid.*, p. 131.
5. « L'obscénité du sexe féminin est celle de toute chose *béante :* c'est un *appel d'être,*

comme d'ailleurs tous les trous ; en soi la femme appelle une chair étrangère qui doive la transformer en plénitude d'être par pénétration et dilution. Et inversement la femme sent sa condition comme un appel, précisément parce qu'elle est 'trouée' (...). Sans doute le sexe est bouche, et bouche vorace qui avale le pénis – ce qui peut bien amener l'idée de sa castration : l'acte amoureux est castration de l'homme – mais c'est avant tout que le sexe est trou » (J.P. Sartre, *L'Etre et le néant*, Paris, Gallimard, 1943, p. 706). Et cette extraordinaire objectivation inconsciente de l'inconscient sartrien – et masculin – se prolonge dans l'analyse du *visqueux* (auquel le thème du trou se trouve rattaché par une association non analysée : qu'il suffise d'indiquer que l'un des mots berbères désignant le vagin, – d'ailleurs un des plus péjoratifs, *achermid* – signifie aussi visqueux) : cette substance « molle », qui « donne d'abord l'impression d'un être qu'on peut *posséder* », « docile », est une réalité « louche », qui « possède », parce que « sa mollesse fait ventouse », qui « adhère », « pompe », « aspire » ; « c'est une activité molle, baveuse et féminine d'aspiration, il vit obscurément sous mes doigts et je sens comme un vertige, il m'attire en lui comme le fond d'un précipice pourrait m'attirer. Il y a comme une fascination tactile du visqueux. Je ne suis plus le maître d'arrêter le processus d'appropriation. Il continue. En un sens, c'est comme une docilité suprême du possédé, une fidélité de chien qui *se donne*, même quand on ne veut plus de lui, et en un autre sens, c'est, sous cette docilité, une sournoise appropriation du possédant sur le possédé » (pp. 699-701, souligné par moi). Et la dernière métaphore, sans doute la plus révélatrice, celle de « la guêpe qui s'enfonce dans la confiture et s'y noie » (701), symbole de « la mort sucrée du Pour-soi » et de la « revanche douceâtre et féminine de l'Ensoi » (ibid.), clôt merveilleusement l'évocation des oppositions fondamentales de l'inconscient collectif (pénis/vagin, pur/souillé, dur/mou, sec/humide, plein/vide, [salé]/sucré, etc.) et de leur transfiguration dans le discours philosophique (Pour-soi/En-soi, conscience/matière, etc.) qui, paradoxalement, gouvernent les fausses révélations de la « psychanalyse existentielle ». Et l'on peut même voir le point où le mythe collectif s'infléchit en *phantasme privé* (une représentation très singulière de l'acte sexuel), directement sublimé en *intuition fondamentale* du système philosophique : « Or, cette dilution, par elle-même est déjà effrayante, parce qu'elle est absorption du Pour-soi par l'En-soi, comme de l'encre par un buvard (...). Il est horrible en soi de *devenir visqueuse* pour une conscience » (702).

6. Ne pouvant évoquer ici, pas plus que dans la suite de ce texte, toutes les justifications de mon interprétation ou de mes analyses, je renverrai donc une fois pour toutes au livre (cf. P. Bourdieu, *Le sens pratique*, Paris, Éd. de Minuit, 1980, Livre 2, Chap. 3, et, en ce qui concerne la maison, pp. 441 sq.) où est présenté en détail le système mythico-rituel dans lequel l'opposition entre les sexes se trouve insérée et dont elle reçoit sa signification et sa nécessité sociologique (cette nécessité pouvant coexister sans contradiction – et c'est là ce qui en fait la spécificité, souvent incomprise des penseurs formalistes, inaccessibles à l'originalité des ensembles historiques – avec l'arbitraire de telle ou telle des relations prise à l'état séparé – comme ici l'opposition entre les sexes – ou même de l'« axiomatique », le plus souvent implicite, de tout le système).
7. On pourra se convaincre de l'unité culturelle des sociétés méditerranéennes et de la place particulière de la société kabyle en consultant J. Peristiany (ed.), *Honour and Shame : the Values of Mediterranean Society*, Chicago, Universit of Chicago Press, 1974 et J. Pitt-Rivers, *Mediterranean Countrymen. Essays in the social anthropology of the Mediterranean*, Paris-La Haye, Mouton, 1963 ; et de la participation de la culture traditionnelle européenne à cette aire culturelle en rapprochant les rituels observés en Kabylie des rituels recueillis par Arnold van Gennep dans la France du 19e siècle (cf. A. Van Gennep, *Manuel de Folklore français contemporain*, Paris, Picard, 3 vol., 1937-1958.

8. Sur la notion de « mythe savant », voir P. Bourdieu, *art. cit.*
9. Cf. M. Foucault, *Histoire de la sexualité*, vol. 2, *L'Usage des Plaisirs*, Paris, Gallimard, 1984.
10. Il va de soi que l'on aurait pu trouver dans la tradition grecque, ennoblie par plusieurs siècles de lectures humanistes, les éléments de cet inconscient culturel méditerranéen – en s'appuyant notamment sur les tentatives récentes de Page du Bois (cf. P. du Bois, *Sowing the body, Psychoanalysis and Ancient Representations of Women*, Chicago, London, Chicago University Press, 1988) ou de Jaspers Svenbro (cf. J. Svenbro, *Phrasikleia : anthropologie de la lecture en Grèce ancienne*, Paris, La Découverte, 1988) ou sur les travaux de l'école française d'histoire des religions antiques (avec les travaux de Jean-Pierre Vernant, Marcel Détienne ou Pierre Vidal-Naquet). Si la référence à un système encore en état de fonctionnement, donc directement observable comme tel, et par l'enquête active, qui permet d'interroger méthodiquement tout l'univers des relations, paraît préférable, c'est que, comme je l'ai déjà indiqué ailleurs (cf. P. Bourdieu, Lecture, Lecteurs, Lettrés, Littérature, in *Choses dites*, Paris, Éd. de Minuit, 1987, pp. 132-143), les analyses consacrées à un héritage littéraire dont la production s'étend sur plusieurs siècles, risquent de *synchroniser* artificiellement, pour les besoins de l'analyse, des états successifs, et différents, du système et surtout de conférer le même statut épistémologique à des textes qui ont soumis le vieux fonds mythico-rituel à des réélaborations très inégalement approfondies : le « classicist » qui prétend agir en ethnographe risque de traiter comme des informateurs des auteurs qui, comme lui, agissent en ethnographes et dont les comptes rendus et les témoignages, même les plus archaïques en apparence, tels ceux d'Homère ou d'Hésiode, impliquent des omissions, des déformations et des réinterprétations. Le mérite majeur de l'ouvrage de Page du Bois est de décrire un processus d'évolution dont il est clair qu'il s'agit d'un processus de « littéralisation » : et l'on comprend mieux ainsi que cette évolution de l'image de la femme, qui commence avec les analogies, bien connues, entre le corps féminin et la terre labourée (par la charrue masculine), ou entre le ventre féminin et le four, s'achève avec l'analogie, typiquement lettrée sinon littéraire, entre le corps de la femme et la tablette sur laquelle on écrit.
11. Pour une évocation de cette « éducation sentimentale » qui est tout à l'opposé de ce que l'on appelle aujourd'hui éducation sexuelle, voir Y. Delsaut, Carnets de socioanalyse-2. Une photo de classe, *Actes de la recherche en sciences sociales*, 1988, 75, pp. 83-96. Ces analyses dessinent en fait le programme d'une enquête systématique sur les histoires individuelles de l'apprentissage du langage et des pratiques sexuelles, sur les agents, les conditions et les formes de cette *initiation* pour l'essentiel non-intentionnelle et infralinguistique à un monde de tabous et de peurs obscures, bref sur tout ce qui fait la logique spécifique, pour ne pas dire *unique*, de cet apprentissage et qui constitue *le fondement réel de l'efficacité de la psychanalyse comme logothérapie*, c'est-à-dire comme institutionnalisation officielle d'une relation sociale dans laquelle tout un univers d'expériences situées entre l'innommable et l'ineffable peuvent et doivent être parlées et rendues publiques (dans certaines limites) – en dépit des apparences, cette relation s'oppose à celle qu'instaure la *confession catholique*, qui ne fait que reproduire, sans déplacement ni transfert, les structures d'obscurité répressive dans et par lesquelles ont été effectuées les expériences énoncées.
12. Chez les Grecs, le sexe de la femme peut par exemple être construit comme fente, creux, avec la métaphore du sillon, ou comme triangle, avec la métaphore du *delta*.
13. Le lien s'établit aussi entra la taille du nez, *nif*, symbole du point d'honneur, et la taille supposée du phallus. La tradition européenne, qui reste vivace dans l'inconscient masculin contemporain, comme en témoigne le fait que bon nombre d'hommes (autour de

20 %) citent un gros pénis parmi les traits corporels propres à exercer une séduction sur les femmes, associe le courage moral à la virilité physique (« en avoir... », etc.) et établit explicitement le lien entre le volume du nez et la virilité.

14. Le lien morphologique, à première vue surprenant, entre *abbuch,* le pénis, et *thabbucht,* le sein, peut s'expliquer en ce qu'ils représentent deux manifestations de la plénitude vitale, du vivant qui donne la vie, à travers le sperme et le lait.

15. Tous ces mots sont évidemment frappés de tabou ainsi que des termes anodins en apparence (*duzan*, les affaires, les outils, *laglul,* la vaisselle, *lah'wal,* les ingrédients, ou *azaâkuk*, la queue) qui leur servent souvent de substituts euphémistiques.

16. La partie haute, masculine, du corps, et ses usages légitimes, faire front, affronter *(gabel),* regarder au visage, dans les yeux, prendre la parole *publiquement,* etc., sont le monopole exclusif des hommes : c'est donc par la médiation de la division sexuelle des pratiques légitimes que s'établit le lien (énoncé par les psychanalystes, et tant d'autres) entre le phallus et le logos. A preuve par exemple le fait que la femme qui, en Kabylie, est cachée aux regards, sans être voilée, doit en quelque sorte renoncer à faire usage de son regard (elle marche en public les yeux baissés vers ses pieds) et de sa parole (le seul mot qui lui convient est *wissen,* je ne sais pas, antithèse de la parole virile qui est affirmation décisive, tranchée, en même temps que réfléchie et mesurée).

17. Cf. P. Bourdieu, *Le Sens Pratique, op. cit.*, (notamment le tableau synoptique de la page 354).

18. On en a vu un exemple ci-dessus, dans tel dicton à propos de l'organe sexuel masculin. De la même manière, il serait facile de montrer que la littérature féminine ou féministe est souvent conduite par la logique du renversement qui accompagne l'intention de réhabilitation à emprunter ses catégories à la vision dominante contre laquelle elle s'insurge, lorsqu'elle ne laisse pas fonctionner à son insu des catégories de pensée et de langage qui contredisent ses professions de foi libérées.

19. Il s'ensuit que l'analyse d'un tel système permet de corroborer et d'affiner la thèse de Mary O'Brien selon laquelle la domination masculine est le produit de l'effort des hommes pour surmonter leur aliénation des moyens de reproduction de l'espèce et pour restaurer la primauté de la paternité en dissimulant le travail réel des femmes dans l'enfantement (cf. M. O'Brien, *The Politics of Reproduction,* London, Routledge and Kegan Paul, 1981).

20. Cela n'échappe pas à la sagesse féminine qui observe que le travail de la femme est voué à rester ignoré (« Dieu le dissimule ») : « au dedans, elle n'a pas de cesse, elle se débat comme une mouche dans le petit lait ; au dehors (au dessus), rien n'apparaît de son travail » (cf. P. Bourdieu, *Le Sens pratique, op. cit.*, p. 450).

21. Toute l'éthique (sans parler de l'esthétique) tient dans l'ensemble des adjectifs fondamentaux (élevé/bas, droit/tordu, rigide/souple, etc.) dont une bonne part désigne aussi des positions ou des dispositions du corps, ou de telle de ses parties (eg. « le front haut »).

22. Cf. P. Bourdieu, *Le Sens pratique, op. cit.*, p. 358.

23. Pour une analyse de cette logique, voir P. Bourdieu, *La Noblesse d'État,* Paris, Éd. de Minuit, 1989, pp. 18-81.

24. Les pratiques sportives sont un des terrains par excellence pour saisir ces effets de naturalisation, avec l'opposition notamment entre la force (masculine) et la souplesse (féminine).

25. Comme on a pu le voir dans le mythe d'origine, où il découvrait avec stupeur le sexe de la femme et le plaisir (sans réciprocité) qu'elle lui révélait, l'homme se situe, dans le système des oppositions qui l'unissent à la femme, du côté de la bonne foi et de la naïveté

*(niya),* antithèses parfaites de la ruse diabolique *(that'raymith),* tacitement et parfois explicitement accordée à la femme.

26. Et d'abord, dans le cas au moins des sociétés nord-africaines, sa virilité physique (comme l'atteste selon le témoignage, recueilli dans les années 1962, d'un pharmacien d'Alger, le recours très fréquent et très commun des hommes à des aphrodisiaques – d'ailleurs toujours très fortement représentés dans la pharmacopée des apothicaires traditionnels –). Virilité qui est à l'épreuve d'une forme plus ou moins masquée de jugement collectif, à l'occasion des rites de défloration de la mariée, mais aussi à travers les conversations féminines qui, comme en témoignent les nombreux enregistrements qu'avait bien voulu réaliser pour moi, dans les années 60, une amie kabyle, font une grande place aux choses sexuelles et aux prouesses ou aux défaillances de la virilité. Dans les sociétés différenciées, où la force de la différenciation sexuelle tend à diminuer lorsque l'on s'élève dans la hiérarchie sociale (ou, du moins, vers les régions dominées du champ du pouvoir), le poids de la charge virile s'exerce particulièrement sur les dominés qui, sur tous les terrains où ils sont démunis, se trouvent souvent affrontés à des exigences impossibles.
27. Le fait qu'un tel passage soit possible atteste l'indépendance (relative) des modes de reproduction (dans leur dimension strictement domestique) par rapport aux modes de production.
28. V. Woolf, *La Promenade au phare (To the Lightouse),* trad. M. Lanoire, Paris, Stock, 1929, p. 24.
29. La parole paternelle implique aussi une forme de complicité, mais beaucoup plus responsable : elle se situe spontanément dans la logique de la prédiction conjuratrice ou prophylactique, qui annonce le futur redouté pour l'exorciser et aussi comme une menace (« tu finiras mal », « tu nous déshonoreras tous », « tu n'auras jamais ton bac », etc.) et dont la confirmation par les faits offre l'occasion d'un triomphe rétrospectif (« je te l'avais bien dit »), compensation désenchantée de la souffrance causée par la déception de n'avoir pas été détrompé (« j'espérais que tu me ferais mentir »).
30. Et aussi, si l'on veut, la réponse de Mrs Ramsay, qui oppose au verdict paternel une contestation de la nécessité ou une affirmation de la contingence fondées sur un pur acte de foi : « Mais il peut faire beau – je crois qu'il fera beau » (p. 11).
31. Toute la morale de l'honneur n'est ainsi qu'un long développement de la formule fondamentale de l'*illusio* virile, celle qui consiste à dire d'un homme que « c'est un homme » (ie. un *vrai* homme). Les rites dits de passage, qu'il est préférable d'appeler rites d'institution (cf. P. Bourdieu, Les rites d'institution, *Actes de la recherche en sciences sociales,* 1982, 43, pp. 58-63) sont des actes symboliques de discrimination qui marquent non le passage d'un âge à un autre, comme le croyait Arnold Van Gennep, mais la séparation entre ceux qui subissent le rite, les garçons (eg. les circoncis), et ceux qui en sont exclus, les filles ; ce sont des rites de séparation, donc de consécration, qui instituent une différence absolue, une frontière sacrée, entre les hommes vraiment hommes et le reste de l'humanité et qui marquent l'entrée des garçons dans le jeu de la virilité, de la *puissance,* inséparablement sexuelle et sociale.
32. « ... sans répliquer, et prenant l'attitude d'une personne étourdie et aveuglée, elle inclina la tête (...). Il n'y avait rien à dire » (p. 41).
33. Ceci se voit particulièrement bien dans la participation que les jeunes femmes des classes populaires accordent aux passions sportives de « leurs » hommes – et qui, du fait de son caractère décisoire et affectif, ne peut apparaître aux hommes que comme frivole, voir absurde, au même titre, d'ailleurs, que l'attitude opposée, plus fréquente après le mariage, c'est-à-dire l'hostilité jalouse à l'égard d'une passion pour des choses auxquelles elles

n'ont pas accès.

34. La fonction de protectrice de Mrs Ramsay est à plusieurs reprises évoquées, notamment à travers la métaphore de la poule qui bat des ailes pour protéger ses poussins (pp. 29, 30, 31) : « elle prenait sous sa protection la totalité du sexe qui n'était pas le sien et cela pour des raisons dont elle ne pouvait rendre compte » (p. 12, cf. aussi p. 48).

35. En évoquant explicitement le verdict à propos de la promenade au phare et en demandant à Mrs Ramsay le pardon pour la brutalité avec laquelle il l'a asséné (il taquine « non sans quelque timidité, les jambes nues de son fils » ; il propose « très humblement » d'aller demander aux gardes côtiers leur avis), Mr Ramsay trahit très clairement que cette rebuffade entretient une relation avec la scène ridicule et avec le jeu de l'*illusio* et de la désillusion.

36. On pourrait ainsi, pour le plaisir du jeu, opposer une anthropologie fondée sur le paradigme de la *scène de ménage* à une anthropologie qui, comme chez Karl Otto Apel ou Jurgen Habermas, tente de fonder une éthique (kantienne) sur le dialogue rationnel, forme hautement idéalisée et improbable de discours.

37. Toute sa conduite à l'égard de son mari blessé, qui vient chercher sa compassion, dira que Mrs Ramsay a tout compris : « Mr Ramsay répétait, sans cesser un instant de la regarder, qu'il avait manqué sa destinée. (...) Il fallait lui donner plus que cela. C'était de sympathie qu'il avait besoin ; il lui fallait d'abord être assuré de son génie, puis être ramené, réchauffé et consolé, dans le cercle de la vie, retrouver l'usage de ses sens, voir sa stérilité fertilisée et toutes les pièces de la maison pleines de vie » (p. 47). Et l'on découvre plus tard qu'elle connaissait parfaitement la blessure, le point sensible, où son mari pouvait à chaque moment être touché : « 'Ah ! mais combien de temps croyez-vous que cela durera ?' demanda quelqu'un. C'était comme si elle eût eu des antennes qui se projetaient hors d'elle en tremblant et qui, interceptant certaines phrases, les imposaient à son attention. Celle-ci en était une. Elle sentit du danger venant de son mari. Une question comme celle-là conduirait, c'était presque certain, à quelque assertion qui le ferait songer à ce que sa propre carrière avait eu de manqué. Combien de temps continuerait-on à le lire ? se demanderait-il aussitôt » (pp. 126-127).

38. Il est difficile – et sans doute présomptueux – lorsqu'on est un homme de prétendre décrire la vision féminine de l'*illusio* masculine et le recours à des textes littéraires d'une lucidité aussi raffinée que ceux de Virginia Woolf peut seul permettre d'expliciter des expériences dont un regard attentif peut au moins saisir les signes les plus visibles : Je pense par exemple, par analogie avec la scène évoquée dans *La Promenade au Phare*, aux sourires ou aux rires avec lesquels, comme j'ai pu maintes fois l'observer, les femmes accueillent, dans les séminaires ou les congrès, les efforts appuyés des hommes pour affirmer leur présence, et leur droit statutaire à la parole, ne fût-ce qu'en répétant ce qui vient d'être dit par une voix autorisée ou en s'opposant plus ou moins fictivement pour dire leur différence. Conduite qui, il me semble, n'est pas parfaitement transparente à elle-même : outre qu'elle constitue une forme d'*escapism* qui conduit à accepter l'exclusion de fait (liée notamment à la quasi transgression que représente la prise de parole en public, avec une voix vécue comme inadaptée) et la domination masculine sur le jeu, la fuite dans le rire a toutes les chances d'être perçue comme un signe de frivolité attestant l'incapacité des femmes à participer aux jeux sérieux de la pensée.

39. E. Kant, *Anthropologie du point de vue pragmatique*, trad. M. Foucault, Paris, Vrin, 1964, p. 77. Dans la suite du texte, Kant, par un de ces « fondus enchaînés » qui trahissent les associations de l'inconscient, passe des femmes aux « masses », du renoncement qui est inscrit dans la nécessité de déléguer, à la « docilité » qui conduit les peuples à démissionner au profit de « pères de la patrie ».

40. On sait que, dans les enquêtes politiques, les femmes ont un taux de non-réponses qui est toujours supérieur à celui des hommes et que, plus généralement, les femmes tendent toujours à s'accorder moins que les hommes, toutes choses étant égales par ailleurs, les compétences légitimes. Par exemple, dans les enquêtes menées à l'entrée des musées, nombre de femmes interrogées, surtout parmi les plus démunies culturellement, exprimaient d'emblée le désir de céder à leur compagnon de visite le soin de répondre à leur place. Cette attitude obligée ne va pas pour autant sans une anxiété à la mesure du caractère volontariste de la remise de soi. Et je ne puis m'empêcher d'évoquer le regard anxieux que ne cessait de jeter sur moi la femme d'un ouvrier occupé à justifier avec force arguments un achat immobilier manifestement raté.

41. Ceci contre la tendance à enfermer tous les échanges sexuels de l'univers bureaucratique, entre patrons et secrétaires notamment (cf. R. Pringle, *Secretaries Talk, Sexuality, Power and Work*, London, New York, Allen and Unwin, 1988, spécialement pp. 84-103), dans l'alternative du « sexual harassment » (sans doute encore sous-estimé par les dénonciations les plus « radicales ») et de l'usage cynique et instrumental du charme féminin comme instrument de pouvoir.

42. Le souci de la vérité, surtout en des matières qui, comme les rapports entre les sexes, sont particulièrement vouées à la transfiguration, positive ou négative, contraint de dire des choses qui sont souvent tues et qui ont toutes les chances d'être mal entendues, notamment parce qu'elles font partie du discours dominant (c'est ainsi que les intellectuels – de gauche – ont longtemps été protégés contre certaines vérités les concernant parce qu'elles étaient traditionnellement énoncées par les intellectuels de droite). Et le discours de *dévoilement*, s'il est voué à apparaître à ceux qui ont partie liée avec les intérêts dominants comme un *discours de dénonciation* partial et intéressé, a d'autant plus de chances d'être refusé par les tenants d'un point de vue critique, comme *discours de légitimation*, que nombre de discours sur le monde social, à la manière du texte de Kant cité ci-dessus, proposent des normes sous apparence d'énoncer simplement ce qui est. C'est ici l'occasion de rappeler que décrire les mécanismes par lesquels un ordre social s'institue et se perpétue ce n'est pas le justifier. La connaissance scientifique d'une réalité politique a, nécessairement, des effets politiques mais qui peuvent être de sens opposés : la science d'une forme de domination, ici la domination masculine, peut avoir pour effet de la renforcer (dans la mesure où les dominants peuvent l'utiliser pour « rationaliser » en quelque sorte les mécanismes propres à la perpétuer) ; elle peut avoir pour résultat de l'empêcher, un peu à la façon de la divulgation d'un secret d'État, en favorisant la prise de conscience et la mobilisation des victimes.

43. Il va de soi que cette évocation de la vision féminine du beau rôle correspond à un état de la division du travail entre les sexes qui, sur bien des points, est dépassé, notamment avec l'accès d'une part de plus en plus importante de la population féminine à l'enseignement supérieur et à la vie professionnelle, qui entraîne le dépérissement du modèle traditionnel de la femme au foyer et de la vie domestique. Il reste que, dans la situation de transition, l'état archaïque qui a été évoqué ici survit encore très largement dans les pratiques et presque universellement dans les habitus et les dispositions inconscientes.

*Monique BROC-LAPEYRE*
*Université de Grenoble II*

# DE LA VERTU « RAPETISSANTE » D'UNE GRANDE BIOGRAPHIE MAIS COMMENT LES PLUS PETITS DÉTAILS DE LA VIE ORDINAIRE FONT EXTRAORDINAIRE LE DESTIN DE NIETZSCHE

*Un événement bibliographique.* – Maintenant que l'énorme besogne d'édition critique des *Oeuvres complètes* de Nietzsche en français publiées chez Gallimard touchant à sa fin a enrichi notre connaissance de la pensée du philosophe d'une masse impressionnante d'écrits posthumes, il est très opportun de faire le point sur la biographie. Voici qu'une équipe de traducteurs diligents nous offre, six ans après sa parution en allemand[1], les trois tomes, en français, de la grande biographie de Nietzsche, due à Curt Paul Janz[2].

*La traduction.* – Comme toujours les éditeurs sont avares de renseignements précis sur l'opération de traduction. Sur les cinq traducteurs, cités pour l'ensemble du travail, la très grande part revient visiblement à Pierre Rusch, nommé avec Marc de Launay, Violette Queuniet et Maral Ulubeyan pour le premier tome, tout seul pour le deuxième et accompagné de Michel Vallois pour le troisième. Gageons que Pierre Rusch est suisse, comme C.P. Janz, et comme toute l'entreprise qui pourra mettre en valeur la dimension bâloise de la vie nietzschéenne. Le deviner est facile et l'indice donné pourra paraître méchant, mais regrettons que l'excellent manieur de la langue française qui figure dans le premier tome, en la personne de Marc de Launay, n'ait pu relire l'ensemble ; il aurait évité aux lecteurs français de sursauter sur la malencontreuse fausse note d'un « combien que » réitéré qui attire l'œil et écorche l'oreille dans les nombreuses phrases qu'elle endommage.

*Richard Blunck, présent trop absent.* – Le destin du travail biographique accompli par le devancier de Janz, qui en relate les péripéties dans la préface, mérite de retenir notre attention un instant. Richard Blunck a consacré son existence à une biographie de Nietzsche qui a été vouée dès le départ à une trajectoire exceptionnelle. Un premier livre, publié en 1945, a d'abord complètement disparu. R. Blunck, qui s'est remis au travail, publie en 1953 le premier tome, *F. Nietzsche. Enfance et Jeunesse*[3], d'une biographie qui devait comporter trois volumes. Mais R. Blunck accumule sans cesse de nouveaux matériaux, et malade, mourra avant d'avoir achevé le deuxième volume. Et là, Janz va devoir passer un temps considérable à faire décrypter les 21 cahiers laissés par Blunck, usant d'une sténographie inhabituelle, qui exigera l'intervention d'un spécialiste et, dûment retranscrite et déchiffrée, se révéla être une suite de citations nietzschéennes, sans l'ombre d'un commencement de rédaction, criblées d'erreurs, qui plus est.

Ces erreurs obligèrent à reprendre la totalité du premier tome paru pour vérifier les citations, les références, et l'augmenter de tout l'appareil critique. Ajusté et précisé, le premier tome de Blunck est ainsi, complètement digéré, passé dans la grande biographie de Janz pour constituer la première partie du tome I. La préface nous renseigne avec exactitude, mais il n'en demeure pas moins que le travail de Blunck, déjà une fois perdu, a été si parfaitement intégré qu'il n'est plus possible de le considérer à part du travail d'ensemble. On aurait aimé un signe plus distinctif, ne fût-ce que typographiquement, de la présence de Blunck, et puisque Janz est passé maître dans l'exécution des petites stèles dressées à beaucoup de ses compatriotes, parce qu'ils ont approché Nietzsche de près ou de loin, une notice de cet acabit aurait pu être consacrée à Richard Blunck.

Mais la composition et la présentation typographique ont difficilement résolu les difficultés posées puisque les trois volumes se sont répartis, de façon asymétrique, les quatre périodes en lesquelles la vie de Nietzsche est commodément divisée, et les parties 2 et 3 devront être coupées en deux pour appartenir, par moitié, la deuxièmes aux tomes I et II, et la troisième aux tomes II et III. Si Janz considère que son travail peut être utilisé comme un *« dictionnaire de la vie de Nietzsche »*[4] on se demande pourquoi la table des matières est aussi peu détaillée, ne comportant ni les titres, ni les paginations des sous-sections dont sont dotées les trois dernières parties, ce qui rend la tâche harassante et frustrante au lecteur désireux d'un tel usage, à moins de se la bricoler soi-même, procédure de misère quand il s'agit d'une grande édition.

*Les Janz et les Andler.* – Soixante ans après l'extraordinaire monument dressé par le grand germaniste Charles Andler à la vie et à la pensée de Nietzsche[5], les éditions Gallimard font, un bon demi-siècle plus tard, d'une nouvelle biographie nietzschéenne un événement bibliographique de même importance (l'ensemble des trois tomes comporte, à une près, le nombre de pages des trois tomes de Andler : 1704 contre 1703) : cela en dit long sur la permanence de l'intérêt porté à Nietzsche, et sur le renouvellement dans l'approche du même auteur. Remarquons aussitôt qu'à cinquante ans d'intervalle la part proprement biographique a doublé. En effet, le travail de Janz se présente comme seule biographie, selon un rythme à quatre temps : enfance et jeunesse, c'est-à-dire jusqu'à l'arrivée à Bâle, puis les dix années d'enseignement à Bâle, les dix autres années dites du libre philosophe, et le dernier temps, les onze ans et demi de la longue maladie. Les trois tomes d'Andler visaient le double objectif de la vie et de la pensée, comme en témoignent les titres couplés : Tome I : Les précurseurs de Nietzsche. La jeunesse de Nietzsche. Tome II : Le pessimisme esthétique de Nietzsche. La maturité de Nietzsche. Tome III : Nietzsche et le transformisme intellectualiste. La dernière philosophie de Nietzsche. Observons que ces volumes figurent chez Gallimard dans la collection dite « Bibliothèque des Idées ».

Les travaux d'Andler toujours irremplaçables sont encore lacunaires pour le souci d'exhaustivité de notre temps et, jouant sur plusieurs genres à la fois, très touffus et dispersés. Permettons-nous une petite remarque bibliographique. La comparaison entre l'index, dit sommaire, donné à la fin du travail de Andler et celui, au moins cinq fois plus imposant, qui termine les volumes de Janz, montre à l'envi combien les exigences des chercheurs contemporains se sont faites plus précises. Ayons alors la perfidie de noter la présence dans l'index « sommaire » des noms de biologistes connus de Nietzsche, comme ceux de W. Roux et de W. Rolph, qui n'apparaissent pas dans l'index complet. Mais nous aurons assez d'autres preuves déterminantes du sérieux de l'entreprise d'un biographe formé à l'école philologique bâloise dont il a acquis la rigueur et l'acribie. L'étendue et la précision de son érudition ne le cèdent en rien à celle de son illustre prédécesseur.

*Le biographique pur.* – Le souci plus exclusif donné au biographique, enrichi par l'exploitation beaucoup plus intensive et précise de la correspondance et de sources nouvelles, comme le *Journal* de Cosima Wagner par exemple, ne peut cependant supprimer les constantes références à l'œuvre. S'interdire de sortir de la dimension biographique stricte est une gageure intenable, et Janz demande pardon pour avoir néanmoins glissé vers l'interprétation et l'évaluation philosophique de l'œuvre. Mais nous ne lui ferons pas faute de ces manquements. Jamais le lien entre l'existence et l'œuvre ne fut plus fort que chez Nietzsche. L'unité de la pensée et de l'expérience s'y réalise de manière très singulière. Il convenait que soit appliqué à Nietzsche le traitement historique et critique que lui-même a mis au point comme généalogique. Janz l'a fait de façon magistrale. Il donne maints exemples d'une précision sans défauts, ne laissant pas la moindre référence dans l'ombre, rectifiant imperturbablement les fausses attributions. Il pourra même prendre une fois Overbeck en défaut d'exactitude et de compréhension (III, 376). C'est dire la minutie de l'enquête et des vérifications. Mais cette irrécusable puissance dans les réajustements et les mises au point des plus petits détails semble s'emparer de Janz au point que les hésitations de Nietzsche lui-même, ses approximations, pire ses revirements, fût-ce quand il s'agit de décider d'un lieu de vacances, sont un supplice pour Janz qui ne peut du tout les supporter et se laisse aller à l'expression d'un énorme agacement qui prend parfois les allures d'une récrimination indécente. Sur ce point les premiers contacts sont rudes. Cela se produit à la deuxième partie du premier tome, c'est-à-dire quand Janz, après avoir peaufiné, nettoyé et précisé le travail de Blunck, opère tout seul. L'effet est surtout saisissant au commencement, c'est-à-dire dans le premier tome ; dans les tomes suivants le ton changera, Janz sera aux prises avec des problèmes de plus grande ampleur, et la vie même de Nietzsche dans son déroulement pathétique et exceptionnel convertira les fâcheuses tendances de son biographe. Mais l'effet est d'abord désastreux. Il est déjà éprouvant de voir s'étaler sur bien des pages les écrits d'un Nietzsche adolescent, consacrés comme le début de sa vie intellectuelle. Ces préfigurations peuvent aussi bien apparaître comme des défigurations de thèmes développés plus tard, de façon autrement incisive. C'est le prix payé à la piété contemporaine qui ne nous fait grâce d'aucune ébauche, de la moindre note la plus insignifiante des grands auteurs.

Mais que dire de la manière dont Janz réagit aux déclarations de Nietzsche qu'il introduit ou commente par des remarques très discutables, disqualifiantes ou arbitraires ? Quel pédagogue ou quel critique ne se trouve embarrassé pour conseiller un tel instrument d'approche, si un tel ouvrage, bourré d'informations indiscutables et précieuses sur tout ce qui, lieux et gens, entourèrent Nietzsche, donne du philosophe lui-même une image déformante qu'on a nulle envie de présenter d'abord à des lecteurs désireux de faire connaissance.

Cet effet de dénigrement, provoqué par un point de vue supérieur, est d'autant plus insidieux qu'il surgit le plus souvent au beau milieu de pages sobres et savantes du zélé biographe.

Comment ne pas être plus discret et transformer en jugements assurés et claironnants ces confidences acquises par la lecture d'un courrier après tout dérobé ? Voici quelques exemples.

*Nietzsche n'aime pas les animaux comme Wagner.* – Après d'intéressants développements sur la ville de Bâle et l'histoire de son université, Janz consacre de belles pages à Lucerne et nous conduit à Tribschen dans la villa des Wagner pour les rencontres avec Nietzsche où l'enquête se devait d'aboutir. Janz a fait l'inventaire des nombreux habitants de la maison, parents, enfants, amis, nombreux domestiques, auxquels sont ajoutés divers animaux que Wagner aimait comme autant de membres de sa famille : chiens, chevaux, brebis, chats, volailles et paons. Après avoir montré comment la passion de Wagner pour les animaux était exceptionnelle, Janz ajoute dans la foulée, le plus naturellement du monde : *« Nietzsche, malheureusement, ne partagea jamais cet amour de Wagner pour les bêtes »* (I, 265). Pourquoi « malheureusement » quand l'amour de Wagner est tellement inhabituel ? Mais ce n'est pas tout. Dans le droit fil de ce regret exprimé sur la réserve de Nietzsche, accourt une explication doctrinale de cette attitude pour le moins étonnamment sollicitée. *« Il était bien trop homo sapiens et cultivait le pathos de la distance envers la nature inanimée. Ses animaux, l'aigle et le serpent symboliques sont aussi peu aimables qu'ils sont vivants, ce ne sont à vrai dire même pas de véritables animaux, mais des êtres humains servant Zarathoustra sous un masque. De ce point de vue, il resta parfaitement hermétique à cette « nature » que nous trouvons si souvent invoquée sous sa plume » (ibid).* Quelle accumulation de maladresses, de semi-reproches vaut à Nietzsche son rapport aux animaux tout à coup mesuré à l'amour exemplaire de Wagner ! Qui ne sait que le pathos de la distance prôné par Nietzsche ne concernait guère sa relation à l'animal ? Qui moins que Nietzsche n'aurait tenu à mêler les animaux héraldiques de Zarathoustra aux bêtes réelles qu'il n'en a peut-être pas moins aimées pour cela ?

Mais bientôt sont évoqués les fastes de la villa, les fantaisies décoratives de Cosima, le goût du luxe de Richard. Janz oppose tout aussitôt ce style de vie des Wagner aux habitudes simples et austères de Nietzsche pour le faire s'offusquer de façon toute gratuite. *« Comment celui-ci n'a-t-il pas été profondément choqué, comment sa sensibilité si délicate a pu ne pas s'offusquer des incroyables arrangements intérieurs que Mme Cosima s'entendait à inventer sans cesse, voilà qui peut paraître parfaitement incompréhensible ? »* (I, 266). Que Nietzsche fasse constamment le va-et-vient entre Bâle et Trischen où les deux univers sont si différents, cela *« révèle de façon significative le funeste dédoublement de son existence »* (I, 267). Par ailleurs, voilà Nietzsche qui, sans se douter du danger, frôla un autre écueil. Il se lia avec Mme Cosima !

*Nietzsche change ses projets.* – Une vingtaine de pages attestant de longues et patientes recherches sont ensuite consacrées aux collègues bâlois de Nietzsche. Puis nous voici de nouveau tout proches du philosophe. Ce sont, après un lourd semestre d'enseignement, ses premières vacances universitaires d'été, qui traditionnellement sont inaugurées par la « journée des baluchons », coutume bâloise qui veut que, dès la fermeture des écoles et des universités, élèves et enseignants fassent leur baluchon et partent visiter le vaste monde. Nietzsche, perplexe, se demande où aller. Il confie à Rhode que les immenses glaciers ne l'attirent guère et qu'il retournerait volontiers avec son ami dans les forêts de Bohême et de Bavière. Pourtant Nietzsche ira finalement quand même vers les grands glaciers. Et voilà son biographe furieux de ses changements de dernière minute. Si ses revirements prennent souvent *« une forme irritante »* on est en droit de se demander pour qui. Nietzsche aurait-il du se douter qu'un Janz, biographe méticuleux, allait prendre pour argent comptant des projets à peine esquissés et serait dépité de voir ses repères brouillés et sa tâche compliquée. Car Janz s'indigne vraiment : *« Il lui arrive ainsi d'annoncer dans ses lettres, pour le jour même ou le lendemain, un voyage qu'il n'accomplit en définitive pas, ou tout autrement que prévu, ou bien il surgit quelque part de la façon la plus inattendue, sans avoir fait au préalable, ne serait-ce qu'une allusion à une telle visite. Les motifs et les dates exactes sont difficiles à établir* » (I, 298).

Excité alors par les irritations que lui cause l'impossibilité d'avoir toutes les informations nécessaires pour suivre les allées et venues du philosophe, Janz qui s'est emparé avidement de la correspondance de Nietzsche de cette époque, va stigmatiser violemment une autre forme d'instabilité beaucoup plus grave dont témoignerait Nietzsche. Avant même de nous être présentée, la lettre, pièce à conviction, est introduite par un jugement sans appel disqualifiant l'attitude de Nietzsche : « *Le 26 juillet, il écrit d'Interlaquen à Mme Sophie Ritsch une lettre qui témoigne de manière inquiétante du caractère instable et capricieux des jugements qu'il porte sur son entourage et jette une lumière extrêmement ambiguë sur celui qui se voudra le philosophe de l'honnêteté à tous prix* » (I, 298). Avec un tel préalable, comment le lecteur dûment averti, pourrait-il aborder la lettre en toute quiètude ? Il ne lui est presque plus loisible de se laisser aller à ses propres réactions. Une insistance indiscrète fait du lecteur un prévenu fourvoyé dans un procès et tenu d'approuver la sentence déjà donnée d'un Nietzsche versatile et malhonnête.

*Nietzsche et les Suisses.* – La lettre enfin lue montre en réalité que Nietzsche peut avoir la dent dure pour les Bâloises et les Bâlois, ses collègues qu'il dit petits hommes avec leurs petites femmes, abreuvés de bière et de racontars, même et y compris en cette occasion le grand Jacob Burckhardt. Nietzsche s'y moque aussi du patriotisme des Suisses qu'il trouve fielleux et jaunes comme le fromage de leurs brebis. Mais il parle à une Allemande et il choisit donc ses arguments et sa rhétorique. Et depuis quand ne doit-on pas prendre en compte le destinataire de la lettre à lui précisément adressée, quand c'est enfin la permission d'exprimer ce qu'on ne peut dire à ceux qui sont présents ? L'indignation de Janz est trop injuste et trop absurde. Nietzsche ne pourra plus sans contradiction et sans être taxé de malhonnêteté se montrer légitimement fier d'autres aspects de cette société suisse dont il fera partie. Comme s'il ne vilipendait plus la bière lors qu'elle est bue par des Allemands ! Au contraire ses jugements si sévères sur les Allemands ne seront pas seulement consignés dans des lettres intimes, mais exposés au plein jour des parutions !

Janz est vraiment exagérément furieux de ces jugements portés par Nietzsche sur les Suisses, et il trop pressé de dire que Nietzsche sera ailleurs bien fier de se présenter à ses amis comme « libre citoyen suisse » pour n'en pas remarquer que ces susceptibilités sont justement celles d'un Suisse qui supporte mal les moindres critiques sur ses congénères.

Mais Janz est lancé et enfle la voix, il pointe dans les lettres de Nietzsche ce qui se développera plus tard dans ses œuvres philosophiques. « *Nietzsche en tous cas manifeste déjà ici, dans les propos les plus personnels, les plus quoti-*

*diens, les plus anodins, ce pénible penchant pour les remarques méchantes, qui sera toujours plus manifestement le sien. C'est sans doute également là qu'il faut voir l'origine de la manière changeante et si souvent inextricablement contradictoire qui sera celle de ses dernières œuvres philosophiques* » (I, 299). Le comble est quand Janz, dans son souci de précision, indique lui-même que cette lettre n'est en fait qu'un brouillon qui n'a jamais été envoyé !!

Ces lettres de jeunesse font office d'indicateurs venus dénoncer des travers, des vices de constitution et de raisonnement, déjouant d'avance les jugements nietzschéens, les dévalorisant au nom d'un triste tempérament exerçant très tôt des ravages qu'on devine aller en s'amplifiant et qu'on pourra mieux voir à l'œuvre.

Janz sait bien qu'à cette époque il n'est pas possible d'imputer quoi que ce soit à la maladie, mais c'est pour mieux repérer un caractère instable, sujet aux sautes d'humeur, peu maître de lui-même, et finalement un manque de cohérence dans l'existence même de Nietzsche, dont on ne s'apercevra bientôt que trop clairement. Janz y va à pleines mains. Est-ce ici la neutralité bienveillante du savant qui ne se permet aucunement d'intervenir ? Le lecteur est attrapé par les deux manches, sommé de continuer cet itinéraire de découverte d'un jeune Nietzsche peu honnête et bientôt amer, envieux et, pourquoi pas, intéressé ! Le biographe sans sourciller notera, en effet : « *Consciemment ou non il put prendre quelque humeur de ce que les endroits touristiques les plus prisés fussent – déjà ! – si chers, constatant avec amertume que son traitement de professeur ne lui permettait pas un train de vie adapté à sa situation. Il s'en plaint, dit-il, à sa sœur (...)* » (I, 299) et pour le bien montrer, des extraits de lettres nous sont présentés. Or il est impossible d'y trouver trace de la moindre plainte ou amertume. Nietzsche déclare simplement que les endroits les plus intéressants, les plus courus sont aussi les plus coûteux, ce qu'il justifie même par l'éloignement, la difficulté des transports... Il pose seulement des questions précises sur l'état de ses finances, et s'il considère comme un désagrément de ne recevoir son salaire qu'en deux uniques versements, en milieu et en fin d'année, qui pourrait nier que ce n'en soit un ?

Une lettre où Nietzsche remercie Ritschl d'avoir été sa providence pour l'avoir fait nommer à ce poste de philologue est jugée contournée, peu spontanée, si on la compare avec le ton beaucoup plus naturel d'une lettre adressée le lendemain à Carl Von Gersdorff, où il confie à son ami qu'en la présence de Wagner il se sent comme en présence de la divinité. C'est dire que Nietzsche aurait dû plutôt remercier Ritschl pour la proximité de Tribschen et de Wagner au lieu de lui être reconnaissant pour le poste de philologue ! Mais à qui demande-t-on une si exceptionnelle et indésirable sincérité ?

*Les silences de Nietzsche.* – Quand Nietzsche se tait, ses silences en diront long à Janz. Il remarque que Nietzsche tout occupé de l'ivresse de Tribschen, ne soufflera mot de la mort du professeur Otto Jahn, rival malheureux de Ritschl. Janz s'empare vivement de ce silence pour le faire aussitôt parler, et non pas en faveur de Nietzsche, puisqu'il s'exclame : *« L'on peut certes se trahir aussi par ses silences ! »* (I, 304).

Le *Journal* de Cosima nous apprend qu'elle lut à Nietzsche l'esquisse de *Parsifal.* Elle note pour elle-même : *« A nouveau terrible impression ». « Nietzsche ne se prononce pas encore à ce sujet »*, écrit Janz, ce qui tout aussitôt l'incite à se *« demander combien toute cette existence, aussi bien son activité de philologue que son zèle, sa sujétion à l'égard de Tribschen étaient vraiment authentiques ? »* (I, 311). Et cela parce qu'il couvrait en lui cette voix plus profonde qui l'attire irrésistiblement vers la philosophie ! Or cette déchirure – c'est Nietzsche lui-même qui nous l'apprend – c'est lui qui dit se débattre entre ces sollicitations contradictoires, entre ces voix multiples. Alors pourquoi cette insupportable façon d'épingler une soi-disant inauthenticité de Nietzsche ?

*Nietzsche « Heimatlos ».* – Cette année-là, 1870, Nietzsche, gêné par une entorse n'est pas encore parti le 16 juillet, journée des baluchons, et le 19 il apprend la nouvelle de la déclaration de guerre entre la France et l'Allemagne et écrit textuellement à Rhode : *« Au-devant de quoi allons-nous !... Que valent tous nos buts ! peut-être en sommes-nous déjà au commencement de la fin ! Quel désert ! Nous aurons à nouveau besoin de cloîtres. Et nous en serons les premiers fratres. Le fidèle Helvète ».* Ce « fidèle Helvète » peut se comprendre bien facilement, en prenant tout simplement en compte le fait que Nietzsche réside pour l'heure, même si elle est grave, en Suisse et qu'il se dit fidèle à son ami. Or que de gloses perfides à ce propos ! *« Cette signature a beaucoup contribué à faire croire que Nietzsche était devenu citoyen suisse par le fait de son intégration à l'université de Bâle : il n'en fut rien. L'a-t-il cru lui-même ? Comment expliquer, autrement, cette signature trompeuse et, si l'emploi n'en était que métaphorique, à quelle intention pouvait-il répondre ? Ou bien voulait-il simplement inciter Rhode à venir se mettre en sûreté à ses côtés, dans ce pays que sa neutralité protégeait des atteintes de la guerre ? »* (I, 321). On en est atterré ! D'autant que Janz lui-même nous renseigne sur la situation très particulière de Nietzsche. Il n'était pas résident à Bâle d'assez longue date pour pouvoir obtenir la nationalité suisse et il avait par ailleurs abandonné la nationalité prussienne pour que d'éventuelles contraintes militaires ne puissent l'empêcher de remplir ses fonctions d'enseignant. Nietzsche est donc à proprement parler « Heimatlos », sans patrie. Son engagement dans une unité sanitaire allemande, trois semaines plus tard, est donc entièrement volontaire. Comment Janz peut-il avoir des inspirations interprétatives tellement retorses sur des points si peu litigieux ? N'aurait-il pas une animosité inavouée pour celui dont il écrit si patiemment la biographie ? On admet qu'en savant pondéré il ne fasse pas intervenir un enthousiasme chaleureux, mais pourquoi ces distorsions soupçonneuses si manifestement en désaccord avec le goût explicite de Nietzsche pour la droiture et le courage, et qu'aucun acte ne désavoue ? Ces insinuations pèsent lourdement sur la seule période de la vie de Nietzsche qui fut plus légère à porter.

Il convenait de pourchasser les méfaits de ce que Nietzsche dénonçait comme « la vertu rapetissante ». Mais, comme nous le disions, Nietzsche sera bientôt affronté à de grandes difficultés dans sa vie personnelle, et l'œuvre du philosophe prendra aussi de telles proportions que Janz n'aura plus beaucoup l'occasion d'intervenir en importun et rassemblera toutes ses forces pour mener son travail d'enquête biographique qui lui permettra de se prononcer sur l'ensemble de l'œuvre, et de fournir de nombreuses informations pour éclairer, de façon définitive, des points majeurs de la problématique nietzschéenne.

*

* *

Janz récuse le découpage de l'œuvre nietzschéenne en trois parties, et considère que le facteur commun à tout écrit de Nietzsche est d'être une manière de dialogue. Nous discuterons ces deux points.

*Le découpage en trois périodes.* – Janz remet tout à fait en question la périodicité généralement adoptée pour baliser l'œuvre nietzschéenne comme d'ailleurs la plupart des biographies intellectuelles, en trois temps, jeunesse, découverte de soi et pleine maturité de l'œuvre de la vieillesse, à ceci près que l'effondrement de Nietzsche, à quarante-cinq ans, ne lui aurait pas permis de réaliser le grand œuvre projeté. Janz s'oppose fortement à une soi-disant rupture avec *Humain trop humain* qu'il considère comme créée artificiellement pour trouver à toute force un semblant de tripartition. *« C'est introduire au sein d'un processus continu et profondément cohérent une tension, voire un hiatus, en tous cas un élément conflictuel qu'il est impossible de faire cadrer avec l'image fournie par les données historico-biographiques et qui entrave la juste compréhension d'*Humain trop humain *que de l'ensemble de l'œuvre nietzschéenne » (sic)* (II, 253). De même Lou se trompera quand elle établit une différence entre la deuxième période « positive » qu'elle dit se terminer avec *Le gai savoir* pour mettre à part la dernière période créatrice qui renoue, selon elle, avec sa première philosophie métaphysique[6]. Pour refuser cette autre coupure Janz va s'appuyer sur le témoignage d'un théologien protestant, Julius Kaftan, qui fut, quelques années, collègue de Nietzsche à Bâle, mais qui eut surtout l'occasion de nombreux entretiens avec Nietzsche à Sils Maria, pendant trois semaines, en août 1888. A Kaftan, auquel Ch. Andler n'avait consacré qu'une dizaine de lignes assez anodines[7] Janz va faire jouer un rôle qu'on peut juger disproportionné. Il s'appuyera sur son témoignage pour contredire non seulement l'interprétation de Lou, mais celle d'Overbeck. C'est que Julius Kaftan est un maillon indispensable à la démonstration d'une idée à laquelle Janz semble tenir. Il déploie beaucoup d'énergie à la défendre, alors que le jeu n'en vaut pas la chandelle.

*Les dialogues nietzschéens.* – Pour Janz, Nietzsche n'écrit toujours que dans une situation polémique, sous le coup de stimulations venues d'une controverse. Ses livres sont, comme les écrits platoniciens, exclusivement des Dialogues[8], à charge pour le biographe de découvrir l'interlocuteur qu'à la différence de Platon Nietzsche ne révèle pas. Ce serait vrai sinon de la moindre ligne, du moins de la plus courte sentence ou de l'aphorisme. Mais, du coup, l'identification de l'interlocuteur excède les possibilités du seul biographe, et Janz lance un appel à ceux qu'il désigne comme les philologues auxquels revient de droit, dans le partage du travail, le rôle de repérer dans quelle mesure les nombreuses lectures, soigneusement répertoriées que fait Nietzsche à l'époque d'*Aurore* et où figurent bon nombre d'écrivains français, se sont répercutées *« dans les nouveaux aphorismes produits par Nietzsche à cette époque, combien il s'y trouve de réponse, de prise de position dans le dialogue intellectuel engagé avec ces auteurs et ces idées, ce serait là une vaste tâche qui mériterait une étude particulière »* (II, 238).

Pour *Humain trop humain* Cosima Wagner avait stigmatisé l'influence néfaste du docteur Rée. Janz y ajoutera une liste impressionnante, d'où il ressort que les interlocuteurs de Nietzsche peuvent tout aussi bien être des textes, des événements que des gens. Ce qui rend la soi-disant découverte de Janz encore plus dérisoire. Il énumère, en effet, au nombre des partenaires avec lesquels Nietzsche bat l'épée, *« Schopenhauer, Wagner, la dogmatique chrétienne, l'esthétique romantique et la doctrine du génie, mais aussi l'actualité politique, et notamment les menées de jour en jour plus virulentes des partis socialistes allemands »* (II, 254).

Kaftan est l'interlocuteur de l'*Antéchrist.* Il apporte la preuve que Nietzsche n'a aucunement renoncé au positivisme. Nietzsche ne mènera jamais à bout la grande œuvre systématique maintes fois projetée, car il ne peut pas résister aux sollicitations intellectuelles du moment, ce qui le détourne indéfiniment de sa tâche principale, fixée sous le vocable que Janz trouve si malencontreux de volonté de puissance.

Les échanges avec Julius Kaftan vont conduire Nietzsche à écrire l'*Antéchrist,* désigné par Janz comme *« un manifeste contre Kaftan et le point de vue dogmatique sur le Christianisme »* (III, 353). D'autre part, Kaftan apporte l'irréfutable témoignage qu'en août 1888, Nietzsche est toujours aux prises avec une méthode philologico-historique positiviste, qu'il se trouve encore dans les mêmes dispositions que six ans auparavant avec Paul Rée et Lou. Kaftan peut constater, nous dit-il, *« la structure positiviste inaltérée de la personnalité du philosophe »*, ajoutant que le *« fait que celui-ci ne se satisfaisait pas du positivisme et avait entrepris de le pousser au-delà de lui-même ne change rien à cette exigence fondamentale »* (III, 359).

Ces mises au point, permises par la minutie de l'enquête biographique, peuvent modifier les appréciations du sens et de l'importance des œuvres de Nietzsche. De ce qu'il glane dans le contexte d'une relation épistolaire très marquée par l'humeur de Nietzsche, de ses préoccupations du moment et de celles de son destinataire, Janz fait varier l'ordre de grandeur et d'importance de l'ensemble des publications. Quand G. Brandès remercie Nietzsche pour l'envoi de ses livres précédents qui lui ont mieux permis de le comprendre, confiant : *« Je m'étais trop abruptement lancé dans* Zarathoustra. *Je préfère m'élever pas à pas que plonger tête première dans un océan »* on peut à juste titre en tirer leçon pour préférer lire Nietzsche en commençant par les premières œuvres. Janz, lui, qui manifestement n'aime pas beaucoup *Zarathoustra*, y prend appui pour en parler comme d'une digression poétique, ou plutôt, mais la nuance insistante ne provoque que surenchère, *« digression dans le domaine du poétique »* (III, 320).

D'une autre lettre à Carl Spitteler, dont on a bien des occasions de savoir que sa compréhension de Nietzsche était déficiente, et auquel Nietzsche recommande de commencer par *Par-delà bien et mal*, Janz sort cette injonction de son contexte, et, du coup, consacre *Par-delà bien et mal* en ouvrage fondateur, donnant des neuf « parties-chapitres » une analyse textuelle de vingt pages qui ne sont pas du tout du registre biographique.

On voit la distorsion induite par le fait de mettre rigoureusement sur le même plan les confidences épistolaires imposées par des finalités anecdotiques et des tribulations circonstancielles et les œuvres méditées et écrites pour la parution.

N'y a-t-il pas un encombrant paradoxe à vouloir si vainement faire des livres de Nietzsche des Dialogues à la manière platonicienne, alors que Nietzsche a justement dénié cette caractérisation à Platon lui-même pour en faire le premier écrivain de roman ?

Les sollicitations multiples, les accents polémiques ne sont que les expressions adoptées par un poignant monologue, même si Nietzsche, en grand écrivain, varie à l'infini les pratiques d'écriture, et aussi bien les simulacres de dialogue. Loin d'être une « digression poétique » les manières de prédications des discours de Zarathoustra marquent le temps fort de l'enseignement d'un philosophe qui sait, de désespérante certitude, qu'il parle tout seul.

Le voyageur qui parle avec son ombre peut-il sérieusement apporter argument au caractère du dialogue, quand il met en pleine lumière cet étrange rapport au double où le solitaire s'invente, pour pouvoir parler, un partenaire qu'il prélève sur lui-même, comme dans ce texte impressionnant d'un soliloque d'Oedipe, Narcisse d'un nouveau genre, amoureux de sa propre voix[9].

Et puis n'est-ce pas aller à l'encontre des révélations de Nietzsche, herméneute de ses propres textes, qui *anticipando* ne parle jamais que de lui-même, alors même qu'il se propose de parler de quelqu'un d'autre ?

Avec *Humain trop humain,* en somme, tout est changé : l'échelle de grandeur des thématiques nouvelles, au point que Janz reconnaît que Nietzsche n'en peut plus faire simplement une autre considération inactuelle. Mais il veut absolument biffer ce qui pourrait être pris pour une rupture ; le seul changement serait celui de l'interlocuteur. Cette réduction est d'autant plus insignifiante, pour finir, que cet interlocuteur peut aussi bien être réel qu'imaginaire, et homme aussi bien que livre ou événement.

Restait un point essentiel : le changement d'écriture. Qu'à cela ne tienne, Janz en viendra à bout. Examinons comment : *« La nouveauté du livre est d'autre part dans son style, la forme aphoristique de son propos. Mais cela ne concerne justement que la forme, non le fond, et il reste à se demander si Nietzsche a vraiment, ainsi qu'on l'affirme souvent, trouvé dans l'aphorisme la forme appropriée à sa nature. Que ç'ait été la forme approprié au mode de travail qu'il s'était vu imposer par la maladie, cela ne fait pas de doute »* (II, 255). Ces modes de questionnement sur la forme soigneusement détachée du fond, et appropriée ou non à la nature de Nietzsche, nous ramène brutalement à une ère précritique, antédiluvienne, impossible à réanimer. Mais prenons alors ce problème de forme par le fond. Nietzsche se voit ici, sans autre forme de procès, voué à l'aphorisme par indigence physiologique ! Pourtant Janz nous rapporte lui-même de quoi alimenter notre propos.

En 1888 dans le supplément du nouvel an au quotidien *Bund* de Berne, Carl Spitteler a consacré un article à Nietzsche qui l'a fait sursauter. Mais, dans ce silence atroce qui l'accable, où les parutions consécutives de *Par-delà bien et mal* et de *La généalogie de la morale* n'ont suscité aucune réaction, pas même de ses amis, Nietzsche se retient plus d'un mois. Et dans sa lettre à Spitteler, parle de lui, Spitteler, comme d'un tiers qui s'est trouvé confronté à une tâche écrasante, incapable de discerner les problèmes développés et de le comprendre le moins du monde, et qui a osé écrire : *« Les brèves sentences lui réussissent le moins »* (III, 299) Nietzsche glose : *« (et moi, âne que je suis, qui m'imaginais que depuis la naissance du monde personne n'avait maîtrisé comme moi la sentence lapidaire : témoin mon* Zarathoustra*» (ibid)* et il continue sur ce ton. Visiblement Nietzsche est dans une rage douloureuse, outrancière, il fulmine et pulvérise Spitteler. Il ironise cruellement sur lui-même. Mais Janz commente imperturbablement, venant sur cette tempête ajouter son grain de sel cultivé, nous apprenant que

Nietzsche *« en se posant maître de la sentence lapidaire depuis la naissance du monde oublie l'art épigraphique antique qui représente un genre littéraire particulier, parvenu à une large extension et à la plus haute perfection antique » (ibid).* Quant à la présomption manifestée par le philosophe *« particulièrement à l'égard de son* Zarathoustra *» (ibid),* oui, décide-t-il, elle est outrée. Que Janz vienne à ce propos donner des leçons de modestie et de culture hellénique, on en reste muet. Et c'est lui qui dira que Nietzsche n'a pas d'humour !

*

* *

*Janz et Nietzsche musicien.* – S'il est un domaine où l'apport de Janz à la connaissance de Nietzsche est incontestable, c'est celui des compositions musicales du philosophe. Non seulement il a mis au point chaque partition pour en permettre l'édition, mais il en a su toutes les conditions de production. Cet énorme travail de recherche avait déjà grandement contribué à sa connaissance de la biographie nietzschéenne (C.P. Janz, Friedrich Nietzsche, *Der musikalische Nachlass,* Bâle et Kessel, Bärenreiter, 1976). Janz est tout à fait qualifié pour évaluer l'ensemble de la production musicale de Nietzsche.

Pour avoir d'abord une idée de son importance qualitative, notons que Nietzsche enfant et adolescent, de 11 à 17 ans, a composé une musique religieuse médiocre qui, dans l'édition des partitions, figure à la suite des 163 pages musicales estimables de Nietzsche. C'est donc une œuvre sérieuse et non un simple divertissement d'amateur. Il est autant autodidacte en musique qu'en philosophie. Mais, si sa réussite philosophique est exceptionnelle, la production d'autres musiciens éclipsera son apport musical. Ce n'est pas qu'il n'y eût jamais d'autodidacte dont la réussite ne fût aussi magistrale en musique que celle de Nietzsche en philosophie. Janz énumère, au contraire, toute une série de noms de musiciens prestigieux, autodidactes au temps de Nietzsche, et appartenant au cénacle pétersbourgeois : Cui, Glincka, Balakirev, Moussorgski, Borodine, Rimski-Korsakov. Mais au moins Nietzsche a égalé *« par la profondeur et la force de l'expression certains des musiciens « de métier » parmi ses contemporains, mais ceux-là seulement que l'éclat d'un Brahms ou d'un Schumann a éclipsés à nos yeux »* (II, 71). Plus que dans les morceaux de bravoure d'une musique évocatrice ou descriptive comme l'Ermanarich-symphonie, c'est dans les mélodies brèves d'une musique lyrique que Nietzsche est le meilleur. De toutes ses compositions, une seule aura assez d'importance pour que Nietzsche la fasse imprimer. *Hymne à l'amitié* d'abord, elle fut maintes fois réécrite et modifiée, devenue *Hymne à la vie,* par l'intégration du poème de Lou Salomé, orchestré avec l'aide P. Gast, Nietzsche ne cessera de le retoucher jusqu'à la fin de sa vie psychique active. Il souhaite l'entendre joué et chanté dans les cathédrales de Bâle, si ce n'est de son vivant, au moins à sa mémoire et désire que *« cette musique puisse venir suppléer à la parole du philosophe, lorsque celle-ci par la nature même de la parole, doit rester indistincte. C'est l'élément affectif qui s'exprime dans cet hymne »*[10]. Mais c'est aussi contredire Janz affirmant que *« Nietzsche se sert de la musique exactement de la même manière que de la langue : dans le but de maîtriser et de transmettre certaines pensées, certains sentiments »* (II, 71). Pour Nietzsche la musique doit justement communiquer par les sons ce qui ne peut l'être par les mots. La musique est essentiellement une sémiologie des affects.

*Nietzsche et Wagner.* – Cet hymne est une tentative ultime et pathétique de Nietzsche pour se faire entendre des Allemands. Ne fait-il pas sonner et signifier la langue philosophique comme Wagner la musique ? Comment peuvent-ils ne pas reconnaître dans les mots de Nietzsche ce qu'ils aiment entendre dans les sons de Wagner ? Cette idée que Nietzsche est, en philosophie, ce que Wagner est en musique est enthousiasmante et elle est du goût de Nietzsche et, sans doute, de Wagner. Cela Janz l'a compris. Cependant, pour ne pas se perdre dans un dédale de malentendus, il faut vite expliciter. Le combat de Nietzsche contre Wagner est un combat idéologique. Nietzsche s'est dépris avec violence d'un Wagner schopenhauerien. Il déteste *Parsifal* mais il en adore la musique (il demandera si Wagner a composé quelque chose de plus beau). Elle lui est un piège mortel où il risque de se dissoudre. Mais la musique de Nietzsche n'a rien de wagnérien. Quand il dira plus parsifalesque que *Parsifal* l'oratorio de Noël qu'il avait composé à 16 ans et qu'il retrouve inopinément, il ne peut être question de la musique, mais de *« la volonté de mettre en œuvre la musique comme medium de l'expérience chrétienne de la transcendance, de ne lui reconnaître d'autre fonction ni de plus haut accomplissement que dans ce suprême domaine d'expression seul authentique ; il s'agissait donc dans un cas comme dans l'autre de ne pas laisser la musique s'accomplir comme musique, mais comme véhicule émotionnel du mystère chrétien »* (II, 421).

Dans la musique de Nietzsche, on peut entendre l'influence de Beethoven, de Schumann, Chopin, Lizt, jamais celle de Wagner. Et si le leitmotiv est présent chez Nietsche, c'est dans sa philosophie, non dans sa musique. C'*« était devenu, depuis la IXème symphonie de Beethoven, un procédé formel souvent utilisé que de rappeler en cours de composition et particulièrement dans la phrase finale, les thèmes initiaux d'une œuvre. La technique wagnérienne du leitmotiv avait ensuite appliqué à l'opéra cet élément unificateur de l'écriture symphonique. Il nous semble que ce principe architectonique « enfanté par l'esprit de la musique » est également à identifier dans l'œuvre philosophique de Nietzsche »* (III, 197). Janz tient là une idée qu'il exploite de mille manières. Encore une fois il donne une place incomparable à *Par-delà bien et mal,* prélude à une philosophie de l'avenir (il faut dire que cela consonne bien avec la musique de l'avenir) et il déploie l'analogie de l'œuvre philosophique de Nietzsche avec la musique wagnérienne[11]. *« C'est comme le prélude d'un grand opéra qui précède l'action principale et dans lequel les thèmes et les motifs principaux selon la technique wagnérienne du leitmotiv, appliquée à la philosophie, apparaissent une première fois fondus ensemble en une forme autonome. Et qui sait si Nietzsche, étant spirituellement lié à Wagner comme il l'était, il ne faut pas voir ici la même volonté formelle que dans le projet wagnérien du* Ring, *lequel fait succéder le corps de la trilogie au prélude de* L'or du Rhin *dans l'unité de la trame ininterrompue des leitmotive, eux-mêmes développés à partir d'un seul accord fondamental. Dans cette perspective* Par-delà bien et mal *serait* L'or du Rhin *de Nietzsche. Mais son action principale se clorait alors sur la bouffonnerie d'un* Crépuscule des idoles *»* (III, 263).

En été 1887, Nietzsche écrira *La généalogie de la morale* en état d'inspiration foudroyante. Janz en parle ainsi : *« Les mots et les phrases qu'il jette dans ses carnets mugissent comme une tempête, comme une impétueuse musique wagnérienne ou comme les bourrasques de föhn dans les vallées alpines » (ibid).*

Qu'on ne se méprenne pas. Nietzsche ne combattra pas Wagner mais le romantisme. Et c'est le sens de sa violence inattendue contre Brahms dans *Le cas Wagner.* Bizet contre Wagner, ce n'est pas sérieux, mais cela permet de désigner l'ennemi dans le romantisme en musique comme en philosophie. L'alternative n'est pas Wagner ou Brahms mais entre « Wagner et Brahms » et le dépassement du romantisme allemand. Nietzsche lui-même se débat contre les mêmes démons. Encore une fois il est en philosophie comme Wagner en musique. Ce qu'il dénonce chez Wagner, ce polype musical de la mélodie continue qui ne conclut jamais, n'est-ce pas aussi ce qui caractérise Nietzsche qui ne peut pas achever ? *« Se perdre dans la mélodie continue dans la discussion philosophique, dans la confrontation, la juxtaposition perpétuelle de motifs et de thèmes, toujours tenus en suspens par un retard, une réserve ou une anticipation irrésolus, progressant en rapports dissonants, ajournant continuellement l'accord final : tel est bien le danger qui guette Nietzsche, et qu'il discerne dans l'œuvre wagnérienne comme dans un miroir »* (III, 342).

Et quand Nietzsche dira, en 1887, buter contre un problème d'esthétique musicale qui s'agrandit au point de lui rendre problématique la place de l'art tout entier, quand il se demande ce qui a bien pu se passer en lui-même pour s'être ainsi éloigné de la musique de Wagner, après avoir écarté antérieurement celle de Schumann, et senti monter un tel besoin d'une autre musique pour s'en guérir, Janz lui-même pourrait fournir un élément de réponse, en parlant des différences d'orchestration. *Wagner et avec lui l'orchestration allemande contemporaine s'attache à marier les sonorités en confiant une même voix à divers instruments : l'exemple typique de ce procédé étant justement le prélude de* Parsifal *où l'on ne distingue pas, le plus souvent « flûtes », « violons » ou « trompettes », mais cet unique instrument qu'est l'orchestre. La technique française au rebours vise la netteté du son, la transparence instrumentale. C'est ce que Nietzsche trouve en Bizet »* (III, 341). De plus sa musique est précise, construite, achevée, tandis que *Wagner, en effet, entretient souvent la tension en ne concluant jamais. Ainsi dans le prélude de* Tristan *où l'élément (présumé) de base, l'accord de tonique de* La *mineur n'apparaît jamais à l'état pur. Il demeure toujours un facteur de tension, un accord non résolu (le terme de « dissonance » serait déjà excessif ou bien trop conservateur), soit comme retard, soit comme anticipation, soit encore comme quelque écho attardé au sein de la progression harmonique de la pièce. Même, à plus grande échelle, les scènes se succèdent sans conclure, elles se fondent l'une dans l'autre sans former un ensemble d'un seul tenant. Les motifs n'en sont pas, comme dans un « développement », élaborés, soumis à variation, mais opposés tels quels, les uns aux autres, dans un perpétuel mouvement de juxtaposition. La* Carmen *de Bizet, à l'opposé, est un « opéra à numéros » dans lequel se succèdent des pièces musicales autonomes, dont chacune « conclut », retombe sur ses pieds et prend une forme achevée » (ibid).*

*Peter Gast.* – Ce n'est pas que Nietzsche n'aime pas la musique de Wagner, il ne la supporte plus nerveusement. Il doit se l'interdire, en médecin de lui-même. Sa santé lui impose un goût musical nouveau, et il a un besoin urgent, pour vivre et penser, d'une musique nouvelle. Son ami Heinrich Köselitz est, à portée d'oreille, le musicien de ses rêves, très précisément capable de composer ce qu'il aime. Sa musique a sur lui un effet de stimulation heureuse, irremplaçable, qu'il éprouvera encore quand il sera abîmé dans une complète obscurité psychique. Il en sifflait les airs avec bonheur et la réclamait comme un bienfait incomparable. Alors la voulait-il partagée et reconnue. Il ressuscitait chez Heinrich Köselitz une énergie créatrice défaillante, et il a dépensé une ténacité incroyable pour faire jouer et entendre cet ilôt de musique méridionale perdue dans l'océan de musique romantique allemande. Le nom de Peter Gast qu'il lui a donné ne l'a pas fait connaître comme musicien, et il doit toute sa célébrité à la gloire de Nietzsche qu'il a aidé de toutes les manières, des plus incontestables jusqu'à des initiatives plus douteuses quand, irremplaçable pour transcrire l'écriture nietzschéenne illisible qu'il avait déchiffrée et recopiée toute sa vie, il s'est permis plus tard, aux Archives, de parfois modifier.

Nietzsche ne réussira pas à faire de son maestro Pietro Gasti, dont la musique lui semblait être la plus harmonieuse interprète de sa philosophie quelqu'un d'autre qu'un préposé aux écritures, fussent-elles musicales. Peter Gast est le musicien que Nietzsche aurait aimé être, techniquement parlant, il aura recours à lui pour orchestrer son *Hymne majeur* à l'Amitié d'abord, à la Vie pour finir.

On a souvent parlé de la belle tête de musicien de Peter Gast, mais qui a remarqué (puisque quelqu'un l'a fait) qu'il ressemblait à Richard Wagner ? Le 1er février 84, il lui écrira : *« Entre-temps je me suis pris d'un tel désir pour votre musique que vous me verrez sans doute arriver à Venise sans crier gare. C'est un de ces désirs tels qu'il vous en vient au sortir d'une grave maladie ; je ne pense pas que vous trouviez dans le monde entier d'oreilles aussi avides de vous entendre, cher ami ! »* et le 25 : *« je suis littéralement assoiffé de votre musique (...) La musique est de loin la chose la plus précieuse ; je souhaite plus que jamais être musicien »* (III, 41). En 1887, il réclamera avec autant de force les mélodies de Gast (cf. III, 261).

*Nietzsche, musicien dans ses livres.* – Comme compositeur, et il y a tout lieu de le penser, également comme improvisateur, Nietzsche était un musicien irrémédiablement mélancolique et romantique. La musique qui montait en lui n'exprimait que douleur et larmes. Qu'il fut surtout un improvisateur de génie, quelques rares amis très proches et excellents musiciens en témoigneront, pour y remarquer aussi ces accents pathétiques, mais Nietzsche était capable de déchiffrer les partitions les plus compliquées, et, en l'absence de piano, de se délecter de la musique imaginée à la seule lecture des notes.

Que Nietzsche ne soit jamais parvenu à réaliser l'édifice philosophique dont il tente sans cesse de jeter les bases permet à Janz de dire qu'il reste en cela aussi ce qu'il fut, d'abord et surtout, comme compositeur, un fascinant improvisateur. Mais c'est parce qu'il réitère et reproduit de cent manières ses inspirations musicales et ses pensées philosophiques qu'il peut, saisi d'une inspiration fulgurante, les proposer parfois dans un état de perfection achevée en un temps d'intensité inouïe.

Tout en insistant sur *« toutes les réserves appelées par cette sorte de détournement terminologique d'un genre artistique à un autre »* (II, 491) Janz prendra à la lettre la déclaration d'appartenance du *Zarathoustra* à la musique. Et il fera de méritoires efforts pour l'évaluer comme œuvre musicale. On pourra, comme Nietzsche, dire le *Zarathoustra*, symphonie, à condition de donner au mot un sens très général, analogue à la notion antique d'harmonie, de cosmos. Nietzsche lui-même, qui a d'abord désigné la troisième partie comme le finale, y adjoindra, un an plus tard, avec la quatrième partie, un autre finale. Mais Janz y décèle savamment des structures musicales, reconnaissant en chaque partie du *Zarathoustra* des formes en arc ou droite, avec rondo, passacaille, leitmotiv (II, 490).

Musicologue averti, Janz risque des analyses psychologiques beaucoup plus douteuses. Comme bien d'autres, Janz a mis le besoin fondamental de musique chez Nietzsche en relation avec le père prématurément disparu, lui aussi prédicateur et musicien. Mais Janz affirme que les compositions du jeune Nietzsche sont la conversion en une activité esthétique d'une impossibilité à croire. Le jeune Nietzsche, incapable d'avoir la foi, y supplée en composant de la musique religieuse. Devenu adulte, assumant tout à fait son athéisme, Nietzsche composera des hymnes à l'amitié. Or il échoue dans ses compositions à l'amitié que sont la *Monodie à deux,* la *Manfred-Méditation* et... l'*Hymne à l'amitié,* comme il échoue dans ses amitiés elles-mêmes ; c'est que *« tout comme pour la religion »* il chercherait à compenser *« par le détour de l'esthétique, une inaptitude fondamentale à la véritable amitié »* (II, 73). N'est-ce pas se prononcer sans la moindre hésitation, presque en aparté, et au beau milieu d'analyses serrées, sur une question qui outrepasse les attributions du biographe ?

Que, sans exception, toutes les partitions de Nietzsche soient dédiées ou offertes à quelqu'un en particulier permet à Janz d'insister sur le rôle de l'impulsion affective, moteur indispensable à la créativité musicale de Nietzsche. Quand dans l'été 1877, aux prises avec le démon de la musique, il n'y a plus aucun destinataire possible (mais alors d'où vient l'impulsion ?) Nietzsche l'adressera encore, comme une gageure impossible à tenir, à la solitude. C'est une situation intolérable qui, pour Janz, explique qu'aucune note de cet hymne à la solitude n'ait été conservée, et que Nietzsche fut, dès lors, contraint à abandonner pour s'exprimer, le medium de la musique (cf. II, 235).

*Janz puritain et censeur.* – Il est peut-être impossible au biographe scrupuleux de taire la moindre indication sans paraître faire obstruction à la tâche de divulgation spécifique qui est la sienne. Il faut alors assumer l'impudeur qui fouille les correspondances et fait état et étalage des détails croustillants. Tout grand auteur n'a-t-il pas son enfer, ses textes licencieux, ses « erotica ». Nietzsche, en ces matières, est très discret, et n'a rien publié de ce genre, même pas sous le manteau. A part le beau texte cynique et macabre de Nietzsche adolescent, *Euphorion* que Pierre Klossowski[12] avait déjà exhumé et exalté et que Janz va qualifier de cauchemar pubertaire, les plus grandes audaces de Nietzsche seront scatologiques, renvoyant au stade sexuel archaïque, urétro-anal. Parmi les versets de deux lignes qui préluderont au *Gai savoir* l'un d'eux avait été censuré dans la correspondance et Janz nous le rapporte :

*« De point trop libérale humeur*
*Car seuls les chiens chient à toute heure »*

Janz n'ajoutera rien, mais il nous aura assez fait connaître les difficultés digestives de Nietzsche pour que soit mise en rapport sans grande science analytique cette revendication d'un droit à la rétention et ses problèmes intestinaux. Mais la lecture de la lettre du 13 mai 1888 à Richard von Seydlitz le met en présence d'un passage qu'il dira véritable rébus psychologique : *« Hier j'ai imaginé une scène d'une moralité larmoyante, pour parler comme Diderot. Paysage d'hiver. Un vieux cocher qui, avec l'expression du plus brutal cynisme, plus dur encore que l'hiver alentour, urine sur son propre cheval. Le cheval, la pauvre créature outragée, tourne vers lui un regard reconnaissant, très reconnaissant »* (III, 332). Janz est visiblement très mal à l'aise ; il met pourtant ce texte dans la pure tradition de Diogène le cynique, que Nietzsche relit dans Diogène Laërce, puisque dix jours plus tard, il en fera une citation. Il dit *« cette triste image »* tout à fait isolée dans le paysage mental très ensoleillé de Nietzsche, à ce moment, et il s'interroge sur cette curieuse manière qu'a Nietzsche de badiner, manière qui, visiblement, ne lui agrée pas. C'est encore pour lui la preuve d'un radical manque d'humour de Nietzsche et d'une aptitude au grotesque que le poème « Les filles du désert » dans *Zarathoustra*[13] exhibe jusqu'au mauvais goût. Dire Nietzsche, ce polémiste féroce, plein d'esprit, railleur et insolent, dépourvu d'humour, laisse perplexe. Quant au rébus psychologique ne pourrait-il être, simplement, une indication d'un désert affectif infernal, où un pauvre cheval peut, dans une solitude glaciale, se sentir un instant plus réchauffé qu'humilié par un maître qui lui pisse dessus ? Qu'un tel fantasme induise l'identification de Nietzsche au cheval, l'autre scène fameuse de Turin où, en pleine crise de démence, il fondra de compassion pour un cheval battu, y pourvoiera.

Si chevaux et chiens ne font pas partie du bestiaire nietzschéen, ce sont les seuls animaux que Nietzsche a réellement approchés, et il éprouvera pour eux de la pitié, lui, qui, bien avant d'être foudroyé par la maladie impitoyable, signait parfois les lettres à sa mère : ta pauvre créature. Janz, qui nous a si minutieusement révélé la poignante détresse que Nietzsche a si héroïquement cachée, est-il fondé à se faire tout à coup le censeur d'un mauvais goût ?

*

*  *

*Nietzsche politique. Le PROMEMORIA.* – Sur la question sociale, Janz sera court et brutal. Le silence de Nietzsche sur les révoltes ouvrières, dont il a été le contemporain à Bâle, n'est pas équivoque. Nietzsche n'a jamais fréquenté que les milieux patriciens et bourgeois de la société bâloise, et il a tout simplement adopté leur point de vue sur ces événements, sans aucunement *« prendre la peine de se forger une véritable opinion personnelle »* (II, 23). Nietzsche se voulait libre penseur, sans ambition personnelle politique et sociale, fixant dans *Schopenhauer éducateur* le portrait du philosophe solitaire. Et Janz prend brusquement Nietzsche à partie, le discréditant avec une violence surprenante et grossièrement injuste : *« Mais cet exigeant et grandiose modèle qu'il avait tracé, Nietzsche lui-même ne fut pas le moins du monde en mesure de s'y conformer tout d'abord, il lui manqua encore une fois la force de caractère nécessaire. Bien au contraire : il caressa, encore quelques années, l'idée d'esquiver toute difficulté par un bond audacieux dans les pantoufles de l'homme marié, ce à quoi il ne put davantage se résoudre. Il se contenta donc pour l'instant d'entretenir ses amitiés anciennes et nouvelles et de reprendre une part plus active à la vie mondaine bâloise »* (II, 67). On ne sait ce qui soudain autorise Janz à ces féroces coups de semonce, qui viennent, tout à fait incongrus, maculer de façon véhémente le travail de restitution qu'il accomplit. En revanche il fera un point très net sur les conceptions politiques de Nietzsches, hostile aux menées nationalistes et favorable à l'Europe.

Ces passages consacrés au Nietzsche européen auraient dû constituer un chapitre à part au lieu d'être enserrés étroitement entre des relations d'incidents biographiques occasionnels.

Nietzsche conçoit l'Europe beaucoup plus comme un espace culturel issu de l'Antiquité que comme un découpage en nations. Janz va donner une très grande importance à l'angoisse politique de Nietzsche l'année précédant son effondrement. Il sait l'Europe en grand danger de guerre, il sait que Bismarck fait jouer à l'Allemagne le double jeu des traités secrets. Le nouvel empereur, Frédéric III, mourra après quelques jours de règne, son médecin personnel ayant refusé l'opération du cancer au larynx. Nietzsche est renseigné sur l'affaire de San Remo par l'émoi de ses nombreuses amies informatrices. La militarisation intense de l'Allemagne bismarckienne est bénie par le funeste pasteur Adolf Stoecker, figure de proue du mouvement antisémiste. Nietzsche se compromet complètement. Ses critiques violentes risquent de mettre en danger son œuvre et sa personne.

En cette fin d'année 1888, Nietzsche se sent investi de la mission d'empêcher les horreurs de la guerre. Il conçoit en décembre un véritable complot contre le Reich allemand, le projet d'une constitution d'une ligue anti-allemande sous le titre « Promemoria ». Janz a l'incontestable mérite de donner importance à ce brulôt incendiaire, où Nietzsche déclare la guerre de l'esprit contre le Reich. Ce manifeste politique est écrit à l'intention des cours européennes. Bismarck y est dénoncé comme un valet de la dynastie Hohenzollern, cette maison de fous et de criminels. C'est un appel provoquant au devoir de désobéissance à l'État, au soulèvement contre les pouvoirs établis. Nietzsche a donc attaqué de front les deux puissances, l'Église et l'empire, avec l'*Antéchrist* et le manifeste politique du *PROMEMORIA*. Ces derniers textes de Nietzsche, avant l'éclatement de la démence, témoignent de son extraordinaire état de tension. Il ne saura jamais qu'en 1890 Bismarck et Stoecker tombèrent en disgrâce auprès du nouvel empereur Guillaume II.

*

* *

*Nietzsche et les Juifs.* – Nietzsche n'a jamais éprouvé l'aversion des Chrétiens, sûrs de posséder la vérité révélée pour les prétentions juives. Ses amis les plus proches et les plus chers, ses admirateurs et ses lecteurs ont été des Juifs[14]. La fondation du Reich permit la montée d'un antisémitisme politique et culturel qui allait contaminer Bayreuth, et parmi ses proches, sa propre sœur. Mais, alors que Janz multiplie les textes de Nietzsche où ses dénonciations de la canaille antisémite sont d'une netteté insoupçonnable, pourquoi va-t-il, lui aussi, semer confusion et brouillard en se demandant si cette farouche opposition de Nietzsche aux antisémites lui est inspiré par simple irritation, par dépit personnel, ou par une conviction profonde ? N'est-ce pas raffiner, de façon dangereuse en ces matières, en s'interrogeant sur l'exact point d'ancrage de phrase comme celle d'une lettre à sa mère à qui il écrit, le 20 octobre 1887, qu'il jettera à la porte quiconque lui inspirera le moindre soupçon sur ce point (de l'antisémitisme) ?

Et qui plus est, pourquoi cette inattendue assimilation de l'attitude de Nietzsche à celle de Wagner, qu'on sait sur ce point aux antipodes ? Janz nous dit qu'au fond Wagner n'était peut-être pas aussi antisémite que ça. C'est vrai qu'idéologiquement parlant il fait sombrer le Klingsor oriental sémite, pour sauver l'aryen Parsifal, mais concrètement, la direction d'orchestre de ce même Parsifal, c'est au juif Hermann Lévi qu'il la confie. On peut en comprendre que, de la même façon, si Nietzsche élabore ses terribles diatribes contre l'éthique juive, concrètement, il s'appuiera sur des amis juifs et acceptera par exemple les conférences promotionnelles faites par G. Brandès (Cohen) sur son œuvre. Comment Janz peut-il faire ce rapprochement ?

La critique que fait Nietzsche du judaïsme est dans la logique d'une analyse de la maladie religieuse dont le christianisme est la pièce majeure. Et Nietzsche a clamé assez fort sa dénonciation des antisémites pour qu'aucune équivoque ne puisse subsister. Quand on sait comment Nietzsche a été crédité par le national-socialisme, pourquoi avoir fait d'abord place nette grâce aux prises de position nietzschéenne les plus irrécusables, et le prendre à revers pour s'interroger sur ses vraies intentions qui pourraient, peut-être, désavouer ses déclarations de principe ?!

*

* *

*Janz, Nietzsche et la Suisse.* – Janz nous renseigne, de façon très méticuleuse, sur chaque être humain que Nietzsche a rencontré et fréquenté. Mais une part royale est accordée aux collègues bâlois, grands ou petits. Non seulement nous saurons tout de leur relation à Nietzsche, mais aussi de leur existence. Janz les connaît beaucoup plus que Nietzsche lui-même. Il peut les considérer et les évaluer du point de vue de l'histoire culturelle européenne, mais aussi faire savoir l'appréciation régionale et locale. C'est pourquoi cette biographie de Nietzsche augmente notablement notre connaissance de la Suisse, de son histoire et de sa géographie. S'il est vrai que Nietzsche fut, au sens administratif et juridique strict, un apatride, les deux tiers de son existence ont été liés à la Suisse. Il n'a pas seulement passé à Bâle ses dix années d'enseignement, il trouvera constamment refuge pendant les dix autres années d'errance, l'été, dans les montagnes engadines, passant l'hiver sur la riviera franco-italienne.

C'est la proportion que l'on trouvera dans la biographie où la partie suisse de la vie de Nietzsche remplit la deuxième moitié du premier tome, tout le tome II et la première moitié du troisième, c'est-à-dire deux volumes sur trois. Nietzsche ne devra à l'Allemagne que sa naissance et sa mort.

*

*   *

Mais que va faire bouger la grande et complète biographie de Janz du portrait qui circule d'un Nietzsche misogyne et syphilitique ?

Nos curiosités sont grossières et nos lacunes géantes impossibles à combler à tout jamais. La vie sexuelle de Nietzsche reste totalement ignorée. Pour cette raison d'ailleurs Freud et ses confrères analystes ont définitivement interdit toute interprétation psychanalytique de Nietzsche[15].

Or il y a une faille énorme, provoquante, entre l'absence de toute information biographique précise sur ce point et le diagnostic réitéré de paralysie générale pour rendre compte, quelles qu'en soient les atypies, du cours irrémédiable de cette détérioration qui a progressé inexorablement pendant cette incroyable durée des onze années qui ont suivi la crise de janvier 1889. Mystère absolu de la vie privée d'un homme dont l'existence complètement transparente garde pourtant tout son secret.

On ne lui connaît aucune liaison. Janz le sait mieux que personne, lui qui l'a suivi partout pas à pas et a lu sa vie à livre ouvert. Entre l'exhibitionnisme d'une maladie, d'abord dûment répertoriée, consignée dans l'observatoire de la clinique d'internement, puis offerte aux yeux de tous, quand, malgré les prodiges de dévouement de sa mère, elle fera de Nietzsche un pantin articulé qu'on change de position toutes les deux heures pour lui éviter la suppliciation des escarres, et la totale ignorance des causes et des raisons, bée un gouffre d'incompréhension malsaine.

Déjà du vivant de son esprit, a-t-on envie de dire, quand martyrisé par l'atroce trinité des maux de tête, d'yeux et d'estomac, Nietzsche cherche éperdument un endroit salutaire, son inexplicable calvaire avait suscité en Wagner de drôles d'idées. Quand, en 1883, au moment même de la mort de Wagner, Nietzsche l'apprendra, il s'est senti offensé d'impardonnable manière et faillit en devenir fou de douleur et de colère. L'enquête minutieuse de Janz ne peut tout éclairer, mais donne de plausibles indications.

En juillet 1877, Nietzsche, pendant son séjour à Rosenlai, rencontre, lors d'une promenade à Meiringen, le docteur Otto Eiser de Francfort, en vacances. C'est un ardent admiration de Wagner et, quand il avait su l'existence du texte de Nietzsche, *Wagner à Bayreuth,* il avait voulu l'inviter à Francfort pour y faire une conférence sur ce sujet. Mais Nietzsche, malade, était parti pour se faire soigner. Aussi quand Eiser rencontre Nietzsche, il prend des nouvelles de sa santé, lui accorde une consultation, et l'incite fortement à venir le voir à Francfort en septembre en même temps que son ami l'ophtalmologue, Krüger.

Otto Eiser consignera dans un rapport de quatre pages les conclusions auxquelles sont parvenus les deux médecins, diagnostiquant une grave lésion rétinienne des deux yeux, en partie responsable des accès céphalalgiques, mais laissant ouverte une autre origine possible du mal que d'autres examens lors des crises, pourraient préciser. Wagner alors inquiet pour Nietzsche, s'enquit auprès de Eiser qui, confiant en la fidélité mutuelle des deux amis, rend très précisément compte. Wagner, d'ailleurs, ne dira jamais mot de ces confidences reçues, mais il se permettra dans une lettre à Eiser, le 27 octobre 1877, de faire une suggestion personnelle sur l'origine de la maladie, incriminant « une perversion de l'instinct sexuel » et évoquant le conseil qu'un médecin napolitain, consulté par Nietzsche, lui aurait donné de se marier (cf. II, 232). Nietzsche n'aura d'écho de cet échange épistolaire que bien plus tard, en 1883. Wagner est mort le 13 février, le 19, Nietzsche écrit à H. Köselitz sa douleur mais aussi son soulagement, précisant le 22 : *« Wagner était de loin l'homme le plus riche que j'aie rencontré et, en ce sens, j'ai souffert d'une grande privation depuis six ans. Mais il y a entre nous quelque chose comme un mortel affront ; et cela aurait pu devenir terrible s'il avait vécu plus longtemps ».* Ce mortel affront, Nietzsche dira, le 21 avril 1883, ce qu'il est : *« Wagner n'était pas à court de méchantes inventions ; mais que dites-vous qu'il ait échangé des lettres (et même avec mes médecins) pour exprimer sa conviction que les transformations opérées dans mon mode de pensée seraient le résultat de certains dérèglements contre nature avec des allusions à la pédérastie »* (II, 453). Les vérifications faites par Janz ne découvrent aucune allusion faite à la pédérastie par Wagner, qui soupçonnait plutôt l'onanisme, ce à quoi Eiser avait, le 27 octobre 77, répondu : *« Quant à faire le point sur le chapitre de la sexualité, la voie la plus courte et la plus correcte sera de poser franchement la question à Nietzsche » (ibid).* Nietzsche n'a jamais rien su de cet échange exact, mais, en 1883, alors meurtri par la rupture avec Lou et Rée, cette perfide indiscrétion (Elisabeth ?) donne l'exemple même d'une de ces terrifiantes entreprises appelées par le psychiatre Harold Searles *L'effort pour rendre l'autre fou*[16]. Si cet épisode permet de mieux comprendre quelques-uns des mouvements intenses et contradictoires de Nietzsche à l'égard de Wagner, le mystère de la syphilis responsable de la paralysie générale est d'une opacité accrue.

Or, d'une certaine façon, c'est à Nietzsche que l'on doit les paroles les plus compromettantes pour lui-même. Sa réputation de misogyne s'adosse, en effet, au célèbre conseil que Nietzsche fait donner à Zarathoustra par une vieille femme : *« Si tu vas chez les femmes, n'oublie pas le fouet »*[17]. Cette phrase qui pourrait faire les délices du psychanalyste embarrasse le traducteur et laisse mal entendre de quelles femmes et de quelles visites il s'agit. Quant aux possibilités d'une contamination syphilitique, on dispose des souvenirs évasifs de Paul Deussen d'une visite commune au bordel de Cologne, quand Nietzsche et lui étaient des étudiants de vingt ans ; des témoignages de médecins consultés pour une infection contractée pendant la même période, mais, à Leipzig, cette fois, et de pures rumeurs jamais confirmées sur une visite dans la Totengässlein de Bâle en 1873. Mais rien ne permet de savoir si Nietzsche n'a pu fréquenter incognito des prostituées dans les grandes villes qu'il a habitées, comme Gênes ou Nice par exemple. A ce sujet les épisodes purement imaginaires mis en scène par Liliana Cavanni dans son film *Par-delà le bien et le mal* sont en parfait accord avec les faits biographiques connus et d'une grande richesse poétique.

Encore une fois les informations les plus troublantes seront celles fournies par Nietzsche lui-même, lors de son internement, qui signalera avoir contracté une double infection syphilitique pendant ses années d'études à Leipzig. Mais, en 1889, Nietzsche interné a fait de nombreuses déclarations parfaitement délirantes. Faut-il ajouter plus de foi à cela qu'à la déclaration faite au médecin de la clinique d'avoir été conduit ici par sa femme, Cosima Wagner. Comment, la crise de démence désormais survenue, choisir dans les idées délirantes ?

Il est vrai que des textes posthumes de Nietzsche parlent en faveur de l'annoblissement d'une prostitution innocente, mettant au compte des méfaits du christianisme d'avoir rendu infâme la prostituée. Et puis, que Nietzsche se soit explicitement prononcé contre l'émancipation féminine a été interprété comme une hostilité à l'égard de l'accession des femmes à la culture et à l'indépendance économique, leur donnant vocation exclusive pour le mariage et la maternité. Ce que Nietzsche dénigre c'est de vouloir faire passer les femmes par les mêmes institutions de formation dont les résultats sont déjà désastreux pour les hommes. Nietzsche n'a, au contraire, rencontré que des femmes cultivées, d'une intelligence, d'une classe sociale et intellectuelle exceptionnelle. On le sait pour Cosima Wagner et Lou Andréas Salomé. Mais il y eut toutes celles qui gravitaient autour de cette haute figure de femme libre, Malwida von Meysenbug, filles intelligentes et décidées, grandes voyageuses, parcourant les centres culturels d'Europe.

Janz, qui a tout répertorié, relève une cinquantaine de noms de femmes qui ont peu ou prou approché Nietzsche, et il nous donne des renseignements biographiques très complets sur toutes celles dont la fréquentation a pu compter le moins du monde pour Nietzsche, permettant de faire la connaissance de femmes remarquables, comme Meta von Salis et Resa von Schirnhofer dont la qualité de suissesse n'est pas étrangère, sinon à l'intérêt de Janz lui-même du moins à l'abondance de documents dont il fait état.

Les œuvres du philosophe lui valurent souvent de ferventes admiratrices, dont quelques-uns proposèrent de traduire certains de ses ouvrages : Marie Baumgarten, Helen Zimmern. D'elles aussi nous faisons amplement connaissance. Mais Nietzsche fréquenta quotidiennement de petits cercles féminins choisis, lors de ses séjours en Engadine. Il y eut les rencontres à Bayreuth, les voisines de table à Nice. A Bâle déjà il avait renconté nombre de jeunes femmes mariées à ses collègues, et, plus tard, celles de ses amis. Parmi elles, beaucoup de patriciennes (une princesse, des comtesses, une marquise, des baronnes) : des musiciennes de talent, des écrivains, des philosophes, qui purent apprécier sa compagnie, sa conversation et ses improvisations au piano.

Nietzsche avait été élevé dans un univers exclusivement féminin, entouré toute son enfance par sa grand-mère, deux tantes, mère et sœur, et la domestique. C'est un trait maintes fois souligné que son extrême courtoisie à l'égard des femmes âgées. Jeune étudiant il était tombé amoureux d'actrices célèbres, et s'enthousiasma toujours pour des cantatrices de talent.

On sait que Nietzsche envisagea plusieurs fois de se marier, et énuméra avec Malwida ou sa sœur quelques noms de femmes possibles. Mais les seules fois où il demanda vraiment une femme en mariage, il fit passer son message par l'homme qui en était amoureux et qu'elle aimait aussi. Éconduit, il favorisait souvent la cristallisation d'un autre amour. Mais Nietzsche se remettait facilement de ces refus, sans en tenir rigueur le moins du monde. Si l'affaire Lou fut tellement éprouvante, ce ne fut pas pour cette raison.

Nietzsche appréciait ces femmes, autant pour leur puissant tempérament que pour leur haute culture, mais, à cette époque, l'une n'allait pas sans l'autre et ces grandes voyageuses étaient de fortes personnalités. Les plus proches de lui intellectuellement, celles même dont il a pu croire faire des émules de sa philosophie, Lou et Résa, Nietzsche les dira laides. Ses confidences épistolaires nous apprennent qu'en tout cas elles ne lui plaisaient guère physiquement. De Cosima, au contraire, il louera toujours la noblesse des manières et de l'allure, et s'il fut si fortement ému à une représentation théâtrale où jouait Sarah Bernhardt, c'est qu'elle ressemblait à Cosima. Mais Cosima n'était pas dissociable de son propre attachement à Richard Wagner, et elle représentait de manière totale l'idéal de la compagne et de la mère.

Mais cette vie communautaire, hôtelière, n'aurait pu laisser inconnue une relation plus intime. Les seules femmes que Nietzsche ait pu approcher dans une très relative solitude furent Cosima et Lou. On en connaît une ou deux occasions. Celle où Nietzsche a accompagné Cosima pour aller écouter *Tristan*, dirigé par Wagner lui-même, et la journée des adieux à Tribschen, quand les Wagner partirent s'installer à Bayreuth. On a souvent parlé aussi de l'échappée de Nietzsche avec Lou, pour une excursion de quelques heures au Monte Sacro, tandis que les attendaient, furieux, la mère de Lou et Rée. Mille fois interrogée, Lou répondra évasivement ne plus se souvenir d'avoir ou non embrassé Nietzsche.

Janz a vraiment écumé tous les documents et suivi toutes les pistes. La multiplicité des détails nous permet en réalité de mesurer une solitude de Nietzsche aussi radicale et effarante que celle des ermites. On comprend très bien la crainte exprimée par Nietzsche de se voir pris pour un saint.

Nous connaissons désormais tout l'entourage féminin de Nietzsche, femmes de nobles manières et de culture qui pouvaient apprécier sa compagnie, sa conversation et, pour quelques privilégiées, sa pensée, et nous restons face à ce diagnostic de paralysie générale que les médecins ont dit d'origine syphilitique.

*Nietzsche malade.* – Si l'origine et la nature même de la maladie de Nietzsche sont impossibles à explorer désormais, il reste que Nietzsche a, toute sa vie, parlé de douleurs effrayantes qui l'abattaient périodiquement selon des rythmes parfois très rapprochés. De terribles accès de migraine ophtalmique accompagnée de vomissements et de nausées le faisaient se terrer comme une bête malade hors de toute présence humaine (cf. III, 161). Nietzsche en a très vite su sur son mal autant que les médecins eux-mêmes et s'est constitué son propre médecin, au sens strict d'ailleurs. On a retrouvé des ordonnances qu'il se composait sous la signature du docteur Nietzsche. L'enquête menée permet, à ce sujet, de défaire complètement la légende d'un Nietzsche abusant du chloral, dont il ne fit qu'un usage modéré et courant à l'époque.

Sous la constante menace des crises, Nietzsche était devenu hypersensible au climat et à la météorologie. Toute sa vie de malade, Nietzsche a fui le mauvais temps, qu'il rendait responsable de ses maux. Il s'est dit atteint de basiléophobie, véritable angoisse devant le mauvais temps, l'air humide, toute l'atmosphère oppressante de ce funeste laboratoire de ses souffrances (cf. II, 288). Il cherche l'origine de son abattement dans l'électricité animale, demande à Overbeck des livres sur la météorologie, et se met en quête désespérément de conditions de vie favorables, demandant en suppliant où aller. A Nice, à Sils, sa tête vaut mille fois mieux et la taupe hamlétienne qu'il se dit être (cf. III, 160), voit davantage. Nietzsche déteste la ville de Nice, mais il loue la qualité incomparable de son atmosphère, il compte les jours de soleil, fait une étude comparée de l'air à Leipzig, Munich, Florence, Gênes et Nice, toujours en faveur de Nice. Sa sensibilité météorologique est telle qu'il peut sentir la différence d'humidité de l'air entre Nice et Menton (cf. III, 114). L'air sec de Turin l'exaltera. *« J'admire presque quiconque qui sous un ciel couvert garde sa foi en l'humanité. A Petersbourg, je serais nihiliste, ici je crois au soleil comme y croit une plante »* (III, 321). Janz pense que Nietzsche réagissait à la stimulation de certains paysages. Son génie créateur y était sollicitée et il avait besoin de l'euphorie de leur pouvoir évocateur ; c'était son luxe, sa drogue.

Mais Janz lui-même s'exalte à son tour, et devenu poète, affectionne les comparaisons de l'œuvre nietzschéenne avec un paysage balayé par les vents. C'est ne pas compter avec son réalisme qui lui fait suivre Nietzsche dans toutes ses excursions, et le discréditer de purement fantasmer quand il fait marcher son Zarathoustra de cime en cime, puisque sa cécité lui interdit les chemins aventureux, pour l'obliger à s'en tenir aux sentiers balisés de moyenne montagne. Janz, qui se fait censeur des envols imaginaires sur les sommets pour reconduire un Nietzsche, infirme, à ses performances réelles, perd-il alors la mémoire ou toute pudeur pour gloser tout à coup sans péril sur le coup d'œil panoramique donné par l'excursion philosophique : *« Il voyait, déployée sous lui, la totalité du matériaux à façonner, comme un excursionniste d'un sommet dégagé, découvrirait le paysage environnant étalé à ses pieds, apercevant les ensembles typographiques, les voies de passages mais aussi les lignes de séparation, embrassant d'un seul coup d'œil les éléments dispersés. C'était un tel regard que J. Burckhardt avait acquis en matière historique »* (III, 126).

Que Janz ne soit pas très adroit, on en a donné ici maintes preuves ; la dernière sera le raccourci saisissant qui lui fait retracer tout le parcours biographique nietzschéen, pour l'interpréter, à la manière jungienne, après une dominance de l'archétype du père dans sa relation à Wagner, comme un cheminement de plus en plus régressif vers la mère. Un effondrement d'abord physique obligera Nietzsche, en 1879, à quitter l'enseignement et à se tourner vers sa mère pour ne plus la quitter du tout, après la catastrophe de 1889 ; alors, écrit-il, *« la boucle est bouclée, l'enfant est complètement rentré dans le giron maternel. Toute sa vie entre-temps n'a-t-elle été qu'une énorme digression, une aberration ? »* (III, 506).

*

*   *

Au terme de cette immense pérégrination et de ce gigantesque effort, nous ne pouvons que souscrire au dire de Janz : *« La seule tâche de saisir Nietzsche comme homme au sein de son temps et dans le cours des temps, dans le contexte de son environnement et des courants intellectuels remontant jusqu'à la plus haute antiquité, cette seule tâche passe toutes les mesures ordinaires »* (III, 582).

Pourquoi alors avoir ajouté des jugements parasitaires, qui pour être déjà hors de propos, portent avec insistance leur particularisme ?

Oui, il incombe au biographe *« d'éclairer les arrière-plans humains des œuvres »* (III, 311). Que Nietzsche ait donné importance à ce qu'il a approché, ne peut permettre, réciproquement, de juger son œuvre extraeuropéenne selon une aune trop localisée. Comment comprendre ce ton nostalgique utilisé pour nous dire, un instant, que Nietzsche n'est pas Rudolf Steiner ? (III, 27).

## NOTES

1. Éditions Carl Hanser, Munich, Vienne, 1978 et 1979.
2. Curt Paul Janz, *Nietzsche. Biographie,* tome I : Enfance et jeunesse, les années bâloises, Paris, Gallimard, 1984 ; tome II : Les dernières années bâloises, le libre philosophe, 1984 ; tome III : Le libre philosophe, la maladie, 1985.
3. R. Blunck, *F. Nietzsche, Enfance et jeunesse,* éd. E. Reinhardt, Munich, Bâle, 1953, trad. en français par Eva Sauser, Corréa-Buchet-Chastel, 1955.
4. Nous ferons désormais suivre les citations empruntées à Janz de l'indication du tome et de la page, par exemple ici : I (tome), p. 11.
5. Ch. Andler, *Nietzsche, sa vie et sa pensée* (d'abord en six volumes aux éditions Bossard, de 1920 à 1931, puis rachetés par Gallimard et réédités en trois volumes).
6. Lou Andréas Salomé, *Frédéric Nietzsche,* réimpressions Gordon and Beach, 1970.
7. Ch. Andler, *op. cit.,* Gallimard, 1958, t. II, p. 584.
8. « L'élément commun à tous les écrits et a fortiori, naturellement, à toutes les lettres de Nietzsche depuis *La naissance de la tragédie* et même depuis la leçon inaugurale sur Homère et les conférences sur « L'avenir de nos établissements d'enseignement », c'est leur caractère de dialogue critique et passionné. Nietzsche se trouve sans cesse engagé dans une violente controverse, dans une dispute avec quelqu'un ou quelque chose ; mais le texte chez lui – contrairement par exemple aux dialogues platoniciens –, ne livre jamais l'interlocuteur ni le sujet de la dispute –. Ces interlocuteurs existent pourtant et ce serait une tâche propre à la philologie nietzschéenne que de les identifier » (II, 253).
9. « Œdipe.

   *Soliloque du dernier philosophe.*

   Un fragment de l'histoire et de la postérité.

   Le dernier philosophe, c'est ainsi que je me nomme, car je suis le dernier homme. Personne ne me parle que moi seul et ma voix me parvient comme celle d'un mourant ! Avec toi, voix aimée, avec toi, dernier souffle du souvenir de tout bonheur humain, laisse-moi encore ce commerce d'une seule heure ; grâce à toi je donne le change à ma solitude et je pénètre dans le mensonge d'une multiplicité et d'un amour, car mon cœur répugne à croire que l'amour est mort, il ne supporte pas le frisson de la plus solitaire des solitudes et il m'oblige à parler comme si j'étais deux.

   T'entends-je encore, ma voix ? Tu chuchotes en maugréant ? Et dût ta malédiction faire crever les entrailles de ce monde ! Mais il vit encore et ne me fixe qu'avec plus d'éclat et de froideur de ses étoiles impitoyables, il vit, aussi stupide et aveugle qu'il ne fût jamais, et *un* seul meurt, l'homme.

Et pourtant ! je t'entends encore, voix aimée ! Il meurt encore *quelqu'un* en dehors de moi, le dernier homme, dans cet univers : le dernier soupir, ton soupir meurt avec moi, ce long hélas ! hélas ! soupiré sur moi, le dernier des misérables, OEdipe ! ».

10. Lettre de Nietzsche à Félix Mottl en lui envoyant la partition de l'*Hymne à la vie,* citée par Janz, III, 293.
11. « J'ai apporté avec moi les partitions de Riemenschneider ; nous nous en délecterons ensemble. J'y trouve pour ma part une confirmation de ma capacité à imaginer et à goûter en imagination la musique, même la plus compliquée ; bien qu'il y reste quelque chose d'abstrait, et une profonde aspiration à la matérialisation sonore ». A Gersdorff, juillet 1874, t. II, p. 58.
12. P. Klossowski, *Nietzsche et le cercle vicieux,* Paris, Mercure de France, 1969.
13. Ce texte, Nietzsche l'aimait particulièrement, puisqu'il sera au nombre des quelques poèmes que Nietzsche sélectionnera soigneusement pour les Dionysos-Dithyrambes.
14. Lipiner, Paneth, H. Zimmern, G. Brandès (Cohen).
15. *Les premiers psychanalystes.* Minutes de la société psychanalytique de Vienne, Paris, Gallimard, 1976, t. I, p. 368 et suiv.
16. H. Searles, *L'effort pour rendre l'autre fou,* coll. Connaissance de l'inconscient, Gallimard, 1977.
17. *Ainsi parlait Zarathoustra,* I. 18, O.C., Gallimard, p. 81.

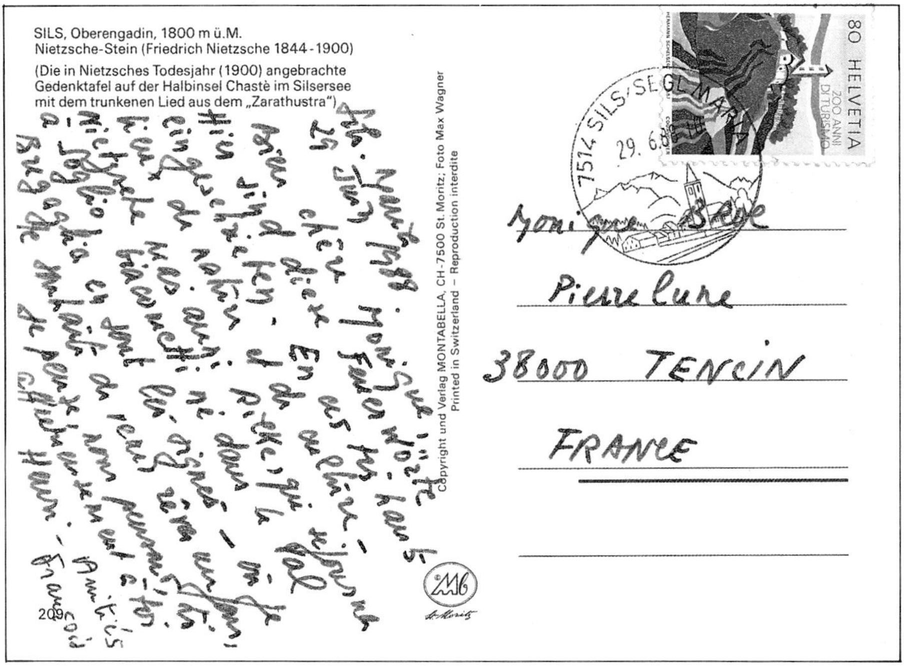


*Pour l'hommage qui t'est adressé, Henri, j'offre cet examen critique de la biographie exhaustive que Curt Janz a consacrée à Nietzsche, désormais traduite chez Gallimard. Tu as toujours encouragé, stimulé, sollicité mon intérêt passionné pour Nietzsche. Avec une émotion très particulière, je recevais comme signe d'amitié de toi et de Françoise, une carte postale de Haute Engadine datée du 29 juin 1988 et postée de Sils Maria.*

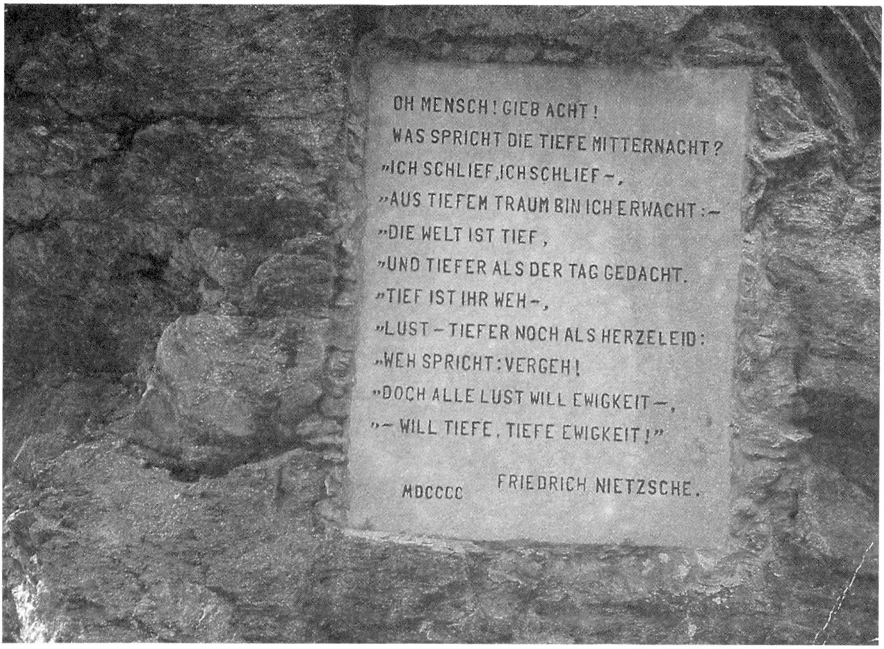


*Je ne savais pas alors que ce serait un adieu, et quand deux mois plus tard, la nouvelle de ta mort tragique nous atterrait, ces mots de feu allemands dont tu parlais prenaient alors une tout autre résonance. Ces paroles de Nietzsche, gravées dans la pierre, devenaient, portées par ta voix, empreintes d'une définitive connivence.*

*Jacques BRUNSCHWIG*
*Université Paris I*

# LE TITRE DES *INDALMOI* DE TIMON : D'ULYSSE A PYRRHON

Timon de Phlionte (vers 325 - vers 235), surnommé le Sillographe, fut le "porte-parole" (le προφήτης, dit Sextus Empiricus, *M* I 53) de son maître Pyrrhon d'Elis. Comme son surnom l'indique, il est surtout connu pour ses *Silles*, sorte d'*Homère travesti* dans lequel il avait mis sa verve satirique au service de Pyrrhon. Dans ce qui nous reste de lui[1], les *Silles* se sont taillé la part du lion, ce qui s'explique aisément par le brio de leur style et par l'abondance des attaques personnelles qui y étaient nommément lancées contre un grand nombre de philosophes célèbres et respectés. Nous avons ainsi conservé de cet ouvrage un nombre non négligeable de fragments, dont le sel reste souvent perceptible malgré la sophistication du vocabulaire et les obscurités des allusions. Nous avons également gardé, ce qui n'est pas moins précieux, une description d'ensemble assez précise de la structure de l'ouvrage et des intentions de son auteur[2].

Mais l'oeuvre du Sillographe est loin de se réduire aux *Silles* . Auteur dont les vestiges suffisent à attester la faconde, Timon avait énormément écrit, dans les genres littéraires les plus variés. La notice de Diogène Laërce (IX 110-111) contient à cet égard les informations suivantes:

"Il était connu du roi Antigonos et de Ptolémée Philadelphe, comme il l'atteste lui-même dans ses *Iambes* (ἐν τοῖς ἰάμβοις). Il était, dit Antigonos [de Caryste], amateur de boisson (φιλοπότης), et il consacrait à écrire des poèmes les loisirs qu'il dérobait à la philosophie: poèmes épiques, tragédies, drames satyriques (pièces comiques au nombre de trente, pièces tragiques au nombre de soixante), silles et poésies obscènes (κιναίδους); on lui attribue aussi des livres en prose dont le total se monte à vingt-mille lignes, et que mentionne également Antigonos, qui a écrit lui aussi sa vie".

Cette liste montre au moins que Timon avait su "dérober à la philosophie" une dose assez copieuse de "loisirs". Mais elle a la particularité de ne pas mentionner une oeuvre, les *Indalmoi* , dont nous avons cependant gardé le titre, ainsi que quelques extraits de très grande importance[3]. De cet ouvrage proviennent en effet plusieurs passages dont la signification est capitale pour la compréhension du pyrrhonisme originaire, et dont l'interprétation, pour cette raison même, a été intensément discutée. Pour fixer les idées, mais sans avoir l'intention de reprendre ici la discussion de ces fragments, j'en donne ici une traduction approximative, en laissant de côté tous les problèmes de texte, de ponctuation, de syntaxe et de sémantique qui devraient être soulevés et résolus avant d'en proposer une interprétation raisonnée.

(a) Fragment 67 D:

"Voici, ô Pyrrhon, ce que mon coeur se languit d'entendre:

Comment fais-tu donc, tout en étant homme, pour passer ta vie[4] si aisément, en toute sérénité,

toujours sans souci, sans agitation, toujours dans la même disposition,
sans prêter attention aux misères[5] d'une science au langage charmeur?
Seul, tu sers de guide aux hommes, à la façon du dieu
qui, menant sa course autour de toute la terre, boucle sa boucle,
en montrant le cercle incandescent de sa sphère bien arrondie".

(b) Fragment 68 D (unanimement considéré comme devant être la réponse, ou le début de la réponse, que donne Pyrrhon, dans le poème de Timon, à la question que son disciple lui a posée au fragment 67 D):

"Je te dirai ce qui me paraît (καταφαίνεται) être,

ayant une parole de vérité (μῦθον ἀληθείης) pour règle droite (ὀρθὸν κανόνα)[6];

je te dirai quelle est la nature du divin et du bien (ἡ τοῦ θείου τε φύσις καὶ τἀγαθοῦ),

d'où vient pour l'homme la vie la plus égale[7]".

(c) Fragment 69 D:

"Mais l'apparence (τὸ φαινόμενον) domine partout, où que l'on puisse aller".

On comprend pourquoi ces textes ont été si ardemment interrogés: par la comparaison de Pyrrhon avec le dieu-soleil, par les expressions de "parole de vérité", de "règle droite", de "nature du divin et du bien", les deux premiers paraissent manifester une sorte de "dogmatisme", dont on peut se demander si, et si oui comment, il convient de le concilier avec le "scepticisme" traditionnellement associé au nom de Pyrrhon, et apparemment présent dans le troisième[8].

Quelle que soit l'interprétation exacte qu'il convient de donner de ces fragments, ils semblent montrer en tout cas que les *Indalmoi* constituaient une sorte de contrepartie positive, au moins dans une certaine mesure, des *Silles* . Dans les *Silles* , Timon attaquait plus ou moins férocement tous les philosophes autres que son maître vénéré; c'était la partie destructive de sa stratégie pyrrhonienne. Dans les *Indalmoi* , il ne s'agissait plus de dénoncer les vices et les ridicules des autres philosophes, mais bien de montrer directement l'excellence incomparable de Pyrrhon et de sa recette de bonheur. La plupart des interprètes accepteraient, au moins à titre de description correcte en première apparence (quitte à vouloir la rectifier par la suite), l'opinion de Brochard ($1923^2$) 84-85: "Il nous paraît évident (autant qu'on peut parler d'évidence avec des documents si insuffisants) que les *Indalmoi* étaient un vrai traité de morale à tendances assez dogmatiques. Ils renfermaient, si nous nous sommes fait de l'oeuvre de Pyrrhon une juste idée, la partie essentielle de l'enseignement sceptique primitif. Les *Indalmoi* [9] étaient une oeuvre de construction; on y enseignait le moyen d'être heureux, c'est-à-dire de trouver le bonheur dans l'ataraxie et l'indifférence".

Mon intention n'est pas ici de reprendre l'examen de ces textes difficiles. Beaucoup plus modestement, elle sera de voir ce que l'on peut tirer, pour la compréhension du caractère et des intentions des *Indalmoi* , de leur seul titre. Ce titre est, en effet, d'interprétation malaisée; il a déjà fait l'objet de mainte discussion; mais il me semble que l'on n'a pas encore tiré tout le parti possible de la documentation disponible. Nous verrons d'ailleurs que, d'une certaine manière, les difficultés d'interprétation de ce titre reflètent et condensent les difficultés d'interprétation des fragments conservés de l'ouvrage et de sa signification d'ensemble.

Le mot ἰνδαλμοί est un mot rare; d'après Decleva-Caizzi (p. 251), le seul autre emploi attesté s'en trouve dans les *Lettres* pseudo-hippocratiques (Ier siècle après J.C. ?) relatives au roman de la rencontre entre Hippocrate et Démocrite (*Ep. Pseudhippocr.* 18,1 = DK 68 C 5); le terme d' ἰνδαλμοί y désigne sans ambiguïté les simulacres démocritéens, ailleurs appelés εἴδωλα, "petites images". Le neutre ἴνδαλμα est utilisé dans des textes tardifs, avec le sens de "forme", "apparence", "image mentale" (cf. Liddell-Scott-Jones *s.v.* ). En revanche, le verbe ἰνδάλλομαι est, déjà chez Homère, d'usage très fréquent, avec des significations comme "apparaître", "sembler", "se manifester", "se présenter aux yeux", "à la mémoire" ou "à l'esprit". Parmi ses occurrences dans les poèmes homériques, celle du vers XIX 224 de l'*Odyssée* , régulièrement citée par les commentateurs au moins depuis Hirzel (1883) 52 n. 1, est particulièrement importante pour notre propos, car Timon a visiblement utilisé le vers en question à la fois dans le titre de son poème, dans le premier vers de la question qu'il adresse à Pyrrhon et dans le premier vers de la réponse qu'il prête à ce dernier:

(a) *Od* . XIX 224: αὐτὰρ ἐγὼν[10] ἐρέω, ὥς μοι ἰνδάλλεται ἦτορ ...

(b) Timon, *Indalmoi* fr. 67 D, v. 1: τοῦτό μοι, ὦ Πύρρων, ἱμείρεται ἦτορ ἀκοῦσαι ...

(c) Timon, *Indalmoi* fr. 68 D, v. 1: ἦ γὰρ ἐγὼν ἐρέω, ὥς μοι καταφαίνεται εἶναι ...

Avant de revenir sur cette comparaison, dont l'étude fera l'essentiel de mon propos, je résumerai brièvement l'état de la discussion concernant le sens du titre des *Indalmoi* .

Que le noyau de signification du terme d'*Indalmoi* tourne autour de la notion d'*image* (quitte à ce que cette notion s'oriente ensuite dans diverses directions: représentation, apparence, manifestation, faux-semblant, etc.), c'est ce qui ne fait pas de doute, et n'ouvre pas de contestation. La plupart des commentateurs s'accordent également pour penser que le vers XIX 224 de l'*Odyssée* contient la clef de l'énigme[11]. Mais précisément, et surtout dans le contexte du "pyrrhonisme" de Pyrrhon et de ses premiers disciples, toute la question est de savoir quelle est la valeur que reçoit, de l'usage homérique et de son réemploi par Timon, ce noyau initial de signification. A cet égard, les interprétations proposées se divisent globalement en trois types: négatif, positif et mixte.

Il a souvent paru évident que, dans un contexte où Pyrrhon était considéré comme le premier des sceptiques (néo-)"pyrrhoniens", le terme d'*Indalmoi* ne pouvait avoir qu'une valeur *négative* : beaucoup d'interprètes y voient la désignation des apparences trompeuses qui égarent le commun des hommes, ces apparences pouvant d'ailleurs provenir soit du monde naturel, soit de l'univers conventionnel de la culture et des valeurs arbitraires que les hommes y confèrent à des choses par elles-mêmes indifférentes, soit encore, en un sens plus étroit, des vaines spéculations des philosophes. Wachsmuth (1859) 11 pensait déjà que le terme d'*Indalmoi* devait désigner des images fausses et trompeuses. Brochard (1887, 1923[2]) 85-86, après avoir critiqué l'interprétation positive de Hirzel (1883), sur laquelle je vais bientôt revenir, se range à l'avis de Wachsmuth: "Il est plus probable, comme l'a conjecturé Wachsmuth, que le mot *Indalmoi* est pris ici en mauvaise part; il s'agit des images ou apparences trompeuses que la fausse sagesse des philosophes, suivant Timon, offre à l'esprit humain, et qui sont le principal obstacle à la vie heureuse". Même si l'interprétation négative de Brochard est grevée par un argument d'une curieuse faiblesse[12], beaucoup d'autres commentateurs (et traducteurs de Diogène Laërce) l'ont adoptée: citons notamment Robin[13], Conche[14] et surtout Decleva-Caizzi, qui conclut en ce sens au terme d'une longue discussion à laquelle je dois ici beaucoup[15]. Je reviendrai plus loin sur un élément spécifique de l'argumentation de cette dernière.

Une interprétation *positive* avait cependant été depuis longtemps proposée par Hirzel (1883) 21-22 et 46-60 (notamment 51-52, n. 1). Critiquant l'interprétation négative de Wachsmuth (1859), Hirzel dit que l'on ne saurait comprendre pourquoi Timon aurait intitulé "Représentations" une critique des représentations trompeuses; ce serait, dit-il, comme si Kant avait intitulé "Philosophie dogmatique" la *Critique de la Raison Pure* [16]. Mais, dans le contexte "sceptique", la notion d'ἰνδαλμοί , que Hirzel ne différencie pas de la notion de φαινόμενα, est susceptible d'un emploi positif: Timon se réfère, selon lui, aux "représentations" dont le sage a besoin pour vivre et pour agir, aux "phénomènes" qui lui servent de guides pour sa conduite, et qui lui fournissent ainsi le critère pratique sans lequel le sceptique serait exposé à l'objection toujours renaissante de l'*apraxia* , de l'impossibilité de vivre et d'agir. Les *Indalmoi* seraient ainsi un écrit de caractère éthique, présupposant les principes de l'ataraxie pyrrhonienne et le "discours de vérité" du fr. 68 D, tirant les conséquences de ces principes et indiquant les étapes de leur mise en pratique, à la manière du περὶ εὐθυμίης de Démocrite, ou encore d'un περὶ καθήκοντος stoïcien.

La thèse de Hirzel a été critiquée par Brochard, avec des arguments dont certains, il faut le dire, sont à double tranchant. "Comment croire, écrit-il (85), que Timon, s'il avait voulu parler seulement des images vraies ou utiles, eût intitulé son livre *Indalmoi* , sans aucune qualification ?". L'argument se retourne aisément: ce titre n'est pas plus facile à comprendre dans l'hypothèse où Timon aurait voulu parler seulement des images fausses et trompeuses. Aussi est-il naturel que l'on ait souvent été tenté par une interprétation *mixte* , dans laquelle le mot d'*Indalmoi* désignerait les deux catégories d'images ou d'apparences, celles qui sont trompeuses et celles qui sont pratiquement utiles. Deux versions de cette interprétation mixte peuvent encore se présenter, selon que le titre des *Indalmoi* est compris comme coiffant ces deux catégories d'images de façon conjonctive, ou comme s'y référant de manière volontairement ambiguë. Revenant sur sa propre interprétation négative de 1859, Wachsmuth (1885) 22-23 la combine avec l'interprétation positive de Hirzel, et propose ainsi de voir dans les Ἰνδαλμοί à la fois les représentations qui nous égarent et celles qui nous portent à l'ataraxie[17]. L'idée d'une ambiguïté volontaire est présentée avec netteté par Ch. Stough[18].

Cette triple possibilité d'interprétation, négative, positive et mixte, se reproduit, assez logiquement, à propos du vers célèbre et énigmatique, tiré lui aussi des *Indalmoi* , qui constitue à lui seul le fr. 69 D: "Mais l'apparence (τὸ φαινόμενον) domine partout, où que l'on puisse aller". La plupart des interprètes ont pensé que le φαινόμενον de ce vers devait désigner la même chose que les ἰνδαλμοί du titre de l'ouvrage. C'est pourquoi, en corrélation étroite, et en interaction réciproque, avec les interprétations divergentes qu'ils donnaient les uns et les autres de ce titre, ils ont compris ce vers comme se référant, tantôt à l'universelle domination des apparences trompeuses auxquelles le sage seul sait se soustraire, tantôt à la portée pratique du phénomène, guide sûr et dominant de la conduite pratique du pyrrhonien, tantôt enfin à la prédominance inévitable du phénomène qui tout à la fois empêche l'homme de connaître le monde tel qu'il est et lui fournit malgré tout un critère de conduite dans ce monde inconnaissable.

Pour tentante qu'elle soit, cette assimilation des ἰνδαλμοί du titre au φαινόμενον du fragment 69 n'a cependant rien qui soit nécessaire; et l'on peut même penser que la compréhension du titre des *Indalmoi* a été entravée par l'inutile projection du φαινόμενον (notion techniquement philosophique peut-être, et en tout cas prosaïque) sur les ἰνδαλμοί (notion poétique et imagée, riche de ses connotations homériques). Rien, après tout, n'empêchait Timon d'intituler son poème Φαινόμενα, s'il l'eût voulu, comme l'avait fait, dans un tout autre sens, son contemporain Aratos[19]. De plus, et surtout, le titre d'un ouvrage ne désigne pas toujours ce dont on parle dans cet ouvrage (sauf s'il est de forme περὶ ... ); il peut désigner aussi la nature ou le type de ce que l'on y dit. Les *Silles* ne sont pas un poème où l'on parle de silles, de "vers qui regardent de travers", mais un poème constitué par de tels vers, satiriques et narquois. De la même façon, on peut faire l'hypothèse que les *Indalmoi* n'étaient pas déterminés par leur titre comme un poème où l'on *parlait des images* (ou des apparences) et de leur domination universelle (même si l'on en parlait effectivement), mais un poème où l'on *offrait des images* .

Des images, admettons-le à titre d'hypothèse de travail. Mais des images de quoi ? Des images de Pyrrhon, des "souvenirs de Pyrrhon", a répondu F. Conrad (1913) 12-13, dans l'interprétation isolée et atypique qu'il a proposée du titre des *Indalmoi* [20]. Selon Conrad, le sens de ce titre doit être dégagé de l'emploi homérique du verbe ἰνδάλλομαι: les ἰνδαλμοί sont des "représentations, dans l'imagination, de quelque chose de réel", représentations que la mémoire permet de conserver et de réactualiser. De là, chez Conrad, tout un petit roman biographique: Timon, éloigné d'Elis et de son maître vénéré, se remémorerait Pyrrhon, et se représenterait sa sagesse; il écrirait les *Indalmoi* pour fixer ses souvenirs, et pour les faire connaître à ses contemporains. Cette interprétation est d'apparence naïve et quelque peu anachronique; mais elle mérite sans doute plus de considération qu'il ne semble à première vue. Après tout, Xénophon avait bien écrit les *Mémorables de Socrate* , et le charisme de Pyrrhon n'était pas le contraire, aux yeux de ses amis, de celui qu'avait eu Socrate aux yeux des siens. Sans du tout reprendre telle quelle à mon compte l'interprétation de Conrad, je voudrais maintenant réexaminer la référence homérique sur laquelle elle s'appuie, exploiter cette référence plus à fond qu'il n'a été fait, je crois, jusqu'à présent, et montrer dans quelle mesure elle nous engage dans une direction qui n'est sans doute pas exactement celle qu'a indiquée Conrad, mais qui n'est pas sans rapport avec elle.

Il convient avant tout de rappeler le contexte du vers de l'*Odyssée* (XIX 224) avec lequel Timon a subtilement joué. Ulysse est à Ithaque, encore incognito. Pénélope interroge l'étranger, qu'elle n'a pas reconnu, sur son nom, son peuple, sa ville, sa famille. Ulysse s'invente une identité crétoise, celle d'un prince nommé Aithon; il raconte qu'il a lui-même reçu Ulysse en sa demeure, vingt ans auparavant, au moment où celui-ci voguait vers Troie. Pénélope lui demande alors des détails supplémentaires, pour s'assurer qu'il dit vrai: quels vêtements portait Ulysse, quel était son aspect, quels étaient ses compagnons ? Ulysse est dans une situation délicate: il faut à la fois qu'il donne confiance à Pénélope en lui livrant quelques détails précis, et qu'il respecte la vraisemblance psychologique, dans le cadre du scénario qu'il a inventé. Il se tire d'affaire avec tout le brio qu'on pouvait attendre de lui: "Femme, après tant d'années, répondre est difficile ! Voici près de vingt ans qu'il est venu chez nous, puis a quitté notre île ...". Vient alors le vers 224: αὐτὰρ ἐγὼν ἐρέω, ὥς μοι ἰνδάλλεται ἦτορ. Que signifie exactement ce vers ? Il est lui-même ambigu, comme le signale de fort intéressante façon le dictionnaire de Liddell-Scott-Jones (*s.v.* ἰνδάλλομαι). On peut le comprendre en un sens dubitatif: "je vais te dire comment ma mémoire semble me le représenter" ("as my memory seems to me", LSJ), mais aussi en un sens affirmatif: "je vais te dire comment mon coeur me le dépeint maintenant" ("as my heart pictures him", LSJ). Ces deux possibilités de signification sont dictées, me semble-t-il, par la situation du personnage d'Ulysse par rapport à sa femme et par la situation du poète par rapport à son lecteur. Le sens dubitatif correspond à la précaution psychologique que doit observer Ulysse à l'égard de Pénélope: il faut que celle-ci admette que la mémoire du voyageur ne peut être absolument infaillible, après un si long intervalle de temps; elle sera d'autant plus frappée par les détails très précis qu'Ulysse s'apprête à donner sur le manteau qu'il portait alors, sur la forme et sur le décor de son agrafe, toutes choses que Pénélope va identifier avec ravissement, car elle les connaît bien, pour les avoir elle-même données à son époux. Le sens affirmatif permet au poète de faire un clin d'oeil au lecteur: le faux étranger est bien placé pour connaître avec exactitude la tenue que portait Ulysse, puisqu'il n'est autre qu'Ulysse lui-même, ce que Pénélope ignore, mais que le lecteur sait.

Le vers en question résume donc, dans toute son ambiguïté (elle-même condensée dans l'ambiguïté du verbe ἰνδάλλεται), la signification complexe de toute la scène. Cette scène prépare la reconnaissance et l'identification, grâce à des preuves précises, d'un personnage prestigieux, qui est à la fois présent pour le destinataire du poème et absent pour la destinataire de son discours dans le poème. Décrivant et décrit, narrateur et narré, Ulysse-Aithon est le sujet et l'objet de ses propres paroles. Dans son jeu avec l'identique et le différent, Homère lui fait dire sa mémoire de soi dans le langage des souvenirs d'un autre.

Il est très remarquable que Timon ait savamment[21] démantelé le vers homérique (αὐτὰρ ἐγὼν ἐρέω, ὥς μοι ἰνδάλλεται ἦτορ), pour en répartir les éléments en trois emplacements distincts: d'abord, le titre de son poème, qui recueille sous forme substantivée le verbe ἰνδάλλεται; ensuite, le vers initial de la question qu'il pose à Pyrrhon (τοῦτό μοι, ὦ Πύρρων, ἱμείρεται ἦτορ ἀκοῦσαι), qui conserve le mot ἦτορ, mais contourne le mot ἰνδάλλεται, en le remplaçant par ἱμείρεται; enfin, le vers initial de la réponse de Pyrrhon (ἦ γὰρ ἐγὼν ἐρέω, ὥς μοι καταφαίνεται εἶναι), qui conserve les mots ἐγὼν ἐρέω, ὥς μοι ..., mais contourne de nouveau le mot ἰνδάλλεται, qu'il remplace par καταφαίνεται εἶναι.

Si l'on peut être assez raisonnablement certain que ce jeu avec les matériaux homériques était perçu comme tel par le lecteur de Timon, il est évidemment beaucoup moins facile de comprendre exactement les significations qu'il était supposé y capter. On peut cependant se risquer à proposer quelques conjectures, inévitablement spéculatives.

En ce qui concerne le premier vers du fr. 67 D, la tâche est relativement facile. Si l'on prend en considération le contenu de l'ensemble de ce fragment, c'est-à-dire la requête adressée à Pyrrhon pour qu'il veuille bien révéler à son interrogateur les moyens de sa surhumaine tranquillité, on peut sans doute se représenter l'effet d'écart produit par le texte de Timon, sur un lecteur nourri d'Homère, dans les termes suivants. Le verbe exprimant le désir, ἱμείρεται, a pris spectaculairement, dans le vers de Timon, la place du verbe ἰνδάλλεται dans le vers homérique. Autant dire, ou du moins faire fortement entendre, que les ἰνδαλμοί sont destinés à *combler* le désir qu'exprime ce premier vers, celui d'obtenir de Pyrrhon, l'homme prestigieux ici nommé en toutes lettres, la révélation du secret de son bonheur. Timon donne expression, en son nom propre (μοι), à ce désir; mais il va de soi qu'il le considère comme un désir universellement humain, et qu'il le prête par anticipation à son lecteur[22]. Toutefois, de ce qui comblera ce désir, Timon ne peut donner que des images, *indalmoi* . Que l'on me permette ici une comparaison impertinente: Timon propose à son lecteur l'image du produit qu'il veut lui vanter, non ce produit lui-même, comme une entreprise de vente par correspondance envoie à ses clients un catalogue illustré, pour leur donner envie de se procurer les originaux des images qu'il contient. De quoi s'agit-il dès lors, pour Timon, de donner des images ? Non pas simplement, sans doute, de Pyrrhon en tant qu'homme, dans la perspective d'une biographie anecdotique faite de "souvenirs personnels", mais bien plutôt de Pyrrhon en tant qu'inventeur et modèle d'une "disposition" (διάθεσις) exceptionnelle, faite essentiellement d'"apathie" et d'"ataraxie", disposition qui avait, on le sait, intensément frappé ses disciples et ses contemporains[23].

Naturellement, les "images" de Pyrrhon que Timon livrait à son lecteur se recommandaient non seulement par leur caractère alléchant, mais aussi par leur authenticité, puisqu'elles étaient transmises par un témoin bien placé pour être précis et véridique, Timon ayant passé plusieurs années auprès de Pyrrhon (cf. DL IX 109). Dans le cas de Pyrrhon, il pouvait dire littéralement ce qu'Ulysse disait des ombres qu'il avait rencontrées dans l'Hadès: "je l'ai vu"[24].

Allons plus loin: Timon n'est pas seulement l'analogue d'Ulysse-Aithon, capable de donner sur Ulysse-Pyrrhon[25] des informations de première main et des preuves de la véridicité de ces informations. Aithon n'est autre qu'Ulysse, objectivement, et pour ceux qui sont au courant de ce qu'ignore Pénélope, la destinataire directe de son discours. Aussi le réemploi du lieu homérique, avec toutes ses connotations contextuelles, pourrait-il laisser entendre qu'il y a une sorte d'identité cachée entre Timon, le personnage qui témoigne, et Pyrrhon, le personnage sur lequel Timon donne son témoignage. Le fait que le même vers, prononcé dans Homère par Ulysse, fournisse certains de ses éléments à la question posée par Timon, et certains autres à la réponse donnée par Pyrrhon lui-même, peut véhiculer le même message: Timon se présente implicitement comme l'*alter ego* de Pyrrhon. Les "images" qu'il s'apprête à donner de son maître, et du bonheur pyrrhonien, sont aussi dignes de confiance que celles qu'Ulysse, sous un autre nom que le sien, peut donner de son manteau et de son agrafe: car il est aussi proche de Pyrrhon qu'Ulysse, à vingt ans d'intervalle, peut l'être de lui-même[26].

Il est beaucoup plus difficile de donner une interprétation plausible de l'effet d'écart visé et obtenu par Timon lorsqu'il utilise à nouveau le même vers d'Homère, dans le premier vers de la réponse qu'il prête à Pyrrhon (fr. 68 D, vers 1): ἐγὼν ἐρέω, ὥς μοι καταφαίνεται. La raison de cette difficulté est simple: le verbe substitué à l' ἰνδάλλεται homérique n'est plus cette fois le verbe transparent ἱμείρεται, mais le verbe fort équivoque et discuté καταφαίνεται (εἶναι). Faut-il prendre ce verbe comme un simple équivalent de φαίνεται ? Beaucoup d'interprètes considèrent qu'il en est ainsi, et que l'emploi de ce verbe qualifie comme une simple apparence subjective et toute personnelle (dans l'esprit, déjà, du scepticisme néo-pyrrhonien) tout le contenu du discours prêté à Pyrrhon[27]. Peu convaincus par cette proposition, d'autres, au contraire, pensent que le composé καταφαίνεται a une valeur différente de celle du simple φαίνεται, et que cette valeur intrinsèquement positive ("sortir de l'obscurité pour venir à la lumière", "se montrer", "se manifester") donne au discours de Pyrrhon une forte assertivité dogmatique[28].

Il n'est pas exclu que l'on ne puisse pas lever l'ambiguïté du καταφαίνεται timonien[29]. Il n'est pas non plus exclu qu'on ne le doive pas: cette ambiguïté pourrait en effet reproduire, en toute connaissance de cause, celle que Timon avait sans doute perçue dans l' ἰνδάλλεται homérique. Diverses catégories de destinataires pouvaient comprendre καταφαίνεται dans le sens qui convenait à leur niveau d'information, comme le faisaient pour ἰνδάλλεται Pénélope et le lecteur de l'*Odyssée* . Le lecteur candide se voit présenter "ce qui semble" (à Pyrrhon) être un "discours de vérité"; le poème lui fera comprendre que ce qui *semble* être un discours de vérité, à un homme tel que Pyrrhon, est aussi ce qui est *manifestement* un discours de vérité. Comme Aithon est bien placé pour savoir de quoi il parle quand il parle du manteau d'Ulysse, Pyrrhon est bien placé pour savoir de quoi il parle quand il parle du bonheur divin et de l'équilibre de la vie humaine.

Il reste que, dans cette hypothèse, c'est tout de même le lecteur le mieux informé qui est supposé lire ὥς μοι καταφαίνεται dans un sens qui donne au discours de Pyrrhon une tonalité fortement assertive. Quel effet de sens cette lecture produit-elle, indirectement, sur l'original homérique ( ὥς μοι ἰνδάλλεται) auquel ce groupe de mots a été substitué, et par voie de conséquence sur le titre des *Indalmoi* qui conserve la trace de ce modèle ? D'après Decleva-Caizzi (1981) 259, la substitution du terme fortement assertif καταφαίνεται au verbe homérique original ἰνδάλλεται impliquerait que Timon avait compris ce dernier dans un sens si faiblement affirmatif qu'il ne pouvait pas le conserver dans sa transposition parodique. Par suite, le titre même des *Indalmoi* devrait être compris dans ce même sens faible: "proprio tale sostituzione induce a pensare che ἰνδαλμοί siano le immagini fallaci che seducono gli uomini". Je ne suis pas convaincu qu'il en soit ainsi. Outre les difficultés générales d'une interprétation purement négative du titre des *Indalmoi* , difficultés qui ont été relevées plus haut, l'inférence suggérée par Decleva-Caizzi ne s'impose pas: l' ἰνδάλλεται homérique peut avoir été retiré du vers de Timon, non par souci de remplacer un terme faible par un terme plus fort, mais pour la simple raison que son maintien aurait fait double emploi avec la transposition qui en était déjà donnée dans le titre des *Indalmoi* . La distribution des éléments du vers homérique sur le titre de l'ouvrage et sur deux de ses vers programmatiquement importants est plus efficace et plus élégante si elle n'a pas besoin d'un pléonasme pour produire tous ses effets de sens.

## NOTES

1. Principaux recueils des fragments de Timon: Wachsmuth (1859) et (1885); Diels (1901); Lloyd-Jones et Parsons (1983). Une bonne partie de ces fragments, naturellement, est aussi recueillie dans Decleva-Caizzi (1981). Par souci de commodité et d'économie, je donnerai ici, à la première occurrence de toute référence à un fragment de Timon, la numérotation que porte ce fragment dans toutes ces éditions (en utilisant les abréviations W, D, DC, LJP); dans les occurrences ultérieures, je me contenterai de donner la numérotation de Diels, qui est toujours rappelée dans les éditions postérieures.

2. Cf. DL IX 111-112. La belle étude de Long (1978) est aujourd'hui ce que l'on peut lire de meilleur sur les *Silles* .

3. On s'est parfois étonné (relativement peu souvent, toutefois) de l'absence des *Indalmoi* dans le catalogue des oeuvres de Timon que donne Diogène Laërce. Cette absence est effectivement surprenante, puisque Diogène cite deux fois les

*Indalmoi* dans sa notice sur Pyrrhon, au § 65 ( = p. 21, i W = 67 D = 61B DC = 841 LJP) et au § 105 (= p. 22, iii W = 69 D = 63A DC = 843 LJP). Wilamowitz (1881) 42 a proposé de corriger ἰάμβοις, au § 110, en ἰνδαλμοῖς; mais cette suggestion ne suffit pas à faire apparaître les *Indalmoi* dans le catalogue proprement dit des ouvrages de Timon. Wachsmuth (1885) 20, approuvé par Decleva-Caizzi (1981) 251, pense que l'ouvrage devait être compris dans les ἔπη, pour des raisons de classement métrique. Il me semble cependant qu'il y aurait quelque chose à dire en faveur de la correction de κιναίδους en ἰνδαλμούς: (i) le terme insolite ἰνδαλμοί a été maltraité par les copistes, cf. Sextus *M* XI 20, où l'introduction de la citation du fragment 68 D (= p. 22, ii W = 62 DC = 842 LJP) a été restituée par Ménage et Fabricius, sous la forme ἐν τοῖς Ἰνδαλμοῖς, à partir des leçons manuscrites suivantes: τοῖς σινδήμοις N, τοισινδημοις L, τοῖσιν δήμοις E, τοῖσι δήμοις ς; (ii) fautes d'onciales et mécoupures, s'ajoutant à un esprit mal tourné, pourraient expliquer le passage de ἰνδαλμούς à κιναίδους; (iii) la verve injurieuse et sarcastique de Timon, qui avait été danseur (DL IX 109), était assez connue pour qu'on lui attribuât facilement des obscénités (cf. Brochard ($1923^2$) 84: "il y a aussi quelque chose de la manière grossière et insultante des cyniques chez l'ancien saltimbanque"); (iv) Wachsmuth (1859) 8, approuvé par Brochard ($1923^2$) 80 n. 2, a proposé de lire φιλοποιητής, "amateur de poésie", au lieu de φιλοπότης, "amateur de boisson", dans le texte de DL; il pourrait bien avoir raison, malgré le caractère pudibond de la correction, et en dépit de quelques témoignages concordants sur les penchants rabelaisiens de Timon (Athénée X 438, Elien *VH* II 41); s'il a raison, le texte de DL, déjà déformé une fois dans un sens malveillant, aurait bien pu l'être deux fois, et les deux corrections pudibondes se renforceraient l'une l'autre; (v) enfin et surtout, le catalogue des écrits de Timon, si l'on accepte la correction suggérée, devient plus clairement ordonné: oeuvres littéraires (poèmes épiques et poèmes dramatiques), poèmes philosophiques (les *Silles* et les *Indalmoi* ), oeuvres en prose.

4. Je traduis ici διάγεις, conjecture de Decleva-Caizzi (1981) 59, adoptée par Long-Sedley (1987) II 10; les mss donnent diverses leçons dont aucune ne présente de sens.

5. Je garde ici le δειλοῖς des mss, qui me semble avoir un sens acceptable. Parmi les nombreuses conjectures proposées pour remplacer ce mot, citons les suivantes: δίνοις ("aux tourbillons", Nauck, Diels, Decleva-Caizzi, Long-Sedley), ληροῖς ("aux sornettes", Bekker), δέλτοις ("aux écrits", Bergk, qui cependant avait tout d'abord proposé ἰνδαλμοῖς, "aux images trompeuses", voir ci-dessous n. 12), αἴνοις ("aux contes", Bury), δούλοις ("aux servitudes", Decleva-Caizzi p. 254 *dubitanter* ), δελέασσ' ("aux appâts", Lloyd-Jones et Parsons *dubitanter* ).

6. Autre construction possible: "Je te dirai une parole de vérité, comme elle m'apparaît être, à moi qui ai une règle droite". Cf. Long (1978) 84-85 n. 16, Long-Sedley (1987) I 19.

7. Autre construction possible: "[je te dirai cette parole, à savoir que] la nature du divin et du bien consiste toujours en ce qui rend la vie humaine la plus égale". Ce sens est obtenu par la simple suppression de la virgule à la fin du vers 3, suppression suggérée très ingénieusement par Burnyeat (1980). Cette suggestion, critiquée par Reale (1981) 307-309 et par Ferrari (1981) 358 n. 32, est défendue par Long-Sedley (1987) I 21 et II 11.

8. Sextus (*M* I 305-306) donnait déjà des vers 5-7 du premier fragment une exégèse très laborieusement sceptique. Voir maintenant, en particulier, les discussions de Brochard ($1923^2$) 62-65, Burnyeat(1980), Reale (1981) 306-315, Ferrari (1981) 358-361, Decleva-Caizzi (1981) 251-262, Stopper (1983) 270-271, Long-Sedley (1987) I 20-21, II 10-11.

9. Un très fâcheux lapsus a fait imprimer ici dans le texte de Brochard: "les *Silles* ". Il s'agit bien évidemment des *Indalmoi* .

10. Les éditeurs modernes d'Homère impriment ici τοι, plutôt que la variante ἐγών. Je préfère conserver ici cette dernière leçon, qui semble avoir servi de modèle à Timon dans le vers 1 du fr. 68 D (il n'y a donc pas lieu d'attribuer à Timon l'introduction volontaire de ἐγώ dans sa parodie du texte homérique, ni de la considérer comme significative d'un renforcement du ton affirmatif, *pace* Decleva-Caizzi (1981) 259). C'est le lieu de rappeler l'intérêt de Timon pour les problèmes du texte homérique, et l'étonnante modernité de son conservatisme en la matière: "Aratos, dit-on, lui demanda comment se procurer un texte sûr des poèmes d'Homère. Il répondit: «en mettant la main sur les copies anciennes, et non sur celles d'aujourd'hui qui sont corrigées» (τοῖς ἀρχαίοις ἀντιγράφοις ... καὶ μὴ τοῖς ἤδη διωρθωμένοις)" (DL IX 113). Le même vers d'Homère, avec cette même leçon, a peut-être servi aussi de modèle à Parménide (fr. 2, v. 1), dans un contexte fortement dogmatique: εἰ δ' ἄγ' ἐγὼν ἐρέω, κόμισαι δὲ σὺ μῦθον ἀκούσας.

11. Cf. Hirzel (1883) 51-52 n. 1; Diels (1901) 203 ("unde tituli significatio (= φαινόμενα, δόξαι) elucet"); Conrad (1913) 12-13; Lloyd-Jones et Parsons (1983) 392 ("ἰνδαλμοὶ id est δόξαι vel φαινόμενα, cf. fr. 68 D, 1 cum *Od* . XIX 224").

12. Brochard écrit, p. 86: "C'est en ce sens [images ou apparences

trompeuses] que le mot est employé dans un vers de Timon, emprunté aux *Indalmoi*" . Le vers en question, qu'il cite en note, est le quatrième du fr. 67 D. Mais Brochard le cite en adoptant la conjecture de Bergk, qui substitue μὴ προσέχ' ἰνδαλμοῖς à la leçon des mss de Sextus (μὴ προσέχων δειλοῖς), leçon qui a donné lieu, nous l'avons vu, à beaucoup d'autres conjectures, et qui paraît pourtant pouvoir être conservée (cf. ci-dessus, n. 5). Brochard indique très discrètement, dans sa note, "avec la correction de Bergk", sans signaler que cette "correction", en introduisant le mot ἰνδαλμοῖς dans un texte où les mss ne le comportent pas, est la seule chose qui lui permette de dire, dans son texte, que le mot Ἰνδαλμοί "est employé dans un vers de Timon".

13. Robin (1944) traduit le titre des *Indalmoi* par "«Apparences» ou «Semblants» au sens de «faux semblants»" (p. 28). Il commente (p. 31): "Peut-être ces «apparences» sont-elles quelque chose d'analogue, notamment, aux «idola theatri» de Francis Bacon: les images trompeuses au moyen desquelles les philosophes abusent le public devant lequel ils jouent la comédie de leurs systèmes et se croient obligés de bien tenir leur rôle. Mais il est possible aussi que le point de vue de Timon fut plus général: c'est de ce poème en effet que provient le vers (fr. 69 D) sur l'universelle domination de l'apparence [τὸ φαινόμενον], telle qu'elle se présente à la conscience. Dans un autre vers (fr. 70 D = p. 24, iv W = 64 DC = 844 LJP), il est question de la distinction du bien et du mal, oeuvre *arbitraire* de l'esprit des hommes". Dans la dernière phrase citée, il semble que Robin joue quelque peu sur les deux tableaux, utilisant à la fois le texte des mss (νόῳ κέκριται) et la conjecture de Hirzel (νόμῳ κέκριται), adoptée par Natorp (1884) 289, Wachsmuth (1885) 24 et Brochard ($1923^2$) 62 n. 1. Notons que la double possibilité d'interprétation signalée par Robin (illusions philosophiques, illusions phénoménales) n'équivaut pas à ce que j'appellerai ci-dessous l'interprétation *mixte* , en dépit de ce que dit Decleva-Caizzi (1981) 252.

14. Cf. Conche (1973) 89: "... l'hypothèse généralement acceptée selon laquelle le poème *Les Images* serait dirigé contre les *faux semblants* de la sagesse dogmatique".

15. Cf. Decleva-Caizzi (1981) 251-252 et 258-259.

16. On pourrait dire aussi, pour rester dans le contexte grec: comme si Parménide avait intitulé son poème *Doxa* , ou *Doxai* .

17. Une interprétation de même nature se trouve, selon Decleva-Caizzi (1981) 252, dans Voghera (1904) 27, ouvrage que je n'ai pu consulter.

18. Cf. Stough (1969) 24, n. 15: "There is probably a deliberate play on the title [*Indalmoi* ] itself. It means both «appearances» and «illusions»". La position de Stough est inexactement présentée comme purement négative par Decleva-Caizzi (1981) 252.

19. Cf. DL IX 113, cité ci-dessus n. 10, et Lloyd-Jones et Parsons (1983) 41-42.

20. Je n'ai pas pu consulter l'ouvrage de Conrad, que cite Decleva-Caizzi (1981) 252. Mais Fernanda Decleva-Caizzi a bien voulu me communiquer les informations dont j'avais besoin à son sujet; je lui en suis tout à fait reconnaissant.

21. Me dira-t-on que j'exagère la subtilité dont était capable l'auteur des *Indalmoi* dans son utilisation de l'*Odyssée* , et dont il créditait le lecteur de son poème ? Il n'est pas nécessaire d'invoquer Rabelais pour justifier la possibilité d'une coexistence entre la verve la plus débridée et le jeu érudit le plus raffiné. Il suffit de renvoyer à Cortassa (1976) 314, qui évoque, à propos du fragment 46 D des *Silles* ( = 4 W = 778 LJP), "una fitta trama di sottili sfumature satiriche, di allusioni più o meno scoperte, di doppi sensi che l'interprete dev' essere sempre attento a cogliere se non vuol correre il rischio di fraintendere anche gravemente il significato dei versi di Timone".

22. Le premier vers du *Poème* de Parménide fait lui aussi mention (en termes de θυμός) d'un désir avec lequel le lecteur est implicitement invité à identifier le sien.

23. La documentation concernant Pyrrhon (qui n'avait rien écrit, faut-il le rappeler) traite plus volontiers et plus abondamment de sa manière de vivre et de son caractère que de ses discours et de ses arguments, comme on s'en assurera grâce au précieux recueil de témoignages enfin constitué, et constitué d'excellente manière, par Decleva-Caizzi (1981). Les contemporains que Pyrrhon avait impressionnés séparaient parfois explicitement sa διάθεσις et ses λόγοι, cf. Nausiphane in DL IX 64-69.

24. "Je vis encore Untel" est l'expression standardisée des rencontres d'Ulysse au cours de la Nekuia (*Od* . XI). Cette expression avait déjà été utilisée par le Cynique Cratès de Thèbes (cf. fr. 1 D = 347 LJP et fr. 3 D = 349 LJP), lequel avait lui aussi parodié Homère et fourni sans doute un modèle aux techniques parodiques de Timon (cf. Wachsmuth (1885) 72-73 et Long (1978) 75-76). On peut se demander cependant si c'est seulement par les hasards de la transmission des textes que s'explique le fait que, de tous les fragments conservés

des *Silles* , les deux seuls qui utilisent ἴδον, "j'ai vu", soient celui qui concerne Pyrrhon (cf. ἐγὼ ἴδον, 9 D = 32 W = 58 DC = 783 LJP) et celui qui concerne un autre contemporain de Timon, Zénon de Citium (38 D = 8 W = 812 LJP).

25. L'identification de Pyrrhon avec Ulysse est attestée par le fragment 8 D des *Silles* (= 35 W = 57 DC = 782 LJP), qui déclare Pyrrhon "sans rival" en parodiant un vers d'Homère (*Il* . III 223) disant la même chose d'Ulysse.

26. La stratégie de Timon s'est montrée d'une efficacité remarquable, puisque, vingt-trois siècles après les *Indalmoi* , dans un article intitulé (comme par hasard) *L'immagine dell'equilibrio* , un érudit sensible et savant présente les quatre vers du fragment 68 D comme "l'*unico* testo di senso compiuto e non manipolato in cui Pirrone parla, enuncia in prima persona la propria dottrina" (Ferrari (1981) 357, souligné par l'auteur). Ferrari n'aurait peut-être pas oublié que l'auteur de ces quatre vers était tout de même Timon, si, non content d'écrire quelques pages remarquables sur la *rencontre* entre Pyrrhon et Timon, schème fondamental de tous les ouvrages où le second parle du premier (pp. 345-361), il avait approfondi la relation d'altérité-identité qui s'instaure, à la suite et à titre d'effet de cette rencontre mémorable, entre le maître et le disciple.

27. Déjà Sextus avait interprété le fragment de Timon en ce sens (mais avec une prudence justement relevée par Natorp (1884) 292 et par Decleva-Caizzi (1981) 256): "Nous avons l'habitude de désigner chacune de ces choses comme bonne, ou mauvaise, ou indifférente, conformément à l'apparence (κατὰ τὸ φαινόμενον), comme Timon dans les *Indalmoi* paraît vouloir le montrer (ἔοικε δηλοῦν) lorsqu'il dit", etc. (*M* XI 20). Dans le même sens, voir aujourd'hui Stough (1969) 25 ("Everything said is qualified by «as it appears to me to be», an indication that he is merely reporting his own experience"); Dumont (1972) 132 ("N'est-il pas clair ici que le *phénomène* est dit, du moins d'après Timon, être pour Pyrrhon le critère de la vérité ?"); Conche (1973) 61 ("le ὥς μοι καταφαίνεται εἶναι renverse l'être en apparence"; voir aussi p. 89); Long (1978) 84-85, n. 16 ("The key phrase is ὥς μοι καταφαίνεται εἶναι, as Sextus, the source of the lines, understood them (*M* XI 19-20). He distinguishes between «the existence of goods and evils and neither of these» and their appearance (τὸ φαινόμενον), which the Pyrrhonist *is in the habit* of calling good, bad, and indifferent. This permits us to regard the «correct rule» as the stating of truth «as it seems to (me) to be», and no unqualified existential claim about φύσις is made").

28. Voir l'argumentation de Ferrari (1981) 359 ("In verità il termine greco *kataphainesthai* non ha mai il valore negativo di «sembrare», «apparire», nel

senso dell'incertezza, ma al contrario ha sempre il valore positivo di qualcosa che esce dall'oscurità per venire alla luce e che quindi «si mostra», «si manifesta»"), relayée par celle de Decleva-Caizzi (1981) 256 ("il termine composto sottolinea l'asserzione piuttosto che sfumarla in senso soggettivo, come provano i passi in cui ricorre (cf. ad es. Hdt. I 58, III 53, 130; III 69) ed il significato di καταφανής, καταφάνεια") et 258-259 ("è difficile negare che i versi di Timone abbiano il tono impegnativo della rivelazione di una verità ... il secondo emistichio è sostituito dal ben più forte ὥς μοι καταφαίνεται εἶναι ..., che prepara bene l'insistenza del pentametro seguente").

29. La syntaxe problématique du fragment pourrait s'expliquer par l'hypothèse d'une citation incomplète du texte de Timon par Sextus (Ferrari (1981) 359), ou encore par celle d'une lacune dans les mss de Sextus (Stopper (1983) 291 n. 35). Dans ce cas, on ne pourrait être certain que la signification du fragment n'en soit pas affectée (*pace* Ferrari 359-360), et la conclusion agnostique de Stopper s'imposerait (271: "the blank might have been filled dogmatically, it might have been filled sceptically") - encore que Stopper lui-même ne dissimule pas son penchant pour une solution sceptique (291, n. 36).

## BIBLIOGRAPHIE


- V. Brochard (1887, 1923[2]) : *Les Sceptiques grecs*, Paris, Vrin, réimpr. 1969, 1981.
- M.F. Burnyeat (1980) : « Tranquillity without a Stop : Timon frag. 68 », *Classical Quarterly* 72 (NS 30), pp. 86-93.
- M. Conche (1973) : *Pyrrhon ou l'apparence*, Éditions de Mégare.
- F. Conrad (1913) : *Die Quellen der älteren pyrrhonischen Skepsis*, Dantzig.
- G. Cortassa (1976) : « Due giudizi di Timone di Fliunte », *RFIC* 104, pp. 312-326.
- M. Dal Pra (1950, 1975[2]) : *Lo scetticismo greco*, Milan, Rome/Bari.
- Fernanda Decleva-Caizzi (1981) : *Pirrone – Testimonianze*, Naples, Bibliopolis.
- H. Diels (1901) : *Poetarum philosophorum fragmenta*, Berlin.
- J.P. Dumont (1972) : *Le scepticisme et le phénomène – Essai sur la signification et les origines du pyrrhonisme*, Paris, Vrin.
- G.A. Ferrari (1981) : « L'immagine dell'equilibrio », in G. Giannantoni (ed.), *Lo scetticismo antico*, Naples, Bibliopolis, vol. I, pp. 337-370.
- R. Hirzel (1883) : *Untersuchungen zu Cicero's philosophischen Schriften*, vol. III, Leipzig.
- H. Llyod-Jones, P. Parsons (ed.) (1983) : *Supplementum Hellenisticum*, Berlin/New-York.
- A.A. Long (1978) : « Timon of Phlius : Pyrrhonist and Satirist », *PCPS* 204 (NS 24), pp. 68-91.
- A.A. Long & D.N. Sedley (1987) : *The Hellenistic philosophers*, Cambridge University Press, 2 vol.
- P. Natorp (1884) : *Forschungen zur Geschichte des Erkenntnisproblems im Altertum*, Berlin.
- G. Reale (1981) : « Ipotesi per una rilettura della filosofia di Pirrone di Elide », in G. Giannantoni (ed.), *Lo scetticismo antico*, Naples, Bibliopolis, vol. I, pp. 243-336.
- L. Robin (1944) : *Pyrrhon et le scepticisme grec*, Paris, PUF (réimpr. New-York/London, 1980).
- A. Russo (ed.) (1978) : *Scettici antichi*, Turin.
- M. R. Stopper (1983) : « Schizzi Pirroniani », *Phronesis* 28, n° 3, pp. 265-297.
- Charlotte Stough (1969) : *Greek Skepticism – A Study in Epistemology*, University of California Press.
- G. Voghera (1904) : *Timone di Fliunte e la poesia sillografica*, Padova/Verona.
- C. Wachsmuth (1859) : *De Timone Phliasio ceterisque sillographis graecis*, Leipzig.
- C. Wachsmuth (1885) : *Sillographorum graecorum reliquiae*, in *Corpusculum poesis graecae ludibundae*, Leipzig.
- U. von Wilamowitz-Moellendorf (1881) : *Antigonos von Karystos*, Berlin.

*Barbara CASSIN*
*CNRS – Paris*

# LA GRANDE ILLUSION

## Pour servir à une mise en scène de l'*Hélène* d'Euripide

Euripide au théâtre, comme Thucydide en histoire, sont, si j'ose dire, *border-line* : classiques, et même paradigmes du classicisme à venir, parce qu'ils mettent en œuvre comme naturellement les concepts et les oppositions élaborés par la philosophie ; mais sophistiques, en surcharge et en catastrophe par rapport à ces mêmes concepts et oppositions, parce qu'ils mettent aussi en porte-à-faux les philosophèmes de Parménide, Platon, puis Aristote[1].

Pour Euripide, dont on n'a ni préfaces ni programme, on n'en prend conscience qu'au fil des pièces, à moins qu'on ne lise bien les critiques qui le classent bon troisième, pas seulement dans la chronologie, mais pour oser, par exemple, faire raisonner Hécube en termes de nature et de loi quand la terreur et la pitié pour ses grands malheurs commençaient juste à nous arracher des larmes.

Il existe une œuvre où cette duplicité est, ou peut, devenir plus lisible, au point d'être, parce qu'alors l'intrigue et le héros sont adéquats à leur traitement, le thème même de l'œuvre : c'est son *Hélène*. Hofmannsthal, qui lui a consacré un livret d'opéra pour une musique de Strauss, et un essai, raconte ainsi l'intrigue :

> « Nous sommes devant un palais royal, en Égypte ou plutôt sur une île dépendante de l'Égypte et appelée Pharos. Ménélas apparaît, il revient de Troie, il est seul. Depuis des mois son navire erre sur les mers, chassé de rivage en rivage, sans cesse dévié du chemin du retour. Il a laissé Hélène, l'épouse qu'il vient d'arracher aux mains de l'ennemi, avec ses guerriers, dans une baie abritée ; il cherche un conseil, une aide, un oracle qui lui indique le chemin du retour. C'est alors qu'il aperçoit Hélène dans le péristyle du château, Hélène qui vient à sa rencontre, non pas la belle, la trop célèbre Hélène qu'il a laissée à bord de son vaisseau, mais une autre Hélène et pourtant la même. Elle prétend être sa femme... L'autre, celle qui se trouve à bord, n'est personne, n'est rien, c'est un fantôme, un mirage qu'Héra (protectrice des époux) a mis dans les bras de Pâris, pour se jouer des Grecs. C'est pour ce mirage que la guerre a duré dix ans, que dix mille des meilleurs hommes sont tombés, que la ville la plus prospère d'Asie a été réduite en cendres. Mais elle, Hélène, la

véritable, la seule, transportée par Hermès au-delà des eaux, a vécu pendant tout ce temps dans le palais royal ».

Et Broch[2], qui vient de citer Hofmannsthal, commente la résistance de Ménélas refusant obstinément de reconnaître la « véritable » Hélène tant que l'autre ne s'est pas pour de bon envolée en fumée :

« C'est l'Hélène troyenne et non l'égyptienne qui a marché derrière les étendards, qui s'est trouvée identifiée avec la nostalgie des dix années utopiques, avec l'amère douleur et l'amour-haine du mari trompé, avec toutes ces nuits passées si loin de la patrie, la vie sauvage des bivouacs et l'avant-goût de la victoire. Et les rôles sont dès lors faciles à inverser : l'inconsistante sirène de Troie, à laquelle se rattache tout un monde de fautes, de souffrances, mais surtout d'espoir, prend dans cette étrange aporie une consistance presque réelle, tandis que la réalité se change pour ainsi dire en mirage ».

« La réalité se change... en mirage » : l'*Hélène* fait pivoter les oppositions canoniques de l'*alētheia* et du *pseudos*, de l'être et de l'apparaître, et constitue une mise en scène de l'*eidos* qui bouleverse l'idée platonicienne, le plus *eidos*, tout comme le plus *eidōlon*, n'étant jamais ce que l'on croit. Le ressort du pivotement est, c'est là le plus sophistique de l'histoire, une mise en concurrence du réel et du langage, croisés comme dans un strict marivaudage, si bien que c'est seulement au milieu, pour une première *happy end* philosophique ô combien pleine d'artifice, que le nom et la chose viennent à congruence : qu'« Hélène » est Hélène, et réciproquement. Encore faut-il ajouter aussitôt avec Broch que l'Hélène ainsi adéquate et reconnue n'a plus grand chose à voir avec ce qu'évoque toujours pour nous le nom d'Hélène : Ménélas a retrouvé en somme le contraire de celle qu'il cherchait, ou, comme le dit Ronsard, « en une même Hélène une autre Pénélope »[3], aussi fidèle que rusée. Si bien que, comme nous verrons, à la fin des fins, c'est-à-dire aux dernières lignes de l'intervention *ex machina* de ses frères les Dioscures, Hélène, le « prête-nom » des dieux, devient à jamais, comme si sa célébrité ne devait plus tenir qu'à cela, le nom d'une île qui garde l'Attique.

J'aimerais sur le papier comme mettre en scène cette *Hélène* en distendant la vection platonicienne et la vection sophistique. Très simplement, en exhibant par une retraduction les charnières entre ces deux profils de la pièce, moments où le langage fait clef. Imaginons donc au moins une arrière, ou une avant-scène, spécialisée dans l'éclat du profit sophistique ; elle est générée par le plateau central, celui du récit proprement dit, de la *diēgēsis* mettons platonico-neutre qu'est aussi l'*Hélène*, comme toute pièce de théâtre. Ainsi commencerait à se déployer ce que Broch appelle « la possibilité réelle-utopique de l'objet lui-même, s'ouvrant sur d'autres perspectives » : un immense corpus à vrai dire, de textes et de musique, qui à chaque fois exhausse une facette d'*eidos/l'eidōlon :* le nom, menaçant et doux, d'Hélène, par l'*Agamemnon* d'Eschyle et les sonnets de Ronsard, sa culpabilité de chienne, par Homère et l'autre Euripide du cycle troyen[4], sa manière d'éternel féminin par le Faust de Gœthe, Nietzsche, Strauss et Hofmannsthal, Freud, Huysmans, Breton, Lacan, son innocence depuis Stésichore-Platon, Gorgias, Isocrate, Dion Chrysostome, Offenbach, Claudel et Giraudoux – cette façon d'être sans être, là où, quand, et comme elle n'est pas, qui sourd de toutes ses apparitions littéraires ou philosophantes[5]. Le pot-pourri serait, je crois, licite : seul un objet explosif peut ainsi exploser en mots, en tableaux, en chants. L'unité de la pièce, temps, lieu, action, qui n'a pourtant jamais été mieux respectée, vole déjà au sein de la pièce même dans les éclats parodiques d'une liberté shakespearienne, faite de baroquisme et de merveilleux.

De plus, ou de même, les phrases auront le droit de se faire traduire plusieurs fois, en langage Budé, et autrement. Henri Grégoire interprète minutieusement *Hélène*, avec toutes ses « digressions en apparence intempestives », à la seule lumière des événements de 412, après le désastre de Sicile, comme le « cri du cœur d'un pacifiste » : *La grande illusion,* c'est la guerre, « erreur sanglante » et vain combat pour cet *eidōlon* qu'est la gloire (*Notice,* p. 23s). Il s'agit donc essentiellement avec cette « Nouvelle Hélène », « entre les *Troyennes* de 415 et l'*Oreste* de 408, entre les deux phases de la poursuite impitoyable engagée par Euripide contre Hélène », d'une « prétendue réhabilitation » entièrement conjoncturelle, faite pour apaiser les passions anti-laconiennes devenues un luxe dangereux pour Athènes : Hélène de Sparte n'est provisoirement pas si mauvaise qu'il ne l'a dit et qu'il ne le dira (*ibid.*, p. 30). Et autrement : *La grande illusion,* c'est le nom de la philosophie quand c'est la sophistique qui la donne à lire ; *Hélène,* encore une fois, est la mise en scène sophistique de l'*eidos.* On y voit l'*eidōlon,* cette fiction nuageuse qu'est le nom d'Hélène et que les compagnons de Ménélas gardent au fond d'une caverne, monter au ciel et rejoindre l'éther ensoleillé en une assomption toute eidétique.

Les scènes auront aussi le droit d'être jouées plusieurs fois, en plusieurs tons et sur plusieurs plateaux. A la platonicienne, c'est-à-dire au premier degré, à la philosophe, comme une quête fidèle du réel, de la vérité, de la connaissance, et du bon récit : « Je suis Hélène » dit Hélène, et le brave Ménélas au terme de sa quête reconnaît que c'est clair, et parvient à la ramener avec lui au pays. A la sophiste, en se jouant au second degré avec Ménélas du philosophe conséquent, qui quitte le rôle de mari trompé pour devenir l'époux obstiné d'une illusion, enfin le mort-vivant qui se rend à lui-même les honneurs funèbres, prêt à choisir dans tous les puits que la philosophie creuse sous ses pieds. Mais, devenu plus loup que chien, c'est pour mieux s'en tirer : « Je m'appelle Hélène », dit Hélène, et

Ménélas, qui réfléchit sur l'homonymie et la ressemblance, finit par manier à son profit l'équivoque pour conseiller à Hélène devant Théoclymène qui va l'épouser d'« obéir à l'époux présent » (1288s).

Voici donc une suite de passages-clefs traduits dans cette autre perspective. D'abord le soliloque d'Hélène qui ouvre la pièce. Ἑλένη δ᾽ ἐκλήθην, « Je suis Hélène »/« On m'a donné pour nom Hélène » : dans la traduction reçue et dans la retraduction du vers 22 se joue de manière paradigmatique déjà toute l'interprétation de la pièce, le choix du bon profil.

*H.* Le Nil, ses flots aux belles vierges,
au lieu des gouttes de Zeus sur la plaine d'Égypte
quand fond la neige blanche, mouille les champs.
Protée, quand il vivait, était roi de cette terre,
l'île de Pharos, et maître de l'Égypte.
Il épouse une vierge des vagues,
Psamathé, la Sablonneuse, qui abandonne la couche d'Eaque.
Elle engendre deux enfants dans ce palais,
un mâle, Théoklymène, Celui qui écoute les dieux (puisque son père passa
sa vie à les révérer), et une vierge bien née,
Idée, dans les langes déjà splendeur de sa mère ;
quand elle arrive à l'âge du mariage opportun,
on l'appelle Théonoé, Pensée des dieux, car les choses divines,
ce qui est et ce qui viendra, elle les sait toutes,
honneur qu'elle tient de son ancêtre Nérée.
Moi, ma patrie n'est pas une terre sans nom :
Sparte. Et mon père est Tyndare. On raconte aussi
que Zeus a volé vers ma mère
Léda en prenant la forme extérieure d'un oiseau cygne,
et lui a par ruse extorqué une étreinte
en fuyant la poursuite d'un aigle, pour autant qu'un tel récit soit clair.
Je fus nommée Hélène. Les maux que j'ai subis,
je vais les dire. Trois déesses vinrent en matière de beauté
dans un fourré de l'Ida consulter Alexandre :
Héra, Cypris, et la vierge née de Zeus,
elles voulaient qu'une décision jugeant de la forme fût enfin prise.
Avec ma propre beauté, si belle est l'infortune,
Cypris amorce Alexandre en lui proposant de m'épouser,
elle remporte la victoire. Abandonnant l'étable de l'Ida, Pâris
arrive à Sparte prendre possession de mon lit.
Héra, qui lui reproche de ne l'avoir pas fait vaincre les déesses,
fait que mon lit ne soit pour Alexandre que du vent,

elle lui donne non pas moi, mais semblable à moi,
une idole qui respire, faite en morceaux de ciel,
pour le fils du roi Priam. Et il croit m'avoir,
vide apparence, en ne m'ayant pas. La suite
des grands desseins de Zeus ajoute à ces maux,
car il porta la guerre sur la terre des Grecs
et chez les Phrygiens malheureux, pour alléger
d'une trop grande foule de mortels la terre mère
et rendre célèbre le plus valeureux de Grèce.
Mais nous mîmes sous la protection de l'élan des Phrygiens non pas moi
mais mon nom, prix de la lance pour les Grecs.
Hermès me prit dans les plis de l'éther
cachée par un nuage (par Zeus n'étant pas sans se soucier de moi)
et m'installa dans cette maison, chez Protée,
choisi comme le plus tempérant de tous les mortels,
pour que je puisse préserver sans souillure à Ménélas son lit.
Et moi, je suis là, et mon mari combattif
qui a rassemblé une armée part à la chasse
de mes ravisseurs jusque sous les remparts d'Ilion.
Bien des souffles à cause de moi près des flots du Scamandre
ont trouvé la mort. Moi qui endure tout
on me maudit et j'ai l'air en trompant mon mari
d'avoir déclenché la grande guerre chez les Grecs.
Pourquoi suis-je encore en vie ? C'est qu'un dieu m'a donné sa parole,
Hermès, que j'habiterai encore dans la plaine
de Sparte avec mon homme, qui saura alors que je ne fus pas
à Ilion, pour préparer la couche de personne.
Tant que Protée vit la lumière du soleil,
mon mariage fut en sûreté. Mais depuis que le cachent
les ténèbres de la terre, le fils du mort
me pourchasse pour m'épouser. Moi qui honore mon époux de jadis,
je tombe devant ce monument où est enterré Protée
en suppliant qu'on préserve mon lit pour mon homme :
si par toute la Grèce je porte un nom mal famé
qu'ici mon corps au moins ne soit pas condamné à la honte.

Cette ouverture met en place, comme il se doit, tous les thèmes essentiels. L'enjeu de l'intrigue, sa cause finale ô combien nommée par son nom : le lit, la couche, l'étreinte, le mariage, l'époux, l'homme[6] (*λέκτρα*, 7, 59 ; *λέχος*, *λέχη*, 30, 32, 48, 65 ; *εὐνή*, 20 ; *γαμεῖ*, *γαμων*, *γαμεῖν*, 6, 12, 28, 61, 63 ; cf. *εὐγενῆ*,

10, *προγονου*, 15, *διογενης*, 25 ; enfin *ποσις*, 49, et *ανδρι*, 58, 65). Mais non moins vigoureusement l'enjeu de l'intrigue philosophique : le rapport entre la chose même et son nom, et le statut de la ressemblance.

L'importance du nom propre, de sa convenance/disconvenance, se perçoit dès les premiers vers qui doivent servir simplement à décrire le lieu et à introduire les personnages. Le Nil, l'Égypte, Protée, l'île de Pharos : ce Protée, souverain d'Égypte et le plus continent des mortels, à qui pour cette raison Hermès n'hésite pas à confier en dépôt la trop belle Hélène, porte en tout cas le même nom que le Vieux de la mer du chant IV de l'*Odyssée*, « Protée l'Égyptien », le maître des formes, « protéiforme » justement, qui sait, dit Homère, les imiter toutes, lion, dragon, panthère et porc, eau ou arbre (IV, 385 ; 415-417 ; 455-461) ; celui aussi qui sait expliquer à Ménélas, encalaminé et affamé depuis vingt jours dans cette même île de Pharos, au large d'Alexandrie, comment rentrer dans sa patrie en sacrifiant à Zeus dans les eaux de l'Egyptos, c'est-à-dire du Nil. Ajoutons en *a parte* que si *φάρος* est l'île célèbre par son phare, *φᾶρος*, et plus tard *φάρος*, est une pièce de toile : la voile du navire, mais aussi le suaire que tisse et détisse Pénélope (*Odyssée*, II, 97 *e.g.*), tout de même qu'Hélène, devenue donc une autre Pénélope, imaginera de faire armer un bateau en inventant la coutume grecque du mari mort en mer, pour échapper à son prétendant. Et puis les deux enfants de Protée présentent les possibilités de la nomination ; Théoklymène, « Celui qui écoute les dieux », est le mal nommé : violant la promesse faite par son père, il veut épouser malgré elle la chaste Hélène et tuer sa sœur contrariante, pourtant vivant sanctuaire de la justice (cf. 998-1004 et 1627-1641)[7] ; Eidô, ou, vraiment, Eidos (c'est la leçon du manuscrit L), « Idée » donc, la bien nommée puisque c'est immédiatement un trésor qui brille (*aglaisma*, 11). On la débaptise pourtant, au moment de son mariage non avec un homme mais avec la mantique et la prophétie, en Théonoé, « Pensée des dieux », comme pour que le nom évolue avec la chose qu'il nomme (cf. 822).

Mais c'est évidemment avec la présentation d'Hélène elle-même que les grandes oppositions se mettent en place. Sa patrie, d'abord, « a un nom », dans tous les sens du terme (*οὐκ ἀνώνυμος*, 16), et elle-même, fille de Tyndare ou de Zeus et de Léda, dit d'elle-même « Je fus nommée Hélène » (22), nom qu'on peut rendre par « Celle qui fait avancer », comme par « Celle qui blesse ». On sait trop, de l'*Agamemnon* d'Eschyle (« ... le nom d'Hélène, la femme mariée dans les lances, la disputée. N'est-ce pas en Hélène que perdeuse de navires – *helenas* – perdeuse d'hommes – *helandros* –, perdeuse de ville – *heleptolis* –, quittant le secret de voiles de grand prix, elle s'en alla portée par le souffle léger d'un zéphyr géant », 687-690, trad. P. Judet de la Combe), aux sonnets de Ronsard (« Son nom grec vient de ravir, de tuer, de piller, d'emporter », *Sonnets pour Hélène*, II, 9), à quel point l'étymologie s'entend dans son nom, prédisant tous les ravissements : Hélène elle-même le rappelle, au moment où elle tient pour certaine la mort de Ménélas, « c'est à cause de moi qui en tue tant, à cause de mon nom qui en fait tant subir » (*δι'ἐμὲ τὰν πολυκτόνον / δι' ἐμὸν ὄνομα πολύπονον*, 198s). La « véritable » Hélène s'auto-définit donc par son nom. Or, précisément, ce nom se trouve par la rigidement matrimoniale Héra comme détaché d'elle, c'est lui seul (*το δ' ονομα τουμον*, 43) qui réside à Troie et pour qui la Grèce combat, par opposition au « je », au « moi » (*ἐγὼ μὲν ὄυ*, 42) mis en sûreté à Pharos ; de même, c'est le nom seul qui est diffamé (*ὄνομα δυσκλέες φέρω*, 65, cf. 249-251, 270s.), par opposition au « corps » encore préservé de la honte (*μή μοι τὸ σῶμα...*, 67, cf. 588, 1100). L'*eidos* Hélène a perdu son *eidōlon*, qui faisait l'essentiel de son *eidos*, au moins autant que l'*eidōlon* a perdu son *eidos*[8].

Dans cette perte réciproque, à travers cette représentation du péché originel que constitue l'autonomisation du nom, ou si l'on préfère à travers l'inévitable effet du langage, il semble bien que, retournement après retournement, ce soit toujours finalement le nom qui gagne.

Arrêtons-nous d'abord sur le portrait du nom d'Hélène, paradigme savoureux de la (trop) juste nomination. Le *flatus vocis* troyen est décrit comme « du vent » (la couche que, pour châtier Pâris, Héra « emplit de vent », *ἐχηνέμωσε*, 32), comme « une idole insufflée », un « simulacre » (*εἴδωλον εμπνουν*, 34 ; cf. 582, 683) fait « en morceaux de ciel » « à la ressemblance » (*ὁμοιώσασ' ἐμοὶ*, 33) du « moi » d'Hélène, comme une « vide apparence » (*κενὴν δόκησιν*, 36). Ce « nuage » ou cette « nuée » (705, 750) pour lequel on se bat, est, quand on l'a reconnu pour tel, qualifié d'*agalma* : « nous n'avions en mains qu'une sinistre statuette de nuage » (705), explique Ménélas ; « tu veux parler de la statuette de nuage ? Elle s'est dissipée dans l'éther », répond Hélène à Théoklymène (1219). *Agalma*, comme *pharmakon*, sait dire ensemble le meilleur et le pire : il s'agit, on le sait d'« offrande » et de « jubilation », sous forme en particulier de ces grossières statuettes de bois creuses faites à l'image du dieu qu'elles honorent, mais qui contiennent parfois comme des poupées gigognes un objet beaucoup plus précieux. Seulement l'*agalma* qu'est le mot, qui pourrait figurer la chose et en livrer à l'intérieur comme la quintessence, à la différence de Socrate et de l'objet *a* pour lequel Lacan utilise le terme, cette fois ne contient rien, rien du moins que le souffle nécessaire à le proférer.

On remarquera simultanément que la véritable Hélène voudrait elle aussi n'être rien qu'un *agalma*, mais tel que le dehors soit dedans et le dedans dehors, un *agalma* à l'envers, à cause des malheurs que lui vaut sa beauté : « Puissé-je en effaçant à l'envers comme si j'étais une statue creuse prendre une horrible forme au lieu d'une belle » (*Εἴθ' ἐξαλειφθεῖσ' ὡς ἄγαλμ' αὖθις πάλιν / αἴσχιον εἶδος ἀντὶ τοῦ καλοῦ 'λαβον*, 262s.). Si le mot est un *agalma* sans rien dedans, la chose voudrait bien, comme un autre *agalma*, pouvoir changer d'*eidos* en toute labilité : l'*eidos* n'est donc ici qu'une surface, une couverture. Or nous tenons là, dans un texte où foisonnent les termes qui disent le simulacre, l'image, le semblant, l'une des très rares occurrences d'*eidos.* Le terme de *morphē,* qui pourrait dans ce premier monologue servir de synonyme, est marqué de façon analogue. Avec la seule mention de Protée, la forme est déjà connotée comme multiple et trompeuse, tout comme ensuite Zeus est dit se « métamorphoser » (19) en cygne pour abuser Léda. Mais surtout, c'est une *krisis morphēs,* « un jugement à rendre sur la forme » (26), le concours de beauté des trois déesses, qui provoque la guerre de Troie : « la forme seule » (1368), tel est le piège par excellence et le destin d'Hélène, insolente de beauté. D'où l'on déduira que toute « idée », toute « forme », se réduit toujours à l'effet de surface qu'est son apparence.

Reste à constater que l'ultime ressemblance entre le mot et la chose est la modalité de leur disparition, de leur escamotage : c'est la même expression qui dit, dans le monologue, comment la « véritable » Hélène est emportée par Hermès jusque dans l'île de Pharos « dans les plis de l'éther, cachée par un nuage » (44s.), et dans le récit du messager, comment le simulacre s'en est allé « dans les plis de l'éther, invisible » (605). Du coup, la grotte où les Grecs le gardaient en devient « sainte » : on assiste bel et bien à l'assomption du nom. Le fin mot de l'histoire nous sera livré par les Dioscures : Hélène peut rentrer au foyer parce qu'« elle n'a plus à prêter son nom aux dieux » (*καὶ τοῖς θεοῖς παρέσχε τοὔνομ' οὐκέτι*, 1654). C'est d'ailleurs précisément en tant que prête-nom qu'ils la récompensent, puisqu'elle sera « nommée », « invoquée » déesse (*θεὸς κεκλήσῃ*, 1667), et qu'« à l'avenir pour les mortels Hélène sera le nom » de l'île (*Ἑλένη τὸ λοιπὸν ἐν βροτοῖς κεκλήσεται*, 1674) où Hermès fit un premier arrêt avant l'Égypte, une île qui défend l'Attique comme Pharos Alexandrie – afin, j'imagine, que résonne patriotiquement l'homophonie Hellène/Hélène qu'on ne peut pas ne pas entendre dans la pièce (dès le soliloque, mais aussi par exemple en 563-564, ou en 1173-1176), qui fait thème pour un Isocrate[9]. La véritable Hélène avait raison, elle n'était vraiment que son nom, ou encore, seul son nom était vraiment. Version théâtrale du *Traité du non-être* de Gorgias : c'est l'idole vide, le simulacre de souffle, qui est.

L'original est pris dans le chiasme qui ne cesse de faire de lui l'idole de son idole. Ainsi dans le dialogue qui suit immédiatement, où apparaît Teukros, un grec naufragé, fils de Télamon. Son intervention a toujours paru « bien superflue et languissante » (*Préface,* Grégoire, p. 17) : «L'exposition d'*Hélène* – paraît-il – se serait très bien passée de la scène et du personnage, puisque Teucros ne donne à Hélène que de fausses nouvelles bientôt démenties (Ménélas est mort), ou des informations que Ménélas aurait pu lui transmettre un peu plus tard (cf. *ibid.,* p. 17s.). Mais l'exposition philosophique, non. Car, une fois mis en place dans le soliloque le rapport de ressemblance entre la chose et le nom (séparés, rappelons-le, par Héra pour mieux préserver un lien autrement sacré – celui du mariage, entre deux choses donc –, l'enfer sophistique étant pavé de toutes les bonnes intentions), c'est aux yeux de Teukros que se croisent explicitement l'*eidos* et l'*eidōlon*, « Hélène » et Hélène. Pour Teukros qui débarque, c'est en effet Hélène le simulacre, tandis que ce qu'Hélène cherche à dissiper comme « apparence » (δόκησιν, 121), la vision de l'« Hélène » de Troie traînée par les cheveux sous la poigne du mari vainqueur, est au contraire validée comme évidence. L'opposition classique entre l'œil de l'esprit et l'œil du corps n'a même plus le pouvoir de servir à distinguer entre idée et idole, puisque, Teukros l'affirme avec force : « C'est ainsi exactement que j'ai vu de mes yeux et que mon esprit voit » (122, cf. 118). Autrement dit, il est du destin de la vision et de la théorie, domaine privilégié de la philosophie, et pas seulement de la parole, domaine de la sophistique, de faire prendre le mot pour la chose. Le renversement entre l'original et l'image se marque au sort du corps : dans son monologue, Hélène oppose son moi, le corps resté en Égypte, à l'idole de son nom ; avec Teukros, dans la dernière réplique, c'est le corps tout seul qui produit la ressemblance (160, cf. 577), tandis que pensées ou sentiments *(phrenes)* sont tout autres. Voici la première et la dernière réplique de cette seconde scène :

68. *T.* Quel est le maître de cette demeure fortifiée ?
Elle est digne de ressembler à la maison de la richesse[10],
avec ses portiques royaux et ses résidences crénelées.
Ha !
Dieux, quelle vision vois-je ? J'ai sous les yeux la plus odieuse,
sanglante, image de femme qui a mené à leur perte
moi-même et tous les Achéens. Toi qui as la ressemblance
d'Hélène, que les dieux te recrachent ! Si je n'avais le pied
en terre étrangère, avec ce trait qui touche au but,
tu mourrais de cet avantage d'être l'image de la fille de Zeus.

Puis, lorsqu'Hélène lui conseille de partir avant le retour de Théoklymène qui, il ne faut pas demander pourquoi, immole tous les Grecs qui lui tombent entre les mains :

157. *T.* Tu as bien parlé, femme. Que les dieux
te donnent en échange les récompenses de tes bienfaits.
Tu as le corps qui est semblable à Hélène, mais tes pensées
ne sont pas semblables aux siennes, elles en diffèrent beaucoup.
Qu'elle meure mal, et ne regagne pas les flots
de l'Eurotas. Mais à toi, bonne chance pour toujours, femme.

Teukros a appris à Hélène, avec la chute de Troie, la disparition de Ménélas et d'« Hélène », et le suicide de Léda. Le chœur tente de la consoler en l'engageant à ne pas croire que tout ce qu'il vient de dire est « vrai ». Un échange de répliques vise alors à établir si la « clarté » (σαφῶς, 308 ; σαφῆ, 309 ; la clarté d'un récit par exemple : c'est le même mot qui mettait en doute dans le soliloque la paternité du cygne, σαφὴς, 21 ; cf. 577) est plutôt l'indice du vrai que du faux ; et Hélène, qui tient pour la clarté du vrai contre l'avis du chœur, est celle justement que les faits démentissent puisque Ménélas qu'elle croit mort est vivant.

306. *Ch.* Hélène, celui qui est venu, l'étranger, quelqu'il soit,
ne va pas croire que tout ce qu'il a dit est vrai.
*H.* Mais ce qu'il a dit clairement en tout cas, c'est que mon mari est mort.
– Bien des paroles naissent sous l'effet d'erreurs.
310. Celles en tout cas qui les inversent, paroles de vérité, sont pleines ce clarté[11].

Ainsi la clarté du discours se trouve-t-elle mise en doute au même titre que la clarté de la vision. On peut mesurer à ce simple exemple la complexité, le caractère perpétuel, de la distorsion des concepts philosophiques. Platon aussi fait la critique de l'évidence sensible, mais pour enseigner celle de l'idée ou de l'esprit ; Platon aussi fait la critique de la persuasion rhétorique, du semblant de vérité, mais pour engager à chercher la vérité vraie, la réalité idéale. Euripide ne cesse au contraire de jeter en toute solidarité l'idée avec l'idole et la vérité avec le brillant du vraisemblable.

De fait, Ménélas, le clairement mort, ne tarde pas à aborder lui aussi à Pharos. Il fait garder « Hélène » au fond d'une caverne, et tombe sur une vieille concierge du palais, qui le met en garde contre la haine de Théoklymène à l'égard des Grecs, mais en lui donnant cette fois la raison : Hélène habite ici, « l'Hélène de Zeus », « la fille de Tyndare, celle qui fut jadis à Sparte » (470, 472), elle est arrivée avant même l'expédition des Achéens contre Troie. Voici la réaction aristotélicienne de Ménélas :

483. *M.* Que puis-je dire ? Que vais-je vouloir dire ?[12] J'entends les
pitoyables malheurs d'à présent venir de ceux qui précèdent,
485. si j'ai conduit jusqu'ici l'épouse arrachée
à Troie, si je l'ai fait garder dans une caverne,
alors qu'une autre portant le même nom
que cette mienne épouse demeure au palais que voici.
Et on a dit qu'elle était née fille de Zeus.
490. Mais y a-t-il un homme qui porte le nom de Zeus
sur les hauteurs du Nil ? Il n'y en a qu'un, celui du ciel.
Et Sparte, où est-ce sur terre sinon là où sont les flots
de l'Eurotas aux beaux roseaux ?
C'est bien un être unique qu'on appelle du nom de Tyndare.

De Lacédémone, quel territoire est donc synonyme,
et de Troie ? Moi, je ne sais plus ce qu'il faut vouloir dire.
En fait, bien des gens, semble-t-il, en bien des lieux de la terre,
portent les mêmes noms, une cité qu'une cité,
et une femme qu'une femme. Donc, pas de quoi s'étonner.

Le constat de synonymie recouvre ce que nous appellerions plutôt avec Aristote homonymie : des choses qui portent le même *(homo-)* nom, mais qui ne sont pas les mêmes, qui n'ont pas la même définition. « Synonymes » cependant, déjà plus rigoureusement, parce qu'elles ont en commun *(sun-)*, outre le nom, quelque chose comme le genre ou l'espèce : une femme, une cité. Pas assez de mots, pas assez de noms propres en tout cas, pour trop de choses à dire. Cette pauvreté originelle du langage, et ce défaut d'imagination éponymique, sont là pour rassurer Ménélas, en toute philosophie.

Dès lors, Ménélas ne peut plus se fier à rien. Ni au langage, parce que reconnaître une homonymie ne fournit aucun critère pour distinguer entre la chose qu'on croit dire ou entendre, et l'autre. C'est pourquoi l'argument de l'équivoque du mot se trouve invoqué aussi bien par Hélène – « Le nom peut se trouver en plusieurs lieux par le corps » (588) – que par Ménélas ; seulement Hélène y joint la pleine conscience de la liberté du mot par rapport à la chose qu'il désigne : la chose n'est que là où elle est, mais le nom est partout où on le profère, doué d'ubiquité, et capable ainsi de faire exister simultanément, comme elle en a fait l'amère expérience, des choses homonymes, ou une chose et son semblant. Ménélas ne peut pas davantage se fier à ses yeux, malgré l'insistance d'Hélène qui fait encore confiance à son corps et à sa forme, car, tout comme l'homonymie est la maladie du langage, la ressemblance (*προσφερέστερον*, 559, *προσφερῆς*, 591 ; *ὁμοίαν*, 564 ; *ὅμοιον*, 577 ; *ἔοικας*, 579) est la maladie (575, 581) de la vision. C'est d'ailleurs pourquoi elles vont si bien ensemble, au point que l'image et le modèle, « l'homme » et « ce qui est peint », devront servir à Aristote au tout début des *Catégories* de paradigme pour l'homonymie. Il ne reste plus à Ménélas que la « clarté » (*τὸ... σαφές*, 578, voir *supra*), qui, il l'avoue à la fin, n'est après tout, avec l'éclat de sa gloire iliadique, que l'évidence du bon récit : « C'est la grandeur de mes peines là-bas qui me persuade, et non toi » (593). Cette scène de méfiance philosophique, digne des *mistits*, est ainsi toute entière aimantée par la fiction : « fiction » (*πλάσαντος*, 585) divine douée de regard que savent fabriquer les dieux quand ils incarnent le mot, ou fiction de l'épopée que savent déployer les poètes.

La péripétie à laquelle on assiste alors est bien plutôt une anti-péripétie, puisque la scène centrale, la scène traditionnelle de reconnaissance, est une scène de méconnaissance. A écouter Hélène pourtant, que son époux puisse la reconnaître allait de soi. C'est pourquoi, quand elle l'avait cru mort avec « Hélène », elle perdait, en même temps que son nom et son époux, toute identité et toute possibilité de se faire reconnaître : « Je suis morte dans les faits, sans l'être en acte... Car si mon époux vivait, nous aurions été reconnus à notre arrivée, à des signes qui ne sont manifestes qu'à nous seuls » (286, 290s.). A présent, Théonoè vient d'assurer à Hélène que Ménélas est vivant, elle se languit de lui, l'aperçoit, et, loin elle-même d'être capable de le reconnaître, se demande au contraire pleine d'effroi quel est cet homme « si sauvage de forme » (544s.), et « qui porte une mise si informe autour du corps » (554).

*M.* Qui es-tu ? Quelle vision, femme, offres-tu à mes yeux ?
*H.* Et toi qui es-tu ? Car le même langage nous tient, toi et moi
– Non, jamais je n'ai vu de silhouette plus analogue
O Dieux ! Car c'est un dieu aussi qui fait reconnaître les siens
– < Es-tu grecque, ou une femme d'ici ? >
– Grecque. Mais je veux connaître aussi ton pays
– Je t'ai vu, femme, tellement semblable à Hélène
– Et moi, toi, à Ménélas. Et je ne sais pas quoi dire
– Tu as reconnu exactement l'homme le plus infortuné
– O bien tard venant dans les bras de son épouse
– Quelle épouse ? Ne touche pas mes vêtements !
– Celle que t'a donnée Tyndare mon père
– O Hécate porte-flambeaux, envoie donc des apparitions bienveillantes !
Ce n'est pas une servante nocturne de la déesse des carrefours que tu vois en moi
– La nature ne m'a certainement pas fait époux unique de deux femmes
– Mais de quel autre lit la nature t'a-t-elle fait maître ?
– Celle qui est enfermée dans une grotte et que j'ai ramenée de Phrygie
– Il n'existe pas d'autre femme qui soit la tienne à part moi
Ne suis-je pas tout à fait dans mon bon sens ; à moins que ma vue ne soit malade ?
– Quand tu me regardes, ne te paraît-il pas que tu vois ton épouse ?
– Le corps est semblable, mais la clarté me retient
– Examine. Que te manque-t-il ? Mais qui en sait plus que toi-même ?
– Tu ressembles. Oui, je ne le nie pas
– Qui t'enseignera sinon tes propres yeux ?
– Ce qui me rend malade, c'est que j'ai une autre épouse
– Je ne suis pas allée en terre troyenne, c'était une idole
– Et qui donc réalise des corps qui ont un regard ?
– L'éther, d'où tu tiens un lit ouvré par un dieu
– Qui des dieux l'a forgé ? Ce que tu dis dépasse toute attente

– Héra, comme substitut, afin que Pâris ne me prenne pas
– Comment donc te serais-tu trouvée ici et à Troie en même temps ?
– Le nom peut se trouver en plusieurs lieux, pas le corps
– Laisse-moi, je m'en vais avec mon content de peines
– Alors tu nous quittes, tu emmènes un lit vide ?
– Adieu donc, parce que tu es analogue à Hélène
– Je suis morte. Je te tiens, et je n'aurai plus de mari
– C'est la grandeur de mes souffrances là-bas qui me persuade, et non toi
– Pauvre de moi ! Qui devint jamais plus malheureuse que moi ?
Tout ce que j'ai de plus cher me quitte, et je ne reviendrai plus
parmi les Grecs, ni dans ma patrie, jamais.

On voit avec quelle force la ressemblance, qui fournira dans la *Poétique* aristotélicienne l'un des ressorts majeurs de la reconnaissance, « la reconnaissance par raisonnement » (« dans les *Choéphores*, quelqu'un de ressemblant – ὅμοιος – est arrivé, or nul n'est ressemblant sinon Oreste, donc c'est lui qui est arrivé », 16, 1457a 4-6, trad. Lallot-Dupont Roc), constitue le motif de méconnaissance proprement dit : « Adieu donc, parce que tu es analogue à Hélène » (Καὶ χαῖρε γ', Ἑλένῃ προσφερὴς ὁθούνεκ' εἶ, 591). La péripétie ne peut plus résulter alors que d'un coup de théâtre ; mais ce coup de théâtre n'est pas pour autant extérieur à l'action elle-même : il ne fait après tout qu'exprimer la nature du principal protagoniste, « Hélène ». Voici le récit, qui suit immédiatement, du messager.

597. *Mes.* Ménélas, je te cherche et t'atteins à grand peine,
j'ai erré dans tout ce pays barbare,
envoyé par les compagnons que tu as laissés.
*M.* Qu'y a-t-il ? Les barbares vous ont-ils dépouillés ?
– C'est étonnant, et le mot l'est moins que la chose
– Parle, car avec une telle hâte tu apportes du nouveau
– Je dis que tu subis d'innombrables peines en vain
– Tu te lamentes sur d'anciennes épreuves, mais qu'annonces-tu ?
– Ta compagne de lit s'en est allée dans les plis de l'éther,
tirée vers le haut, invisible. Elle se cache au ciel,
elle a abandonné la caverne sainte où nous veillions sur elle
et voici à peu près ce qu'elle a dit : « O Phrygiens durs au mal,
et vous tous les Achéens, à cause de moi sur les escarpements
du Scamandre par les machinations d'Héra vous trouvâtes la mort,
croyant que Pâris avait Hélène qu'il n'avait pas.
Moi, puisque je suis restée le temps que je devais,
que j'ai observé l'arrêt du destin, vers mon père ciel
je vais retourner. Son mauvais renom, la malheureuse Tyndaride

a du pour rien en subir le bruit, elle n'est cause de rien ».
O fille de Léda, salut ! Tu étais donc ici ?
Moi qui venais annoncer ton départ au tréfonds
des étoiles, sans m'être aperçu que ta silhouette
était pourvue d'ailes. Je ne te permets pas de te moquer
ainsi de nous encore une fois : c'est assez des peines que sous Ilion
tu as données à ton mari et à ses compagnons d'armes !
*M.* C'est donc bien ça ! Voici que coïncident
comme vrais les discours qui la concernent ! O jour désiré,
où il m'est donné de te prendre dans mes bras !

L'effet de vérité est donc obtenu par la coïncidence des récits d'Hélène, aux deux sens du génitif, celui d'Hélène qui porte sur elle-même, et celui du messager (ξυμβεβᾶσιν οἱ λόγοι / οἱ τῆσδ' ἀληθεῖς, 622s.) : c'est alors seulement que s'accomplit la réconciliation de la chose et de son nom. Ménélas ainsi déniaisé est maintenant capable d'utiliser à son tour la disjonction entre le langage et le réel, et de mettre à profit le *pseudos*. Il le fait radicalement. Tout d'abord, il souscrit au plan d'Hélène qui fait de lui l'annonciateur et le seul garant de sa propre mort : c'est lui qui doit dire qu'il n'est pas, pour en convaincre Théoklymène ; c'est lui qui doit aider sa femme à l'ensevelir en mer.

1049. *H.* Écoute, même si c'est une femme qui parle, un avis sage :
consens-tu à être dit, sans être mort, mort en paroles ?
*M.* Oiseau de malheur. Mais si j'y gagne, je suis prêt
à dire sans être mort que je suis mort, en paroles.
– Et comme font les femmes, nous nous lamenterons,
cheveux coupés avec chants de deuil, devant le païen.
En quoi y a-t-il là un remède de salut pour toi et moi ?
Car ce que tu dis date un peu !
– Mais comme tu seras mort en mer, c'est un cénotaphe
que pour célébrer tes funérailles je demanderai au maître de cette terre.
– Il accepte, et alors ? Comment sans un navire
nous sauverons-nous en mettant ma silhouette dans un cénotaphe ?
– J'ordonnerai qu'on me donne une embarcation, d'où je pourrai lancer
de quoi orner ta tombe au sein des flots.
– Comme c'est bien dit, sauf sur un point : si c'est en terre ferme
qu'il t'ordonne d'élever ma tombe, toute cette recherche ne mène à rien.
– Mais nous dirons que la coutume interdit en Grèce
d'ensevelir en terre ferme ceux qui sont morts en mer.
– Tu redresses encore la situation. A mon tour alors d'embarquer,
et je placerai les offrandes dans le même bateau.

– Il faut aussi surtout que tu sois prêt avec tes
marins réchappés du naufrage.
– Et si jamais je m'empare d'un navire encore à l'ancre,
avec mes hommes on se dressera côte à côte, porteurs d'épée.
– C'est toi qui dois tout diriger. Qu'il y ait seulement des vents
porteurs pour la voile, et que courre le navire[13] !
– Cela sera : les dieux mettront fin à mes peines.
Attends : par qui diras-tu avoir été informée de ma mort ?
– Par toi. Et tu déclares être le seul à échapper au trépas
en naviguant avec le fils d'Atrée, et le voir mourir.

Ménélas sera le seul témoin oculaire de sa propre mort : tel est le pouvoir des mots. Hélène le présente donc à Théoklymène, non pas bien sûr comme Ménélas, mais comme celui qui est comme Ménélas : il porte les haillons que Ménélas porterait (1205), et surtout il a laissé le bateau « là où il aurait dû mourir misérablement à la place de Ménélas » (1215). Cette fois, il s'agit d'une tromperie non plus divine mais humaine, et, au contraire de ce qui s'est passé pour « Hélène », où Hélène seule savait, tous les protagonistes sont au courant de la mise en scène, sauf le trompé. L'idée du cénotaphe rend même explicite aux yeux de tous, comme le fait remarquer Théoklymène, qu'il s'agit de faire « un tombeau pour un absent », d'« ensevelir une ombre » (1240), pour satisfaire à la coutume grecque inventée *ad hoc* par Hélène d'« ensevelir dans les vides tissus d'un voile » (1244) : l'important c'est le rien.

La fin de cette scène avec Théoklymène couronne la parfaite maîtrise de Ménélas sur les mots. Le duo des époux aimants, comme deux bons sophistes que pourraient décrire l'*Euthydème* ou les *Réfutations sophistiques,* met en effet à profit la pauvreté du langage. Ils usent de l'équivocité la plus générale qui fait qu'un même terme, un déictique bien sûr, mais aussi un nom « commun », peut désigner plusieurs êtres, et qu'une même phrase par voie de conséquence peut décrire plusieurs actions. Voici comment ils se jouent de Théoklymène, qui n'entend que ce qu'il a les moyens d'entendre, puisqu'il voit en Ménélas un autre Teukros grâce à qui Hélène devient libre enfin pour un second mariage :

1288. *M.* A toi d'agir, jeune femme. Il faut chérir[14] l'époux
qui est présent, laisser celui qui n'est plus.
C'est ce qu'il peut y avoir de mieux pour toi dans la circonstance.
Si j'arrive en Grèce et que je trouve le salut,
je ferai cesser les bruits sur toi, sitôt que tu deviens la femme
qu'il faut que tu deviennes pour ton époux.
*H.* Il en sera ainsi. Et jamais époux ne me blâmera.
Toi-même, en étant à proximité, tu t'en rendras compte.

Mais, malheureux, rentre, prends un bain,
change d'habits. Sans délai
je te ferai du bien. Car c'est avec plus de bienveillance
que tu pourras accomplir ce qu'il faut offrir
à mon très cher Ménélas, si tu nous trouves comme il te faut.

Ménélas ainsi caressé s'empare du navire, immole à Poséidon le taureau qui était destiné à son cadavre absent, les Grecs massacrent les rameurs barbares et rentrent enfin chez eux. « Hélène » est au ciel, Hélène, celle qu'on nomme « Hélène », est au foyer, et l'île d'Hélène garde la côte hellène. « Telle est à peu près », comme dit le chœur au dernier vers, « l'issue de cette affaire », affaire qui constitue la plus explicite des mises en scène du langage, avec pour héros principal l'*agalma*-mot, dont on ne cesse de parler et qui fait agir. Il est vrai qu'on ne le voit jamais sur les planches, il reste en coulisses, puisqu'il est la doublure. C'est lui bien sûr, la grande illusion.

## NOTES

1. Ce qui ne veut pas dire que Platon, en tout cas, ne soit pas lui-même *border-line* par rapport à ses propres philosophèmes, comme *eidos-eidōlon,* dont il sera question ici.
2. *Le Principe Espérance,* trad. française, I, Paris, 1976, pp. 223-225.
3. *Sonnets pour Hélène,* I, 3.
4. Il faudrait envisager là tout l'aspect parodique de l'*Hélène* par rapport aux autres pièces d'Euripide.
5. Sur le rapport entre la féminité, voire la jouissance féminine, et la méontologie ou la logologie sophistique, dans la perspective d'une lecture de Lacan, je me permets de renvoyer à « Encore Hélène : une sophistique de la jouissance », *Littoral* 15/16, pp. 161-176.
6. Je me suis permis, pour garder « homme » dans la traduction, d'ajouter le possessif, qui sent un peu trop son Irma la Douce.
7. Ce faux nom est explicité par un membre de phrase que Nauck (et Grégoire-Méridier) rejettent pour des raisons métriques. Il est par ailleurs (c'est peut-être aussi une cause d'atéthèse) difficile à comprendre : ὅτι δὴ θεοὺς σέβων/βίον διήνεγκ',« il lui choisit un nom pour rendre hommage aux dieux qu'il vénéra lui-même tout le temps qu'il vécut » (trad. Grégoire-Méridier) ; il faut, on le voit, faire de Protée le sujet en ellipse d'une subordonnée, alors que le sujet de la principale est Psamathé, qui accouche, et que celui dont il s'agit est Théoklymène (on comparera par exemple la traduction de P. Vellacott, Penguins Books, 1973, sur le texte de A.Y. Campbell : « a name contradicted by its impious life », qui dit ce qu'on aimerait lire).
8. Le même type d'opposition-culbuto, *eidos/eidōlon,* corps/nom, se retrouve, très sensible chez les modernes, entre corps et vêtement. Citons par exemple Gœthe, *Le second*

*Faust*, vv. 9945-9954 et les indications scéniques (*Hélène « étreint Faust, l'élément corporel s'évanouit, le vêtement et le voile restent dans les bras de Faust.* PHORKYADE *à Faust :* Tiens bon, retiens ce qui t'est resté de toute cette aventure. Ne lâche pas le vêtement !... Ce vêtement te portera bien vite par-delà toute vulgarité. Vers l'éther, aussi longtemps que tu pourras l'endurer... *Les vêtements d'Hélène se dissolvent en nuages, environnent Faust, le soulèvent en l'air et s'éloignent avec lui »* trad. Lichtenberger). Et Giraudoux, *La guerre de Troie n'aura pas lieu*, I, 4 (HECTOR : « En somme, puisqu'elle était déshabillée, pas un seul des vêtements d'Hélène, pas un seul de ses objets n'a été insulté. Le corps seul a été souillé. C'est négligeable »).

9. *Éloge d'Hélène*, parag. 67.

10. Je traduis πλούτου de L, et non la correction de Grégoire-Méridier Πρωτέως. L'accent, de toute manière, porte déjà sur la ressemblance, sur l'image (προσεικάσαι).

11. Πόλλ' ἂν γένοιτο καὶ διὰ ψευδῶν ἔπη (309) / Καὶ τἄμπαλίν γε τῶνδ' ἀληθείας σαφῆ (310). On traduit souvent une correction d'Hermippe qui inverse les leçons de L. σαφῆ / ἔπη : « Les propos les plus clairs sont mensongers souvent. – Non, la clarté est plutôt l'indice du vrai » (Grégoire-Méridier, mais j'avoue ne pas comprendre leur construction du vers 310, dont les génitifs, quel que soit le texte retenu, sont difficiles).

12. J'essaie ainsi, maladroitement, de rendre la différence entre Τίφῶ ; et τί λέξω.

13. Je maintiens le texte de L καὶ νεῶς, contre la correction de P. Maas : χίλεως.

14. Στέργειν est en soi déjà ambivalent : « chérir » (amour filial, conjugal, fraternel, politique), et « se contenter de », « se résigner à », « supporter » !

*C. CHIESA*
*Université de Genève*

# LA FORME EPONYME
## Participation et éponymie chez Platon

Dans l'esquisse de la biographie philosophique de Platon qu'on trouve au premier livre de la *Métaphysique* (A, 6), Aristote signale la thèse platonicienne suivant laquelle les choses sensibles ont le même nom que les Formes (i.e. les Idées).

Platon, nous dit Aristote, a donné le nom de « Formes » à des réalités d'un autre ordre que les choses sensibles et changeantes, des réalités qu'il avait postulées afin de fixer la référence des définitions communes et universelles qui avaient été découvertes par Socrate. Ensuite, dans un passage difficile et controversé, Aristote signale d'autres thèses caractéristiques du système philosophique de son maître : « ... *τὰ δ' αἰσθητὰ παρὰ ταῦτα καὶ κατὰ ταῦτα λεγεσθαι πάντα· κατὰ μέθεξιν γὰρ ειναι τὰ πολλὰ ὁμωνυμα τοῖς εἴδεσιν* » (*Mét.* A, 6, 987 b 8-10 Ross).

Au lieu de l'expression *τὰ πολλὰ ὁμωνυμα*, on trouve dans l'édition Bekker la leçon courante : *τὰ πολλὰ τῶν συνωνύμων* ; pour sa part Jaeger imprime : *τὰ [πολλὰ τῶν συνωνύμων] ὁμώνυμα.*

Dans « The revised Oxford Translation », parue en 1984, J. Barnes modifie la traduction anglaise classique de Ross (1928) de la manière suivante :

> « ... and sensible things, he said, were apart from these and were all called after these ; for the multitude of things which have the same name as the Form exist by participation in it »[1].

Schématiquement, cette traduction du texte aristotélicien comporte quatre thèses distinctes :

1) Les choses sensibles sont à côté (*παρὰ*) des Idées ;
2) Les choses sensibles sont toutes dénommées d'après (*κατὰ*) les Idées ;
3) Les choses multiples sont (existent) en vertu de leur participation aux Idées ;
4) Les choses multiples ont le même nom que les Idées.

Les thèses (1) et (3) sont des thèses ontologiques qui concernent la relation des choses aux Formes dont elles dépendent ; les thèses (2) et (4) sont des thèses qu'on pourrait qualifier de linguistiques dans la mesure où elles concernent le problème des noms des choses sensibles et multiples par rapport aux noms supposés des Formes.

Ces thèses n'ont pas été acceptées par tous les commentateurs, car le texte sur lequel elles reposent est susceptible d'être lu et interprété de plusieurs manières différentes.

Sans entrer dans tous les détails philologiques et exégétiques et dans toutes les controverses qu'ils ont suscitées, contentons-nous d'indiquer quelques problèmes et quelques lectures alternatives.

Ross avait traduit notre passage de la manière suivante :

« ... and sensible things, he said, were all named after these and in virtue of a relation to these ; for the many existed by participation in the Ideas that have the same name as they ».

Ross considère en effet que la version traditionnelle présuppose les deux choix suivants : d'une part, il faut sous-entendre ou ajouter le verbe « être » *(einai)* après *para tauta* (1.8) ; d'autre part, il faut interpréter la préposition *para* comme signifiant « à côté de », « séparé de » ou « à part », dans une formule qui dirait que « les choses sensibles sont séparées des idées »[2]. Or, comme le remarque Cherniss[3], Aristote parle toujours des Idées qui existent « à côté des » *(para)* choses sensibles (p. 178, n. 101). De plus, suivant G. Fine[4] Aristote, ne dit jamais que les choses sensibles sont séparées des Idées : si par « séparation » on entend une indépendance ontologique, il est évident que les Idées sont séparées des choses sensibles alors que l'inverse n'est pas vrai. Il y a donc pour le moins deux bonnes raisons d'adopter une interprétation différente de la première phrase de notre passage. C'est ce que fait Ross, suivi de Cherniss, qui considère qu'il est « plus naturel » de rattacher les deux syntagmes prépositionnels au verbe *legesthai* et d'interpréter différemment la préposition *para ;* les choses sensibles, dans cette hypothèse, seraient dites à la fois *para* et *kata* les Idées. Par conséquent, le texte d'Aristote devrait être restitué comme suit : Platon a dit que « les choses sensibles sont dénommées d'après *(para)* les Idées et en accord avec elles » (Cherniss) ou « en vertu de leur relation à celles-ci (Ross). En ce qui concerne l'acception peu courante de *« para »,* Ross allègue un texte de l'*Ethique à Eudème,* où il est dit que « le téméraire est dénommé de manière paronyme *(legetai parônumôs)* d'après *(para)* la témérité (1228 a 35). Du coup, la possibilité serait offerte d'interpréter le fait que les choses sensibles et les Idées ont le même nom en terme de « paronymie » plutôt que d'« homonymie » ou de « synonymie » : les choses et les Idées ont le même nom parce que les choses ont un nom qui est « dérivé » des Idées, c'est-à-dire du nom des Idées.

Dans la perspective de Ross et de Cherniss, la première thèse ontologique disparaît au profit d'une sorte de dédoublement de la première thèse linguistique, à savoir :

1.1) les choses sensibles sont toutes dénommées d'après les Idées ;

1.2) les choses sensibles sont dénommées telles en vertu de leur relation aux Idées.

Mais qu'en est-il des conséquences que cette interprétation doit avoir sur l'exégèse de la phrase qui suit ? Celle-ci comporte en effet un *« gar »* qui indique que cette phrase est supposée expliquer ou clarifier le contenu de la phrase précédente. Dans l'interprétation traditionnelle, le lien entre ces deux phrases n'est pas difficile à établir : la seconde thèse ontologique s'accorde avec la première dans le cadre du système platonicien : le fait que « les choses multiples existent en vertu de la participation » est censé expliquer le fait que « les choses sensibles sont à côté des Idées », ne serait-ce que parce que la participation des choses aux Idées présuppose, aux yeux d'Aristote, leur séparation ontologique.

En revanche, suivant l'interprétation que Ross et Cherniss proposent pour la première phrase, la thèse ontologique relative à la participation, qu'ils acceptent tous les deux, n'a plus tellement de rapport avec l'énoncé précédent : dire que c'est « par participation qu'existent les choses multiples homonymes (ou synonymes) à l'égard des Idées », ce n'est pas une manière satisfaisante d'expliquer le fait que les choses sensibles sont dénommées d'après les Idées et en accord avec elles. Ross et Cherniss consacrent de longs développements aux différentes leçons qui ont été proposées pour le texte qui suit *« ta polla »,* mais, curieusement, ils ne discutent pas les répercussions que leur interprétation de la première phrase peut avoir sur le premier membre de la phrase suivante, à savoir *kata metexin gar einai ta polla,* et, en particulier, sur la valeur du verbe « être ». Ce dernier est régulièrement considéré comme exprimant l'existence – thèse (3) –, et le débat s'est focalisé sur l'attribut ou l'apposition qui caractérise la « pluralité des choses » par rapport aux Idées : sont-elles synonymes (Bekker) ou homonymes (Ross) à l'égard des Idées, ou bien encore, suivant la leçon d'un manuscrit, que Jaeger imprime entre crochets, sont-elles synonymes entre elles et homonymes à l'égard des Idées ?

En réalité, dans l'optique de la lecture de Cherniss et de Ross de la première phrase, l'interprétation la plus plausible et la plus cohérente de la phrase suivante est celle qui avait été proposée par Trendelenburg et qui consiste à considérer *« einai »,* comme le dit Robin (5) « comme une simple copule définie par les mots *kata metexin* et à laquelle *homônuma* sert d'attribut » (p. 607). Autrement dit, si les choses sensibles sont dénommées d'après et en accord avec les Idées, il est tout à fait logique de préciser qu'en effet, en vertu de la participation, les choses multiples sont homonymes à l'égard des Idées. Et, encore une fois, la seconde thèse ontologique disparaît au profit d'une thèse linguistique, suivant laquelle les choses ont le même nom que les Idées grâce à la participation. Le passage d'Aristote serait tout à fait cohérent : l'« homonymie » correspond à la formule *« para tauta legesthai »* alors que la notion de participation explicite l'expression *« kata tauta »*.

Aussi séduisante qu'elle puisse paraître, cette interprétation présente malheureusement quelques inconvénients. Tout d'abord, l'usage copulatif de *einai* contraste avec l'usage non copulatif de la l.12, où Aristote dit que pour les Pythagoriciens « les êtres *(ta onta)* sont *(einai)* par « mimésis » des nombres alors que pour Platon ils sont par participation, le nom seul a changé ». Ensuite, il serait assez surprenant qu'Aristote consacre le passage crucial du début de sa biographie philosophique de Platon aux conséquences linguistiques de la théorie de la participation plutôt qu'aux principes ontologiques. Le fait que les choses sensibles sont dénommées d'après les Idées et qu'elles ont le même nom que celles-ci ne peut être qu'un corollaire de la double thèse ontologique de Platon : la séparation des choses et des Idées et la participation des unes aux autres.

Au total, il est sans doute plus judicieux de prendre la préposition *« para »* dans son acception habituelle, et de considérer qu'Aristote l'utilise pour formuler la thèse onthologique (1), qui est ensuite corroborée par la thèse (3).

Reste encore la question difficile de savoir quelle est la leçon qu'il faut retenir pour l'attribut ou l'apposition qui caractérise les choses multiples *(ta polla)* à l'égard des Idées : sont-elles synonymes (Bekker) ou homonymes (Ross), ou bien synonymes entre elles et homonymes à l'égard des Idées (Trendelenburg), ou bien encore, en négligeant l'expression *« ta polla tôn sunônumôn »* que Jaeger met entre crochets, faut-il lire que « les (choses) homonymes des Idées existent en effet par participation » ?

Et quelle est la signification exacte de ces termes ? Est-ce que Aristote les prend dans l'acception qu'il définit dans les *Catégories* ou bien dans leur acception courante – et platonicienne en ce qui concerne les « homonymes » –, pour indiquer des choses qui ont le même nom ?

Il serait trop long de passer en revue toutes les hypothèses qui ont été évoquées depuis Alexandre jusqu'à nos jours, en passant par Bonitz, Robin, Ross, Cherniss, etc. Les points suivants peuvent cependant être considérés comme acquis :

– *« ta polla »* ne désigne pas « la plupart des choses », mais bien « la pluralité des choses », c'est-à-dire « les choses multiples » ; cette expression correspond à *« ta aisthêta... panta »* de la phrase précédente ;
– *« tois eidesin »,* qui est dans tous les manuscrits, doit être maintenu en dépit des réserves de Gillespie qui ont été rejetées par Ross et par Cherniss.

Dans ces conditions, il ne reste que trois lectures possible :

A. les choses multiples sont synonymes à l'égard des Idées ;
B. les choses multiples sont homonymes à l'égard des Idées ;
C. la pluralité des choses qui sont synonymes (entre elles) sont homonymes à l'égard des Idées.

On considère habituellement, à la suite de Bonitz, qu'Aristote utilise le terme « synonyme » lorsqu'il expose la doctrine de Platon, tandis qu'il se sert du terme « homonyme » lorsqu'il critique la théorie de son maître.

En réalité, si l'on envisage les passages parallèles pertinents de la *Métaphysique*, c'est-à-dire les passages concernant la théorie platonicienne dans lesquels ces termes apparaissent explicitement, on s'aperçoit, d'une part, qu'Aristote n'utilise que le terme *« homônuma »* (990 b 6 = 1079 a 2, 991 a 6) et *« ouch homônuma »* (1059 a 14), et, d'autre part, que les contextes respectifs permettent de distinguer deux types d'usages :

1. la pure homonymie, c'est-à-dire le fait que les choses et les Formes n'ont que le nom en commun : « s'il n'y a pas identité de forme, il y aura (pure) homonymie » (991 a 5-6) ; « les Idées sont spécifiquement identiques aux individus et non (seulement) homonymes » (1059 a 13-4) ;
2. le fait que deux choses ont le même nom : « à chaque chose correspond une entité ayant le même nom qu'elle » (990 b 6 = 1079 a 2).

Vraisemblablement, c'est dans cette seconde acception que le terme est pris dans notre passage : premièrement, Aristote ne discute pas le problème de la nature spécifique des choses et des Idées ; deuxièmement, il utilise un terme qu'on trouve déjà chez Platon dans le sens habituel. En revanche, le terme *« sunônuma »* ne figure jamais dans les passages parallèles et Platon ne l'a jamais utilisé. Telles sont les raisons qui nous inclinent à préférer la leçon de Ross d'une part, et, de l'autre, une interprétation pour ainsi dire banale du terme *« homônuma »* qui figure dans notre passage.

L'autre acception, au contraire, est utilisée par Aristote dans des passages où il développe sa stratégie critique à l'égard de la doctrine platonicienne, une stratégie qui consiste, pour le dire d'un mot, à essayer de réduire la théorie des Formes au dilemme suivant : ou bien il y a, entre les choses et les Formes, en plus du nom, un élément, une nature ou une « forme » *(eidos)* en commun, ou bien il n'y en a pas ; dans le premier cas, les Formes, spécifiquement identiques aux choses sensibles, deviennent une « inutile doublure » (Robin, *op. cit.*, p. 65) de celles-ci ; dans l'autre, il n'y a plus de rapport entre les choses et les Formes et celles-ci ne sont plus d'aucune utilité.

Ce dilemme se laisse effectivement traduire en termes de « synonymie » et d'« homonymie ». Aristote stipule, dans les *Catégories* (1, 1 a 1-12), une distinction qu'on peut formuler comme suit :

1. des choses (x, y) sont *homonymes* ssi :
   – x, y ont le nom « n » en commun,
   – la définition *(logos)* de « n » dit de x est différente de la définition de « n » dit de y ;

2. des choses (x, y) sont *synonymes* ssi :
– x, y ont le nom « n » en commun,
– la définition de « n » dit de x est la même que celle de « n » dit de y.

Ainsi, par exemple, l'homme et le bœuf sont synonymes dans la mesure où ils ont le nom « animal » *(zôon)* en commun et la définition correspondant au terme « animal » est la même pour l'homme et pour le bœuf ; en revanche, l'homme et l'image peinte sont homonymes dans la mesure où la définition correspondant au terme « animal » dit de l'homme n'est pas la même que celle qui correspond à ce même terme dit de l'image : le mot *« zôon »* appliqué à l'homme désigne un corps vivant sensible, tandis que le mot *« zôon »* appliqué à l'image désigne une surface colorée.

Pour qu'il y ait homonymie des choses, il faut que le nom commun (« n ») soit dit de deux ou plusieurs manières différentes, qu'il ait deux ou plusieurs acceptions ; par contre, si le nom en commun n'a qu'une acception, les choses sont synonymes.

Or, si l'on applique cette distinction au cas des choses sensibles et des Formes, on s'aperçoit que la question de savoir si elles sont synonymes ou homonymes devient, à proprement parler, la question de savoir si la définition correspondant au nom commun est ou non la même pour la chose et pour la Forme. Prenons par exemple une chose belle et la Forme du Beau, c'est-à-dire le « Beau en soi » ou le « beau lui-même par lui-même »[6] : en définitive, elles sont synonymes si leur beauté (leurs manières d'être belles, ce qu'est pour elles d'être belles) est la même alors qu'elles sont homonymes si leurs beautés sont différentes.

Formulée de la sorte, la question peut paraître simple et banale. En réalité, elle n'est susceptible d'aucune réponse lapidaire qui soit vraiment satisfaisante, car elle est liée à toute une série de problèmes d'une complexité extrême, comme par exemple celui de la « self-prédication » et celui du « Troisième Homme »[7].

Dans les passages de la *Métaphysique* relatifs au rapport des choses aux Formes, Aristote ne pose pas précisément la question de la synonymie ou de l'homonymie dans les termes techniques qu'il définit dans les *Catégories*. De surcroît, il semble considérer cette distinction comme une « disjonction exclusive » (Cherniss, *op. cit.*, p. 179) qui coïncide avec le dilemme qu'on vient d'évoquer : si les choses et les Formes ont une nature commune, elles sont synonymes ; si elles n'ont aucun élément en commun, elles sont homonymes. Dans le premier cas, les Formes sont des doublures des choses ; dans le second, elles n'ont plus aucun rapport avec celles-ci, et, dans les deux cas, les Formes sont inutiles. La conclusion est d'autant plus brutale qu'Aristote n'essaie jamais de rendre compte du fait que pour Platon les choses et les Formes ont le même nom par l'intermédiaire des schèmes conceptuels qu'il se réserve par ailleurs :

la « paronymie » et ce que Owen a qualifié de « focal meaning », à savoir les connexions qui relient les acceptions d'un terme à une acception première[8].

De plus, Aristote semble ignorer que chez Platon lui-même il y avait un autre schème analogue : celui de l'**éponymie**.

II.

La thèse platonicienne de l'éponymie de la Forme correspond aux thèses (2), (3) et (4). En effet, le concept d'éponymie exprime une relation complexe qui concerne les Formes, les choses sensibles et leurs noms respectifs. Tout d'abord, définissons de manière provisoire l'« éponymie » comme étant la dénomination qu'une chose est susceptible de recevoir d'après le nom de quelque chose d'autre. En particulier, il s'agit de l'appellation que reçoivent les choses sensibles à partir de la Forme à laquelle elles participent. Schématiquement la situation est la suivante :

1. a, b, c sont des choses sensibles particulières,
2. a, b, c participent à la forme F,
3. a, b, c reçoivent le nom « f »,
4. le nom « f » est dérivé du nom de la forme F,
5. la forme F a pour nom « le f » ou « le F »,
6. a, b, c et la forme F ont le « même » nom et sont « homonymes ».

Ces formules explicitent trois des thèses que le texte de la *Métaphysique* attribue à Platon : les deux premières corresondent à la thèse (3), la troisième et la quatrième à la thèse (2) et les deux dernières à la thèse (4). Le point crucial de la doctrine platonicienne consiste en ceci que la deuxième formule implique la troisième : si les choses participent à la Forme, alors elles reçoivent le nom de celle-ci ; corrélativement, les choses ne sont susceptibles de recevoir le nom de la Forme que dans la mesure où elles participent à la Forme elle-même. Il faut remarquer d'emblée que la formule la plus difficile et la plus controversée est certainement la cinquième, qui est une présupposition aussi bien de la dernière formule que de la thèse aristotélicienne (4). En effet les choses et la Forme ne peuvent être homonymes que si la Forme a le même nom que les choses, en l'occurrence le nom « f » que les choses sont supposées recevoir d'après la Forme. Mais, à proprement parler, cette façon de formuler l'homonymie des choses et des Formes n'est pas en accord avec la quatrième formule, suivant laquelle le nom des choses est « dérivé » du nom de la Forme. Dans cette perspective, deux questions délicates se posent immédiatement : premièrement, dans quelle mesure l'homonymie est compatible avec le fait que le nom des choses est dérivé du nom de la forme ? ; deuxièmement, comment spécifier le nom de la Forme en tant que tel et par rapport aux noms dérivés qui sont attribués aux choses participantes ? Autrement dit, comment comprendre la thèse suivant laquelle les choses et la Forme ont le même nom **parce que** la dénomination des choses dérive du nom de la Forme ? Par exemple, comment comprendre l'homonymie supposée des choses « belles » et de la Beauté, ou, si l'on préfère, de l'objet « beau » et du Beau ?

Pour essayer, sinon de répondre, du moins de clarifier des questions de ce genre, il s'agit maintenant de vérifier la pertinence des formules qui les impliquent par l'examen des textes platoniciens relatifs à l'éponymie en général et à l'éponymie de la Forme en particulier.

Le concept d'« éponymie » n'a pas été étudié de manière systématique par les spécialistes de la philosophie platonicienne. Quand il est remarqué, la plupart du temps de manière assez fugitive, il est rapidement interprété dans les termes apparemment plus familiers de la « synonymie » ou de l'« homonymie » de type plus ou moins aristotélicien, ou bien il est réduit à d'autres notions (« nom », « appellation », « prédicat ») qui en dissimulent la valeur, la portée et la spécificité. L'une des rares exceptions est constituée par l'étude remarquable de T.W. Bestor, « Common Properties and Eponymy in Plato »[9]. La thèse centrale de cet article est double : d'une part, Platon n'a qu'une seule théorie de la prédication, celle de la prédication éponyme et, de l'autre, cette théorie de la prédication est compatible avec toute une série de « modèles ontologiques » qui ont pour but de rendre compte de la relation des particuliers aux Formes. Par « éponymie », il faut entendre le fait qu'un terme (« F ») a une double signification, directe et indirecte, dans la mesure où il dénomme l'éponyme, à savoir la Forme, et il désigne, de manière éponyme (« eponymously »), les choses nommées d'après la Forme, à savoir les particuliers qui participent à la Forme elle-même. D'autre part, la prédication éponyme est toujours dépendante et parasitaire à l'égard d'une relation ontologique, c'est-à-dire la participation, qui fonde et justifie la possibilité d'attribuer aux choses le même nom que la Forme. Mais la participation n'implique pas nécessairement, sans l'exclure pour autant, la possession de propriétés communes de la part des choses et de la part des Formes ; plusieurs autres modèles sont possibles, ainsi que le montrent à la fois les exemples courants de choses qui sont nommées d'après quelque chose d'autre et les textes platoniciens concernant l'éponymie et la participation.

L'enjeu est de taille car il concerne le caractère plus ou moins fatal de l'objection contre la théorie platonicienne des Formes que l'on qualifie habituellement avec Aristote d'argument du « Troisième Homme ».

D'un mot, l'argument, tel qu'il apparaît pour la première fois au début du *Parménide* (132 ab), peut être reconstruit de la manière suivante :

I) a, b, c, sont f en vertu de leur participation à la forme F,

II) la Forme F est elle-même f,

III) a, b, c **et** la Forme F sont f en vertu de leur participation à une autre Forme

F2, et ainsi de suite.

La deuxième prémisse, que le texte platonicien ne formule pas explicitement, est connue sous le terme technique, proposé par Vlastos, de « self-prédication » et elle stipule que la Forme elle-même possède le « prédicat », ou le caractère, qu'elle est supposée être, ou avoir, de manière paradigmatique. Or la doctrine de l'éponymie permet, semble-t-il, de bloquer le regressus en ce sens que la manière dont les choses particulières sont f n'est pas exactement la même que celle dont la Forme est auto-prédicativement f ; en effet, les choses ne sont f que de manière indirecte et dérivée à partir du f que la Forme est, ou a, de manière immédiate. Par conséquent, il n'est pas nécessaire que la Forme soit f en vertu de la participation à une autre Forme et, du même coup, il n'est pas légitime de regrouper en un seul ensemble les choses particulières et la Forme elle-même, qui ne sont pas f au même titre, et de conclure à la nécessité de postuler une série indéfinie de Formes supplémentaires. Pour les choses sensibles, être f de manière éponyme, c'est l'être par participation, alors que pour la Forme, qui n'est pas f de manière éponyme et qui n'est donc pas f par participation, la manière d'être f, aussi mystérieuse qu'elle soit, est différente.

D'un autre côté, s'il est vrai que le fondement ontologique de la prédication éponyme consiste en la possession de caractères ou de propriétés qui sont communes à la fois aux choses et à la Forme, l'objection du Troisième Homme s'ensuit inévitablement à partir du moment où l'on considère que le fait de posséder une propriété implique nécessairement, qu'il s'agisse des choses ou des Formes, la participation à une Forme.

En définitive, l'issue que la distinction entre la Forme éponyme et les choses nommées d'après elle permet d'envisager est complètement annulée à cause des propriétés communes sur lesquelles doit se fonder la prédication éponyme et de la prolifération des Formes qui s'ensuit.

Pour sa part, Bestor montre de manière convaincante que la doctrine platonicienne de la prédication éponyme ne comporte pas nécessairement la thèse des propriétés communes : après tout, pour reprendre en le modifiant l'un de ses exemples, il n'y a aucun caractère commun que puissent partager à la fois un ordinateur « Olivetti » et M. Adriano Olivetti, le fondateur éponyme de l'entreprise homonyme.

L'affaire de l'éponymie n'est pas close et le dossier mérite d'être rouvert.

Venons-en aux textes platoniciens. Dans les *Dialogues,* le terme « éponymie » *(epônumia)* apparaît – d'après le lexique de Brandwood – 47 fois, avec des valeurs et dans des contextes multiples. Les dialogues dans lesquels on en trouve plus de deux occurrences sont les suivants : *Cratyle* (12), *Phèdre* (7), *Sophiste* (6), *Phédon* (5), *Timée* (4) et *Lois* (3, auxquelles il faut ajouter les deux hapax *epônumos* et *epônumon*). L'éventail des valeurs de ce terme couvre un champ sémantique qui va du « nom » au « surnom » : « appellation, désignation, dénomination, nom supplémentaire ». Corrélativement, ce terme peut exprimer une pluralité de structures ou de schèmes concernant les noms des choses, qui ne sont pas tous réductibles à l'« éponymie du nom » en tant que valeur de surnom étudiée par Genette[10]. Voici des exemples de ce que l'éponymie peut être, qui sont tirés de passages dans lesquels il n'est pas explicitement question de la théorie des Formes :

a) simplement le nom ou l'appellation de quelque chose (*Crat.* 412 c 5, 415 d 3, 417 c 9 ; *Lois*, 908 a 7) ; les noms qui ont été donnés (*Tim.* 65 b 5), ou qui n'ont pas été donnés, à certaines réalités, telles un genre unique digne d'une seule dénomination (*Tim.* 83 c 3), la contradiction sur les contrats, qui n'a pas reçu une désignation particulière (*Soph.* 225 c 3), deux formes d'éristique (225 d 4), les divisions de la « paideia » (229 d 6), les parties de la science (257 c 11) : avoir ou recevoir un nom, une éponymie convenable (267 b 1), ou rester « anonyme » (257 d 9 ; cf. *Tim.* 58 e 7), telle est l'alternative sur laquelle s'articulent les exemples de ce genre ;
b) le nom supplémentaire de quelque chose : par exemple les surnoms d'Apollon (*Rép.* 394 a 3), celui des Muses (*Phèdre* 237 a 8), mais aussi le vivant qui a reçu la dénomination de mortel (246 c 6) et le *« kalon »* qui est une désignation de la *« dianoia »* (*Crat.* 416 d 8, cf. 416 b 10),
c) le nom de quelque chose à partir duquel dérive le nom de quelque chose d'autre : par exemple, la dénomination de l'*« hubris »* qui sert à désigner ceux qui la possèdent (*Phèdre* 238 a 4) ; l'*« ousia »* qui a la désignation de « ce qui est » (*ho estin*, *Phéd.* 92 d 9) ; les noms qui sont établis d'après *(kata)* les éponymies des ancêtres (*Crat.* 397 b 3), comme c'est le cas dans la génération naturelle ; en revanche, dans la génération contre nature, le rejeton doit recevoir la dénomination du genre ou de la race et non celle de celui qui engendre (*Crat.* 394 d 9).

Les exemples du dernier groupe sont sans doute les plus intéressants. Ils permettent en effet, abstraction faite de tous les problèmes particuliers que posent les textes et les contextes où ils figurent, de dégager un schème typique de l'éponymie, qu'on peut formuler simplement de la manière suivante : « *x* a (possède, reçoit) l'éponymie de *y* ». Ce schème concerne, première remarque, le nom ou le surnom de la chose *x*, qui est, dans la plupart des cas, le sujet en question. Mais, d'un autre côté, l'éponymie est tout d'abord le nom, ou le surnom, de la chose *y*; ainsi, le rejeton reçoit l'éponymie **du** genre, comme les astres *(astra)* possèdent l'éponymie **de** l'*astrapês* (*Crat.* 409 c 7). Enfin, dernière remarque, l'éponymie de *y* est régulièrement considérée comme étant susceptible de désigner également la chose *x* à laquelle elle est attribuée : autrement dit, l'éponymie est le nom (désignation, appellation, surnom) de *y* **et** de *x*. Par conséquent le schème de l'éponymie peut être envisagé d'un double point de vue : d'une part, du point de vue génétique ou dynamique de la dérivation : une chose est nommée **d'après** une autre chose ; de l'autre, du point de vue statique : les deux choses sont homonymes. Et les deux points de vue sont compatibles : même si une chose est nommée d'après une autre, les noms sont les mêmes.

C'est ce schème typique qui est à l'œuvre dans les passages des *Dialogues* concernant l'éponymie de la Forme. Les deux occurrences cruciales du terme *« epônumia »* en rapport avec l'hypothèse des Formes se trouvent dans le *Phédon* (102 b 2) et dans le *Parménide* (130 e 6). Les autres occurrences sont toutes dans le *Phédon*, à l'exception d'un passage du *Phèdre* où il est question de « celui qui contemple les choses qui, ici-bas, ont l'éponymie du Beau » (250 e 3). Une occurrence du *Phédon* (102 c 10) concerne la double éponymie du « grand » et du « petit » que possède simultanément Simmias en raison du fait qu'il est plus grand que Phédon et plus petit que Socrate. Deux autres occurrences se situent dans le passage suivant, qui concerne la distinction entre les contraires et les choses qui sont contraires :

> « ... à ce moment-là nous parlions de choses qui ont des contraires, les surnommant *(eponomazontes)* par l'éponymie de ceux-ci. Mais à présent nous parlons des contraires eux-mêmes, de la présence desquels les choses ainsi nommées *(ta onomazomena)* ont l'éponymie » (*Phéd.* 103 b 6-8).

L'interprétation du contenu philosophique du contexte de ce passage est difficile et controversée, notamment en raison du statut problématique des contraires et des « formes » qui sont en nous ou dans les choses[11]. Mais, en ce qui concerne la question de l'éponymie, l'exégèse paraît plus simple. En effet, dans les deux cas distingués par Socrate, la situation est la même : les choses reçoivent la dénomination des contraires eux-mêmes. Qu'il s'agisse des choses qui ont des contraires et que nous dénommons d'après ces derniers, ou bien des contraires eux-mêmes qui sont dans les choses et d'après lesquels les choses sont dénommées, il n'y a qu'un seul schème de l'éponymie qui est en jeu.

Et c'est toujours le même schème qui sous-tend les deux passages essentiels du *Phédon* et du *Parménide*.

Le passage du *Phédon* se présente comme un bilan et un résumé des développements qui l'ont précédé. Il s'agit d'une synthèse des points sur lesquels la discussion a abouti à un accord. Deux thèses distinctes et complémentaires ont été reconnues et admises :

> « que chacune des Formes est quelque chose, et que les autres choses, en participant aux Formes, reçoivent l'éponymie de celles-ci « (*Phéd.* 102 a 11-b 2).

La première thèse concerne l'existence des Formes : il y a des réalités, comme le Beau, le Grand, le Juste, etc. ; ces réalités sont quelque chose et elles sont elles-mêmes par elles-mêmes. La seconde concerne la connexion entre la participation et l'éponymie. Ce qui veut dire qu'il y a aussi une troisième thèse implicite, qui assure le lien entre les deux thèses explicitement formulées, suivant laquelle les choses autres que les Formes participent aux Formes elles-mêmes.

La deuxième thèse explicite exprime la conséquence que la relation de participation entraîne au sujet de la dénomination des choses participantes : c'est en raison et en vertu de la participation aux Formes que les autres choses reçoivent la dénomination des Formes elles-mêmes. Le schème de l'éponymie est le schème habituel : l'éponymie est le nom des Formes qui devient la dénomination des choses. Or la participation apparaît ici comme le fondement ontologique de l'éponymie, la raison et la cause pour lesquelles les choses ont le droit de recevoir le nom des Formes. Corrélativement, l'éponymie apparaît comme la manifestation dans le langage de la relation de participation. En tant que synthèse, cette connexion entre participation et éponymie nous suggère de rechercher rétrospectivement les passages dans lesquels ces deux aspects ont été établis. Sans examiner tous les textes pertinents et sans entrer dans tous les détails, relevons les deux points suivants :

I) en stipulant l'existence de deux espèces d'êtres : d'un côté les Formes invisibles, toujours identiques à elles-mêmes, de l'autre, les choses visibles et changeantes, Socrate avait déjà évoqué la relation linguistique qui les concerne : les choses qui sont belles, égales, justes, grandes, etc., ont le même nom que le Beau, l'Égal, le Juste, le Grand, etc. ; les choses sensibles sont « homonymes » (*homônumôn,* 78 e 3) aux Formes, en ce sens que nous les désignons par les noms que nous utilisons également pour référer aux Formes.

II) « S'il est quelque autre chose de beau, outre le Beau lui-même, il n'est beau pour aucune autre raison que parce qu'il participe à ce Beau » (100 c 3-5).

Cette formule exprime sans doute la thèse capitale de la théorie platonicienne des Formes : la participation au Beau est la seule cause de la beauté des choses sensibles ; celles-ci ne sont pas belles par elles-mêmes ou en vertu d'un caractère ou d'une propriété qu'elles possèderaient : si elles sont belles – et elles le sont (cf. I) –, elles ne sont belles que dans la mesure où elles participent au Beau. En général, une chose n'est f que parce qu'elle participe au F. En effet, dans tous ces cas, comme le dit H. Joly, « c'est la même vérité qui s'articule : l'essence est *présente* à la chose, sans *être* la chose, cependant que la chose a *part* à l'essence, sans *avoir* l'essence (*op. cit.*, p. 27 ; cf. pp. 102-104).

Dans la suite du texte, Platon montre que la participation des choses aux Formes, la dépendance ontologique des unes à l'égard des autres, est le seul point vraiment essentiel. La manière dont cette dépendance se réalise effectivement est considérée, semble-t-il, comme secondaire. Plusieurs modèles et plusieurs représentations de cette relation sont possibles : on peut l'envisager comme une sorte de présence *(parousia)* de la Forme dans la chose, ou bien comme une communion ou communication (*koinônia*, 100 d 5) des deux genres d'êtres. Là n'est pas l'essentiel. Ce qui est vraiment primordial, c'est d'affirmer toujours la même vérité, simplement, sans art et même naïvement (cf. 100 d 3-4), une vérité que Socrate exprime à nouveau dans une formule lapidaire, qui a sans doute une fonction mnémotechnique : « c'est par le Beau que les choses belles sont belles » (100 e 2).

*« C'est par le F que les choses f sont f ».*

Tel est l'axiome de la théorie platonicienne des Formes. Il renferme les deux aspects que nous avons isolés précédemment : premièrement, c'est par la participation au F que les choses f sont f ; deuxièmement, en participant au F, les choses deviennent f en recevant du même coup la dénomination « f », à savoir le nom du F qui devient leur nom supplémentaire.

Dans le *Parménide*, la même doctrine est reprise presque mot à mot. Parménide à Socrate :

> « Tu crois, me dis-tu, à l'existence de certaines formes ; les choses, par le fait d'y participer, en reçoivent les éponymies *(epônumias)* ; la participation à la ressemblance les fait semblables ; à la grandeur, grandes ; à la beauté et à la justice, justes et belles ? » (*Parm.* 130 e 5-131 a 3, trad. Diès).

En effet, c'est par le fait et pour autant (cf. 129 a 5) que les choses participent à une Forme qu'elles deviennent quelque chose de déterminé et qu'elles reçoivent un nom supplémentaire d'après celui de la Forme elle-même. Et Platon ne manque pas d'évoquer, même si c'est dans un autre contexte, la conséquence qu'implique le fait de l'éponymie : les choses qui chez nous sont relatives, qu'elles soient ou non des images ou des similitudes qui imitent les Relatifs paradigmatiques, sont les « homonymes » (*homônuma*, 133 d 3) de ces derniers.

## III.

Quelle est la doctrine de la « prédication » qu'esquisse la théorie platonicienne de l'éponymie ? Telle est la question que nous voudrions aborder pour conclure. La question est complexe et délicate et nous ne pouvons en esquisser qu'un aspect. Dans cette perspective limitée, faisons abstraction des développements importants qu'on trouve dans le *Sophiste*, et supposons que les quelques textes que nous avons évoqués soient les seules sources à notre disposition.

La première remarque qu'on pourrait faire à ce sujet, c'est qu'il n'y a, dans ces passages, aucune théorie de la prédication. Une théorie de la prédication présuppose en effet, à titre de *conditio sine qua non,* une distinction nette entre le « sujet » et le « prédicat », qui sont en principe les deux constituants asymétriques d'une proposition élémentaire de la forme « S est p ». Or, comme le dit Allen[12], nous avons chez Platon « une théorie de la prédication sans prédicats ». Mais on peut aussi considérer que, chez Platon, c'est la doctrine de l'éponymie qui joue le rôle d'une théorie de la prédication. Suivant cette doctrine, les choses reçoivent, en fonction de la participation, des noms supplémentaires. Ces noms sont, tout d'abord, les désignations des Formes auxquelles les choses participent ; ils sont, ensuite, les dénominations des choses participantes.

La dimension linguistique, relative aux noms, et la dimension ontologique, qui concerne l'être, sont indissociables. La participation fonde et légitime la prédication éponyme : ce n'est qu'à cause de la participation au F que les choses sont (ou deviennent) f et qu'elles reçoivent par conséquent le « prédicat » « f ».

Or l'une des difficultés principales de la théorie platonicienne des Formes consiste, on le sait, dans le fait qu'elle est menacée par l'argument du Troisième Homme, dont l'une des prémisses réside dans la self-prédication. Le passage du *Phédon* en 100 c 3-4 en est une formulation dépourvue de toute ambiguïté : se demander en effet s'il y a quelque chose de beau, « outre *(plên)* le Beau lui-même », c'est présupposer que le Beau lui-même est beau. Mais dès que l'on essaie de rendre compte de la manière dont le Beau est beau, on tombe inévitablement dans les apories bien connues.

Toutefois, dans le cadre limité que nous avons circonscrit, la question de la self-prédication se présente sous un jour différent. Voyons.

En perspective platonicienne, les conditions de vérité de la proposition : « a est f » sont les suivantes :

1) *a* participe à la Forme F,

2) *a* reçoit la dénomination « f ».

Maintenant, si l'on substitue à la chose *a* la forme F elle-même, les deux conditions de vérité deviennent respectivement impossible et inutile. En effet, premièrement, la Forme F ne peut pas participer à elle-même, faute de « self-participation »[13] ; deuxièmement, la Forme F n'a pas à recevoir la dénomination « f », puisqu'elle a déjà cette dénomination à titre de nom propre, un nom propre auquel elle a droit pour toujours, comme le rappelle une formule du *Phédon* (103 e 2-3)[14].

Sans participer à aucune Forme et sans être nommées d'après aucune Forme, la Forme est cependant f, comme le Beau est beau. En effet, suivant le schème de l'éponymie, être f, c'est recevoir, et donc posséder, le nom "f" et inversement. Or la Forme F, qui a pour nom "f", ne peut qu'être f. En somme, la structure élémentaire de la théorie de la prédication éponyme pourrait se formuler simplement comme suit :

1) a, b, c sont f par participation au F dont elles reçoivent l'éponymie " f " ;

2) le F est f, sans participation et sans recevoir l'éponymie qu'il possède déjà pour toujours.

Telle est la loi qui régit les choses dans leur rapport aux Formes, les choses qui sont belles, bonnes, justes...

Mais cette loi a malheureusement des conséquences paradoxales. Il suffit, pour le montrer, de prendre la liste des Formes que le Socrate du *Parménide* admet sans aucune hésitation : ressemblance, dissemblance, pluralité, unité, repos, mouvement, beau, bien (*Parm.* 129 d-130 b), et de leur appliquer le schème de l'éponymie. Dans certains cas, le schème s'applique, dans d'autres, son application est absurde, car, par exemple, la Forme de la Pluralité ne peut pas être plurielle, pas plus que la Forme du Mouvement ne peut se mouvoir.

La difficulté est d'autant plus grave qu'elle ne dépend ni de la manière dont la Forme du f est f, ni d'une différence supposée de sens et de valeur entre le prédicat des choses et celui de la Forme. En effet, même si la Forme n'est f que d'une manière tout à fait particulière et *sui generis*, éminemment, suprêmement, d'une manière qui est incomparable à celle dont les choses le sont, elle n'en reste pas moins f, ce qui est absurde pour toute une série de valeurs de "f". De même, dire que la Forme F est telle immédiatement, directement, tandis que les choses ne le sont qu'indirectement et par l'intermédiaire de la participation, c'est une façon d'exprimer autrement et de confirmer le fait de la self-prédication.

Pour sortir de l'impasse, on pourrait tenter la manœuvre qui consiste à refuser la self-prédication. Mais alors la doctrine platonicienne de la prédication éponyme n'a plus aucun fondement : en effet, si la Forme F n'est pas f, comme son nom propre le prescrit, les choses ne peuvent plus en recevoir l'éponymie, elles ne peuvent pas être dénommées d'après la Forme et, par suite, elles ne peuvent pas être f.

Force est de constater que la doctrine de la prédication éponyme, qui est, d'après certains commentateurs, la seule théorie platonicienne de la prédication, renferme une contradiction qui lui est fatale. Et on ne voit pas très bien comment Platon pourrait éviter cette contradiction.

Le schème de l'éponymie lie indissolublement la prédication, les Formes et la participation. Il implique nécessairement la self-prédication généralisée. Du coup, il devient un dispositif auto-destructeur qui sape les fondements de la doctrine des Formes.

Platon devait l'abandonner pour développer une autre théorie de la prédication. C'est vraisemblablement ce qu'il a fait, comme le montre la doctrine de l'*onoma* et du *rhêma* qui est esquissée dans le *Sophiste* (262 a ss.), une doctrine qui sera reprise par Aristote et qui durera des siècles, sans participation, sans Formes, sans éponymies.

## NOTES

1. *The Complete Works of Aristotle.* The revised Oxford Translation, ed. by J. Barnes, Princeton University Press, 1984.
   La traduction de Tricot est assez semblable : « Guidé par ces raisons, il donna alors à de telles réalités le nom d'Idées, disant, d'autre part, que les choses sensibles sont séparées des Idées et sont toutes dénommées d'après elles : c'est, en effet, par participation qu'existe la pluralité sensible, univoque à l'égard des Idées », Aristote, *Métaphysique,* Intr. notes et index par J. Tricot, Paris, Vrin, 1953, pp. 53-7.
2. *Aristotle's Metaphysics.* A Revised Text with Introduction and Commentary by W.D. Ross, Oxford, 1924, rev. ed., 1953, p. 160-1.
3. H. Cherniss, *Aristotle's Criticism of Plato and the Academy,* Baltimore, 1944, New York, 1962, p. 178 n. 101 ; cf. n. 102.
4. G. Fine, « Separation », *Oxford Studies in Ancient Philosophy* II (1984), pp. 31-87.
5. L. Robin, *La théorie platonicienne des Idées et des Nombres d'après Aristote,* Paris, 1908.
6. Pour la justification de cette traduction de la formule *auto kath'hauto,* cf. G. Vlastos, « Separation in Plato », *Oxford Studies in Ancient Philosophy* V (1987), p. 187.
7. Cf. G. Vlastos, « Plato's « Third Man » Argument (*Parm.* 132A1-B2) : Text and Logic », *Platonic Studies,* Princeton, 1973, pp. 342-365 ; J. Brunschwig, « Le problème de la « self-participation » chez Platon », *L'art des confins.* Mélanges De Gandillac, Paris, PUF, 1985, pp. 121-135 ; mais aussi les remarques d'Henri Joly, *Le renversement platonicien. Logos, Épistémé, Polis,* Paris, Vrin, 1974, pp. 49-51.
8. G.E.L. Owen, *Logic, Science and Dialectic,* Londres, Duckworth, 1986, pp. 184-99, 217-19, 295.
9. *The Philosophical Quarterly,* vol. 28, n° 112 (1978), pp. 189-207 ; cf. également M.J. Creswell, « Aristotle's Phaedo », *Australian Journal of Philosophy,* vol. 65, n° 2 (1987), pp. 131-155, surtout p. 134-6.
10. G. Genette, « L'éponymie du nom », *Mimologiques. Voyage en Cratylie,* Paris, Seuil, 1976, pp. 11-39 : le surnom du nom « c'est l'accord de sa désignation et de sa signification, sa motivation indirecte » (p. 23).
11. Pour le commentaire et la discussion de ce passage et des autres textes du Phédon, cf. Plato, *Phaedo,* Translated with Notes by D. Gallop, Oxford, Clarendon Press, 1975, 1983.
12. R.E. Allen, « Participation and Predication in Plato's Middle Dialogues, in G. Vlastos (ed.) *Plato I : Metaphysics and Epistemology,* Garden City, 1971, p. 170.
13. J. Brunschwig *(art. cit.)* a démontré qu'il n'y a, dans les textes platoniciens, aucun indice dépourvu d'ambiguïté en faveur de la self-participation.
14. Ce droit au nom propre s'étend aussi, il est vrai, aux choses autres que la Forme qui cependant possèdent toujours la *« morphê »* de celle-ci ; par exemple, outre l'impair, le trois doit toujours porter le nom de l'impair.

*Lambros COULOUBARITSIS*
*Université de Bruxelles*

# PROLEGOMENES A LA COSMOLOGIE DE PLETHON

Considéré comme l'adepte par excellence du polythéisme antique à l'époque de la Renaissance, Pléthon s'est peu intéressé à la question cosmologique ou, plus exactement, il s'y est intéressé indirectement au travers des critiques qu'il a adressées à la philosophie d'Aristote et des considérations théologiques qu'il développe à propos de l'acte créateur de Zeus. D'où la difficulté de reconstituer sa conception du Cosmos, qui n'est jamais l'objet d'une analyse expresse, à laquelle le philosophe de Mistra semble peu intéressé. Le but manifeste de sa philosophie étant une réhabilitation de Platon au détriment d'Aristote, dont la pensée commençait à pénétrer Byzance d'une façon plus décisive qu'auparavant, notamment grâce aux philothomistes, cette question devait lui paraître d'un intérêt second. D'autant plus que ce retour à Platon s'accomplit par l'intermédiaire de la vision néoplatonicienne païenne du réel, qui n'hésite pas à concevoir le Cosmos à partir d'une procession divine où d'autres dieux sont également pris en considération. Or, l'entrée en jeu d'une théologie polythéiste dans son *Traité des lois,* dont le sens demeure encore obscur, perturbe toute recherche d'ordre physique. Car, aussi longtemps que le sens de cette théologie demeure non élucidé, il est téméraire de déduire une quelconque conception pléthonienne du Cosmos. Il me semble que l'élucidation de cette conception suppose au moins deux analyses parallèles : la première devrait clarifier certains éléments de cette cosmologie à partir de la critique adressée à Aristote, tandis que la seconde devrait situer l'idée que Pléthon se fait du Cosmos dans l'économie générale de sa théologie. La tâche donc est immense, puisqu'elle suppose une étude approfondie d'une grande partie de son œuvre.

Dans les lignes qui suivent, je propose d'accomplir un premier pas dans cette voie, en essayant d'éclaircir les concepts de « mouvement » et de « cosmos » dans le *Traité des différences entre Platon et Aristote.* Je reprends en partie, dans cette analyse, un texte qui a paru en grec moderne sous le titre « Κόσμος καὶ κίνηση στό Περι ὧν Ἀριστοτέλης πρὸς Πλάτωνα διαφέρεται τοῦ Πληθωνος » dans Πλατωνισμος καί Αριστοτελισμος κατα τον Πληθωνα, éd. L. Bargeliotis, avec un prologue de E. Moutsopoulos, Publication de la Fondation de Recherche et d'édition de la Philosophie néohellénique, coll. « Recherches », nº 2, Athènes, 1987, pp. 125-131. Situé dans un contexte plus général, c'est-à-dire d'une clarification de la conception pléthonienne du Monde, ce Traité s'éclaire d'un jour nouveau et permet non seulement de rendre plus étroite son unité controversée, mais aussi de soulever la question du statut même de la pensée de Pléthon dans le contexte culturel de l'époque.

L'étude que Pléthon propose du Monde et du mouvement, dans les ch. VI et IX du *De differentiis,* en vue notamment de dévaloriser la pensée d'Aristote au profit de celle de Platon, suppose l'unité du Traité – que nous avons établie dans un travail sur les notions de *physis* et de *technè* dans le *De differentiis* de Pléthon[1]. Car, le problème du Monde, une fois étudié dans l'éclairage de la question aristotélicienne du cinquième corps, est inséparable du problème de l'âme (ch. IV), et le problème du mouvement, une fois pensé par le biais du moteur, suppose un rapport avec la doctrine du Premier Mouvant Immobile, interprété par Pléthon comme le Premier Moteur Immobile (ch. I)[2].

Dans son étude du Monde, Pléthon se limite manifestement au problème des éléments, tout en accentuant les questions soulevées par le Ciel et le cinquième corps. Cette limitation n'étonne que si l'on cherche à trouver chez lui une étude exhaustive des différences entre Platon et Aristote. Par contre, elle apparaît normale lorsqu'on se rend compte qu'il vise à mettre en valeur une théologie à caractère néoplatonicien au détriment de la théologie du Premier Moteur Immobile, telle qu'il l'interprète en s'écartant des lectures médiévales, introduites à Byzance par les philothomistes. Dans ce contexte, la visée de son analyse concernant le Monde s'éclaire : il s'agit de relever le caractère matérialiste de cette perspective aristotélicienne, fort opposée à l'antériorité immatérielle de l'Ame que Platon défend notamment dans ses *Lois* X. Les critiques qu'il adresse à la psychologie d'Aristote au ch. IV, qui sont surtout axées sur le problème de l'intellect et de l'immortalité, prennent ici une tournure plus radicale encore : Pléthon discerne avec beaucoup de perspicacité que l'antiplatonisme d'Aristote atteint dans ce domaine les dimensions d'un renversement complet, qu'il croit devoir rétablir. En supprimant en effet l'Ame du Monde, le Stagirite assigne à une matière spéciale, le cinquième corps, les données propres au mouvement du Ciel ; ce corps joue un rôle quasi-automoteur, du fait qu'il reçoit son mouvement par son rapport presque immédiat avec le Premier Moteur Immobile, et ce mouvement ressemble par sa circularité à l'immobilité de celui-ci. D'autre part, il confère une âme aux astres en vue d'expliquer leur mouvement et en même temps d'accorder leur nature à sa conception hylémorphique de l'âme.

Vis-à-vis de ces données aristotéliciennes, Pléthon articule sa critique selon deux étapes successives : la première établit le statut des quatre éléments traditionnels et la seconde met en relief l'inutilité du cinquième élément. Dans la première étape, il révèle le fait qu'en introduisant le cinquième corps Aristote se situe à contre-courant par rapport à toute la tradition philosophique grecque qui s'est contentée des quatre éléments traditionnels et a envisagé l'éther comme quelque chose qui appartient au feu. En ce sens, Pléthon se réfère sans doute non seulement aux platoniciens et néoplatoniciens mais également aux présocratiques (comme Parménide et Démocrite, par exemple, qui situent le feu à la périphérie du cosmos) et aux stoïciens (comme Chrysippe, par exemple, qui envisage l'éther comme une forme raffinée du feu et l'identifie à l'*hégémonikon*). Partant de ce présupposé historique, il argumente en faveur de l'éminence du feu : sa légèreté, due à sa rareté, lui permet d'émerger au-dessus de toutes choses (*πῦρ μὲν κουφότατόν τε ὂν διὰ μανότητα καὶ πᾶσι ἐπιπολάζον*), et son mouvement, dû à l'excès, excède tous les autres mouvements et constitue un mouvement éternel (*ἀεικίνητον*). Il est vrai que la façon dont Pléthon confère au feu cette priorité et cette propriété par laquelle il réalise le mouvement éternel récupère la thèse aristotélicienne selon laquelle le mouvement éternel suppose la translation circulaire[3]. Par là il se voit obligé de s'engager dans un coup de force philosophique : il part de l'idée que le mouvement du feu excède le mouvement de l'air d'une façon plus fondamentale encore que ne le fait le mouvement de l'air par rapport à l'eau, pour conclure que le mouvement du feu est éternel et, de ce fait, se meut circulairement. Le raisonnement de Pléthon me paraît ici elliptique : il se réfère principalement à un argument d'autorité sans tenir compte d'une problématique physique du mouvement, comme Aristote tente de la faire dans son *Traité du Ciel*. Aussi conclut-il, un peu facilement, que les sages en question de la tradition philosophique grecque soutiennent que « c'est d'un corps de ce genre (c'est-à-dire du feu) que se sont constitués l'éther et la totalité du corps supérieur, qui est qualifié plus spécifiquement de Ciel ». Dès lors, on comprend qu'il croit utile d'aller plus loin dans sa critique et d'introduire une nouvelle étape dans son analyse, plus philosophique et plus personnelle. Bien qu'elle échoue à fonder positivement sa thèse, cette partie de son argumentation réussit mieux que la précédente à capter une difficulté réelle de la pensée d'Aristote.

En thématisant une notion aussi vague que celle d'éther, Aristote porte en fait à son extrême conséquence la conception ancienne d'une réalité cosmologique fondée sur une séparation radicale entre monde supralunaire parfait et monde sublunaire imparfait et sujet au devenir. Par là, d'abord, il assigne une consistance et une nature à la matière du ciel et des astres dont le mouvement est circulaire, alors que celui du feu, soutient-il, est par nature ascendant et rectiligne[4] ; ensuite, il confère un caractère incorruptible à la nature du monde supralunaire qu'aucun des quatre éléments traditionnels ne lui paraît capable d'assurer[5].

A la première thèse d'Aristote, Pléthon rétorque que tout comme la terre est transportée en ligne droite et pourtant s'immobilise quand elle atteint son lieu propre, de même le feu qui se meut d'une façon rectiligne lorsqu'il agit en dehors de son lieu propre, retrouve son mouvement circulaire quand il atteint son lieu propre dans le ciel[6]. Ce qui l'autorise à enchaîner par une question redoutable : si le cinquième corps ou l'une de ses parties se trouvaient dans un lieu étranger, garderait-il son mouvement circulaire ou serait-il transporté d'une façon rectiligne vers son lieu propre[7]. Cette question n'est certainement pas sans valeur ; mais elle paraît moins importante aux yeux des lecteurs attentifs d'Aristote. Car celui-ci répondrait à pareille objection que la caractéristique principale du cinquième corps est d'être à lui-même son propre substrat et de n'exister que dans son lieu propre, le Ciel, sans jamais se mêler aux quatres éléments du monde sublunaire, si ce n'est d'une façon analogique dans le cas de l'intellect qui se transmet par l'acte génétique, qui confère à l'homme son statut divin ; mais là encore il se transmet en tant que séparé du corps constitué des quatre éléments sublunaires[8]. Si bien qu'on pourrait dire que si ce corps existait dans le monde sublunaire autrement que sous la forme d'un corps par analogie, il serait incorruptible et agirait selon un mouvement circulaire. Seulement, cela même serait impossible, car il ne peut demeurer que dans le monde supralunaire en dehors des quatre éléments et comme étant sa matière même. L'insuffisance de l'argument de Pléthon est donc manifeste. Cela ne m'empêche pas de remarquer qu'il met néanmoins le doigt sur une difficulté intrinsèque de cette problématique aristotélicienne du Ciel que la suite de la pensée occidentale ne manquera pas de stigmatiser. Cette mise au point me permet d'aborder de plus près la seconde thèse d'Aristote concernant la nécessité du cinquième corps et d'évaluer également la pertinence de la critique de Pléthon.

Pour Aristote, le fait que les quatre éléments sont tous corruptibles implique nécessairement l'existence d'un corps ontologiquement différent qui constitue la nature du Ciel[9]. Pléthon qui interprète correctement en cet endroit la doctrine d'Aristote rappelle que pareille perspective est écartée par les platoniciens, dans la mesure où un corps est toujours divisible (*μεριστόν*) et dispersable (*σκεδαστον*). Pour les platoniciens l'incorruptibilité du corps doit entièrement sa propriété à la présence de l'âme[10], comme il l'avait déjà rappelé au ch. IV qui précède – et c'est pourquoi il ne s'y attarde pas plus longuement sur la question, préférant entamer une dernière position défendue par le Stagirite : le fait que celui-ci attribue une âme aux astres, alors même qu'il confère en même temps un caractère incorruptible au corps qu'ils supposent. « Il aurait dû, dit-il, accorder cette éminence à l'âme et non pas innover en l'attribuant à un corps en soi incorruptible » (VI, 1, p. 331, 12-15 Lagarde). Une fois encore l'objection de Pléthon ne porte que parce qu'il se contente de refuser à la pensée d'Aristote ce qui lui est dû : celui-ci considère l'âme selon le mode de ce qui assure une unité au corps – unité spécifique ou unité numérique, comme dans le cas des astres. Or, dans la perspective de l'unité numérique, l'hylémorphisme est profondément réaménagé au profit d'une unité du corps dans sa singularité même (αριθμῳ). C'est cela qui permet à Aristote, en dépit de l'irritation de Pléthon, d'envisager les astres comme des vivants[11], ce qui est conforme à l'idée qu'ils possèdent une âme. Mais Pléthon ne se limite pas à cette affirmation ; il la complète par l'idée que les astres sont en soi immobiles et sont entraînés par des sphères[12]. Pléthon considère que cette assertion recèle une contradiction, puisque la notion même d'âme impliquerait le mouvement. C'est pourquoi il ironise en demandant : « quelle âme Aristote exigera pour ses astres s'ils demeurent en soi immobiles en tout temps ? Tout de même pas celle qui appartient à l'espèce des huîtres » (p. 331, 19-21 Lagarde). Cette allusion à l'immobilité des huîtres ne dissimule pas moins un certain malaise, car Pléthon entrevoit le danger qui accompagne la position aristotélicienne : si le monde supralunaire présente un statut propre, sans rapport d'être avec le principe (Dieu), ni avec le monde sublunaire, c'est l'unité du Tout soutenue par l'hénologie néoplatonicienne qui est en jeu. Dans le contexte aristotélicien, la singularité, l'incorruptibilité et l'immobilité des astres contribuent à établir l'existence de vivants qui ne s'accordent pas aux mêmes lois du Tout, aux lois d'un Dieu créateur ou aux lois de l'émanation à partir de l'Un. Le cinquième corps, avec sa nature propre, perturbe et subvertit profondément la création. C'est pourquoi, tout en oblitérant le sens de la pensée du Stagirite, Pléthon nous semble discerner sa portée réelle et sa tendance à fonder un matérialisme insolite.

Ce matérialisme aristotélicien Pléthon le discerne également dans le dernier paragraphe de ce chapitre, lorsqu'il traite du Soleil, ce Dieu que les néoplatoniciens, après Cléanthe, n'ont pas cessé de célébrer[13]. Pour expliquer la nature éthérée du Soleil, Aristote renie, on le sait, sa nature ignée due au feu et attribue la chaleur à son mouvement et à l'action de celui-ci sur l'air[14]. La critique que Pléthon adresse à cette doctrine s'appuie sur le fait qu'Aristote n'accorde pas les mêmes effets au mouvement de la Lune, bien qu'elle soit également en mouvement et que la lenteur relative au mouvement du Soleil est compensée par sa proximité à la Terre. Cette objection est d'un intérêt incontestable, car elle entrevoit la précarité de la conception aristotélicienne du cinquième corps, encore qu'elle perd de vue le rapport établi par Aristote entre mouvement et friction. Cependant, le but de Pléthon est moins d'établir une physique que de mettre en évidence l'absence chez Aristote d'une Ame, l'obligeant d'innover par l'attribution de la primauté du mouvement du Ciel à une matière qui s'avère inutile, selon Pléthon.

Ainsi donc, le philosophe de Mistra réussit à relever deux thèses fondamentales de l'aristotélisme – la conception de Dieu et la nécessité d'un cinquième corps –, pour en dégager l'inutilité. Présentant Aristote comme un penseur de l'inutile, il peut aussi plus facilement le qualifier d'« ignorant » au terme du ch. IX. C'est à cette occasion qu'il se permet également d'affirmer qu'il vise moins à mettre en évidence la pensée d'Aristote qu'à établir les points les plus importants par lesquels il *diffère* de Platon et de ses adeptes[15]. Par là même non seulement le titre du traité qui nous occupe ici prend son sens, mais également l'arrière-fond théologique de la problématique qu'il met en œuvre, donc aussi son unité foncière, en dépit de son caractère hétéroclite. Cette perspective, qui dénote suffisamment le caractère fort orienté de la pensée de Pléthon m'autorise à achever mon étude du Monde et du mouvement avec une certaine aisance, puisqu'elle me dispense à m'interroger sur les nombreux silences pléthoniens concernant la problématique aristotélicienne du mouvement.

En fait, après avoir soutenu au ch. VII l'action divine en fonction de l'Intelligence de Dieu et selon le modèle de la *technè* qui renforce la thèse d'une Providence divine, rejetée par Aristote, il pousse ce point de vue dans toutes ses conséquences au ch. VIII, en niant la présence de forces incontrôlables (comme celles du hasard ou de la génération spontanée) et en affirmant la présence incontournable de l'action divine en toutes choses. Ce déterminisme permet de mieux comprendre la hargne avec laquelle Pléthon combat le cinquième corps, qui, comme nous l'avons rappelé ci-dessus, empêche l'unité des lois physiques. Mais il ne suffit pas à régler toutes les questions se rapportant à la problématique du mouvement, car, chez Aristote, le mouvement implique un dualisme radical au travers des notions de moteur et de mobile – ces deux principes manifestant des *ousiai* différentes –, leur unité ne s'accomplissant que dans l'acte même qui se produit par leur contact[16]. C'est pourquoi Pléthon achève son étude du mouvement, au ch. IX, par cette question même. Il s'agit pour lui de surmonter le dernier obstacle que la physique d'Aristote opposerait au platonisme.

Quand on sait que c'est par le problème du mouvement qu'Aristote prétend résoudre la question platonicienne d'une impossible participation des choses sensibles aux Idées, la présence de l'étude des Idées au ch. X qui suit immédiatement l'étude du mouvement apparaît d'emblée selon son véritable visage. Cependant, comme Pléthon engage son argumentation contre Aristote en faisant abstraction du problème de la participation et de la transmission de l'*eidos* par l'action du moteur[17], cette filiation paraît fort édulcorée. De plus, ne l'oublions pas, le monisme néoplatonicien constitue également une réponse, fort différente cependant de celle d'Aristote, au problème de la participation du sensible à l'intelligible. C'est pour dire que l'enjeu de l'analyse du mouvement au ch. IX est très important, même s'il n'apparaît pas de prime abord.

En accord avec le platonisme, Pléthon considère que le mouvement est double et chacune de ses modalités concerne une puissance différente : autre est le mouvement actif propre au moteur et autre aussi est le mouvement passif qui appartient au mobile. Or, si Aristote nie ce type de dualité – tout en préservant la différence ontologique entre moteur et mobile –, c'est parce que, dit Pléthon, il craint que le moteur arrive à ne pas être mû sans la présence d'un mobile, au point, on le sait, qu'il envisage le mouvement selon l'acte unique du moteur et du mobile, grâce à l'actualisation réciproque du moteur en mouvant et du mobile en quelque chose qui se meut. Mais cette crainte, dit Pléthon, est sans fondement, car si Aristote admet l'existence d'un moteur immobile, capable de se mouvoir sans la présence d'un mobile, rien ne s'oppose à envisager, à l'inverse, la possibilité d'un moteur qui meut sans être mû lui-même, c'est-à-dire au sens d'automoteur[18]. Bref, l'Ame automotrice de Platon n'est certainement pas, selon Pléthon, plus absurde que le Premier Moteur Immobile d'Aristote. L'argument est certainement très fort, puisque l'inutilité du Divin d'Aristote a été déjà affirmée par Théophraste[19]. Cependant, cela ne constitue pas pour autant une preuve en faveur de l'utilité de l'Ame platonicienne que le Stagirite qualifiait dejà de *deux ex machina* comme l'Intellect d'Anaxagore. Pléthon franchit là un pas qu'en toute logique il aurait dû approfondir davantage : obnubilé par ses critiques, il déforce les quelques moments de lucidité qui auraient pu faire de lui le premier interprète moderne de la pensée d'Aristote.

Les différentes critiques de Pléthon que nous avons retenues et l'occultation qu'il se plaît d'entretenir me permettent de relever un certain paradoxe. Ce philosophe que beaucoup considèrent comme le pionier du néo-paganisme du 15e siècle et le père spirituel de l'Académie de Florence, s'appuie, pour combattre Aristote, sur des arguments que ne renierait sûrement pas le christianisme du 13e siècle, lorsqu'il entreprit le rejet ou la récupération de la pensée d'Aristote, pourtant fort néoplatonisée. Bien plus, les positions défendues par Pléthon dans le texte que nous venons d'étudier, confirmées au demeurant par le reste du Traité, ne paraissent pas vraiment opposées au christianisme néoplatonicien. Bref, nous sommes loin ici du paganisme militant qu'on rencontre à travers les fragments des *Lois.* D'où la nécessité d'une nouvelle étude consacrée à ce Traité, comme je l'ai annoncé au début de mon exposé. Car, je crois que le contraste entre les deux analyses devrait susciter une série de questions, parmi lesquelles celle de savoir quel est le statut exact du polytéisme de Pléthon, quand on constate que 1) par rapport aux autres dieux Zeus tient une place particulière où sa prééminence est quasi absolue ; 2) selon le témoignage même de Scholarios, il vise à établir des doctrines communes de toute l'humanité concernant la divinité, ce qui n'exclut pas les traces polythéistes de l'Ancien Testament[20] ; 3) la conception que se font du symbolisme et des multiples théologies les derniers néoplatoniciens de l'École d'Athènes, en particulier Proclus, comprend la mythologie grecque et la théologie qui lui correspond comme un ordre théologique inférieur. Dans ces conditions, rien ne dit que le contenu qui nous est parvenu des *Lois* pléthoniennes ne représente pas cette forme inférieure de théologie à laquelle s'associe ou devrait s'associer un ordre théologique plus élaboré ou plus essentiel, où l'accentuation monothéiste prendrait une autre dimension. C'est là sans doute une façon aussi de comprendre la présence de Pléthon dans la délégation conciliaire des Byzantins, ainsi que les accusations de Scholarios, qui lui reproche de ne jamais fonder son polythéisme par des arguments.

Dès lors, on peut poser la question de savoir si l'opposition de Pléthon à l'égard d'Aristote peut s'expliquer seulement par ses démêlés avec le philothomiste Georges Génade (Scholarios) ou, au contraire, ne requiert-elle pas d'autres données, comme celle d'une attitude qui cherche à défier non seulement le christianisme mais également le paganisme lui-même. Autrement dit, derrière l'attitude de Pléthon n'y a-t-il pas plutôt l'émergence d'une forme de pensée qui au lieu d'être, comme on l'a supposé, antichrétienne et favorable au paganisme, chercherait soit à réaliser une synthèse nouvelle entre christianisme néoplatonicien et paganisme, soit à promouvoir un dépassement à la fois du christianisme et du paganisme au profit de l'hellénisme renaissant.

## NOTES

1. *Phusis* et *technè* dans le *De differentiis* de Pléthon, *L'Homme et son univers au Moyen Age, (Actes du septième Congrès Mondial de Philosophie médiévale)*, Louvain-la-Neuve, 1986, pp. 333-340.
2. Sur cette question voir mon livre *L'avènement de la science physique. Essai sur la* Physique *d'Aristote*, Bruxelles, 1980, pp. 318 ss.
3. Cf. *De differentiis*, VI, p. 330, 7-25. Nous suivons ici l'édition de B. Lagarde, basée sur l'autographe de la Marcienne découvert par F. Masai : *Byzantion*, 43, 1973, pp. 321-343.
4. Voir *De caelo*, I, 2, 269b12 ss. et II, 4, 287a29 ss. Pour ce qui est du problème du feu comme ce qui excède, voir *ibid.*, III, 5, 303b20-25, IV, 4, 311b21 ss. Enfin, en ce qui concerne le cinquième corps, voir *ibid.*, I, 2-4.
5. *Ibid.*, II, 3, 286a22-34.
6. *De diff.*, VI, p. 330, 25-38.
7. *De diff.*, VI, pp. 330, 37 ; 331, 2.
8. Sur cette question, voir mon étude : « Le problème du νους θύραθεν », dans *Mélanges offerts à E.P. Papanoutsos*, Athènes, 1980, pp. 159-197.
9. Voir *Phys.*, VIII, 7-9 et *De caelo*, I, 3 et II, 3.
10. Par exemple, *Phédon*, 80b. Voir *De diff.*, IV et VI, p. 331, 2 ss.
11. Cf. *De caelo*, II, 8-12, ainsi que la critique de Pléthon, p. 331, 16 ss.
12. *De caelo*, II, 8, 289b29 ss. et le passage de Pléthon, p. 331, 18-19.
13. Cf. H.D. Saffrey, « Dévotion au soleil de Proclus », dans *Philosophies non-chrétiennes*

*et christianisme* (Annales de l'Institut de Philosophie de l'Université de Bruxelles), Bruxelles, 1984.

14. *De caelo*, II, 7 ; *Météor.*, I, 3 : Et la critique de Pléthon, p. 331, 22-30.
15. *De diff.*, p. 334, 17-20.
16. Voir mon livre cité ci-dessus n. 2, ch. V.
17. Voir note précédente, ainsi que *De diff.*, p. 334, 5-17.
18. *De diff.*, p. 334, 12 ss.
19. Sur cette question, voir mon étude : « Le renversement zénonien », *Actes du IIe Congrès International d'Études Chypriotes* (avril 1982), Nicosie, 1985, t. I, pp. 443 ss.
20. Cf. *Traité des Lois*, Append. IX, éd. C. Alexandre, Vrin-reprise, Paris, 1982.

*Eric DEBARBIEUX*
*UA 1230*

# L'ENFANT, LE CRU, LE PHILOSOPHE ORTHOPÉDIE ET SAUVAGERIE DANS LES DIALOGUES PLATONICIENS

S'il y a une « philosophie de l'éducation », y a-t-il une « philosophie de l'enfance » ? Encore faudrait-il savoir *qui* l'on éduque, quel est cet enfant pour qui le philosophe construit son programme. Il y a d'abord à connaître toute une conception de l'enfance sous-jacente à cette construction, structure peut-être même plus importante, où joue l'étrange relation de l'homme de raison à l'enfant peut-être de déraison. Dans son grand article, *« Condillac et l'âge de raison »*, Henri Joly a montré la grande importance de cette « catégorie majeure de langue et de pensée » qu'est « l'âge de raison »[1], qui décide d'un « partage radical dans l'humanité de l'homme », partage qui consiste « à séparer nettement l'enfance, considérée comme un deçà de la raison du reste de l'humanité de l'homme ». Si l'éducation est sensée assurer le passage de cet état de quasi-inhumanité à l'être pleinement homme, la définition même de l'enfance n'est pas un problème éducatif : elle est problème-clef d'anthropologie philosophique qui détermine la coupure inaugurale de l'humanisme entre la raison et son autre, une folie native qui bestialise l'enfant. S'il est vrai que Platon est « le premier humaniste », alors il est légitime et de grande portée pour l'histoire conjuguée de la folie, de la raison, de la philosophie et de l'enfance d'interroger les dialogues pour y chercher si et comment s'inscrit cette coupure.

– *L'enfant sauvage*

S'il est une opinion qui semble quasi proverbiale chez les Grecs, c'est que l'enfance et la jeunesse sont des âges sinon de folie, du moins de déraison. Pour Aristote, « les jeunes gens et les riches sont portés à la démesure »[2]. Le docte Pausanias, dans *Le Banquet*[3] parle de l'imbécillité (αφροσυνη) des enfants avant leur adolescence. Nous avons par ailleurs colligé en étudiant le lexique de la folie chez Platon un nombre important de passages dans lesquels le philosophe applique aux enfants et aux jeunes gens bien des termes de « folie » : aphrosyné, une folie de privation, hybris, une folie de transgression, mania, une folie furieuse, et leurs dérivés ou associés, comme akolasia[4]. Il est remarquable aussi qu'un des arguments de la défense de Socrate dans l'*Apologie* consiste à faire de l'accusation de Mélétos une ineptie due à l'hybris et à l'akolasia propre à sa jeunesse (*νεότητε*)[5], c'est-à-dire à essayer de démontrer que cette accusation est irrecevable, le jeune homme n'ayant pas droit à une parole légalement reconnue devant le tribunal[6]. C'est dans ce contexte consensuel, qui repose en grande partie sur des racines juridiques, sur le droit des mineurs, que nous devons lire un passage important des *Lois*, nous livrant la clef de la conception platonicienne de l'enfance : « De tous les animaux (*θηριων*), c'est l'enfant (*παῖς*) qui est le plus difficile à manier ; par l'excellence même de cette source de raison (*φρονειν*) qui est en lui, non encore disciplinée, c'est une bête rusée (*επίβουλον*), astucieuse, la plus insolente de toutes (*υβριστότατον*). Aussi doit-on le lier à de multiples brides, pour ainsi dire ; d'abord, quand il quitte nourrices et maman en l'encadrant, de pédagogues qui régentent la puérilité de son bas-âge (*νηπιότητος*) puis de maîtres qui l'instruisent en toutes sortes de disciplines et de sciences, comme il convient à l'homme libre. Quant à l'esclave le premier venu devra châtier (*κολάζῃ*) et l'enfant et son pédagogue pour toute faute que commettra l'un d'entre eux »[7]. Ce passage est d'une richesse exceptionnelle : d'abord l'enfant-bête, mais pas n'importe quelle bête, *το θηριον* c'est la bête sauvage, non encore domestiquée, voire le monstre, en termes injurieux[8]. C'est aussi le reptile venineux. Il existe même chez Platon le verbe *θηριουν* : réduire à l'état de brute, qui apparaît dans un autre passage des *Lois*, fort à propos pour nous, à propos du *thymos* : « autant l'éducation avait jadis apprivoisé cette puissance de l'âme, autant alors on la fait redevenir sauvage, et l'on en vient à vivre en bête farouche »[9]. Bref, nous retrouvons dans l'enfant une composante essentielle de la marginalité qui crée la folie : n'étant pas encore totalement homme, il est toujours bête[10]. La ruse de cette petite bête sauvage n'est-elle pas celle du loup : *epiboulon*, le terme est appliqué par Aristote en tant que « vertu canonique du loup »[11]. Mais est-ce que c'est sa « raison » comme le suggère la traduction de Diès ? Est-ce que c'est son humanité qui fait sa bestialité, auquel cas il y aurait une « folie » par la raison ? Certes non, la *phronésis* dont il s'agit ici n'est pas un équivalent de la raison, au sens platonicien ; le rapprochement avec la ruse et l'astuce témoigne au contraire d'une qualité commune aux bêtes, aux hommes, et même aux dieux, on le verra : l'habileté de la bête qui déjoue les pièges du chasseur et du chasseur qui essaye toutes les ruses possibles, quelque chose que nous-mêmes, comme les Grecs, prêtons au renard[12]. Intelligence rusée, astucieuse et pleine d'embûches proche de la « Métis » que Marcel Détienne et Jean-Pierre Vernant ont étudiée avec brio : elle développe des qualités de duplicité retorse et diverse[13] agissant par déguisement[14] et par art de l'illusion[15]. Il s'agit de l'intelligence polymorphe qui vise la maîtrise dans le multiple : « intelligence en tentacules », qui se manifeste particulièrement chez le sophiste[16]. La multiplicité de cette intelligence en fait un inverse de la raison, nous aurons à y revenir. En tout cas chez Platon cela est clair : l'enfant ne possède pas encore la raison, comme en témoigne une phrase de ce type : « si le plaisir, l'amitié, la douleur, la haine naissent comme il faut dans les âmes avant l'éveil de la raison (*λογον*) et que, une fois la raison éveillée, les sentiments s'accordent avec elle à reconnaître qu'ils ont été bien formés par les habitudes correspondantes, cet accord constitue la vertu totale »[17]. Si l'on en croit ce passage, la raison chez l'enfant est tout au plus puissance en sommeil et il y a bien un « âge de raison » qui est sortie de l'enfance : devenir homme c'est acquérir la raison, mutation ontologique qui fait de l'enfant-sauvage un homme sensé.

La sauvagerie de l'enfance fait de celle-ci un âge ambigu : petits d'hommes, mais pas totalement humains, les enfants sont forcément « à risques ». Platon garde là la « trace »[18] de toute la conception ancienne de l'enface pour laquelle l'enfant reste sauvage avant d'avoir subi les épreuves de l'âge adulte à travers les rituels d'initiation[19] : « pendant le temps de leur croissance, avant qu'ils n'aient sauté le pas, les jeunes occupent une position liminale, incertaine et équivoque où les frontières qui séparent les garçons des filles, les jeunes des adultes, les bêtes des hommes, ne sont pas encore nettement fixées ». L'enfant est encore à mi-chemin de l'état de « nature », non policé par la culture, en marge. La philosophie naissante hérite de cette représentation de l'enfant. Celà ne signifie pas pour autant, même si Platon y fait allusion[20], que l'initiation philosophique sera équivalente, ou même explicable par les initiations anciennes[21]. Cette conception de l'enfance est très présente par exemple dans une phrase de ce type : « tous les êtres jeunes ou à peu près sont incapables de tenir en repos leur corps et leur voix, ils cherchent sans cesse à remuer et à parler, les uns en sautant et bondissant, comme s'ils dansaient de plaisir et jouaient entre eux, les autres en émettant tous les sons de voix possibles. Or les autres animaux n'ont pas le sens de l'ordre (*τάξεων*) ni du désordre (*ἀταξιῶν*) dans leurs mouvements, de ce qu'on appelle rythme et harmonie »[22]. « Pulsion saltatoire », comme le dit Detienne[23], exprimant la joie dionysiaque de la vie ? Peut-être mais ce n'est pas ici l'essentiel : ce qui importe c'est le désordre de la gesticulation et la polyphonie déréglée de l'enfant, qui montrent l'incertitude de ses gestes et de ses sons qui ne sont pas encore des paroles[24]. L'enfant est privé du logos, raison et parole en même temps. Il n'y a d'ordre ni dans les cris ni dans les mouvements. Cette gesticulation doit être mise en parallèle avec celle de l'âme qui, dans le *Timée*[25], l'âme est d'abord et primitivement folle en prenant place dans un corps ; elle est alors incapable de se repérer, prenant la droite pour la gauche, le haut pour le bas, animée de tous les mouvements en même temps. Tous les sons, tous les gestes, l'âme ne sait pas encore les discriminer, perdue dans le flot des sensations. Bref cette ataxie locomotrice et cette polyphonie désordonnée ont une signification philosophique précise dans la pensée platonicienne : si l'enfant est déraisonnable c'est qu'il a un corps, dans laquelle son âme de trop près incarnée ne peut encore se retrouver et s'ordonner.

La conception platonicienne de l'enfance reprend la tradition à son compte, même si les explications philosophiques la modernisent. Toutefois le programme d'éducation, qui assure le passage à l'âge de raison n'a plus grand chose à voir avec les rites d'initiation anciens, et même les condamne : le jeune homme devait en quelque sorte assumer et vivre une inversion en devenant « coureur de brousse »[26], chasseur rusé utilisant de nuit les pièges et les filets qui sont à l'inverse[27] des méthodes admises pour la chasse adulte. « En bref, du côté de l'hoplite, tout est ordre, *taxis,* du côté du crypte, tout est ruse, *apaté,* désordre, déraison. Dans le langage de Levi-Strauss, je dirai que l'hoplite est du côté de la culture, du côté du cuit, et que le crypte est du côté de la nature, du côté du cru, étant entendu que cette « nature », ce côté « sauvage » est lui-même organisé »[28]. Platon, au contraire, dès l'enfance, s'il garde la chasse dans son programme éducatif, en interdit avec force tous les genres qui rentraient dans les rituels des coureurs de brousse[29], en risquant de transformer les jeunes hommes en chasseurs « cruels et sans lois » : les pièges et les filets, la chasse nocturne, chasse « d'hommes paresseux », qui ne mérite aucune louange. « Seule demeure donc la plus excellente, celle que l'on fait aux quadrupèdes en s'aidant de chevaux et de chiens et de son propre corps ; toutes les proies, soit qu'on les courre ou qu'on les frappe de près ou de loin, on ne les capture qu'avec ses propres mains si l'on est de ceux qui cultivent la divine harmonie ». Le « chasseur noir » est mis au ban de la société : « le nocturne qui ne se fie qu'aux rêts et au filet, que personne, jamais, ne le laisse chasser nulle part ». C'est sur cette interdiction que se termine dans les *Lois* l'exposé du programme éducatif[30]. La philosophie, reprenant une conception ancienne de l'enfance, condamne, au nom même de cette tradition, les rites qui permettaient le passage à l'âge d'homme[31]. Ce n'est pas en assumant sa sauvagerie que l'enfant devient homme. C'est au contraire « en la liant de multiples brides », quitte à employer la correction et aussi en provoquant la sensation *(aisthésis)* de l'ordre que le petit d'homme est capable de se préparer à ce passage, devient capable de raison. Aussi ce qui nous intéressera dans le programme éducatif ne sera pas l'ensemble de ce programme mais cette partie du programme qui expulse la sauvagerie de l'enfant, qui n'est pas exercice de la raison mais est en quelque sorte domestication. Car la séparation entre l'éducation de l'esclave et celle de l'homme libre se fait au stade précis où l'esclave comme l'homme libre sont suffisamment châtiés pour n'être plus « fous » : ayant pris de bonnes habitudes ils vont pouvoir assumer leurs destins, l'un en devenant domestique, l'autre en poursuivant vers l'abstraction son éducation. Ce qui nous intéressera c'est ce qui permet de passer du féroce au domestique, et mène au seuil de la raison, même si ce seuil ne sera franchi que par les meilleurs, les autres restant esclaves, artisans, commerçants-sous-hommes, sans doute pour Platon, mais sans danger.

– *La première éducation*

Le plein exercice de la raison ne peut avoir cours pour Platon que très tardivement. Ce n'est en fait qu'à trente ans qu'on pourra goûter aux joies subtiles de la dialectique. Autrement il y a risque : risque de prendre la sophistique pour la dialectique philosophique et d'en abuser comme d'un jeu « prenant plaisir comme de jeunes chiens à tirailler et à déchirer par le raisonnement »[32] ; à force de réfutations et de contre-réfutations ce qui guette c'est la misologie. Si l'enfant et le jeune homme n'ont pas été correctement éduqués, ils resteront sauvages, et le logos ne serait qu'une arme de plus, particulièrement dangereuse entre leurs mains. Limitation dans le temps, d'abord donc : le plein exercice de la raison n'est possible que tardivement. Limitation élitiste aussi : on ne doit admettre aux exercices de la dialectique que les esprits « ordonnés et fermes »[33], c'est-à-dire à la fois bien nés et ayant appris dès l'enfance à imiter le bien. Celà peut s'étendre à la science elle-même : tout le monde n'a pas accès aux mathématiques transcendantes, tout le monde n'a pas accès à quelque science que ce soit, ainsi de l'esclave, de l'artisan, du commerçant. L'éducation platonicienne, si elle est souvent comparée à une longue préparation à la raison, n'est pas d'abord celà : il y a successivement deux types d'éducation, l'une qui est acquisition d'habitudes morales, qui vise à faire cesser tout danger de sauvagerie, qui est véritablement domestication des instincts natifs et sortie hors de la folie originelle due à l'incarnation, l'autre qui est acquisition progressive de connaissances scientifiques. Seule la première nous intéresse ici, nous nous arrêterons bien en deçà de la frontière qui mène à l'homme parfait. Nous parlerons de la prime éducation qui brise la sauvagerie et le désordre originel de l'enfant, évitant ensuite la folie de l'adulte. Cette éducation est la seule à être véritablement commune à tous les hommes, même aux esclaves. Il s'agit de former des hommes « apprivoisés », dociles, qui ne risquent pas de mettre en péril la cité par leurs instincts bestiaux, il s'agit non de former à la raison mais, pour une part, des citoyens de rendre possible ensuite la formation à la raison[34], et pour l'autre part, la plus grande masse, de former de bons serviteurs de la cité... de bons domestiques, en somme. Il y a deux systèmes éducatifs : le premier, qui forme l'élite est celui qui est exposé dans *la République*, et c'est le plus étudié, le second est celui des *Lois*. L'éducation des gardiens et des chefs, d'un côté, l'éducation des masses de l'autre, celle qui maintient les forces de l'irrationnel dans un au-delà du bestial, mais encore dans un deçà de la raison, dans une situation intermédiaire entre la bête et l'homme de raison, quelque chose qui n'étant pas la raison n'est plus la folie. Où cesse la folie inacceptable ? Où commence la raison ? L'éducation est discrimination des individus, car seuls les esprits bien nés et non les sujets « bâtards »[35] iront au bout de l'ascension éducative, les autres, une fois policés suffisamment pour tenir leur place, auront achevé là leur éducation, ayant brisé leur sauvagerie. Or rien de plus significatif à cet égard que les règlements concernant les premières années de la vie et qui donnent un sens bien particulier à l'orthopédie platonicienne.

– *Contenir la pulsion saltatoire*

De cette règlementation on ne retient habituellement qu'un passage très célèbre, devenu une référence obligée à la fois pour l'étude de Platon et pour celle du corybantisme[36] : pour calmer l'agitation du nourrisson, les nourrices, intuitivement, les bercent, les balancent dans leurs bras en chantonnant sans cesse, bref « elles enchantent leurs bébés comme on enchanterait les bacchants frénétiques par le mouvement combiné de la danse et de la musique ». Ce passage serait une reconnaissance de la « pulsion saltatoire », « pulsion sans laquelle il ne saurait y avoir ni rythme ni harmonie »[37] ; la cure par le mouvement serait une consécration de la force vitale, dionysiaque, même si cette force interne, pulsionnelle, doit être canalisée, domestiquée par « le branle qui unit la musique à un air de danse ». Bref, le but de l'éducation serait de régler cette « explosion spontanée de la vie »[38] qui s'exprime par l'exubérance du mouvement, du geste et de la voix. Cela serait en accord avec la théorie des mouvements du corps dans le *Timée* : « parmi les mouvements du corps le meilleur est celui qui naît en lui par son action propre, car c'est le plus conforme au mouvement de l'Intelligence et du tout »[39]. Bref, l'irrationnel, même canalisé, serait l'impulsion fondamentale sans laquelle la vie ne serait pas et Platon lui-même lui ferait place ici en reconnaissant son rôle. Ce serait en somme un tribut payé par la «raison» à la «folie», reconnaissant sa puissance vitale, même sur le mode de la récupération. Cependant nous proposons une autre interprétation. Un autre règlement en effet mériterait autant de commentaires, or il est à peine mentionné, comme s'il était naturel : l'emmaillotement du nourrisson en rapport avec sa « manutention ».

Voyons le règlement platonicien[40] :

« La femme enceinte se promènera, elle modèlera son nouveau-né comme une cire tant qu'il est tendre et, jusqu'à l'âge de deux ans l'emmaillotera (*σπαργανᾶν*). Quant aux nourrices, nous les contraindrons par une loi et sous peine d'amende, soit qu'elles conduisent leurs poupons à la campagne aux temples ou chez leurs parents, à toujours les porter tant qu'ils ne seront pas assez forts pour se tenir debout, et même quand plus tard ils le seront, à toujours prendre garde que, jeunes comme ils sont, ils ne se tournent pas les jambes en s'appuyant avec trop d'effort – aussi se donneront-elles la peine de les porter jusqu'à ce qu'ils aient atteint l'âge de trois ans ».

Règlement naturel ou tout au moins traditionnel ? Certes non, et Plutarque est formel : « les nourrices aussi usaient de certaine diligence et artifice à nourrir leurs enfants sans les emmailloter ni lier de bandes, de langes, de sorte qu'elles les rendaient plus délivrés de leurs membres, mieux formés et de plus belle et plus gentille corpulence, et si en devenaient indifférents en leur vivre sans être difficiles à élever, ni mignards ou friands, ni peureux et craignant d'être laissés seuls en ténèbres, ni criards ou pervers, qui sont tous signes de nature lâche et vile. Tellement qu'il se trouvait des étrangers[41] qui achetaient des nourrices du pays de Laconie, expressément pour leur faire nourrir leurs enfants, comme l'on dit d'Amylca, celle qui nourrit Alcibiade, en était »[42]. Contraste saisissant, l'éducation du très jeune enfant semble se dérouler « dans la plus aimable spontanéité : l'enfant est laissé à ses instincts et se développe librement ; on a pour lui une indulgence amusée : tout cela a si peu d'importance »[43]. Le premier âge de la vie, celui du *παιδιον* n'est pas encore celui de l'éducation qui démarre après sept ans, quand l'enfant devient un *παις* : « les anciens, si préoccupés de la finalité humaine de l'éducation (l'enfant en tant que tel ne les intéresse pas) ne s'occupe guère de cette première phase, qui, pour eux, ne fait pas encore partie de la *παιδεια* au sens plein du mot »[44]. Marrou note donc avec à propos que l'éducation du petit enfant est une préoccupation des seuls philosophes et précise que les mœurs sont restées rebelles à leur appel[45]. Voilà qui est particulièrement remarquable et mérite qu'on s'y arrête, alors qu'on s'accorde à reconnaître le caractère traditionnel de l'éducation platonicienne et l'influence du système éducatif spartiate.

Loin de « l'aimable spontanéité », l'emmaillotement et la manutention obligatoire jusqu'à trois ans. Le terme employé est éloquent : *σπαργανόω* « emmailloter » ou plus exactement enrouler avec le *σπαργανον* (*η σπειρα*, enroulement, fil, corde), les bandes tissées avec le sparte, cette plante que nos herbiers connaissent encore sous le nom de « rubanier », le nom savant restant le sparganium. Certes l'emmaillotement existe en Grèce antique, il n'est évidemment pas une invention platonicienne, et une des première précautions de la cérémonie des amphidromies est de langer le nourrisson[46]. Mais si l'on en croit Plutarque cet emmaillotement n'est pas fait pour durer ni la manutention pour avoir tant d'importance. Voici donc la première de ces « multiples brides » qui doivent lier le corps du petit homme et Platon n'y va pas de main morte : deux ans d'enroulement, trois ans en tout pendant lesquels de facto le nourrisson ne bougera absolument pas de ses propres mouvements. Corps passif, enfant-objet, manipulé. Nous sommes loin, dans le temps et dans l'espace de cette discipline des corps que Foucault étudie dans le très beau chapitre de son livre « Surveiller et punir », qui s'intitule « les corps dociles »[47]. Foucault étudie avec précision cette « découverte du corps comme objet et cible de pouvoir », au XVIIIe siècle. Il y aurait risque à comparer le XVIIIe siècle et l'antiquité grecque classique[48], cependant certaines structures sont déjà en place et cette comparaison, même impertinente est significative. Corps-objet, manipulé, on le voit. Cible de pouvoir également : n'est-ce pas là le dispositif légal, garanti par une pénalité, la nourrice étant mise à l'amende en cas de manquement ? Bien sûr « les corps gagnent à être mus sans fatigue de toutes sortes de secousses et de mouvements, soit qu'ils se les donnent eux-mêmes, soit qu'ils les reçoivent d'un transport en voiture, sur mer ou à cheval, ou de toute autre motion communiquée grâce à quoi ils s'assimilent les aliments et les boissons et deviennent capables de transmettre à nous-mêmes la santé et la vigueur »[49], et le *Timée* nous apprend bien que le mouvement du corps et celui de l'âme sont essentiels à la santé et l'harmonie de l'individu et que le mouvement interne est de loin préférable, ce mouvement qui vient de l'âme commandant au corps[50]. Mais ce n'est le cas, justement que chez les personnes harmonieusement développées dans lesquelles corps et âme concourrent de conserve à l'équilibre : ni trop de corps, ni trop d'âme, un juste milieu pour les mouvements capables de réagir avec efficacité contre les mouvements intempestifs de l'intérieur et de l'extérieur. Ce n'est pas le cas chez l'enfant : rien de sain ne peut lui venir de l'intérieur, car il est *a-nous*, ontologiquement incapable du bon mouvement. Il faut *empêcher* et non pas canaliser la pulsion d'agitation. Ce n'est pas une reconnaissance du désir de vivre : les *semeia* gestuelles ont le même statut que les *semeia* phoniques, elles ne sont pas signes de logos, les enfants sont incapables de se calmer eux-mêmes, car ils n'ont pas en eux le principe calmant. Ils ne peuvent être médecins d'eux-mêmes. Ce n'est que de l'extérieur que l'enfant peut être équilibré : sanglé, manipulé, sans langage propre, l'enfant platonicien, dirait les lacaniens est totalement « parlé par l'Autre ».

Avant même l'orthorythmie et le jeu dirigé, existent des conditions à l'activité enfantine : « cette méthode d'accoutumance par l'exercice rythmique, si parfaite et recommandable soit-elle pour Platon, n'est donc applicable que sous deux conditions : en premier lieu, que l'équilibre des parties constitutives des fonctions de l'âme et la conscience des états défectueux du corps et de la nécessité de son immunisation graduelle soient parfaits, ce qui supposent que les enfants n'ayant pas atteints cette connaissance de soi et les « possédés » l'ayant perdue, ni les uns ni les autres ne peuvent pratiquer la méthode ; ensuite que l'âme puisse forcer le corps à des exercices désagréables mais d'une utilité certaine. Si ces conditions ne sont pas remplies on a recours à une troisième méthode d'immunisation préventive et à la fois de guérison purificative : celle qui fait intervenir des mouvements purificateurs externes »[51]. C'est ce rôle thérapeutique que précise le *Timée :* « agitant en mesure les qualités et les organes corporels qui se mouvaient en désordre, on en replacera les parties dans leur ordre d'affinité naturelle les unes par rapport aux autres conformément... à l'Univers »[52]. L'âme du nourrisson est défaillante dans ce corps désordonné, elle est emplie de frayeur[53], de frénésie même, troublée par les « pénibles sursauts du cœur » (qui n'ont donc rien de la « joie de vivre » dionysiaque bondissante). Les mouvements externes, continus et réguliers, comme le mouvement d'un bateau sur une mer calme, ont le même effet calmant sur l'âme. Le mouvement sera totalement, globalement et sans cesse appliqué au nourrisson ; puisqu'il est en agitation perpétuelle, les nourrices lui imposeront le mouvement calmant perpétuel. Marcel Detienne dit plaisamment que « les nounous sont à l'honneur », c'est vrai, mais quel métier d'être une nourrice platonicienne ! D'ailleurs on comprend que « les nourrices doivent être fortes autant que possible et pas une nourrice unique », le mouvement perpétuel étant peut-être difficile à assumer pour une seule. Disposition significative en tout cas que la totale maîtrise du temps et des gestes de l'enfant au nom d'une raison à venir et d'une bête à brider. Les nourrices ne sont pas les seules à être concernées : la femme enceinte doit aussi passer son temps « à se promener et éviter tout plaisir et toute crainte violente »[54] afin de ne pas nuire au fruit de ses entrailles. Le mouvement est imposé par l'autre, lui-même contraint par le discours philosophique et les dispositions légales.

Le corps une fois bridé, que faire de ces signes qui ne sont pas encore du langage ? Le nouveau-né pourra-t-il encore crier ? La période des cris et des pleurs ne dure pas moins de trois ans. Ces cris signifient les volontés du nourrisson, aussi les nourrices ont-elles l'habitude de donner ce qui fait cesser les cris et de ne pas donner ce qui les provoque. Est-ce juste ? D'abord une première observation : « celui dont l'humeur est difficile et sans grâce ne nous paraît-il pas plus enclin que d'ordinaire aux lamentations et aux gémissements qu'il ne convient à l'homme de bien (*ἀγαθόν*) ? ». D'où suit une prescription : il ne faut pas procurer trop de plaisirs ni de douleurs au nourrisson, ce qui serait l'amollir. Autrement dit, on n'écoutera pas les cris du nouveau-né ; à ceux-ci ne substituera-t-on pas plutôt le chantonnement de la berceuse des nourrices, lequel, à l'instar de la musique corybantique, calme la frénésie ?

La puériculture platonicienne est révolutionnaire. Elle se base sur un principe étranger aux Grecs : « c'est à cet âge que chez tous, de la façon la plus décisive s'implantent par les habitudes les mœurs de toute la vie »[55]. Mais cette puériculture reste prisonnière d'une conception traditionnelle de l'enfant « sauvage », même si cette conception est rationalisée. Le nouveau-né fait son entrée dans l'histoire de la philosophie comme enjeu du pouvoir de la raison sur la « folie », car le premier âge de la vie est pris dans les liens serrés que l'on tresse pour anéantir sa folie native : tout se passe comme s'il fallait d'une part provoquer un vide dans l'âme par l'hypnotisme des mouvements et des berceuses imposés avant de pouvoir l'emplir de raison. La dangereuse *phronésis* de l'enfant, ne nécessite-t-elle pas une *aphrosyné* cathartique ? « Le cas de la guérison des états orgiastiques chez le possédé ne présentant aucun intérêt du point de vue éducatif, il est préférable de n'envisager que le cas préventif qui contribue à la formation d'une « infrastructure apollinienne » chez l'enfant en anéantissant tout élément dionysiaque de sa nature »[56], ce sont les sons et les mouvements réguliers qui proviennent de l'Autre qui annihilent tout élément irrationnel. Du coup nous pouvons correctement interpréter la suite des prescriptions pédagogiques, et nul besoin de s'y étendre aussi longuement. La παιδικη se poursuit jusqu'à sept ans. Quand le nourrisson peut enfin sans crainte d'être « tordu »[57] être posé à terre, à l'âge de trois ans, et qu'il peut se mouvoir lui-même, voici qu'arrive la nécessité pour lui d'être corrigé : « il faut dès lors supprimer en lui toute molesse, en le corrigeant (κολαζοντα) sans toutefois l'humilier (ἀτίμως) »[58]. A cet âge, le jeu prédomine. Si l'enfant est capable de l'inventer lui-même il faut toutefois totalement surveiller ses jeux[59]. Les enfants sont réunis dans un temple, sous la férule de « quelqu'employé de la Cité », soumis à une matrone distinguée par l'inspectrice des mariages. S'instruire en jouant[60], mais d'un jeu réglé est une maxime platonicienne irréfragable : le jeu doit être conforme à la loi, car « si le jeu et les enfants échappent à la règle (παρανόμου) il est impossible qu'en grandissant les enfants deviennent des hommes de devoir et de vertu solide[61] ». Les jeux se définissent par leur utilité[62] sociale : au futur architecte la construction de maisonnettes, au futur agriculteur le jardinage, et au futur charpentier le mètre et le cordeau. Nous sommes là bien loin des jouets traditionnels que l'archéologie nous a livrés[63] : hochets, poupées, chevaux à roulettes, petites voitures, balles et osselets (même si on trouve la dinette et le jardinage). A la limite, chez Platon, il n'y a pas d'enfants mais de futurs adultes[64]. Tout jeu intempestif qui serait hors des règles, est passible d'un véritable système pénal avec bourreau, « quelqu'employé de la cité » pour les esclaves ou les étrangers, ou une matrone pour les citoyens[65], tribunal (l'enfant protestant contre sa punition sera conduit aux astynomes)[66].

Passé six ans lorsque l'enfant devient un παις commence l'éducation grecque traditionnelle. On le voit, elle a commencé bien plus tôt chez Platon. A partir de sept ans cette nouvelle étape n'est plus uniquement d'habitude ou de simple dressage, on va pouvoir commencer à emplir l'esprit de l'enfant de véritables connaissances, puisque garçons et filles, même séparément, seront tournés vers les μαθηματα[67]. Il ne s'agit pas cependant d'un véritable exercice de la raison, ni de connaissances théoriques, mais de disciplines guerrières et de maniement d'outils cynégétiques et militaires : équitation, arc, javelot, fronde, maniement des armes avec les deux mains. Enfin, et surtout, il s'agit de former le corps par la gymnastique et la musique[68]. La gymnastique a deux parties : la danse et la lutte. Ne reconnaître que ces deux aspects est déjà réagir contre un certain usage du soin des corps. La gymnastique doit être une « préparation à la guerre »[69] et non une « vaine recherche de gloriole », elle est toute tournée vers la « décence et la fermeté de l'allure ». La gymnastique n'est que posture imposée, le corps de l'enfant est posturalement le signe de la fermeté du guerrier : Platon insiste toujours sur les exercices de caractère militaire (escrime, combats d'infanterie lourde et légère[70]), et même la course à pied n'est qu'épreuve d'endurance ou de rapidité pour préparer à la lutte. Les enfants devraient toujours « en armes et à cheval [on est loin du « chasseur noir »] rehausser toutes processions et tous cortèges en l'honneur des dieux, scandant au rythme plus ou moins vif de leur danse les supplications qu'ils adressent aux dieux et fils de dieux »[71]. La danse est rythme et « mime » à la fois. S'il n'est pas question d'imiter la licence de rythmes plaintifs, désordonnés, la République en a fait justice, il n'est pas question non plus de danser sur de la musique pure. La danse est toujours danse sur des paroles élevées et pieuses : elle est inséparable du chant choral[72] et si elle est contribution essentielle à la discipline morale c'est que les paroles de la chorée ont été approuvées au tribunal de la raison.

Ainsi jusqu'à dix ans la bonne éducation est essentiellement posturale et incantatoire : répétition, récitation de paroles pieuses sans que soit exercée la raison à leur sujet, gestes imposés par les figures de la danse qui instaurent académiquement les habitudes du maintien corporel et moral. L'éducation par les arts[73] est introduction de la droiture dans la nature humaine avant l'usage de la raison interne. Ce qui ne signifie pas que la raison n'intervient pas, car les arts sont rationalisés par épuration et par tradition, puisque devant procurer la fermeté ils proscrivent la nouveauté et calment ainsi les mouvements pluriels et désordonnés (d'où une admiration pour le hiératisme égyptien). Il n'y a pas là à proprement parler une éducation de l'âme par le corps, sous le principe du mouvement, mais un dressage du corps et de l'âme par la correction du geste et de la parole, correction imposée et garantie par une raison extérieure[74].

Une nouvelle étape éducative est le passage à l'enseignement littéraire et scientifique qui a lieu à partir de dix ans : de dix à treize ans : études littéraires, de treize à seize ans, études musicales, puis étude des mathématiques, d'abord jusqu'à dix-huit ans, interrompue par le « service obligatoire de gymnastique, et qui seront reprises ensuite avec le cycle d'enseignement supérieur, réservé à une élite. C'est plus un progressif ajout de nouvelles matières qu'une série de cycles consacrés à une seule série didactique : Platon sait trop bien l'importance d'exercer l'esprit et le corps de concert pour ne pas poursuivre en parallèle études théoriques, danse et gymnastique[75] et il est probable que l'arithmétique est pratiquée dès le cycle « primaire »[76]. Le caractère limité de ce cycle d'études est clair : au niveau « littéraire », « il faut peiner juste assez pour savoir écrire et lire »[77], à partir de textes soigneusement épurés dont le modèle serait d'ailleurs le texte même des *Lois*[78]. Pour l'enseignement musical il s'agit d'un enseignement instrumental de la cithare qui n'est pas apprentissage de la virtuosité mais apprentissage de « la netteté des sons que produisent les cordes pour que les sons accompagnent exactement la voix »[79], dans des chants aux paroles choisies. Ce n'est pas la science harmonique, loin de là, qui est étudiée : il y a imprégnation lente de l'harmonie par la musique qui ne peut être qu'unie et simple, bien réglée, en un mot identique à l'harmonie cosmique, ce qui n'empêche pas que l'enfant ainsi formé sera un meilleur musicien que les virtuoses eux-mêmes : « celui qui mêle la gymnastique à la musique dans la plus belle proportion et qui les applique à son âme dans la plus juste mesure, celui-là est, nous avons le droit de le dire, le musicien le plus parfait et le plus habile en harmonie, et il l'est beaucoup plus que celui qui accorde ensemble les cordes d'un instrument »[80]. Enfin, ce qui parachève l'édifice, l'enfant et le jeune homme apprendront les mathématiques. Elles sont, sans nul doute, l'élément essentiel de la préparation à la philosophie[81]. On saisit bien pourquoi en se rappelant l'image de la ligne qui divise le réel et la connaissance : les mathématiques permettent de se dégager du sensible. Pour notre enquête ce n'est pas là cependant le plus important : les mathématiques sont essentiellement sélection entre qui achève son éducation et qui est digne de la poursuivre vers la philosophie. Elles sont la ligne de partage entre ceux qui sont suffisamment éduqués pour tenir une place inférieure et ceux qui sont les futurs gouvernants. Avec le programme élémentaire des mathématiques s'achève la domestication de la sauvagerie native. Elles se divisent en fait en trois disciplines : arithmétique, métrique et astronomie[82]. « De tout cela une étude minutieuse n'est pas affaire du grand nombre mais seulement de quelques-uns ». En fait, la ligne de démarcation est apparemment assez identique avec ce qui était le « calcul » de notre ancienne école primaire jusqu'au fameux certificat d'études : problèmes de calcul vivant[83] comme partage de fruits ou de gâteaux, utilisation des situations nées du sport, mesure des longueurs, surfaces, volumes avec, en outre, une prescription particulière concernant une erreur « honteuse » entre toutes, laquelle, si elle n'était pas supprimée, nous laisserait comme des pourceaux à l'engrais »[84] : celle qui concerne les irrationnelles, problème résolu du temps de Platon et qui menace la croyance en l'harmonie des nombres. Si un tel problème est abordé dès cette période de formation n'est-ce pas pour montrer que partout la raison est à l'œuvre ? C'est la même chose avec l'astronomie : le jeune homme n'ira pas à ce stade jusqu'à la véritable science de l'harmonie céleste, il faut simplement qu'il sache que les astres ne sont, en aucun cas, errants[85], mais bougent d'un mouvement harmonieux unique et circulaire. Le rôle des sciences mathématiques est donc d'abord d'éviter des erreurs graves touchant les objets intelligibles. Se faisant « logistique et arithmétique » sont « des sciences propres à conduire à la vérité », car elles entraînent à sortir de la sphère du devenir »[86]. Le langage mathématique, portant non sur tel ou tel carré, mais sur le carré en soi, non sur des figures particulières mais sur les originaux[87] rassemble le multiple dans l'unité de l'intelligible. Son rôle pour échapper à l'excès des affections a une grande importance chez Platon[88].

Avec les mathématiques élémentaires s'achève l'éducation commune telle que la précise les *Lois.* Avec elles le programme éducatif a accompli sa tâche première qui n'est pas d'être une propédeutique à la philosophie mais de poser des « garde-fous » pour le citoyen moyen. La folie native et la sauvagerie primitive[89] ont cédé place aux vertus domestiques.

## NOTES

1. Henri Joly, « Condillac et l'âge de raison », in *Revue Philosophique,* n° 4, 1982, pp. 613-630.
2. Aristote, *Rhét.*, II, 2, 1378b.
3. B. 181 d6.
4. Cf. notre thèse en cours, primitivement sous la direction d'Henri Joly, « Recherches lexicales et sémantiques sur les termes connotant la folie dans les dialogues platoniciens ».
5. Ap. 26e/27a.
6. Pendant les années d'éphébie en effet les jeunes gens ne pouvaient ester en justice, ni comme défenseurs, ni comme accusateurs. Cf. Aristote, *Constitution d'Athènes,* 42, 5.
7. L. VII, 808 d7 *sq.*
8. Voir Chantraine, *Dictionnaire étymologique de la langue grecque,* Histoire des mots, Paris, Klincksieck, 1975, p. 435, *θηρίον* : se dit d'une sale bête, venimeuse, au propre comme au figuré comme terme injurieux.
9. L XI 935a. L'adjectif *θηριώδης*, farouche, bestial est lui aussi bien attesté. Cf. L X 906 b6, appliqué au sophiste.
10. Nous ne voulons pas dire par là que l'enfant est hors de l'humanité. Dans la philosophie platonicienne, la raison vient toujours avant la vie empirique, par la contemplation prémortelle des Idées. Mais l'enfant est être des marges en grand danger de bestialisation et d'une certaine manière mêlé de bête, d'où l'importance du dressage et de la domestication.
11. Aristote, *Histoire des Animaux* I, 1 488 b, cité par Detienne-Svenbro, « Les loups au festin ou la Cité impossible », in *La cuisine du sacrifice,* Paris, Gallimard, 1979, p. 216. L'épiboulé est une notion juridique : celle de la préméditation dans le crime (Gernet, *Recherches sur le développement de la pensée juridique et morale en Grèce,* Paris, 1917, p. 350), elle est du domaine de l'*akon.*
12. Detienne-Vernant, *Les Ruses de l'Intelligence : La métis des Grecs,* Paris, Flammarion,

1977, p. 54 par exemple.

13. *Id.*, p. 25, la métis n'est pas une, ni unie, mais multiple et diverse, Nestor la qualifie de *pantoie*. Ulysse est le héros *Polumetis*, etc.

14. *Id.*, p. 29 : « pour duper sa victime elle emprunte une forme qui masque au lieu de le révéler son être véritable ».

15. C'est, bien sûr, le leurre du pêcheur ou du chasseur, mais c'est aussi le « sophisma », le « truc » qu'emploient seiches et poulpes : un long et mince tentacule animé d'un mouvement lent qui appâte les poissons (Plutarque, cf. Detienne-Vernant, *op. cit.*, p. 47). La comparaison sophiste-chasseur par Platon plonge donc dans une antiquité insoupçonnée.

16. *Op. cit.*, pp. 47-48 : c'est dans les discours ondoyants *(poikiloi logoi)* que le sophiste déploie ses paroles aux nombreux replis : discours qui enlacent les adversaires comme les bras souples du poulpe, ce modèle d'animal à Métis. Ce qui compte c'est l'efficacité des mille tours inventés par le sophiste-chasseur pour assurer sa victoire (ses « prises » ?) dans la Cité.

17. L. II 653 b.

18. Cf. Pierre Vidal-Naquet, Le cru, l'enfant grec et le cuit, in *Le Chasseur Noir*, Paris, Maspero, 1981, p. 195 *sq.*

19. Jean-Pierre Vernant, *La Mort dans les Yeux*, Paris, Hachette, 1986, sur la Courotrophie et une description de ces rites d'initiation ainsi qu'une bibliographie récente à leur sujet.

20. Par ex. rôle initiatique de la cryptie en L II 633 b.

21. Pour une mise en garde à cet égard et une contextualisation des rites anciens en relation avec l'éphébie athénienne de l'âge classique, cf. Vidal-Naquet, *op. cit.*, p. 194 *sq.* S'il y a bien « trace » des rituels anciens au cours duquel le jeune homme était envoyé vers les zones-frontières pour une chasse de ruse, pour vivre sa sauvagerie, de tels rituels apparaissent à Athènes largement déconnectés par rapport à une vie civique largement rationalisée, pour ne pas dire laïcisée (*op. cit.*, p. 196).

22. L I 653 d7 e3, cf. L II 664 e4-6 Platon précise qu'uniquement chez l'homme peut exister le sens de la mesure grâce auquel il se sépare de la bête et des vivants en général.

23. Marcel Detienne, *Dionysos à ciel ouvert*, Paris, 1986, pp. 90-91.

24. Sur l'enfance comme privation de paroles, particulièrement dans le droit, cf. Henri Joly, « Condillac et l'âge de raison », *loc. cit.* p. 621 sur le mot νήπιος (que l'on trouve dans le texte des *Lois* VII 808 d7 qui nous sert de guide) : l'âge de raison c'est « celui où l'on acquiert le droit à la parole en cessant d'être infans ». On peut de plus relever un curieux passage des *Lois* où les cris et les pleurs des nourrissons ne sont pas langage mais signes infortunés. Voir aussi l'article de M. Lacroix, in *Mélanges Desrousseaux*, Paris, Hachette, 1937, p. 269 : « le νηπιος est un mineur, privé de force et de sagesse, c'est un incapable, subordonné dans la famille et dans la société primitive à l'autorité du chef... ».

25. T. 44 ab.

26. Vidal-Naquet, *Le chasseur noir et l'origine de l'éphébie athenienne, op. cit.*, p. 151.

27. Inversés au point que lors des cérémonies d'initiation les garçons jouent des rôles de fille, *id.*, p. 165.

28. Vidal-Naquet, *op. cit.*, pp. 162-163.

29. L VII 823 dd 824 a.

30. L VII 824 a 20.

31. Certes il reste bien une « cryptie » (736 b), troupes de jeunes gens sous la conduite d'un chef, pour la défense nationale, mais comme le souligne Gernet (intr. Lois CVII) si « c'est le nom qui à Sparte s'applique à une discipline « secrète » de dressage de la jeunesse, Platon n'a pas retenu ce qu'il y a de plus typique dans la coutume spartiate ».
32. Rep. VII 539 b, Phil. 15d et Phedon 90c.
33. R VII 539 d.
34. Sur la préparation à la raison, cf. Marrou, *Histoire de l'Éducation, op. cit.*, p. 114 : cette éducation préparatoire (προπαιδεία) Rép. VII 536 d) ne prétend pas donner accès à la science véritable : elle se contente de rendre l'être humain capable d'y accèder un jour. Cf. aussi Chanteur, *Platon le désir et la loi, op. cit.*, p. 149. Voir Rep 401 de, par exemple, sur la préparation des voies de la raison ou L. X 888 a3.
35. Rep. VII 535 cd.
36. L VII 790 b5 *sq.*
37. Detienne, *Dionysos à ciel ouvert, op. cit.*, pp. 90-91.
38. Diès, intr. aux Lois, p. IX.
39. T. 89 a *sq.*
40. L VII 789 e.
41. Et particulièrement les Athéniens, cf. Flacelière, *Vie quotidienne en Grèce au temps de Périclès*, Paris, 1959, édition revue et corrigée, Paris, 1984, p. 120.
42. Plutarque, *Vie de Lycurge*, 16, 4.
43. Marrou, *op. cit.*, p. 217.
44. Marrou, *op. cit.*, p. 157.
45. *Id.*, p. 217. Il est à noter que Platon est très conscient de la nouveauté de ses propositions : les règlements sur la petite enfance ne sont-ils pas « étrangers » (ἄτοπον L 789 b). Les commentateurs sont d'ailleurs peu sensibles à la petite enfance : F. Le Corsan, in *Plutarque et les femmes*, Paris, 1981 ne parle au niveau de l'éducation que de l'exposition et de l'enfant de plus de sept ans, et P. Roussel, *Sparte*, Paris, 1931, p. 48 se contente d'une phrase : « l'enfant est laissé jusqu'à sept ans aux soins de sa mère ». La petite enfance n'existerait-elle pas en Grèce antique ?
46. On sait d'ailleurs par l'épisode fameux de la naissance de Zeus que celui-ci a échappé à la dévoration par Chronos en étant remplacé par une pierre enveloppée dans un « lange » (Hésiode, théog. 463-506 et commentaire de ce passage in R. Verbrugge, *Le Zeus crétois*, Paris, Belles-Lettres, 1981, p. 27.
47. Michel Foucault, *Surveiller et Punir*, Paris, 1975, p. 137 *sq.*
48. Foucault ouvre d'ailleurs la voie à cette comparaison. P. 138 : « ce n'est pas la première fois à coup sûr que le corps fait l'objet d'investissements si impérieux et si pressants ; dans toute société le corps est pris à l'intérieur de pouvoirs très serrés qui lui imposent des contraintes, des interdits ou des obligations ». L'essentielle nouveauté du XVIIe et XVIIIe siècles serait que le corps est discipliné dans le moindre détail par une « coercition ténue » qui assure le pouvoir et la discipline des armées. En fait nous retrouvons chez Platon ce souci du détail : dans le règlement que nous étudions, il s'agit déjà d'éviter que pieds ne se tordent, mais il y a aussi les règlements sur l'usage des deux mains, et tout le détail sur la discipline du corps imposée par la lutte (L VII 796 a), qui étudie à la faveur de la prise chaque élément du corps : le cou et les épaules, les membres et les

postures. La lutte chez Platon a le même pouvoir disciplinaire que le règlement des postures martiales étudié par Foucault avec les manuels d'instruction militaire.

49. L VII 799 a.
50. *Timée,* 88 d.
51. E. Moutsopoulos, *La Musique dans l'œuvre de Platon,* Paris, PUF, 1959, p. 102. Cf. aussi p. 99 et tout le chapitre sur « le mouvement fondement de l'expression et de la danse ».
52. T 88 e.
53. L VII 791 a.
54. L VII 792 e, elle doit vivre « tout le temps d'alors occupée à conserver l'humeur sereine, facile et douce ».
55. L VII 792 e.
56. E. Moutsopoulos, *La Musique dans l'œuvre de Platon, op. cit.,* p. 109.
57. L'emmaillotement et la manipulation ne sont pas à proprement parler correctifs : ils sont préventifs. Empêchant la déformation ils entraînent l'inutilité du redressement.
58. L VII 793 e.
59. *Id.,* 794 a.
60. R VII 536 e.
61. R II 524 e, 525 a.
62. L I 643 b.
63. Marrou, *op. cit.,* p. 216.
64. Cf. l'analyse de B. Charlot, in « L'idée d'enfance dans la philosophie de Platon », *R.M.M.,* 1977, pp. 232-245, qui montre que la théorie platonicienne de l'éducation ne repose pas sur une analyse de l'enfance, mais de l'âme, et de son devenir, qu'elle est seulement « un terrain privilégié de l'affrontement métaphysique entre l'Intelligence et la corruption ».
65. L VII 794 c.
66. Cf. aussi le règlement sur la non-variété des jeux (L VII 797 a) qui montre que les jeux doivent toujours être stables, conformes et identiques pour ne pas perdre l'enfant dans les dédales de la variété. Le jeu platonicien a une valeur cosmique et ontologique qu'il développe longuement au nom du respect de l'ancien et de la néophobie. L'inventeur de nouveaux jeux pousse le jeune homme à mépriser l'ancien et cela est cause d'une grande « ruine » pour une cité (VII 797 c) : il y a un jeu hybristique.
67. L VII 794 c.
68. L VII 795 d *sq.*
69. Marrou, *op. cit.,* p. 115. Sur la gymnastique développement de la force morale et non pour la seule vigueur des corps, Rep. 410 b.
70. L 883 d, 884 a.
71. L VII 796 c. Cf. Rep. III 410 d ; la musique tempère la gymnastique.
72. L II 654 b. Sur la « mollesse » transportée par certains rythmes, cf. L II 656 c, III 700 a, 701 c.
73. Cf. H. Joly, *Le renversement platonicien, Logos, Epistémé, Polis,* seconde édition, Paris, Vrin, 1980, p. 42.
74. Lorsque Platon en L. VII 808 d 7 parle de « la source de « raison » qui est en l'enfant

non encore disciplinée » il emploie pour discipliner le terme κατηρτυμενην, qui renvoie à une technique du captage d'un cours d'eau, pour le réguler, ce qui configure l'orthopédie, barrage contre la sauvagerie.

75. L VII 813 b seq.
76. L VII 818 b-c.
77. *Id.*, 810 b.
78. *Id.*, 810 d.
79. *Id.*, 812 d.
80. Rep III 412 a, et Platon de se moquer (VII 531 c) de ces « braves musiciens qui tracassent les cordes, qui les mettent à la question en les tordant sur des chevilles... ».
81. R VII 536 d. Dans son étude *« Préface to Plato »*, Blackwell, Oxford, 1963, E. Havelock a démontré que la problématique platonicienne de l'éducation entraînait une révolution : substituer à l'éducation littéraire, en grande partie basée sur Homère, une nouvelle *paï-déïa* à base de mathématiques. Platon substitue la science aux lettres.
82. L VII 817 e.
83. L VII 819 b.
84. *Id.*, 819 d.
85. L VII 822 a.
86. Rep II 525 b, voir aussi 526 b.
87. Rep VII 511 a.
88. Nous retrouvons tout au long de l'histoire moderne de la folie cette importance des mathématiques comme cure pour échapper au délire. Foucault cite, par exemple, Willis (Foucault, *Histoire de la folie à l'âge classique,* rééd. 1985, p. 185) et Tuke (*op. cit.*, p. 256) : pour le premier tout ce qu'il y a d'imaginaire dans le délire des mélancoliques se dissipera devant toute vérité incontestable, « c'est pourquoi les études mathématiques et chimiques leur sont si vivement recommandées ». Pour Samuel Tuke, contemporain de Pinel, « les diverses branches des mathématiques et des sciences naturelles forment les sujets les plus utiles auxquels peuvent s'entraîner les insensés ». Il faudrait aussi rechercher du côté de l'école piagétienne, avec Inhelder sur « Le diagnostic du raisonnement chez le débile mental » qui fait la discrimination entre ce que peut et ne pas apprendre le « débile mental » ; pour elle « le débile est celui qui ne peut sortir du sensible », de l'égocentrisme. Il ne peut s'élever à l'abstrait. C'est cette impossibilité de passer au stade supérieur de l'intelligence hypothético-déductive, sommet de la hiérarchie piagétienne, qu'Inhelder nomme du terme dévalorisant de « viscosité génétique ».
89. Sur l'importance des métaphores du dressage en éducation cf. le dossier spécial « Enseigner-dresser ? » du *Bulletin des Amis de Sèvres,* n° 4, décembre 1986 et particulièrement l'article de J.L. Labarrière, « Figures du dressage et de l'exercice à partir de l'antiquité », *op. cit.*, p. 35 *sq.*, qui dresse un catalogue des termes utilisés, entre autres par Platon.

*Jacques DERRIDA*
*EHESS*

# LA VOIX DE L'AMI

L'ami se tait. Cet ami. Il garde le silence. Ici, du moins, *cet* ami ne dit rien. On pourrait presque en conclure, dès lors, qu'il ne prononce rien de déterminable, et que Heidegger* n'évoque aucun dit ni aucun dire de l'ami, fût-il amical, quand, au parag. 34 de *Sein und Zeit*, il parle de la voix de l'ami « que chaque *Dasein* porte auprès de lui » (p. 163).

La voix de cet ami ne parle pas nécessairement. Cet ami pourrait être aphasique. On pourrait même être physiquement sourd sans cesser de le porter *bei sich*, près de soi, à travers sa voix. Auprès de soi, cela ne veut pas dire tout près de soi. Auprès de soi ne veut pas dire au plus proche, ni en soi. Dans sa stricte grammaticalité, la phrase dit que le *Dasein* porte auprès de lui l'ami lui-même et non seulement sa voix : *« als Hören der Stimme des Freundes,* **den** *jedes Dasein bei sich trägt ».* A travers sa voix que j'entends, c'est l'ami lui-même que j'écoute, au-delà de sa voix mais en elle. C'est l'ami que j'écoute et porte auprès de moi en entendant sa voix. Même quand il n'est pas là, même quand il n'est plus là. Bien entendu, le *Dasein* « porte » l'ami lui-même, mais non l'ami dans sa totalité, en chair et en os. Il le porte, si on peut dire, dans la figure de sa voix, sa figure métonymique (une partie pour le tout). Qu'en est-il de cette rhétorique qui semble compliquer la grammaire sans pourtant la contredire ? Car c'est bien l'ami et non sa voix que j'écoute. Qu'en est-il de cette partie exemplaire qui semble valoir pour le tout ? Pourquoi la voix joue-t-elle ce rôle ? Et pourquoi l'écoute assure-t-elle cette présence de l'ami en permanence portée par le *Dasein* *« bei sich »* ? La question de cette métonymie ne nous quittera plus.

Où donc est cette voix ? D'où vient-elle ? Elle semble n'être ni en nous, ni hors de nous, en lui. Ni dans notre oreille, ni hors de notre oreille. Mais que veut dire *« bei sich tragen »* ? Où est une oreille ? Qu'est-ce que le dedans et le

* Fragment de l'introduction à un travail en cours sur *L'oreille de Heidegger.* Un jour j'en avais brièvement parlé à Henri Joly et comme depuis plus de 30 ans, j'espérais l'entendre, j'attendais des conseils de sa part. D'autant plus que cette étude, poursuivie dans un séminaire consacré aux « Politiques de l'amitié », questionne en particulier le trajet politique de Heidegger et notamment sa lecture d'Héraclite, jusqu'en 1956, entre les motifs de *philein, logos* et *polemos* (ce dernier dans son échange avec celui du combat *(Kampf)* à la fin de *Sein und Zeit,* dans le *Discours de Rectorat,* et l'*Introduction à la Métaphysique*).

dehors d'une oreille ? Qu'est-ce que s'ouvrir, pour une oreille ? Qu'est-ce que tendre l'oreille ? Entendre ou ne pas entendre ? Etre sourd, ne pas *pouvoir* ou ne pas *vouloir* entendre, peut-être au sens où Heidegger parlera plus tard (1934-35), à propos de *Der Rhein* de Hölderlin, des mortels qui font la « sourde oreille » *(das Überhören).* A la différence des dieux et des poètes, « Les mortels entendent ceux qui ne peuvent pas entendre *(als nicht hören-können) ;* leur entente est **sourde oreille (das Überhören)** et vouloir -ne-pas-entendre*(Überhörenwollen)»* (parag. 14, p. 201). Plus tard, il faudra se rendre attentif à ce qui est dit de l'*Überhören* et du mal-entendre, *sich verhören,* dans la conférence *Logos* (1951) ou de l'oreille dans *Der Satz vom Grund (1955-56).*

Où donc est l'oreille que nous prêtons, comme on dit, en particulier celle que nous prêtons à la voix de l'ami ? Qu'est-ce que l'oreille, au sens propre, s'il en est un ? Qu'est-ce, à proprement parler, que l'oreille, en tant que telle et dans sa singularité ? Il est vrai que, si elliptique que soit la petite phrase de Heidegger, elle semble déjà nous assurer que nous n'avons même pas à prendre l'initiative de prêter ou de tendre l'oreille à la voix de l'ami. Au travers de cette voix, le *Dasein* porte l'ami auprès de lui, qu'il le veuille ou non, qu'il le sache ou non et quelle que soit sa résolution. En tout cas, ce qui importe ici, selon toute apparence, ce n'est pas ce que dit la voix de l'ami. Ce n'est pas son dit. Pas même le dire de son dit. A peine sa voix. Plutôt l'écoute *(das Hören)* de sa voix. *Das Hören* est le thème principal de ce chapitre. Et cette écoute ne pourrait pas ouvrir le *Dasein* à son «pouvoir être le plus propre» *(sein eigenstes Seinkönnen),* si elle n'était d'abord l'écoute de cette voix, la métonymie exemplaire de l'ami que chaque *Dasein* porte près de lui *(bei sich trägt).* L'énigme se situe peut-être non loin, tout près, sinon au-dedans de ces quelques mots *« bei sich »* et *« tragen ».* N'oublions pas que l'expression *« bei sich »* aura frappé, dans la langue allemande, l'énoncé de l'une des choses les plus obscures qui soient, rien de moins que le savoir absolu à la fin de la grande logique de Hegel, le concept pur en tant qu'il se conçoit lui-même, « l'être simple à quoi se détermine l'idée... et qui reste auprès de soi dans sa détermination » *(das einfache Sein, zu dem sich die Idee bestimmt (...) und ist der in seiner Bestimmung bei sich selbst bleidende Begriff »).*

Cet ami ne parle pas, mais il est aussi invisible. Il ne paraît pas, il n'apparaît pas plus qu'il ne prononce ou ne se prononce. L'ami n'a pas de figure. Il n'a pas de sexe. Il n'a pas de nom. Ce n'est pas un homme, ce n'est pas une femme, ce n'est pas moi, ni un « moi », ni un sujet ni une personne. C'est un autre *Dasein* que chaque *Dasein porte, à travers la voix* qu'il entend, *auprès* de lui-même *(bei sich trägt),* ni en lui, dans l'oreille, dans l'« oreille interne », au dedans d'une intériorité subjective, ni au loin, trop loin de l'oreille, car on peut aussi entendre de loin, dans un espace extérieur ou dans quelque transcendance. Mais dans ses parages, à une distance qui n'est ni absolue – infinie –, ni nulle dans la proximité pure d'une propriété, ni donc déterminable selon quelque unité de mesure objective dans le monde. Cette portée de voix, cet être-à-portée de voix, paraît d'un autre ordre.

Voilà peut-être ce qu'on peut s'autoriser à dire, pour commencer, de l'ami tel qu'il est apparemment nommé, une seule fois nommé, dans une brève incidente de *Sein und Zeit.* Cette allusion paraît unique, elle reste si brève et si énigmatique que presque personne n'y a prêté attention et n'a même jugé nécessaire de s'y arrêter, à l'exception, à ma connaissance, de Christopher Fynsk, de Jean-François Courtine et de Jean-Luc Nancy dont je salue les brèves et récentes incursions[1] au moment où je m'apprête à m'engager aujourd'hui dans une direction qui ne fut pas la leur.

L'ami, donc, semble une fois nommé dans *Sein und Zeit,* mais il garde le silence même si sa voix est *évoquée.* Il n'apparaît pas, il n'a la visibilité d'aucune figure déterminée, il n'a aucun statut subjectif, personnel, sexuel, on ne peut même pas décider s'il est vivant ou mort. Quand je dis qu'il est nommé, c'est encore trop, car il n'a pas de nom propre. Il appelle peut-être mais il n'est donc pas appelé et rien ne permet de supposer qu'il est singulier même si dans sa grammaire, le nom commun qui le désigne, « la voix de l'ami », obéit au singulier. Cette grammaire semble plutôt lui conférer une sorte d'unicité qui n'exclut pas la pluralité. Un ami est toujours l'ami. Cet ami est toujours l'ami. Comme on va le voir, une certaine singularité reste requise. Cet ami n'est pas le concept d'ami ni l'ami en général. C'est lui, lui seul. L'ami ainsi communément nommé n'est pas appelé, l'auteur de *Sein und Zeit* ne s'adresse pas à lui, il ne lui dit pas « Ô, ami », comme Hölderlin ou « Ô amis, il n'y a nul ami », comme Aristote dans la célèbre apostrophe rapportée par Diogène Laerce au seuil d'une immense tradition. On peut donc à peine dire que l'ami est nommé par Heidegger dans *Sein und Zeit.* Je préfère dire qu'il est seulement *évoqué.* Pourquoi seulement *évoqué ?* Pour trois raisons.

1. Tout d'abord à cause de la brièveté furtive et énigmatique du passage. Le passage du mot « ami », plutôt que de l'ami, dans une incidente, est aussi suspendu qu'il pourrait l'être dans une évocation poétique, sans prémisses ou sans conséquences bien marquées.

2. Évoqué ensuite, parce que ce n'est pas l'ami lui-même qui est nommé de façon aussi abstraite et indéterminée, ce n'est pas l'ami en lui-même et en totalité. C'est seulement, par métonymie, si je puis le dire par figure, une partie de la figure de l'ami : évoquée non pas en soi, telle qu'elle est, cette figure, la figure de l'ami tel qu'il est en lui-même, mais la voix de l'ami *auprès de* moi, non, *auprès du Dasein* que je suis, auprès d'une certaine oreille du *Dasein* que chacun de nous est. Et encore la question reste-t-elle ouverte de savoir si l'oreille peut

être ici nommée par figure ou au sens propre, voire au-delà de cette alternative rhétorique. Le problème du sens propre ou figuré de l'oreille (mais aussi de l'œil) de la pensée sera thématisé dans le Séminaire sur Héraclite et dans *Der Satz vom Grund* (ch. 6). La voix de l'ami, l'ami dans sa voix, est non pas en soi mais en « moi », mais pas même *en moi* comme *Dasein* car le *Dasein* n'est pas un « moi » ; et Heidegger précise que cet ami dont j'entends la voix, tout *Dasein* le porte *« bei sich »*, auprès de lui-même, près de lui. La voix de l'ami n'est ni en elle-même, ni désignée en elle-même, ni en moi, ni dans un *Dasein* qui pourrait l'inclure comme une partie ou un moment de sa propre constitution, dans son oreille propre, même si cet être-porté de l'ami semble en effet constitutif du *Dasein*, car Heidegger dit bien de **tout** *Dasein*. L'énigme du *« bei sich »* exclut à la fois l'exclusion et l'inclusion, la transcendance et l'appartenance, l'extériorité d'un étranger absolu et l'intimité du tout proche, la distance et la proximité. L'expérience n'est pas ici celle du deuil, pas nécessairement, plutôt, plus tôt, celle de la possibilité du deuil. Mais la possibilité du deuil est déjà endeuillée. L'ami dont j'écoute la voix n'est pas ici présent, pas même présent maintenant au téléphone, même s'il est *là*, pourtant, prenant part à l'être-*là* du *Dasein*, et donc au *Da* du *Sein*. Il est difficile d'assigner un site à cette voix de l'ami auprès de tout *Dasein*. Et nous ne saurons pas ce qu'est l'oreille du *Dasein* tant que nous ne saurons pas ce que signifie écouter *(hören)* cette voix de l'ami ni écouter en général. La difficulté se double ou se réimprime dans le mot *« trägt »*. Bien qu'il ne soit pas en lui, le *Dasein* porte l'ami en portant sa voix. Il porte auprès de lui l'ami, sa voix ou l'écoute de cette voix de l'autre ami comme si ces trois constituants, l'écoute, la voix, l'autre-ami, dans le déplacement silencieux de la même chaîne, en quelque sorte, formaient une seule portée de cette portée de voix.

Mais que veut dire « porter » *(tragen)* dans ce cas ? Porter non pas au sens de porter en soi, comporter, mais porter près de soi *(bei sich)*, porter sans porter, porter l'autre ? Porter autre chose que soi dans la différence et pourtant dans une certaine proximité entre ce qui porte et ce qui est porté ? Qu'est-ce qu'une oreille peut nous aider à entendre à ce sujet ? Loin de pouvoir comprendre à partir d'autre chose, à partir de schèmes plus familiers, ce qu'est cette portée de la voix de l'ami auprès de tout *Dasein*, peut-être est-ce à partir de cette écoute de la voix de l'ami auprès de soi pour le *Dasein* qu'on pourra mieux entendre ce que veut dire non seulement ami, mais aussi *Dasein*, « voix », « portée », « être-auprès-de », et « oreille », etc. Pour commencer à lire la portée de ce *« Tragen »* avec la gravité qu'il appelle, il ne faudrait rien négliger de l'attention pensante que Heidegger accorde à la sémantique allemande du *Tragen* et à toutes les ressources potentielles qu'il en exploite ou dont il joue, comme il le fera en particulier beaucoup plus tard, sur un motif qui n'est pas n'importe lequel, puisqu'il ne s'agit de rien de moins que la différence, de l'un des noms qu'il donne à la différence *(Unter-schied* ou *Differenz),* à savoir *Austrag.*

Sans pouvoir m'y engager ici, je rappelle seulement que cette écriture singulière du *Tragen* se déploie en particulier dans *Die Sprache,* précisément, ce texte de *Unterwegs zur Sprache* qui date de 1950, 23 ans après *Sein und Zeit.* Son titre, *Die Sprache,* reproduit donc une partie du titre du chapitre de *Sein und Zeit* où nous lisions cette évocation de la voix de l'ami que tout *Dasein bei sich trägt,* à savoir *« Da-sein und Rede ; Die Sprache ».* Dans *Die Sprache,* sans même négliger l'idiome du « porter à terme », comme on dit en français d'un enfant qu'il est « porté à terme » par sa mère et en allemand *« ein ausgetragenes Kind »,* Heidegger décrit ce que j'appellerai l'espacement singulier de l'appel *(Ruf).* Comme la voix de l'ami, portée auprès du *Dasein* par le *Dasein,* l'appel n'est ni dans l'oreille ni loin de l'oreille, il n'est ni proche ni lointain. Et pour décrire cette topique ou cette atopique, Heidegger fait venir au jour toutes les énigmes en gestation dans la sémantique du *Tragen.* Voici, faute de place, quelques lignes choisies en fonction de ce qui y est appelé par la voix de l'ami ainsi porté. Je cite ces lignes en allemand mais je ne les traduirai pas, je me tiendrai plutôt entre la traduction et la paraphrase. Dans *Die Sprache,* Heidegger se met à l'écoute d'un poème de Trakl, comme il le fera encore ailleurs, là où Trakl parle aussi du frère et de l'étranger. Les phrases que je vais lire suivent le fameux passage qui dit *Die Sprache* **spricht.** *Dies heisst zugleich und zuvor :* **Die Sprache** *spricht. Die Sprache ? Und nicht der Mensch ? (...) Der Ruf ruft zwar her. So bringt er das Anwesen des vordem Unberufenen in eine Nähe (...) Das Herrufen ruft in eine Nähe. Aber der Ruf entreisst gleichwohl das Gerufene nicht der Ferne, in der es durch das Hinrufen gehalten bleibt. Das Rufen ruft in sich und darum stets hin und her ; her : ins Anwesen ; hin : ins Abwesen* (pp. 20-22). La parole **parle.** Cela veut dire aussi et d'abord : **la parole** parle. La parole ? Et non pas l'homme ? (...) L'appel appelle bien à venir ici. Il apporte ainsi à proximité la présence de ce qui auparavant n'était pas appelé. (...) L'appel à venir appelle à une proximité. Mais ce qu'il appelle, l'appel ne l'arrache pas pour autant au lointain dans lequel ce qui est appelé reste maintenu par l'appel qui se porte vers lui. L'appel appelle en lui-même et ainsi toujours va et vient ; ici vers la présence, là vers l'absence ».

Tout ce qui se dit ici de l'appel et de son espacement, de son rapport à la distance et à la proximité, à la présence et à l'absence, au « ni-dedans-ni-dehors », me paraît convenir à ce qui était déjà dit du *Rufcharakter des Gewissens* ou de *Das Gewissen als Ruf der Sorge* (parag. 56-7) dans *Sein und Zeit,* mais aussi à ce qui était dit de la voix de l'ami que tout *Dasein* porte auprès de lui *(bei sich trägt)* – en un site qui n'est ni inclus ni exclu, ni intérieur ni extérieur, ni proche ni lointain, ce qui déjà diffère d'un certain concept de la *philia* aristotélicienne qui se lie toujours aux valeurs de présence, de proximité, de familiarité. Aussi bien dans *Sein und Zeit* que dans *Die Sprache*, l'analyse du *Ruf* doit sans doute se mettre en rapport avec cette petite phrase sur la voix de l'ami, sur la portée de cette voix. Je dirai en abusant un peu de l'idiome français que le *rapport* entre ces deux *portées* de voix est à mon sens plus qu'une analogie ou une coïncidence.

Et plus loin, toujours dans *Die Sprache*, suivant encore le motif du *Geviert* qui rassemble *(versammelt :* ce sera une fois encore mon fil directeur) *das Dingen der Dinge*, Heidegger s'avance dans l'espace qui rapporte ou réfère *Tragen* à *Austragen* comme portée, gestation, mise au monde qui conduit à terme ou à la naissance et à *Austrag* comme différence ou *diaphora*. La *diaphora* signifie à la fois la différence *(Unterschied)* mais aussi le différend, le dis – par lequel on *se porte* de côté, on s'écarte en *s'emportant* dans le discord. Dans *Diaphora*, comme dans rapport, référence, différence, il y a référence à la férence, à la portée, au *phero* grec ou au *fero* latin, à *diaphero* (je diffère, je sépare et je porte jusqu'au bout). Lisons encore : *« Die Dinge tragen, indem sie dingen, Welt aus » :* « Les choses, en tant qu'elles déploient leur être de chose, mettent au monde, portent le monde (au monde). *Unsere alte Sprache nennt das Austragen : bern, bären, daher die Wöter « gebären » und « Gebärde ». Dingend sind die Dinge Dinge. Dingend gebärden sie Welt »* (p. 22) : « Notre vieille langue nomme ce « porter à terme » *(Austragen) bern, bären*, d'où viennent les mots *« Gebären »* [donner naissance, porter à terme, accoucher, enfanter : toute la gestation] et *Gebärde* [le geste, les gestes, le « se comporter »]. C'est en déployant leur être de chose que les choses sont choses. En déployant leur être de chose, elles [ici je risque un néologisme français] « gestent » le monde » [le portent au cours d'une gestation, le portent à terme, lui donnent un comportement, une contenance, une figure, un geste].

Or l'autre nom de ce qui porte le monde au monde et à terme dans l'*Austrag*, c'est l'unité ou l'intimité rassemblée de la dif-férence (*Unter-Schied* que Heidegger écrit ici en deux mots) ou de la *diaphora*. Il faut encore lire et sinon traduire, du moins paraphraser un passage où cette constellation de la différence rassemblée dans l'unité, de *tragen, Austrag* et *Nachträglichkeit*, de *walten, gönnen* et de *Ereignis* devrait nous introduire *« nachträglich »* (avec 25 ans de retard) à la pensée de l'amitié qui s'annonce dans la petite phrase de *Sein und Zeit* que j'essaie en ce moment d'approcher. Du même coup, dans ce passage, un découpage inévitable devra suivre le trajet de concepts et de mots qui seront, je pense, indispensables pour approcher la configuration de *philein, polemos, logos*, dans le chemin de pensée de Heidegger. Les noms de ces concepts sont donc *tragen, Austrag, nachträglich, walten, gönnen, Ereignis*. Ils résistent tous à la traduction, c'est pourquoi la violence de mon geste consistera non seulement à découper mais à paraphraser, plutôt qu'à traduire.

Heidegger vient de dire que le monde accorde aux choses la faveur de leur essence ou de leur déploiement. Le mot qui importe ici est *gönnen.* Il traduit pour Heidegger le mouvement même du *philein* dans la *physis,* tel qu'il en suit la trace chez Héraclite : *Diese (Welt) gönnt den Dingen ihr Wesen. Die Dinge gebärden Welt... Welt gönnt die Dinge.* Le monde offre, donne, disons plutôt en français *accorde,* aux choses leur être, leur essence, le déploiement de ce qu'elles sont. Je préfère le mot « accorde » au mot choisi par les traducteurs français (« offre ») pour traduire *gönnen.* Car nous y trouvons, outre le sens de don généreux, celui de l'accord, de *harmonia,* de l'harmonie comme accord quasi musical et sensible à une certaine oreille. Cette harmonie nous importera dans la lecture du *Héraclite* de Heidegger. Donc ce monde accorde aux choses leur être. Les choses portent le monde (à terme ou en gestation : *die Dinge gebärden Welt*). Le monde est l'accord des choses, « monde » égale accord des choses *(Welt gönnt die Dinge),* le monde accorde les choses au double sens de donner les choses, donner aux choses leur essence mais aussi leur accord.

Plus bas on voit apparaître le *walten* qui aura commandé depuis longtemps toute la pensée du *polemos* héraclitéen tel que l'interprète Heidegger. L'intimité, l'intériorité *(Innigkeit)* qui rassemble le monde et les choses n'est pas une confusion *(Verschmelzung).* Cette intimité ne prévaut, ne s'impose ou n'impose sa force, voire sa violence, elle ne règne ou ne domine *(waltet),* elle ne *l'emporte,* que là où le dedans *(das Innige),* le monde et la chose purement se séparent, se disjoignent *(rein sich scheidet)* et restent disjoints, séparés, dissociés *(geschieden bleibt).* Au milieu du deux, dans l'entre qui sépare monde et chose, dans leur « inter », dans cet *« Unter »* de l'*Unter-schied,* dans le *dis-* de la différence, la séparation l'emporte *(in ihrem inter, in diesem Unter- waltet der Schied).* Puis après avoir insisté sur le fait que la dif-férence *(Unter-schied)* ne doit plus être ici entendue comme le nom d'un concept général valant pour toutes les différences possibles, mais comme *cette* différence, l'une et l'unique *(als dieser eine. Er ist einzig),* Heidegger nomme cette différence *« der durchtragende Austrag »*, ce qui porte à terme, au sens de la naissance et de la gestation, qui toujours porte et comporte l'autre même et jusqu'à la séparation la plus endeuillée mais dans l'intimité de la différence. L'intimité de la dif-férence *(Die Innigkeit des Unter-Schiedes)* est ce qui unit ou unifie la *diaphora (das Einigende der Diaphora).* Si l'on tient compte de ce que dans les mots de *Diaphora* ou de *différence,* donc aussi bien en grec qu'en latin, la division ou la séparation est en *rapport,* comme le *rapport* et le mot « rapport » lui-même, comme la relation, avec la portée ou le port du porter *(pherein, fero),* on trouve plus de justification et de nécessité à ce qui ressemble au jeu de Heidegger avec la sémantique du *tragen,* quand il écrit par exemple : *« Die Innigkeit des Unter-*

*schiedes ist das Einigende der Diaphora, des durchtragenden Austrags. Der Unter-Schied trägt Welt in ihr Welten, trägt die Dinge in ihr Dingen aus. Also sie austragend, trägt er sie einander zu »* : L'intimité de la dif-ference est l'unissant de la *diaphora,* de ce qui *porte à terme* en ayant *porté* de part en part. La dif-férence porte à terme le monde dans son devenir-monde, elle porte à terme les choses dans leur devenir-chose. Les portant ainsi à terme, elles les rapporte l'un à l'autre. *Der Unter-Schied,* la dif-férence ne médiatise pas après coup *(vermittelt nicht nachträglich)* en rattachant le monde et les choses à l'aide d'une médiation surajoutée *(durch eine herzugebrachte Mitte).* La dif-férence d'abord découvre *(ermittelt),* fait accéder, en tant que médiation *(als Mitte)* monde et choses à leur être *(Wesen),* c'est-à-dire à ce rapport mutuel *(in ihr Zueinander)* dont elle porte à terme l'unité *(dessen Einheit er austrägt).*

La sémantique allemande du *Tragen, Austrag, Nachträglich,* que nous suivons ici comme problématique de l'*Unter-Schied* ou de la différence et que je cherche à traduire dans la sémantique latine du *port,* du *rapport,* de la *relation,* de la *portée,* du *porter à terme,* du *comportement,* etc., en vue de problématiser et de mieux interroger la phrase de *Sein und Zeit* que nous ne perdons pas de vue *(das Hören der Stimme des Freundes, den jedes Dasein bei sich trägt),* Heidegger tend à vouloir la protéger, justement, contre une certaine latinisation. Il faut y insister parce que toute la mise en perspective historiale du *philein,* du *polemos* et du *logos* – dont je voudrais tenter d'esquisser la reconstitution – implique essentiellement une sorte d'alliance gréco-germaine et une forclusion, voire le diagnostic d'une déchéance du *philein* dans l'*amicitia.* Au point où nous en sommes, dans *die Sprache,* Heidegger soulique que l'*Unter-Schied* n'est pas plus une distinction entre des objets *(Gegenstände)* de notre représentation *(Vorstellen)* qu'elle n'est une relation entre monde et chose. Si « relation » a la même étymologie que le *ferre* de la différence ou de la référence, comme de toute la famille du « port », « porter », « rapport », on voit qu'il s'agit de dissocier la pensée du *tragen* et de l'*Austrag* de toute *distinction relationnelle,* voire de toute « dimension » objective, car Heidegger prend des précautions analogues ensuite au sujet du mot latin *Dimension.* Paraphrasons encore un passage avant de revenir à la voix de l'ami auprès du *Dasein* au sujet de laquelle nous savons déjà qu'il faut éviter de parler de proximité ou de distance, de relation ou de distinction, de dedans et de dehors, d'objectivité et de subjectivité. Dans ce passage, l'*Ereignis* et le *Gönnen* apparaissent, qui rassemblent ce qui à la fois sera de plus en plus inséparable dans la pensée de Heidegger (une pensée de l'*Ereignis* qui serait moins un mode de l'être *(eine Art des Seins)* que l'être ne serait un mode de l'*Ereignis (eine Art des Ereignisses)* et une pensée de ce don accordé ou accordant, de cet accord que Heidegger n'a jamais cessé de placer au cœur du *philein.* Il s'agit ici de marquer que tout ce que *« Unter-Schied »* n'est pas, tout ce dont on doit soigneusement distinguer *« der Unter-Schied »* se dit en latin : *« Der Unter-Schied ist weder Distinktion noch Relation » :* « L'*Unter-Schied* n'est ni distinction ni relation ».

*« Das Wort « Unter-Schied » meint demnach nicht mehr eine Distinktion, die erst durch unser Vorstellen zwischen Gegenständen aufgestellt wird.* Le mot *« Unter-Schied »* ne signifie donc plus une distinction établie entre des objets par notre seule représentation. *« Der Unter-Schied ist gleichwenig nur eine Relation, die zwischen Welt und Ding vorliegt, so dass ein Vorstellen, das darauf trifft, sie feststellen kann ».* La Dif-férence est aussi peu une simple relation présente entre monde et chose et telle que la représentation puisse l'établir après l'avoir rencontrée. *« Der Unter-Schied wird nicht nachträglich von Welt und Ding als deren Beziehung abgehoben ».* La Dif-férence n'est pas abstraite après coup *(nachträglich)* du monde et de la chose comme leur rapport. *« Der Unter-Schied für Welt und Ding* **ereignet** *Dinge in das Gebärden von Welt,* **ereignet** *Welt in das Gönnen von Dingen ».* L'intraductibilité culmine dans cette phrase. Ceci n'est pas une traduction. La Dif-férence pour monde et chose fait advenir à leur propre **(ereignet)** les choses dans le geste de la gestation du monde, elle fait advenir à son propre **(ereignet)** le monde dans le don accordé des choses.

Ce détour par un contexte surchargé permet de commencer à lire *Tragen* et *gönnen.* Ce « porter » et cet « accorder » (au double sens du geste d'accorder un don ou une faveur, *gönnen,* et de l'accord harmonique) auront marqué la pensée heideggerienne du *philein.* J'espère que ce détour ne paraîtra ni trop long ni anachronique au moment où, revenant près d'un quart de siècle plus tôt, il faut essayer d'entendre ce que dit cette brève et elliptique allusion à la voix de l'ami que chaque *Dasein bei sich trägt.*

3. Il y avait une *troisième raison* pour laquelle j'avais dit de cet ami qu'il était seulement « évoqué ». Cette partie extraite ou abstraite de l'ami que le *Dasein* porte auprès de lui, ni près ni loin, ni en lui ni hors de lui, ni dans l'oreille, fût-elle « interne », ni hors de l'oreille, ce n'est pas n'importe quelle partie de l'ami. C'est ce qui peut permettre l'*évocation* en général, à savoir la voix. Ce qui est évoqué dans cette évocation furtive ou fugace, mais sans doute décisive, c'est une vocation, voire un appel en moi, *Ruf* ou plutôt *Stimme* qui pourra composer ensuite avec toutes sortes de possibilités *(einstimmen, Einstimmigkeit, Stimmung, Bestimmung, Übereinstimmung, Verstimmen, Verstimmtheit, Verstimmung).* D'ailleurs, un peu plus haut (parag. 29), analysant *Die existentiale Konstitution des Da* et *Das Da-sein als Befindlichkeit,* Heidegger consacre de longues et fines analyses à la *Gestimmtheit* et au fait que dans la *Gestimmtheit,* c'est toujours déjà selon la dimension d'une *Stimmung* que le *Dasein* est découvert *(erschlossen)* en tant que l'étant qui est dans son être livré *(überantwortet,* remis, abandonné) comme l'être qui a, en existant, à être (pp. 134-5). Puisqu'il va être question de l'ami et de l'amitié, et que je ne sais pas encore quel nom accorder à ce que certains seraient tentés d'appeler un sentiment, un affect, une passion,

une *pathé,* il faut commencer par rappeler la connexion entre la *Befindlichkeit* (mot pour lequel il n'existe pas de bonne traduction : « disposition », « disposibilité », « affection »), la tonalité de la *Stimmung,* l'être-livré de l'*Überantwortung* et l'être-jeté de la *Geworfenheit.* La *Befindlichkeit* n'est pas un état de l'âme, une qualité psychique qui se projetterait ensuite sur les choses ou sur les personnes, comme le rappelle Heidegger (p. 137, parag. 29). Dès lors que la petite phrase sur la voix de l'ami appartient aussi à une longue analyse du *Mitsein* dans les modalités de la *Mitteilung,* du *Mitverstehen* et de la *Mitbefindlichkeit,* rien de ce qui concerne l'ami ne relèverait donc d'une psychologie, pas plus que d'une science sociale ou d'une science humaine en général, voire d'une anthropologie. C'est le *Dasein* et non la *psyché,* ni l'homme ni le moi, ni le sujet, conscient ou inconscient, qui porte l'ami dans sa voix ou plutôt dans l'écoute de cette voix.

Pour privilégier ici un certain rapport de la pensée heideggerienne à la tradition grecque, je soulignerai trois traits qui concernent Aristote.

1. *Premièrement,* Heidegger refuse de déterminer la *Befindlichkeit* comme lieu des affects ou des sentiments, du moins au sens psychologique du terme. Et il se réfère alors positivement (parag. 29, p. 138) au fait qu'Aristote n'a pas étudié les *pathé* dans une psychologie mais dans une rhétorique, une rhétorique elle-même comprise comme une herméneutique, la « première herméneutique systématique de la quotidienneté du *Miteinandersein* ». C'est dans le même chapitre que Heidegger mentionne tout aussi positivement la tradition schelerienne qui remonte à Augustin et à Pascal : on accède à la vérité ou à la connaissance à partir de l'amour ou de la charité et non l'inverse (p. 139).

2. Et pourtant, *deuxièmement,* tout ce qui dans cette évocation de l'ami dépend d'une analytique de la *Sprache* et du *Logos* vient immédiatement après et suppose donc une critique ou plutôt une « destruction » de l'interprétation aristotélicienne du *logos.* Dans les conclusions du chapitre immédiatement précédent (633, p. 159), Heidegger regrette que la première impulsion phénoménologique d'Aristote dans l'analyse du *logos* se soit interrompue et brisée pour devenir une simple théorie du jugement, de la liaison ou de la séparation des représentations et des concepts. Cela veut dire, entre autres choses, que tout ce qui à l'avenir articulera de façon essentielle, dans la pensée de Heidegger, *legein* ou *logos* et *philein,* prétendra revenir à une écoute pré-aristotélicienne, en vérité pré-platonicienne du *logos.* Non seulement l'évocation de la voix de l'ami suit une critique de la limite aristotélicienne dans l'interprétation du *logos,* mais elle sera suivie par une réserve analogue (p. 165) sur la définition de l'homme comme *animal rationale, zoon logon ekhon* qui, dit Heidegger, n'est pas fausse mais recouvre ou dissimule le sol phénoménal dont on extrait cette définition du *Dasein.* Cette double réserve à l'endroit d'Aristote n'empêche pas Heidegger de

définir la voix de l'ami de telle sorte que seule l'ouverture d'un *Dasein* en soit capable. Le *Dasein* étant l'essence de l'homme, cela n'est donc pas contradictoire avec le propos aristotélicien selon lequel il n'y a d'amitié par excellence (de *prote philia* ou de *teleia philia*) qu'entre les hommes : ni entre les dieux et les hommes, ni entre l'animal et l'homme, ni entre les dieux, ni entre les animaux. Sur ce point, Heidegger resterait aristotélicien : seul le *Dasein* a un ami, seul il peut porter *bei sich* la voix de l'ami, seul l'homme en tant que *Dasein*, tend, ouvre ou prête l'oreille à la voix de l'ami puisque c'est cette voix qui permet au *Dasein* de s'ouvrir à son propre pouvoir-être. L'animal n'a pas d'ami, l'homme n'a pas d'amitié proprement dite pour l'animal. L'animal qui est « pauvre en monde », qui n'a ni le langage ni l'expérience de la mort, etc., l'animal qui n'a pas de main, l'animal qui n'a pas d'ami n'a pas non plus d'oreille, l'oreille capable d'entendre et de porter l'ami, l'oreille qui ouvre le *Dasein* à son pouvoir-être propre et qui, nous pourrions l'entendre plus tard, est l'oreille *de* l'être, l'oreille *pour* l'être.

La différence entre l'animal et le *Dasein* passe là encore par la possibilité du « comme tel » *(als)* et de l'entendre ou du comprendre *(Verstehen)*. J'ai ailleurs tenté de problématiser les analyses de Heidegger en ce lieu. Je soulignerai et généraliserai seulement ce propos : qu'il s'agisse de la main, des pieds, de l'œil, du sexe ou de l'oreille, la phénoménologie heideggerienne du corps du *Dasein*, dans ce qu'elle a de plus original et de plus nécessaire, suppose précisément le phénoménologique comme tel ou le « comme tel » phénoménologique. La différence structurelle entre le *Dasein* et le non-*Dasein*, par exemple l'animal, c'est la différence entre un étant ouvert au « comme tel » et un étant qui ne l'est pas, et de ce fait est *« weltarm »*, pauvre en monde. Du coup, la voix de l'ami, et par suite l'amitié en général, ne se donne à entendre que dans l'espace phénoménologique du « comme tel ». Pas d'amitié hors d'un monde où le *« Verstehen »* et la phénoménologie sont possibles. Et l'animal, si quelque chose de tel existait qui eût quelqu'unité, n'aurait pas d'oreille. Une oreille capable d'écouter.

3. Néanmoins, *troisièmement*, au moment même où il confirme ce philosophème aristotélicien, Heidegger entend bien revenir à une écoute pré-aristotélicienne, voire pré-platonicienne du *logos*, c'est-à-dire aussi, *troisièmement*, à une expérience du *philein* plus originaire que celle de la *philia* platonico-aristotélicienne. Que signifie cette prétention ? Jusqu'à quel point est-elle soutenue ? Il est surprenant mais d'autant plus significatif que Heidegger parle souvent du *philein* mais ne nomme pratiquement jamais la *philia* ; et quand il le fera, par exemple dans le séminaire de 43-44 sur Héraclite, traduisant *philia* par *Gunst*, Platon et Aristote, les grands philosophes de la *philia*, ne seront même pas évoqués.

Ni l'amitié ni la *philia* ne sont expressément nommés, me semble-t-il, dans *Sein und Zeit*, en particulier dans la petite phrase autour de laquelle nous tournons. Heidegger ne parle pas de l'amitié, du concept ou de l'essence générale de l'amitié, mais de l'ami, de quelqu'un, d'un *Dasein* au singulier dont seule la voix (un objet partiel, dirait peut-être un psychanalyste) ouvre en quelque sorte l'écoute du *Dasein.*

Pourquoi et comment « ouvre »-t-elle le *Dasein* ? Sans doute parce que c'est une voix de l'autre, l'autre lui-même que tout *Dasein* porte ainsi *« bei sich »*, non pas en lui, ni hors de lui, mais *« bei sich »*. L'ordre de l'analytique existentiale est ici le suivant : pas de discours *(Rede)* sans entendre, au sens d'abord de compréhension *(Verstehen, Verständlichkeit)*, pas d'entente ou de *Verstehen* sans écoute *(Hören)*. L'écoute est constitutive du discours, mais elle ne consiste pas en un phénomène acoustique d'ordre physio-psychologique, elle n'a pas besoin de l'oreille « interne » ou « externe » au sens organique du terme. Elle est l'« ouverture première et authentique du *Dasein* à son pouvoir-être le plus propre » *(Das Hören konstituiert sogar die primäre und eigentliche Öffentlichkeit des Daseins für sein eigenstes Seinkönnen)*. On comprendra ce qu'est l'oreille, l'essence et la destination de l'oreille du *Dasein*, à partir de ce *Hören* et non l'inverse. Et c'est dans la même phrase, pour expliciter cette ouverture du *Dasein* à son pouvoir être le plus propre, le plus authentique, que Heidegger nomme l'écoute de la voix de l'ami. Si elle est constitutive de l'ouverture du *Dasein* à son pouvoir être le plus propre, cela signifie qu'il n'y a pas de *Dasein* sans elle, pas de propriété, voire de proximité à soi du *Dasein* sans ce *« bei sich Tragen »* de l'autre différent, de l'autre-différent comme ami mais de l'autre. Le *Dasein* n'a une oreille et ne peut donc écouter que dans la mesure où, *« bei sich »*, il porte l'ami. Pas d'oreille sans ami. Pas d'ami sans oreille.

L'ouverture du *Dasein* à son pouvoir-être *le plus propre*, comme écoute de la *voix de l'autre en tant qu'ami*, est absolument originaire. Elle ne relève ni d'une psychologie, ni d'une sociologie, ni d'une anthropologie, ni d'une morale ni d'une politique. La voix de l'autre ami, de l'autre en tant qu'ami, l'oreille que je lui tends est la condition de mon être-propre. Mais elle définit néanmoins la figure d'un partage et d'une appartenance originaires, d'un *Mitteilen* ou de tout ce qui est, comme le dit Heidegger dans ce passage « partagé » (*geteilt*, p. 164) avec l'autre dans le *Mitsein* du discours, de l'adresse et de la réponse. L'appartenance commune, dans la différence, est aussitôt inscrite, comme une sorte de socius originaire, dans ce qui passe, à travers l'oreille, du *Hören, l'écoute*, à la *Hörigkeit* comme écoute obéissante – l'autre-ami, l'autre en tant qu'ami étant déjà là, sa voix du moins ayant déjà résonné, comme s'il dictait une sorte de loi au moment où le *Dasein* en vient à son propre pouvoir-être –, et à la *Gehörigkeit*, à l'appartenance. Il n'y aurait pas de propriété, de propre pouvoir-être du *Dasein* sans cette voix de l'autre-ami pourtant si difficile à situer dans la topologie de son « comportement », si je puis dire, dans ce qu'il porte avec lui, en lui hors de lui, dans son *« bei sich tragen »*, c'est-à-dire « dans » ou « auprès » d'« une certaine oreille pour laquelle la distinction entre le dedans et le dehors est si *unheimlich*. Le *Dasein* écoute *(hört)* parce qu'il peut comprendre ou peut entendre au sens de comprendre *(verstehen)*. En tant qu'être-au-monde *(In-der-Welt-Sein)* compréhensif avec l'autre *(mit den Anderen)*, le *Dasein* est à l'écoute (*« hörig »*, mot que Heidegger laisse entre guillemets pour souligner le jeu qui fait passer de l'écoute comme *« hören »* à l'écoute comme obéissance, voire soumission ou sujetion). Et dans cette écoute obéissante *(Hörigkeit)*, il y a bien appartenance du *Dasein* : celui-ci est dès lors *« zugehörig »*, il appartient déjà à ce qu'on pourrait appeler l'appartenance ou le partage de la communauté *(Als verstehendes In-der-Welt-Sein mit den Anderen ist es dem Mitdasein und ihm selbst « hörig » und in dieser Hörigkeit zugehörig.* En tant qu'être-au-monde compréhensif avec l'autre, il (le *Dasein*) est à l'écoute attentive ou obéissante du *Mitdasein* et de lui-même. Et dans cette écoute obéissante il appartient, ou il est partenaire, il participe ou partage).

Mais cet ami singulier que tout *Dasein* porte et écoute *« bei sich »* ne représente pas plus l'amitié en général qu'il n'est nécessairement amical. Cette voix n'est pas amicale, d'abord parce qu'elle est celle de l'ami, de quelqu'un, d'un autre *Dasein* répondant à la question « qui ? ». Ce qui la définit n'est donc pas une qualité, le caractère amical, mais une appartenance, la « voix de l'ami ». Mais du fait que cette voix n'est pas nécessairement amicale, on ne doit pas conclure pour autant que la voix de cet ami est neutre. Pourquoi ? La voix de l'ami ne se réduit pas au phonème ou au phénomène acoustique, elle ne se confond pas avec le bruit perçu par une oreille animale ou un organe de l'audition. Elle est une voix essentiellement compréhensible, possibilité de parole ou de discours. Elle est essentiellement marquée, comme tout ce qui se trouve à l'ouverture du *Dasein*, par une certaine *Stimmung* et par la *Befindlichkeit*. Elle a donc une tonalité ou une modalité qu'on appellerait, dans un langage peu heideggerien, affective. Mais ici elle ne dit rien de déterminé. Heidegger ne lui prête aucun propos. En tant que voix, ce n'est pas non plus, pour l'essentiel, une sorte de témoin, cet œil de la conscience qui accompagne, veille et surveille, si du moins on tient à la connotation perceptive, visuelle et cognitive, voire théorique, de l'attestation ou du testament. Mais si ce n'est pas un œil de la conscience, ce n'est pas non plus la voix intérieure de la conscience, car cette voix n'est pas intérieure. On ne pourrait pas poser à son sujet les questions de type critique ou déconstructif que pouvait appeler le recours au monologue ou à la voix purement intérieure de l'*ego* dans les *Recherches logiques* de Husserl. Il n'y a pas ici de phénomène de présence à soi idéale dans la voix intérieure. Il s'agit bien de la voix de l'autre. Là-bas, ni en moi ni en lui. Entre nous (...).

## NOTES

1. C. Fynsk, *Heidegger, Thought and Historicity,* Cornell Un. Press, 1986, p. 42. J.F. Courtine, Voix de la conscience et vocation de l'être, *Confrontation,* hiver 1989, Cahiers 20, p. 82. J.L. Nancy, La décision d'existence, in *Etre et Temps de Heidegger,* Éditions Sud, 1989, p. 239.

*Monique DIXSAUT*
*Université de Paris XII*

# THALES OU SOCRATE, QUI COMMENCE ? OU : DE L'IRONIE

« L'irruption de la philosophie... est donc à mes yeux, si paradoxal qu'il paraisse, le phénomène originel qui caractérise l'Europe au point de vue spirituel »[1]. Ainsi parle E. Husserl dans sa conférence de Vienne, prononcée le 7 mai 1935. L'irruption de la philosophie est un phénomène originel en ce qu'elle entraîne une transformation profonde de toute la *praxis* et de toute la culture, de toutes les normes, de toutes les valeurs, sociales et individuelles. Ayant fait irruption, la philosophie va désormais exercer « sa fonction rectrice à l'égard de l'humanité tout entière »[2].

Irruption, et non pas commencement. Le commencement de la philosophie est un problème qui n'a de sens qu'à la condition d'être philosophiquement posé, c'est un problème de philosophe. Il n'y a cercle que parce qu'il y a, nécessairement, saut. Avant « je pense », il n'y a ni pensée ni « je » qui ne penserait pas, avant la décision de réformer son entendement, il n'y a que le cours ordinaire de la vie et pas d'entendement à réformer ; si ce qui commence est philosophie, il ne saurait y avoir ni progression ni transformation, mais immanence du commencement à chaque moment du développement : impossible de discerner entre principe et résultat, puisque le mouvement du philosophique fonde à la fois en avant et en arrière, dans les deux sens[3]. S'agissant de la philosophie, le commencement ne se comprend qu'en référence à ce qui commence, jamais par référence à ce qui précéderait, non parce qu'il n'y aurait rien avant le commencement, mais parce que le monde d'existence, la nature reconnue à cet « avant » tout comme les jugements portés sur lui ne peuvent se formuler que dans un langage capable de déterminer des différences, de poser des questions d'essence et des valeurs. C'est seulement dans ce langage déjà inauguré qu'il peut y avoir sens à parler de prévention, de préjugé, d'opinion, de conscience sensible. Le langage philosophique intègre son commencement et en décide, tout comme il décide des formes du pré-philosophique et du non-philosophique.

Tout autre apparaît la question de la naissance, ou de l'irruption, de la philosophie. On pourrait caractériser sommairement cette différence en renvoyant la première question à la philosophie et la seconde à l'histoire. Sommairement, puisque cette histoire est encore celle de la philosophie. Mais en devenant objet pour une histoire, ou pour une science de l'esprit, le terme philosophie change inévitablement de signification : si, pour la philosophie, la question de son commencement s'identifie avec celle du commencement de la pensée, le problème de son acte de naissance semble impliquer seulement sa représentation comme forme particulière, « nettement délimitée », de culture, « classe spéciale de créations culturelles ». Les deux questions ne se situeraient donc pas dans le même champ : la question du commencement met en jeu la signification du concept de philosophie ; celle de l'acte de naissance renvoie au choix d'une représentation originaire. Cette représentation s'incarne tout naturellement dans un nom propre : celui du premier philosophe. Le premier philosophe est le premier parce qu'il correspond à la représentation que la philosophie choisit et veut donner d'elle-même, à la double exigence qui informe cette représentation : d'universalité repoussant toute particularité empirique – d'idéalité – d'abord ; d'entrée dans l'infinité ensuite, d'engagement dans un développement défini dans son projet, mais infini dans son effectuation.

Des doxographes de l'antiquité jusqu'aux auteurs des plus récents traités d'histoire de la philosophie, le nom de ce premier philosophe ne varie pas : c'est Thalès. C'est Thalès aussi pour les philosophes qui, de Hegel à Husserl en passant par Nietzsche, se sont explicitement posé la question de la naissance de la philosophie. En effet, « correctement traduit selon son sens originel, ce terme philosophie est un autre nom pour la science universelle, la science du tout, de l'unique totalité qui embrasse tout ce qui est »[4]. Ce qui caractérisait la philosophie serait donc cet effort infini pour penser le tout. Est-ce si sûr ?

Thalès incarne pour Husserl l'avènement de l'attitude théorétique, d'un intérêt pur pour le connaître, d'un intérêt absolument non pratique[5]. La philosophie naîtrait avec Thalès parce qu'il serait le premier à avoir dépassé l'horizon fini de l'empirique et du traditionnel, à s'être affranchi de mondes fermés dans leur particularité et vécus sur le mode du particularisme. En Thalès se manifesterait pour la première fois l'énergie de l'esprit, si on entend par esprit cette capacité de concevoir, d'un coup, non plus *un* monde entendu comme ensemble de représentations et de traditions, mais *le* monde, comme totalité. A partir de là, le développement de la philosophie ne peut se comprendre que comme une ramification, une spécification progressive en ontologies et sciences régionales. Science du tout, la philosophie risque de se confondre rapidement avec le tout de la science et des sciences.

Dans le texte de Husserl interfère cependant constamment un second sens : la philosophie est aussi une attitude de libre critique, elle est la « résolution de n'accepter sans la questionner aucune opinion préalable, aucune tradition »[6]. On s'attendrait à ce que cette figure du refus et du libre examen se voit aussi assigner son nom propre et sa première présentation. Et en qui pourrait-elle les trouver, sinon en Socrate ? Ce n'est pourtant pas le cas. Selon Husserl (qui reste sur ce point strictement hégélien), Socrate ne représente que ce moment où la réflexion, cessant d'être cosmologique, se tourne vers l'homme et l'interroge dans son humanité spécifique[7]. A la différence de Thalès, Socrate n'incarnerait donc pas une nouvelle attitude dans la connaissance, mais seulement un changement d'orientation et d'objet. La conférence de Husserl est donc exemplaire à un double titre : en ce que s'y produit une interférence pas vraiment explicitée, peut-être même pas vraiment consciente, entre deux sens du terme philosophie, ce qui demande au moins réflexion ; et en ce que s'y opère une censure de l'ironie, passée sous silence, remplacée par la libre critique. Cette substitution de la critique à l'ironie offre le mérite de conserver sa positivité à la démarche : toute critique implique critère, position de valeurs au nom desquelles se juge la valeur de ce qui est soumis à critique. La radicale ironie, elle, réclame la valeur sans jamais la poser, et réclame d'ailleurs moins la valeur qu'un fondement ou un principe capable de transcender toute position, y compris celle qui, affirmant l'inconditionnalité du principe, le soumettrait du même coup à cette condition-là : d'être inconditionné. Si c'est à l'ironie qu'on confie la tâche d'acheminer vers le principe, le seul principe que l'on puisse alors découvrir le long de ce chemin, le seul capable de fonder en retour le choix de la voie prise – ou, si l'on y tient, de la méthode – est la liberté même de la pensée, la pensée comprise et expérimentée comme liberté. La circularité du principe et du résultat, caractéristique de la science du Tout, peut traverser intacte l'entreprise critique. Mais le principe ironiquement exigé ne saurait s'identifier à quelque résultat que ce soit, pas plus qu'il ne saurait trouver son fondement au terme d'une démarche consistant précisément à n'avoir d'autre résultat que négatif. Pour l'ironie, il n'est de principe que son exigence du principe. Principe, exigence du principe, fondement, se ramassent en un seul point, en une seule pointe : l'aiguillon du taon, de la torpille marine.

L'oscillation entre ces deux conceptions de la philosophie – savoir du tout de ce qui est, négation de toute totalité constituée au nom de l'exigence du principe – n'est donc nullement propre à Husserl. Elle traverse toute l'histoire de la philosophie, mais ne se manifeste qu'en adoptant des formes d'oppositions plus traitables : dogmatisme contre scepticisme, science rigoureuse ou savoir absolu contre passion de la connaissance, positivisme contre pensée de la différence...[8]. Trouvant leur place au sein d'une opposition, les termes en deviennent conciliables, et dépassables. C'est pourquoi le balancement informulé est ici plus révélateur que toute antithèse : il témoigne de l'écartèlement d'un concept – philosophie – pris entre sa représentation qui est aussi son *telos*, et son sens d'avènement d'une différence pure.

L'écart apparaît tel quel, on pourrait dire à l'état brut, dans le *Théétète,* ce dialogue qui se situe précisément *à l'intérieur* de la question de savoir ce que c'est que savoir. A l'intérieur, puisque tous les termes servant à mettre le savoir en question tirent leur sens de la présupposition de la différence propre à ce savoir[9]. Thalès est convoqué pour illustrer l'attitude de ceux qui « passent leur vie dans la philosophie » ; il incarne un détournement du regard, un déplacement de l'attention – du « bas » vers le « haut » –, il est cet homme si occupé de spéculations célestes qu'il en oublie de faire attention à ce qui se trouve à ses pieds, et tombe dans le puits[10]. Mais c'est aussi dans le *Théétète* que Platon opère un retour à Socrate, et que la maïeutique se thématise[11]. Quand il s'agit de l'Un, on peut laisser parler Parménide ; quand il s'agit de l'être, on peut confier la discussion à l'Étranger d'Élée. Mais quand il s'agit du savoir, il importe d'entendre ce que dit Socrate, ce qu'il n'a cessé et ne cesse de nous dire. Retourner à Socrate, c'est renvoyer la science à une modalité interrogative, aporétique, ironique, stérile. C'est invoquer un autre usage, une autre orientation du *logos* que ceux mis en œuvre par Thalès[12], un mouvement qui double et vient reprendre, rattraper en arrière, tout développement positif du savoir ou, pour reprendre les expressions de Husserl, tout positivisme comme tout objectivisme.

Du *Théétète* à la conférence de Vienne, la philosophie n'en finit pas de ne pas décider entre ces deux figures du savoir, elle n'en finit pas d'hésiter perpétuellement sur son sens. Elle ne cesse d'osciller entre l'idée d'une science universelle, science du tout de ce qui est, et l'ironie, manière de se déprendre de tout contenu, de toute positivité empirique ou idéelle : entre l'idée d'une science indéfiniment à faire et celle d'une interminable mise en questions. Bref, elle n'en finit pas de ne pas décider quant à la naissance de la philosophie – Thalès, ou Socrate ? – donc quant à sa propre naissance, qui engage aussi sa destination. Thalès ou Socrate – mais non pas pour Socrate. Car, si l'on s'en rapporte à lui, l'origine ne saurait constituer le premier moment d'un processus, seulement un point originaire qui s'identifie avec le commencement et ne peut que se répéter sans jamais se continuer. La question est donc de savoir ce qui se joue dans la philosophie : l'accomplissement d'une fin, l'achèvement d'une attitude initiale prolongée selon sa propre logique ? ou la répétition d'un écart, d'une différence prise ? Ce qui se trouve au fond de cette indécision, c'est la possibilité de distinguer, s'agissant de la philosophie, sa naissance et son commencement. Tout ce qui est né est, en droit, voué à achèvement. Avec Socrate, quelque chose commence qui, précisément, ne naît jamais.

Le Socrate de Nietzsche est l'initiateur d'une décadence et d'un déclin. Celui de Hegel et de Husserl n'aurait fait que revendiquer la place de la subjectivité, sans être parvenu ni à élaborer une science ni à constituer une philosophie. De plus, selon la critique hégélienne bien connue, l'ironie, comprise comme méthode, est impuissante à conduire à l'Idée, elle est un moment trop subjectif pour être spéculatif. La figure socratique est pensée par eux, et pour des raisons exactement opposées, comme un tournant ou un moment, jamais comme l'irruption d'un autre sens possible, jamais comme un autre commencement possible, celle d'une manière différente de philosopher. C'est dans la thèse soutenue en 1841 par le jeune Kierkegaard, et dans cette thèse seulement, que l'ironie, libérée de toute délimitation comme de tout jugement de valeur, rapportée constamment à Socrate, est pensée dans sa radicalité[13]. En Socrate, dit Kierkegaard, l'ironie est une passion, elle est le point de vue total dont pâlit Socrate, point de vue qui le comprend entièrement, et qui seul permet de le comprendre. Elle est sa manière de parler, de penser, et aussi d'être, de vivre, de mourir. Coïncidant tout entier avec ce point de vue, il ne peut pas le voir, encore moins le concevoir. L'ironie sans concept d'elle-même fait son entrée dans l'histoire avec Socrate, et l'histoire en devient, du coup, vraiment universelle, autant dire anhistorique.

Peut-on former le concept de ce que Socrate n'a fait que pratiquer, et incarner ? En lui-même, le titre choisi par Kierkegaard – *Le concept d'ironie constamment rapporté à Socrate* – indique que l'on a affaire à un curieux concept, qui ne se soutient que de sa référence constante à une personnalité singulière. Et singulière au double sens du terme, puisque le concept est porté par un nom propre. Socrate, son universalité supportée par un individu contingent, son intelligibilité inséparablement liée aux péripéties d'une biographie[14]. Mais singulière aussi au sens où, comme le dit Alcibiade dans son portrait, « Socrate ne ressemble à personne »[15]. Les traits d'atopie, d'excentricité, d'étrangeté, composent l'unicité d'un personnage dont la différence, différemment interprétée, ne faisait en tout cas de doute pour personne. Dès le titre, et par lui, Kierkegaard met en place un jeu de renvoi circulaire : la vérité du concept exige, pour être saisie, que l'on regarde constamment – perpétuellement et fermement – vers l'individu Socrate ; mais Socrate ne peut être atteint dans sa réalité, à travers toutes ses défigurations et transfigurations, que si l'on réussit à concevoir l'ironie. Socrate n'est que cet effort incessant et total d'incarnation du concept d'ironie, le concept d'ironie ne trouve sa présentation authentique et complète qu'en la personne de Socrate. La conception de l'ironie ne débouchera pas sur une définition, une définition d'entendement ; la recherche du Socrate « réel » ne prendra pas la forme d'une enquête historique et philologique. L'ironie épuise la réalité de Socrate, Socrate incarne, seul, la vérité du concept d'ironie.

Cela signifie au moins que la vérité de ce concept-là n'attend pas de son développement dans l'histoire la révélation de son sens. « Ce concept a une curieuse histoire ou plutôt il *n'en a aucune*[16] ». Immobile comme Socrate au cours de ses crises de catalepsie, le concept d'ironie est en lui-même anti, anhistorique. N'adoptant pas de figures successives, il n'a qu'une seule figure, celle de Socrate, c'est-à-dire qu'il ne constitue pas du tout une figure, ni un moment. Tout au plus, il se complique, réfléchit sa réflexion, ironise à l'infini sur l'ironie et devient romantique. Ou encore l'ironie se théorise, se catégorise et se sous-catégorise, elle devient un objet rhétorique, un trope dont la grossière antiphrase serait l'expression privilégiée, et dont, juste revanche de la subtile ironie, on ne voit plus ce qu'il a d'ironique[17]. Donc *ou bien,* devenue rhétorique, l'ironie s'absente, écrasée par la lourdeur de l'analyse et des classifications, *ou bien* elle s'évapore dans le mauvais infini de l'ironie romantique. L'histoire de l'ironie n'ajoute rien a sa conception : elle lui apporte soit un supplément d'indétermination, soit un supplément de déterminations inessentielles qui, en la compliquant, la désagrège.

Pour tenir l'unité du concept, il faut donc s'en tenir fermement à Socrate l'ironiste, à cet individu unique, singulier, seul et même que lui-même, sans évolution ni mutation. Pourtant, ce que Socrate nous présente dans sa vie comme dans son langage est une singulière unité, une unité qui est l'ambiguïté, la duplicité même : ce qui rend Socrate unique, c'est d'être double[18]. Double dans sa personne, son discours, dans les effets qu'il produit. Et la pratique de cet homme double consiste à dédoubler : la réalité et l'apparence, le savoir et l'opinion, la vérité et la vraisemblance – sans pourtant jamais *poser* les termes de ce dédoublement. Chacun n'existe en effet que de sa négation de l'autre. En Socrate, Kierkegaard identifie un point de vue nouveau, opposé absolument à la simplicité de l'ancienne culture grecque, mais un point de vue qui s'annule constamment lui-même, « un rien qui dévore tout, un quelque chose impossible à saisir qui est et qui n'est pas tout à la fois »[19].

Pour concevoir l'ironie socratique, il faut autre chose que la rigueur d'une méthode, il faut « une disposition d'esprit très spéciale, qualitativement distincte des autres »[20]. Peu de doute que cette qualité ne soit l'ironie elle-même : pour être simplement perçue, l'ironie requiert une connaturalité, une parenté. Par sa nature, elle contrevient au principe épistémologique de la distinction du sujet et de l'objet, et de la neutralité du sujet connaissant par rapport à l'objet à connaître. Impossible de faire autrement, puisque la voie de l'observation immédiate est interdite. L'observation immédiate n'est évidemment pas interdite au sens où nous ne sommes pas les contemporains de Socrate, mais en ce qu'il n'y a, de cette médiation, dissimulation, qu'est l'ironie, aucune observation immédiate possible, et même aucune observation tout court puisque l'ironie n'existe que d'être comprise, et conçue. La démarche de Kierkegaard doit donc elle aussi être lue « en double » : les métamorphoses de Socrate au gré des différentes sources et dans l'histoire sont les aventures et les mésaventures de l'ironie. Incomprise, l'ironie tombe à plat, le Socrate de Xénophon n'est et n'énonce que platitudes, sa sagesse est l'image médiocre que le sens commun a de la sagesse. Trop bien comprise, l'ironie est, d'un même mouvement, représentée dans sa négativité radicale et dénoncée comme impuissante à atteindre l'intelligible et à l'inscrire dans la réalité : le premier livre de la *République* met en scène l'impuissance de la maïeutique, l'impuissance de Socrate face au redoutable Thrasymaque. La duplicité de Socrate interprète donc ceux qui l'interprètent. Socrate répond cuisine et chaussures au sophiste qui lui fournit une définition trop abstraite et trop élaborée : Xénophon ne voit que ce mouvement-là, et rabat Socrate vers l'empirique. Mais Socrate réclame aussi l'unité de l'essence quand on – encore un sophiste – lui fournit de belles marmites et de belles cavales en lieu et place de la beauté, et Platon continue le mouvement, pose l'Idée ; de telle sorte que l'ironie mise au commencement n'empêche pas la spéculation mais la rend simplement ironique au second degré, doublement ironique, puisque l'Idée qui avait été posée pour résoudre les apories du réel se met à en engendrer d'autres, à engendrer les myriades d'apories résultant de sa position (ce dont témoigne, entre autres, la première partie du *Parménide*). Trop d'ironie, ou pas du tout : Kierkegaard ne peut l'affirmer que parce que, selon lui, la troisième source tient, elle, le juste milieu. Seul Aristophane a su, dans les *Nuées,* représenter l'ironie, et précisément en la situant. En suspendant Socrate dans son panier, entre ciel et terre, il a compris le caractère intermédiaire, atopique, suspendu et suspensif, de Socrate et de l'ironie. Le privilège d'Aristophane tient à ce qu'il a su montrer *le point d'où Socrate regarde,* « ce point intermédiaire, invisible et très difficile à saisir »[21] : l'ironie. Car le panier où se tient Socrate est en équilibre instable, l'ironie bascule pour un rien vers l'empirique ou vers l'Idée. Grâce à Aristophane, la conception de Socrate devient possible. En prenant comme fil conducteur de son examen le pire ennemi de Socrate, Kierkegaard démontre qu'il possède bien la « disposition d'esprit très spéciale » requise.

Mais comment Socrate fut-il réellement ? Répondre que l'existence de Socrate est ironie supprime, aux yeux de Kierkegaard, la difficulté. Cela, parce que se trouve alors déterminé *le type de réalité* sur lequel porte la question. Si l'ironie est négation de l'empirique et si avec Socrate finit l'empirique, s'interroger sur la réalité de Socrate, c'est s'interroger précisément sur la suppression, en Socrate et par lui, de toute réalité empirique, y compris la sienne propre. Kierkegaard prétend cependant chercher cette réalité à travers les « données historiques ». Mais, de même que la réalité change de sens avec Socrate en coïncidant avec l'énergie purement négative de l'ironie – énergie d'une conscience s'attaquant à toute positivité –, de même les « données historiques » relèvent d'une histoire déconcertante et rien moins que narrative ou événementielle. Quand l'histoire est celle de Socrate, elle ne peut pas vraiment constituer une biographie ; de ce fait, elle ne peut pas plus s'affranchir de l'histoire empirique que s'y insérer. Ni complètement dehors, ni complètement dedans, la situation est toujours la même : suspendue. Les données historiques concernant Socrate se résument en effet à ceci : au rôle de son démon d'une part ; à son procès (avec les deux chefs d'accusation : l'impiété, la corruption de la jeunesse) et à sa mort d'autre part. L'histoire, dans le cas de Socrate, se résume en un double acharnement : à nier, et à mourir. Le démon est le signe que le négatif prévaut sur tous les plans, sur le plan théorique aussi bien que sur le plan pratique. Quant à l'impiété, elle n'est pas athéisme – ce qui serait encore une position – mais ignorance. Des dieux, Socrate ne sait tout simplement rien, et il ne peut rien dire. Étranger aux dieux, étranger à une cité dont il ne sort cependant pas et qu'il ne cesse d'arpenter, il l'est tout autant aux jeunes gens qui l'entourent : il n'enseigne pas, n'enseigne rien, ne donne rien, donne le rien, et loin d'être l'amant, c'est lui qui est l'aimé, l'objet d'un désir qu'il déçoit immanquablement. La conception ne devient donc réelle que pour autant que Kierkegaard prend au sérieux le « je ne suis rien » que Socrate, dans le *Banquet,* oppose au discours amoureux d'Alcibiade[22]. La réalité de Socrate est ce rien, il ne cesse d'aller du rien phénoménal au rien idéal, reconduit par là même à son rien propre, dont il jouit de façon incommunicable et pourtant contagieuse. Par Socrate, et là est toute sa réalité, c'est-à-dire toute la réalité de l'ironie, la réalité devient incommensurable avec la subjectivité. Socrate et l'État, Socrate et les dieux, le discours de Socrate et le discours des autres sont des grandeurs incommensurables. La réalité devient néant au regard de l'absolu, mais cet absolu est à son tour un néant. Le résultat est toujours négatif, mais un résultat négatif n'équivaut pas une absence de résultat. La conscience du résultat négatif, l'aporie, constitue au contraire le seul point en lequel Socrate puisse se reposer, seule manière de maintenir en suspens le questionnement, et de l'empêcher de s'échouer « dans les bancs de sable de l'empirique » comme dans le bavardage des sophistes.

Socrate représente « une pause sublime dans le cours de l'histoire », un « trait suspensif », un silence[23]. D'abord parce que Socrate fait taire, toujours à nouveau, l'étourdissante parole des sophistes ; ensuite et surtout parce qu'il ruine – ironiquement – toute conception positive, encyclopédique, du savoir, toute identification de la science à une somme ou à un système de connaissances. Socrate n'appartient à aucune époque, il n'est solidaire d'aucune période. Il se maintient dans l'instant, dans ce que Platon appelle l'instant du changement. Cet instant « n'est évidemment absolument en aucun temps ». L'instantané, cette nature d'étrange sorte, a son statut dans l'entre-deux, le **μεταξύ** ; il est « le point d'arrivée et le point de départ », il est lui aussi atopie. Quand un changement se produit, de cet instant du changement on ne peut dire « ni qu'il est, ni qu'il n'est pas, ni qu'il naît, ni qu'il périt »[24]. L'instant introduit l'irréversible, et pourtant il ne peut s'inscrire dans le temps, se prolonger. L'ironie, « ce jeu infiniment léger avec le rien », est interruption du devenir. Elle n'entre pas dans l'histoire, et pourtant elle la fait tourner. Socrate ne constitue pas un moment du devenir dialectique, c'est un instant, un tournant, une situation intenable que Socrate n'a pas conçue, sinon il n'aurait justement pas pu la tenir.

A travers Socrate, Kierkegaard nous enseigne l'art et la manière de ne pas être hégélien : en contournant la dialectique hégélienne par un usage ironique des catégories kantiennes de la modalité. Selon Kant, la nécessité est la synthèse de la possibilité et de la réalité, elle est le troisième et dernier moment de la pensée[25]. Chez Kierkegaard, tout se passe à l'envers : le choix entre les différents Socrates possibles ne pourrait en effet s'opérer qu'au nom d'une connaissance de ce que fut le Socrate réel, mais cette connaissance présuppose la conception de ce que *devait* être Socrate pour être vraiment Socrate. Sans la conception nécessaire qui identifie Socrate à un point de vue, et ce point de vue au point de vue du rien, à l'ironie, Socrate aurait dans l'histoire une position contingente, anecdotique, insignifiante : de Xénophon, on ne retiendrait que le portrait naïf et stéréotypé d'un sage ni plus ni moins ennuyeux que beaucoup d'autres. Ou encore, il aurait, comme chez Platon, une position particulière, contenant en elle-même la nécessité de son propre redoublement. Seul le jeu avec le rien est irrenversable, indépassable, inconciliable. Et l'histoire est impuissante à l'intégrer. Ce qui devient nécessaire, ce n'est donc pas l'existence de Socrate, ou ses *logoi*, c'est de les concevoir de cette manière là : comme ironie.

Le concept d'ironie n'a pas seulement pris corps dans la personne de Socrate, il y a atteint, d'emblée, sa pureté et sa perfection. L'ironie platonicienne est une ironie redoublée, l'ironie romantique est une ironie socratique au carré, et d'ailleurs elle aussi se rapporte constamment à Socrate[26]. La subjectivité qui est apparue avec Socrate pour la première fois dans l'histoire et y a fait valoir ses droits ne disparaît pas sans laisser de trace. Mais si l'ironie est moins un concept qu'un point de vue, comment montrer ce qui n'est qu'une manière, dissimulée, de montrer ? Comment mettre en évidence ce qui n'est qu'une manière, indirecte et contournée, de voir et de faire voir ? Et le nom qui convient à cette inspiration qui arrête l'élan, à cette impiété qui n'est qu'incertitude, à cette innovation qui n'est que destruction de la tradition, à cette séduction sans conséquence ni bénéfice, et si évanescente qu'on ne sait plus qui séduit, qui est séduit, et par quoi –, ce nom est-il bien « ironie » ?

Il est certain « que l'ironie perdrait son mordant dans une compagnie aussi ennuyeuse que celle d'un appareil documentaire[27] » et qu'elle s'accommode mal de l'érudition. Dans le cas précis, l'analyse sémantique du terme grec est pourtant nécessaire pour légitimer le nom, et venir à l'appui de la profonde intuition de Kierkegaard : que l'ironie doit être constamment rapportée à Socrate. Elle constitue de plus le seul moyen de dénoncer les postulats d'une tradition rhétorique tenus pour évidents jusqu'à nos jours. C'est un lieu commun, en effet, que d'affirmer que ce que les modernes nomment « ironie » n'a rien à voir avec l'εἰρωνεία grecque. L'argument fonctionne d'ailleurs à deux niveaux, selon que l'on affirme, dans une perspective rhétorique, que l'ironie n'aurait acquis la signification que nous lui donnons, et sa dignité, qu'avec Cicéron et Quintilien, en sorte que notre concept d'ironie serait romain et non pas grec[28] ; ou que l'on détecte dans toute tentative pour accorder une portée philosophique à l'ironie des relents d'ironie romantique, et même dans l'entreprise de Kierkegaard, qui montre pourtant peu de complaisance à l'égard de cette ironie-là. Bref, on se retrouve dans ce que Freud appelait la logique du chaudron : l'interprétation romantique de l'ironie n'a pas le moindre rapport avec l'ironie socratique ; d'ailleurs, l'ironie socratique n'a rien à voir avec ce que nous entendons, nous, par ironie ; au demeurant, il n'y a pas du tout d'ironie socratique, ce qu'on persiste à vouloir nommer ainsi n'est « qu'une manière de converser, une attitude de sérénité affable »[29].

Essayons d'y regarder de plus près : il est indéniable que pour Démosthène, chez qui se rencontre le premier emploi d'εἰρωνεία, « ironie » désigne une attitude différente de celle de Socrate, comme elle n'offre que peu de rapport avec ce que les auteurs de traités de rhétorique appellent le trope de l'ironie[30]. Démosthène dénonce comme εἰρωνεία la conduite des Athéniens de son temps, inconscients de la menace que Philippe fait peser sur eux, éludant le moment d'agir et s'en remettant de leurs responsabilités aux autres : « Si chacun de vous, pour ce qu'il doit et peut accomplir dans l'intérêt de la cité, se décidait à en finir avec les faux-fuyants (πᾶσαν ἀφεὶς τὴν εἰρωνείαν), à se tenir prêt à agir (...), en un mot si chacun d'entre vous cesse d'espérer que, pour sa part, il n'aura rien à faire, et que son voisin fera tout à sa place, alors, si dieu le veut, vous reprendrez possession de ce qui est à vous...[31] ». Quand le terme est employé *avant* Socrate, il désigne le comportement de celui qui se dérobe devant l'engagement et l'urgence ; en ce sens, l'ironie, c'est le faux-fuyant, quelque chose comme la mauvaise foi sartrienne, un jeu de la conscience avec elle-même, une conscience évasive. Mais « ironiser » consiste aussi à croire qu'on peut par la parole, λόγῳ, conjurer la force et la brutalité des choses[32]. Là se situe sans doute l'articulation des deux sens – « présocratique » et « socratique » –, la raison, et même la juste raison, de l'application à Socrate par Aristophane du terme εἴρων – qui fait son apparition pour la première fois dans les *Nuées*[33]...

En transportant l'ironie dans le champ de l'éthique, en la spécifiant comme attitude prise envers les autres, ce qui justifie aussi son utilisation rhétorique, Aristote vient buter, significativement, contre Socrate. Dans ces deux *Ethiques*, l'εἰρωνεία – la dépréciation de soi qui, faut-il le souligner, suppose une remise en question de soi, ce qu'indique l'étymologie (ἐρωτῶ) – est le défaut dont l'excès correspondant est la vantardise. La vantardise, l'ἀλαζονεία, consiste à en dire plus qu'on n'en sait, à prétendre en faire plus qu'on ne peut, à s'attribuer plus qu'on a : l'εἰρωνεία consiste à en dire moins, en faire moins, à s'attribuer moins. Entre l'exagération ( ἐπὶ τὸ μεῖζον ) et la minimisation (ἐπὶ τὸ ἔλαττον) se trouve la médiété ( μεσότης ) anonyme, la vérité comme vertu du véridique : ἀληθευτικός et φιλαλήθης [34]. En reprenant, dans l'*Ethique à Eudème*, un terme d'Homère ( πεπνυμένος : le bien inspiré) comme synonyme du franc : παρρησιαστικός, du simple, du direct : ἁπλοῦς , Aristote indique ainsi qu'il en revient, par dessus Socrate et le trop subtil Platon de l'*Hippias Mineur*, au régime de la parole droite et sans détour[35]. A ses yeux le sincère Achille vaut mieux que l'homme aux mille tour (πολύτροπος, πανοῦργος), que le rusé Ulysse, et les « ironistes » sont nécessairement aussi des hommes compliqués[36]. Rien n'exige en effet raisonnablement qu'on se prétende moins savant, moins intelligent ou moins compétent qu'on ne l'est. *« Il n'y a pas de raison* de se rapetisser ainsi ! Moins que la vérité, c'est moins qu'il ne faudrait ; moins que la vérité, c'est trop peu[37] ». Cependant le magnanime lui-même peut user d'ironie, à condition que ce soit à l'égard de la foule[38]. Et, par révérence envers Socrate (la référence n'est explicite qu'en cette seule occurrence), il faut avouer que l'εἴρων montre malgré tout plus d'élégance que l'ἀλαζών : « Ceux qui ironisent en en disant moins ont plus de rayonnement, car leur motif n'est manifestement pas l'appât du gain, mais ce qu'ils veulent éviter, c'est l'ostentation. Et ce sont ceux-là aussi qui nient surtout posséder des qualités tenues en haute estime, comme le faisait justement Socrate[39] ». Même, lorsque ceux qui usent d'ironie le font avec un sens de la mesure ( μετρίως ) et dans des domaines qui ne sont pas ceux du commun des mortels, ils ont un rayonnement certain ( χαρίεντες φαίνονται )[40]. Socrate a montré que l'ascendant sur les autres, la *charis*, pouvaient en passer par la dépréciation de soi : cette séduction-là comporte sans nul doute un *charme* plus grand que celle, par trop naïve, que veut exercer le vantard. Mais s'agissant de Socrate, la mesure n'a rien à voir avec la modération : en se minimisant, c'est tout l'ordre des mérites et du savoir humain que Socrate minimise, et même anéantit, en se rapportant à une autre mesure, démonique, divine. Aristote l'indique peut-être (dans le μετρίως ), mais il s'arrête à la minimisation, sans s'aventurer jusqu'au rien.

Que faire en effet de l'ironie, et que faire de Socrate, lorsqu'on situe la vérité du *logos* dans le champ des sciences théorétiques ? Théoriques, leurs effets le seront aussi : Peithô n'est plus suivante de Vérité, d'une vérité qui n'a plus que faire de la *charis*. Fermement circonscrite dans le domaine de l'éthique, l'ironie est un comportement extrême qui ne doit cependant pas aller aux extrêmes. Mais c'est aussi une arme efficace contre le sérieux, et c'est dans la *Rhétorique* que l'ironie prend, lors de trop rapides remarques, une autre dimension, s'articule au rire et à la liberté[41]. Le sens éthique, avec l'ambivalence posée par Aristote, prévaudra pourtant désormais, et prévaudra seul chez Théophraste, dont les *Caractères* s'ouvrent sur le portrait de l'ironiste[42].

En définisssant l'ironie comme « une manière de se comporter avec autrui », « de personne à personne », «une attitude de sérénité affable», en lui accordant une « signification limitée » et exclusivement pratique[43], Hegel se situe dans cette droite ligne qui va du χαρίεις d'Aristote à l'*urbanitas* cicéronienne. Et tout comme Aristote, il considère que de Socrate il y a mieux à retenir : l'induction, la définition générale, ces « points de départ de la science ». Au dire des historiens de la rhétorique, qui n'ont paradoxalement retenu d'Aristote que la définition éthique, la connotation du terme grec serait uniquement péjorative et disparaîtrait lorsque l'ironie devient romaine. C'est pourtant encore en se rapportant à Socrate que Cicéron définit l'*ironiste* (qu'il définit, si l'on peut dire, le terme grec en grec) : « Socrate était, dans chaque dialogue, ce que les Grecs appelaient *eiron*, faisant semblant de s'enquérir et professant de l'admiration pour le savoir de ses interlocuteurs[44] ». Et la réhabilitation que Cicéron est censé opérer reprend très exactement l'affirmation aristotélicienne : « Je pense que c'est Socrate qui l'a emporté sur tous dans cette ironie et cette dissimulation par l'agrément et la culture. Ce genre est tout à fait de bon goût[45] ». "De bon goût" – *perelegans* – est la traduction proprement romaine du χαρίεις d'Aristote. Quintilien va plus profond que Circéron, et même qu'Aristote, il préfigure la thèse kierkegaardienne de l'ironie comme point de vue total : « Toute la vie d'un homme peut être colorée d'ironie ; c'était le cas pour Socrate, qui était appelé ironiste parce qu'il tenait le rôle d'un ignorant éperdu d'émerveillement devant la sagesse des autres[46] ». Le repérage sémantique nous a, en fin de compte, indiqué bien plus une continuité qu'une métamorphose, l'ambiguïté et l'ambivalence s'accentuant davantage dans le terme grec, la valorisation positive de l'ironie s'accompagnant chez les romains d'un affadissement lié à celui de la figure de Socrate, figure désormais moins menaçante que légendaire. *Après Socrate*, le terme ne se comprend qu'en référence à lui : c'est la manière de s'y rapporter qui varie, ce n'est pas la signification du terme.

Quand il fait à son tour, à coups de citations de Platon, le portrait de l'ironiste, Ariston de Céos, excédé par ce qui n'est à ses yeux que la plus insupportable des comédies, conclut : « Pourquoi continuer ? Qu'on lise les Mémoires sur Socrate ![47] ». Suivons son conseil, et reportons-nous à Platon, puisque, comme on pouvait s'y attendre, le terme brille chez Xénophon par son absence. Le substantif n'apparaît qu'une seule fois dans l'ensemble des Dialogues, dans le premier livre de la *République*, et résume l'exaspération de Thrasymaque devant la duplicité, la fausse modestie, la feinte ignorance de Socrate[48]. La famille de mots (verbe, adjectif et adverbe) se rencontre en tout une dizaine de fois (onze occurrences exactement). En distinguant deux espèces d'ironie, l'Étranger du *Sophiste* nous aide à distribuer ces emplois selon deux significations moins opposées que symétriques[49]. La première espèce entre dans la définition même du sophiste : à la différence du naïf qui dit qu'il sait en croyant qu'il sait (alors qu'il ne fait qu'opiner), le sophiste, lui, veut faire croire qu'il sait alors qu'au dedans de lui, il sait bien qu'il ne sait pas. La seconde est l'ironie proprement socratique, celle de celui qui dit qu'il ne sait pas, alors qu'au dedans de lui il sait qu'il sait – qu'il sait au moins, en tout cas, ce que c'est que savoir, et que cela ne se réduit pas avoir une opinion. Le premier sens se rencontre dans l'*Euthydème*[50] : Socrate applique l'adverbe à Dionysodore qui doit parler en se moquant, qui ne peut pas penser ce qu'il dit ; de même, au début du *Cratyle,* Hermogène se plaint de Cratyle qui « fait l'ironique », prend des airs de savoir sans vouloir s'expliquer[51] ; et dans le *Gorgias,* Socrate renvoie à Calliclès son compliment[52]. Quand le terme est appliqué par Socrate à Dionysodore et à Calliclès, ou à Socrate par ce même Calliclès, ou encore lorsque Socrate est appelé à l'aide pour mettre fin aux sous-entendus de Cratyle, l'ironie présente certes une connotation péjorative. A la condition de ne pas oublier que ce dont Socrate se plaint, ou ce dont on se plaint à lui est l'exact symétrique de sa propre attitude, ironie sophistique inversée dans le miroir de l'ironie socratique. C'est bien à ce jeu de rayon réfléchi, de balle renvoyée qu'on a affaire dans le *Gorgias...*

Mais lorsque c'est Alcibiade qui, par deux fois dans le *Banquet,* applique le verbe à Socrate, l'utilisation du terme au cours d'un éloge amoureux en change nécessairement le sens et la valeur[53]. Il ne s'agit pas ici de réhabiliter un mode de conduite, comme ce sera le cas chez Aristote ou Cicéron. La valeur de l'ironie est solidaire de l'apologie de Socrate, et de la modalité différente qu'il confère au *logos* et à la vérité. La démarche de Platon est beaucoup plus complexe, puisqu'elle ne consiste pas à légitimer, dans certaines conditions, l'adoption d'un comportement ou d'un langage ironiques, mais à jouer entre deux sens dont chacun est le renversement ou l'inversion de l'autre. C'est justement dans l'*Apologie* que se produit l'effet le plus vertigineux ; Socrate s'applique le terme à lui-même, tout en s'en défendant : « si je disais que j'obéis au dieu, vous croiriez encore que j'ironise »[54]. On se trouve alors en face des deux sens (sophistique et socratique) opérant simultanément : Socrate ironise en disant qu'il n'ironise pas, et pourtant il n'ironise pas en ce sens là, puisque précisément il ironise en sens opposé. Reste la très énigmatique, la dernière occurrence du terme dans les *Lois,* qui se rapporte *peut-être* à Socrate[55]. Est-ce pour en faire une seconde apologie, pour dissiper à nouveau la confusion qui avait fait de Socrate un sophiste, en réservant l'impiété ironique à « ceux qu'on appelle sophistes » ? Ou pour le condamner une seconde fois, puisque la forme ironique de l'impiété mérite selon l'Athénien « non pas une mort, mais deux » ?

En tout cas, ce ne sont pas les historiens, ni les philologues, qui ont raison lorsqu'ils prétendent retracer les étapes d'une évolution sémantique, c'est Kierkegaard : l'ironie, en fait, n'est ni romaine ni grecque. Elle est, *à partir de Socrate,* constamment rapportée à lui, et la signification du terme varie très exactement en fonction de la manière dont on comprend Socrate et du jugement porté sur lui. *Ironie, ironiste* ne sont pas des termes neutres, objectifs, ce sont des termes inséparablement descriptifs et valorisants. L'attitude qu'ils indiquent et qu'ils évaluent, c'est celle de Socrate. De telle sorte que la manière dont on emploie ces mots, le sens qu'on leur donne, constitue d'emblée une interprétation, et même, pour celui qui emploie ces mots, une auto-interprétation. Le sens accordé manifeste en effet toujours en *plus* l'attitude adoptée envers l'ironie elle-même ; la valeur conférée révèle les valeurs au nom desquelles on lui confère, ou non, une valeur. La réflexivité du terme – descriptif et simultanément valorisant, interprétatif de ce qu'il désigne et simultanément interprétatif de celui qui désigne – le rend d'un usage redoutable : l'employer, c'est courir un risque, le risque que le mot ironie – et à travers lui Socrate – n'ironise à nos dépens.

Kierkegaard dit de Socrate que « sa situation dans la vie est réfractaire à tout prédicat », et il en va de même du discours qu'il tient[56]. A tout prédicat, même au prédicat « ironique », et seul le verbe est employé par Platon dans le portrait qu'il prête à Alcibiade : Socrate ironise, il est l'ironiste, il n'est pas ironique. Tout son discours, et toute sa vie n'étant que questionnement, le bon et le mauvais, le juste et l'injuste, en un mot toute valeur reste pour lui indéfinissable, et le vrai comme le faux restent inattribuables. L'ironie est pur sujet, pur sujet que ne définit que sa pure activité, elle déjoue indéfiniment toute prédication. Les déterminations ne peuvent être que négatives : Socrate ne sait pas, et même pas s'il vit quand il vit, et meurt quand il meurt ; il n'enseigne pas, n'argumente pas non plus, il interroge. L'ironiste n'a même pas *ses* questions, ses problèmes propres, tout et n'importe quoi lui est occasion de questionnement, et il ne saurait se passer d'occasions, n'ayant pas de problématique particulière. Il pose moins des questions, ou ses questions, qu'il ne met en questions : substitue l'interrogatif à l'assertorique. L'ironie n'est pas le prédicat, la particularité de Socrate, Socrate est l'incarnation du concept d'ironie, de l'ironie comme acte dévorant et corrosif. C'est pourquoi il est le seul dont la vie échappe à toute détermination empirique, vie qui est totale ironie non seulement dans ce qu'elle fait, mais dans ce qu'elle subit. Pourquoi il est aussi le seul dont la pensée échappe à toute particularité spéculative, à tout prédicat doctrinal. Si ironiser consiste à se déprendre de toute substantialité, la dimension ironique constitue l'insaisissable de tout énoncé, l'inqualifiable de toute action. Se rapporter constamment à Socrate est le moyen, pour toute vie, de s'affranchir de son esclavage empirique, comme c'est, pour la pensée, la seule manière de s'arracher à son aveuglement pensant, à la particularité de ses problèmes, de ses thèses, de ses catégories, de ses concepts.

Il devient dès lors urgent de concevoir avant, atemporellement avant, cette auto-éducation de l'esprit par lui-même au travers de la succession des figures et des philosophies, l'instant du rien, l'instance d'une conscience qui ne nie pas d'un coup toutes choses, mais qui interroge inlassablement chaque chose. Penser l'ironie comme commencement, c'est penser, non pas l'histoire, mais son interruption, et la répétition indéfiniment nécessaire, indéfiniment immobile, de cet instant. Répétition qui est la seule condition possible de la dissociation du philosopher et des philosophies, de la conscience et du concept – fût-il, et fut-il surtout, hégélien ; pur appel à penser qui se maintient en deçà ou au delà de toute constitution en une pensée. De même que l'ironie romantique était apparue comme un moyen pour l'art de s'auto-représenter en inscrivant l'opération dans l'œuvre, donc comme un moyen de la démasquer, d'arrêter l'illusion en ajoutant une illusion de plus, de dénoncer la machination en machinant des intrigues et des mondes ; de même l'ironie socratique peut se comprendre comme une auto-représentation de la pensée, auto-représentation qui ne cesse de la hanter comme sa plus grande tentation, peut-être sa plus grande illusion, mais illusion qui lui permet au moins de s'arracher à toutes les autres. Socrate hante la philosophie et chaque philosophie dans la mesure où il est et n'est qu'ironie, rappel à cette imperceptible distance qui sépare la conscience des principes et des concepts qu'elle pose, au fait que, comme l'a vu Aristote, la pensée sera toujours plus principiellement principe que ce qu'elle saisit et reconnaît comme principes. Écart à surmonter, écart à maintenir, c'est selon, mais le rien est obstinément là, et avec lui Socrate – qui représente donc aussi pour la philosophie son atemporelle possibilité de commencement, atemporelle possibilité d'oublier son histoire. Possibilité impossible, puisque, au demeurant, cette histoire existe, mais occasion au moins de réfléchir aux « avantages et inconvénients de l'histoire pour la vie »[57] – celle de la philosophie.
Avant le travail du négatif, avant la phénoménologie de l'esprit, en marge de l'histoire de la philosophie, il y a l'absolue liberté d'une conscience capable de s'arracher à l'empirique, et à son empiricité propre. L'abstention de l'écriture, l'indifférence à tout ce dont on ne peut rien savoir – aux dieux, à la mort –, le refus des disciples, la stérilité : autant de signes d'une liberté qui ne veut s'alourdir de rien, se prolonger ou s'accomplir en rien, qui a toujours assez d'énergie pour commencer, faire le passage, mais qui n'aborde jamais. Comme Charon le passeur, Socrate aide à l'embarquement, prévient tout retour en arrière, mais n'aborde jamais[58] : son enthousiasme est enthousiasme pour le simplement possible, qui ne deviendra qu'après lui multiplement, partiellement et particulièrement réel.

Socrate dit dans l'*Apologie* qu'il est un « don du dieu ». Le présent fait par Apollon, dieu ironiste, aux Athéniens, c'est le dénuement pur, sans expédient, la conscience du rien : rien de connaissance, rien d'être, rien de valeur. Conscience qui altère tout, et laisse tout en place. Du point de vue de l'ironie tout change, révèle son inanité en révélant son absence de fondement, mais rien ne change, et l'effondrement n'a lieu que pour la conscience, qui sait aussi cela : que l'effondrement n'a lieu que pour elle. D'où le conformisme de Socrate, et la prosopopée des Lois du *Criton,* la profession de crédulité du *Phèdre,* le respect pour les anciens « qui étaient plus près que nous des dieux ». « Socrate s'est servi de l'ironie pour venir à bout de l'hellénisme ; à respecter l'ordre établi, il le perdit » écrit Hegel. Pour preuve, ce texte que ne citent ni Hegel ni Kierkegaard, cette page renversante du *Charmide* où sont expédiées en quelques pages, et comme sans y toucher, les valeurs de l'hellénisme, celles qui faisaient qu'un grec était grec et se reconnaissait pour tel (la modération, le « bien posément », la retenue, et même le « rien de trop » et le « connais-toi toi-même » : les inscriptions du fronton de Delphes)[59] ; cela, grâce à un usage meurtrier et expéditif du paradigme, une référence à Homère, et une légère perplexité quant au statut du connaissant-connu.

Avec Socrate quelque chose finit, sans que pour autant *quelque chose* ne commence. Le retour à Socrate n'est pas nostalgie, aspiration à retrouver la patrie grecque, terre natale de la pensée, il est retour à un non lieu, une atopie. A travers Socrate l'exigence de l'idée, du principe, du fondement, la mise en question, le libre examen ont fait entrer l'homme, n'en finissent pas de le faire entrer, dans les tourments de l'universel. En Socrate, la naissance et le commencement coïncident parce que, en lui, la philosophie n'est que pure exigence de soi. A s'en tenir à Socrate, il n'y a pas d'époques de la conception du monde, pas d'entrée dans la métaphysique, donc pas non plus de fin de la métaphysique. Avec Socrate, vraiment rien, ni nouvel âge, ni nouveau monde, ne commence. L'ironie commence.

## NOTES

1. E. Husserl, « La crise de l'humanité européenne et la philosophie », trad. P. Ricœur, *Revue de Métaphysique et de morale : Husserl et le sens de l'histoire,* juillet-octobre 1949, 225-258, p. 237.
2. *Ibid.,* p. 245.
3. Cf. Hegel, *Science de la Logique,* livre I : « Quel doit être le point de départ de la science ? ».
4. Husserl, *op. cit.,* p. 237.
5. *Ibid.,* pp. 241-242.
6. *Ibid.,* p. 242.
7. *Ibid.,* p. 251. Hegel, *Leçons sur l'histoire de la philosophie,* trad. P. Garniron, t. 2, Paris, 1971, traite de Socrate dans la 2ème section (« Des sophistes aux socratiques ») du pre-

mier moment (« le moment grec ») du Premier moment (La philosophie grecque) de l'histoire du développement de l'esprit. Socrate n'est donc pas un commencement.

8. H. Joly, dans son article « La philosophie comme métaphore », *Recherches sur la philosophie et le langage*, 9, 1988, met en lumière la série d'équivalences sémantiques qui sous-tendent la réponse heideggerienne à la question « qu'est-ce qu'un philosophe ? » : « ὅς φιλεῖ τὸ σοφόν . « Le *sophon*, « la chose sage » est interprété comme le *Hen panta*, « l'Un est tout », d'Héraclite, lui-même identifié, en bout de la chaîne interprétative, au « Tout l'étant est en l'Etre » » (p. 13). L'effacement de la métaphore, de la *philia*, est aussi effacement de l'ironie.
9. Sur le *Théétète* comme dialogue intérieur à la différence du savoir, voir mon *Naturel Philosophe*, Paris, 1985, pp. 302-303. En 196d-197a, Socrate montre la nécessité de présupposer cette différence si l'on ne veut pas être un « antilogique ».
10. Platon, *Théétète*, 174a. Thalès permet de mettre un nom sur le portrait du philosophe tracé en 173e. Car c'est la pratique des sciences – géométrie et astronomie – qui conduisent ici à juger que les choses humaines ne sont que petitesse et que néant ( σμικρὰ καὶ οὐδέν), et l'accent est mis sur la totalité : « explorant en totalité toute la nature de chacune de ces réalités, en son entier ». Mais Thalès n'est jamais, pour Platon l'homme du « tout est eau ». Il ne sera plus mentionné après le Théétète, et il ne l'a été auparavant que trois fois, au milieu d'une liste de sages et pour appuyer un trait de *sophia* (l'abstention des affaires publiques : *Hipp. Maj.*, 281c6, le laconisme : *Prot.* 343a2, les découvertes « techniques » : *Rép.* X 600a6).
11. *Ibid.*, 149a-151d. C'est le seul texte de Platon où le terme « maïeutique » est prononcé.
12. Dans le portrait du Théétète, il y a certainement plus de traits socratiques que de traits proprement « milésiens ». Thalès, c'est Socrate plus les préoccupations scientifiques, mais la conclusion reste : ἐν ἑκάστοις ἀπορῶν (175b7).
13. Kierkegaard, *Le concept d'ironie constamment rapporté à Socrate*, trad. P.H. Tisseau et E.M. Jacquet-Tisseau, Œuvres Complètes, t. II, Paris, 1966.
14. Sur ce point, comme sur les « Socrate » de Hegel, Kierkegaard et Nietzsche, cf. S. Koffmann, *Socrate(s)*, Paris, 1987.
15. Platon, *Banquet*, 221c-d.
16. Kierkegaard, *op. cit.*, p. 219.
17. Pour ces tentatives de spécification et de classification voir par exemple *Poétique* 36, nov. 1978 ; *Linguistique et sémiologie* 2 : « L'ironie », 1978.
18. V. Jankélevitch, *L'Ironie*, Paris, 1964, Coll. Champs, 1987, s'amuse à recenser les traits de duplicité : « Soldat valeureux, il est le plus distrait des philosophes. Il peut boire beaucoup, mais ne s'enivre jamais, comme il veille sans jamais avoir sommeil... Il est toujours chaste, quoique perpétuellement amoureux. Semblable à un satyre pour le visage, il est merveilleusement beau au dedans... Ennemi des Trente et de l'oligarchie, il meurt victime des démocrates, Il est à la fois proche et lointain, attirant et repoussant, présent et absent, éloquent et narquois... » Etc. (pp. 114-115).
19. Kierkegaard, *op. cit.*, p. 120.
20. *Ibid.*, p. 115.
21. *Ibid.*, p. 117.
22. Platon, *Banquet*, 219a : ἄμεινον σκόπει μή σε λανθάνω οὐδὲν ὤν.

23. Kierkegaard, *op. cit.*, p. 180.

24. Cf. Platon, *Parménide,* 156c-157a.

25. Kant, *Critique de la raison pure,* Dialectique des concepts, ch. 1er, 3ème section : « La nécessité n'est rien d'autre que l'existence qui est donnée par la possibilité elle-même ».

26. Cf. par exemple fragment 108 du *Lycée* de Schlegel.

27. Kierkegaard, *op. cit.*, p. 85.

28. Norman Knox, *The word* Irony *and its context 1500-1755,* Durham, North Carolina, 1961, affirme que c'est avec Cicéron que l'ironie acquiert sa diginité, et D.C. Muecke *Irony,* Fakenham, 1970, que notre concept d'ironie est romain, et non pas grec (p. 15).

29. Hegel, *Leçons sur l'histoire de la philosophie,* t. 2, p. 289.

30. Voir par exemple, les *Commentariorum rhetoricorum sive oratoriarum institutionum Libri sex* de Vossius, Leyde 1606, 2ème éd. 1643 (appelés communément *Grande Rhétorique*) où l'ironie n'est plus la continuation ou la variation d'un trope, mais un trope principal.

31. Démosthène, *Première Philippique* (351 av.), parag. 7.

32. *Ibid.*, parag. 38. Cf. parag. 37 et *Epitaphios,* parag. 18.

33. Aristophane, *Les Nuées* (423 av.), v. 449 ; cf. *Les Oiseaux,* v. 1211.

34. Sur l'εἰρωνεία comme conduite « vicieuse », cf. Aristote, *Éthique à Eudème* II, 3, 1221a6 et 25 ; III, 7, 1234a1 ; *Éthique à Nicomaque* II, 7, 1108a22-23, IV, 13, 1127a-22. Pour la médiété anonyme, voir *E.N.* 1127a14.

35. *Éthique à Eudème* III, 7, 1234a1 ; pour le sens de πεπνυμένος , (voir *Odyssée* III, 21. La supériorité d'Ulysse sur Achille, est affirmée dans l'*Hippias Mineur,* 364e-365a, 370a-e.

36. Les adversaires à craindre ne sont pas les « francs », mais, les « calmes, les dissimulés, les rusés » : οἱ πρᾶοι καὶ εἴρωνες καὶ πανοῦργοι (*Rhétorique,* II, 1382b 21).

37. Jankélevitch, *op. cit.,* p. 82.

38. *Éthique à Nicomaque,* IV, 8, 1124b30.

39. οἱ δ'εἴρωνες ἐπὶ τὸ ἔλαττον λέγοντες χαριέστεροι μὲν τὰ ἤθη φαίνονται, οὐ γὰρ κέρδους ἕνεκα δοκοῦσι λέγειν, ἀλλὰ φεύγοντες τὸ ὀγκηρόν. μάλιστα δὲ καὶ οὗτοι τὰ ἔνδοξα ἀπαρνοῦνται, οἷον καὶ Σωκράτης ἐποίει

(*Éthique à Nicomaque* IV, 1127b24-26). Voir le commentaire de R.A. Gauthier et J.Y. Jolif à l'*Éthique à Nicomaque,* t. II, 1ère partie, Namur, 1970, pp. 313-316.

40. *Éthique à Nicomaque,* IV, 1127b30-32.

41. ἔστι δ'ἡ εἰρωνεία τῆς βωμολοχίας ἐλευθεριώτερον . ὁ μὲν γὰρ αὐτοῦ ἕνεκα ποιεῖ τὸ γελοῖον...: ... : l'ironie est une chose plus libre que la bouffonnerie ; car c'est pour lui-même que < l'ironiste > rend la chose risible (*Rhétorique,* III, 1419b8-9). Cf. II, 1379b 30-31.

42. L'ironiste est pour Théophraste l'homme qu'on ne peut amener à faire quelque chose, prendre parti, énoncer une opinion, sans que l'on puisse savoir si c'est par réserve, délicatesse, refus de s'imposer ou d'imposer son opinion à l'autre, ou par hypocrisie, flatterie, diplomatie. L' εἴρων a une conduite pleine de complications et de repentirs, d'intrigues et de rétractation ( πλόκαι καὶ παλιλλογίαι), il est, dirait Nietzsche, l'homme devenu un animal intéressant, et qui jouit en secret des tourments que lui inflige sa

conscience.

43. Helgel, *op. cit.*, p. 287 (avec la citation de *Métaphysique* M4 1078b 27-30) et p. 291.

44. Cicéron, *De Officiis* I, 30, 108.

45. *De Oratore* II, 270 : *« Socratem opinor in hac ironia dissimulantiaque longe lepore et humanitate omnibus praestitisse. Genus est perelegans... »*. L'ironie est donc appropriée aussi bien à l'éloquence publique qu'aux discussions entre gens distingués *(urbanis sermonibus)*.

46. Quintilien, *De Institutione oratoria* IX, 11, 44-53. Vossius préfère pour εἰρωνεία la traduction de Quintilien : *illusio*, à celles de Cicéron : *dissimulatio, dissimulantia.*

47. Ariston de Céos dans Wehrli, *Die Schule des Aristoteles*, Bâle, 1969, vol. 14, VI-VII, pp. 39-40.

48. Platon, *République*, I 337a4.

49. Platon, *Sophiste*, 268a, *sqq.*

50. Platon, *Euthydème*, 302b3.

51. Platon, *Cratyle*, 384a1.

52. ΚΑΛ. Εἰρωνεύει, ὦ Σώκρατες. ΣΩ. Μὰ τὸν Ζῆθον, ὦ Καλλίκλεις, ᾧ σὺ χρώμενος πολλὰ νυνδὴ εἰρωνεύου πρός με : Tu ironises, Socrate – Non, par Zéthos, Calliclès, dont tu empruntais tout à l'heure le personnage pour ironiser à mes dépens (*Gorgias*, 489e1-3).

53. Platon, le *Banquet*, 216e4 et 218d6.

54. Platon, *Apologie de Socrate*, 38a1.

55. Platon, *Lois*, X, 908e2.

56. Kierkegaard, *op. cit.*, p. 159.

57. « Avantages et inconvénients de l'histoire pour la vie » est le titre donné par Nietzsche à la deuxième de ses *Considérations inactuelles.*

58. Kierkegaard, *op. cit.*, p. 213.

59. Platon, *Charmide*, 159b-166b.

*Paul ENGEL*
*Université de Grenoble II*

# LA PHILOSOPHIE DU LANGAGE ENTRE LE CLAIR ET L'OBSCUR

Dans son bel article « La philosophie entre le clair et l'obscur »[1], Henri Joly analysait la théorie kantienne de l'*Aufklärung* et ses liens avec la conception stoïcienne de la raison et de la liberté humaine, et montrait comment la critique hegelienne du kantisme et du stoïcisme revient à une « destitution radicale de la raison elle-même », qui consacre l'avènement de la conception romantique, « claire-obscure » d'une raison qui n'a désormais plus les moyens de se distinguer de la non raison. Henri Joly indiquait clairement ses préférences, quand il voyait chez Hegel la source de l'irrationalisme contemporain. Je voudrais ici envisager une version de cette opposition entre la conception *auflkärer* et la conception romantique de la raison sur un terrain différent – mais complémentaire – de celui analysé par Henri Joly[2], celui des théories contemporaines du langage et de la signification, et indiquer comme lui, dans ce contexte, mes préférences pour des conceptions qu'on peut tenir comme héritières de celles des Lumières, contre des conceptions qu'on peut tenir comme héritières de celles du romantisme.

Je prendrai appui sur une caractérisation de l'opposition entre les théories du langage des Lumières et les théories du langage romantiques fournie récemment par Charles Taylor, et utilisée par lui en vue de critiquer les théories contemporaines dont il sera ici question[3]. Cette caractérisation est sans doute, du point de vue de l'historien de la philosophie, très schématique, mais elle suffira à notre propos. Taylor, s'appuyant fortement sur les analyses de Foucault dans *Les mots et les choses,* définit la conception du langage de l'âge classique et des Lumières par deux caractéristiques principales. La première est le représentationnalisme : le langage est destiné à nous fournir une représentation d'une réalité indépendante de notre esprit. Le langage est l'intermédiaire entre nos idées, qui représentent les choses, et les choses elles-mêmes. Ce représentationnalisme implique une théorie désignative de la signification : les mots signifient parce qu'ils désignent des choses, à travers la désignation des idées qui représentent celles-ci. La seconde est le naturalisme : le langage est un phénomène naturel, propre à la nature humaine, qui peut être étudié de manière objective : le contenu de nos pensées, et par conséquent les significations de nos mots peuvent être analysés objectivement en étudiant la genèse de nos idées dans notre esprit et dans leurs relations à notre environnement naturel. Taylor considère Condillac comme le représentant paradigmatique d'une telle conception empiriste et naturaliste du langage[4].

Taylor oppose à cette conception représentationnaliste et naturaliste celle des théoriciens romantiques du langage, dont il tient Herder, Hamann et Humbolt comme les principaux représentants, et qu'il appelle la conception « expressiviste » ou plus brièvement la théorie « HHH »[5]. Il la définit par trois thèses principales portant sur les fonctions du langage. La première est que le langage nous sert à formuler les choses, à articuler notre conception ou notre vision de la réalité, c'est-à-dire à prendre une conscience explicite de ce que nous ne saisirions sans lui que de manière implicite. La seconde est que le langage nous sert à placer ce qu'il formule dans un espace public, ouvert à tous les interlocuteurs et agents de la communication, c'est-à-dire à mettre les choses devant tous, à découvert. La troisième est que le langage est le médium par excellence des intérêts et des activités humaines, et en particulier de la dimension normative de ces activités. En ce sens le langage reflète intrinsèquement le monde *humain*, et aucun autre animal que l'homme ne dispose d'un tel moyen d'expression. Chacune de ces thèses revient, selon Taylor, à insister sur le rôle *expressif* du langage, par opposition à son rôle représentationnel favorisé par l'Age Classique et les Lumières. Ce que le langage exprime n'est pas ce qu'il dépeint ou représente ; c'est ce qu'il met en commun entre les humains, en rendant ouvert et public ce qu'il y a de commun aux hommes, et même en « constituant » notre réalité commune[6].

Ayant ainsi caractérisé l'opposition entre les théories du langage d'inspiration *aufklärer* et les théories romantiques, Taylor la transpose dans le contexte contemporain. Les conceptions de la signification qui sont, selon lui, les héritières de celles des Lumières sont celles d'auteurs comme Quine et Davidson. Quine soutient en effet une théorie représentationnaliste et naturaliste de la signification. Le représentationnalisme de Quine tient à sa conception désignative de la signification : la partie la plus ferme de la signification, c'est la référence, ce que les mots désignent, et non pas la théorie du sens, ce que les mots expriment[7]. Le naturalisme de Quine tient à son behaviorisme, à la thèse selon laquelle une théorie objective de la signication ne peut être établie que si l'on tient la signification comme le produit de dispositions observables au comportement. C'est précisément parce que la signification linguistique ne peut pas être ainsi réduite qu'elle est, selon Quine, nécessairement indéterminée[8]. A ce naturalisme est encore associé l'objectivisme de Quine : si l'on peut déterminer ce que des locuteurs d'une communauté donnée signifient, ce ne peut être qu'en observant, de l'extérieur, leur comportement verbal. Aussi nettement représentationnaliste et naturaliste, selon Taylor, est la conception davidsonienne de la signification[9]. Pour Davidson, le meilleur moyen d'analyser la notion de signification est de poser la question : « A quelles conditions une *théorie* qui établirait les significations de toutes les phrases d'une langue naturelle est-elle possible ? ». Et sa réponse consiste à dire qu'une telle théorie doit prendre la forme d'une théorie de la *vérité*, obéissant à des contraintes similaires à celles que Tarski imposait pour une théorie sémantique de la vérité pour les langues formelles, en produisant, pour chaque phrase S du langage concerné, une phrase métalinguistique de la forme » *S* est vraie si et seulement si *p*", où 'p' est une traduction, dans le métalangage de la théorie, de S, qui donne les conditions de vérité de S dans ce métalangage. La thèse de Davidson semble donc être clairement que le meilleur moyen d'établir la signification d'une phrase, c'est de donner ses *conditions de vérité*. C'est, selon Taylor, une forme typique de représentationnalisme, puisque la signification d'une phrase est identifiée à la capacité qu'elle a de représenter un état de choses indépendant. Taylor est prêt ici à reconnaître que Davidson n'identifie pas, purement et simplement, signification et conditions de vérité, mais qu'il admet que le noyau d'une théorie de la signification sera constitué par une théorie des conditions de vérité. C'est ce que l'on appelle couramment une conception « véríconditionnelle » de la signification. Davidson cependant reconnaît qu'une théorie de la vérité pour un langage n'est pas à elle seule une théorie de la signification. Il requiert en outre que la théorie de la vérité puisse *interpréter* correctement le langage ou locuteur ou de la communauté de locuteurs étudiée. Et les conditions qu'il impose sur cette interprétation constituent ce qu'il appelle une théorie de l'« interprétation radicale »[10]. L'interprète ne pourra assigner des significations aux phrases de l'interprète que s'il leur assigne également des croyances et des désirs. Cette assignation se fera sur la base des propres croyances de l'interprète qu'il supposera largement similaires aux siennes propres, et dont il cherchera à « maximiser » l'accord avec celles de l'interprété, selon le principe de « charité ». Il repèrera ainsi chez l'interprété les actes de jugement ou de « tenir-pour-vrai » de certaines phrases, et sur la base de son propre assentiment aux phrases qu'il tient lui-même pour vraies, et des événements qui peuvent causer ces croyances, sera conduit de proche en proche à déterminer les croyances, et partant les significations, de l'interprété. Bien que cette procédure d'« interprétation radicale » diffère de celle que Quine décrit sous le nom de « traduction radicale », l'objectivisme de la conception de la signification qu'elle suppose ressort clairement : la signification est, selon cette conception, quelque chose qui doit être empiriquement vérifiable, et attribuable à la troisième personne, du point de vue d'un observateur extérieur.

Acceptons, pour le moment, cette analyse de la conception davidsonienne de la signification comme héritière directe des conceptions classiques du langage. C'est sur cette conception que je me concentrerai dans la suite de cet article, en laissant de côté celle de Quine. Il ne suffit pas, comme Taylor le voit bien, de lui opposer les théories romantiques, pour la considérer comme défectueuse. Car le tenant d'une telle conception « représentationnaliste » ou « véríconditionnelle » n'a pas besoin de nier l'existence de la dimension expressive du langage sur laquelle insistent les théories romantiques. Il peut très bien soutenir que cette dimension s'ajoute à la dimension représentationnelle qu'il tient comme fondamentale. Car Davidson ne nie pas que le langage serve, outre à représenter les choses, à exprimer des sentiments, à donner des ordres, ou à effectuer des actions, à travers ce que l'on appelle des actes de langage (qui pourrait le nier ?). Mais même ces usages, qu'on peut compter comme expressifs, du langage reposeront sur un noyau représentationnel qui devra être pris en charge par une théorie des conditions de vérité. Je peux ainsi asserter que Khomeini est mort, ordonner que Khomeini meure, me réjouir ou regretter que Khomeini soit mort, et exprimer à chaque fois un acte de langage différent, mais le contenu propositionnel de ces actes demeurera identique : il portera sur la mort de Khomeini. En ce sens, l'élément représentationnel prime sur l'élément expressif. Pour que le tenant de la conception romantique puisse avoir un argument contre la conception vériconditionnelle, il lui faut montrer non seulement que cette dernière est incapable de rendre compte de la dimension expressive, mais encore que l'analyse même de la signification que le vériconditionnaliste propose est impossible tant qu'elle ne repose pas sur les faits même que la conception expressiviste met en avant.

C'est précisément ce que soutient Taylor. La procédure davidsonienne d'interprétation radicale de la signification est destinée à donner une théorie de ce que les locuteurs d'un langage donné *comprennent* quand ils comprennent leur langage, et en ce sens une théorie de la signification est bien une théorie de la compréhension du langage. Mais par définition, le langage dont l'interprète cherche à donner les significations (appelons le le langage « cible ») n'est pas un langage qu'il comprend lui-même, et les conditions de vérité qu'il cherche à établir pour les phrases de ce langage-cible doivent être identifiées indépendemment de ce langage. C'est donc dans son propre langage que l'interprète va construire les conditions de vérité des phrases qu'il attribue aux locuteurs du langage-cible, pour ensuite les calibrer avec celles des phrases du langage-cible. Il s'ensuit que le langage dans lequel l'interpète formule sa théorie de la vérité pour un langage-cible doit être un langage qu'il comprend déjà, faute de quoi une théorie de la signification pour le langage-cible ne sera pas plus informative qu'un manuel de traduction qui nous dirait, par exemple, que « Ein Pferd ist ein Tier » signifie (en allemand) ce que « Un cavallo é un animale » signifie en italien : quelqu'un qui saurait que la première phrase signifie la même chose que la seconde ne saurait pas ce qu'elle signifie, s'il ne comprenait pas ce que signifie la phrase en allemand ou en italien. Mais la procédure d'interprétation radicale ne peut, selon Taylor, nous permettre d'évaluer les conditions de vérité des phrases du langage-cible que lorsqu'elles portent sur un domaine d'objets qu'on peut aisément supposer comme commun à l'interprète et à l'interprété : celui des objets matériels tridimensionnels usuels qui nous entourent. Dès que le langage exprimera des émotions, des aspirations, des buts, ou des pratiques et relations sociales, la tâche de l'interprète, dans la procédure davidsonienne deviendra virtuellement impossible, car nous ne pouvons pas supposer *a priori* que l'interprète pourra comprendre, dans les propres termes de son langage, cette diversité de choses qu'un langage peut exprimer. Dans la mesure même où ces « faits » relèvent de la dimension expressive du langage, et où le fait de parler un langage, selon la thèse expressiviste, *constitue* ces « faits » eux-mêmes, la conception véritconditionnelle ne pourra isoler les conditions de vérité des phrases du langage-cible sans que ce langage lui-même soit *déjà* compris. Et comprendre le langage en question, ce n'est précisément pas connaître les conditions de vérité de ses phrases, ou en tout cas c'est connaître plus que ces conditions de vérité ; c'est être capable de s'approprier aussi le monde et les pratiques que ce langage exprime, et ainsi être capable de vivre dans un espace public et commun aux locuteurs étrangers et au nôtre propre[11].

C'est pourquoi, selon Taylor, une conception de la signification héritée de celle des Lumières, comme celle de Davidson, manquera systématiquement non seulement la dimension expressive du langage, mais la nature de la signification elle-même, dans la mesure où elle est constituée par cette dimension expressive. Herder et les romantiques, à la suite de Rousseau, voyaient l'illustration de cette expressivité dans la créativité du langage manifestée par la capacité des mots à signifier au delà de leur sens littéral, dans un sens métaphorique qu'ils tenaient comme premier par rapport à ce sens littéral[12]. Taylor voit dans la théorie véricconditionnelle de la signification une tentative, à ses yeux désespérée, pour sauver l'immunité du sens littéral, représentatif, des mots.

On ne sera sans doute pas surpris d'apprendre que le penseur contemporain qui incarne le mieux, aux yeux de Taylor, l'héritage de la théorie romantique HHH est Wittgenstein, Wittgenstein n'est-il pas l'un des critiques les plus radicaux de la conception descriptiviste du langage qu'il avait lui-même promue dans son *Tractatus* ? Par exemple, dans les *Investigations*, Wittgenstein ne cesse de s'attaquer à la théorie désignative de la référence des noms, pour nous rappeler leurs usages vocatifs ou appellatifs : quand j'appelle quelqu'un par son nom, je ne le désigne ni ni le nomme pour représenter une partie de réalité ; au contraire, j'exprime, par son nom, quelque chose qui ne se réduit pas à une description[13]. Quand Wittgenstein nous propose de ne pas rechercher la signification, entendue soit comme un état mental interne, soit comme un état de choses désigné par les signes, mais de prêter plutôt attention à leur « usage », ne met-il pas précisément l'accent sur la fonction essentiellement expressive du langage ? Quand il requiert, à titre de condition constitutive pour le concept de langage (en particulier dans sa critique du « langage privé »), que les significations y soient *publiques*, et *manifestes*, ne met-il pas en avant la condition même d'« ouverture » à un espace public que les HHH mettaient eux-mêmes en avant ? Quand Wittgenstein insiste (notamment dans sa discussion de l'activité de « suivre une règle ») sur le fait que la signification, dans la mesure où elle est essentiellement quelque chose de *normatif* qui nous est imposé par notre appartenance à une communauté, n'est pas quelque chose qui serait *interprété*, en sorte que l'on aurait besoin d'une règle pour interpréter la règle, mais quelque chose qui est *perçu*, comme une physionomie[14], ne développe-t-il pas une conception de la compréhension du langage très semblable à celle des HHH ? Enfin, Wittgenstein ne soutient-il pas que parler un langage, et le comprendre, c'est participer à une « forme de vie » et partager cette forme de vie avec d'autres, ne défend-il pas une conception très voisine de celle des HHH pour lesquels comprendre un langage, c'est participer à une forme de culture, peut-être exprimée dans ce que Cassirer appelait des « formes symboliques » ?[15].

Je ne suis pas sûr que Taylor ait raison de considérer, comme il le dit, Wittgenstein comme un « membre honoraire » du club HHH, parce qu'à bien des égards, Wittgenstein est un *Aufklärer* typique[16]. Mais on doit concéder à Taylor que les similarités entre les conceptions wittgensteiniennes du langage et celles des romantiques sont frappantes, et que Wittgenstein est, parmi les philosophes contemporains l'un des critiques les plus acharnés des conceptions objectivistes, représentationnalistes et naturalistes de la signification.

Quoi qu'il en soit, si Taylor a raison, la version contemporaine des théories du langage des Lumières incarnée par un philosophe comme Davidson n'est pas mieux placée que ces dernières pour répondre aux critiques que leur adressaient les romantiques. Le reproche fondamental qu'adresse Taylor à cette conception est d'objectifier, sous la forme d'une théorie, conçue comme un ensemble de propositions vraies et empiriquement testables, ce qui par définition ne peut, selon lui, être objectivable, c'est-à-dire la signification. La signification est le produit de l'expression, par le langage d'une culture donnée, des normes de cette culture. Mais une norme ne peut correspondre à la vérité d'une proposition théorique correspondante ; elle correspond, plutôt, à une règle, qui n'est ni vraie ni fausse, mais qui est *acceptée* ou *refusée*, et pour laquelle aucune *théorie*, naturaliste ou objective, ne peut être donnée[17]. Il s'ensuit qu'il ne peut pas y avoir quelque chose comme une *théorie* de la signification. Je voudrais essayer de résister à cette conclusion, en indiquant que la conception davidsonienne, si elle revient bien à soutenir que quelque chose comme une théorie objective et systématique de la signification est souhaitable et possible, n'est en rien commise au naturalisme, au représentationnalisme, et à la forme d'objectivisme que Taylor dénonce en elle.

En premier lieu, il est faux de dire que la conception véríconditionnelle de la signification de Davidson revient à une forme de représentationnalisme comparable à celle des penseurs classiques des Lumières. Davidson insiste au contraire sur le fait qu'une théorie de la vérité tarskienne, conforme au schéma « S est vrai si p » n'entraîne pas qu'on soit commis à une théorie de la vérité comme correspondance, selon laquelle nos assertions représenteraient des faits du monde ou des états de choses[18]. Davidson est convaincu qu'il ne peut y avoir en ce sens de théorie de la vérité-correspondance adéquate, et il ne souscrit donc pas à la conception classique que Foucault, et à sa suite Rorty, ont caractérisée comme celle du langage comme « miroir » ou représentation complète de la nature[19]. Il refuse aussi explicitement la forme la plus classique du représentationnalisme, selon laquelle il y aurait, entre nous mêmes et une réalité indépendante, un intermédiaire qui serait constitué par nos idées ou nos énoncés qui auraient à charge de *représenter*, de manière plus ou moins fidèle, cette réalité. Au contraire, selon lui, la conception sémantique de la vérité de Tarski à laquelle il souscrit est précisément destinée à écarter l'idée que la vérité de nos assertions ou de nos croyances pourrait consister dans leur confrontation avec des faits[20]. Ceci n'entraîne pas, selon Davidson, la fausseté du réalisme, c'est-à-dire de la thèse selon laquelle nos énoncés sont vrais ou faux *en vertu* de la manière dont les choses sont, dans une réalité objective. Mais nous ne pouvons parvenir à une conception de cette réalité objective qu'à travers les conditions dans lesquelles nous *interprétons* autrui. C'est ici que le principe de charité joue un rôle essentiel. Selon Davidson, quand nous interprétons autrui, nous ne pouvons pas faire autrement que supposer que la majeure partie de ses croyances sont vraies, aussi vraies que les croyances que nous tenons pour vraies de notre propre chef. Ceci ne veut pas dire que l'erreur soit impossible, mais que, comme il le dit, nous devons pouvoir nous accorder sur un bon nombre de croyances vraies pour que certaines croyances puissent être considérées comme fausses. C'est une condition normative, *a priori*, ou même, si l'on veut, transcendantale de l'interprétation et de la communication. Cet usage étendu du principe de charité est essentiel à la conception de Davidson : c'est ce principe qui rend la communication possible, et c'est parce que la communication est possible que la notion d'une réalité objective est possible. Ces deux idées sont étroitement liées au rejet de la théorie selon laquelle comprendre un langage, et par conséquent interpréter autrui ou les membres de notre communauté linguistique, c'est saisir un *schème conceptuel*, ou un « monde » exprimé par ce langage.

L'argument qu'il utilise à cet effet est énoncé dans son célèbre article « On the very idea of a conceptual scheme »[21]. Supposons que nous associions le fait d'avoir un langage avec le fait d'avoir un certain « schème conceptuel ». Nous associons alors l'identité de schème conceptuel avec la traductibilité d'un langage dans un autre, et les différences de schèmes avec l'échec de cette traductibilité. Mais pouvons-nous donner un sens à l'idée d'un langage qui serait totalement intraductible dans un autre ? Pour que cette idée soit seulement cohérente, la notion même de schème conceptuel doit être cohérente puisque, selon l'hypothèse de l'intraductibilité, l'échec de la traduction serait due à une incommensurabilité des schèmes conceptuels. Mais la notion de schème conceptuel est elle-même incohérente. Ou bien la distinction entre un schème conceptuel et son contenu (ou la réalité qu'il articule) s'identifie à la distinction entre des phrases vraies en vertu de leur signification et des phrases vraies en vertu de leur relation à l'expérience, c'est-à-dire à la distinction entre phrases analytiques et phrases synthétiques, entre théorie et expérience. Ou bien la distinction schème/contenu est la distinction entre un système qui organise un donné ou une réalité qui lui est extérieure. On peut rejeter, comme Quine et de nombreux auteurs, la première. Davidson lui-même la rejette. Mais on la rejette souvent pour maintenir la seconde distinction, entre schème organisateur de l'expérience (langage) et contenu empirique des énoncés. Davidson montre que cette distinction elle-même est dénuée de fondement. L'idée d'organiser un objet global, comme le monde ou la nature, n'a pas de sens. On ne peut organiser qu'un objet qui est constitué d'autres objets. Supposer qu'il puisse y avoir des schèmes conceptuels incommensurables, c'est supposer qu'il puisse y avoir deux langages non intertraductibles bien que portant sur les mêmes objets (organisant le monde « différemmment »). Mais s'ils portent sur les mêmes objets (s'ils ont la même ontologie), alors leurs différences ne peuvent être évaluées que par rapport à un système de coordonnées commun, et par conséquent l'idée d'une différence *radicale* entre ces schèmes devient inconcevable. Seule l'idée d'un échec local ou relatif de la traduction a un sens, et pas celle d'un échec total de la traduction. Supposons maintenant que nous disions qu'un schème conceptuel « s'accorde » avec l'expérience. Mais ceci ne peut pas vouloir dire autre chose qu'un schème est *vrai*. L'idée serait alors qu'un schème différent du nôtre pourrait être vrai, bien que non traductible. Mais on ne peut pas divorcer la notion de vérité de celle de traduction : la notion de vérité est représentée par le schéma tarskien « *S* est vrai si p », selon laquel *S* est vrai si p, qui est une *traduction* de *S* dans notre langage. Par conséquent, d'une manière ou d'une autre, l'idée de schème conceptuel est incohérente, et l'idée selon laquelle nous pourrions être en mesure de juger que d'autres auraient un schème conceptuel (langage) radicalement différent du nôtre est aussi incohérente. Si nous nous tournons à présent vers l'échec local de la traduction, ou vers l'idée de schèmes conceptuels distincts mais partiellement similaires, la méthodologie de l'interprétation, telle que la comprend Davidson, interdit tout véritable relativisme conceptuel. Car nous ne pouvons interpréter autrui dans ses croyances et ses attitudes, et traduire son langage, que sous la contrainte du principe de charité : nous devons partager avec lui un ensemble de croyances vaste pour pouvoir lui imputer des croyances distinctes des nôtres. Nous pouvons, si nous le voulons, dire que ces différences tiennent à une différence de « schème » ; mais rien ne nous interdit non plus de dire qu'il s'agit d'une simple différence d'opinion, sans que nous soyons contraints de dire que les autres pensent différemment de nous. On comprend dès lors pourquoi, selon Davidson, il n'y a aucune situation de communication qui puisse nous amener à supposer non seulement que les autres pourraient « voir » la réalité totalement différemment de la manière dont nous la « voyons », mais encore nous empêcher de supposer que la réalité à propos de laquelle nous communiquons est une réalité objective qui nous est *commune*.

Si cet argument contre le relativisme linguistique est correct – et je crois qu'il l'est – alors il menace directement l'une des prémisses principales de la conception romantique du langage. Car il est notoire que cette conception repose sur la relativisme linguistique : pour les HHH, chaque langue exprime « son » monde, ou « sa » culture propre, qui est le schème associé à cette langue, et qu'elle constitue. Il est, comme on l'a vu, essentiel à l'argument expressiviste avancé par Taylor contre Davidson, que la compréhension d'un langage soit la compréhension de l'ensemble des règles, normes, sentiments, relations interindividuelles, conventions sociales, etc. d'une société et d'une culture donnée[22]. L'argument, par conséquent, selon lequel l'établissement de la signification, donc des conditions de vérité, des phrases d'un langage d'après la procédure d'interprétation radicale, présuppose la compréhension de ce langage même et du schème qu'il exprime, doit donc être rejeté, parce qu'il repose sur la prémisse relativiste selon laquelle un langage « constitue » un tel monde autonome, dont nous ne pourrions connaître les significations sans connaître le monde exprimé. Taylor a raison, cependant, de soutenir que l'on ne peut donner une théorie de la signification pour un langage sans comprendre déjà quelque chose qu'il y a de commun entre l'interprète et l'interprété, i.e. sans que le langage soit, en quelque sorte « précompris ». Davidson, tout comme Gadamer, dont Taylor se réclame[23], est tout à fait d'accord avec la maxime herméneutique selon laquelle toute compréhension repose sur la présupposition d'une « précompréhension » commune. La différence est que cette précompréhension tient, pour Davidson, aux contraintes normatives de charité, de cohérence, et de rationalité des croyances et des désirs, donc à quelque chose qui est nécessairement beaucoup plus pauvre, mais aussi beaucoup plus universel, que le partage d'une culture tout entière comme le voudrait la conception romantique. Tout comme les romantiques, Davidson soutient que parler un langage est une activité publique, qui ne prend son sens que dans une communauté. Mais la manière dont il conçoit cette publicité du sens est très différente de l'« ouverture » (au sens de l'*Erschlosseneit* heidegerrienne) dont se réclame Taylor. Elle se rapproche beaucoup plus de la publicité (au sens de l'*Offentlichkeit*) kantienne, qui signifie (comme le rappelait Henri Joly) que tout locuteur est membre d'une communauté idéale de communication, régie par des normes rationnelles transcendant les différences entre les individus et les groupes[24].

Il reste à voir en quoi une conception objective de la signification est possible, selon Davidson. Le point important ici est qu'« objective » ne veut pas dire « naturaliste », au sens où l'entend Taylor. Davidson n'est pas un émule de Condillac, ni des théories du langage des Lumières qui entendaient déterminer la nature de la signification à partir du contenu objectif des idées que nous avons dans l'esprit et à partir des causes extérieures de ces idées. Il est parfaitement explicite sur ce point :

> « Toute tentative pour comprendre la communication verbale doit la considérer dans son environnement naturel, en tant que partie d'une entreprise plus large ; il semble à première vue que cela ne peut pas être difficile, puisqu'il n'y a rien de plus dans le langage que des transactions publiques entre des locuteurs et des auditeurs, et les aptitudes nécessaires à de telles transactions. Et pourtant la tâche est irréalisable. Car le fait que les phénomènes linguistiques ne soient rien de plus que des faits béhavioraux, biologiques ou physiques décrits dans le vocabulaire exotique de la signification, de la référence, de la vérité, de l'assertion, etc. – une simple dépendance *(supervenience)* de cette sorte d'un type de fait ou de description par rapport à un autre – ne garantit pas, ou même interdit la promesse d'une réduction conceptuelle »[25].

Le point avancé ici par Davidson est qu'une réduction de la signification linguistique à d'autres notions définies comme des propriétés naturelles, biologiques ou physiques des organismes est impossible en raison du caractère étroitement interdépendant des concepts de signification, des concepts d'attitudes propositionnelles, et des normes de rationalité nécessaires à l'interprétation du comportement linguistique. Tous ces concepts forment une structure « holistique » telle qu'on ne peut isoler ou dissocier l'un des autres. Le parallèle est ici étroit entre la conception davidsonienne de la signification et sa conception du mental : le domaine du mental ne peut pas être réduit à des lois strictes du type de celles qui ont cours dans les sciences de la nature (psychologiques ou psychophysiques) parce qu'il est holistique et normatif : attribuer un état mental (signification) c'est attribuer d'autres états mentaux (significations), en vertu de règles normatives qui rendent le comportement (linguistique ou non) *rationnel*[26]. L'objectivité de la notion de signification selon Davidson tient essentiellement à ceci : les conditions de son interprétation sont normatives, elles relèvent de normes universelles de rationalité et de cohérence. Il s'ensuit que le reproche d'objectivisme adressé par Taylor au nom des romantiques à cette conception est infondé, parce que Taylor entend par « objectivisme » l'idée qu'une théorie de la signification pourrait être conçue à l'instar d'une théorie de la nature, comme vérifiable et vraie. Mais Davidson ne souscrit nullement à cette forme d'objectivisme ; il n'est pas coupable d'un préjugé « galiléen » en théorie de la signification, parce que selon lui, les normes de rationalité qui guident l'interprétation sont soustraites à toute vérification ou test empirique ; ce ne sont précisément pas des *données* ou des *faits*. Reprocher, par conséquent, à Davidson de ne pas tenir compte du caractère normatif de concepts comme ceux de langage et de signification, c'est mécomprendre totalement sa position. Du même coup celle-ci apparaît, ici encore et sur ce point, comme beaucoup plus proche des théories romantiques que des théories des Lumières. Comme les romantiques, Davidson est d'accord pour dire que comprendre un langage, c'est souscrire à certaines normes, en vertu desquelles ce langage est *déjà* compris. Mais contre les romantiques, il soutient que ces normes sont universelles : elles ne sont pas relatives à une « culture » ou à un « jeu de langage » particulier.

Un tenant de la conception romantique du langage pourrait objecter encore, à ce point, que ceci ne montre pas qu'une telle conception normative de la signification fait justice aux faits que la théorie expressiviste du langage met en avant. Il pourrait dire que la compréhension dont parle Davidson reste ancrée sur les significations littérales des phrases, et sur les attitudes des locuteurs par rapport à leur vérité, alors même que ce sur quoi la théorie expressiviste insiste est le caractère essentiellement métaphorique du langage, et le fait que parler un langage c'est exprimer des sentiments, des passions et des attitudes qui vont au-delà de la simple reconnaissance de la vérité de certaines phrases. Mais comme on l'a vu, Davidson ne nie pas ce fait. Il ne nie pas que parler un langage est une activité sociale, insérée dans un jeu de conventions et de règles, ni que le langage fait autre chose que dire quelque chose de vrai ou de faux sur le monde. Ce qu'il nie est qu'on puisse *expliquer* le concept de langage, et la capacité à parler un langage, au moyen de notions comme celles de convention ou de règle. Nous ne pourrions pas attribuer à des locuteurs le fait de suivre certaines règles ou conventions, si nous n'étions pas en mesure d'interpréter ce qu'ils disent ou pensent, c'est-à-dire d'interpréter leur langage. L'attribution de conventions ou de règles est conditionnée par notre capacité à interpréter. Il en est de même de notre capacité à comprendre des énoncés métaphoriques : nous ne pourrions pas saisir le sens d'une métaphore, et la « richesse » d'expression qu'elle ouvre, si nous n'étions pas en mesure de saisir ce que veulent dire les mots dans leur sens littéral, non métaphorique, à partir duquel nous pouvons construire ce sens[27]. Il s'ensuit que les données du sens sur lesquelles insistent les romantiques ne sont pas autonomes par rapport aux données du sens qui relèvent de la compréhension et de la communication d'assertions que nous tenons comme littéralement vraies. Elles reposent sur la saisie préalable de ces données.

Si l'on admet cela, rien ne nous interdit plus de considérer qu'il peut y avoir une interprétation objective du comportement humain et du comportement linguistique fondée sur une méthode hypothético-déductive comparable à celle qui a cours dans les sciences de la nature, mais néanmoins distincte en vertu du caractère spécifique de ses hypothèses : armés d'hypothèses générales sur la rationalité des agents, nous cherchons à déduire les conséquences observables qu'auront ces hypothèses, et à les confirmer ou à les réfuter en présence du comportement observé[28]. Chez Davidson, ces hypothèses, et la procédure de test, sont celles qui ont cours dans la théorie de l'interprétation radicale. Je n'ai pas cherché ici à les détailler. Le principal est de comprendre la forme générale que revêtent ce type d'explications. En vertu du caractère *a priori* des normes de rationalité, elles diffèrent de celles qui ont cours dans les sciences de la nature. En vertu du recours qu'elles font au comportement observable (le « tenir-pour vrai » ou l'assentiment à des phrases), elles nous permettent une saisie objective de la signification.

Il est vrai que cette saisie objective sera toujours limitée, selon Davidson, par le caractère indéterminé de la signification, en vertu de la thèse quinienne de l'indétermination de la traduction : quand nous interprétons le langage d'un locuteur ou d'une communauté, il y aura toujours différentes théories de la vérité possibles pour ce langage, extensionnellement adéquates mais non équivalentes[29]. Mais le fait que la signification soit indéterminée ne signifie pas qu'il n'y en ait pas de détermination objective possible. Par exemple, l'un des mérites d'une théorie tarskienne de la vérité, selon Davidson, est qu'elle nous permet de déceler, dans un langage donné, sa structure, c'est-à-dire la manière dont la signification des phrases et des expressions complexes est fonction de celles des expressions composantes, et comment, sur la base d'un ensemble fini d'éléments, nous sommes capables de comprendre des significations nouvelles, complexes et potentiellement infinies. On sait que cette « créativité » du langage est précisément l'un des traits sur lesquels insiste l'un des trois H, Humbolt. Il n'est pas sûr que Humbolt désignait par là une forme de créativité *gouvernée par des règles,* selon une structure récursive, comme Davidson le fait à la suite de Chomsky[30]. Mais si l'on admet cette interprétation de sa pensée, cette récursivité apparaît comme une analyse plausible d'une exigence formulée en termes vagues par le penseur romantique.

Tout ceci ne montre pas qu'une théorie de la signification objective est possible, puisque personne, y compris Davidson, n'a encore réussi à établir en termes précis la sémantique d'une langue donnée d'après les principes de sémantique générale prescrits. Comme Davidson et les auteurs de la tradition anglo-saxonne contemporaine dont il fait partie, je me suis contenté de m'en tenir aux conditions et aux principes gouvernant la *forme* générale d'une théorie de la signification. Maix c'est bien cette forme générale qui est visée par des critiques comme celles de Taylor, et j'ai soutenu que ces critiques n'étaient pas opérantes.

Revenons brièvement, pour finir, aux doutes wittgensteiniens au sujet d'une théorie systématique de la signification dont on a vu qu'ils pouvaient faire écho à ceux des romantiques. Je crois en fait que ces doutes sont beaucoup plus radicaux que ceux que Taylor formule à partir des théories HHH, et qu'ils procèdent de motivations différentes. Bien que sa pensée ait souvent été invoquée en défense d'une certaine forme de relativisme linguistique, je doute que Wittgenstein aurait accepté un relativisme du type de celui des romantiques[31]. Il y a bien d'autres manières de tirer des remarques de Wittgenstein des arguments en vue de critiquer les entreprises contemporaines en théorie de la signification, et je n'examinerai pas ici ces arguments[32]. Mais l'une des sources principales de l'opposition de Wittgenstein à l'idée d'une théorie de la signification de l'espèce de celle que des auteurs comme Davidson cherchent à formuler est qu'elle nous conduit à considérer la signification et la compréhension comme des processus dont une théorie pourrait révéler l'*essence* ou la nature sous-jacente. Au contraire, selon lui, des mots comme « comprendre », « langage », ou « signification » relèvent de toute une variété d'usages quotidiens et banals, que le philosophe a tendance à hypostasier pour supposer qu'il y a quelque chose d'unique que ces mots pourraient désigner, et dont on pourrait faire la théorie. Comme le dit Jacques Bouveresse, l'illusion du « théoricien » de la signification est ainsi typiquement celle du philosophe, « pour lequel la philosophie doit faire pour ce que Wittgenstein appelle des « super-concepts » *(über-Begriffe)* comme ceux de « langage », « proposition », « vérité » ou « signification » quelque chose de comparable à ce que la science fait pour des concepts plus ordinaires et moins philosophiques »[33]. Il se peut tout à fait que ce diagnostic soit justifié, et que l'illusion des théoriciens de la signification soit celle que dénonce Wittgenstein. Il est même très vraisemblable que malgré les différences que j'ai essayé de relever entre la conception davidsonienne de l'entreprise d'une théorie de la signification et la conception strictement objectiviste et naturaliste qui est celle de nombreux auteurs contemporains (comme Chomsky et Fodor, par exemple), Wittgenstein porterait le même diagnostic sur cette conception. Mais si la position de Wittgenstein revient, en la matière, comme le dit Bouveresse, à dire que « nous n'avons nul besoin d'essayer de décrire l'activité linguistique d'un point de vue autre que celui de l'agent, c'est-à-dire, si possible, complètement indépendant de notre participation à cette activité ou à d'autres activités humaines du même genre », alors cette position revient bien à imposer une fin de non recevoir à toute *analyse* du concept de signification. Malgré le souci Wittgenstein de parvenir dans ce domaine, comme dans d'autres, à une clarification de nos jeux de langage *(ein Ubersichtliche Darstellung),* soutenir qu'il n'y a rien de plus à dire sur la signification me paraît confiner à l'obscurantisme, et justifier partiellement ce qu'Henri Joly disait au sujet de Hegel et de l'avènement de la conception romantique de la raison : « Quelque chose de gris, d'obscur peut-être, et de sombre a commencé de se peindre, sur quelque chose qui était clair mais qui devait cesser dès lors d'apparaître comme il était ».

## NOTES

1. *Recherches sur la philosophie et le langage,* 3, 1983, 79-105. Cette conférence fut la première que j'entendis d'Henri Joly à Grenoble. Au moment de lui rendre hommage, il est normal que je revienne à cette « origine ».
2. Henri Joly a lui-même analysé certaines conceptions du langage de l'âge classique et des Lumières, en particulier à propos de Condillac (cf. sa contribution au colloque *Condillac et les problèmes du langage,* éd. J. Sgard, Slatkine, Genève, 1981) sur lequel on consultera également U. Ricken, *Recherches sur la philosophie et le langage,* 4.
3. « Theories of meaning », *Proceedings of the British Academy,* LXVI, 1980, 283-327, repris dans ses *Collected Papers,* Cambridge University Press, 1985.
4. Cf. Charles Taylor, *Hegel,* Cambridge University Press, 1975, 565-567. On sait que Condillac est la cible principale de Herder dans son *Abhandlung über den Ursprung der Sprache,* tr. fr., P, Pénisson, *Traité sur l'origine de la langue,* Paris, Aubier, 1977.
5. Taylor, 1980, p. 291, Herder, *op. cit.,* Hamann, *Sämtliche Werke,* ed. J. Nadler, Vienne, 1949-53 (l'édition de Herder de Pénisson contient la recension par Hamann du *Traité* de Herder ainsi que le « supplément » du « mage du Nord » sur l'origine de la langue, W, von Humbolt, *über die Verschiedenheit des Menschlichen Sprachbaues,* 1836, Dümmlers Verlag, Bonn, 1960, *Introduction à l'œuvre sur le kâvi,* tr., P, Caussat, Paris, Seuil.
6. Taylor, 1980, pp. 295-298, p. 305, Taylor voit dans l'*Erschlossenheit* heideggerienne (ou la « Lichtung ») une traduction appropriée de l'idée romantique selon laquelle le langage révèle ou « ouvre » ce qui est proprement humain.
7. Cf. Quine, « The problem of meaning in linguistics », in *From a logical point of view,* Harvard, 1952.
8. C'est la célèbre thèse de l'indétermination de la traduction, exposée au chapitre II de *Word and object,* MIT, 1960.
9. Voir les essais de D. Davidson réunis dans ses *Inquiries into truth and interpretation,* Oxford University Press, 1984.
10. « Radical interpretation », in Davidson, *op. cit.*
11. Taylor, 1980, p. 311. Taylor suggère, par exemple, que nous n'aurions aucun moyen de comprendre un terme grec comme *« isos »* si nous ne pouvions entrer dans la culture grecque elle-même.
12. Taylor, 1980, pp. 320-325 ; cf. Rousseau, *Essai sur l'origine des langues,* ch. III : « Le langage figuré fut le premier à naître ».

13. *Philosophische Untersuchungen*, Oxford, 1953, I, 27.
14. P.U., paragr. 568 : « la signification comme physiognomie ».
15. Taylor, 1980, p. 304, fait référence à Cassirer, G.H. Von Wright, *Wittgenstein*, Blackwell, Oxford, 1982, a rapproché la notion wittgensteinienne de « *Sprachspiele* » de celle de « *Ursymbol* » chez Spengler (p. 213). Parmi les interprètes anglo-saxons, P. Winch est celui qui a le plus insisté sur la forme de relativisme culturel et linguistique que la position de Wittgenstein impliquait à ses yeux.
16. Cf. J. Bouveresse, *Wittgenstein, la rime et la raison*, Minuit, 1973, et son article « Wittgenstein critique de Frazer », *Recherches sur la philosophie et le langage*, 4, 1984. Wittgenstein critique l'attitude typiquement *aufklärer* de Frazer face aux mythes et aux religions primitives, mais au nom d'une conception *bien comprise* de l'*Aufklärung*.
17. Taylor, 1980, pp. 326-327. Ce thème est évidemment wittgensteinien, cf. Bouveresse, *La force de la règle*, Paris, Minuit, 1987.
18. Cf. Davidson, « True to the facts », in Davidson, 1984, dont j'ai exposé les arguments dans *La norme du vrai*, Paris, Gallimard, 1989, pp. 18-20 et 136-137.
19. Foucault, *Les mots et les choses*, Gallimard, 1967 ; R. Rorty, *Philosophy and the mirror of nature*, Blackwell, 1980.
20. Cf. « True to the facts », *op. cit.*, et « A coherence theory of truth and knowledge », in *Kant oder Hegel ?*, ed. D. Heinrich, Kleit-Cotta, 1983, 423-438.
21. 1969, repr. in Davidson, 1984.
22. Taylor, 1980, p. 306, 310, endosse explicitement ce relativisme au nom des romantiques, cf. par ex., L. Brown, *Humbolt conception of linguistic relativity*, qui rapproche Herder et Humbolt de Whorf et de Sapir, dont la fameuse thèse de la « relativité linguistique » est l'une des cibles de Davidson.
23. Taylor, 1980, p. 316, H.G., Gadamer, *Wahrheit und methode*, tr. fr. *Vérité et méthode*, Seuil, 1975.
24. « Towards a unified theory of meaning and action », *Grazer philosophische studien*, 1980.
25. C'est ce que Davidson appelle « l'anomalie du mental », cf. « Mental events », in Davidson, *Essays on actions and events*, Oxford, 1980 ; j'ai analysé cette thèse dans « l'anomalie du mental », *Critique*, 1986.
26. Voir l'essai de Davidson, « What metaphors mean », in Davidson, 1984, et mes analyses dans « Le sens littéral des métaphores », *Recherches sur la philosophie et le langage*, 9, 1988.
27. Cf.., pour une conception de ce type, D. Follesdal, « Hermeneutics and the hypothetico-deductive method », *Dialectica*, 33, 3-4, 319-334, 1979.
28. Davidson rend ce point explicite dans « Reality without reference », in Davidson, 1984.
29. Cf. Chomsky, *Cartesian linguistics*, Harper & Row, 1966, tr. fr. Seuil, 1969 « annexion » très discutée et discutable des thèses humboltiennes à la linguistique transformationnelle.
30. Jonathan Lear dans « Leaving the world alone », *Journal of philosophy*, 1980, a explicitement désengagé Wittgenstein de cette forme de relativisme. Cf. les analyses de Bouveresse sur le relativisme contemporain dans *Rationalité et cynisme*, Minuit, 1984.
31. Cf. en particulier Kripke, *Wittgenstein on rules and private language*, Oxford, Blackwell,

1981 ; P. Hacker & G. Baker, *Langage, sense and non sense,* Blackwell, Oxford, 1984. J'ai soutenu, pour ma part, dans « Comprendre un langage et suivre une règle », *Philosophie,* 8, 1985, que ces arguments ne menaçaient pas la conception davidsonienne. Je n'ai pas examiné dans cet article une autre forme d'argument contre la conception davidsonienne, dû à Dummett (« What is a theory of meaning ? », in S. Guttenplan, *Mind and language,* Blackwell, Oxford, 1975). Dummett, comme le remarque Taylor, 1980, p. 314, reproche à une théorie davidsonienne de la signification d'être seulement « modeste », c'est-à-dire de ne pas donner les contenus des concepts que les locuteurs associent à leurs expressions. Les critiques « romantiques » de Taylor peuvent être conçues comme une reprise de cette objection, qui conduit à vouloir une théorie de la signification « ambitieuse » ou « full-blooded ». Mais Dummett lui-même soutient que cette théorie sera scientifique, et une théorie systématique de la signification. J. Mc Dowell, dans « In defense of modesty » (in B. Taylor, *Michael Dummett, contributions to philosophy,* La Haye, Nijhoff, 1987) a soutenu au contraire, contre Dummett, qu'une théorie de la signification ne pouvait qu'être *modeste ;* mais il aboutit aussi à une conception très proche de celle de Wittgenstein, selon laquelle on ne peut, en toute rigueur, pas faire de *théorie* de la signification. Ce volet très important de la critique et de l'interprétation des thèses davidsoniennes a été négligée dans cet article, mais j'espère y revenir ailleurs.

32. Bouveresse, « Herméneutique et linguistique », in Bouveresse, J. & Parret, H., *Meaning and understanding,* Berlin, de Gruyter, 1981, p. 153. Bouveresse attaque ici explicitement Dummett ; sa position paraît très proche de celle de Mc Dowell évoquée ci-dessus.

*Claire FEUVRIER-PREVOTAT*
*Université de Grenoble II*

# L'ARGENT DANS LES *TOPIQUES* DE CICÉRON

Cherchant à étudier et à comprendre les diverses représentations que les Romains pouvaient avoir de l'argent[1], notre attention a été très vite retenue par quelques passages des *Topiques* dans lesquels Cicéron est amené à établir des rapports entre le métal-argent *(argentum)* et la monnaie *(pecunia)*. Il nous a paru que l'étude de ces courts extraits pouvait aider à saisir, au moins partiellement, le statut de la monnaie au 1er siècle. Il importe de rappeler, même brièvement, les conditions dans lesquelles furent écrits les *Topiques*, avant d'étudier le texte lui-même.

## *I – LES TOPIQUES*

Les *Topiques* furent rédigés par Cicéron au cours de l'été 44, probablement en juillet[2], alors que, profondément troublé par la crise politique qui sévit à Rome, après l'assassinat de César, il quitte la capitale pour Athènes. Ayant embarqué à Pompéi, il fait escale à Velia, port de Lucanie, et là, il se remémore, si l'on en croit ce qu'il dit lui-même[3], une promesse faite à son ami Trebatius Testa, jurisconsulte, originaire de Velia, où il possède d'importants domaines. Consultant un jour la bibliothèque de Cicéron à Tusculum, Trebatius avait eu, entre les mains, un exemplaire des *Topiques* d'Aristote ; particulièrement intéressé, il avait demandé à son ami de lui parler de cet ouvrage difficile. Cicéron s'était engagé à le faire dès que possible[4]. Il met donc à profit ces quelques jours de traversée pour respecter son engagement. Arrivé à Rheggium, il fait parvenir à Trebatius l'ouvrage accompagné d'une lettre, datée du 28 juillet 44, dans laquelle il écrit : « En effet, à peine embarqué à Velia, je me suis mis à composer des *Topica Aristotelea*, inspiré par cette ville même qui a tant d'affection pour toi. Je t'ai envoyé de Rheggium ce livre que j'ai écrit aussi clairement que le permet le sujet »[5].

Les *Topiques* furent donc écrits rapidement – huit jours à peine – et probablement, du moins pour l'essentiel, de mémoire ; on s'accorde à penser qu'il ne peut s'agir d'une véritable traduction des *Topiques* d'Aristote[6], mais plutôt d'une adaptation, enrichie des connaissances acquises par Cicéron dans les nombreux traités rhétoriques, qu'il avait étudiés, notamment la *Rhétorique* d'Aristote, les ouvrages d'Antiochos d'Ascalon ou ceux de Diodote[7].

Les *Topiques* de Cicéron, tout comme ceux d'Aristote, énumèrent les lieux *(topoi)*, c'est-à-dire, pour reprendre la formulation de C. Perelman[8], les rubriques sous lesquelles on peut classer des arguments, afin de pouvoir, au moment voulu, les retrouver aisément. Cicéron emploie l'expression très significative de « magasins d'arguments » : « La définition du lieu pourrait être : magasin des arguments *(argumenti sedes)* et celle de l'argument : moyen servant à convaincre d'une chose douteuse »[9].

Les différences entre les deux traités apparaissent au grand jour, lorsque l'on s'interroge sur la nature et la fonction des arguments. Pour Aristote, du moins dans les *Topiques,* il s'agit de classer des recettes d'argumentation pour une activité très spécifique qui est celle de la discussion dialectique[10]. Cette méthode, s'exerçant dans le dialogue raisonné, procède, comme le modèle socratique, par questions et réponses et fonctionne sur un mode binaire : affirmation/négation, vrai/faux, victoire/défaite.

Cicéron se place dans une perspective à la fois plus large et plus pragmatique. Dans les *Topiques,* comme dans ses ouvrages antérieurs de rhétorique, Cicéron traite des moyens de l'argumentation comme autant de procédures devant s'appliquer à tous les domaines de l'activité humaine : la politique, la philosophie, la métaphysique et le droit[11]. Écrivant pour C. Trebatius Testa, juriste de renom, Cicéron est, à l'évidence, préoccupé dans son ouvrage de se référer au champ juridique et d'y choisir ses exemples ; il veut ainsi montrer que l'art de la discussion et de l'argumentation peut s'exercer, de manière bénéfique, dans le domaine du droit[12].

L'ouvrage lui-même, après une assez longue présentation du sujet, distingue deux grandes séries de rubriques dans lesquelles le lecteur ou l'orateur pourra puiser ses arguments : une première série où les arguments sont inhérents au sujet ; une seconde où ils sont extérieurs au sujet[13]. C'est dans la première série que Cicéron est amené, afin d'expliciter sa pensée, à choisir des exemples où interviennent les vocables *argentum* et *pecunia*[14].

Les occurrences *argentum/pecunia* se regroupent, pour l'essentiel, en trois passages (3, 13 ; 3, 16 et 13, 53) sur lesquels nous ferons porter notre analyse. Les deux premiers se situent dans la présentation générale que fait Cicéron des arguments. En effet, après avoir exposé les conditions de rédaction de son ouvrage (parag. 1-8), Cicéron examine, de manière très générale, et en utilisant des exemples, les arguments inhérents au sujet. Ces arguments sont de nature diverse : il y a les arguments qui se rapportent à l'ensemble du sujet, ou à une partie, ou à un point qui a rapport au sujet. Cette dernière catégorie elle-même présente différentes formes qui, toutes, doivent aider à la définition de l'objet dont l'importance est soulignée, à plusieurs reprises, par Cicéron dans les *Topiques*[15]. On distingue les arguments tirés de la ressemblance d'un objet avec un autre, de sa différence, de ses liens avec la catégorie genre/espèce, si fondamentale dans la philosophie aristotélicienne, et qu'utilise fréquemment Cicéron. C'est à ce propos que Cicéron est amené à évoquer l'argent et notamment l'argent légué. Voici ce qu'il dit : « Tout ce qui est argent a été légué à la femme ; donc l'argent comptant, trouvé dans la maison, n'a pas pu ne pas lui être légué ; en effet, l'espèce ne se sépare jamais du genre, tant qu'elle conserve le même nom. L'argent comptant conserve le nom d'argent ; par suite il semble bien avoir été légué »[16].

Au paragraphe 16, afin d'expliquer l'argument *a differentia,* Cicéron utilise de nouveau l'exemple de l'argent : « Si un mari a légué à sa femme tout l'argent qui lui appartenait, il ne s'ensuit pas qu'il lui ait légué ses créances. Il y a en effet une grande différence entre l'argent en caisse et celui qui figure sur les livres de compte »[17].

Dans le dernier passage que nous examinerons, Cicéron évoque *argentum* et *pecunia* pour illustrer l'exposé qu'il fait du syllogisme : « Quoique ce lieu se divise en trois parties, conséquence, antécédent, contradiction, pour fournir des arguments, il est simple, pour les développer, il est triple. Si l'on admet, par exemple, que l'argent comptant est du à la femme, qui est légataire de tout l'argent, qu'importe la forme d'argument adoptée ? « Si la monnaie frappée est comprise dans l'argent, elle a été léguée à la femme. Or, la monnaie frappée est comprise dans l'argent. Donc elle a été léguée ». Ou bien : « Si l'argent monnayé n'a pas été légué, c'est que l'argent monnayé n'est pas compris dans l'argent. Or, l'argent monnayé est compris dans l'argent. Donc il a été légué ». Ou bien : « On ne peut admettre en même temps que tout ce qui est argent ait été légué et que l'argent monnayé n'ait pas été légué. Or, tout ce qui est argent a été légué. Donc l'argent monnayé a été légué »[18].

Dans ces trois passages, Cicéron fait allusion à une question fondamentale du droit privé romain qui est celle de la nature et du contenu du legs. L'importance de ce mode de transmission des biens est repérable dans toute l'œuvre de Cicéron, aussi bien dans certains plaidoyers, que dans la Correspondance ou que dans les traités théoriques. Il n'est pas étonnant que cette procédure, qui faisait alors l'objet de nombreux débats, soit évoquée dans les *Topiques ;* son destinataire, Trebatius Testa, ne pouvait qu'y trouver un grand intérêt.

## *II – LE LEGS D'ARGENT*

Rappelons, de manière sommaire, les principales caractéristiques du legs en droit romain. Ne concernant que les successions testamentaires, c'est « une disposition du testament qui met à la charge de l'héritier une certaine prestation en faveur d'une personne déterminée »[19]. Il s'agit donc d'une libéralité, de n'importe quel ordre, que le testateur peut exercer à l'égard de qui bon lui semble à la seule condition qu'il respecte les trois dispositions juridiques précises, mises en place par la tradition la plus ancienne :

– le legs doit être contenu dans un testament ;
– il doit être placé après l'institution de l'héritier dont la constitution est absolument obligatoire pour que le testament soit valide ;
– il doit, enfin, être fait en termes sacramentels[20].

Le legs a pris différentes formes[21] que les juristes ont eu le soin de préciser, avec une extrême rigueur, et qui témoignent, à elles seules, de son extension. La réalisation d'un legs est simple, souple et laisse au testateur une grande liberté d'action : elle parut trop grande, aussi fut-elle limitée assez vite par la législation.

Gaius[22] fait mention de trois lois qui, toutes, ont pour but de limiter les legs. La *lex Furia testamentaria* que l'on ne peut dater avec précision, mais qui fut promulguée au début du 2e s., entre 204 et 169[23] : en limitant la valeur des legs mais non leur nombre, elle fut sans efficacité. La *lex Voconia* émise en 169 en même temps qu'elle interdisait aux citoyens de la première classe d'instituer des femmes héritières, elle défendait que les legs fussent plus importants que la part réservée aux héritiers[24] ; pas plus que la précédente, comme l'indique bien Gaius, cette loi ne fut suivie d'effets, puisque ce n'était pas l'ensemble des legs qui était pris en compte dans leur rapport à la part de l'héritier, mais chaque legs considéré individuellement. Il faut attendre la *lex Falcidia* de 40 pour que soit mise en place une législation effective des legs : en tout état de cause, l'héritier doit recevoir le quart de l'actif de la succession, ce qu'on prit l'habitude d'appeler, « la quarte falcidie »[25].

Ainsi, la législation sur les legs, tout comme les multiples formes qu'ils prirent, témoignent de l'importance de cette procédure ; il en va de même de toute la casuistique qui s'est développée très tôt sur la dénomination des legs à laquelle, de manière indirecte, se réfère le texte des *Topiques* qui nous retient.

Le problème posé est, en effet, le suivant : à quelle réalité concrète correspond le vocabulaire employé pour qualifier un legs ? Comment définir l'objet du legs afin d'éviter toute contestation après la mort du testateur ? Par exemple – et l'exemple est longuement développé dans le *Digeste*[26] – que signifie l'objet du legs appelé *lignum* ? De quels bois s'agit-il ? Le bois sur pied ? Le bois de chauffage ? Le bois de construction ? Le même genre de questions se pose pour de nombreux objets de legs : le mobilier *(suppellex)*[27], les provisions *(penus)*[28], la laine, le vin, les livres, etc. et, ce qui nous intéresse au premier plan, l'argent : qu'est-ce qu'un legs d'argent ? Que signifie *argentum,* le vocable utilisé pour le qualifier ?

Malgré les informations parcellaires dont nous disposons, il n'est pas douteux que la première jurisprudence républicaine ait eu tendance à attribuer un contenu très ample au legs d'argent : il comprend aussi bien le métal brut que le métal travaillé, sous toutes ses formes, y compris la forme monétaire[29]. Ce n'est pas la fonction de l'objet qui est déterminante pour le définir, mais sa nature ou, plus précisément, la matière dans laquelle il est constituté : ainsi, il semble bien que la monnaie d'argent, considérée comme un objet d'argent, ait été classée dans la catégorie « legs d'argent » ou « legs tout argent », comme n'importe quel autre objet de même métal. Progressivement toutefois, le vocabulaire se précise : une première distinction s'impose assez tôt : celle qui oppose l'argent travaillé *(argentum factum)* à l'argent brut *(argentum infectum)*[30]. En outre, la diversification des objets, qui s'explique par le développement considérable de la production et des échanges aux 2e et 1e s.[31], a rendu nécessaire des terminologies plus précises.

Il aurait été du plus grand intérêt de pouvoir suivre, pas à pas, ces transformations du legs d'argent. Faute de sources suffisantes, l'entreprise n'est pas réalisable ; mais il est loisible de repérer quelques jalons qui témoignent de la pratique de certaines modifications et de l'ampleur des enjeux en cause.

*II.1 – Au temps de Q. Mucius Scevola*

Un premier jalon est donné par des indications de Q. Mucius Scevola, telles qu'elles sont transmises par le *Digeste* : à plusieurs reprises, le nom de Q. Mucius est lié aux legs et à la détermination de leur contenu[32]. Innovant sur cet aspect de la jurisprudence, comme il le fit sur de nombreux autres plans, ce grand juriste du début du 1e s. a consacré un de ses dix-huit livres de droit civil, le second, aux legs[33]. Il paraît clair qu'il s'est efforcé d'en affiner la terminologie moins, semble-t-il, en vue de construire un système théorique et abstrait, que d'adapter la jurisprudence aux réalités d'alors, dont la complexité ne fait que croître. Il utilise à cet effet la *divisio in genera* qui lui permet, comme le note avec justesse M. Talamanca[34], « de nuancer de plus en plus la discipline juridique des diverses institutions et de mieux l'adapter aux besoins de la pratique. Loin d'être un véhicule de l'abstraction purement théorique, la division a été employée par Mucius d'une façon tout à fait homologue à l'esprit de la jurisprudence romaine ».

Voici le fragment du *Digeste* : « Q. Mucius, au livre deux du droit civil, dit que, par *argentum factum*, on comprend la vaisselle d'argent. On demande si le testateur, qui a fait un legs *omne argentum*, a légué aussi ses pièces de monnaie ? Je ne pense pas : on ne compte pas généralement les pièces de monnaie au nombre de *l'argentum*. De même, lorsqu'un testateur a légué son *argentum factum*, je pense qu'à moins que le testateur ne s'y oppose, les pièces de monnaie ne sont pas contenues dans le legs[35] ». Bien qu'il ne soit pas certain que la seconde partie du texte transmette, de manière rigoureuse, l'exacte pensée de Q. Mucius, plusieurs raisons incitent à y trouver les traces de sa réflexion[36]. On sait que Q. Mucius Scevola est très préoccupé par les questions, évoquées ici, de terminologie et de contenu des legs ; il ne serait donc pas étonnant qu'il fût l'auteur de ces lignes qui visent à une plus grande précision du vocabulaire. De plus, le souci qui est exprimé, à la fin du texte, de respecter la volonté du testateur correspond bien à ce que l'on sait des propres préoccupations de Q. Mucius Scevola ; le *Digeste,* à plusieurs reprises, en témoigne avec certitude. Il y a là un problème fondamental sur lequel le jurisconsulte a fait porter sa réflexion et qui touche à la signification des mots. La question soulevée peut être formulée, en simplifiant, de la manière suivante. Le sens des mots *(verba)* est-il le même pour tous ? A-t-il une valeur universelle ? Ou bien est-il propre à chacun ? Est-il soumis à la volonté *(voluntas)* de chacun ? Lorsqu'un testateur fait un legs *d'argentum,* qu'entend-il, lui personnellement, par ce mot ? Argenterie ? Monnaie frappée ? Mobilier ? Comment connaître la pensée du testateur ? Faut-il fixer une fois pour toutes le sens des mots ou, au contraire, doit-on tenir compte de l'interprétation de chacun ? Ces questions ont suscité des discussions passionnantes, autour des concepts de *verba* et de *voluntas,* qui furent menées chez les juristes[37], et qui n'ont cessé d'intéresser tous ceux, philosophes et philologues, qui s'interrogeaient sur le langage. Ainsi, il semble bien qu'un véritable débat se soit instauré, au dernier siècle de la République, probablement à l'instigation de Q. Mucius, autour de ces questions essentielles concernant la nature et le contenu des legs, ainsi que l'expression de la volonté du testateur.

*II.2 – Au temps de Sabinus*

Un secon jalon, établi de manière plus assuré sur le plan chronologique, est fourni par un autre fragment du *Digeste.* Il s'agit d'une indication transmise par Ulpien, et qui est attribuée, avec grande vraisemblance, au juriste Sabinus[38] : « Lorsque de l'or ou de l'argent a été légué, tout ce qui en fait d'or ou d'argent, brut ou travaillé, a été laissé, est contenu dans le legs. On décide que l'argent frappé n'est pas contenu dans le legs »[39].

Ce passage de Sabinus mérite attention. La formulation en est claire et fait état, par l'emploi de *placet,* d'un choix ou d'une option qui a été prise parmi d'autres[40] : désormais, c'est-à-dire à l'époque de Tibère, il est décidé que la monnaie frappée n'est pas comprise dans un legs d'argent. L'ambiguïté est levée sur ce point. L'argent monnayé fera l'objet de legs propre ; il constitue une catégorie de legs spécifique, dont l'existence est assurée au début du 1e s. de notre ère. Cette autonomie de l'argent frappé par rapport à l'argent, dans la jurisprudence des legs, a été mise en relation avec les transformations économiques et sociales et avec le développement de la monnaie[41] : cela ne paraît pas douteux.

Après cette brève étude du legs d'argent, il nous faut revenir au texte des *Topiques.*

## *III – L'ANALYSE CICÉRONIENNE*

Nous l'avons vu, Cicéron exprime un point de vue différent de celui des juristes : ses indications sont formelles et, en aucun cas, il ne fait état des préoccupations ou des hésitations de Q. Mucius Scevola. Pourtant, et bien que n'étant pas de la même génération, les deux hommes se sont connus et on sait que Cicéron est un familier de l'œuvre du juriste[42].

### *III.1 – L'argumentation de Cicéron*

Pour Cicéron, le legs d'argent *(legatum argentum* ou *legatum omne argentum)* comprend tous les objets d'argent qui sont dans la maison, y compris l'argent comptant, mais à l'exclusion des créances. Pour assurer sa proposition, Cicéron a recours à deux arguments : celui qui met en œuvre la distinction genre/espèce et le syllogisme.

La catégorisation aristotélicienne, genre/espèce, est utilisée dans *Top,* 3, 13, nous l'avons vu, lorsque Cicéron indique que l'argent comptant fait partie du legs d'argent, car l'argent comptant, conservant le nom d'argent, ne se sépare pas de l'argent, « tout comme l'espèce ne se sépare pas du genre, tant qu'elle conserve le même nom ». En d'autres termes, l'argent comptant est au métal-argent dans le même rapport que l'espèce l'est au genre, c'est-à-dire que l'argent comptant est vu comme une division (une espèce), du genre métal-argent, qui en est le principe et la source ; à ce titre, l'argent comptant doit faire partie du legs d'argent. L'argumentation de Cicéron est convaincante puisqu'elle repose sur un outil d'analyse, à ses yeux, indiscutable, la relation genre/espèce, auquel, dans les *Topiques*[43] comme ailleurs, il accorde une grande valeur.

Il en est de même de l'argumentation fondée sur le syllogisme, qui est établie à partir de la donnée de base suivante : l'argent comptant est dû à la femme qui reçoit un legs d'argent. Le syllogisme, sous ses différentes formes, se développe dans sa propre logique, à partir de cette affirmation. Aussi la partie centrale du raisonnement est-elle formulée ainsi : « l'argent comptant est compris dans l'argent »[44]. Sous une autre forme, c'est l'argument genre/espèce qui s'exprime ainsi. La pensée cicéronienne apparaît donc tout à fait cohérente : le legs d'argent doit comprendre l'argent comptant car
- l'argent comptant est une « espèce » du « genre » argent ;
- l'argent comptant est compris dans l'argent.

### *III.2 – Essai d'interprétation*

Il serait hasardeux, voire abusif, de prétendre proposer une interprétation historique, à valeur générale, à partir de ces quelques passages des *Topiques* de Cicéron. Tout au plus souhaitons-nous faire quelques remarques, sui sont, à nos yeux, des hypothèses de travail plutôt que des conclusions. Cette étude des *Topiques* de Cicéron, menée conjointement à celle de certains textes juridiques, semble bien révéler que la monnaie était perçue de manière sensiblement différente.

Les juristes, traitant de la jurisprudence des legs, tendent, dans un souci de précision du vocabulaire, à isoler l'argent monnayé de la catégorie « argent-métal ». Cette volonté de différencier l'argent monnayé d'une catégorie plus globale a fait l'objet de débats et de discussions, dont les traces sont repérables, au 1e s., et qui sont vraisemblablement à mettre en relation avec l'activité très féconde de Q. Mucius Scevola. Or, le premier siècle est indiscutablement marqué par un grand déveveloppement des émissions monétaires[45] et il est apparu nécessaire de différencier ces objets spécifiques que sont les pièces de monnaie[46]. L'objet-monnaie tend alors à être caractérisé par les juristes de la fin de la République, moins par le métal qui le constitue, que par la fonction qu'il remplit. Au 1e s. de notre ère, sous le règne de Tibère, l'option des juristes est prise : l'argent monnayé a acquis son indépendance, pour ce qui est des legs d'argent, et constitue une catégorie à part : il n'est plus compris dans le *legatum argentum.*

La représentation cicéronienne de l'argent monnayé, du moins telle qu'elle apparaît dans les *Topiques*, est sensiblement différente. Il est vrai que cette représentation est partielle : ces quelques lignes des *Topiques,* qui ne constituent qu'une part infime du corpus cicéronien de l'argent, ne sauraient être analysées comme s'il s'agissait d'une réflexion théorique approfondie ; les *Topiques* ont été rédigés rapidement et on peut se demander, à la lecture de l'ensemble de l'œuvre, s'il n'y a pas aussi une sorte de jeu rhétorique, de la part de Cicéron, qui paraît jongler avec les mots ; en outre, ces occurrences doivent être comprises dans le contexte très particulier de la jurisprudence des legs, en faveur des veuves, touchées par les mesures de la *lex Voconia*[47] ; elles n'en sont pas moins dignes d'intérêt. L'argent monnayé y apparaît étroitement lié à la matérialité du métal, c'est-à-dire l'argent dans lequel sont frappées, sinon toutes les monnaies, puisqu'on ne saurait négliger le bronze, du moins les plus importantes. En forçant quelque peu la pensée de Cicéron, nous serions tentée de dire que, dans ce passage des *Topiques,* la monnaie est perçue comme un objet argent, au même titre qu'un autre.

Ainsi, semble bien se dégager une double représentation de la monnaie. Ne peut-on la mettre en relation avec le statut si complexe de la monnaie ?

La monnaie est bien, en effet, une marchandise, qui, à Rome, comme dans la plupart des sociétés précapitalistes, a pris la forme d'une pièce de métal, d'abord de bronze, puis d'argent[48] : c'est objectivement du métal, et de plus en plus, du métal-argent. Mais, par sa fonction d'équivalent général, permettant la mesure des valeurs et le développement des échanges, cette marchandise – la monnaie – est une marchandise particulière au statut spécifique. Étant la forme de la valeur de toutes les marchandises, elle ne peut pas être considérée de la même manière que ces marchandises[49]. Elle est tout à la fois marchandise et non-marchandise. N'est-ce pas ce qui, dans une certaine mesure, est exprimé, d'une part par Cicéron et d'autre part, par les juristes ? Pour Cicéron, dans les *Topiques*, il semble bien que la monnaie soit vue comme une marchandise du même ordre ou de la même nature que les autres marchandises d'argent[50] ; les juristes, en revanche, faisant entrer l'argent monnayé dans une catégorie particulière de legs, en révélent le caractère spécifique : sans qu'aucune élaboration théorique ne soit menée, n'ont-ils pas voulu signifier qu'il s'agissait d'une marchandise à part, voire d'une non-marchandise ?

C'est peut-être ce dont témoignent, à leur manière, ces quelques lignes des *Topiques* qui, examinées et éclairées à la lumière des pratiques juridiques, soulèvent des questions majeures sur le statut et la fonction de la monnaie.

## NOTES

1. Cf. nos recherches en cours sur : *« Vocabulaire et représentation de l'argent aux deux derniers siècles de la République ».*
2. Cf. P. Grimal, *Cicéron*, Paris, 1986, p. 387 et suiv., où sont étudiées les conditions du « faux » départ de Cicéron.
3. *Top.* I, 6.
4. *Top.* I, 1-5.
5. *Ad fam.*, VII, 19, 5-6 : *Itaque, ut primum Velia navigare coepi, institui Topica Aristotelea conscribere ab ipsa urbe commonitus amantissima tui. Eum libri tibi misi Regio scriptum, quam planissime res illa scribi potuit.*
6. Cf., une récente mise au point sur cette question, avec la bibliographie dans : M. Talamanca, Trebazio Testa fra retorica e diritto, *Questioni di giurisprudenza tardo-repubblicana*, a cura di G. G. ARCHI, Milan, 1985, pp. 29-204, en particulier, pp. 33-40.
7. Les sources des *Topiques* sont brièvement examinées par H. M. Hubbel, dans l'introduction de l'édition du texte, qu'il donne dans la Collection Loeb, pp. 377-381 ; cf. également, B. Riposati, *Studi sui Topica di Cicerone*, Milan, 1947, pp. 1-14, 40-45 ; J. Kaimo, *Cicero's Topica : The Preface and the Sources*, Turun, 1976.
8. *Traité de l'argumentation*, Paris, 1970, p. 112 et suiv., où il analyse avec clarté la notion de *topos*, pour Aristote et Cicéron ; cf. également, M. C. Leff, The Topics of Argumentative Invention in Latin Rhetorical Theory from Cicero to Boethius, *Rhetorica*, 1, 1983, pp. 23-44, en particulier pp. 28-31.
9. *Top.*, 1, 8 : *Itaque licet definire locum esse argumenti sedem, argumentum autem, rationem quae rei dubiae faciat fidem ;* cf. B. Riposati, *I Topica...*, pp. 27-30 ; Id. La terminologia logica nelle opere retoriche di Cicerone, *Hommages Bardon*, Bruxelles, 1985, pp. 319-331, en particulier 324-325.

10. J. Brunschwig, Introduction aux *Topiques* d'Aristote, Collection G. Budé, Paris, 1967, pp. XXV-XXX.

11. On s'est interrogé sur le statut des *Topiques* de Cicéron : est-ce un ouvrage rhétorique ? Philosophique ? Une mise au point par M. Talamanca, *Trebazio Testa...*, pp. 28-29, pour qui il n'est pas douteux qu'il s'agit bien d'un ouvrage rhétorique. Une bibliographie sur la rhétorique cicéronienne, accompagnée d'une analyse des nouvelles orientations de la recherche, dans : R. Valenti-Pagnini, La retorica di Cicerone nella moderna problematica culturale, *BSL*, 7, 1977, pp. 327-342.

12. Cf. G. Crifo, Per una lettura dei *Topica* di Cicerone, *AIIS*, I, 1967-1968, pp. 113-145, qui souligne l'importance des *Topiques* pour l'histoire du droit romain.

13. Sur la construction générale de l'œuvre, cf. H. Bornecque, *Introduction* à l'édition qu'il a donnée des *Topiques* dans la Collection G. Budé, Paris, 2e éd., 1960, pp. 58-64 et B. Riposati, *I Topica...*, pp. 285-294.

14. Les occurrences de *pecunia* sont les suivantes : 3, 13 (2 occ.), 3, 14 ; 6, 29 (3 occ.), 13, 53 (8 occ.) ; celles d'*argentum* : 3, 13-16 (4 occ.), 13, 53 (7 occ.). Il y a donc 13 occ. de *pecunia* et 11 d'*argentum*. Cette proportion est exceptionnelle puisque, pour l'ensemble des traités rhétoriques cicéroniens, les occurrences se répartissent ainsi : 95 occ. de *pecunia* pour 18 d'*argentum*. Par l'importance relative du nombre des occurrences d'*argentum*, les *Topiques* ont une place tout à fait particulière dans l'œuvre de Cicéron.

15. *Top.*, 2, 9 ; 5, 26 ; 23, 87. Sur l'importance du concept de *definitio* dans les *Topiques*, cf. B. Riposati, *I Topica di Cicerone...*, pp. 53-79 ; A. Michel, *Rhétorique et philosophie chez Cicéron. Essai sur les fondements philosophiques de l'art de persuader*, Paris, 1960, pp. 191-195 ; A. Carcaterra, *Le definizioni dei giuristi romani. Metodo, Mezzi e fini*, Naples, 1966, qui fait une large part aux *Topiques* dans son étude de la *definitio*, pp. 77-115.

16. *Top.*, 3, 13 : *Quoniam argentum omne mulieri legatum est, non potest ea pecunia, quae numerata domi relicta est, non esse legata ; forma enim a genere, quoad suum nomen retinet, numquam seiungitur ; numerata autem pecunia nomen argenti retinet ; legata igitur videtur.*

17. *Top.*, 3, 16 : *Non, si uxori vir legavit argentum omne quod suum esset, idcirco quae in nominibus fuerunt legata sunt. Multum enim differt in arcane positum sit argentum an in tabulis.*

18. *Top.*, 13, 53 : *Cum tripertito igitur distribuatur locus hic, in consecutionem, antecessionem, repugnantiam, reperiendi argumenti locus simplex est, tractandi triplex. Nam quid interest, cum hoc sumpseris, pecuniam numeratam mulieri deberi, cui sit omne argentum, legatum utrum hoc modo concludas argumentum ? « Si pecunia signata argentum est, legata est mulieri. Est autem pecunia signata argentum. Legata igitur est »* ; an illo modo : *« Si numerata pecunia non est legata, non est numerata pecunia argentum. Est autem numerata pecunia argentum. Legata igitur est » ; an illo modo : « Non et legatum argentum et non est legata numerata pecunia. Legatum autem argentum est. Legata igitur numerata pecunia est ».*

19. Cf. F. Dumont, *Manuel de droit romain*, Paris, 1947, p. 95. La bibliographie sur le legs, en droit romain, est considérable ; nous n'indiquons ici que les ouvrages généraux que nous avons consultés : P. Huvelin, *Cours élémentaire de droit romain*, I, Paris, 1927, pp. 720-726 ; P. F. Girard, *Manuel élémentaire de droit romain*, Paris, 9e éd., 1929, pp. 903-915 ; V. Arangio-Ruiz, *Istituzioni di diritto romano*, Naples, 14e éd., 1960, pp. 564-573 ; G. Grosso, *I legati nel diritto romano*, Turin, 1962, en particulier pp. 63-65, 239-275, 337-359 ; R. Astolfi, *Studi sull'oggetto dei legati in diritto romano*, II, Padoue, 1969, pp. 154-231 ; M. Kaser, *Das römische Privatrecht*, I, 2e éd., 1971, pp. 619-630 ; A. Gua-

rino, *Diritto privato romano,* Naples, 7e éd., 1984, pp. 430-435, qui donne, de manière détaillée, la bibliographie la plus récente.

20. Cf. V. Arangio-Ruiz, *Istituzioni...,* pp. 565-566 qui souligne l'ancienneté de ces formules sacramentales, proches de celles de la Loi des XII Tables.

21. Les juristes romains distinguent quatre types de legs : le legs *« per damnationem », « per vindicationem », « sinendi modo », « per praeceptionem »,* en fonction du mode de transmission des biens et de la responsabilité plus ou moins grande de l'héritier ; une analyse claire dans V. Arangio-Ruiz, *Istituzioni...,* pp. 565-567.

22. *Inst.,* 2, 225-227.

23. Cf. M. Bretone, *Storia del diritto romano,* Bari, 1987, p. 84 ; sur la *lex Furia,* cf. Steinwenter, *PW.,* s.v. : *Lex Furia.*

24. La bibliographie sur la *lex Voconia* est considérable : elle est, pour l'essentiel, rassemblée dans un article récent de R. Vigneron, L'antiféministe loi Voconia et les *« Schleichwege des Lebens », Labeo,* 29, 1983, pp. 140-153.

25. Cf. F. Bonifacio, *Ricerche sulla « lex Falcidia de legatis »,* Milan, 1948 ; Id., tema di *« lex Falcidia », Iura,* 3, 1952, pp. 229-233 ; R. Ankum, La femme mariée et la loi Falcidia, *Labeo,* 30, 1984, pp. 28-70 qui donne la bibliographie récente. Pour l'établissement du texte, en dernier lieu, cf. P. Stein, *La lex Falcidia, Athenaeum,* 65, 1987, pp. 453-457.

26. *Dig.,* 32, 55 pr. 10 (Ulpien, 25 *ad Sabinum,* L. 2679).

27. *Dig.,* 33, 10, 7 pr. 2. Cf. R. Astolfi, *Studi sull'oggetto dei legati...* II, pp. 156-163 ; M. Bretone, *Storia del diritto...,* pp. 319-321.

28. R. Astolfi, *ibid.,* pp. 76-134.

29. Id., *ibid.,* pp. 154-156.

30. P. Voci, *Diritto ereditario romano,* 2e éd., Milan, 1963, pp. 290-294.

31. La synthèse la plus récente, sur ce point : A. Giardina et A. Schiavone, *Società romana e produzione schiavistica,* 3 vol., Bari, 1981, en particulier les tomes I et II consacrés respectivement à la production sous toutes ses formes et aux échanges : I, *L'Italia : Insediamenti et forme economiche ;* II, *Merci, mercati, e scambi nel Mediterraneo.*

32. En particulier, dans de nombreux chapitres du livre 34, concernant les legs d'or et d'argent : notamment, 34, 2, 10 ; 34, 2, 18, 9 ; 34, 3, 33 et 34.

33. G. Lapointe, *Q. Mucius Scevola,* Paris, 1926, en particulier pp. 52-80 où est proposé un plan des *Libri Iuris Civilis ;* cf. surtout, A. Schiavone, *Nascita della giurisprudenza. Cultura aristocratica e pensiero giuridico nella Roma tardo-repubblicana,* Bari, 1976, pp. 72-128 notamment ; M. Bretone, *Storia del diritto romano,* pp. 184-186.

34. Cf. La brève et pertinente analyse de M. Talamanca, Développements socio-économiques et jurisprudence romaine à la fin de la République, *Studi in onore di Cesare Sanfilippo,* vol. 7, Milan, 1987, pp. 775-791 et notamment p. 782.

35. *Dig.,* 34, 2, 27 pr. 1 : *Quintus Mucius libro secundo iuris civilis ita definit, argentum factum, vas argentum videri esse. 1 An cui argentum omne legatum est ei nummi quoque legati esse videantur, quaeritur ? Et ego puto, non contineri : non facile enim quisquam argenti numero nummos computat. Item argento facto legato, puto, nisi evidenter contra sensisse testatorem appareat nummos non contineri.*

36. C'est le point de vue, notamment de E. Costa, *Cicerone giureconsulto,* 2 vol., Bologne, 1927, I, pp. 248-249.

37. R. Astolfi, *Studi sull'oggetto dei legati...,* pp. 182-189, qui souligne l'importance des analyses de Cicéron notamment dans : *Part. Orat.,* 29, 101-102 ; 31, 107 ; M. Bretone, *Storia del diritto romano...,* pp. 314-321.

38. Cette attribution a été établie par Schulz, *Sabinus-Fragmente in Ulpianus Sabinus-Com-*

*mentar,* 1906, 47 ; R. Astolfi, *Studi sull'oggetto dei legati...* II, p. 205, et n. 98 souligne le caractère fondé de cette attribution.

39.*Dig.*, 34, 2, 19 pr. : *Cum aurum vel argentum legatum est . quidquid auri argentique relictum sit legato continetur, sive factum, sive infectum. Pecuniam autem signatam placet eo legato non contineri.*

40.R. Astolfi, *Studi sull'oggetto dei legati...*, II, p. 205.

41.Id., *ibid.*, p. 206.

42.Sur les relations entre Cicéron et Q. Mucius Scevola, la bibliographie est importante : en dernier lieu, M. Bretone, Cicerone e i giuristi del suo tempo, *Ciceroniana, Atti del terzo Colloquium Tullianum (Roma, 1976)*, Rome, 1978, pp. 47-67. F. Bona, Cicerone e i *Libri iuris civilis* di Quinto Mucio Scevola, *Questioni di giurisprudenza tardo-repubblicana*, pp. 205-279 qui donne une bibliographie abondante.

43.*Top.*, 7, 31 : sur cette distinction, cf. A. Michel, *Rhétorique et philosophie...*, pp. 191-195 ; M. Talamanca, Lo schema *genus-species* nelle sistematiche dei giuristi romani, *La filosofia greca e il diritto romano,* II, 1977, pp. 3-319, en particulier pp. 133-145 ; 279-290.

44.*Top.*, 13, 53 : *Est autem pecunia signata argentum.* Dans la forme suivante du syllogisme, deux lignes plus loin Cicéron écrit : *Est autem numerata pecunia argentum. Pecunia signata* signifie au sens propre, l'argent frappé et *pecunia numerata,* l'argent compté. Les deux formulations paraissent synonymes et signifient, dans les deux cas, l'argent en numéraire ou l'argent comptant.

45.En dernier lieu, M. Crawford, *Coinage and Money under the Roman Republic,* Londres, 1985, pp. 173-193.

46.R. Astolfi, *Studi sull'oggetto dei legati...*, p. 206.

47.E. Costa, *Cicerone giureconsulto...*, I' p. 248.

48.R. Thomsen, *Early Roman Coinage,* 3 vol., Copenhague, 1957-1961.

49.Sur ces concepts, et en particulier sur celui de la valeur des marchandises, cf. les analyses classiques de K. Marx, *Le Capital,* L. I, t. 1, pp. 62-94 et 104-147 ; M. Godelier, Économie marchande, fétichisme, magie et science selon Marx dans *Horizon, trajets marxistes en anthropologie,* Paris, 1973, pp. 294-313. Cf. également, *Dictionnaire critique du marxisme,* Paris, 1982, s.v. *Monnaie,* pp. 596-600.

50.Une représentation du même ordre est perceptible dans PLINE L'ANCIEN, *H. N.* 33, 45 ; sur ce point cf. C. Nicolet, Il pensiero economico dei Romani, *Storia delle idee Politiche, Economiche e Sociali,* Turin, I, 1982, pp. 912-939.

*G.G. GRANGER*
*Collège de France*

# L'IDÉE DE FORME LOGIQUE DANS LES « SIX ESSAIS D'UN ART DES SIGNES » DE J.H. LAMBERT

J.H. Lambert, d'après les notes de son journal de travail *(Monatsbuch)*, a écrit ses *Six Essais d'un art des signes* entre 1753 et 1756, c'est-à-dire très peu avant d'entreprendre la rédaction de sa grande œuvre, le *Neues organon.* Il n'en reprendra pas dans ce dernier ouvrage les formulations techniques, conscient peut-être des difficultés non résolues et des confusions non élucidées dans les *Essais.* Néanmoins, le texte posthume procuré par Jean III Bernoulli, directeur de l'Observatoire de Berlin, présente un très intéressant moment de l'histoire de la logique, pour ainsi dire à mi-chemin entre Leibniz et Frege. Intéressant surtout, il est vrai, en tant qu'il se solde par un échec. C'est de ce point de vue que l'on se propose ici d'examiner ces *Essais ;* sans pouvoir prétendre présenter ici une étude complète des idées nombreuses, nouvelles et quelquefois mal coordonnées qu'ils offrent au lecteur, on voudrait y mettre en évidence la suggestion des concepts, encore imparfaitement dissociés, qui constitueront au XIXe siècle le champ de la logique, et une assimilation prématurée de l'idée d'un calcul logique à celle de calcul mathématique. De telles difficultés, caractéristiques d'une science *in statu nascenti,* sont particulièrement instructives. En comprendre l'origine et la portée, c'est assurément se préparer à situer plus clairement le problème essentiel auquel s'attaquera dans sa maturité la logique formelle des Modernes, à savoir, d'une part l'usage fécond et rationnel des signes[1], d'autre part la mise en perspective réciproque de la pensée logique et de la pensée mathématique.

Précurseur en physique, en géométrie, en analyse, J.H. Lambert tâtonne lorsqu'il s'agit de constituer une idée nouvelle de *forme logique.* Nous nous efforcerons de reconnaître et d'interpréter les obstacles qu'il rencontre, les succès partiels qu'il s'est aquis. On examinera d'abord les deux notions fondamentales et mal dissociées de « caractère » *(Merkmal)* et de relation *(Verhältnis) ;* puis le fonctionnement du paradigme algébrique dans les essais de calcul logique ; enfin les formes canoniques que le mathématicien philosophe a cru pouvoir donner aux propositions classiques.

– *Caractères et relations*

1. Grâce à l'Art des signes, on peut espérer d'atteindre la connaissance par concepts, qui est celle de la science, et consiste en ce que

> « l'on se représente une chose comme différente des autres choses au moyen de quelques caractères, et cette représentation nous la nommons concept » (I, parag. 1, p. 3)[2].

Un concept est donc constitué par un ensemble de caractères, qui sont eux-mêmes des concepts ; et de ce point de vue les concepts peuvent être comparés et combinés selon que les ensembles de leurs caractères se chevauchent ou sont distincts. Deux concepts ayant des caractères en commun sont dits « semblables » *(ähnliche) ;* ils sont « parents » *(verwandte)* si l'un est un caractère de l'autre. D'autre part, les caractères d'un concept lui sont « essentiels » *(wesentliche)* lorsqu'ils n'appartiennent à aucun autre, « propres » *(eigene)* lorsqu'ils n'appartiennent pas à un autre concept qui lui soit « semblable » ou « parent » (II, parag. 4, p. 16). Lambert se donne donc apparemment le moyen de construire une logique de *l'extension des caractères –,* puisqu'il est loisible « de considérer un caractère comme partie d'un concept, et réciproquement un concept comme réunion *(Zusammensetzung)* de ses caractères » (II, parag. 3, p. 16) – logique qui pourrait s'identifier à une logique des classes, *bien qu'il ne s'agisse pas de classes d'individus mais de classes de propriétés.*

Sa démarche n'est pourtant pas aussi simple, car il maintient une distinction fonctionnelle en faveur de certaines classes de propriétés, considérées globalement comme substances, bien que la notion de concepts « parents » suppose qu'un même caractère ou groupe de caractères puisse être tantôt substance et tantôt partie d'une autre substance dont elle est un « attribut ». Ce traitement logique des caractères inspiré par une ontologie aristotélicienne – ou plus directement wolfienne – est par exemple indiqué dans le cinquième Essai (V, parag. 29, p. 155). Il se demande alors si les « attributs » peuvent être « réunis » *(zusammengestzt)* comme le peuvent être les « substances », et il distingue deux opérations. Lorsque plusieurs attributs sont appliqués à une même substance, leur association est une « liaison » *(Verbindung)* et non une réunion ; mais lorsqu'ils sont, ensemble mais de façon disjointe, associés à une substance pour caractériser ainsi plusieurs substances, leur conjonction est différente. Ainsi faut-il distinguer les deux propositions. « Une belle et grande maison » et « Une belle maison et une grande maison ». Ce qu'il note respectivement :

$mnA$, et : $(m+n)A = mA + nA$

On voit que l'opération figurée par la juxtaposition des symboles a ici un sens ambigu, portant soit sur un couple d'attributs, soit sur un attribut et une substance, ambiguité qui reproduit celle de la conjonction « et » du langage ordinaire. Le système formé par cette opération et la réunion notée « + » ne correspond donc pas vraiment, dans la pensée de Lambert au couple intersection/réunion, ou au couple homologue et dual conjonction/disjonction de la théorie moderne.

2. C'est que la notion de caractère est elle-même ambiguë. Elle peut être considérée de deux points de vue. En tant que partie d'un concept, c'est alors un caractère au sens propre ; mais en tant que le caractère permet de « connaître et déterminer un concept au moyen d'un autre », il est « relation » (*Verhältniß*, III, parag. 5, p. 17 et III, parag. 2, p. 37). C'est alors un caractère « externe ». Cette distinction se réfléchit pour ainsi dire à son tour sur la notion même de relation, dissociant relations « logiques » et relations « métaphysiques ». Les premières réintroduisent d'une certaine manière le statut du caractère propre dans les relations : une relation est dite « logique » lorsque l'on considère et compare « le nombre des caractères des concepts », concepts qui sont envisagés par conséquent du point de vue de l'extension des caractères. Une relation est « métaphysique », en revanche, si l'on considère « la qualité *(Beschaffenheit)* du caractère » (II, parag. 5, pp. 17-18). L'expression assez vague de *« Beschaffenheit »* sera précisée lorsque Lambert introduira et commentera sa notation :

$i = \alpha : : c$,

paraphrasée : « i est le $\alpha$ de c », où i désigne le référent décrit, $\alpha$ le caractère « métaphysique » et le c le *relatum* auquel on l'applique. Comme, par exemple : « le feu est la cause de la chaleur », le caractère « externe » se trouvant alors appartenir au concept i, alors que son *Gegenteil,* c'est-à-dire son corrélat inverse, se trouve appartenir à l'autre concept c : la cause appartient au feu, l'effet à la chaleur. Il s'agit donc, en termes russelliens, d'une relation fonctionnelle descriptive, d'une définition, comme il est dit en III, parag. 20, p. 40, i étant le *definitum,* c la *differentia specifica,* $\alpha$ le *genus* jouant le rôle d'un opérateur. On voit que la notion de relation « métaphysique » introduit de façon peu claire une idée originale des rapports entre concepts, que Lambert voudrait dissocier nettement du mode de rapport qu'il appelle « logique » au sens strict. Celui-ci, ne faisant en rien appel aux contenus signifiants, correspondrait alors à une théorie extensionnelle des caractères (non des individus). L'idée de forme de la pensée serait ainsi dédoublée en « logique » et métaphysique. C'est du reste ce dernier aspect qui est privilégié par Lambert comme fondamental pour la science, dont les concepts « devraient être définis métaphysiquement » (III, parag. 33, p. 48). En ce sens, la science est *synthétique,* selon l'acception que le mathématicien philosophe donne à ce mot. (*Neues Organon,* Dianoiologie, parag. 315, I, p. 208), c'est-à-dire constructive à la manière des mathématiques euclidiennes (*ibid.*, parag. 679, I, p. 435), qui déterminent des objets *qualifiés.* Dira-t-on que la relation « logique » est externe, et la relation « métaphysique » interne, au sens des philosophes modernes, et en particulier de Bradley ? Non, car cette distinction ne recouvre pas exactement celle de Lambert, pour qui, d'une certaine manière, une relation est toujours « externe » (elle concerne la situation d'un concept par rapport à un autre concept) ; mais toute relation, en tant qu'elle est elle-même caractère, appartient cependant aux concepts qu'elle relie. On dirait plutôt que l'opposition des deux points de vue sur la relation correspond à l'intuition encore mal formulée de la distinction de *deux types de prédication*. La liaison qui caractérise l'un d'eux serait celle d'inclusion de deux ensembles de caractères l'un dans l'autre ; la liaison qui caractériserait l'autre type serait celle de foncteur propositionnel, dont on voit bien que la première peut être pensée comme un cas d'espèce. Ainsi comprendrait-on pourquoi Lambert passe quelquefois sans le mentionner d'un *point de vue* à l'autre. Mais avant de revenir plus généralement sur la manifestation essentiellement opératoire des confusions auxquelles Lambert ainsi s'expose, un mot sur le cas exemplaire que constitue le traitement des *genres* et des *espèces*.

3. Le « calcul des genres et des espèces » développé dans les deux premiers Essais est une théorie de la « définition » *(Erklärung)*, visant à rendre clairs et distincts les concepts. Conformément à la thèse traditionnelle, une définition fournira un genre (des caractères communs à plusieurs concepts) et une différence spécifique (des caractères propres, au sens défini plus haut). On pourrait croire alors que se trouverait uniformément développée une « logique » – au sens lambertien – des emboîtements et des intersections de *classes de caractères*. Le thème directeur est, en effet, celui de l'équivalence *(Gleichgültigkeit)* des concepts. Mais si cette relation a bien le sens « logique » trivial d'identité des caractères de deux concepts, elle a aussi un autre sens qui ouvre une perspective « métaphysique », à savoir la possibilité de substitution fonctionnelle de deux concepts dans un discours (I, parag. 5, p. 4). De ce point de vue, genre et différence sont des *opérateurs*, placés à droite du concept opéré : $a\gamma$ = le genre du concept a, $a\delta$ = la différence spécifique de a. Ce sont déjà, en réalité, les prototypes de l'idée générale de relation « métaphysique » qui sera introduite dans les Essais suivants. Et Lambert assimilera dès lors le genre à une relation descriptive déterminant un concept par sa relation à un autre concept (la différence spécifique). On remarquera du reste que dans le second Essai (parag. 37, p. 32) il indique explicitement comme espèces de relations « métaphysiques » les termes de la série :

$a, a\gamma, a\gamma^2 \ldots a\gamma^n \ldots$

où apparaît, sans commentaire, le concept a lui-même, apparemment comme opéré par $\gamma^0$. Nous reviendrons tantôt sur le sens de cette remarquable anomalie. Lambert tente alors de combiner ces opérations de prélèvement du genre et de la différence spécifique avec l'opération – « logique » – de réunions de concepts, c'est-à-dire de mise en commun de leurs caractères. C'est ainsi que l'expression :

$$a\gamma + a\delta$$

(réunion des caractères du genre et des caractères spécifiques au concept a) doit être équivalente au concept a lui-même. Mais Lambert use alors du même signe (« logique ») « + » pour noter une combinaison (« métaphysique ») des deux opérateurs $\gamma$ et $\delta$, et il écrit :

$$a = a(\gamma + \delta)$$

La « somme » $(\gamma + \delta)$ jouant le rôle d'un opérateur unité. On voit que l'idée maîtresse de Lambert est de caractériser la structure formelle de la pensée par un *système opératoire,* ayant autant que possible les propriétés du système des opérations de l'algèbre, mais sans qu'il parvienne à donner un sens précis aux « objets » sur lesquels il porte. C'est à examiner la nature et la portée des opérateurs ainsi introduits qu'il convient maintenant de s'appliquer.

– *Algèbre et calculs logiques*

1. Fidèle à l'inspiration reçue de Leibniz et de Wolff, et à l'exemple du premier, Lambert veut établir la science générale des *enchaînements de concepts,* ou *Vernunftlehre,* comme un calcul à l'instar de l'algèbre. Il insiste dans sa *Disquisitio de universaliori calculi idea* (parue en 1767 dans les *Nova Acta eruditorum* datés de 1765) sur la relation que devrait entretenir le nouveau calcul avec l'algèbre d'une part, d'autre part avec une Charactéristique générale.

> « L'idée de calcul, écrit-il tout d'abord, n'est aucunement restreinte aux nombres, ou aux cailloux *(lapillos)* des temps plus anciens, mais s'étend bien davantage et est beaucoup plus universelle » (*Disquisitio,* parag. 1, p. 441).

Elle est à la Charactéristique ce que l'algèbre est à l'arithmétique (III, parag. 9, p. 36 et IV, parag. 16, p. 83), en ce qu'elle ne porte pas sur des contenus concrets ; et si la Charactéristique est un *calculus rerum,* la *Vernunftlehre* doit être un *calculus relationum.* Le calcul des choses

> « que l'on pourrait à peu près appeler Charactéristique, peut être surtout calcul du spécial et même de l'individuel, et doit l'être, dans sa plus grande partie. Au contraire, le calcul des relations, qui a une grande affinité avec l'art combinatoire et la spécieuse générale [l'algèbre] est par sa nature général... de telle sorte que ce calcul des relations, par celà même, considère surtout la forme des choses et des notions » (*Disquisitio,* parag. 8, p. 444).

Il faut cependant reconnaître que la *Vernunflehre,* selon Lambert, use bien d'un symbolisme qui est « charactéristique » en un sens plus large, dans la mesure où il correspond *non arbitrairement* aux relations entre concepts. Et de ce point de vue, l'algèbre elle-même est un modèle, car « elle a sa propre théorie comme art de signifier » (*Neues organon,* Semiotik, parag. 35, II, p. 23). C'est-à-dire qu'elle est un système de symboles intrinsèquement adéquats aux relations qu'ils expriment. Ou encore, comme l'écrira plus tard Wittgenstein de la logique, « qu'elle doit prendre soin d'elle-même ». Cependant, il note que, contrairement à l'algèbre, la *Vernunftlehre* ne s'occupe pas des quantités mais « des qualités, affections, choses, vérités, idées, soit de tout ce qui peut être traité, combiné, joint, disjoint et transformé de toutes les manières ». Entendons par là qu'elle se met en devoir de « laisser tomber la matière... et ne s'intéresse qu'à la forme, de façon à établir une Théorie de la forme si générale qu'elle s'étend à tous les cas » (III, parag. 75, p. 77). Elle doit donc être une « science de la comparaison des idées et des qualités – *idearum vel qualitatum comparatarum* » (III, parag. 72, p. 71).

2. Pourtant, les essais de calcul logique de Lambert demeurent fondamentalement redevables à l'algèbre de la notion d'opération. C'est ainsi que le « calcul des genres et des espèces » est ordonné à l'établissement du développement d'un concept analogue au développement newtonien du binôme. L'idée de puissance d'un opérateur $\gamma$ ou $\delta$ – comme en général celle de produit de relations (IV, par. 19, p. 86) – est introduite analogiquement : $a\gamma^2$ est le genre du genre du concept a ; $a\delta^2$ désignera *l'une quelconque* des sous-espèces de l'espèce de a. De l'identité déjà commentée $a(\gamma + \delta) = a$ on tirera, par simple application analogique des règles du calcul algébrique :

$$a(\gamma + \delta)^2 = a = a\gamma^2 + a\gamma\delta + a\delta\gamma + a\delta^2$$

qui s'interprètera comme « définition du second degré » de a (I, parag. 13, p. 6), faisant intervenir les genres et espèces du deuxième ordre. Cependant, la loi de composition notée par la simple juxtaposition des symboles n'est pas, en général, commutative, et Lambert le remarque fort bien (le genre d'une différence n'est pas la différence spécifique d'un genre) ; d'autre part, comme on l'a souligné plus haut, le carré $\delta^2$ de l'opérateur de différence n'est pas une opération univoque. On observe ici, avec les limitations opératoires que l'on vient de signaler, une intéressante préfiguration de l'expansion booléenne d'une « fonction logique » ; mais le paradigme de Boole sera le développement taylorien emprunté à l'Analyse quoique, du reste, lui aussi de nature fondamentalement algébrique (*An Investigation of the Laws of Thought,* chap. V, pp. 72-73). Et surtout, le rapport des opérations booléennes à leurs objets sera précisément défini, préparant la prise de conscience postérieure de la structure d'anneau. Il est vrai que Lambert esquisse une caractérisation formelle des opérations et des foncteurs dont il use, calquée sur celle des opérations arithmétiques. Mais il combine, on l'a vu, le point de vue de l'extension des ensembles de caractères et celui des « relations métaphysiques ». A côté, par exemple, de la *Zusetzung* notée « + » et de l'*Absonderung* notée « – », qui unissent et retranchent des ensembles de caractères, et de la copule « ~ » (*Bindwörtgen* indiquant qu'un concept est « semblable » à un autre, c'est-à-dire que l'un est un des caractères de l'autre), on trouve le

*Gegenteil,* noté tantôt par antéposition du signe « x », mais plus souvent par la barre de fraction, qui transpose une relation fonctionnelle descriptive, « métaphysique », en sa converse.

3. Arrêtons-nous un instant sur cette idée opératoire de *Gegenteil,* directement inspirée par l'algèbre, renouvelant de façon encore obscure des notions classiques comme celles de contrariété (d'où le terme choisi par Lambert) et d'opposition, et qui ne sera vraiment élucidée que plus d'un siècle après Lambert dans une théorie cohérente des relations.

Tout d'abord, nous la voyons utilisée à propos de la communauté des caractères et de l'expression des caractères « propres ». Dans le premier Essai, la partie commune à l'extension des caractères de deux concepts « semblables » est notée multiplicativement par juxtaposition des deux symboles ab = les caractères communs aux concepts a et b. Pour noter les caractères de a qui n'appartiennent pas à b, et lui sont « propres » par rapport à ce dernier, Lambert utilise d'abord les signes « + » et « – » pour désigner la réunion et la soustraction des ensembles de caractères, et il écrit alors : a – b = les caractères propres de a *par rapport à b.* Mais il passe aussitôt à la notation : a|b, relationnelle au sens où il entend ce mot et qui évoque, par analogie algébrique l'inversion de l'opération ab. Cependant, l'opérateur « | » ne correspond qu'imparfaitement à une inversion. Quels que soient les concepts a et b, a | b = a – ab est un ensemble de caractères toujours déterminé : en revanche, une inversion de l'opération ab, notée par exemple « : » devrait être telle que, si a : b = x on ait a = xb, ce qui n'est pas possible pour a et b quelconque ; il faut b $\supset$ a, et en ce cas tout ensemble de caractères contenant a est un résultat admissible x de l'opération a : b.

En second lieu, considérons l'inversion des opérateurs $\gamma$ et $\delta$, et leur expression comme relations « logiques ». L'opérateur de genre $\gamma$ est associé, dans le même Essai, à son « inverse » noté $\gamma^{-1}$, qui désignerait *les* espèces du genre considéré. Il n'est donc pas identique à l'opérateur $\delta$. Lambert, passant à une interprétation de $\gamma$ et $\delta$ comme opérant « logiquement » sur des ensembles de caractères (I, parag. 26, p. 11), en donne cependant des représentations symétriques au moyen des deux opérateurs « logiques » pseudo-inverses de l'alinéa précédent :

$a\gamma = ax$

$a\delta = a|x$

Formules qui semblent identifier le couple $\gamma$, $\delta$ au couple d'opérateurs faussement inverses précédemment examiné. Mais c'est sous la condition restrictive que le x indéterminé des formules soit du même genre que a ($x\gamma = a\gamma$). La réduction du « métaphysique » au « logique » n'est donc pas complète puisque subordonnée à une condition dont l'expression contient la relation « métaphysique » à réduire[3].

Enfin, sont introduits l'opérateur de *Bestimmung* et son inverse la *Trennung*. L'idée d'inverser une « relation métaphysique » est introduite, au parag. 15 de l'Essai II, purement et simplement à la faveur d'une analogie algébrique exploitant un calcul de proportion, notion interprétée comme « similitude de relations » (II, 30, p. 30) :

« Soit i = a :: c, le feu est la cause de la chaleur.

et $\frac{i}{c} = \frac{a}{.}$ le feu est à la chaleur comme la cause à l'effet,

et $\frac{i}{a} = \frac{c}{.}$ le feu est à la cause comme la chaleur à l'effet,

et $\frac{c}{i} = \frac{.}{a}$ la chaleur est au feu comme l'effet à la cause.

On voit immédiatement ce que nous entendons par : $\frac{a}{.}, \frac{c}{.}, \frac{.}{a}$ ».

L'opération d'inversion, ou d'« opposition » *(Entgegensetzung)* d'une relation, ici introduite et notée $\frac{.}{a}$ , est commentée en III, parag. 22, p. 41 :

$\frac{A}{N}$ désigne une opération opposée à l'opération N : : $B^4$, car puisque le signe : : montre que N doit être lié *(verbunden)* à B, de même $\frac{A}{N}$ montre que N doit être dissocié *(getrennt)* ou délié *(aufgelöst)* de A ».

Et cette dissociation est bien alors, explicitement, considérée comme opération « métaphysique » (parag. 25), et non pas comme retranchement – « logique » – de caractères. Et pourtant, aux parag. 14 et 17 de l'Essai V, la même opération est présentée comme modification d'une « substance », que le langage exprime par « un adjectif de négation ». Il s'agirait de formuler la « perte ou l'absence » de propriétés d'une substance. Comment comprendre ce qui semble bien, malgré tout, marquer un passage du point de vue « métaphysique » au point de vue « logique » ? Une explication est peut-être suggérée par le parag. 28 du quatrième Essai. Lambert nous dit alors : quand deux concepts A et B ont des caractères m en commun (concepts « semblables ») leurs *caractères propres* sont respectivement notés $\frac{A}{M}$ , $\frac{B}{M}$ ; et il conclut, par analogie algébrique, que le rapport de ces deux concepts est identique à celui de leurs caractères propres respectifs ($\frac{A}{B} = \frac{A}{m} : \frac{B}{m}$ ). Il semble que l'on puisse en ce cas rapprocher cette opération de l'idée moderne de *passage au quotient* d'une structure, modulo une relation d'équivalence. On substitue aux concepts A, B les concepts notés $\frac{A}{m}$ et $\frac{B}{m}$ qui en sont en quelque sorte les représentatns canoniques dans la structure quotient où l'on a *neutralisé* leurs caractères communs. Ainsi se trouverait expliquée la pensée encore confuse d'une opération qui se présente à la fois comme allègement des contenus des concepts et comme division de leur champ en classes d'équivalence.

Lambert poursuivra l'analogie de l'inversion avec la division arithmétique lorsqu'il écrira dans l'Essai V (parag. 22, p. 153) :

« Si par exemple dans la dissociation *(Trennung)* A : m, A est un ensemble *(Anzahl)* de substances de même espèce, m un nombre, la dissociation exprime un rapport fractionnaire de substances de même espèce. Mais si dans $\frac{A}{B}$ A et B sont des substances, le résultat *(Quotus)*, aussi bien en logique qu'en arithmétique, est une relation *(Verhältniß)*, c'est-à-dire un adjectif, ou une relation entre deux substances différentes ».

On voit que selon le domaine des objets auxquels elle est appliquée, l'opération de dissociation s'interprète différemment tout en conservant ses propriétés formelles, qui sont celles de la division arithmétique. Mais les raisons de cette permanence demeurent obscures, car la nature des domaines d'application n'est pas toujours explicitée, et n'est jamais examinée dans sa généralité.

7. A propos de cette permanence formelle, il est intéressant de voir comment Lambert interprète le symbole d'*unité*, être neutre d'une opération multiplicative. Il l'introduit explicitement à propos des relations entre concepts « parents », c'est-à-dire dont l'un est un *caractère* de l'autre. Si A est un caractère de B, il se confond dès lors avec leur caractère commun, et $N = \frac{B}{A}$ sera le caractère « propre métaphysique » de B relativement à A. Comme, d'autre part, un concept n'a pas de caractère « propre » *par rapport à lui-même*, le quotient $\frac{A}{A}$ doit donc représenter cette absence de propre, que l'on notera, par analogie algébrique, 1. Ainsi pourra-t-on écrire :

$$\frac{A}{B} = \frac{A}{A} : \frac{B}{A} = 1 : \frac{B}{A} = \frac{1}{N}$$

que l'on paraphrasera : « A est au concept B (dont il est un caractère) comme *une chose* est au caractère propre de B » (III, parag. 44, p. 54). Pourquoi cette interprétation ? C'est que si l'on pose $\frac{A}{A} = 1$, on a A = 1 : : A, ce qui exprime, conformément à la définition de la relation notée « : : » que 1 est le « genre métaphysique » et A la différence spécifique de A lui-même. Le « genre métaphysique », la « chose », est ce qui reste quand on a neutralisé dans un concept ce qui lui est spécifique. Ainsi « A dissocié de A = la chose », et cet opérateur de genre métaphysique apparaît comme la relation unité. Nous avons déjà rencontré (cf. p. 6), à propos des puissances de l'opérateur $\gamma$, le cas, non remarqué du reste par Lambert, de la puissance $\gamma^o$, qui correspond bien encore à cette idée de « genre métaphysique », ou de genre de degré zéro. Car l'identité : $a\gamma^o = a.1 = a$ montre alors de façon cohérente que l'unité, ou la « chose », ou le « genre métaphysique » est identifiable au premier terme de la suite des genres d'ordres successifs. Il en serait d'ailleurs de même de la « somme » $\gamma + \delta$, fonctionnant elle aussi comme unité, autre représentation de la chose en général.

– *La forme des propositions syllogistiques*

1. Appliquant les diverses conceptions – pas toujours parfaitement cohérentes – que nous venons de relever, Lambert se propose dans son quatrième Essai de reformuler une théorie du syllogisme. Nous ne l'examinerons ici que du point de vue de l'idée de forme logique qui constitue le centre de notre propos. Or le syllogisme demeure bien, à l'époque des *Six Essais,* le prototype du raisonnement en tant que théorie des relations entre concepts. Prototype exemplaire, il est vrai, mais qui ne peut toutefois être considéré que comme cas particulier de la méthode générale : « afin d'élucider cette méthode, nous allons traiter dit Lambert de la théorie de la déduction » (*Theorie des Schlüsses,* c'est-à-dire de la syllogistique). La Dianoiologie dans le *Neues Organon* donnera un exposé plus ample des raisonnements en général. Mais la syllogistique n'en demeure pas moins une mise en forme exemplaire sur laquelle on peut montrer comment

> « L'identification des propositions étant tout à fait naturelle peut être appliquée à la doctrine du syllogisme » (*Disquisitio,* parag. XXXII, p. 461).

Cette *identificatio propositionum* n'est autre que l'écriture d'équations propositionnelles où les concepts et les caractères sont combinés comme on l'a vu. Dans le cas du syllogisme, le problème canoniquement posé se limite à la comparaison de trois concepts entre eux « et à partir de la liaison *(Verbindung)* de deux d'entre eux avec le troisième on déduit la liaison mutuelle des deux premiers » (IV, parag. 47, p. 101). La syllogistique, élaborée selon les conceptions lambertiennes touchant les relations entre concepts, doit permettre de déduire « tout ce qui peut l'être de façon charactéristique en logique » (IV, parag. 77, p. 123), pourvu que les prémisses soient convenablement exprimées. On voit que le mot « charactéristique » est ici employé en son sens large comme nous le notions plus haut, et non pas au sens qui l'opposerait au mot « logique », en tant que chargé de contenu (cf. p. 8). La condition essentielle de cette réussite d'une exploration complète et non arbitraire des formes de pensée est la formulation adéquate des relations entre concepts. Quelle transcription faut-il donc donner aux propositions classiques dans le système lambertien de ces relations ?

2. L'originalité essentielle de cette transcription est qu'elle doit permettre de déterminer sans équivoque la portée de la proposition converse, son universalité ou sa particularité (IV, parag. 77, p. 124). Exigence qui conduit Lambert à une théorie de la « quantification du prédicat » précédant celle de l'Écossais William Hamilton, mais qui, surtout, recouvre un réquisit plus général, clairement exprimé dans le *Neues Organon :* le syllogisme ne doit pas seulement donner la conclusion recherchée (c'est-à-dire répondant à une question donnée), mais toutes les autres propositions qui découlent de la relation des concepts (Dianoiologie, parag. 203, p. 125). Autrement dit, la forme de la proposition doit montrer

exhaustivement les relations qu'elle pose entre deux concepts, « avantage, remarque-t-il, que seule présentait jusqu'à présent l'algèbre » (*ibid.*, parag. 194, I, p. 120). L'accent mis sur les conditions de conversion en vue de parvenir à ce résultat a sans doute été suggéré par Wolff comme l'atteste un passage des *Fragmente über die Vernunftlehre* (fragm. 45, *Von Umkerhrung der Sätze,* p. 490), et, bien entendu, à travers Wolff, par Leibniz. Dans le *Neues Organon* Lambert proposera, du reste, une représentation graphique comparable à celle qu'avait indiquée Leibniz (in *Opuscules,* édit. Couturat) au moyen de lignes superposées, mais plus explicite en ce qu'elle montre avec précision « l'aspect indéterminé même de la proposition, et si et dans quelle mesure sa converse demeure nécessairement vraie » (Dianoiologie, parag. 186, p. 115). Précision qui se manifesterait dans la considération de sous-modèles correspondant aux diverses spécifications possibles de cette indétermination. Dans les *Six Essais,* la représentation classique des propositions est effectuée non par des diagrammes mais par des formules usant des procédés inspirés de l'algèbre que nous avons rapportés. Il s'agit donc d'une interprétation des *extensions de caractères,* combinées avec des *formes relationnelles,* et non pas d'une interprétation proprement extensionnelle comme sera essentiellement celle des diagrammes du *Neues Organon,* où les points représentent des individus, les segments représentant l'extension des concepts (Dianoiologie, parag. 177).

Deux expressions en sont proposées. L'une au moyen des copules notées « > », « < », « ~ » signifiant des relations « logiques », c'est-à-dire d'inclusion entre les concepts comme classes de caractères. L'autre au moyen du seul signe « = » d'identification des concepts. La barre de fraction sert alors à noter la négation, au sens où nous l'expliquions plus haut ; la juxtaposition d'un signe de caractère et d'un signe de concept note ici la spécification du concept (par adjonction du caractère) et servira à l'expression de la particularité (IV, parag. 79, p. 128).

3. Pour étudier la forme donnée aux quatre propositions classiques (IV, 6.30 à 39) nous utiliserons une représentation par diagrammes où les parties vides seront marquées 0, les parties pleines 1, et laissées sans marques les parties indéterminées, comme nous l'avons fait naguère dans un travail sur Aristote. *Mais on n'aura garde d'oublier que les surfaces des diagrammes figureront des extensions de caractères, et nullement des ensembles d'individus.* Nous donnerons en outre simultanément l'écriture par copules et l'écriture par « identification » ou équations, proposées dans chaque cas par Lambert.

La proposition affirmative universelle en A comporte deux cas, ou sous-modèles, notés respectivement dans les deux écritures (a = b, a > b) et (a = b, a = mb). La formule commune a = b signifie évidemment l'identité des deux concepts, c'est-à-dire l'identité de leurs ensembles de caractères. La formule à copule $a > b$ signifie que l'ensemble des caractères de b est une partie de l'ensemble des caractères de a. L'autre formule $a = mb$ doit être ainsi interprétée : les caractères de a sont les caractères de b plus les caractères m. Dans les deux écritures, la paraphrase sera : « tout a est b, au sens où le concept b appartient totalement au concept a », mais tout b n'est pas a (contrairement au cas $a = b$). La converse est donc complètement déterminée dans les deux cas, et les diagrammes correspondants seront :

$A_1$

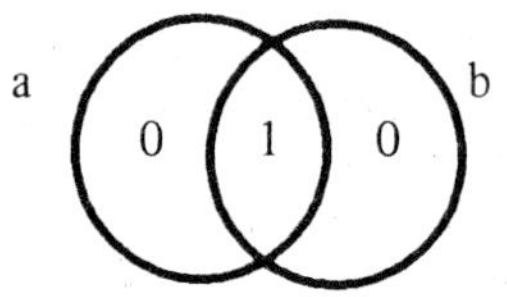


$a = b$

$A_2$

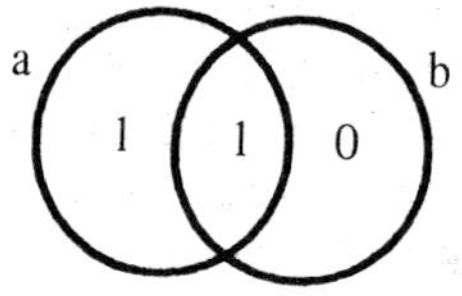


$a = mb$
$a > b$

La proposition en I, particulière affirmative, qu'il faudrait énoncer : « le concept a est partiellement b », pour éviter l'interprétation en extension, comporte trois transcriptions dans le langage des copules, que le langage de l'identification ramène à deux, correspondant aux deux seuls sous-modèles significativement distincts :

| | | | |
|---|---|---|---|
| $I_1$ | $a < b$ | ou | $ma = b$ |
| $I_2$ | $ma > b$ | ou | $ma = nb$ |
| $I_3$ | $a < nb$ | | |

Les formes à copule de I, – $I_1$, $I_2$ et $I_3$-, sont aisément comprises : $I_1$ (« a est partiellement b ») comme converse de l'universelle $A_2$ : « b est totalement a ». $I_2$ signifie que « les caractères de a plus les caractères de m contiennent les caractères de b » ; $I_3$ que « les caractères de b plus les caractères de n contiennent les caractères de a ». $I_2$ et $I_3$ n'ont pas de converse universelle, mais se convertissent manifestement l'une en l'autre, comme le montre la symétrie des formules par permutation de a en b et de m en n.

La représentation des trois I au moyen de diagrammes va du reste faciliter l'interprétation de leur écriture par identités, et montrer comment $I_2$ et $I_3$ ne sont pas essentiellement distinctes.

$I_1$

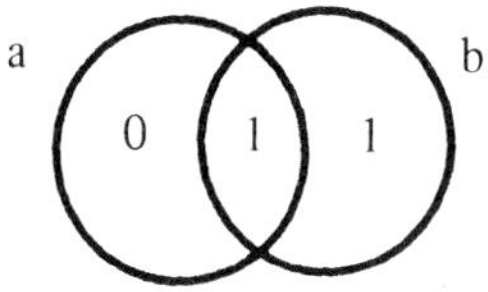


a < b

$I_2$ et $I_3$

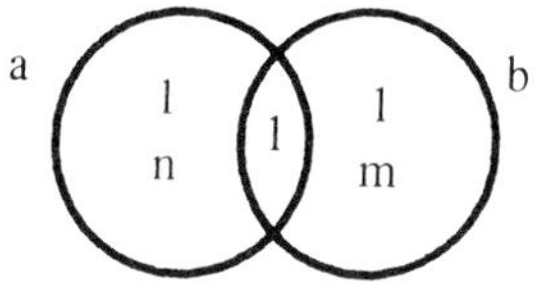


ma > b
a > nb

Le sous-modèle $I_1$, conversion de $A_2$, a naturellement la forme ma = b. Les sous-modèles $I_2$ et $I_3$ se confondent, par suite de la symétrie déjà mentionnée, et la formule unique ma = nb peut être paraphrasée : « l'ensemble des caractères de a plus les caractères m, est identique à l'ensemble des caractères de b plus les caractères n ».

L'ensemble des sous-modèles de propositions affirmatives forme donc un système exhaustif conformément au dessein de Lambert, que l'on peut faire dériver d'un archi-modèle fictif indéterminé I*.

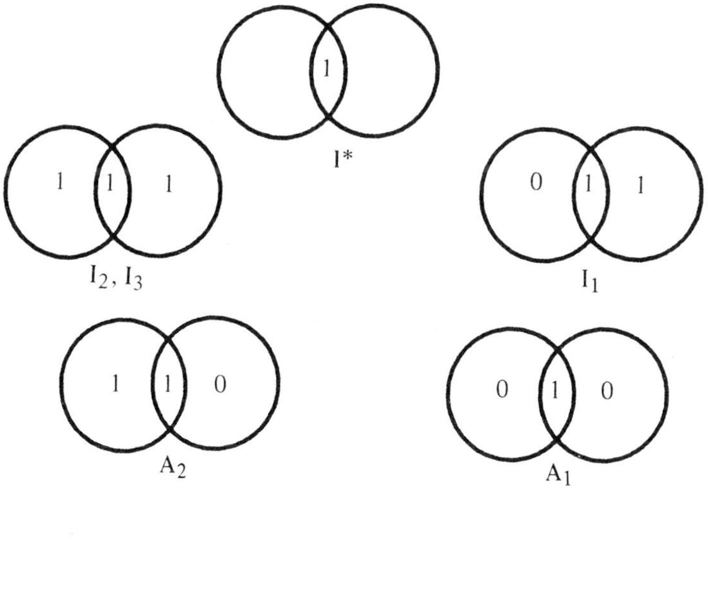

4. Restent les propositions négatives. Pour les particulières, Lambert remarque que la formulation qu'il a donnée des affirmatives les traduit déjà (IV, parag. 37). En effet, $I_2$ (et $I_3$) peuvent aussi bien se lire : « quelques caractères de a ne sont pas des caractères de b, et quelques caractères de b ne sont pas des caractères de a ». Quant à $I_1$ on lira : « quelques caractères de b ne sont pas des caractères de a, mais tous les caractères de a sont des caractères de b ». Double lecture qui est évidemment rendue possible par l'information complète sur la relation de deux concepts fournie par la transcription de Lambert. Dans la *Disquisitio* cependant on trouve une formulation des propositions en 0 qui fait usage de la barre de fraction, et apparaît comme restriction de l'universelle négative (*Disquisitio,* parag. XXIX, p. 458) ; elle est alors notée : $\frac{B}{q} = mA : p^5$. Voyons donc la transcription de l'universelle négative, qui pose de sérieux problèmes.

Dans le quatrième Essai, la négation universelle est ainsi expliquée :

> « Dans une proposition négative universelle, le sujet aussi bien que le prédicat ont des caractères propres qui font qu'aucun des deux n'est contenu dans l'autre. Par conséquent, si l'on enlève les caractères propres du prédicat, ce qui reste est contenu dans le sujet, d'où la formule :
>
> $$A > \frac{B}{m}$$
>
> De même si l'on enlève les caractères propres du sujet, les caractères restants sont contenus dans le prédicat, d'où la formule :
>
> $\frac{A}{m} < B$ » (IV, parag. 32, p. 94 ; voir aussi *Disquisitio,* parag. XXVIII, p. 456).

Rappelons que les caractères « propres » à un concept relativement à un autre concept qui lui est « semblable » ou « parent » (II, parag. 6, p. 16) sont ceux de ses caractères que ne possède pas ce dernier. Cherchons à interpréter notre texte du point de vue de l'extension des ensembles de caractères.

Dans une proposition négative universelle Lambert nous dit donc que sujet et prédicat ont respectivement des caractères qui empêchent leur inclusion mutuelle. Mais en ce cas la formule ($I_2$, $I_3$) de la particulière ne répond-elle pas déjà à cette définition ? Et non pas, notons-le bien, trivialement, en ce que l'universelle apparaîtrait comme cas limite de la particulière (ainsi qu'il arrive dans les formulations aristotélicienne et classique), mais bien de façon *essentielle :* dans *toute* particulière ($I_2$, $I_3$) sujet et prédicat ont des caractères mutuellement externes. On s'attendrait donc à ce que la négation universelle signifie, plutôt, que sujet et prédicat n'ont *aucun* caractère en commun, ont tous leurs caractères mutuellement externes. Aussi bien, la formule par identification, $\frac{A}{n} = \frac{B}{m}$, qui est proposée au parag. 37 (p. 97) pose-t-elle un problème ardu d'interprétation. D'une part, Lambert ne démontre pas que les deux inégalités qu'il a posées entraînent nécessairement l'égalité des deux rapports. D'autre part, si n et m sont bien respectivement les caractères *propres* mutuellement relatifs du sujet et du prédicat, l'égalité de leurs restes $\frac{A}{n}$ et $\frac{B}{m}$ est une *identité,* vérifiée quels que soient A et B, d'après la définition même des caractères propres... Pour que cette égalité ait un sens discriminatoire, correspondant à l'idée de négative universelle, il faudrait écrire que ces restes sont des *classes vides* de caractères, c'est-à-dire que A et B sont chacun, *dans sa totalité, propres* l'un par rapport à l'autre. Ce n'est cependant pas ainsi que paraît l'entendre Lambert, puisque dans la *Disquisitio* il donne un exemple dans lequel les quotients $\frac{A}{n}$ et $\frac{B}{n}$ définissent une classe non vide, réduite ici à un caractère, qui se trouve être par conséquent commun au concept du sujet et au concept du prédicat[6]. Et dans l'exemple cité Lambert écrit : « Aucun théorème n'est problème » ; alors même que le concept de théorème et celui de problème ont en commun le caractère *« demonstrabilis »,* on peut bien admettre en effet qu'il n'y a pas d'individu qui soit à la fois théorème et problème. Il paraît donc impossible de comprendre la transcription de l'universelle négative si l'on en reste à une théorie des extension d'ensembles de caractères.

Le nœud de la difficulté pourrait bien être précisément dans un passage tacite – et illégitime – d'une théorie des extensions de caractères, pourtant constamment présente, à une théorie concurrente des relations « métaphysiques ». Il semble que cette modulation se manifeste explicitement lorsque notre auteur, dans ce même texte, paraphrase ainsi $\frac{A}{p} = \frac{B}{q}$ : « A sera à B comme p à q, ce qui veut dire : A diffère de B comme p de q », formulation de la négation universelle qui se veut explicitement relationnelle. L'idée sous-jacente serait donc que celle-ci, relation symétrique entre deux concepts, a lieu lorsqu'ils diffèrent comme diffèrent leurs caractères propres, c'est-à-dire de manière *essentielle.* Cette idée apparaît encore au parag. 34 du quatrième Essai, où Lambert reproduit la classification des propositions de la logique de Sulzer. Les propositions négatives notées $nA > B$ et $A < mB$ sont qualifiées d'« accidentelles », alors que la négative universelle caractérisée par $A > \frac{B}{n}$ et $\frac{A}{m} > B$ est dite « transcendantale ». Mais une telle distinction est-elle directement exprimée par les propriétés algébriques, formelles, des schémas de notation proposés ? On peut en douter, lorsque Lambert lui-même nous fait observer que la transformation de E en ($I_2$, $I_3$), c'est-à-dire le passage de $\frac{A}{n} = \frac{B}{m}$ à $mA = nB$, si elle est algébriquement légitime, ne l'est pas logiquement. Car si $\frac{A}{n} = \frac{B}{m}$ représente une universelle négative,

« mA et nB sont des concepts impossibles, puisque la détermination m ne peut être appliquée à A ni la détermination n à B, A et B étant déjà suffisamment déterminés » (IV, parag. 42, p. 99).

Lambert veut dire alors que si, dans $\frac{A}{n} = \frac{B}{m}$, la relation de A à B est telle que n soit le « propre » de A et m le « propre » de B, mA et nB seraient contradictoires, puisque l'on ne peut, par définition, déterminer A par le « propre » de B et B par le « propre » de A. Inversement, on ne saurait passer de mA = nB à $\frac{A}{n} = \frac{B}{n}$, car « A et B sont trop généraux pour que l'on puisse en retrancher n et m », entendons : m et n sont, dans la seconde formule, déterminés par A et B et nullement identiques, en général, aux m et n de la première. Mais *ces impossibilités sont extrinsèques aux règles algébriques du calcul,* et s'expriment de façon peu naturelle en convenant de faire représenter aux mêmes symboles (m, n) des entités opératoirement différentes, selon qu'ils sont placés comme « multiplicateurs » ou « diviseurs ». C'est cette anomalie qui rend d'une manipulation difficile la forme canonique générale proposée pour la proposition syllogistique : $\frac{mA}{q} = \frac{nB}{q}$ (IV, parag. 44, p. 100 et *Disquisitio,* parag. XXXII, p. 461). Elle obscurcit également les règles opératoires gouvernant les différentes formes de syllogismes. Il n'est pas de notre propos de les examiner. Il suffit ici de souligner à nouveau l'ambiguïté qui résulte de l'interférence mal dominée entre la notion de relation « logique » et la notion de relation « métaphysique », dont la distinction n'a jamais été amenée à un degré suffisant de clarté.

Ainsi, la tentative de Lambert pour constituer dans ses *Six essais* une logique *symbolique* et en un certain sens *formelle* a partiellement échoué en se heurtant au problème de la caractérisation de la forme logique par rapport à différents niveaux de contenus.

On peut observer tout d'abord qu'il s'en tient alors à une théorie des rapports entre concepts, laissant totalement de côté les possibilités d'un calcul des propositions, qui sera envisagé brièvement dans la Dianoiologie et dans l'Aléthiologie du *Neues Organon.* Mais même le développement efficace de ce calcul des concepts se trouve entravé par deux circonstances majeures. D'une part, le désir insuffisamment soumis à critique de calquer les opérations du nouveau calcul sur celles de l'algèbre telle qu'on la concevait en son temps. D'autre part le souci de combiner une perspective extensionniste, du reste originale, sur les rapports de concepts, avec une perspective faisant droit, d'une certaine manière, aux contenus signifiés par leurs rapports.

La conjonction de ces deux desseins, si elle est à l'origine de suggestions fécondes, le conduit néanmoins à introduire et manipuler des symboles d'opérations équivoques, et en particulier à traiter de façon mal cohérente l'opération supposée correspondre à la division. Plus profondément et plus généralement, ce qui a manqué aux *Essais* de Lambert pour marquer le premier pas décisif vers une logique formelle moderne, c'est le manque de clarté de la corrélation qui devait être établie entre les systèmes d'opérations et leurs « objets », la délimitation précise de leur degré de vacuité, le niveau de leur contenu formel.

## NOTES

1. Citons à ce propos dans son intégrité le texte dont on donne souvent la seule première ligne : « Réduire la théorie des choses à la théorie des signes, veut dire substituer à la connaissance obscure des concepts la saisie et la représentation claire des signes. Les signes nous sont, à l'égard des concepts dont nous ne pouvons pas toujours avoir effectivement une claire saisie, absolument nécessaires. Si donc on peut choisir ces signes et les amener à un degré de perfection tel que leur théorie, leur combinaison, leur transformation puisse tenir lieu de ce qui devrait autrement être perçu au moyen des concepts eux-mêmes, on a tout ce qu'il est possible d'attendre des signes, parce que c'est alors comme si les choses mêmes étaient placées sous nos yeux » (*Neues Organon, Semiotik*, parag. 24, II, p. 16).
2. On citera désormais les *Six Essais* par leur numéro et le chiffre du paragraphe, suivis du volume et de la page dans l'édition originale reproduite par Georg Olms.
3. Le passage entre les deux points de vue a lieu au paragraphe 26 : « Soit $x\gamma = a\gamma$ ; il s'en suit : $ax = a\gamma = x\gamma$, puisque deux espèces d'un même genre ont en commun les caractères de ce genre » (p. 11). On observera, par ailleurs, la confusion entre la juxtaposition, comme opérateur d'intersection d'ensembles de caractères (ax), et comme signe d'application d'un opérateur « métaphysique » ($a\gamma$).
4. La notation A | N du premier Essai semble pouvoir être prise comme une variante de la notation $\frac{A}{N}$ (ou A: N), variante plus spécialement utilisée dans le cas des relations entre concepts « semblables » (cf. p. 10).
5. Notation qui est commentée comme signifiant : *quodam A non est b*, puis *nullum mA est B et nullum B est A*, et enfin *B est mA*, donc synonyme de $A_1$.
6. A = Theorema = Propositio demonstrabilis
   B = Problema = Quaestio demonstrabilis
   et par conséquent : $\frac{A}{n} = \frac{B}{m}$ = demonstrabilis.

## RÉFÉRENCES


- Boole, G. (1854) : *An Investigation of the Laws of Thought.*
- Couturat, L. (1903) : *Opuscules et fragments inédits de Leibniz,* Paris.
- Lambert,, J.H. (1965) : *Neues Organon,* in Philosophische schriften, I & II, hgg. von H.W. Arndt, Georg Olms.
- Lambert, J.H. (paru en 1767) : *De Universaliori calculi idea, disquisitio, una cum adnexo specimine,* in Nova Acta eruditorum, publicata Lipsiæ, calendis nov. et dec. anno MDCCLXV.

- Lambert, J.H. : *Sechs Versuche einer Zeichenkunst in der Vernunftlehre,* in Philosophische Schriften, VI.
- Lambert, J.H. : *Fragmente über die Vernunftlehre,* in Philosophische Schriften, VI.
- Lambert, J.H. (1915) : *Monatsbuch,* hg. von K. Bopp, in Abh. der Königl. Bayer. Akademie der Wissenschaften, Math. physisch. Klasse XXXVII, Band VI, München.

*François HEIDSIECK*
*Université de Grenoble II*

# LE NATUREL ET L'INSTITUÉ. RÉFLEXIONS AUTOUR DE CONDILLAC

Henri Joly fut avec Sylvain Auroux et Jean Sgard organisateur du colloque de Grenoble des 9, 10 et 11 octobre 1980 qui commémorait le bicentenaire de la mort de Condillac. Sa brillante et forte communication, *Condillac et la critique de l'âge de raison,* ouvrit le colloque au matin de son premier jour, l'ouvrit également sur certains problèmes qui jettent un défi à notre modernité : « Je m'interrogerai », déclarait Henri Joly, « sur quelques uns de ses problèmes, en espérant que les siens pourraient être aussi les nôtres »[1].

Cette année du bicentenaire était celle aussi de la première édition contemporaine d'un ouvrage jusqu'alors inconnu de Condillac, publié sous l'anonymat à Berlin en 1748, au milieu d'une dizaine de dissertations d'auteurs différents. Cet ouvrage intitulé *Les Monades* fut présenté au cours du colloque. Il n'était pas encore facilement disponible en France et sa portée fut, je crois, minimisée. Or, il s'agit d'un traité de métaphysique en forme qui permet, semble-t-il, de lever les ambiguïtés de Condillac.

Nous désirons ici cerner d'abord, autour du problème majeur du *naturel* et de *l'institué,* les interrogations pénétrantes d'Henri Joly.

Puis présenter les thèses principales des *Monades,* montrer comme elles justifient Henri Joly d'avoir mis des guillemets à l'« empirisme »[2] et au « génétisme »[3] condillaciens.

Enfin, et sans aucunement engager notre ami dans nos conclusions particulières, repenser, guidé par Condillac sans doute, mais aussi par Merleau-Ponty, l'idée de nature et le rapport de *l'institué* à ce premier fonds de nature.

## I

Dans *Condillac et la critique de l'âge de raison,* Henri Joly ne se borne pas à *apprendre de* Condillac. Certes, dans une première partie qu'il intitule « Repères topiques et sémantiques », Joly pose les questions – « Où situer et comment localiser dans les textes condillaciens la notion de raison et la thématique du rationnel ? Où repérer le surgissement de l'âge de raison ? » – pour entendre la réponse de Condillac. Il entend sa réponse, et d'ailleurs partage son jugement : l'âge de raison, dans l'illusoire précision numérique que lui accorde la coutume, est un préjugé. Mais pour « voir la cause »[4] du préjugé et pouvoir rectifier l'idée de la raison, pour entreprendre ces « Recherches critiques et analytiques » qui constituent la troisième et dernière partie de son étude, Henri Joly se trouve conduit à *apprendre à* Condillac quelque chose, à lui apprendre, dans des « Éléments pour un historique de l'âge de raison », que cet âge n'est pas celui où le fils d'homme commence à parler, mais bien celui où il acquiert « le droit à la parole, c'est-à-dire à la parole du droit ». C'est substituer à une évolution biologique et psychologique qui est un fait de nature (et que Condillac récusait, mais sans l'analyser) un processus, un procès juridique, qui est un fait d'institution humaine. Sans ce détour indispensable par l'histoire des institutions, par une socio-histoire de la culture, l'apport de Condillac est ambigu, ambiguë la signification qu'il assigne, aux plans théorique, pédagogique et politique, à la marche de la raison.

Cela est si vrai qu'Henri Joly va se retourner vers Condillac pour lui demander des comptes. Condillac rejette, avec *l'âge de raison,* une raison innée ; mais a-t-il produit « une science effective du raisonnement » ? Certes il nous montre l'homme « observer, penser, parler ». Mais l'observation, « qui regarde du côté de la sensation mais ne s'y réduit pas » est non seulement expérience, mais réflexion, et même observation indirecte par l'histoire. Et surtout, poursuit Henri Joly, la pensée tantôt précède le langage et s'atteint déjà dans les signes muets, tantôt se pense puis se parle, tantôt ne se pense que pour s'être parlée. Or d'une acception à l'autre de ces trois notions de l'observation, de la pensée et de la raison, y a-t-il un fautif *glissement de sens,* un paralogisme ? Ou y aurait-il recensement méthodique d'une amphibologie des concepts, et polysémie des mots, y aurait-il *multiplicité de sens* ? Henri Joly va jusqu'à écrire : « Autrement dit, *faut-il perdre ou sauver Condillac* sur cette question de rigueur en l'enfermant sur son propre terrain, aux frontières du langage et de la logique ? »[5].

Henri Joly ajoute que « n'étant pas sûr de pouvoir faire l'un ou l'autre », il laissera aux condillaciens et, s'il en existe, aux anticondillaciens le soin d'en décider. Il se dit peu soucieux de le perdre ou de le sauver mais il répondra cependant. D'abord de manière indirecte : si les problèmes de Condillac sont devenus nos problèmes, il faudra tenir qu'en manquant ou qu'en assumant l'amphibologie du concept et la polysémie du mot nous nous perdons ou nous nous sauvons. Joly répond aussi en reconnaissant que « Condillac n'était pas le Wittgenstein de son temps »[6], en signalant sa « conviction prélinguistique », qui « s'appuie parfois sur une théorie optimiste et créationniste de la nature »[7].

Critique de l'innéisme, Condillac « ne remet jamais en question l'instance de l'intériorité elle-même. Condillac prouve ainsi que l'on peut à la fois être empiriste et demeurer mentaliste »[8]. L'« empiriste » engrange l'acquis, l'institué, le mentaliste se réfère à cette nature qui précède toute institution et, dès son commencement, comporte la dualité de l'âme et du corps, et la pré-existence de l'âme.

Ainsi pouvons-nous craindre que Condillac ne donne la mauvaise réponse à la question de savoir si c'est la pensée qui structure le langage, ou le langage qui structure la pensée. Condillac, suggère Henri Joly, ne peut soutenir que la première des deux thèses. Ajoutons qu'il l'a effectivement soutenue dans sa théorie grammaticale de *l'inversion.* L'inversion démolit l'ordre canonique des mots : leur ordre effectif permet au langage de mieux obéir au mouvement de la pensée[8].

Lors de ce colloque d'octobre 1980, nous avions, pour notre part, insisté, face à « l'analyse du discours », sur « la métaphysique de l'âme »[9]. L'âme n'est pas un corps, dit Condillac au premier chapitre de *l'Essai,* car un corps n'est qu'un assemblage, une collection sans unité interne. Pour comparer les perceptions, qui s'éparpillent comme l'agrégat corporel, il faut « un point de réunion », une substance indivisible, « distincte, par conséquent, du corps, une âme en un mot ».

Le dualisme du divisible et de l'indivisible, du multiple et de l'un (qui doit davantage à Platon qu'à Descartes), conduit ici la pensée de Condillac.

L'âme en tant que point de réunion est donc l'âme de ce corps, distincte mais singulière. Ce n'est pas, comme chez Descartes, l'entité dont l'essence est la faculté de penser, laquelle est générale, homonyme en tous les hommes. L'âme est le centre actif qui opère l'unité du corps sentant, elle est cela et rien d'autre. Elle a *tout* à apprendre, et aucune idée innée, pas même l'idée de son existence. Mais elle n'est pas, comme la table rase de Locke, un amas de matière. Son existence, ce qu'elle est au delà de ce qu'elle sait ou ne sait pas, elle ne se l'est pas donnée. L'âme préexiste à chacune de ses propres idées. Elle est créature de Dieu, qui « nous a formés avec connaissance et avec dessein », précisera le *Traité des animaux* (II, 6). Il n'y a pas, chez Condillac, ce que Kant, à tort ou à raison, reprochait à Locke, une « dérivation physiologique ». Il a bien trouvé dans la sensation, comme l'a dit Jacques Derrida, « un indubitable non cartésien ». Mais les sensations, il ne faut jamais l'oublier, sont « des impressions qui se font dans l'âme », dans l'âme qui existe d'abord.

Convergeaient avec ces conclusions les subtiles remarques d'Alain-Marc Rieu, qui peut affirmer : « Le signe réduit la théorie des idées à un système de la Nature, structure à priori fondement de l'empirisme »[10].

## II

Lorsqu'on ouvre *Les Monades* dans l'édition de Berlin 1748 qui n'indique pas le nom de l'auteur, ou plus aisément dans la belle édition, avec introduction et notes en anglais de Laurence Bongie[11], on y trouve la confirmation la plus claire des interprétations d'Henri Joly et d'Alain-Marc Rieu. C'est bien l'idéalisme, le dualisme, le mentalisme ou comme on voudra dire qui supporte la frêle superstructure de l'« empirisme ». La nature, même s'il n'est point d'idées innées, est substrat de l'acquis, de l'institué.

Condillac en effet répondait à la question mise au concours par la *classe de philosophie spéculative* de la jeune Académie de Berlin, ainsi rédigée :

> « On demande qu'en commençant par exposer d'une manière exacte et nette la doctrine des Monades on examine si d'un côté elles peuvent être solidement réfutées et détruites par des arguments sans réplique ; ou si de l'autre on est en état, après avoir prouvé les Monades, d'en déduire une explication intelligible des principaux phénomènes de l'Univers et, en particulier, de l'origine et du mouvement des corps »[12].

Pour le dire en clair, l'Académie demandait qu'on se prononçât soit pour Leibniz contre Newton, soit pour Newton contre Leibniz. L'Académie était en effet très partagée entre leibniziens (l'illustre Christian Wolff, membre associé, le secrétaire Formey) et newtoniens (Euler, Maupertuis, Président de l'Académie). Il n'est pas douteux que les amis de Newton étaient aussi le plus souvent lecteurs de Locke. L'empirisme était de ce côté, l'innéisme du côté de Leibniz. Les amis de Newton furent les plus nombreux, si bien qu'un newtonien, l'avocat Justi, remporta le prix. Mais que disait Condillac ?

Le *Traité des systèmes* de 1749 comportera une réfutation précise des systèmes abstraits et la condamnation des idées innées, avec tout un chapitre contre Leibniz. Dans *Les Monades,* on trouve déjà ces critiques, mais seulement dans la première partie de l'ouvrage. En effet, nous dit Condillac, « Je crois apercevoir du vrai et du faux dans le système des Monades. Mon dessein est de discerner l'un de l'autre... »[13].

La *première partie* procède donc en ses cinq chapitres à l'examen critique des notions de l'être et de la substance, de la force des perceptions insensibles, de la thèse qui soutient que toute monade est représentative de l'univers, enfin de la nature universelle selon les leibniziens.

On remarquera cependant que Wolff est plus directement contredit que Leibniz dans cette réfutation *« des Leibnitiens » ;* et aussi que la doctrine de l'harmonie préétablie n'est nulle part précisément rejetée. On découvre vite que l'apport original du livre est dans sa *Seconde partie.* Condillac ayant repéré la cause de l'erreur des leibniziens peut déclarer : « Par là je me précautionnerai contre les écueils où ils me paraissent avoir échoué et je pourrai tenter de faire un nouveau système sur les monades ».

On le trouve dans les neuf chapitres de la *seconde partie* où Condillac délivre en clair sa métaphysique originale. Elle revient d'abord sur les idées de la substance (chapitre 1), des nombres (chapitre 2), de l'infini (chapitres 3 et 4), puis démontre l'existence, à côté des corps composés et sensibles, de monades immatérielles (chapitre 5). Cette démonstration s'appuie sur le dualisme du simple et du composé, de l'âme et du corps, séparés au point que Condillac s'écrie : « En un mot, tout se fait dans l'âme comme s'il n'y avait point de corps, et tout se fait dans les corps comme s'il n'y avait point d'âmes »[14].

Comme dans l'*Essai* de 1746 l'indépendance de l'âme est affirmée, et son absolue simplicité, qu'exprime le mot même de Monade : « l'unité proprement dite, c'est-à-dire celle qui n'est pas collection, ne peut convenir à un être composé, c'est-à-dire qui est collection. Donc, il y a des êtres simples, c'est-à-dire des monades »[15].

Les trois derniers chapitres développent la monadologie condillacienne, et Locke est bien loin. C'est en effet autant en théologien qu'en physicien qu'il se préoccupe au chapitre 7 « De l'espace et de l'immensité », au chapitre 6, « De la durée et de l'éternité », pour traiter, en point d'orgue, « De la monade première ou de Dieu », dans le 9e chapitre.

Ce dernier chapitre est comme la signature de l'œuvre. De nombreux passages en seront repris par l'auteur dans ses ouvrages postérieurs *(Systèmes, Sensations, De l'art de penser, Logique...).* Enfin et surtout le chapitre sur Dieu presque entier est recopié mot pour mot dans la Seconde partie, chapitre VI du *Traité des animaux* de 1755, qui mentionne en note : « Ce chapitre est presque tiré tout entier d'une Dissertation que j'ai faite il y a quelques années, qui est imprimée dans un recueil de l'Académie de Berlin, et à laquelle je n'ai pas mis mon nom »[16].

Ainsi, le dualisme des monades et des corps et la création des monades par Dieu assurent, dans le livre clandestin, puis dans tout l'œuvre publié, l'antécédence d'une nature premièrement reçue sur les acquis de l'institution, qui sont des œuvres de la liberté spirituelle des hommes.

## III

Cette dualité de la nature et de l'institution – antécédence de la nature, postériorité de l'institution – serait-ce un dogme contraire à toute perspective humaniste d'un progrès, serait-ce obscurantisme ? Nous voudrions soutenir que la position d'un socle de nature est la condition même d'un progrès rationnellement saisissable. C'est en somme la thèse d'Epicure dans la *Lettre à Hérodote.* A partir des atomes et du vide, natures immuables et incorruptibles, peut se penser la genèse des mondes « à partir de l'illimité »[17]. Et « la venue des langages »[18] permet, par un mécanisme analogue, « plus vite en certains cas, plus lentement en d'autres »[19], « l'accroissement des découvertes ». Décomposons ce mot : *prosexeuriskein. A partir de* (ex) la nature, le raisonnement *trouve* (euriskein) *le surplus* (pros) qui s'ajoute à la nature, dont « il faut admettre qu'elle aussi fut enseignée et contrainte par les choses mêmes, recevant d'elles leçons multiples et variées »[20].

Toute *méréologie,* composant des touts à partir de leurs éléments premiers, met au commencement des unités naturelles, atomes ou monades, pour voir s'engendrer de leur agrégation l'acquis, l'institué. Et Condillac, qui définit les âmes des monades actives, n'exclut pas l'existence d'atomes, puisqu'il affirme : « A consulter nos idées, il ne s'ensuit pas de ce qu'un être est simple qu'il doive être actif. Qui peut assurer si la différence des monades n'emporte pas qu'il y en ait de tout à fait passives ? »[21]. L'analyse intellectuelle remonte en sens inverse les compositions naturelles. La nature emmêle, l'entendement démêle et débrouille.

En cette acception plus structurelle, simplement logique, que substantielle, la nature est le corrélat inévitable de l'institution. On le vérifierait également chez Jean-Jacques Rousseau.

Nous prendrons un exemple plus récent, avec la réhabilitation de l'idée de nature chez Maurice Merleau-Ponty. Notamment dans les cours au Collège de France de 1956-57 et 1957-58 consacrés au concept de nature et qui envisagent du même coup le «passage à la culture»[22], et dans les derniers écrits, annoncés du reste par quelques réflexions anticipantes de *La structure du comportement,* ouvrage rédigé dès 1938.

Merleau-Ponty s'oppose dans ce travail à la thèse intellectualiste de « la nature »[23] comme il s'est opposé simultanément à « un dualisme de la perception et de la sensation »[24]. Il ne refuse pas cependant l'idée de nature, puisqu'il trouve dans la *forme* des gestaltistes « une synthèse de la nature et de l'idée »[25], qui répond en somme au vœu hégélien et hausse la nature dans l'élément du concept[26].

En ce sens renouvelé *nature* est synonyme de *structure*[27]. Bien que dans une note il renvoie directement à « la Nature » avec une majuscule, à « la Nature primordiale » au sens de Schelling[28], sa caution philosophique n'est pas ici le seul Husserl, mais bien Lachelier qui «pose la structure inhérente à la nature»[29].

Pour interpréter ces textes on observera que la Nature ne peut plus être expérimentée telle qu'au premier jour ; elle est bien plutôt reconnue, inférée, à partir de l'expérience actuelle de notre perception, où le « fonds » de nature est mêlé inextricablement et recouvert par l'institué. Cette nature impliquée dans tout phénomène est la structure fondamentale du perçu, *l'imperçu* qui leste notre expérience, sans d'ailleurs la délivrer de son ambiguïté.

Ici se manifeste l'apport original de Merleau-Ponty. Ici il s'éloigne de ce qui reste de substantialisme et de créationnisme non critiqués chez Condillac. Merleau-Ponty s'en est expliqué fort clairement dans son exposé du 23 novembre 1946 devant *la Société française de philosophie,* exposé qu'il avait intitulé : « Le primat de la perception et ses conséquences philosophiques ». Il partait d'une réflexion de Léon Brunschvicg qu'il faisait sienne : « L'événement perçu ne peut jamais être résorbé dans l'ensemble des relations transparentes que l'intelligence construit à l'occasion de l'événement »[30]. Et il poursuit : « Mais, s'il en est ainsi, la philosophie n'est pas seulement la conscience de ces relations, elle est aussi la conscience du terme obscur et du « fonds non relationnel »[31] sur lequel elles s'établissennt, faute de quoi elle manque à sa tâche d'élucidation universelle ».

Cette conscience s'affinera dans la problématique de la chair, aux divisions 3 et 4 du livre inachevé : *Le Visible et l'Invisible.* Tout dualisme cartésien, ou même condillacien est décidément dépassé, une nouvelle dualité s'y substitue, dont l'un des pôles est invisible, est l'invisible. Tandis que Condillac, en apparence gagné à un monisme de la sensation transformée, demeure fidèle au mentalisme, au dualisme strict de la Nature et de l'Esprit, Merleau-Ponty, qui ne lâche jamais l'expérience concrète et le primat de la perception qu'elle impose, est le philosophe de la perpétuelle transformation des données naturelles par un esprit dont il affirme, dès *La structure du comportement :* « L'esprit n'est rien, ou c'est une transformation réelle et non pas idéelle de l'homme »[32].

C'est ainsi, par transformation incessante des données naturelles, que l'homme passe l'homme.

## NOTES

1. *Condillac et les problèmes du langage,* textes recueillis par Jean Sgard, Éditions Slatkine, Genève-Paris, 1982, p. 18.
2. *Ibid.,* p. 16.
3. *Ibid.,* p. 16.
4. Article cité, p. 16 ; Henri Joly retient cette expression, qui est de Condillac, *Cours d'Études pour l'instruction du Prince de Parme,* Londres, 1776, tome 1, p. 11.
5. Article cité p. 18 ; c'est nous qui soulignons.
6. *Ibid.,* p. 21.
7. *Ibid.,* p. 21. Henri Joly cite *La logique :* « C'est cette nature qui commence et elle com-

mence toujours bien parce qu'elle commence seule : l'intelligence qui l'a créée, l'a voulu ; elle lui a tout donné pour bien commencer » (p. 13 de l'édition Samson, Paris, An XII, 1804.

8. Cf. sur ce point Sonia Branca, *Théorie de la liaison et syntaxe...*, dans le recueil cité à la note 1, pp. 289 et 311.
9. Cf. F. Heidsieck, *Analyse du discours et métaphysique de l'âme*, même recueil, pp. 71-73.
10. *Le complexe Nature-science-langage chez Condillac*, ouvrage cité, p. 40.
11. Nous espérons pouvoir bientôt publier en édition courante le livre de Condillac et notre traduction en français de la présentation et des précieuses notes de M. Bongie.
12. *Les Monades*, édition Bongie, p. 21.
13. *Avant-propos* de Condillac, édition citée, p. 111.
14. Ouvrage cité, chapitre 6, p. 175.
15. *Ibid.*, chapitre 5, pp. 168-9. A rapprocher de *Essai...*, édition Le Roy, tome 1, p.
16. Édition citée, Introduction de L. Bongie, p. 12. C'est la note a, p. 119 de l'édition originale de 1755, ou encore p. 495 de l'édition Dagognet, Vrin, 1987.
17. « Apo tou apeirou », Lettre à Hérodote, édition Bollack, p. 73, l. 14.
18. « Ta onomata genesthai », p. 75, 1.9-10.
19. Page 75, lignes 5-6, à rapprocher de p. 73, ligne 17 : « les unes plus vite, les autres plus lentement ».
20. P. 75, lignes 1-3, traduction Bollack. J'ai développé cette problématique dans mon article : Epicure, un langage pour la sagesse, dans *Recherches sur la philosophie et le langage*, volume 5, 1985, pp. 77-97, Vrin éditeur.
21. *Les monades*, II, 6, édition Bongie, p. 174.
22. Résumé de cours, Gallimard, 1968, p. 125. Cf. aussi le cours de 1959-60, *Nature et logos : le corps humain*, pp. 171-180.
23. *La structure du comportement*, p. 167. Ce qui est critiqué, c'est le dualisme des substances chez Descartes, Alain ou même Bergson, ainsi que les conceptions de Léon Brunschvicg. A cette « nature » là il entend substituer le « Grund » (p. 167) de Schelling.
24. *Ibid.*, p. 122.
25. *Ibid.*, p. 183.
26. Cf. *ibid.*, p. 286.
27. Cf. p. 221 : « sans structure, sans nature ».
28. C'est la note 1, p. 224 et p. 225. Cf. la référence à Klages, p. 284.
29. Page 188.
30. *Bulletin de la Société française de philosophie*, séance du 23 Nov. 1946, p. 57.
31. L'expression est de Jean Wahl. Voir *Structure du comportement*, p. 154, note 2.
32. *La structure du comportement*, p. 196.

*Claude IMBERT*
*ENS Paris*

# SUR LE PROJET D'UNE GRAMMAIRE PHILOSOPHIQUE

On sait que Wittgenstein avait eu le projet, dans les années qui ont suivi son retour à Cambridge, d'une *Grammaire Philosophique.* En témoigne le volume publié sous ce titre, où se trouvent réunis plusieurs manuscrits contemporains du *Cahier brun* et du *Cahier Bleu* (1931-1934). On se gardera de présupposer l'unité de chapitres et appendices où Wittgenstein a multiplié les « expériences de pensée », et dont ni l'ordre ni l'état définitif ne furent décidés par leur auteur. Au reste, l'hypothèse d'une doctrine intermédiaire entre le *Tractatus* et les *Investigations philosophiques* ne pourrait que brouiller les textes, Wittgenstein ayant voulu que fussent simplement confrontées « les anciennes et les nouvelles pensées : ces dernières ne se trouveraient placées sous leur vrai jour qu'en se détachant sur le fond de mon ancienne manière de penser, et par le contraste qui en résulterait ». Par contre, il a paru possible de suivre, tel un fil conducteur entre les deux états de l'œuvre, les contre-exemples et objections que Wittgenstein opposait à lui-même dans ces manuscrits expérimentaux. Car les insuffisances strictement techniques apparues dans la résolution des propositions générales, allaient verser le doute sur la pertinence analytique du « calcul » défini dans le *Tractatus,* désaffecter le rapport d'image entre le fait et la proposition, destituer le paradigme russellien de l'analyse, et déplacer la question philosophique du réalisme.

Mais pourquoi fallut-il que Wittgenstein, révisant une solution analytique qui lui était un moment apparue comme définitive, ait choisi, fût-ce provisoirement, la voie d'une *Grammaire Philosophique ?* L'expression était insolite et voulait surprendre : on sait qu'elle fut expressément choisie. Car si la plus grande part des manuscrits posthumes ont reçu leur titre des éditeurs, Wittgenstein avait écrit celui-ci de sa main sur les cahiers réunis et procurés par Rush Rhees. D'autres textes peuvent éclairer son intention ; le premier cité le fera par contraste. Dix ans plus tôt, Wittgenstein refusait avec véhémence d'intituler la version anglaise de son premier livre *Logique philosophique,* comme l'avait proposé Ogden sur une suggestion de Russell. « Quant au titre, je pense que le latin est meilleur que celui-là. Car même si *Tractatus logico-*

*philosophicus* n'est pas le titre idéal, il a quelque chose qui l'approche de la véritable signification. Mais *Philosophical Logic* ne va pas. A vrai dire, je ne sais pas ce que cela signifie (à moins que l'on veuille dire que le livre tout entier est un non-sens, auquel cas le titre pourrait aussi bien être un non-sens) (lettre à Ogden, 23.4.1922). Quel exercice philosophique avait été alors si exclusivement confié à l'analyse logique qu'il se trouvait placé dans sa dépendance[1] ? Quel intérêt déçu était maintenant remis à la grammaire, et lui valait une singularité qui l'excepterait des manuels scolaires ? Une *Remarque Philosophique,* où les thèses du *Tractatus* sont sourdement évoquées et nuancées, en donnera un premier indice : « ce qui appartient à l'essence du monde ne se laisse pas *dire.* Et la philosophie, si elle pouvait dire quelque chose, aurait à décrire l'essence du monde » (V, 92). Suit l'ébauche d'une solution : « l'essence du langage, elle, est une image de l'essence du monde ; et la philosophie, en tant que gérante de la grammaire, peut effectivement saisir l'essence du monde, non sans doute dans les propositions du langage, mais dans les règles de ce langage qui excluent les combinaisons de signes faisant non-sens ». Or le détour par l'essence du langage, valait ici pour ce qu'il permettrait d'accroître le pouvoir résolutif de la logique. « Est complète l'analyse logique de la proposition dont la grammaire est complètement tirée au clair ». Et cette complétude résulte de ce que la grammaire « donne au langage le degré de liberté nécessaire (*ib.,* III, 38). Le *Tractatus* aurait donc contraint l'analyse dans des dimensions insuffisantes, la rendant incapable de concilier la forme et le contenu, dont Wittgenstein fixait métaphoriquement l'opposition « l'un apparaît en quelque sorte multicolore et l'autre mate »[2]. On attendra donc de cette grammaire non classique qu'elle délivre un pouvoir discriminateur, corrélatif des degrés de liberté qu'elle dévoile et par rapport auxquels la logique se trouvait prise en défaut. D'elle dépendait la reprise et l'extension d'une analyse *immanente,* principe sur lequel Wittgenstein n'a jamais cédé. L'enjeu en serait une « analytique » générale, le Traité s'en étant tenu à une forme techniquement restreinte et matériellement inadéquate. On verrait alors que les *Retractationes* de la *Grammaire* manifestent l'unité de l'œuvre plutôt qu'elles ne l'affectent.

Or, en même temps que Wittgenstein changeait l'échelle, la méthode, et le point d'application de l'analyse, qu'il écartait le « calcul » pour les « jeux de langage » ébauchés dans les manuscrits de ces mêmes années, il se trouvait, par le fait, éclairer et transformer un genre philosophique aussi classique qu'énigmatique et protéiforme. Genre toujours renaissant et immanquablement décrié, tantôt affiché comme « grammaire rationnelle » et tantôt intégré tacitement dans la légitimation de l'opération philosophique elle-même, il met en connivence un ensemble de textes, occasionnellement contradictoires entre eux mais évidemment concurrents d'intention. Le *Sophiste,* où se lit la première grammaire de l'énoncé apophantique, en avait ouvert la série. Y firent suite : le *Traité de l'Interprétation,* les essais de Chrysippe connus par les récriminations de Denys d'Halicarnasse, le *De Grammatica* d'Anselme, la *Grammaire raisonnée* de Port Royal, et pour citer le moins connu dans une liste qu'on gardera ouverte jusqu'à Husserl, les *Éclaircissements* IX et X que d'Alembert ajouta à ses *Éléments de philosophie,* comme leur clé. (Mettra-t-on dans le compte la déduction transcendante dont Kant comparait ailleurs les fonctions logiques directrices à une « grammaire générale », et dont le but était de fixer la formule du jugement d'expérience?) Il ne serait pas malaisé de montrer comment toutes ces tentatives visaient à définir une grammaire au titre de « sens commun logique » (Kant) qui, distribuant quelque chose des preuves et concepts de la physique dans la constitution même de la pensée rationnelle, prêterait son canon, tacite et grammatical, à une explicitation objective de l'éthique. Or, en montrant l'impasse où s'enfermait une analyse qui voudrait assujettir les structures d'une langue naturelle à l'orthologie des sciences, la *Grammaire Philosophique* avait clos le régime ouvert par la dialectique platonicienne. Ces manuscrits posthumes, attachés à définir de nouvelles unités analytiques et leurs règles, marqueraient alors un point de rebroussement dans cette histoire du « grammairien » philosophe, dont Henri Joly a établi et analysé l'origine platonicienne[3]. Ils confirmaient néanmoins la détermination « enclitique » de l'activité philosophique, c'est-à-dire toujours versée sous une forme discursive qu'elle redéfinit en même temps qu'elle en use. Fût-elle spéculative ou critique, c'est en ce lieu qu'elle se trouve irrémédiablement postée.

– *Propositions générales et propositions élémentaires : les insuffisances techniques de l'analyse logique du* Tractatus

Wittgenstein revient par deux fois sur sa « conception erronée de l'analyse logique ». La première réserve porte sur le rôle analytique confié à la proposition élémentaire définie dans le *Tractatus* (*Gr. Ph.,* App. A1, 1932, A2, 1936). Il est impossible que la proposition élémentaire soit à la fois : a) un élément du 'calcul logique' ; b) le point ultime d'une analyse « ockhamienne » ; c) une unité repérable dans un langage effectif, dont « maintenant ce point est rouge » serait un possible exemple. Or ces trois hypothèses se trouvaient conjointement impliquées dans le développement du paradigme russellien de l'analyse. On sait comment l'article défini avait été éliminé au moyen d'une périphrase quantificationnelle monadique.

La formule enveloppait une structure propositionnelle en vertu de laquelle la description définie tomberait sous le coup de la factualité empirique et de la vérité assignable. De là que, pour être achevée, l'analyse devait être conduite jusqu'à l'élémentaire propositionnel. Elle appelait l'élimination des quantificateurs, dont le « calcul » défini dans le *Tractatus* (c'est ainsi que Wittgenstein en parle désormais) posait qu'ils pouvaient être traités comme des sommes ou produits logiques de propositions élémentaires. Une proposition élémentaire est telle qu'elle peut être vraie ou fausse, indépendamment de la vérité ou fausseté de toute autre proposition élémentaire, ce dont l'extensionnalité du « calcul » est un corollaire. Or cette suite d'implications se trouvait menacée par un contre-exemple banal. Wittgenstein constatait, peut-être dans le mouvement des conversations menées avec les philosophes viennois, que de « maintenant *a* est rouge » vient « maintenant *a* n'est pas vert ». Donc que « dans ce sens, les propositions élémentaires ne sont pas indépendantes les unes des autres, comme les propositions élémentaires du calcul que j'ai autrefois décrit, dont j'admettais alors – égaré par une conception erronée de ce rapport de réduction – que l'usage des propositions dans sa totalité, lui était réductible ». Le calcul du *Tractatus* demeurait donc, intact dans sa singularité, mais décevant pour les fins analytiques attendues.

Restait à en déployer les conséquences. En identifiant la proposition élémentaire du *Tractatus* avec le point ultime de l'analyse, on s'était accordé trop vite une méthode d'analyse complète. Le contre-exemple indiquait ou bien qu'aucune proposition élémentaire en un sens empirique acceptable n'était conforme à la norme du calcul, ou bien que ce traitement ne convenait pas à la question proposée. Or la singularité du calcul d'une part, l'abondance des contre-exemples d'autre part, inclinaient dans le sens de la seconde possibilité. Le problème de l'analyse de « notre » langage demeurait en quête d'une méthode accomplissant ses fins. Si l'analyse, et le type de propositions effectives qu'elle requiert, devait jamais coïncider avec le calcul, et le type de propositions élémentaires qu'il propose, il aurait fallu que la structure de l'espace des objets et des états de choses (car il n'y a pas d'objet empirique sans état) fût subordonnée à la structure extensionnelle des faits. Le contre-exemple de la grammaire des objets « colorés » déniait tout rapport simple entre les deux espaces, qu'il fut de recouvrement ou de complémentarité. Méditant l'objection, Wittgenstein rencontrait la limite du pouvoir analytique demandé au calcul du *Tractatus*, limite dont G. Granger a montré qu'elle était structurale[4]. Par voie d'implication, il versait le doute sur l'assimilation de la forme logique à la « forme de représentation », sur cette loi de projection et de traduction qui, reliant entre eux tous les modes d'expression, les impliquait tous dans cette « relation interne de dépiction qui vaut entre le langage et le monde » (*Tr.*, 4.014). Demeurait la valeur intrinsèque du « calcul » du *Tractatus*, exemplaire de par son principe « synoptique », et sa manière d'associer une table complète des valeurs possibles aux écritures symboliques. Il fallut néanmoins bientôt admettre que son champ d'application, que l'on voit ici limité pour le propos de l'analyse, le serait aussi pour les mathématiques.

Un second texte développait une réserve beaucoup plus radicale quant aux vertus analytiques des thèses logiques du *Tractatus.* « Ma conception de la proposition générale était que (x) fx est une somme logique, bien que les éléments ne soient pas énumérés *ici,* mais puissent l'être (et ce dans le dictionnaire de la grammaire du langage)... cette explication était le pendant d'une conception erronée de l'analyse logique, lorsque je pensais par exemple qu'on trouverait bien le produit logique correspondant à un (x).fx déterminé » (Ib., *De la logique et des mathématiques,* 8). Comme le montre le contexte, Wittgenstein ne s'attache pas spécifiquement au rapport de la logique vérifonctionnelle à la théorie de la quantification, prises en tant que telles. Sur ce point, il lui suffit de préciser sous quelles règles, excessivement restrictives, les écritures quantificationnelles pouvaient équivaloir à une somme (ou un produit) de propositions élémentaires monadiques. Le doute portait, globalement, sur la possibilité d'analyser toute proposition générale, telle qu'elle se donne dans *l'usage,* au moyen de quantifications, analysables à leur tour comme des sommes ou produits logiques assignables. L'objection que Wittgenstein dressait contre lui-même parcourait donc à rebours, et d'un seul trait, la chaîne d'implications constitutives du *Tractatus,* y compris le crédit donné sans réserve, autant qu'au paradigme russellien de l'analyse, aux traductions tacites qui lui donnaient pertinence. Au-delà de Russel se trouvait atteinte une tradition d'équivalences déjà bien établie, inaugurée par Frege et toujours supposée au reste dans la problématique commune aux deux logiciens. De là que Wittgenstein poursuivait sans transition sa méditation critique sur trois énoncés effectifs, introduits par des pronoms démonstratifs ou indéfinis, ceux-là mêmes qu'une traduction/analyse convenue livrait jusqu'alors à une traduction quantificationnelle. Soit :
a) toutes les couleurs primaires figurent dans ce tableau,
b) ce chapeau appartient à un homme dans cette pièce,
c) tous les hommes meurent avant deux cents ans.

Le premier serait à tort transcrit comme une proposition générale parce que « il n'y a pas de concept de couleur pure (id est primaire). La proposition A est de couleur pure signifie 'A est bleu, ou jaune, ou rouge, ou vert' ». Une nouvelle analyse se dessinait, ici. Elle résout le concept en un système d'énoncés qui en font voir la grammaire dans un contexte élémentaire. Et si l'on réfère cette grammaire à l'octaèdre des couleurs (*Rem. Phil,* IV, 39) il devient immédiatement évident que cette distribution ne coïncide ni avec l'espace des faits, ni avec l'espace dual des états de choses. Bien plus, cette géométrie là (qui n'est ni celle du spectre physique des couleurs, ni le simple ordre d'une liste empirique) régit toute énonciation possible à propos de la couleur. Elle est donc un schématisme pour faire voir une règle excluant toute immédiateté sémiologique. Un espace grammatical est celui des substitutions possibles.Cet exemple, sur lequel Wittgenstein reviendra souvent, orientait vers deux questions déterminantes la recherche d'une *autre* méthode d'analyse. D'une part, si le terme doit en être, comme ici, un système de propositions élémentaires, comment accorder la grammaire des couleurs et la grammaire propositionnelle ? Quelle structure aura une *grammaire philosophique* ?. « Si elle se présentait sous la forme d'un livre, la grammaire ne consisterait pas simplement en une série ordonnée d'articles, elle montrerait une tout autre structure... Il y aurait, par exemple un chapitre qui règlerait l'usage des termes de couleurs, mais il n'y aurait pas de chapitre analogue sur ce que la grammaire dit des mots 'pas', 'ou' (des constantes logiques) par exemple. Les règles détermineraient qu'il faut utiliser les mots ci-dessus dans toutes les propositions (mais il n'en va pas de même pour les termes de couleur). Et ce 'toutes' n'aurait pas le caractère d'une généralité empirique mais la généralité d'une règle de jeu supérieure ». D'autre part, pour les raisons précédentes, il faudrait renoncer au rapport simple d'image entre la proposition et le fait, renoncer à cette thèse essentielle du *Tractatus*[5] et définir sur de nouvelles instances, encore imprécises, le rapport à la réalité, une fois démontré le caractre décepteur de la traduction quantificationnelle des termes « dénotants », une fois perdue aussi la simplicité apophantique.

Les deux autres exemples viennent en confirmation. L'énoncé (b) sera équivalent à une somme logique dans le seul cas où les 'hommes présents dans cette pièce' auront été préalablement énumérés. Outre que cette condition formelle est peu habituelle, elle ne ferait pas droit au caractère conjecturel de l'énoncé, pour si vraisemblable que se donne cette conjecture. Son analyse relève donc troisième cas. Ici, la forme générale renvoie à la conceptualisation. Pourquoi dit-on que les hommes sont mortels – ou 'meurent avant deux cents ans' ? Dans les *Remarques,* Wittgenstein avait référé la conceptualisation à l'attente d'un fait. Or « si l'acte de l'attente n'était pas rattaché à la réalité, on pourrait s'attendre à un non-sens » (34). Cet argument était indirect, en attente d'un nouveau registre d'analyse – des jeux de langage et des formes de vie associées. Y serait redéfini le rapport entre l'articulation de la pensée et la réalité, l'une à l'autre adossées dans un commerce qui n'avaient saisi ni l'intentionnalité des scolastiques, forme appauvrie de l'apophantique grecque, ni la traduction quantificationnelle des expressions dénotantes.

La gérance confiée à la philosophie aurait donc trait à cette relation des concepts aux faits, que l'on désignait immémorialement par l'*expérience,* et au contrat toujours révisable et toujours déjà conclu, qu'on désigne par *réalisme.*

Une certitude s'était pour l'instant imposée ; les hypothèses de traduction qui avaient présidé à l'analyse russellienne, et dont le *Tractatus* avait déployé avec éclat toutes les implications manquaient la cible ; l'analyse devait être libérée du prestige de la logique quantificationnelle. La *Grammaire Philosophique* entretenait son mouvement d'un doute sur la forme logique de la *généralité*, « aussi ambiguë que la forme sujet-prédicat ». « Il y a autant de 'quelques' différents que de 'tous' différents ».

– *Quantification, prédication, existence : Des procédures analytiques à la question philosophique du réalisme*

> *« l'état de non doute*
> *appartient à l'essence*
> *du jeu de langage »*
> De la certitude, 370

De l'ambiguïté inhérente à la transcription quantificationnelle de la *généralité*, à celle, depuis longtemps signalée, de la prédication, s'agissait-il d'un simple et fugitif parallèle ? Ou bien, en liant ce que Frege et Russell avaient opposé, l'un et l'autre convaincus que la quantification avait définitivement aboli le règne de la logique prédicative, Wittgenstein précisait-il le diagnostic qui lui permettrait de comprendre les insuffisances proprement analytiques du *Tractatus* ?

La *Grammaire Philosophique* avait à plusieurs reprises relevé le recours latent à la forme prédicative dans les interprétations associées au symbolisme de la « nouvelle logique ». D'où Wittgenstein concluait que ni Frege, ni Russell n'avaient su s'en libérer[6]. Cet usage prédicatif, maintenu en seconde voix, avait-il un rapport essentiel, tacite comme un *a priori*, à l'entreprise fondationnelle de l'un et à la manière analytique de l'autre ? Lui devrait-on que Frege, engagé dans la construction logique des cardinaux soit, au jugement équitable de l'histoire, l'inventeur de la quantification mais la victime des paradoxes annulant comme telles ses *Lois Fondamentales de l'arithmétique* ? Que Russell, engagé dans le programme philosophique et moderniste de l'analyse, ait partagé la gloire des *Principia mathematica* et subi solitairement l'échec de l'atomisme logique ? Trouverait-on, sous les commodités passées en fraude de la prédication, un nœud d'ambitions incompatibles qui ont dépossédé Frege et Russel de la fin qu'ils briguaient, et les ont, tout compte fait, laissés sur le seuil d'une terre promise – et en réalité inexistante là où la géographie des anciennes questions l'avaient située ? Il faut donc revenir sur l'origine de la « nouvelle logique » et retrouver, sous les demandes de l'analyse que le *Tractatus* avaient menées au terme des moyens disponibles, une contradiction sous-jacente, entre les anciennes questions et les nouvelles réponses, et que les interprétations de la logique quantificationnelle avaient provisoirement abritée. Il est vrai que Frege avait ouvert un champ simultanément technique et philosophique où personne ne s'était encore aventuré, et du fait de cette conjonction, strictement expérimental. Aussi faut-il brièvement rappeler le motif déterminant, et l'usage premier, de la *Begriffsschrift* (1879), puis l'interprétation existentielle des quantificateurs, enfin son affectation à l'*analyse,* dernière venue.

La quantification fut d'abord partie intégrante d'une syntaxe délibérement étrangère aux langues naturelles, et bien conçue pour donner à la preuve arithmétique « le degré de liberté nécessaire ». Le raisonnement par récurrence s'y trouvait entièrement résolu et exprimé dans la seule syntaxe du système. Ainsi déterminée, la quantification explicitait et développait une structure immanente à l'écriture algébrique. Ses règles de transformation, liées aux substitutions qu'autorisait une syntaxe définie sur trois registres de variables (propositions, arguments et fonctions), outrepassaient au-delà de toute attente les limites de la syllogistique. Le prix payé pour une telle générativité fut la contrainte d'une écriture formulaire et une définition exacte et restrictive de son champ d'application[7]. Dans l'immédiat, on ne vit que la disponibilité des moyens tout juste acquis. Aussi la *Begriffsscchrift* portait-elle en sous-titre : *langage formulaire de la pensée pure, imité de l'arithmétique.* L'hypothèse était encore que le registre entier de la pensée s'en trouverait librement enrichi. Suivit donc un usage constructif et aventuré d'une syntaxe dont la structure générative semblait pouvoir triompher des limites de la philosophie kantienne – limites qu'avait soulignées le développement de l'arithmétique gaussienne sur lequel l'épistémologie transcendantale n'avait aucune prise[8]. L'usage analytique, au sens russellien du terme programmatiquement défini dans *On denoting* (1905), fut comme le verso de l'aubaine. Il s'agissait de faire valoir le régime des positions d'existence mathématiques contre l'intentionnalité laxiste des langues naturelles, en supposant que les notions d'*objet* et d'*existence* pourraient transiter d'un domaine à l'autre sans être frappées d'homonymie. Aussi fallut-il longtemps avant que l'extensionnalité, impliquée par la logique quantificationnelle prise comme un tout et munie de ses règles de substitution, se révélât opposer un obstacle aux usages philosophiques et épistémologiques qu'elle semblait au premier abord favoriser.

De telles applications avaient pu paraître d'autant plus immédiates et loisibles que la manière de lire les quantificateurs avait enrobé de familiarité une syntaxe déroutante. En 1879, Frege avait exploré la générativité de son système en construisant, ligne à ligne, théorèmes, définitions (dont celle de la succession), et inférences (dont l'induction complète). Vint ensuite l'interprétation « existentielle » de ce que nous écrivons aujourd'hui $\exists x.fx$, avec le projet de définir le nombre cardinal par le truchement de cette aisance syntaxique toute récente (*Fondements de l'arithmétique,* 1883). Lecture aussi décisive que périlleuse, elle scellait le recouvrement de l'invention proprement logique par un propos philosophique qui, transmis de Descartes à Kant et de Boole à Frege, s'imposait de conformer à une structure mathématique nouvellement acquise le rapport entre la réalité et les 'opérations de la pensée' que cette structure avérait. Simple remise à jour d'un contrat d'objectivité qui, dans les termes de généralité où il avait été premièrement défini par l'apophantique grecque, ne pouvait être qu'universel et insensible aux moyens discursifs qu'il mobilise. Aussi, au terme des *Fondements de l'arithmétique,* Frege put-il penser qu'il avait simplement complété et amélioré la dernière et la plus exacte expression de ce contrat – la logique de Kant.

Il est vrai qu'il répondait à une sollicitation pressante en donnant un statut logique au jugement d'existence que tous les post-kantiens cherchaient, et chercheraient longtemps encore, à placer sous l'une ou l'autre des rubriques de la logique kantienne. Fallait-il admettre, en suivant le mouvement explicite de la déduction transcendantale, que l'existence est une modalité ? Mais pourquoi reporter au terme de la déduction ce qui devait en quelque manière être engagé dès son premier moment, et par quel artifice les faits devaient-ils être en commerce essentiel avec la modalité ? Fallait-il plutôt situer l'existence sous la première rubrique, là où Kant avait traité de la *réalité* ? Auquel cas, l'objectivité ainsi déterminée serait au mieux celle des qualités qui nous affectent, et les objets de l'expérience une extrapolation problématique. Sans compter que l'existence mathématique demeurerait sans statut. Or ces questions devaient nécessairement rester sans réponse puisqu'elles étaient étrangères à la structure qu'elles interrogeaient. Chacune des rubriques tour à tour essayées ne pouvaient valoir, on le sait, qu'à titre de moments d'une déduction dont seul l'achèvement validait le jugement d'expérience. Aucune objectivité ne pouvait être déduite avant que n'ait été réfuté l'idéalisme, et démontré que la conscience de soi implique l'existence des objets extérieurs. En dépend l'équation entre les conditions de l'expérience de l'objet et celles de l'objet de l'expérience. Mais il suffisait aussi de cette équation pour que la grammaticalisation des conditions de l'expérience sous la série hiérarchisée des fonctions logiques habilite la formule générique du jugement d'expérience.

On conçoit donc qu'une hésitation sur la manière de dire et de penser de l'existence ait impliqué une révision de la table des fonctions du jugement, et c'est bien ainsi que Frege l'entendait. Néanmoins le statut d'universalité qui parut longtemps lié essentiellement à la nature même de la logique, et l'universalité d'une individuation existentielle constitutive de tout objet en tant que tel, incitèrent Frege a reconduire au moins tacitement une équation de type transcendantal : entre la structure de la preuve et la structure de son domaine. Deux textes, distant d'une trentaine d'années en portent témoignage. D'une part, au mot d'ordre empiriste : « des faits, des faits, des faits... », Frege répondait, dans les *Fondements de l'Arithmétique,* qu'un fait n'est rien de plus qu'une pensée qui est vraie. Et Wittgenstein a parfaitement identifié cette solution « transcendantale » implicite, qui seule pouvait conférer au système idéographique le statut (provisionnel et décepteur) d'un langage. « La limite de la langue se montre dans l'impossibilité de décrire le fait correspondant à une proposition (qui est sa traduction) sans justement répéter la proposition. (Nous avons affaire ici à la solution kantienne du problème de la philosophie) ». (*Remarques Mêlées,* 1931). Contemporaine des manuscrits réunis dans la *Grammaire Philosophique,* cette note touchait en même temps à la solution « transcendantale » du *Tractatus,* où la correspondance entre la proposition élémentaire et le fait répliquait, et portait à l'exactitude, la réponse agacée de Frege aux empiristes. Elle montrait aussi que le kantisme de Frege n'avait rien de sectaire, qu'il n'était pas même un héritage d'époque, à peine conscient. Si l'idéographie devait être aussi un langage, alors elle devait accepter une forme ou une autre d'équation transcendantale. Trente années plus tard, Frege préfaçait sa première *Recherche Logique* d'une réfutation de l'idéalisme dont les maladresses s'effaceront devant la nécessité interne d'un kantisme « structural ». Moment est venu de dire que le réalisme de Frege fut toujours inscrit dans la perspective kantienne d'un contrat de discursivité, d'un accord entre la pensée et ses objets. Réalisme sans naïveté (ni platonisme quoi qu'on ait cru ou simplement répété), il vaut de manière régulière (au risque de se penser lui-même comme constitutif), pour toute l'étendue d'un langage, qu'il parcourût le champ déduit des jugements d'expérience ou qu'il fût circonscrit par la générativité d'une écriture dont les règles de transformation préservent l'adéquation des formules. Il est vrai que le réalisme de Frege qui, au témoignage de von Wright, avait conduit Wittgenstein à rejeter ses premières convictions idéalistes, parut d'autant plus singulier (et de là peut-être ce platonisme exotique dont il fut coiffé) que ses arguments transcendantaux sont liés à une interprétation ambiguë de la générativité idéographique, et ne s'appuient sur aucune théorie des facultés[9].

Cette manière d'adosser la première structure quantificationnelle historiquement produite à la logique kantienne, apparaissait déjà dans le titre choisi *(Begriffsschrift).* Elle se montre plus encore dans l'analogie tacite, puis thématisée dans les années 90, entre *concept* et *fonction.* Pris dans ce jeu d'équivalences qui avait si bien réussi à la déduction « objective » kantienne, où les synthèses insolites des fonctions mathématiques gagneraient d'acquérir la familiarité de notre langage et celui-ci d'être forcé dans une nouvelle syntaxe, le quantificateur *existentiel* se trouvait intrinsèquement identifié comme fonction de second niveau, et extrinsèquement traduit comme déterminant ontologique. Spécifiant la relation du concept à l'objet, la quantification devait, dans ce premier repérage, prendre ouvertement la place de la modalité, et implicitement quelque chose de sa fonction critique. L'usage épistémologique, puis « analytique », de la quantification en allait suivre le plus naturellement.

De ce moment proprement expérimental, où le système idéographique devait « essayer » le statut d'universalité auquel il prétendait, au même titre que les axiomes et les notions communes des Anciens, l'histoire allait décider, et d'abord diviser les intentions. Ou bien l'usage demeurerait strictement associé au premier contexte de la *Begriffsschrift*, et les quantificateurs ne seraient rien de plus que le corrélat des règles de transformation autorisant la réécriture d'une ligne à l'autre. Le lieu propre de cet usage demeurerait les mathématiques, ou toute modélisation que les mathématiques prendraient en gérance. Ou bien – *kalos kindunos* – le « beau risque » fut pris. Et afin de mieux accorder le domaine relativement familier où les questions épistémologiques étaient posées à celui des preuves quantificationnelles où elles semblaient devoir être résolues, Frege fit jouer en retour la traduction privilégiée (en termes de concept, d'objet, d'existence) sur le symbolisme idéographique. De là que, infléchissant l'extension de son système en faveur du problème proposé, Frege introduisit dans les *Lois Fondamentales de l'arithmétique* des symboles et des lois étrangers à l'économie initiale de la *Begriffsschrift*, et parasitaires pour le système de la déduction. Les conséquences antinomiques de cette extension y mirent un terme : par un effet de simple police.

Qu'en serait-il de l'usage analytique, lié au paradigme russellien et plus généralement à la représentation quantificationnelle des propositions générales et particulières de la logique classique ? Moteur premier et public de l'analyse, cette traduction opérait en fait comme un frein, s'opposant au mouvement qu'elle devait servir. Et bien que cette contradiction, parce qu'elle était interne au propos philosophique, n'ait eu ni l'évidence formelle ni le retentissement de la proposition antinomique dévoilée par Russell, elle allait affecter l'histoire de l'analyse autant que l'autre avait marqué l'histoire de la logique mathématique. L'une et l'autre provenaient, au reste, d'une incertitude trop vite tranchée, d'une manière hâtive de mettre en relation la régularité idéographique et les régularités déjà inscrites sur des langues de culture : large spectre où se répartissent les normes d'un genre, les mouvances des styles et l'économie simplifiée d'un corps commun.

Cette contradiction latente ressort des paragraphes de la *Grammaire Philosophique* précédemment cités. Ou bien l'instrument analytique provisionnel qu'avait été la quantification devrait pénétrer totalement la grammaire des expressions qui lui seraient proposées, et l'on poursuivrait l'analyse jusqu'au niveau propositionnel et au principe d'extensionnalité, comme l'avait fait le *Tractatus*. Mais les énoncés effectifs, fussent-ils idéalement simplifiés, opposaient le réseau de leur grammaire réelle à la régle d'extensionnalité du calcul précédent. Ou bien on traduirait à la manière russellienne, au reste également admise à Iéna, à Varsovie et à Vienne, demandant à la quantification un schématisme de l'objet, afin de mieux reconduire l'ancien débat des kantiens et des empiristes, chaque camp attendant de ce formalisme qu'il tranchât en sa faveur. Mais l'analyse, acceptant d'être une ultime variante de la prédication, répétant une solution toujours reprise des catégorisations grecques aux tables kantiennes, se condamnait à une double déception. Elle reprenait, sans la catégorisation qui en avait été l'aspect épistémologique et pourvoyeur de réalisme, une prédication simplement formelle pour une ontologie abstraite et bientôt scolastique. Elle ne communiquait à l'usage aucune des propriétés génératives du système quantificationnel (faute de pouvoir opérer, il va de soi, les mêmes substitutions) et ne pouvait que traiter avec injustice ou mépris les inférences effectives des grammaires qu'elle voulait rectifier, et seulement rectifier. On avait perdu l'élucidation propre à l'ancien système et à sa grammaire proleptique (probabilité d'une analogie), catégoriale (coïncidence entre la structure du procés énoncé et des conditions de l'énonciation), et arborescente (une prédication exclut toute autre, à l'exception de celle qui lui sont subordonnées, ou dans laquelle elle se trouve impliquée). Mais Kant n'avait-il pas prévenu qu'il n'était ni extensible ni réductible ? Wittgenstein découvrait les limites d'une traduction qui ne pouvait éviter les raideurs et l'opacité d'un formalisme, pour un gain minime puisqu'elle ne contribuait à aucune constitution d'une grammaire de l'expérience :

> « On peut naturellement voir dans la forme sujet/prédicat – ou ce qui revient au même dans la forme argument/fonction – une norme de la représentation... Notre seule obligation sera alors de voir clairement que nous n'avons pas affaire à des objets ni à des concepts résultant d'une analyse, mais à des normes dans lesquelles nous avons moulé la proposition... mais mouler-dans-une-norme est le contraire d'une analyse. De même que pour étudier la croissance naturelle du pommier, on ne considère pas l'arbre en espalier, sauf pour voir comment cet *arbre se comporte sous* cette *contrainte* » (*Rem. Phil.*, XI, 115).

Cette remarque dévoile brutalement le secours tout relatif, et les limites, onéreuses, que l'analyse (propos philosophique dont on voit combien peu clairement il se trouvait défini) recevrait d'un parallèle poussé jusqu'à l'identification, avec une opération de traduction. Il faut s'arrêter un instant sur cette hypothèse, que Wittgenstein écartait ici tacitement et dont Quine tenterait toutes les ressources. Accordons, en toute justice, que la traduction préservait l'immanence. La syntaxe quantificationnelle et la grammaire prédicative ne seraient que deux variantes optionnelles (évolutives ?), et le symbolisme une manière de s'entendre sur des articulations et des substitutions sans y attacher d'entités propres. Mais le simple fait de choisir la forme sujet/prédicat comme support de traduction émoussait par avance le pouvoir de l'analyse. On reste à mi-chemin, campant sur une canonicité dont on oublie qu'elle n'est que le fantôme d'une apophantique démunie de sa créativité propre et arrachée au contexte des genres parallèles et rivaux qui la spécifiaient de l'extérieur. L'analyse ou la traduction (Quine) ne peuvent prétendre corriger un mouvement excessif d'objectivité qu'en restituant une équation d'objectivité, quand bien même elle ne cesserait d'en réviser les termes et l'extension (qu'elle ait successivement demandé son principe au sens commun, à la véracité divine, à l'économie transcendantale des facultés ou à une traduction canonique). Quine posant qu'on corrige toujours un premier langage, et qu'on ne cesse d'apprendre sa propre langue, permettait de rester dans ce régime kantien, du concept et de l'objet, du prédicat et de l'existence, disons une phénoménologie réglée, mais singulièrement exsangue, de l'objet sensible.

On sera en outre assuré qu'elle demeurera parfaitement docile puisque la traduction se fera toujours dans le même sens, vers la langue canonique et selon ses propres « hypothèses de traduction » – avec la maladresse acceptée d'un « thème ». Elle se fera énoncé par énoncé, ne laissant à la langue native aucun ressort ni créativité[10], rien même de ce qui constitue les prolepses du sens, et met une proposition donnée en connivence de signification avec toutes les autres. Ne resterait-il qu'une langue morte, en un sens parfaitement littéral du terme ? Ou s'agit-il d'un projet stylistique dont certains passages de Dos Passos, ou encore de la récente Autobiographie de Quine donneraient quelque idée ? En se gardant comme du feu de laisser jouer en retour la règle de traduction, où avait péri Frege, Quine avait donné une seconde vie à l'analyse. Mais il lui fallut imposer à la traduction une transitivité irréversible, qui réfléchit au reste fort exactement la structure, et même la chronologie, de son œuvre, de *Mathematical Logic* à *Word and Objet.* Prix dont Quine n'a rien ignoré : « Différentes personnes, éduquées dans le même langage, sont comme des buissons taillés et forcés dans la forme d'identiques éléphants ». Réponse à la contrainte immédiate d'une réalité biosociale pour laquelle les Grecs n'avaient conçu aucune grammaire et contre laquelle le formalisme de l'objet serait la première élégance? Wittgenstein, pour sa part, avait pris la distance que procure la retraite, recadrant les systèmes, les conduites et les microcosmes selon des coïncidences limitées et effectives, conduit par un sens shakespearien (ou biblique) des différences, et par cette exactitude d'ingénieur qu'il appliquait aussi à la composition de ses livres.

On retiendra de ce contraste, bien insuffisamment élaboré, tout juste la note qui singularise l'analyse wittgensteinienne, devenue indiscernable de l'activité philosophique elle-même. Alors que le *Tractatus* avait déjà déplacé les habitudes de traduction, convenues entre 1890 et 1905, en donnant l'avantage à l'économie propositionnelle, il restait à conduire pour elle-même l'analyse conceptuelle dans des structures discursives à la fois effectives et non contraintes par l'extensionnalité. « Si les jeux de langage changent, les concepts changent, et avec les concepts, les significations des mots » (*De la Certitude,* 65). De là que Wittgenstein s'étonnait de la méthode socratique de définition, à laquelle il opposait sa propre manière d'interroger : « Si quelqu'un me montre comment un mot est employé avec différentes significations, c'est exactement le type de réponse que je souhaite » (rapporté par Drury).

– *Note : sur une propriété singulière des logiques prédicatives*

On vient d'opposer l'extensionnalité de la logique post-frégéenne à la structure prédicative des logiques grecques, opposition impliquée par le calcul du *Tractatus* et dont la *Grammaire Philosophique* développait les conséquences. On a dit également qu'une version de l'analyse, attachée au paradigme russellien, avait préféré une demi-mesure. En identifiant la fonction au prédicat elle troquait les avantages, encore problématiques, d'une nouvelle intelligence philosophique contre ceux, immédiats, du formalisme. Celui-ci maintiendrait une unité syntaxique minimale, dont l'équivocité est moins flagrante qu'une importation de concepts, tout au long de la chaîne des savoirs, de la mathématique aux connaissances empiriques. Wittgenstein n'avait pas méconnu cet avantage (cf. « et sans doute cela a-t-il une signification que la proposition se soit laissé réduire à cette norme de représentation » *Rem.,* XI, 115, citée plus haut). En persévérant dans cette voie, qu'ouvraient les articles frégéens des années 90, on pouvait obtenir que la quantification, maintenue au premier ordre et dans un usage fini le plus souvent limité aux anaphoriques, contrôle le rapport du concept à l'objet et perpétue la solution classique et grammaticale apportée au problème platonicien du rapport entre le sensible et l'intelligible. Encore le faisait-elle sans la médiation *visible* des catégories, ce qui put passer pour un avantage. On y aurait enfin gagné que demeurassent compatibles, et même identifiés, l'espace de choses, des états de choses, et des faits, précisément dans cette phénoménologie minimale de l'objet qui le donne dans ses qualités et relations « d'expérience », et selon une grammaire dont l'énoncé est l'intégrant maximal. La catégorisation y réfléchit les coordonnées d'une signification complète. Le point philosophique (et grammatical en même temps) était donc de comprendre comment l'extentionnalité affectait essentiellement le système apophantique classique et particulièrement la structure d'énonciation. Or celle-ci, comme l'ont montré les travaux de Jakobson et E. Benveniste, inscrit le procés énoncé dans les moyens de l'énonciation et assume, sans y répondre encore, la question de droit d'une répartition catégoriale de l'expérience. C'est elle qui, dans les termes de Platon, place le logos au nombre des formes principales dénombrées dans le *Sophiste*. L'avantage de la traduction, disons « quinienne » pour en évoquer l'état le plus élaboré, était d'arrêter l'analyse avant qu'elle ait démantelé cette structure linguistique, suffisamment anémiée néanmoins pour ne plus véhiculer d'inférence propre. Aussi fallut-il fixer une convention de traduction entre une quantification simplifiée et l'état le plus dépouillé de la logique grecque : le quaterne des propositions « aristotéliciennes » (universelles et particulières, affirmatives et négatives). Mais pouvait-on mettre en recouvrement une grammaire fondée sur le verbe et la catégorisation, donc une gestion contrôlée de l'énonciation, avec le principe extensionnel de la logique formulaire ? La question dépasse de beaucoup le formalisme, qui se défend lui-même *pragmatiquement*, et même la viabilité philosophique d'une analyse qui sait s'arrêter à une demi-mesure. En sortant du régime propositionnel, en définissant un « jeu de langage», Wittgenstein recherchait une texture généralisée d'expérience et d'énonciation, de forme de vie et de jeu de langage, dont le premier état grec, puis sa révision kantienne, avaient constamment porté l'argument, toujours indirect, du réalisme.

– *De la Grammaire aux Investigations Philosophiques*

> *Donc se pose la question : abstraction faite de cette résonance propositionnelle qui nous induit en erreur, avons-nous encore un concept général de proposition ?*

Déterminer l'unité convenant à l'analyse « complète » sans renoncer à l'immanence, tel était l'un des problèmes circonscrit dans la *Grammaire Philosophique*. Wittgenstein devait donc définir une articulation discursive aussi distante de l'extentionnalité que de l'intégration prédicative – conditions respectives de la nouvelle et de l'ancienne logique, et rien ne laissait prévoir d'abord que le cadre de cette analyse imposerait de renoncer à l'unité propositionnelle. Les manuscrits rédigés ou dictés dans ces années 30 montrent que Wittgenstein avait de diverses manières, tenté de préserver le rôle, anthropologiquement confirmé, d'une unité grammaticale aussi explicitement marquée que la proposition. Le « jeu de langage » saurait contourner l'évidence propositionnelle, sans l'ignorer.

Qui ne fut surpris de la longue citation latine (*Confessions*, I, 8) qui occupe le premier paragraphe des *Investigations Philosophiques* ? On concevrait difficilement un point de départ qui fût aussi abrupt que la première proposition du *Tractatus*, aussi différent à de multiples égards, néanmoins aussi proche par la manière exacte dont il s'y opposait. L'un et l'autre engageaient immédiatement le propos de l'analyse philosophique : ce contrat de représentation et de réalité, implicite dans tout langage, et contentieux aussi longtemps qu'il le demeure. Dans les deux cas, Wittgenstein exposait d'emblée l'unité discursive en laquelle serait conduite une analyse immanente. Ce premier jeu de langage, disons « augustinien », s'explique d'abord par opposition aux choix du *Tractatus*. Aussi la nouvelle « dimension » analytique refoule au second plan celle qu'elle écartait. (Nous citons ici le texte d'Augustin dans la traduction d'Arnauld d'Andilly) :

> « Et lorsqu'ensuite de la parole qu'ils avaient dite, ils s'avançaient vers quelque chose, je remarquais et retenais qu'elle s'appelait du nom qu'ils lui donnaient lorsqu'ils la voulaient montrer : et je jugeais qu'ils la voulaient montrer en considérant les mouvements qu'ils faisaient du corps, ces gestes étant comme des paroles naturelles communes à toutes les nations, qui se forment par des signes ou de la tête ou des yeux, par les actions des autres parties du corps, et par le ton de la voix qui découvre le désir de l'âme dans tout ce qu'elle demande, on veut avoir, ou rejette, ou fuit. Ainsi, en entendant redire souvent les mêmes paroles, dont chacune était arrangée selon la place naturelle dans les différents discours que l'on tenait devant moi, je remarquais peu à peu ce qu'elles signifiaient, et ayant accoutumé ma langue à les prononcer, je m'en servais pour faire connaître ce que j'avais dans le cœur ».

a) *Wittgenstein a choisi ce moment où Augustin* évoquait sa première éducation. L'apprentissage de la langue y est conforme à ce qu'enseigne le *De magistro*, mais la description a pris une double distance. Le *De Magistro* avait l'immédiateté dogmatique, et la lenteur déroutante du genre dialogué alors qu'Augustin exposait ici de manière synthétique, et comme en perspective aérienne, les circonstances, les finalités et les moyens d'un jeu dont il distribuait aussi les rôles[11]. Il n'empêche que ce jeu, où l'enfant apprend à nommer une liste ouverte d'objets, aura la propriété d'un langage primaire, « absolument au niveau des choses » (*Rem. Phil.*, 53).

b) Le commentaire qu'en donnait Wittgenstein marque une seconde distance. Ce jeu, à certain égard primaire, ne prétend pas à l'originaire – ce qui supposerait au reste qu'on puisse jamais s'affranchir de l'immanence pour en décider. « Augustin décrit l'apprentissage du langage humain comme si l'enfant arrivait dans une contrée étrangère et ne comprenait pas la langue du pays. C'est-à-dire comme s'il avait déjà un langage, simplement il ignore celui-là. Ou encore, comme si l'enfant pouvait déjà *penser*, mais ne pouvait encore parler. Et 'penser' signifierait quelque chose comme 'parler à soi-même' » (*Inv. Phil.* 32). Wittgenstein décèle la leçon, clairement stoïcienne, où fut éduqué le rhéteur Augustin. La *pensée* est ce langage intérieur *(logos endiathétos)* qui distingue l'homme de l'animal, et précède toute expression. L'exposé d'Augustin révèle en outre que le rapport simple de nomination, la correspondance entre les mots et ce qu'il désigne n'est que la face visible d'un jeu de langage infiniment plus complexe, où opèrent conjointement l'autorité des parents, le désir de l'enfant et la modération que lui impose la description de la réalité par laquelle « le désir de l'âme » et « ce que j'avais dans le cœur » prendront consistance et expression. S'y impliquent l'apprentissage d'une grammaire, au sens le plus immédiat du terme (« selon la place naturelle dans les différents discours »), et une attitude propositionnelle latente (ce que l'âme « demande, ou rejette ou fuit »).

c) La puissance analytique délivrée par le jeu de langage apparaît bientôt dans les variations auxquelles il donne matière. Travaillant sur ce modèle « augustinien », Wittgenstein imagine deux autres jeux où l'intentionnalité propositionnelle sera condensée dans une simple dénomination ; et cette anamorphose est bien faite à faire voir l'illusion d'un rapport simple entre le nom et la chose. La première ellipse se fait d'une demande à un syntagme sans verbe (on écrit sur un papier : 'cinq pommes rouges'), la seconde est restreinte à une simple liste de noms ('brique', 'tuile', 'poutre'). Un peu plus loin, Wittgenstein proposera un jeu apparenté aux précédents mais plus complexe, où apparaissent les déterminants déictiques (ceci, cela...). Et il aura suffi de cette construction progressive pour relativiser le rôle communément attribué aux définitions ostensives. Tout leur pouvoir leur vient en réalité d'un jeu de langage sous-jacent et qui les apparente (*Inv. Phil.*, 23, 28).

d) Une autre propriété analytique sera de donner accès à d'autres jeux de langage impliqués, sans y être thématisés, dans le jeu pris pour référence. Ainsi la mention 'cinq pommes rouges' induit le geste de prendre successivement cinq pommes de cette couleur, en faisant le compte sur les doigts d'une main ou par tout autre moyen. « Quant à la signification du mot 'cinq', il n'en est pas question ici, mais seulement de la manière dont le mot 'cinq' est employé ». On renonce donc à expliciter sur le même *niveau*, et avec les mêmes *moyens* le contenu entier des énoncés de *notre langage*, et en particulier les termes arithmétiques dont il se trouve faire usage. Wittgenstein écartait ici l'hypothèse, frégéenne, d'une analyse totale et uniforme, qui traiterait selon les dimensions d'un seul espace logique la totalité de nos concepts (le nombre sera défini, ailleurs, comme propriété interne d'une liste). De manière analogue, le jeu de langage qui accompagne l'échange des briques, tuiles et poutres, fait usage d'une géométrie élémentaire des volumes, dont il n'y a alors ni moyen ni nécessité d'expliciter la mathématique.

e) Que ces termes fussent suffisamment, et provisionnellement, précisés par leur usage contextuel, et il en suivra qu'une analyse « complète », si elle est jamais possible, serait réticulée, comme le montrait déjà le chevauchement des jeux de langage. Or aucune numérotation des remarques constituant les *Investigations* ne pouvait rendre compte de telles relations. On sait que Wittgenstein s'est résolu, non sans remaniements ni hésitations, à organiser son manuscrit selon une numérotation ordinale simple. Les renvois internes seraient alors le meilleur expédient pour montrer la réticulation corollaire de la dimension nouvelle analytique : le jeu de langage.

– *Numérotation ordinale et numérotation alphabétique*

L'ordre simple des *Investigations* faisait contraste avec l'étonnante économie « syncopée » du *Tractatus*. Une comparaison conduite sous ce seul aspect éclairera la différence des manières, autant que la continuité d'intention. Les propriétés de l'ordre « alphabétique » ont été explicités par G. Granger, puis A. Moreno[12]. On en confirmera, sur deux points, le propos philosophique.

On sait que la numérotation principale du *Tractatus* ordonne sept thèses par rapport auxquelles sont distribuées, selon une hiérarchie alphabétique ou décimale, les autres entrées. Considéré d'abord pour ses conséquences négatives, cet ordre venait rompre la continuité discursive, y compris le système des principales et des subordonnées. Les entrées « intercalées » se trouvaient réparties à des distances et selon des plans différents, ce dont aucune syntaxe connue ne pouvait rendre compte. Il en résultait encore qu'aucune de ces entrées subordonnées n'aurait ni la portée, ni la suffisance des sept entrées principales, qui pouvaient au reste être lues à la suite. Ce retrait modulé des autres propositions, dont le *Prototractatus* et la correspondance de Wittgenstein attestent avec quel soin il fut étalonné, brouillait par avance toute structure argumentative attendue. Il proposait une ponctuation parfaitement inédite qui, mieux que l'interrogation, que la prenthèse, les deux points ou les guillemets (au reste déjà abondamment utilisés dans le corps des propositions) pouvait suspendre la valeur d'image qui eût été celle de ces mêmes propositions dans leur usage non ponctué[13]. De là que, ainsi ponctuées et comme oblitérées, elles se trouvaient pouvoir élucider les thèses dont elles n'étaient ni les conditions, ni les conséquences. Ainsi, sans appartenir au même niveau de langage que les entrées principales, ni s'arroger un sens métalinguistique que le précepte d'immanence autant que leur teneur excluait, elles recevaient de cette singulière ponctuation une altération graduée de leur poids logique que mesurait précisément l'ordre alphabétique. Encore avait-il fallu que la numérotation-ponctuation ait également affecté les thèses et, tout en leur donnant priorité dans la hiérarchie, les ait déjà exceptées de la monodie apophantique. Comme les étapes de la déduction transcendantale (et le système de correspondances qui pondère la signification relative des trois tables kantiennes l'une par rapport à l'autre), les propositions du *Tractatus* devaient, une fois parcourues selon l'ordre indiqué, être oubliées afin que les propositions soient rendues à l'usage, à son analyse canonique, et aux limites de la signification. Cet ordre alphabétique provisionnel avait ainsi procuré à l'exposition du *Tractatus* (on veut dire : *Darstellung*) le « degré de liberté nécessaire ».

Apparaîtra d'autant plus remarquable ce déplacement d'une méthode lexicologique bien connue – celle des dictionnaires – à un usage syntaxique dans sa réalité, et stylistique dans son effet. L'effet était d'autant plus sûr qu'une règle fondée sur l'écriture décimale avait remplacé l'empirisme proprement alphabétique. Or, si bien employées qu'aient été les propriétés de l'ordre alphabétique, rien ne permet de dire qu'elles l'eussent à elles seules imposée. Au reste l'intrusion d'une forme externe répugnerait à la manière constante de Wittgenstein, fondée sur l'exhibition des dimensions syntaxiques immanentes. Aucun lecteur de la *Begriffsschrift* ne pourra méconnaître une analogie de structure entre l'écriture bidimensionnelle et arborescente que Frege désignait sous ce titre, et la numérotation alphabétique du *Tractatus*. Si, de l'écriture idéographique, on ne gardait que le squelette des embranchements composés, il se dégagerait du paradigme frégéen un ordre que la numérotation alphabétique réplique avec élégance. Dans les deux cas, il s'était agi d'obtenir une dimension supplémentaire pour l'exposition. Dans les deux cas, la structure choisie avait un équivalent de ponctuation – les parenthèses – qui démultipliait les capacités d'enchâssement restreintes des langues naturelles. Et dès lors que cette invention, de nature proprement syntaxique, pouvait être soustraite au régime de la preuve à laquelle Frege l'avait dédiée, elle offrait sa géométrie à une rhétorique jamais encore imaginée. L'usage inattendu, déplacé, et rectifié, d'une structure si singulière qu'on pourrait sans abus la dire « frégéenne », explique déjà, pour une part au moins, que Wittgenstein n'ait pas épargné ses critiques à l'encontre de ce que la préface du *Tractatus* appelait les « imposants travaux de Frege ». Précisément parce que auteur d'une syntaxe qui pour la première fois échappait à l'économie grecque du *Wortssprache* (de l'articulation mots) il avait été, infidèle à son invention, inexpert dans son extension, et finalement victime d'une interprétation familière réglée sur l'apophantique de l'objet et du concept. Plus encore, cette reprise strictement syntaxique de la *Begriffsschrift* témoigne de la lecture la plus compréhensive qui en ait jamais été faite, éclairant cette pensée « à soi-même » consignée dans une *Fiche* (712) : « le style de mes propositions *(Sätze)* est extraordinairement influencé par Frege. Et si je voulais, je pourrais montrer que cette influence s'exerce là-même où personne, à première vue, ne le soupçonnerait ».

Il demeure que l'organisation du *Tractatus* n'échappait à l'ancienne rhétorique de l'argumentation philosophique qu'en épousant l'ombre portée de son prototype. L'analyse philosophique entretenait donc une parenté seconde avec ces langages scientifiques, formulaires et à usage démonstratif dont l'idéographie frégéenne avait inventé le genre, bien que Wittgenstein ait évité la rudesse d'un usage canonique auquel conviait Russell. Tout l'effort logique du *Tractatus* visait à donner à l'analyse cette dimension supplémentaire, libérée par la substitution des variables propositionnelles, et au coût alors accepté de l'extentionnalité. Son gain philosophique était de porter cette syntaxe à l'effectivité d'un « calcul », et à la conscience de ses limites.

Dans les *Investigations* le principe d'immanence cesserait d'être simplement régulateur pour être constitutif, dût on renoncer à une vue « synoptique » sur le fonctionnement de notre *langage*. Pour le dire autrement, et de manière externe, deux manières « analytiques » se trouvaient exclues, l'une recherchant la simplicité et la finitude, mais au risque de l'extensionnalité, l'autre s'affaissant dans une histoire naturelle des usages, ou dans une théorie comparable à la « mécanique », pour un langage aussi complexe qu'un organisme. Le point de vue où l'avantage de l'une et de l'autre seront conciliables est bien caractérisé par une remarque insérée dans un développement consacré à la grammaire. «Notez ceci : 'Le seul corrélat dans le langage d'une nécessité intrinsèque est une régle arbitraire. C'est la seule chose que l'on puisse extraire d'une nécessité intrinsèque et verser dans une proposition » (372). Une règle, comme un rayon de courbure, fait voir sa loi sur un fragment infime. Parce qu'elle circonscrit le jeu dont elle relève, elle écarte les autres jeux qui n'interviendront que sous une forme neutralisée et, comme le nombre des pommes de l'exemple précédent, simplement lexicalisé – ou encore comme une nouvelle pièce qui pourrait être introduite dans le jeu d'échecs sans perturber l'essentiel. La même position analytique décèle les recouvrements entre divers jeux, dont Wittgenstein savait qu'ils n'avaient aucun arbitraire ». Notre connaissance de divers langages est ce qui nous empêche de prendre véritablement au sérieux les philosophies qui sont inscrites dans les formes propres à chacun d'eux. En quoi nous sommes aveugles au fait que nous avons (nous-mêmes) de puissants préjugés pour ou contre certaines formes d'expression : comme au fait également que, de cette superposition de plusieurs langages résulte pour nous une image particulière. Aveugle donc au fait que ce n'est pas arbitrairement que nous recouvrons pour ainsi dire *une* forme par une autre » (*Sur la Phil. de la Psych.*, 587).

Dans cette nouvelle méthode, qui vise à exfolier les jeux de langage plutôt que de réduire un énoncé donné à ses conditions de vérification, l'analyse philosophique trouverait amplement son compte. Elle y apprendrait l'impossibilité d'une grammaire extensionnelle : comme celle d'une *contradictio in adjecto*, en autres raisons parce qu'elle exclut le temps, cette courbure interne de toute énonciation. Rapportée à ses conditions réelles, l'analyse philosophique y gagnerait encore d'accepter son histoire, et de s'évader d'une contrainte en en acceptant une autre. La distribution simplement ordinale des *Investigations* avait obtenu une double fin. D'abord de parcourir *notre* langage à la manière dont on prend connaissance d'une ville, et celle-là même où l'on est né, en passant des quartiers anciens aux faubourgs modernes et géométriques qui les avoisinent (*Inv. Phil.*, 18). Ensuite de faire voir l'inévitable et précieuse ressource des restaurations et recouvrements.

Ce qui ne manquerait pas non plus d'éclairer d'un nouveau jour le choix de la citation d'Augustin. Elle révélait tout l'attrait de la logique ancienne, ici synthétiquement précipitée dans un jeu de langage déjà éloigné, où s'affirmait un accord simple, et pour cela encore exemplaire, entre le langage et la réalité. Intermédiaire voulu entre le *Tractatus* et les *Investigations*, elle rappelait quelle éblouissante simplicité eût rayonné d'un langage qui se fût prévalu d'un premier ordre apophantique, accordant les apparences aux choses comme à leur simple bordure, en ce sens *phénoménologique et éthique*, et puisqu'il donnait parole « aux choses mêmes » – ou jurait d'y retourner. Elle indiquait aussi bien tout ce qu'il restait à faire.

## NOTES

1. *Tractatus logico-philosophicus* correspondait fidèlement au titre allemand, *Logisch-philosophish-Abhandlungen.* Le syntagme latin, proposé par Moore et autorisé par le parallèle de Spinoza, obtenait, par le même enchaînement d'adjectifs, la même hiérarchie des déterminations. Ainsi 'philosophicus' se trouvait déterminé et dominé par 'logico-'. Max Black confirme par d'autres textes cette interprétation (*A Companion to W'Tractatus*, p. 23). Wittgenstein s'était approprié une singularité de la langue allemande, qui outrepasse de beaucoup la simple capacité à produire des termes composés par juxtaposition annelée. On y trouverait un équivalent mathématique dans l'écriture fonctionnelle où la composition se fait de droite à gauche, ainsi : F(f(...)), et plus curieusement un second précédent philosophique dans la structure de la table kantienne des jugements. Les fonctions logiques y sont factorisées en sorte que la dernière est l'intégrant ultime et domine les précédentes.
2. *Gr. Ph.*, App. 5 : « Discuter : la différence entre la logique du contenu et la logique de la forme en général. L'un apparaît en quelque sorte multicolore, et l'autre mate. L'un semble s'occuper de ce que représente l'image, l'autre semble être comme le cadre de l'image, une caractéristique de la forme de l'image ». Tout en demeurant dans l'hypothèse du *Tractatus*, Wittgenstein dissociait deux systèmes de correspondance impliqués dans le rapport d'image. L'un serait fondé sur le contraste des couleurs, des tons et des intensités (susceptibles d'une « mathématique » propre, *Remarques sur les couleurs*, III, 3) et l'autre sur les coordonnées selon lesquelles l'image est construite, compatible avec d'autres, et gouvernés par une syntaxe. En résultait un doute quant à la possibilité de maintenir en recouvrement ces deux modes d'*Abbildung.* On notera aussi que ce point

est proposé à la discussion dans un paragraphe où Wittgenstein compare, et oppose l'une à l'autre, la structure vérifonctionnelle, qui serait applicable *a priori* à toute proposition, et la détermination temporelle de l'énoncé, dont la généralité n'est pas de même nature.

3. Cf. Henri Joly, « Platon et les GRAMMATA » dans *Philosophie du langage et grammaire dans l'Antiquité* (1986), et déjà *Le Renversement platonicien, LOGOS, ÉPISTÉME, POLIS*, II, 4 et la conclusion. Le soupçon de psychologisme, porté par L. Brunschwicg à l'encontre de Port Royal et de Kant a suivi l'invention des syntaxes logiques modernes face auxquelles ces syntaxes classiques n'étaient plus comprises. Et puisqu'il fallait tuer ce chien...
4. Cf. G. Granger, « Le Problème de l'espace logique dans le Tractatus de Wittgenstein », dans *L'Age de la science*, 1986, 3.
5. Sur la théorie de l'image dans le *Tractatus*, cf. G. Granger, *Wittgenstein*, Paris, 1969, parag. 9.
6. « Chez Frege, 'concept et objet' ne sont rien d'autre que sujet et prédicat » (*Gr. Phil.*, App. 2, p. 111). Et encore, « la même chose se produit quand dans notre langage nous reproduisons la réalité d'après la norme sujet-prédicat ». Le schéma sujet-prédicat sert de projection pour un nombre infini de formes logiques ». Voir également *Rem. Phil.* 93 : « Mais concept et objet, c'est prédicat et sujet. Et nous venons de dire que prédicat et sujet, n'est pas une forme logique ».
7. La *Begriffsschrift* culminait dans la section III, où Frege donnait une représentation strictement logique, c'est-à-dire immanente aux règles et symboles de son système (« meine Dartstellungsweise ») de l'ordre sériel et du raisonnement par récurrence. Celui-ci était familier aux arithméticiens allemands sous l'appellation d'*induction de Bernoulli.* Poincaré, ignorant les travaux originaux de Frege, et méfiant à l'égard de la logistique naissante, avait voulu souligner l'irréductibilité de cette induction à un quelconque syllogisme. ('Sur la nature du raisonnement mathématique', 1894, reproduit dans *La Science et l'Hypothèse*). Le diagnostic était parfaitement exact ; mais le point est ailleurs : il porte sur l'éventualité et la viabilité d'une logique munie d'autres dimensions, donc hétérogène à la tradition du syllogisme. Quant à celle-ci, et l'extensionnalité qui la caratérise autant que son caractère 'formulaire', Frege fut le premier à lui reconnaître comme lieu privilégié d'application, éventuellement unique, le raisonnement mathématique (cf. troisième *Recherche Logique*). Ce qui semble avoir été confirmé de manière éclatante par S. Goldfarb, ('Logic in the Twenties, the nature of the Quanfiier', *The Journal of Symbolic Logic*, 1979).
8. Frege fit ses études de mathématiques à Göttingen, où se perpétuait l'enseignement du « princeps mahematicorum ». De l'arithmétique de Gauss, il suffit de rappeler que la conception cardinale du nombre arithmétique est sous-jacente à la définition des classes d'équivalence et de l'arithmétique modulo. Cf. notre article *Frege* dans *Dictionnaire des philosophes*, Paris, PUF, 1984.
9. On tiendra pour transcendantal l'argument de Frege faisant valoir que l'unité arithmétique accompagne tout objet de pensée, en cela plus universelle que la spatialité limitée aux objets d'expérience. Voir, en particulier, *Les Fondements de l'arithmétique*, IIIe partie. Cet argument trouvait aussi une corroboration, dans l'immédiat incontestée,

avec l'interprétation existentielle d'un des quantificateurs : donc son inscription dans le symbolisme primitif de la langue formulaire.

10. Sur deux manières d'analyser la créativité du langage, sur le modèle d'une générativité formelle ou d'une productivité analogique, voir J. Vuillemin, 'Remarques philosophiques sur l'aspect créateur du langage', dans *Hommage à Claude Levi Strauss,* 1978.

11. Wittgenstein a mentionné, dans divers contextes, sa lecture des dialogues platoniciens, et ce qu'il en attendait pour l'analyse d'un jeu de langage. Il a dit non moins clairement sa déception. « Quand on lit les dialogues socratiques, on a le sentiment d'un effroyable gaspillage de temps ! A quoi bon ces arguments qui ne prouvent rien et n'éclaircissent rien ? ». Autant que la lenteur, le véritable obstacle semble lié à la nature même de la dialectique, et de la grammaire, platoniciennes, Wittgenstein constatant et regrettant que la permanence des problèmes grecs soit aussi celle des opacités de notre langue. « Notre langue est demeurée identique à elle-même, et nous dévoie toujours vers les mêmes questions ». Le jeu de langage des *Confessions* aurait alors le double mérite de précipiter le mouvement du dialogue et, en dévoilant les règles d'un jeu, d'en dévoiler la dogmatique. Le *De magistro* est daté 387, les *Confessions* ont été rédigées en 397.

12. Sur la numérotation du *Tractatus* et son ordre *alphabétique,* voir G. Granger, *Wittgenstein, op. cit.,* parag. 6 à 8, et Arley R. Moreno, 'Le Système de numérotation du Tractatus', dans *Systèmes symboliques, Science et Philosophie,* 1978.

13. Sur le rôle logique de la ponctuation, voir, entre autres textes, la remarque 4 des *Investigations.* Wittgenstein y compare la simplicité du jeu de langage évoqué par Augustin à un système de notation de la parole dénué de ponctuation et de toute autre manière de marquer l'emphase, ou les degrés d'importance dont seraient susceptibles différentes parties d'un langage. Le problème n'était pas inconnu des logiciens 'classiques'. Cf. Jean Claude Pariente, 'Grammaire, Logique et Ponctuation' dans *L'analyse du langage à Port-Royal,* 1985, chap. 3.

*Stefan IMHOOF*
*Genève*

# ACHILLE ET ULYSSE : ENTRE ÉPOPÉE ET PHILOSOPHIE RÉFLEXION SUR DEUX HÉROS-TYPES

> « La littérature (profane – c'est-à-dire la vraie) commence avec Homère (déjà grand sceptique) et toute grande œuvre est soit une Iliade soit une Odyssée, les odyssées étant beaucoup plus nombreuses que les iliades : le *Satiricon*, la *Divine Comédie*, *Pantagruel*, *Don Quichotte*, et naturellement *Ulysse* (où l'on reconnaît d'ailleurs l'influence directe de *Bouvard et Pécuchet*) sont des odyssées, c'est-à-dire des récits à temps pleins. Les iliades sont au contraire des recherches du temps perdu : devant Troie, sur une île déserte ou chez les Guermantes ».
>
> R. Queneau, *Bâtons, chiffres et lettres,* Gallimard, 1980², pp. 116-117.

## *I – Questions autour d'un « Homère philosophe »*

En partant d'une intuition de Jaeger[1], pour qui « les poèmes homériques contiennent en germe toute la philosophie hellénique », ainsi que du travail d'Henri Joly autour de son « Homère philosophe », je tenterai ici de montrer que l'on peut trouver des éléments philosophiques dans la manière dont sont traités dans l'épopée les deux principaux héros homériques : Achille et Ulysse. Après avoir posé quelques questions de méthode on montrera l'importance que possède le nom du héros pour son destin, puis l'on cherchera à comprendre le rôle qu'Achille et Ulysse ont pu jouer dans la réflexion philosophique à partir de Platon.

Ce type d'investigation présuppose une question de taille : peut-on concevoir que la philosophie ait pu apparaître de façon implicite, en-deçà de sa constitution en discipline autonome, dûment nommée et définie ? On touche ici à la question plus générale de savoir si cela a un sens de parler de « philosophie » pré-platonicienne (ou présocratique). Dans un texte superbe[2], Henri Joly a montré que les emplois pré-platoniciens du terme de *philosophos* (chez Héraclite, fr. 35 ; Hérodote, Hist. I, 30 ; et Hippocrate, Anc. Méd. chap. XX) prouvent tous trois que ce terme ne désigne pas autre chose qu'un « amateur de savoir »

(p. 17) et qu'il ne signifie « philosophe » que métaphoriquement. En ce sens, « il n'existe pas, sauf à abuser du terme de 'philosophie' présocratique » (p. 18). Il faudra attendre le « renversement » sémantique que Platon fait subir à tant de concepts traditionnels hérités de la langue commune, pour aboutir à la conception d'un philosophe qui ait « rompu avec la *Sophia* archaïque et quasi-divine des présocratiques » (p. 24). Puisque le terme de *philosophos* (ou celui de *philosophia*) est problématique dans ses emplois pré-platoniciens, il paraîtra a fortiori péremptoire de parler de « philosophie » homérique. L'emploi du terme de « philosophie » à propos des poèmes homériques ne saurait se justifier que par une longue et minutieuse analyse des conditions d'émergence de la philosophie, ce qui est impossible à réaliser ici. Hasardons à la place quelques hypothèses, que l'on pourra considérer comme des présupposés à ce qui va suivre.

1. L'opposition entre épopée et philosophie est une opposition platonicienne et surtout aristotélicienne ; avant la distinction claire des genres littéraires, telle qu'Aristote l'opère dans la *Poétique,* on pourrait dire que le mythe, qui est le fondement du discours épique, et le langage conceptuel sont pour ainsi dire intégrés l'un à l'autre, spontanément chez Homère, consciemment chez Hésiode et conflictuellement chez Héraclite (fr. 57) ou Platon. Comme il est à peu près certain, pour toutes sortes de raisons, que la conception de l'apparition « miraculeuse » de la raison philosophique est erronée, nous sommes bien obligés d'admettre que, sous une forme ou une autre, la philosophie commence à exister avant d'être répertoriée comme telle.

2. Bien qu'il ne soit pas possible, en toute rigueur, de parler de « philosophie » présocratique, il n'en demeure pas moins qu'à la lecture des textes d'Héraclite ou de Parménide, par exemple, nous les reconnaissons spontanément comme des textes philosophiques. De même, reconnaissons-nous spontanément certains traits « philosophiques » dans les épopées homériques.

3. La fonction du nom propre des dieux et des héros et la complexité des réseaux de signification dans lesquels ils sont imbriqués, pourraient bien constituer un *analogon* de la fonction des concepts « dépersonnalisés » de la pensée rationnelle. J'insisterai sur cet aspect dans ma deuxième partie. Le fait que des noms de héros paraissent de manière récurrente comme autant d'exemples (ne serait-ce que grammaticaux) dans des textes philosophiques (chez Platon et Aristote) prouve, malgré la critique sévère du premier à l'encontre des poètes, d'Homère en particulier, et la frénésie classificatrice du second, que ces noms continuaient à fonctionner pour eux comme des sortes de modèles.

Il y a donc fort à parier que le rapport entre épopée et philosophie n'était pas perçu comme irrémédiablement conflictuel par les penseurs grecs. Il s'agira de montrer, que le nom propre d'un héros ou d'un dieu, loin d'être une « entité fictionnelle », fonctionne au contraire comme un quasi-concept et ce, bien que de façon différente, tant dans l'épopée que dans le discours philosophique. Ainsi, il est probable que la distinction frégéenne de sens et référence[3] ne s'applique pas à l'usage particulier des noms mythologiques par un Grec de l'époque archaïque. Il semble en effet que le nom propre d'un être mythique ait pour lui une référence (en plus du sens), que l'on pourrait appeler « interne » ; c'est-à-dire, que le nom « Ulysse » fait référence à l'individu qui porte ce nom, dans les mythes qui lui sont consacrés et qui sont repris par les poètes épiques et les mythographes plus tardifs. Que cet individu soit fictif, n'entre pas en considération, du moins jusqu'aux exégèses savantes, allégorisantes ou historisantes (evhéméristes) initiées par les Sophistes et pratiquées surtout dans l'hellénisme alexandrin. Ainsi, paradoxalement, c'est en voulant enrichir et compléter des fragments de mythes rapportés en désordre par le poète épique (p. ex. les exploits d'Achille), que les mythographes ultérieurs fournissent tout à la fois une image cohérente et rationnelle du cycle de vie d'un être mythique ainsi que les moyens de dépasser sa réalité « matérielle » (ancrée dans la matérialité du texte), en en accentuant le caractère typique, et, par là, fictif. En passant du mythe, comme récit, à la légende, comme écrit, les figures mythiques s'allégorisent et leur caractère abstrait et géométrique vient progressivement renforcer leur aspect fictif[4]. L'écriture du mythe, ou mythographie, consiste donc à profiler certains traits accidentels en traits légendaires obligés, c'est-à-dire à créer les événements stéréotypés nécessaires à la constitution d'un « cycle ».

## *II – Le nom des héros*

### II.1. Le nom d'Achille

L'usage et le rôle des noms propres mythologiques requiert une étude qui devrait mettre en évidence une compréhension pour ainsi dire pré-linguistique du signe par le lecteur antique. Je me contenterai dans le cadre de cet article, de quelques remarques concernant le nom d'Achille et d'Ulysse, dans l'épopée.

Pour commencer, l'on peut dire que le nom propre d'un dieu ou d'un héros possède dans l'épopée une fonction structurante du texte. Ce point a été mis en évidence par Gregory Nagy[5], qui démontre que « l'*Iliade* se construit autour du nom d'Achille et de ce qu'il recèle »[6]. On touche ici à l'importance du rôle de l'éponymie dans la poésie épique (et tragique). Comme le remarque Nicole Loraux, « pour celui qui le porte, le nom ouvertement éponyme condense une histoire » (id., p. 152). Le nom propre est imbriqué dans un réseau complexe de significations, groupant similitudes et oppositions de sons et/ou de sens. A partir de l'étymologie apparente ou cachée que le nom révèle, le poète épique construit une fiction qui sera souvent déterminée par l'extension de toutes les potentialités que le nom recèle. En ce sens, le nom propre héroïque (ou divin) n'est pas un

« simple » nom, mais il révèle et produit, magiquement, un destin. En consultant Chantraine[7], dont la prudence en matière d'étymologie est proverbiale, on sera déçu d'apprendre que l'étymologie de Ἀχιλλευς est « inconnue ». Par contre, parmi les hypothèses étymologiques retenues, il cite celle de Palmer[8], qui « pose un hypocoristique de * Ἀχι-λαϝος, dont le premier terme serait en rapport avec ἄχος »[9]. Nagy (op. cit., pp. 69 et suiv.) prend cette hypothèse au sérieux et montre toute l'importance de l'association entre Ἀχιλλευς et ἄχος (dérivé de ἄχθομαι et signifiant au départ « charge », « fardeau », puis de façon métaphorique « peine », « chagrin » (Chantraine, op. cit., p. 150)) dans l'*Iliade.* Sans reproduire ici tous les aspects de l'analyse de Nagy, nous nous en tiendrons à ses conclusions. Pour lui, « la figure d'Achille est associée de manière permanente au thème du chagrin » (p. 77). Cette association n'est pas tant étymologique que « thématique », le thème de l'ἄχος courant comme un leitmotiv à travers toute l'*Iliade.* Le terme même d'ἄχος, auquel le nom Ἀχιλλευς renvoie, ne serait-ce que phonétiquement, doit être relié au motif de la colère, de la *mènis,* autre mot clé du texte, qui déclenchera pour finir l'ἄχος de tous les Achéens[10].

La colère d'Achille[11], due à l'affront d'Agememnon est relayée par la peine, après la mort de Patrocle, suivie elle-même par une nouvelle colère provoquée par son désir de vengeance. Le programme de l'*Iliade* est contenu dans le nom d'Achille, dont la peine et la colère sont à l'origine de ces *algea* mentionnés par le poète au deuxième vers de l'ouverture[12].

II.2. Le nom d'Ulysse

Si, pour le nom d'Achille on ne connaît que deux variantes[13], le nom d'Ulysse est caractérisé par une véritable prolifération de formes différentes[14]. Cette prolifération laisse à penser que l'Ulysse « aux mille tours » était également l'Ulysse aux noms multiples. On sait que le nom d'Ulysse fait l'objet de bien des jeux de mots et ce dans l'Odyssée déjà. Au Cyclope qui lui demande son nom (IX, 365), Ulysse répond que son nom le plus connu (κλυτον) est « personne » (Ουτις)[15]. Prenant Ulysse au mot, Polyphème conclut que puisqu'il s'appelle « Personne », il n'existe tout simplement pas.

On trouve d'autre part dans l'Odyssée une étymologie populaire[16] du nom d'Ulysse qui apparaît à plusieurs reprises dans le texte[17]. Le passage le plus caractéristique et maintes fois commenté dès l'Antiquité est sans doute le vers 407 du chant XIX, où le poète rappelle qu'Autolycos, le grand-père maternel d'Ulysse l'a appelé ainsi parce qu'il a été irrité (« ulcéré » traduit Bérard) par de nombreuses personnes :

*γαμβρὸς ἐμὸς θύγατέρ τε, τιθεσθ' ὄνομ', ὅτι κεν εἴπω·*
*πολλοῖσιν γὰρ ἐγώ γε ὀδυσσάμενος τόδ' ἱκάνω,*
*ἀνδράσιν ἠδὲ γυναιξὶν ἀνὰ χθόνα βωτιάνειραν·*

τω δ᾽ Ὀδυσευς ᾽ονομ εστω επώνυμον.

Mon gendre et toi ma fille, donnez-lui le nom que je vais dire ; car, en venant ici, j'ai été *irrité* par de nombreux gens

(la terre nourricière en porte de ces gens-là, hommes et femmes)

qu'il porte donc le nom d'*Ulysse*.

Ulysse est cet « enfant de la haine » nommé ainsi à cause de la haine que son grand-père a éprouvé à l'égard des personnes qu'il a croisées sur la route d'Ithaque. Tout se passe comme si quelque chose de cette haine avait passé *dans* le nom de l'enfant. En cherchant à relier un nom et un destin, l'étymologie populaire court-circuite la chronologie : elle présente les actions du héros comme potentiellement présentes dans le nom et donc comme ayant en quelque sorte déjà eu lieu avant d'être « réellement » advenues, alors qu'en fait, le nom du héros est réinterprété par le poète en fonction des actions qu'il a accomplies. Ulysse, jouet de la haine des dieux, en particulier de celle de Poséidon, ne porte pas un nom innocent : né de la haine, il subira la haine des dieux et cèdera lui-même à la haine, lors du massacre des prétendants. Comme le chagrin d'Achille, la haine d'Ulysse est ainsi un principe d'action du récit à la fois actif et passif. Ce motif est relayé par un second thème, non moins essentiel, qui est celui de la ruse. Ulysse est la ruse personnifiée[18]. Il rivalisera de ruse avec Athèna elle-même[19]. Il est celui qui constamment dépasse la *biè* caractéristique des héros proprement guerriers, Achille en tête, pour devenir le héros insaisissable[20] inspiré par la *mètis*. Au principe de la *mènis*, qui gouvernait l'*Iliade*, le poète a substitué, dans l'*Odyssée*, celui quasi homophone de la *mètis*[21].

G. Nagy (op. cit., p. 317 et suiv.) montre cependant qu'on aurait tort d'opposer trop caricaturalement un Achille coléreux et violent à un Ulysse rusé et intelligent. Il montre en particulier que la *biè* d'Achille est aussi indispensable à la prise de Troie que la *mètis* d'Ulysse. En effet, c'est la *biè* d'Achille qui sauve les Achéens de l'attaque d'Hector, de même que c'est la *biè* d'Ulysse qui lui permettra de rétablir l'ordre légitime chez lui, en massacrant les prétendants. Ainsi, la *biè* peut devenir la clé qui mène au *kléos*, à la gloire, faisant d'Achille « le meilleur des Achéens » dans l'*Iliade* et d'Ulysse « le meilleur des Achéens » dans l'*Odyssée*. La nature de la *biè* est double et peut mener soit au *kléos*, et à sa reconnaissance universelle (grâce au don du poète) soit à l'*hubris* et à son unanime réprobation. Dans l'*Odyssée* en particulier la *biè* d'Ulysse n'apparaît pas sous un jour négatif, mais elle se combine avec les effets de la *mètis*. Cette double nature de la *biè* se retrouve à l'intérieur du monde divin, nettement séparé entre la cruauté et la violence d'un côté et la justice et la mesure de l'autre. Chez Hésiode, il est frappant de constater que Cronos appartient à la première catégorie, alors que Prométhée (bien qu'étant un Titan comme lui) et Zeus appartiennent à la seconde. Le monde de sentiments humains apparaît à la fois influencé par celui des dieux et plus ambigu que lui, étant donné sa plus grande complexité. Si Nagy a raison d'insister sur la complexité de la notion de *biè* et par là plus généralement sur celle des deux héros centraux de l'épopée homérique, on assistera plus tard à une schématisation de ceux-ci en personnages légendaires. Nous allons donner maintenant quelques exemples de cette transformation.

## *III – Achille et Ulysse : exemples pour la réflexion philosophique*

### III.1. Platon : la question du mensonge

L'*Hippias Mineur* est en grande partie consacré à une discussion des qualités morales respectives d'Achille et d'Ulysse[22]. Cette question recoupe celle de la qualité littéraire de l'*Iliade* et de l'*Odyssée,* la première étant « supérieure en beauté » (καλλίον 363b, trad. Robin) à la seconde, comme Achille est « meilleur » (ἀμείνων 363b) qu'Ulysse[23]. Derrière l'enjeu des qualités morales des protagonistes se dessine l'enjeu poétique des qualités esthétiques respectives des deux poèmes fondateurs de la littérature grecque.

Hippias se fait fort de répondre aux interrogations de Socrate, qui ironise sur la capacité dont s'affuble le Sophiste d'être capable de répondre à n'importe quelle question. A Socrate qui lui demande de s'exprimer sur les qualités morales respectives d'Achille et d'Ulysse, Hippias répond sans hésiter et en utilisant les épithètes traditionnelles : Achille est « le plus vaillant » (ἄριστος 364c), Nestor « le plus sage » (σοφώτατος) et Ulysse « le plus divers » (πολυτροπώτατος). Selon le principe de sa stratégie ironique, Socrate fait mine de ne rien comprendre : s'il accepte sans broncher les qualificatifs d'Achille et de Nestor, il refuse tout net celui d'Ulysse. En effet, bien que cette épithète soit attribuée à Ulysse par le poète lui-même, Socrate affirme que, selon lui, c'est plutôt Achille qui est dépeint comme un homme « divers »[24]. Hippias réplique que ce n'est nullement le cas, qu'au contraire Achille a été représenté comme un homme très simple (ἁπλούστατος) et très vrai (ἀληθέστατος). Il cite pour confirmer ses propos l'*Iliade* (IX, 308-314, dans une version d'ailleurs assez différente de celle du texte établi)[25] ; ce passage démontre, selon lui, que l'on peut opposer terme à terme la vérité d'Achille à la fausseté d'Ulysse et la simplicité du premier à la « diversité » du second[26]. Socrate dit alors comprendre que par « polytropie » Hippias entend en fait « fausseté ». L'argumentation de Socrate va maintenant se faire plus dialectique et se déroulera en deux temps principaux : 1. pour dire le faux, il faut connaître le vrai (366a) ; 2. pour être faux, il faut savoir le vrai et être capable (δυνατός) de le dire (366b). Identifiant la situation d'Hippias à celle d'Ulysse, Socrate réussit à lui faire admettre que pour tromper les gens, il faut d'abord connaître le faux, mais qu'en connaissant le faux comme faux, on est *ipso facto* capable de connaître et de dire le vrai. Conclusion : l'opposition d'un Achille disant la vérité et d'un Ulysse mensonger ne tient pas : ils ne s'opposent nullement, mais ils sont semblables[27]. Critiquant l'opposition scolaire des deux caractères, Socrate est paradoxalement plus proche des intentions homériques (cf. 2.2. ci-dessus) que le maître en érudition, Hippias. Sa démonstration ne vise d'ailleurs pas tant à dévaloriser Achille qu'à réhabiliter Ulysse: renversant les connotations habituellement négatives de la « polytropie » et de la « polymètie », Socrate en fait des qualités éminemment positives marquant intelligence et lucidité. Mais Hippias ne s'avoue nullement vaincu et revient à la charge en invoquant de nouveaux exemples tirés des textes (369d).

A ce point de la discussion, Socrate décide d'attaquer à partir de la citation rapportée par Hippias (Il. IX, 308-314), pour lui démontrer qu'au contraire de ce qu'il croit, c'est d'Achille dont on pourrait penser qu'il est « divers » et qu'il dit des faussetés (370a)[28]. Socrate cite à son tour des passages de l'*Iliade* (IX, 357-363 et I, 169-171) qui prouveraient qu'Achille dit des faussetés. Hippias répond qu'il s'agit de faussetés « involontaires » (οὐκ ἐξ ἐπιβουλῆς 370e), sans se rendre compte qu'il retombe dans le même piège qu'auparavant. Socrate cite alors les vers 650 à 655 du chant IX de l'*Iliade,* où Achille tient des propos opposés à Ulysse et à Ajax (371c). C'est pour lui une preuve décisive qu'Achille tente de prendre Ulysse « pour un vieil abruti » (ἡγούμενον ἀρχαῖον εἶναι τὸν Ὀδυσσέα 371d), alors qu'Hippias maintient qu'Achille parle en toute « candeur » (εὔνοια 371e).

Le reste de la discussion ne nous intéresse plus directement étant donné que Socrate aborde la question du mal commis volontairement ou involontairement. En suivant V. Goldschmidt, on pourrait dire que dans ce dialogue aporétique qu'est l'*Hippias Mineur,* Socrate choisit la provocation, en affirmant que la naïveté invoquée par Hippias pour tenter « de sauver l'honneur de son héros est en réalité une note infamante »[29]. Socrate soutient ainsi, sans trop insister d'ailleurs, que c'est une preuve de plus grande intelligence que de dire un mensonge volontairement et en le reconnaissant qu'involontairement et en toute naïveté.

### III.2. Aristote : l'*Iliade* et l'*Odyssée,* modèles dans la *Poétique*

On vient de voir que le but poursuivi par Platon dans l'*Hippias Mineur* avait été de tenter de définir la valeur au sens éthique. C'est dans ce contexte que Socrate avait interrogé Hippias sur la notion de fausseté et qu'il avait choisi pour l'illustrer les personnages d'Achille et d'Ulysse. Dans la *Poétique*[30] Aristote n'oppose nulle part les caractères des deux héros, mais il les cite dans la perspective de ses recherches systématiques. Ainsi, Achille est-il décrit comme exemple de « caractère » (ἦθος) particulièrement dur (παράδειγμα σκληρότητος 15, 54b 14), après la célèbre définition de la tragédie comme « représentation d'hommes meilleurs que nous » (μίμησις ἐστιν ἡ τραγῳδία βελτιόνων ἢ ἡμεῖς 15, 54b 8). Quant à Ulysse, son nom apparaît au chapitre 16, où il est fait mention de sa cicatrice, reconnue par la servante Euryclée ; cette cicatrice est un exemple de signe (σημεῖον) permettant la reconnaissance (ἀναγνώρισις). Au chapitre 21, qui traite des espèces de noms, c'est l'expression « Ulysse a accompli dix mille exploits » qui est recensée comme un exemple de métaphore, dix mille étant « utilisé ici à la place de grand nombre » (τὸ γαρ μύριον πολύ ἐστιν 21, 57b 12).

Par contre, les deux épopées homériques y sont à plusieurs reprises opposées. Dans le chapitre 8, Aristote analyse le principe de l'unité d'action (περὶ ... μίαν πρᾶξιν), qu'Homère, plus que tout autre, maîtrise à la perfection. Aussi, ni l'*Illiade* ni l'*Odyssée* ne font-elles preuve de dispersion[31]. Au contraire, Homère a su choisir les éléments essentiels dans une histoire plus longue, pour les intégrer à une perspective narrative, dont il a au préalable défini les limites[32]. Aristote distingue le sujet *(logos)*[33] proprement dit, des épisodes qui contiennent les variations et le développement du thème central et qui sont plus longs dans l'épopée que dans les drames[34].

Mais le passage le plus éclairant de la *Poétique* où Aristote compare les deux épopées se trouve sans conteste au chapitre 24 (59b 8-16) :

> « L'épopée doit comporter les mêmes types (εἴδη) que la tragédie : elle peut être simple ou complexe, centrée sur les caractères (ἠθική) ou sur les effets violents (παθητική) ; les parties aussi sont les mêmes, à l'exception du chant et du spectacle, car l'épopée exige coups de théâtre (περιπετεία), reconnaissances et scènes violentes et il faut encore la qualité de la pensée (διάνοια) et de l'expression (λέξις). C'est Homère qui a utilisé tous ces éléments le premier, à la perfection (ἱκανῶς). Car chacun de ses deux poèmes a sa composition propre : l'*Iliade,* simple et à effets violents (ἁπλοῦν καὶ παθητικόν), l'*Odyssée,* complexe (πεπλεγμένον) (ce n'est que reconnaissance d'un bout à l'autre) et centrée sur le caractère (ἠθική). Et en plus ils surpassent tous les autres poèmes par la pensée et l'expression ».

Comme le remarquent R. Dupont-Roc et J. Lallot, Aristote ne tente pas ici « de donner une image exacte jusque dans le détail de l'œuvre homérique », mais il construit « des modèles épiques qui correspondent à ses classifications » (op. cit., p. 376, n. 3). Il ne s'agit donc pas tant pour lui de montrer le contenu de chaque poème, mais plutôt d'en faire ressortir le caractère paradigmatique. Sous la double caractérisation de chaque épopée, on retrouve les traits de caractère les plus saillants des deux protagonistes. L'*Iliade* est, pour Aristote, caractérisée par la simplicité de sa composition, doublée de la violence inhérente à ses personnages. L'on se souvient que chez Platon, Achille était appelé vrai et simple (ἀληθής τε καὶ ἁπλοῦς, Hip. Min. 365b), Homère insistant, quant à lui, sur sa *mènis* et sa *biè*. Ulysse, caractérisé par sa *mètis* et sa « polytropie » est le héros d'une *Odyssée* qu'Aristote voit plus complexe (πεπλεγμένον) et davantage centrée sur le caractère que l'*Iliade*. L'origine de la classification esthétique des deux épopées homériques, perçues comme antithétiques par Aristote, trouve bien sa source dans la réflexion éthique de Platon ainsi que dans une lecture faisant ressortir les traits psychologiques les plus saillants d'Achille et d'Ulysse. En transposant sur le plan esthétique des catégories éthiques, Aristote témoigne du processus de transformation des héros épiques en catégories plus abstraites. L'élément déterminant n'est plus le nom des héros, qui faisait le sujet de l'épopée, mais c'est l'épopée elle-même qui est devenue un objet de classification, intégré à un système de relations abstraites de genre, d'espèce et de catégorie. Le nom propre ne fait donc plus partie pour Aristote des signes porteurs de sens, il n'est plus qu'un élément dans un système de classifications.

III.3. Dernier avatar de la typologie éthique : Achille et Ulysse, types humains

C'est de manière symbolique que la philosophie hellénistique – en particulier le Cynisme et le Stoïcisme – a interprété les protagonistes de l'épopée homérique. L'interprétation d'Achille et d'Ulysse comme types humains universels s'intègre dans un courant d'interprétation allégorique des textes homériques, conséquence du travail mené par des générations de mythographes, qui ont conféré petit à petit aux héros les traits standardisés de figures légendaires.

Ainsi, Achille a-t-il pu passer aux yeux des Stoïciens « pour le type de l'homme violent, esclave de ses passions, et on l'opposait volontiers à Ulysse, le sage par excellence »[35]. Si Achille « oscille sans cesse du bien au mal, des élans généreux à l'emportement et à la fureur »[36] la tradition a fini par reconnaître en lui le héros qui cède à l'*hubris*, là où Ulysse représente au contraire « un type idéal d'humanité »[37], que chaque école va interpréter à sa manière. Pour les Sophistes on peut mentionner deux types principaux d'interprétation : en partant de sa « polytropie », certains mettent en cause sa capacité d'être jamais sincère et en font un maître de la duplicité et de la tromperie ; d'autres, au contraire, évalueront les actions du héros de manière positive pour en faire un maître de savoir et de sagesse. La tradition cynique le revendiquera comme l'un de ses modèles : pour elle, il est un champion de l'ascèse, qui, par sa force de caractère, endurci par les peines et les privations, réussit non seulement à surmonter ses passions, mais aussi les situations les plus périlleuses. Enfin, les Stoïciens le revendiqueront à leur tour comme une figure type du sage : sa force de caractère fait qu'à la fois il méprise le plaisir et maîtrise la douleur[38].

## NOTES

1. W. Jaeger, *Paideia, La formation de l'homme grec,* trad. de André et Simone Devyner, Gallimard, Paris 1988², p. 83.
2. « La philosophie comme métaphore », in *Recherches sur la philosophie et le langage,* nº 9, Université des Sciences Sociales de Grenoble, 1988, pp. 8-31.
3. On se rappelle que pour Frege « la phrase : 'Ulysse fut déposé sur le sol d'Ithaque dans un sommeil profond' a apparemment un sens. Mais comme il est douteux que le nom d'Ulysse qui y apparaît ait une référence, il est également douteux que toute la phrase en ait une » (« Über Sinn und Bedeutung », in *Funktion, Begriff, Bedeutung,* Vandenhoeck & Ruprecht, Göttingen, 1980⁵, p. 47).
4. C'est ce type d'exégèse savante et rationalisante du mythe que Socrate reproche aux Sophistes au début du *Phèdre* (229e-230a) et qu'il refuse de prendre en considération, s'en tenant, pour sa part, à la « tradition » (*πειθομενος δε τω νομιζομενω περι αυτων*). Sur le « sérieux interprétatif absolu » des mythes par Platon, on consultera d'Henri Joly, « Faut il raconter Homère aux enfants ? » (in *Studia Philosophica,* P. Haupt Verlag, Bern & Stuttgart, nº 43, 1984, en particulier les pp. 91-92).
5. G. Nagy, *The best of the Achaeans,* Concepts of the hero in Archaic Greek Poetry, J. Hopkins Univ. Press, Baltimore & London, 1979.
6. N. Loraux, Poluneikès epônumos : les noms des fils d'Œdipe, entre épopée et tragédie (in C. Calame (éd), *Métamorphoses du mythe en Grèce Antique,* Labor & Fides, Genève, 1988, p. 152).
7. P. Chantraine, *Dictionnaire étymologique de la langue grecque,* Histoire des mots, Klincksieck, Paris, 1968, pp. 150 (Achille) et 775-6 (Ulysse).
8. L.R. Palmer, *The Interpretation of Mycenaean Greek Texts,* Oxford, 1963.
9. Frisk, *Griechisches etymologisches Wörterbuch,* Heidelberg 1960, p. 210, mentionne également cette étymologie, tout en penchant plutôt pour une origine « pré-hellénique ». En fait, l'étymologie qui fait remonter le nom d'Achille à ἄχος est traditionnelle : on la trouve dans les scholies à l'*Iliade* I, 1 ainsi que dans le commentaire d'Eustathe (par ex. ad Il. XIV, 18 ou ad Od. XIV, 13). L'étymologie traditionnelle mentionne également l'association ἄχος λαοῦ (Sch. Il, I, 1) ou encore celle de ἀ – (privatif) et χιλός (« herbe », « fourrage ») qui ferait allusion au fait qu'Achille ne mangeait pas de légumes ! (cf. W.H. Roscher (éd), *Ausführliches Lexikon der griechischen und römischen Mythologie,* Teubner, Leipzig, 1884-1886). Voir également le terme d' ἄχος dans le *Lexicon Homericum* (H. Ebeling, ed.), G. Olms Verlag, Hildesheim, Zürich, New York, 1987, p. 215. Selon cet auteur il n'est pas impossible que le nom d'Achille remonte à l'onomatopée « Ach ! ».
10. G. Nagy (*op. cit.,* p. 80) : « Le terme d'ἄχος signale le *transfert du mal* (en fr. dans le texte) : l' ἄχος d'Achille entraîne la μηνις d'Achille qui entraîne l'ἄχος des Ἀχαιοί ».
11. La *mènis,* premier mot de l'*Iliade,* détermine à son tour une partie importante du contenu du poème : il est employé pour désigner la colère des dieux (en particulier celle d'Apollon qui déclenche la peste au chant I) ou celle d'Achille et parfois encore celle d'Agamemnon. Dans son essai intitulé « Sur la différence des genres poétiques », Hölderlin

parle de « Grundton » donné à l'ensemble du poème par les mots μῆνιν ἄειδε θεά (F. Hölderlin, *Werke*, Insel Verlag, F. am Main, 1969, II, p. 630).

12. On peut signaler le vers : αἰνόν ἄχος τό μοι ἐστιν, ἐπεὶ πάθον ἄλγεα θυμῷ (XVI, 55) de l'*Iliade*, où l'*akhos* et les *algea* sont associés.
13. Soit Ἀχιλλεύς et Ἀχιλεύς, que Chantraine interprète comme un « cas rare d'abrègement métrique » (*op. cit.*, p. 150).
14. Roscher (*op. cit.*, p. 648) en dresse un tableau récapitulatif, d'où il ressort que l'on doit distinguer deux groupes principaux : un groupe en δ, qui donne Ὀδυσσεύς, Ὀδυσεύς, Ὀδευσσεύς, Ὀδυσσε(ύ)ς, Ὀδισσεύς, et les formes étrusques de *Utuze, Uthuze, Ut(h)-uste,Uthste;* et un second en λ qui donne : Ὀλυσσευς, Ὀλυσευς, Ωλυσσευς, Ὀλυττεύς, Ὀλυτεύς, Ὀλισσεύς, Ὀλισεύς, Ὀλυξεύς et en latin *Olyxes, Uluxe, Ulixes, Olexius, Olixus.* On peut encore ajouter Ουλιξευς mentionné par Chantraine (*op. cit.*, p. 775). Dans une étude de F. Brommer (*Odysseus*, Die Taten und Leiden des Helden in antiker Kunst und Literatur, Wiss. Buchges. Darmstadt 1983, p. 18 et sq.) on apprend que « sur un total de 33 vases s'échelonnant entre le VIIe et le IVe siècle av. J.-C., on ne répertorie pas moins de 12 graphies différentes du nom d'Ulysse ». L'étude de ces inscriptions montre que la forme en λ est la plus ancienne, alors que la forme en δ ne se trouve pas avant -540 et même -480 en Attique.
15. Ου est une négation au même titre que μή. On a ainsi d'un côté οὔτις (personne) et de l'autre μῆτις (la ruse) (cf. Nagy, *op. cit.*, p. 321, n. 7 et Od. IX, 410).
16. C'est ce type d'étymologie qui est déterminant pour cerner les contours du personnage d'Ulysse, même si elle ne correspond pas forcément à des critères strictement philologiques (cf. Chantraine : « l'étymologie véritable est ignorée », *op. cit.*, p. 776).
17. Cf. Od. I, 62 et V, 340.
18. Cette ruse est mise en évidence particulièrement dans les épisodes suivants : la mission à Skyros pour chercher Achille, le Cyclope, les Sirènes et bien sûr le Cheval de Troie, épisode non rapporté par Homère, mais représenté sur un pythos à relief du Musée de Mykonos, daté de 680 av. J.-C.
19. Od. XIII, 221 et sq. Cf. M. Détienne et J.P. Vernant, *Les ruses de l'intelligence, la mètis des Grecs*, Flammarion, Paris, 1974, pp. 218-220. Parmi d'autres, quelques passages de l'*Odyssée* vantant sa ruse : I, 60 ; II, 279 ; IX, 422.
20. Comme le poulpe, selon le mot d'Eustathe, il a une « intelligence en tentacules » (id. p. 47).
21. G. Nagy (*op. cit.*, p. 73 et surtout note 2) rappelle que *mènis* désigne un type particulier de colère, celle qu'Achille ressent lorsque sa *timè* a été bafouée par Agamemnon et non pas celle qu'il ressent lorsqu'il apprend la mort de Patrocle.
22. Cf. F. Buffière, *Les Mythes d'Homère et la pensée grecque*, Belles Lettres, Paris, 1973[2], pour qui « Homère enseigne la morale : par l'exemple de ses héros » (p. 335). Pour la portée éthique et éducative d'Homère, voir également W. Jaeger (*Paideia*, éd. cit.) notamment p. 77 où il montre qu'Aristote choisit Achille comme modèle de magnanimité (μεγαλοψυχία) dans *Eth. Nic.* IV, 7. Plus généralement, Jaeger estime que « toute l'œuvre d'Homère s'inspire d'une philosophie très consciente de la nature humaine et des lois éternelles de la destinée, une philosophie qui a compris et jugé tous les facteurs essentiels intervenant dans la vie des hommes » (p. 79).

23. Rappelons que c'est Socrate qui parle ici, en rapportant les dires d'Apémantos, père d'Eudicos, que cite Hippias...

24. ὁ Ἀχιλλεὺς οὐ πολύτροπος τῷ Ὁμήρῳ πεποίηται ; (364e).

25. « O descendant de Zeus et fils de Laërte, industrieux Ulysse, il faut que, sans m'inquiéter de rien, je vous apprenne ma décision, et comme je la réaliserai, et comme elle s'accomplira, je pense. Car c'est pour moi, un objet de haine, à l'égard des portes d'Hadès, l'homme qui tient une chose cachée en son cœur et qui en exprime une autre. Mais moi, je vais vous dire comment ce sera et même chose accomplie » (trad. Robin).

26. Noter l'opposition : ὁ μὲν Ἀχιλλεὺς εἴη ἀληθής τε καὶ ἁπλοῦς, ὁ δὲ Ὀδυσσεὺς πολύτροπος τε καὶ ψευδής (365b).

27. οὐ διάφοροι ἀλλήλων οἱ ἄνδρες οὐδ' ἐνάντιοι, ἀλλ' ὅμοιοι (369b).

28. ὁ Ὀδυσσεὺς οὐδαμοῦ φαίνεται ψευσάμενος, ὁ πολύτροπος, ὁ δὲ Ἀχιλλεὺς πολύτροπός τις φαίνεται κατὰ τὸν σὸν λόγον (369e-370a).

29. V. Goldschmidt, *Les dialogues de Platon*, Paris, PUF, 1971[3], p. 111.

30. Je cite dans l'édition et la traduction de R. Dupont-Roc et J. Lallot, *La Poétique*, Paris, Le Seuil, 1980.

31. *Id.*, p. 218, n. 2 : « Cette 'action', c'est le retour d'Ulysse à Ithaque après la guerre de Troie, avec les aventures que l'on sait ». Pareillement, le sujet unique de l'action de l'*Iliade* c'est la colère d'Achille, qu'Homère a extraite de nombreux autres épisodes liés à la guerre de Troie : « la guerre de Troie, qui avait un commencement et une fin, il n'a pas essayé de la composer toute entière (elle aurait été trop étendue pour qu'on pût l'embrasser d'un seul regard/ευσύνοπος) ». *Poét.*, 23, 59a 31-32.

32. « Le sujet de l'*Odyssée* n'est pas long : un homme erre au loin de son pays durant de nombreuses années, surveillé de près par Poséidon, totalement isolé. Chez lui, les choses vont de telle sorte que sa fortune est dilapidée par les prétendants, son fils exposé à leurs complots. Maltraité par les tempêtes, il arrive, se fait reconnaître de quelques amis, puis il attaque : il est sauvé et écrase ses ennemis. Voilà le schéma propre au poème, le reste, ce sont des épisodes » (*Poét.*, 1 7, 59b 17-23).

33. Ce logos désigne le « schéma général » de l'œuvre (*ibid.*, p. 289, n. 10).

34. La longueur des développements est une des caractéristiques de l'épopée (*Poét.*, 18, 56a 14). Mais cette longueur, si elle permet la juxtaposition de nombreux épisodes n'en demeure pas moins structurée par une sévère unité formelle. Ainsi, l'*Iliade* et l'*Odyssée* ont « la meilleure composition qu'il se peut et sont la représentation d'une action la plus unifiée possible » (*Poét.*, 26, 62b 10-11).

35. P. Grimal, *Dictionnaire de la mythologie grecque et romaine*, Paris, PUF, 1979[6], p. 8.

36. F. Buffière, *op. cit.*, p. 334.

37. *Id.*, p. 365.

38. *Ibid.*, pp. 365-377.

*Charles H. KAHN*
*University of Pennsylvania*

# PLATO AS A SOCRATIC

In what sense do the Socratics represent « a school of thought » ?[0]. Speaking of the Hellenistic situation, Long and Sedley describe a school as « a group of like-minded philosophers with an agreed leader and a regular meeting place... School loyalty meant loyalty to the *founder* of the sect... It was generally thought more proper to present new ideas as interpretations or developments of the founder's views than as criticisms of him » (*The Hellenistic Philosophers*, pp. 5-6). Clearly the Socratics did not represent a *hairesis* in this sense : Plato, Antisthenes and Aristippus were scarcely « like-minded philosophers », and of course they had no common meeting place (except, perhaps for some occasions during the lifetime of Socrates). What they did have in common was loyalty to their master after his death, a loyalty they expressed by immortalizing him in their writings. So, it turned out, what Socrates founded was not so much a sect as a new genre of literature : the Socratic dialogue.

To see Plato as a Socratic, then, is to see Plato's dialogues in their relationship to the written work of the other Socratics. I suggest that this comparative study of the Socratic literature can be a useful substitute for that old but ultimately fruitless attempt to define the relationship between the Platonic and the historical Socrates. The historical Socrates certainly existed, but to a very large extent the fifth-century figure escapes our grasp. What we have instead is the literary Socrates of the fourth century, in a diversity of portraits.

It is of course Plato's portrait of Socrates that interests us most. But we can understand that portrait better if we see it within its original context, in the Socratic literature of the early fourth century. I propose here to explore some of the links between Plato and his contemporaries in references to the theme of Socrates *erotikos,* Socrates as the specialist in matters of love, since this is the topic best documented for the other Socratic authors. I begin by briefly recalling Plato's treatment of this theme.

The *Charmides* and the *Lysis* both open with scenes in a palaestra or wrestling-

* « This paper was first presented in a session on Schools of Thought in the Ancient World at the F.I.E.C. Congress in Pisa in August, 1989. I am happy to dedicate it here to the memory of a true friend who was also a lover of Plato, Henri Joly ».

school where the conversation is dominated by the topic of boy-love. In one case the reigning teenage beauty Charmides appears surrounded by a host of lovers. Socrates describes himself as momentarily overwhelmed by the sight of Charmides' physical charms, but then regains his composure in the conversation which follows. In the *Lysis* he plays the role of expert in love affairs, and instructs the youth Hippothales how to address his beloved, the boy Lysis, in order to make a favorable impression. In the *Gorgias* Socrates describes himself as the lover of Alcibiades (481D, 482A), and in the opening conversation of the *Protagoras* this amorous relationship is taken for granted by the unnamed interlocutor, who fixes the dramatic date of the dialogue by referring to the fact that Alcibiades' beard has begun to grow, which Socrates playfully treats as an added feature of his charm. The *Symposium* is then devoted to a full-scale treatment of erotic themes. Socrates there endorses the proposal that they all speak in praise of love, on the grounds that *ta erotika,* matters of love, is the only subject he knows anything about (177D). When it comes his turn to speak he reports the doctrine of love he learned from Diotima, a priestess from Mantinea. The climax of the dialogue is Alcibiades' speech in praise of Socrates. There Alcibiades describes his own experience in which Socrates seemed to be the lover but in fact turned out to be the beloved ; and Alcibiades suggests that this is regularly the case in Socrates' relationship with handsome young men (*Symp.* 222B).

The *Symposium* marks the high point and, in a sense, the closure of Socratic literature on eros in the first two decades after Socrates' death. Plato brings together here the various threads which we can follow in other Socratic works, beginning with the *Alcibiades* and *Aspasia* of Antisthenes, and he presents his own definitive account of Socratic eros. It is true that Plato will return much later to the theme of eros in the *Phaedrus.* But despite the fact that the Socrates of this later dialogue is in some respects recognizably the same (he has the divine sign, and describes himself as « held in honor among handsome men » because of his possession of the erotic art, 257A), the *Phaedrus* is essentially post-Socratic : neither the dramatic situation nor the theory of love bears any close connection with the typical themes of early Socratic literature. So I shall omit the *Phaedrus* from my survey here.

We begin with Antisthenes, the eldest of the Socratics and the one most likely to have written on these themes first. In addition to the dialogues *Alcibiades* and *Aspasia,* several titles listed in the catalogue of his works suggest a treatment of related topics : « On begetting children or on marriage, *erotikos* », and « Cyrus, or the one in love » (D.L. IV. 18). From the *Alcibiades* we have several interesting quotations. Antisthenes is the only Socratic author old enough to have known Alcibiades in his bloom, in the middle or late 430's, and he is said to have described Alcibiades from personal experience *(autoptes)* : « He was strong, manly, uncultivated, bold and beautiful... the beloved of all Greece ». « If Achilles did not look like this, he was not truly handsome » (Giannantoni V A 198-199). From the same dialogue we have a brief conversation, in which an unnamed interlocutor says to Socrates : « we hear that in the battle against the Boeotians you won the prize of valor ». « Certainly not », says Socrates, « the prize belongs to Alcibiades, not to me ». « But you gave it to him, as we hear » (Giannantoni fr. 200). This is the earliest known version of the story of which we have what is probably a more accurate account put later into Alcibiades' own mouth in Plato's *Symposium.* Plato there seems to be correcting Antisthenes' version by carefully distinguishing the two incidents : Alcibiades' prize at Potidea and Socrates' heroic performance at Delium, also described in the *Laches* (*Symp.* 220D-221B, *Laches* 181B). This is our first example of what is nowadays called « intertextuality » : the enrichment of a particular Platonic text by its connections with other texts that the reader might already be familiar with. This is an important phenomenon linking the Platonic dialogues to one another, in a relationship that I have elsewhere described as prolepsis. My concern here is to see how our very partial knowledge of other Socratic literature can also reveal new dimensions of intertextuality, that is to say, literary cross-references that were part of the full richness of meaning of Plato's texts for his original readers.

From these fragments we can see that Antisthenes emphasized both Alcibiades' sexual attractiveness and his close friendship with Socrates. How he incorporated this theme into his portrait of Socrates we do not know. We do know something of Antisthenes' views on love. He is on the one hand severely hostile to romantic passion and to pleasure for its own sake. Two of the most famous quotes from Antisthenes are : « I would rather go mad than enjoy pleasure », and « If I could catch Aphrodite I would shoot her with my bow, because she has corrupted so many excellent and beautiful women among us » (G. 122-123). For Antisthenes, passionate love was simply a vice of nature : « its unhappy victims call their disease a god » (G. 123). We could hardly find ourselves at a greater distance from Plato's praise of eros in the *Symposium.* For Antisthenes sex is like food : just as the wise man should be satisfied by the simplest food, so his sexual appetite should be gratified by the most convenient woman. He did approve of good marriages, not on sexual grounds but for the sake of begetting children.

On the other hand Antisthenes has a much more positive conception of philosophical eros, in the sense of intimate friendship among intellectuals in pursuit of virtue. « The wise man will be in love, for he is the only one who knows whom one should love » (G. 58). « It is the sage who is worthy of love and friend to one like himself » (G. 99). So in Xenophon Antisthenes claims to be in love with Socrates, who has taught him the freedom and happiness of being contented with what he has ; the company of Socrates is what he values most in the world (Xenophon, *Symp.* VIII.4 ; IV. 43-44). It is precisely on the value of friendship that Xenophon's Socrates calls on Antisthenes for an expert opinion (*Mem.* II, 5.2). We can probably detect another echo of Antisthenes' view in the passage in Xenophon's *Symposium* where Socrates draws a distinction between vulgar and heavenly Aphrodite : vulgar eros is physical passion, « the love of bodies », whereas heavenly eros is love of « soul and friendship and noble deeds » (*Symp.* VIII. 10). The literary form of Xenophon's distinction here has certainly been influenced by Pausanias' speech in Plato's *Symposium* (cf. Xen. *Symp.* VIII, 9 and 32 with Plato, *Symp.* 180D-E and 178E-179A). But Xenophon's distinction between carnal and noble eros is much more simplistic than anything in Plato. It probably reflects Antisthenes' distinction between the bad eros based on pleasure and demoralizing passion and the morally sound eros based upon virtue and wisdom in the beloved.

A much subtler understanding of Socrates *erotikos* is suggested by the tantalizingly brief fragments from Phaedo's dialogue *Zopyrus.* An oriental magus of this name appears in Athens, claiming to be able to read people's character in their faces and in their bodily appearance. He is confronted with Socrates, who is unknown to him. Zopyrus declares Socrates to be dull and stupid, on the strength of his bull neck, and also subject to sensuality, a womanizer in fact, probably judging from his protruding eyes. At this point Alcibiades bursts out laughing. Socrates' friends are beginning to ridicule the physiognomist when the philosopher interrupts them. These are indeed his native weaknesses, he says, but they have been overcome by rational training[1]. The point seems to be that deliberate discipline and what the Socratics call « care of oneself » *(epimeleia tou heautou)* permits even a sensual nature to achieve complete self-mastery or self-control *(enkrateia).* The result is a victory for Socratic philosophy understood in Antisthenes' sense as the achievement of virtuous self-sufficiency by training and perseverence *(karteria).* But Phaedo's dialogue seems to have assigned a positive role to eros in achieving such a result. We have a verbatim quotation in which someone, perhaps Zopyrus himself, is telling Socrates an oriental tale about a lion cub given as gift to the youngest son of the Persian king. « And I think the lion got so used to the boy that when he was a young man the lion followed him wherever he went. So the Persians said the lion was in love with the boy » (G. IIIA.11 - Rossetti fr. 1). As a result of training and habituation, instead of being the enemy of man the lion became his friend. And this victory of nurture over nature is interpreted as the work of eros.

The positive role which eros can play as a factor in Socratic education, hinted at in this story from Phaedo's dialogue, is much more fully illustrated in the remains of Aeschines' *Alcibiades* and *Aspasia.* In the former dialogue Socrates is attempting to reveal to Alcibiades the folly of his self-conceit and the need for some serious moral and intellectual training for a political career. The situation is the same as in the pseudo-Platonic *Alcibiades I*, where Socrates says to him : « You are in the depths of ignorance *(amathia)*, and so you rush into politics before being trained » (118B). Both in Aeschines and in *Alcibiades I* the task of Socrates is to bring Alcibiades to a more realistic view of himself and hence to a desire for improvement. In Aeschines' dialogue Socrates proceeds by describing the career of Themistocles, whose success was due to his careful planning and knowledge *(episteme)*. Socrates' account of Themistocles' achievements brings Alcibiades to despair ; breaking into tears and throwing himself on Socrates' knees, he begs his older friend to help him achieve excellence (fr. 10, Dittmar). We have the concluding section of the dialogue in which Socrates, reporting this incident to a friend, reflects upon his own impact on Alcibiades and denies that he possesses any art *(techne)* or science *(mathema)* for imparting virtue. Any improvement must come from Alcibiades himself ; if Socrates can help, it is only by divine dispensation *(theia moira)* and through the love for Alcibiades by which Socrates is possessed. The dialogue closes with these words : « although I have no knowledge that would permit me to benefit anyone by teaching, I thought that in keeping company with Alcibiades I could by the power of love *(dia to eran)* make him better » (fr. 11 Dittmar).

For this denial of the art of teaching virtue, as well as for Socrates' recognition of a divine gift, early Platonic parallels leap to mind. What we do not find in Plato before the *Symposium* is the role suggested here for eros as a power in moral education. But it is precisely this role that forms the central theme of Aeschines' *Aspasia*. Aspasia, the foreign mistress of Pericles for whom he abandoned his legitimate Athenian wife, was a favorite target for jokes in fifth-century comedy. Antisthenes seems to have represented her in the traditional way, as a symbol of romantic passion and sensuality. He reported that Pericles, because of his exceeding love for Aspasia, « embraced her with tender kisses every day, both when leaving and when returning from the agora » (fr. 143 G.). The influence of Aspasia seems to have been held responsible for the corruption of Pericles' two sons (fr. 142 G.). By an unexpected shift Aeschines reverses the evaluation and presents the same woman as an embodiment of the positive force of eros in moral and political culture. The dialogue opens with a conversation between Socrates and Callias, the notoriously rich and generous patron of the sophists. Callias asks Socrates to recommend a teacher for his son. Socrates' surprising response is : send your son to Aspasia[2]. The rest of the dialogue consists of Socrates' elaborate justification for his recommendation of Aspasia as moral guide. First he describes two other women (including one other Milesian courtesan) who have played distinguished roles in public life. Then he cites

Pericles and Lysicles, a sheep merchant turned politician-general, as examples where Aspasia has, by her personal influence, contributed to the political success of her lovers. Both examples are designed to be humorous. Aspasia is credited with responsibility for making Pericles a great public speaker and for transforming the sheep merchant Lysicles into a successful statesman. But these light-hearted examples are designed to illustrate a serious thesis, parallel to Socrates' concluding remarks in the *Alcibiades* : that Aspasia's power to spur a man on to excellence is essentially connected with her erotic influence.

Nevertheless these examples do not persuade Callias, who is not looking for a mistress for his son. So in his final attempt to establish Aspasia's credentials, Socrates reports a conversation in which she operates as the master dialectician, interrogating a married couple by means of the typically Socratic technique of citing parallel cases. The conversation is preserved for us in Latin translation, since Cicero quoted it in full to illustrate the device of *inductio* or *epagoge,* the inference from a series of examples. The married couple in question is, stangely enough, Xenophon and his wife. Aspasia figures here as « a female Socrates »[3]. She asks Xenophon's wife, first, whether if her neighbor possessed finer gold jewelry she would prefer her neighbor's gold to her own, and next whether, if her neighbor had more precious clothes and ornament, she would prefer her neighbor's clothes or her own. In both cases the wife answers that she would prefer her neighbor's portion. The third question is : « If she had a better man as husband then you have, would you prefer hers or yours ? ». At this point the wife blushes, and Aspasia begins to question Xenophon. When asked concerning a better horse and a better estate, Xenophon answers as expected, like his wife, that he would prefer the better share. And then comes the third question : « What if the neighbor had a better wife than you, would you prefer yours or his ? ». And here Xenophon too falls silent. Then Aspasia speaks. « Since neither of you answered the question I wanted most to hear answered, I will say what each of you was thinking. You, the wife, want to have the best husband, and you, Xenophon, want to have the most excellent wife. Hence unless you bring it about that there is no better man and no more excellent woman on earth, you will both be lacking in what you regard as most desirable *(optimum),* namely, that you have married the best possible wife and she the best possible husband »[4].

We do not know exactly how the dialogue ended, but it is clear that Aspasia, as supreme expert in matters of love, is drawing on the emotional impulses of husband and wife, including vanity and envy but above all conjugal affection, in order to harness these energies for the effort of self-improvement. The psychological principle is the same as that expressed by Socrates at the end of Aeschines' *Alcibiades* : it is not by human art that Alcibiades can be improved but by divine dispensation, just as in a spontaneous cure when « their own desire leads the sick to do what is beneficial for their recovery » (fr. 11B, Dittmar). Moral improvement must be self-improvement. Socratic eros, like Socratic dialectic, serves only as the catalyst to release these spontaneous desires for what is good and beneficial.

These two dialogues of Aeschines represent the most complex treatment of Socratic eros known to us outside of Plato's *Symposium.* But before returning to Plato it will be useful to supplement our fragmentary knowledge of Antisthenes and Aeschines by surveying some echoes of these two writers in the extant works of Xenophon. If we ask, for example, in what respects does Socrates hope to improve Alcibiades or Aspasia hope to improve Xenophon and his wife, the answer is not obvious. Aeschines is a cunning writer but not a deep thinker, and it is hard to tell how far his notions of Socratic self-improvement have moved away from the generally conventional Greek notions of moral excellence and political success that we find illustrated in the teachings of Xenophon's Socrates. At the same time, in Xenophon we also find a less conventional emphasis on self-sufficiency *(autarkeia),* moral toughness, and the simple life that Xenophon's Socrates shares with Antisthenes, but of which there is no clear trace in the fragments from Aeschines. Nevertheless, Aeschines too has left his mark in Xenophon. This is noticeable above all in those contexts where the erotic element receives a positive evaluation. Thus there are two favorable references in Xenophon to Aspasia as an expert on marriage and the education of wives[5]. I think these two references to Aspasia must be Xenophon's way of acknowledging Aeschines' graceful gesture in the text we have cited, where Xenophon and his wife are receiving conjugal advice from Aspasia. This is an example of intertextuality between Socratic writers other than Plato. There are two other passages in Xenophon that are reminiscent of Aeschines' treatment of eros : 1) Socrates' visit to the courtesan Theodote in *Memorabilia* III. 11, where he advises the beautiful young woman how best to attract male friends, and where he refers to his own influence over his close associates as his « love potions and spells » (*Mem.* III. 11-16-17) ; and 2) the scene in Xenophon's *Symposium* where Socrates describes himself as a pander, because of his ability to make men and women pleasing to others, and above all pleasing to the whole city as a successful politician must be (*Symp.* IV.56-60 ; cf. VIII. 5 and VIII. 42). These passages in Xenophon were probably written after Plato's *Lysis* and *Symposium,* and so they cannot form part of the original literary background for these dialogues. But they are of interest to us nevertheless as indication of how the erotic theme was treated by other Socratic authors.

One trait which all these portraits have in common is the depiction of Socrates not only as an expert on love but also as an object of love in the eyes of his friends. This was probably already the case in the lost writings of Antisthenes :

as we have seen, he taught that the wise man will be in love with someone wise and good (frs. 58 and 99, cited above). So in Xenophon Antisthenes claims to be in love with Socrates ; he is one of those whom Socrates binds to himself with love potions and charms (*Symp.* III. 11.17). Because of his extraordinary career, Alcibiades figures as the paradigm case of the handsome, gifted young man upon whom Socrates focusses the magnetic power of his own personality in a relationship than can be conventionally described as that of lover to beloved. But what Aeschines seems to hint at, and what Plato describes in the *Symposium,* is the reverse phenomenon : the young man responding emotionally to this intellectual courtship finds himself in love with Socrates. In successful cases this personal attraction to Socrates, the fascination with his charm and his arguments, will develop into an admiration for his character and intellect and hence into a desire to imitate Socrates, to live the Socratic life. That is what Xenophon means by Socrates' love potions and magic charms. And so in Plato Aristodemus, the narrator of the *Symposium,* is described as « a lover of Socrates » (*Symp.* 178B 3). But if the friendship that links Socrates to his young admirers is charged with erotic overtones, this erotic component is designed to be channeled into *philo-sophia,* the love of wisdom, or « the desire for what is beneficial » (Aeschines fr. 11B, Dittmar), the urge to emulate whomever, like Socrates, represents what is wisest and best. The interest of Aspasia in Aeschines' dialogue is not only that she provides a female counterpart to Socrates but that, as symbol for the female as sex object, her influence can be interpreted in the same way as Socrates' impact on Alcibiades : in both cases eros serves to trigger a spontaneous desire for self-improvement.

Now precisely at this point it becomes impossible for us to distinguish between life and literature, between Socrates and the Socratics. Thus we cannot, for example, know the historical truth about the relationship between Socrates and Alcibiades. We have a natural tendency to believe Plato's version, if only because it is artistically so convincing. But the events in question, when Alcibiades was in his bloom, took place before Plato was born ; and Plato himself can have had only much later second-hand reports. We have every reason to believe that Socrates, during his lifetime, was an object of passionate admiration and love on the part of his associates. But did Socrates himself interpret this passion in erotic terms and deliberately seek to transmute eros into *philo-sophia,* into the desire for self-improvement or love of the philosophic life ? All we can say is that this is how Aeschines, Xenophon, and Plato portray the theme of Socrates *erotikos.* They represent Socrates as a model to be imitated ; and they represent love in general, and the love of Socrates in particular, as a source for moral improvement. But the model operates on two levels : the pattern that is represented is also characteristic of the representation itself. Just as the living Socrates is represented as having an impact on his associates that invites them to model their lives on his, so the Socratic literature aims to have an artistic impact on the readers that will attract them to the Socratic life of self-improvement and « care of oneself ». In this sense the literary enterprise of the Socratics after Socrates' death is prefigured in the story which Plutarch tells of Aristippus' conversion to philosophy. Aristippus visiting Olympia encountered an associate of Socrates and asked him for a specimen of Socrates' conversation with young men. The few quotations which he heard made such an emotional impact on Aristippus that he turned pale and went into a physical decline that lasted until he was able to reach Athens, to meet Socrates personally and learn about his philosophy, « of which the goal was to recognize one's own faults and be freed of them » (Giannantoni IV.A.2). Plutarch's story probably derives from a lost work of Aeschines[6]. But whatever its source, it permits us to see the Platonic dialogues as simply the most successful example of the fundamental tendency of all Socratic literature : to attempt to reproduce by the literary portrait of Socrates the effect which the living Socrates exercized on those around him. Since this effect involved the strongest form of friendship *(philia)*, it was inevitably expressed in terms of eros. Hence the theme of Socrates *erotikos* is a central one for the whole enterprise of Socratic literature.

To this extent, Plato's treatment of the theme marks him as a typical Socratic. His originality appears in the richness and subtlety of his dramatic portrayal of Socrates and in the intellectual power of his theory of love. We cannot adequately deal with either topic here. Instead I shall briefly sketch what I take to be the chief connections between Plato's treatment of eros and the writings of his fellow Socratics. A certain amount of conjectural chronology is required here to fix the sequence of relevant writings in the first two decades of the fourth century, from the death of Socrates in 399 B.C. to the composition of the *Symposium* around 380.

The *Apology* stands apart: It is not a dialogue but a courtroom speech, like the works of Antiphon and Lysias. As an author of Socratic dialogues Plato was probably not very active in the 390's, in the first 8 to 10 years after Socrates' death. I would date only three very short dialogues in this period : the *Crito, Ion,* and *Hippias Minor.* There is independent evidence, from Isocrates, to suggest that Antisthenes was the principal representative of the Socratic school during these early years[7]. Antisthenes was some twenty years older than Plato. At the time of Socrates' death he was already an established intellectual figure and had probably already published some of his more rhetorical works, such as the two extant speeches *Ajax* and *Odysseus* which belong to the same genre as Gorgias' *Helen* and *Palamedes.* Antisthenes may well have been the first author of Socratic dialogues. One of Plato's earliest dialogues, the *Hippias Minor,* bears a polemical relation to some work of Antisthenes[8]. His *Aspasia* and his *Alcibiades* were probably both composed before Aeschines' dialogues of the same name, and (as we shall see in a moment) these two works of Aeschines are plausibly dated between 392 and 386 B.C. So Antisthenes was probably the first author to develop the theme of Socratic eros and the first to deal with the relationship between Socrates and Alcibiades. We do not know enough about Antisthenes' treatment of these themes to detect Plato's reaction to it, but we can imagine a good deal of dissonance there. We have seen that, on the basis of one quotation from Antisthenes' *Alcibiades.* Plato in the *Symposium* is at pains to correct what is apparently confusion in Antisthenes' reference to Socrates' valor at Delium. But the *Symposium* comes much later. It is not Antisthenes' but Aeschines' treatment of the theme of eros that seems to have directly stimulated Plato's literary response.

Aeschines and Plato must have shared a hostile attitude to Antisthenes. This is well attested for Plato ; it is suggested for Aeschines by his choice of the same two titles – *Alcibiades* and *Aspasia* – that Antisthenes had used, but with a very different appraisal of Aspasia. And we have good textual evidence of Plato's and Aeschines' familiarity with one another's writings. Aeschines' fantastic portrayal of Aspasia as training Pericles in oratory is directly taken over by Plato in the *Menexenus,* where Socrates describes Aspasia as « my teacher in rhetoric, who has produced many excellent orators, including the finest in Greece, Pericles son of Xanthippus » (235E). Plato goes one step further, and makes Aspasia the author both of Pericles' funeral oration and also of Plato's own speech delivered here by Socrates, who claims that in this case Aspasia used some of the left-overs from the speech she composed for Pericles (236B). But such borrowing, or shall we say intertextuality, applies in both directions. If the *Menexenus* takes as its literary background Aeschines' *Aspasia,* Aeschines' *Alcibiades* borrows some of its imagery from Plato's *Ion.* In the quotation from the end of the *Alcibiades* Socrates compares himself to the Bacchae who, « when they are divinely possessed *(entheoi),* draw milk and honey from wells where others cannot even draw water » (fr. 11C Dittmar). Now the image of Bacchae drawing milk and honey when possessed is found in Plato's *Ion* in a context where the notion of divine possession is deeply embedded and much more fully expressed (*Ion* 533D-534E). I see no reason to doubt that Aeschines is here indebted to Plato[9]. If we assume, as others have done, that Aeschines' *Aspasia* comes later than his *Alcibiades* since it contains a much fuller treatment of the concept of eros[10], we can reconstruct a plausible chronology for these four dialogues. The *Menexenus* is securely dated in 386 or 385 B.C. by its reference to the Peace of Antalcidas ; and historical references in the *Ion* point to a date c. 394-392 B.C.[11]. Putting together these facts and probabilities, we get the following sequence :

| | |
|---|---|
| Plato, *Ion* | c. 394-392 B.C. |
| Aeschines, *Alcibiades* | |
| Aeschines, *Aspasia* | |
| Plato, *Menexenus* | 386-385 B.C. |

The relevant works of Antisthenes, the *Aspasia* and the *Alcibiades*, probably belong in the middle 390's, before the corresponding dialogues of Aeschines[12]. If this chronology is at least approximately correct, we can recognize literary connections between these works as follows.

From one quotation from Antisthenes' *Alcibiades* we can see that Antisthenes was the first not only to mention Socrates' performance as a soldier in battle, a theme to be developed by Plato in the *Laches* and *Symposium*, but also to connect this theme with Socrates' friendship with Alcibiades. Thus Antisthenes introduces, perhaps around 395, an early version of the Socrates-Alcibiades story that was to be given its definitive form by Plato some fifteen years later in the *Symposium*.

We do not know how Antisthenes treated the theme of Socrates *erotikos* which is latent in the Alcibiades story. Probably the earliest reference to Socrates' expertise in matters of love is the concluding quotation from Aeschines' *Alcibiades* (fr. 11 Dittmar). There Aeschines has Socrates describe his love for Alcibiades as a divine gift and as a form of possession by the gods, according to a theory that Plato in the *Ion* had worked out to account for poetic inspiration and for the power of the rhapsode to produce strong emotion in his audience. As a conception of poetry, the notion of possession developed in the *Ion* may go back to the historical Socrates or even to Democritus[13]. Now in the *Lysis* Socrates does describe his knowledge of love as a divine gift (204C 1). But neither in the *Lysis* nor in the *Symposium* does Plato make any use of the concept of possession in his account of eros. The Platonic theory of love anticipated in the *Lysis*, developed in the *Symposium*, and applied to philosophy (as love of wisdom and truth) in the *Phaedo* and *Republic* is resolutely rationalistic. Eros is consistently understood by reference either to desire for immortality or to desire for whatever is truly good and beautiful. It is only in the *Phaedrus*, in his latest and as it were post-Socratic treatment of the subject, that Plato is willing to explore the conception of love as a form of divine madness, like poetry and prophecy. It is an interesting question, which I shall not attempt to answer here, why Plato should have waited some ten years before appropriating the notion of love as divine possession which Aeschines had suggested in his *Alcibiades* around 390 B.C., on the basis of Plato's own earlier theory of poetry in the *Ion*.

Aeschines' *Alcibiades* presented another feature that Plato was quicker to make use of. This is the narrative form in which Socrates reports a conversation to an unnamed interlocutor, the form that Plato adopts in the *Charmides, Lysis* and *Protagoras,* and later in *Republic* I. Plato's earlier dialogues are all in the simple mime form of direct conversation, without a narrative frame[14]. The narrative form permits a much fuller depiction of the dialogue scene and a fuller account of dramatic action. Plato's first use of this narrative technique is to create the charming gymnasium atmosphere of manly beauty and young love in the *Lysis* and *Charmides,* and to report the impact on Socrates of exposure to Charmides' intimate parts in the latter dialogue. But this is a technique that he will employ with increasingly powerful effect in the *Protagoras, Symposium* and *Phaedo.* If the narrative frame itself was invented by Aeschines[15], it was Plato who realized its full potentialities and thus transformed the modest genre of the early Socratic dialogue into a new kind of literary work, the fourth-century prose rival to the tragic drama of the fifth century.

Aeschines' *Aspasia* seems to have preserved the simpler mime form of direct dialogue between Socrates and Callias. (More intertextuality here : Callias is Socrates' interlocutor in the first conversation reported in Plato's *Apology* 20 A-B, which probably precedes the *Aspasia ;* he is host for the gatherings in Plato's *Protagoras* and Xenophon's *Symposium*). But the internal structure of this dialogue is much more complex. After a series of speeches in praise of outstanding women, more or less legendary, Socrates explains why he himself goes to Aspasia for instruction : she is not only an expert on love (as in the older tradition), but also a teacher of oratory and political excellence. The climax of the dialogue comes in Socrates' report of the conversation between Aspasia and Xenophon and his wife, which was quoted above. Aeschines experiments here with the form of a dialogue-within-a-dialogue : Aspasia carries on her Socratic interrogation of Xenophon and wife within the larger framework of the conversation between Socrates and Callias. Here again Aeschines anticipates, on a smaller scale, the most complex form ever reached by a Platonic dialogue : in the *Euthydemus* the conversation between Socrates and the two sophists is repeatedly interrupted by the frame dialogue between Socrates and Crito ; in the *Phaedo* the dialogue between Socrates and his friends on the day of his death is punctuated by the frame dialogue between Phaedo and Echekrates. Here again Aeschines is apparently the initiator of a formal innovation that Plato will exploit to a much richer artistic effect.

Aeschines' *Aspasia* points the way to two other develoments in the Platonic dialogue. First of all there is the figure of Aspasia as expert in political oratory. As we have seen, this device is directly utilized in the *Menexenus,* where Plato is thus able to set his own funeral oration next to that of Pericles (since both were composed by Aspasia, and in Plato's case she used the leftovers from

Pericles' speech). But there is also Aspasia the expert in matters of love : in Aeschines Socrates resorts to her for instruction in *ta erotika,* and the whole dialogue turns upon her mastery in the field of love. But here Plato takes a quite different tack. He refuses to accept Aspasia, the brothel-keeper of Greek comedy and Pericles' semi-legal wife, as Socrates' instructor in matters erotic. In place of the Milesian courtesan he introduces the priestess from Mantinea, Diotima.

Aeschines' dialogues *Alcibiades* and *Aspasia* this provide a precedent not only for the formal complexity of the *Symposium* as a narrated dialogue, but more specifically for the content of its two climactic episodes : the speech of Alcibiades, which reveals the ironic reversal of roles in Socrates' courtship of Alcibiades, and the speech of Socrates, in which he reports the erotic instruction received from Diotima.

To see Plato as a Socratic, then, in the sense explored here, is to see him as taking over literary forms and themes from the Socratic literature of the first ten or fifteen years after Socrates' death, and making out of them a new kind of art work to serve as vehicle for a new kind of philosophy. By way of summary, we may here distinguish four phases in Plato's transformation of the Socratic dialogue.

1. In the *Ion* and *Hippias Minor,* Plato is writing as a minor Socratic: these short works may be superior in quality but they are not different in kind from the dialogues of Antisthenes, Aeschines, and Phaedo.

2. In the *Gorgias* and *Menexenus* the Platonic dialogue emerges from its Socratic cocoon. By the seriousness of the topic, the dramatic intensity of the argument, and the sheer bulk of the dialogue, the *Gorgias* represents something new. By including a funeral oration with contemporary political allusions, the *Menexenus* also represents a radical innovation of form and content.

3. In the *Lysis, Charmides,* and *Protagoras,* Plato creates his own, specifically Platonic version of the « Socratic dialogue » : a quasi-historical encounter situated at a definite time and place, with a series of more or less rigorous arguments (typically examining the proposed definition of a virtue) leading to an aporetic conclusion. The quasi-historical background is created in part by the introduction of a narrative frame. (This frame is lacking from the *Laches, Euthyphro,* and *Meno,* which in other respects represent the same kind of dialogue).

4. Finally we have the *Symposium* and *Phaedo,* where Plato reshapes the Socratic conversation as a major work of literature, combining rhetoric, argument, philosophical theory and personal drama on a large scale, as in the earlier *Gorgias* and *Protagoras,* but where for the first time Plato begins an exposition of the metaphysics and epistemology of the Forms, his most distinctive philosophical doctrine.

Although in the *Symposium* and *Phaedo* Socrates is, for dramatic reasons, no longer the narrator, he remains the central speaker. But there is a difference here. In the *Phaedo* as in the slightly later *Republic* Socrates becomes a systematic spokesman for Plato's mature philosophy ; he is no longer the flirtatious ironist who denies possession of any art or science. In the *Symposium,* however, Socrates is a more transitional figure. On the one hand Plato's portrait of him here maintains continuity with the earlier Socratic literature by focussing on the theme of eros and by presenting Socrates as having no knowledge except in matters of love (177D). On the other hand, the introduction of the doctrine of Forms is limited to a single passage, in the last section of Socrates speech (210A-212A), where the doctrine is itself not directly attributed to Socrates. Just as in the *Menexenus* Socrates' skill in oratory is ascribed to his lessons with Aspasia, so here his theory of love is attributed to the wise woman from Mantinea. Once again a device borrowed from Aeschines is put to a new and unprecedented use. Diotima, as a more respectable substitute for Aspasia in matters of love, will now begin the disclosure of Plato' own theory of eros, leading up to the announcement of the transcendent Form of Beauty itself to be revealed in the higher mysteries *(ta telea kai epoptika)* into which Socrates himself is perhaps not able to be initiated (210A 1-2). It is as if, at the moment of introducing for the first time this neo-Parmenidean metaphysics as foundation for his theory of love, Plato wished to call attention to the distance that separates this new conception from the presentation of Socratic eros in all earlier writing, including his own. It is in this sense that the *Symposium* marks not only the climax but also the closure for the Socratic literature on love.

## NOTES

1. For the relevant texts from Phaedo's *Zopyrus* see L. Rossetti in *Hermes* 108 (1980), pp. 184ff. For discussion see von Fritz, *RE* XIX.2 (1938), 1540.
2. Fr. 17 Dittmar. I am following B. Ehlers' reconstruction of the *Aspasia,* building on the work of Dittmar. See her *Eine vorplatonische Deutung des Sokratischen Eros. Der Dialog Aspasia das Sokratikers Aeschines* (Zetemata, 41), Munich, 1966.
3. Hirzel's phrase, quoted by H. Dittmar, *Aeschines von Sphettos,* p. 51.
4. Fr. 31, Dittmar, from Cicero, *de inventione* I. 31.51f.
5. *Mem.* II.6.36 and *Oeconomicus* 3.14.
6. See G. Giannantoni, *Socraticorum Reliquiae,* vol. III, p. 129, n. 1.
7. See C. Eucken, *Isokrates* (1983), pp. 25-27, 63 and *passim.*
8. The negative interpretation of *polytropos* as « false » in *Hi.Mi.* 364E-365B is reinforced by the same contrast with Achilles and Nestor, backed up by the same quotation from *Iliad* IX, as in Antisthenes fr. 187 G. The parallelism is too complex to be accidental. I take it that Plato is alluding here to an earlier work of Antisthenes (A. Patzer, *Antisthe-*

*nes*, pp. 168-190, suggests a Socratic dialogue). The point of the allusion seems to be an indirect criticism of Antisthenes' philosophical interpretation of Homer.

9. Aeschines may also owe to Plato the contrast between a rational *techne* (which Socrates denies having) and the divine gift which he claims and which he compares to possession and inspiration. Compare *Ion* 533D-E and, for the background of this contrast, the texts cited below in n. 13.
10. See B. Ehlers (cited in n. 2 above).
11. See H. Flashar, *Der Dialog Ion*, pp. 101f.
12. For further evidence of Antisthenes' literary activity in the 390's, see the echoes of Antisthenes in the *Hi.Mi.* cited above in n. 8.
13. Compare *Apology* 22C1 and DK 68B. 18 and 21.
14. So *Crito, Ion, Hi.Mi.* ; and so also *Gorgias*, the frame of the *Menexenus, Laches* (but with a complex introduction), *Euthyphro* and *Meno*. The last two probably represent a return to the simpler form, after the *Charmides-Lysis*.
15. We do not know for certain the form of Antisthenes' dialogues. One quotation from the *Alcibiades* is in direct dialogue form (fr. 200 G.) but another fragment suggests that Antisthenes himself presented the description of Alcibiades (fr. 198 G.). Perhaps Antisthenes anticipated the form of Xenophon's *Memorabilia* by himself introducing the Socratic conversation.

*Anna KÉLESSIDOU*
*Académie d'Athènes*

# LE RENVERSEMENT PLATONICIEN. LOGOS, ÉPISTÉME, POLIS

Dans un chapitre d'introduction, nous avons écrit, il y a quelques années de cela, en guise de conclusion, sur la notion de salut chez Platon : « L'esprit platonicien ne s'insère point dans une catégorie ; il ne s'enferme ni dans des classifications extrêmes ni dans les agencements habiles de son outillage conceptuel ; sa vertu réside dans l'« éclosion » de l'éveil philosophique de l'autre »[1]. Ailleurs, je notais : « Si nous examinons les thèmes *absoluto sensu,* hors de leur contexte, et sans tenir compte de leurs prolongements dans un sens philosophique, tout en restant attachés à la fidélité et à l'exactitude d'une méthode (qu'elle se nomme philologique-archéognostique ou méthode d'analyse linguistique), nous ne philosophons pas. Autant la méthode scientifique est indispensable[2] pour l'organisation et la reconstruction des éléments systématiques d'une philosophie, autant une ouverture à l'intensité et à la richesse conceptuelle de la philosophie se révèle indispensable »[3].

Cette introduction indique l'attitude qui va suivre envers une méthode d'interprétation actuelle de la pensée platonicienne. La méthode de conception structurale ne serait pas infructueuse pour aborder la philosophie platonicienne asystématique si, tout en demeurant fidèle au principe selon lequel le sens de tout problème n'est pas autonome mais combiné, elle pouvait nous rendre Platon sans lui substituer un code général de catégories, sans trahir son libéralisme. Aujourd'hui on examine scientifiquement la pensée ancienne, en se bornant à l'objet étudié et au contrôle de la méthode. L'étude de Henri Joly concernant le caractère révolutionnaire historique et philosophique de Platon – la révélation platonicienne et la solution de la triple crise du logos, du langage et de la cité – témoigne d'une conformité au second volet du principe pré-cité, mais n'obéit pas à son premier volet ; en effet, il est impossible d'isoler les notions platoniciennes comme on dissocie les objets de la science. C'est la raison pour laquelle cette étude devient un exploit philosophique indéniable : préservée d'un simplisme issu d'une adoration hypertrophiée pour la méthode et la scientificité (exposée surtout à l'erreur de l'anachronisme), elle contribue, grâce à sa démarche interprétative substantielle, au développement de la conscience philosophique.

Henri Joly, ayant été lui-même professeur de dialectique, a sondé en profondeur l'œuvre platonicienne dans le cadre de ses cours universitaires, tandis que, parallèlement, il l'étudiait à travers une recherche exhaustive. L'étude ci-présentée est le fruit de discours, de dialogues, d'une investigation de longue haleine et non le résultat d'une précipitation dans le temps ou dans des objectifs fixés. Cet ouvrage témoigne d'une compréhension de type structural, puisqu'il décèle dans toute l'œuvre de Platon le rattachement d'une énonciation à des structures qui, elles, agencent des énonciations apparemment antithétiques. Il s'agit d'une prouesse consistant à dépasser un comportement interprétatif polarisateur. Dépassement d'abord, en termes de franchissement de l'antinomie texte-commentaires (par exemple, la distinction visible-invisible dans l'œuvre platonicienne est différente de celle établie dans les commentaires). La position s'exprime comme suit : « rien n'est dit » / « tout est dit ». Dépassement ensuite manifesté par la volonté d'éviter toute approche exagérée ; celle-ci peut, d'une part, dissocier partialement (en dotant les termes d'une signification intrinsèque) tout ce que Platon a considéré de façon globale, et d'autre part, est susceptible de projeter chez Platon des notions issues de leurs prolongements (par exemple la césure visionnaire/rationnel). Nous le constatons dans les études contemporaines sur Platon édifiées sur une assise différente. A cet égard, citons celle qui surestime la métaphysique (Moreau) ou celle encore qui privilégie la pensée politique (Kelsen). Au demeurant, l'étude de Henri Joly, un rare modèle d'écriture, fournit une aide au chercheur spécialisé et à l'étudiant : sa présentation s'organise en chapitres et sous-chapitres, enrichis de notes en bas de page qui, loin d'être pléonasme ou étalage bibliographique, parachèvent le texte principal. Des sous-titres en italique divisent encore le texte : chaque développement et chaque nouvelle distribution est suivi par une phrase-induction ou phrase-problème, de manière à ce que l'aperception du contenu s'accomplisse sans entravers quant à l'avant et à l'après ; enfin, cette étude offre un nombre exceptionnel de sujets qui fournissent matière à une investigation plus spécialisée.

L'épilogue du livre est une auto-analyse sévère et directe et c'est la raison pour laquelle nous estimons qu'il serait opportun de le lire au préalable, avant d'aborder l'étude de l'ensemble de l'ouvrage. La problématique et la démarche de la réflexion de l'auteur s'expriment ici clairement. Évoquant le sujet de son étude, à savoir une recherche sur le mode d'organisation des concepts qui constituent la triple crise que nous avons dite, Henri Joly explique quel motif le poussa à dévier de son intention initiale, à savoir un inventaire de la philosophie politique platonicienne : « Par une sorte de tour de la recherche, trois sujets au lieu d'un se sont offerts à la lecture. De textes en textes et de thèmes en thèmes, j'ai été reconduit à la *polis* à l'*épistémè* et au *logos*, comme à autant de préalables philosophiques nécessaires pour résoudre les problèmes éminemment platoniciens d'une politique considérée comme science et envisagée comme langage. (...) Bref, en langage platonicien, il fallait dialectiser, revenir des conséquences aux hypothèses, en l'occurrence remonter de la politique à la science et au langage, et prendre sur la philosophie platonicienne une vue synoptique » (pp. 375-376).

Par conséquent, les thèmes de l'ouvrage composent un triptyque philosophique, plaçant le thème du langage au premier plan. Toute la recherche obéit au principe de distanciation, en toute circonstance, par rapport aux généralités creuses, aux préjugés ou aux leurres d'un comportement interprétatif non-éprouvé (par exemple la dénonciation du préjugé fondamentaliste et éternitariste : « Platon n'est pas le philosophe de la grande période athénienne. L'inauguration de cette philosophie est contemporaine d'une récession de l'histoire » p. 15)[4].

Chez Platon le conservatisme, le misonéisme et l'impulsion réformatrice coexistent. Autrement dit, Platon innove, hérite et transforme en toutes circonstances. Dans son approche culturelle, connaissance et langage, art et morale, science et technique, géométrie et politique, beaux-arts et philosophie esquissent des synthèses. La relation entre l'ancien et le nouveau est fondamentale[5]. Le passé et le présent, l'archaïque et le futur se superposent ou s'acheminent ensemble. Nous en avons un aperçu révélateur dans l'attitude positive de Platon à l'égard de l'art égyptien. Cette démarche archéologique n'est pas irréfléchie : Platon « archaïse » pour affronter des modes d'à présent et des réalités cruciales. « Mais, dans le débat entre le passé et le présent, Platon se réclame moins des anciens qu'il ne s'oppose aux modernes, construisant en quelque sorte son retour au passé sur un dépassement du présent. A propos du langage ou de l'art, de la connaissance ou du droit, le détour par le passé est destiné à résoudre les aspects différents d'une crise et à préparer l'actualité d'une philosophie sans précédent » (p. 94).

Dans ce contexte, nous distinguons :

a) le rôle fonctionnel de la coexistence de l'étymologie, par le biais d'un retour aux archaïsmes et des néologismes (l'étymologie indique que des mots se cachent sous les mots et recèlent les définitions des choses ; le néologisme, quant à lui, présuppose un plus grand respect pour les choses que pour les mots),
b) les invocations de religiosité socratique (euphémisme, palinodie) et le vocabulaire sur les essences (catégorie du neutre),
c) la double orientation vers une théologie archaïsante et vers une eïdétique nouvelle, qui révèle la coexistence des termes : « theion » (divin) et « on » (être),
d) l'héritage du puritanisme archaïque et sa transformation en une conception

scientifique,

e) l'évolution d'une croyance archaïque en une vie après la mort, pour arriver à la séparation de l'âme et du corps ; à noter également l'évolution des pratiques du deuil vers la problématique de la mort. Dans le *Phédon,* l'antique *logos* traitant de la vie et de la mort s'associe à une anthropologie et à une gnoséologie nouvelles. Dans le *Banquet,* les traits archaïques de Socrate « s'inscrivent dans le projet d'une dialectique inédite ». Citons encore un exemple de comportement face à l'ancien et au nouveau : l'attitude de Platon à l'égard du parricide. Platon le condamne dans *La République* (529b), mais reconnaît néanmoins dans *Le Sophiste* que toute révolution spirituelle exige le parricide (241d). En outre, le projet platonicien de la communauté englobe l'ancien (le modèle archaïque du *génos* grec, la légende de la Terre-mère, et des hommes *gêgéneis*) ainsi que les us et coutumes communautaires puisés aux sources ethnographiques (p. 348). Dans l'interprétation de Henri Joly, l'esprit platonicien s'avère, non pas celui d'un échange mais celui d'une réconciliation entre l'ancien et le nouveau comme entre l'étranger et le grec – en privilégiant toujours le meilleur.

A l'instar du dualisme qui fonctionne synthétiquement (ex. passé-présent), l'emploi du réel se fait globalement, d'où rien ne se perd : à preuve l'emploi pédagogique du sensible, la génétique de la production de la vérité dans la dynamique de la démonstration du connu à l'inconnu (p. 251 sq).

Toute l'étude de Henri Joly est une analyse de Platon en termes de contraires dualistes ; les données ne sont pas considérées comme étant plus importantes que le contenu auquel elles appartiennent.

Dès le départ, l'histoire est placée à l'école de la philosophie. A titre d'exemple, citons l'histoire du neutre, qui est examinée structuralement, en corrélation avec la mentalité indo-européenne et grecque, des Pré-Socratiques jusqu'à Platon, en tant qu'évolution culturelle qui trouve ses échos dans le vocabulaire. Henri Joly se focalise sur le sens historique, au delà des textes, de certains paradigmes : par exemple, la mathématisation des formes supérieures de l'art (p. 266). Il constate maintes fois que les textes platoniciens ne se suffisent pas à eux-mêmes. Ainsi, par exemple, puisque les textes sur la métrétique ne suffisent point, le problème du *métrion (Le Politique)* est éclairci dans le cadre de cette étude, au moyen de références à l'architecture (cf. p. 270).

Henri Joly sollicite une relecture, à tous égards, de Platon, à la lumière d'un mode philosophique actuel. Circonspect sur les analogies[6] qui préservent des dangers de l'anachronisme, il explique l'émergence de la philosophie platonicienne en évoquant une situation de crise de la philosophie similaire à la crise husserlienne. Il définit, à l'aide d'une terminologie contemporaine, les correspondances entre le renversement platonicien et le renversement épistémologique moderne. Cette alternance d'un champ conceptuel à l'autre indique que la notion de crise est un élément central de la compréhension de la philosophie. Cette notion n'« historifie » pas l'œuvre platonicienne et c'est justement le point qui revêt de l'intérêt pour l'homme moderne. En effet, il coïncide avec une situation diachronique des choses : le principe général de la *païdeia* (éducation) est l'élément conjonctif et « tout juste discours sur l'éducation » (*Lois* 654e) sera toujours un discours de thérapie de la crise.

La première partie du livre (jusqu'à la page 95) est une analyse programmatique de la triple thématique. Suit une recherche qui oppose divers commentateurs ; au sein de cette partie, les thèmes s'agencent avec les textes et ceux-ci sont analysés dans leurs structures. Aucun terme n'a de sens s'il est appréhendé isolément. Les concepts sont investis d'une signification par leur appartenance à des antithèses sémantiques : au moyen de la classification des contraires, une charge sémantique d'une grande variété est ainsi proposée ; autrement dit, il s'agit d'un ordre stratigraphique de la théorie platonicienne du langage, de la science et de la Cité.

Dans la première section de la première partie, la crise du langage fait l'objet d'une étude, en corrélation avec l'art, par le biais de la catégorie de l'imitation. L'archaïsme esthétique de Platon (égyptomanie) a trait à la théorie du langage : la peinture du portrait, à travers le dualisme de l'original et de la copie, s'offre à la théorie des noms, qui trouve son fondement dans le paradigme pictural de l'image (p. 38). Il est démontré de la sorte que, chez Platon, il n'y a guère de place pour une théorie esthétique et que dans l'art une fonction imitatrice s'impose. Néanmoins, l'enseignement platonicien de l'art est pédagogique : tout comme le rôle du mot est ailleurs que dans le mot, le rôle de l'art est extérieur à l'art, la théorie des beaux-arts est orientée vers la vertu (p. 40). Henri Joly perçoit chez Platon un mode de structure génétique et cela contrairement à ce dont on a l'habitude ; dans la relation art-philosophie, il décèle le passage du concret au métaphorique.

Or, pour parvenir à une interprétation de la connaissance et de la *praxis* (action), il ne suffit pas d'étudier la *mimésis.* C'est la raison pour laquelle Henri Joly avance la notion de *catharsis* (pureté). Dans le chapitre intitulé « L'archaïsme du connaître et le puritanisme », il sonde la polysémie de la *catharsis,* afin de faire apparaître que, dans le devenir sémantique de la notion de *catharsis,* la pensée platonicienne est l'étape où s'accomplit le passage d'une considération anthropologique à un regard scientifique. L'épistémologie de la *catharsis* est analysée en trois moments et toujours en référence à la notion de l'*alétheia* (vérité) : pureté sans mélange dans le *Phédon,* pureté en vue du mélange dans le *Philèbe,* art discriminatoire dans *Le Sophiste.*

Il nous semble opportun, ici, d'attirer l'attention sur deux points intéressants. A propos du « pari » socratique du *Phédon,* Henri Joly émet trois observations extrêmement pertinentes concernant l'étude de J. Salviat « Risque et Mythe dans le Phédon » (*Revue des Études Grecques,* 1965). A travers ces observations, il est clairement fait état de l'écart qui existe entre la position socratique et la position pascalienne. Nous estimons que l'étude d'un autre principe, à savoir le principe de la hiérarchie, aurait pu également conduire aux mêmes conclusions. Le *Phédon* semble particulièrement approprié à cet égard, grâce à son vocabulaire caractéristique sur la valeur.

Le second élément qui mérite que l'on s'y attarde, porte sur une remarque de Henri Joly, qui vient étayer nos précédentes appréciations sur le caractère structural de son étude. Il écrit à propos de la notion de *catharsis* chez Platon : « Mais ce schéma « évolutif » est, à vrai dire, trop simple ou trop simplifié, car Platon n'adopte pas plus le parti de la science pour la science que celui de l'art pour l'art ; même au point d'arrivée, la nouvelle épistémologie de la pureté fait encore signe à l'ancienne anthropologie de la purification et le choix de la science est inséparable d'un contexte plus vaste où il prend sens par rapport au choix de la vie » (p. 75).

De toutes les interprétations exposées synoptiquement dans l'ouvrage, nous citerons celles qui correspondent à des problèmes fondamentaux du platonisme.

Dans le chapitre intitulé « Le Langage et la Connaissance », le point de vue selon lequel la « contemplation » est une extase (Festugière) et celui qui allègue que, chez Platon, l'être se sépare du dire (Ricœur) sont qualifiés de déviations vers le néoplatonisme (p. 98). La théorie platonicienne des Idées, en tant que théorie de l'intelligible, présente une plus grande relation avec l'eïditique husserlienne. Henri Joly soutient que, chez Platon, il s'agit d'une relation et non d'une fusion. De surcroît, l'interprète utilise également le principe de l'opposition, la différence entre le parlé et l'écrit, pour affirmer que la réelle coupure chez Platon ne traverse pas la connaissance et le langage, mais les diverses formes du langage écrit et les différents niveaux de la connaissance (p. 104). Il exprime sa divergence vis-à-vis d'une lecture méta-linguistique de la connaissance platonicienne, en analysant le *Cratyle,* qu'il relie aux propos relatifs à la « misologie » et à la « philologie », exposés dans le *Phédon* et dans le *Théétète.*

Dans le cadre de ses investigations sur le problème du langage écrit et parlé, Henri Joly se réfère initialement au *Ménéxène* et à l'*Apologie ;* il établit que le Socrate platonicien oppose à la rhétorique d'écriture et de mendacité la rhétorique du langage parlé et de la véracité. Or le thème du langage écrit et parlé – plus globalement le choix dualiste – est, dans Platon, une preuve de réflexion non dichotomique, autrement dit de comportement axiothéorique. Platon ne souscrit pas à la négation ou à la surestimation (de l'écriture ou du langage parlé par exemple), mais adhère au choix du meilleur. La condamnation n'est pas liée à la propriété intrinsèque de l'écriture, mais à la place de l'écriture dans le système de la sémantique du meilleur ou du vrai. L'écriture (arguments de la drogue, de la peinture, du jardinage) n'est pas décriée ; la dénonciation, en tant que telle, vise plutôt les imperfections de l'écriture et du langage parlé, où la véridicité n'a pas la priorité (impéralisme de la rhétorique, esprit encyclopédique de la Sophistique)[7].

A cet égard, nous pourrions remarquer que, de façon plus générale, nous disposons, à titre d'auxiliaire, de la confirmation platonicienne quant au détachement du bien et du mal par rapport aux choses, et à leur rattachement à la *praxis* (le *Banquet,* 183d).

Au demeurant, nous notons que Henri Joly utilise ici les prises de position (linguistiques et sociologiques) de commentateurs contemporains (Derrida, Todorov, Vernant).

Puisant dans le *Cratyle* et dans *Le Sophiste,* il fait apparaître la crise de la vérité comme une crise qui éclot à l'intérieur du langage. Dans le *Sophiste,* le problème concerne désormais la relation *logos*-essence. La logique du langage – pour reprendre les propos de Husserl sur Platon – naît d'une réaction. Ainsi, derrière la dénonciation dirigée contre les Sophistes, couve la dénonciation platonicienne d'une crise totale du discours (p. 177). La solution platonicienne propose, par le biais des règles de la *symplokè* opposées aux extrêmismes, la théorie de la conséquence de ce qui est dit avec ce qui est.

La notion de vérité prise en tant que réalité est également reliée à la notion platonicienne de la présence, qui est examinée dans la problématique du *« sémeion ».* La sémantique platonicienne se réfère à l'être et non au sens. « ... la nature du *σημεῖον est d'être un indicatif* de la chose et sa fonction ne peut être conçue que comme une fonction de *vérité* » (p. 186).

L'aspiration de Henri Joly dans son étude des relations entre l'*épistémè* et la *technè,* est de parvenir à une vérification du principe du *déon* (convenable) et à une analyse de la technique de la métavaleur-métacréation chez Platon. La crise que l'*aisthésis* (sensation) occasionne à l'*épistémè,* ou l'*alogia* au *logos* et l'*empeiria* à la *techné* est résolue chez Platon non par un comportement polarisateur, mais par un remaniement axiologique. Le commentateur examine, en empruntant la méthode de l'archéologue, la création, la médecine, la cuisine. Il met en évidence dans le même temps le renversement décisif de tous ces termes sémantiques dans le platonisme ainsi que leur appréhension platonicienne, positive et négative.

Un examen de la technique chez Platon conduit Henri Joly, en dépit des interprétations contraires déjà existantes, à la conclusion qu'il existe chez Platon divers degrés d'un rationalisme hiérarchisé. *Épistémè* et *technè* ne sont ni séparés ni séparables, mais se trouvent à des niveaux hiérarchiques différents[8].

Au travers d'une analyse approfondie des notions d'*épistémè* et d'art, l'auteur décèle les dominantes d'un rationalisme généralisé et met le doigt sur la crise de la connaissance et du pouvoir humains, ainsi que sur leur solution. Dans Platon, la rationalisation géométrique du réel et la réalisation métrétique du rationnel instaurent une nouvelle rationalité (p. 271).

Henri Joly soutient avec force que la méthode platonicienne est bien plus redevable à la géométrie, que ne saurait l'accepter une interprétation exagérément axiologique de l'« Anhypothétique », ou une interprétation de la « contemplation » exclusivement visionnaire. La théorie des « passages » de la connaissance dans le mythe de la Caverne, où les reflets sont des « intermédiaires obligés » et des instruments de savoir indirect, vient étayer un commentaire dialectique et dynamique du dualisme (p. 200). En outre, les recherches spéculatives de Platon énoncent, comme l'indique la recherche de l'« irrationnel », une nouvelle épistémologie : elles rationalisent géométriquement tout ce qui n'était que, numériquement, dénué de raison ; dans le même temps, elles purifient le miracle de l'étonnement, convertissent la pathologie en épistémologie, la passion de la conscience humaine en curiosité intellectuelle scientifique, qui est le propre du philosophe. A l'instar des ordres de grandeur (avec l'apparition de la grandeur géométrique continue au lieu de l'espace discontinu des nombres) les valeurs et les essences sont saisies dans les systèmes de leur sémantique, dans le réseau de leurs rapports de grandeur « indépendamment duquel elles ne sauraient 'valoir' ni 'signifier' (p. 206).

L'artisanat et la médecine sont considérés par Henri Joly comme des modèles de la pensée politique de Platon ; il constate, du reste, que le rationalisme scientifique et technique est approprié pour promouvoir une conversion psychique vers le meilleur. Bien entendu, ces modèles mènent, en fin de compte, à la constitution de la philosophie politique platonicienne, uniquement à travers un processus analogique, car ils sont liés à la partie matérielle et sensible de la réalité. Ainsi, il apparaît clairement que les concepts mathématiques d'égalité, de similitude et de symétrie, de même que les techniques mathématiques, fonctionnent plus efficacement dans cette constitution. L'interprétation, selon laquelle la dialectique platonicienne est l'art du discours, trouve ses assises dans l'étude des textes méthodologiques qui exposent une théorie, ainsi que dans les textes méthodiques qui présentent la dialectique dans la *praxis*. Ce point de vue, à l'encontre des interprétations « mystiques » de la contemplation platonicienne, révèle que la vision est liée à l'œuvre du *logos*.

Le refus de Henri Joly d'admettre que Platon se borne à appliquer le monde des Idées sur l'histoire et à projeter en tous lieux le paradigme du Bien[9], fournit un exemple supplémentaire d'interprétation rationnelle du platonisme. Henri Joly met l'accent sur un Platon minutieux, observateur du matériau ethnographique et juridique. De même, il perçoit le projet platonicien de la cité (sans le verser au dossier de l'utopie) à travers son sens esthétique et scientifique (cf. p. 275).

Une compréhension structurale du discours sur la cité platonicienne – illustrée par l'analyse des thèmes de la politique et de l'économie – est articulée à la triple crise de la production, de la population et des institutions chez Platon. La crise de la Cité est résolue une fois dégagée la structure à laquelle elle vient s'incorporer ; ainsi, elle apparaît comme crise de la production liée à la crise de la population, puis comme distinction liée à la richesse par rapport à la crise des institutions, enfin, comme déchéance d'un mode de comportement traditionnel du citoyen.

Un certain nombre de thèmes intéressants qui, lorsqu'on les aborde, soulignent le caractère géométrique et synthétique de la pensée de Platon, sont examinés dans la problématique de la Cité platonicienne. Ces thèmes portent sur les notions d'égalité (pp. 315-320), de similitude ; celle-ci, contrairement aux interprétations et commentaires qui emploient ce terme uniquement dans le sens que nous lui donnons aujourd'hui dans la langue grecque moderne, revêt, grâce à Henri Joly, son sens mathématique (p. 359) d'analogie. De plus, ces thèmes touchent le problème de l'utopie (p. 312), étudié sous l'angle-clé des catégories visible-invisible, pour être, à travers les caractéristiques de la vie et du mouvement, présentée comme une dramatisation de la théorie (p. 330). Enfin, certains thèmes se réfèrent au rêve, au mythe et au jeu. « La raison grecque n'est ni théorique, ni pure au sens où nous pourrions l'entendre ... la raison platonicienne, la raison grecque n'est pas faite que de raison ... le logos platonicien utilise ... le rêve, le récit, le jeu ; pour Platon, penser ce n'est pas seulement penser, mais c'est aussi rêver, raconter et jouer » (p. 339).

Enfin, nous noterons deux conclusions qui s'apparentent de par l'esprit de leurs interprétations. La première fait allusion à la jonction idéalisme-mathématisme dans Platon : « « l'essence » en son identité joue, par rapport aux choses qui y « participent », *le même rôle* que la *« forme »* géométrique *qui se retrouve identiquement* dans les *« figures »* semblables. Sous cet aspect, l'« idéalisme » platonicien renvoie au mathématisme qui le motive et qui le fonde. Cet « idéalisme » devrait en conséquence être défini comme une *philosophie de la forme inséparable d'une épistémologie de la similitude,* toutes deux adossées à la commune structure de la *permanence d'un invariant* dans *l'infini de ses variations* » (p. 359, note 136).

La seconde conclusion vient clore l'étude sur le triple renversement platonicien : « Aux frontières de ce rationalisme généralisé et hiérarchisé qui fait le sens de la philosophie platonicienne, l'accidentel, l'individuel et le temporel s'articulent entre eux pour composer avec le « non-sens de l'histoire », le sens d'un nouveau tragique » (p. 373).

# NOTES

1. « Aéirhéitê... haïrétê » (en grec), *Parnassos,* 1Z, 2 (1975).
2. V. Platon, *La République,* 435a.
3. *La Notion de l'Un Absolu chez Platon et Plotin* (thèse de Doctorat, Grenoble, 1968, et sous forme synoptique, dans les volumes 2 et 3 de la revue *Philosophia*).
4. L'auteur renvoie aux ouvrages : J. de Romilly, *Thucydide et l'impérialisme athénien,* Paris, 1947, Cl. Mossé, *La fin de la démocratie athénienne,* PUF, 1962. Nous ajoutons ici l'ouvrage de I.N. Théodorakopoulos, *Introduction à Platon,* 1970, p. 30, p. 77. Henri Joly lui-même récuse l'univocité dans l'interprétation des conceptions antérieures à Platon (par exemple, les généalogies d'Hésiode qui revêtent un intérêt non seulement théologique, mais aussi sociologique, ou bien le mythe d'Œdipe qui donne lieu à des interprétations psychanalytiques, anthropologiques, voire sociologiques et politiques.
5. Le néo-platonicien G. Marcel a choisi de nos jours un nouveau point de départ – l'actualité de la pensée morale platonicienne s'y prêtait – pour soutenir la transcendance des catégories du jadis et du maintenant, dans la catégorie des choses spirituelles. V. Anna Kélessidou, *La psychagogie platonicienne dans la pensée contemporaine,* « Philosophie » 4 (1974), pp. 387-414. Cf. également *Des êtres à l'Etre. Aristote, G. Marcel,* Congrès International sur Aristote, Thessalonique, août 1978 (en grec).
6. « Il est sans doute indispensable de se prémunir contre les erreurs de la « projection », car les structures anciennes de pensée et de langage sont autres que les nôtres. Mais il convient de ne pas répéter ces mêmes erreurs, en admettant, plus ou moins explicitement, que le fait qu'elles ne sont pas nôtres ou précèdent les nôtres, épuise le sens de ce qu'elles sont. Déceler une absence, relever un manque ou un défaut et établir, par jeu de préfixes, une démarcation, cela revient à substituer à l'analyse structurale véritable ce que nous avons appelé une analyse négative et privative, qui projette d'autant plus insidieusement l'actuel sur l'ancien ... qu'elle est victime de l'illusion du progrès » (pp. 216-217).
7. Dans le *Cratyle,* le *Phèdre,* et le *Théétète,* Henri Joly examine des thèmes fondamentaux de la théorie platonicienne du langage, tels que le phénomène de la polyonomie, de l'homonymie et la règle de la division. La notion de la hiérarchie est le principal résultat de cette recherche : la crise du langage commence à approcher de sa fin avec la hiérarchie entre la chose, le discours et le mot. « Ce qui règle la technique dialectique est... la hiérarchie qui établit la précédence de la vérité sur le discours et celle du discours sur le mot » (p. 170).
8. Cf. ce qui est relatif aux thèmes : sciences et techniques d'objets, distinction des arts et des métiers, sciences et techniques du corps ; les modèles médicaux et culinaires, technicité des mathématiques (représentation).
9. C'est le point de vue de V. Goldschmidt, *Le paradigme dans la théorie platonicienne de l'action,* p. 80.

*Philippe LACOUE-LABARTHE*
*Université de Strasbourg*

# POÉSIE, PHILOSOPHIE, POLITIQUE

**In memoriam Henri Joly ***

*Rien de lui ne s'est évanoui ;*
*Mais la mer l'a transfiguré*
*En quelque chose de riche et d'étrange.*

(Mary Shelley : Épitaphe de Shelley).

La poésie doit-elle cesser d'intéresser la philosophie ? Faut-il – nécessité ou impératif –, faut-il trancher le lien qui depuis deux siècles maintenant unit en Europe la philosophie, du moins celle qui s'étonne de son origine et s'inquiète de sa possibilité, et la poésie, du moins celle qui se reconnaît une vocation à la pensée et qu'habite aussi une inquiétude sur sa destination ? Faut-il – nécessité ou impératif – que la philosophie cesse d'être en désir de la poésie et qu'inversement, car il y a bien ici réciprocité, la poésie fasse son deuil de tout espoir de proférer le vrai, et renonce ?

Une telle question ne se poserait peut-être pas, ou se poserait autrement, si Alain Badiou, récemment, n'en avait fait l'enjeu même du philosopher – de la possibilité du philosopher – aujourd'hui. Dans *L'être et l'événement*, mais surtout, de manière plus consice et coupante, dans son *Manifeste pour la philosophie* – un titre tout de même très décidé –, Badiou décèle la fin de « l'âge des

* Dans une première version, ces pages ont fait l'objet d'une communication à l'Université de Genève, sur l'invitation du Département de Littérature française en décembre 1988 : elles étaient, en ce lieu, bien entendu dédiées à la mémoire d'Henri Joly. Ma dernière rencontre avec Henri Joly date du mois d'avril précédent, à Grenoble : Henri Joly avait animé un débat, auquel je participais, sur ce qu'il était convenu d'appeler alors « l'affaire Heidegger ». Nous avions dans la soirée de nouveau évoqué ces questions. Nous nous étions promis d'en reparler.

poètes » et assigne comme tâche propre à la philosophie, se ressaisissant comme telle, de se détourner du Poème pour se vouer, selon son initiale vocation, au Mathème. La thèse, moins simple qu'il n'y paraît si on la réduit à ces quelques mots, impressionne néanmoins par son caractère entier, son assurance, la brutalité du renversement qu'elle opère vis-à-vis d'une tradition qu'Alain Badiou est le dernier à méconnaître – et où au demeurant il m'inscrit, avec quelques autres. Je la crois cependant « discutable ». Cela veut dire tout d'abord que j'ai pensé nécessaire – et impératif – de la soumettre, avec son auteur même, à la discussion. En plusieurs circonstances. (Et dans ces discussions, je dois le dire, il y allait de l'estime où je tiens cette pensée). Mais cela veut dire également que malgré ces discussions, ou à cause d'elles, cette thèse, je ne la crois pas juste, tout au moins dans les termes où elle s'énonce. Au sens de la justesse et à celui de la justice. C'est pourquoi je voudrais m'en expliquer devant vous : il me semble que c'est aujourd'hui nécessaire, ou plutôt impératif. Les enjeux, comme le sait en effet Badiou, sont immenses : ne s'engage pas moins là que la possibilité même, peut-être en exclusion réciproque, de la poésie, de la philosophie et de la politique. Au moins tel est le legs, plus que difficile à assumer, que nous a transmis Heidegger. Et là, j'en suis d'accord avec Badiou, il est inévitable de prendre position.

Pour que les choses soient claires et les enjeux bien définis, je voudrais tout d'abord rappeler, brièvement mais le plus fidèlement possible, la thèse de Badiou. Et son entreprise.

L'entreprise de Badiou, de fait, se rassemble dans l'intention de rendre la philosophie à nouveau possible, en franchissant un pas au-delà de la déclaration de sa fin ou de la désignation (et de l'arpentage) de sa clôture. Cette intention, de manière tout à fait explicite, se donne comme la répétition du geste (fondateur) de Platon : il faut recommencer Platon – nécessité ou impératif –. Et par conséquent, à l'égard de la poésie, il faut répéter le geste, lui-même également fondateur, de la répudiation et de l'exclusion. Comme le dit Jacques Rancière : « *L'être et l'événement* appelle explicitement à une reprise du geste platonicien : congédier les poètes pour que la philosophie puisse soutenir une politique du vrai ». Formule que je souligne parce qu'elle associe, probablement plus à la manière de Platon qu'à celle de Badiou lui-même, poésie, philosophie et politique.

Si je reprends le lexique de Badiou, il s'agit donc de « désuturer » la philosophie de sa condition (exclusivement) poétique, qui n'est que l'une des quatre conditions (avec l'amour, la science et la politique) qui composent le champ complet des « procédures génériques » d'où la philosophie prend origine. Par voie de conséquence, il s'agit de mettre fin – ou de reconnaître la fin – de cet âge (le XIXe siècle, si on le fait aller jusqu'en 1945, voire au-delà) où la philosophie, pour se désuturer de sa condition exclusivement scientifique (le positivisme) ou exclusivement politique (Marx, les totalitarismes), s'est « livrée » au Poème. De Nietzsche à Heidegger, dit Badiou. (Mais je reviendrai sur cette périodisation. Et je note simplement que Badiou prend suffisamment Heidegger au sérieux pour affirmer qu'il y a là, dans cette désuturation, l'« enjeu principal » et la « difficulté suprême ». Aujourd'hui).

C'est sur ce fond que Badiou définit, en mode finalement heideggérien, l'âge des poètes, de Hölderlin à Celan, comme cet âge où la poésie, contre la défaillance coupable de la philosophie, s'est faite œuvre de pensée et a occupé ce « lieu de la langue où s'exerce une proposition sur l'être et le temps », renversant ainsi, comme le disait Nietzsche, le sens de la rivalité platonicienne. La poésie, donc, pour suppléer à la philosophie. Or cet âge est révolu. Comme le pose le *Manifeste :* « L'œuvre de Paul Celan énonce, en bord terminal, et de l'intérieur de la poésie, la fin de l'âge des poètes. Celan achève Hölderlin ». C'est pourquoi, dans l'ordre des événements qui rendent aujourd'hui nécessaire la désuturation de la philosophie à l'une (seulement) de ses conditions – et il faut prendre ici « événement » au sens où l'entend Badiou : l'avoir-lieu de ce-qui-n'est-pas-l'être-en-tant-qu'être, de l'ordre du supplément ou du surnuméraire (puisque la mathématique est la science de l'être-en-tant-qu'être), soustrait par conséquent au savoir, indécidable ou indiscernable, rebelle à toute présentation et se laissant pourtant penser comme une vérité, en acte et après coup, requérant ainsi intervention et fidélité –, dans l'ordre des événements, donc, qui obligent à la désuturation unilatérale de la philosophie, l'œuvre de Celan est l'événement qui donne à penser la nécessaire désuturation de la philosophie au Poème. C'est en ce sens que Badiou interprète la rencontre de Celan et de Heidegger, « épisode quasi mythique de notre époque », où le poète est renvoyé – par le philosophe du Poème – à la solitude de la poésie.

Telle est donc la thèse, dans sa plus grande généralité. Mon intention n'est en aucune façon de l'incriminer simplement. Elle repose de toute manière sur des attendus d'une telle ampleur (concernant l'ontologie et l'essence de la philosophie, l'invention grecque du Mathème, le platonisme et le sens de l'antiplatonisme moderne, l'histoire de l'être, la transformation des mathématiques modernes, etc.) qu'il y faudrait toute une longue démonstration que je n'aurais pas le temps de mener à bien ici. Je voudrais juste articuler deux ou trois questions, qui du reste vont nous introduire au propos que je vais essayer de tenir.

Je me demande tout d'abord si, de même qu'on peut former le soupçon (dans lequel je ne veux pas entrer) que Badiou s'adosse à un concept trop restreint de la philosophie – sa définition platonicienne ou, cela revient au même, ce qui réserve l'ontologie, le mode de pensée proprement occidental, aux mathématiques –, refusant par là, sur un point essentiel, la détermination heideggérienne de la philosophie (de la métaphysique) et contestant par voie de conséquence la déclaration de sa « fin », de même on ne doit pas s'étonner que Badiou fasse fond sur une délimitation relativement étroite de la poésie. Je pense en particulier à la liste, dont Badiou prend grand soin d'indiquer qu'elle ne constitue aucune sorte de palmarès, des poètes de « l'âge des poètes » : Hölderlin, puis tous ceux, dit Badiou, qui sont postérieurs à la Commune : Mallarmé, Rimbaud, Trakl, Pessoa, Mandelstam, Celan. Encore que prenant référence inaugurale à Hölderlin, cette liste n'est évidemment pas heideggérienne : il y manque George et Rilke, voire Gœthe ou Mörike. Mais les Grecs aussi bien, surtout Sophocle, pour autant que Heidegger n'aurait pas reconnu pareille définition de « l'âge des poètes ». Ou lui aurait donné une tout autre extension, c'est-à-dire une tout autre scansion. Mais je vois également que Celan, pour sa part, aurait ajouté Büchner (« Le méridien » est à ce sujet très net) ; et Hölderlin, probablement, Rousseau – du moins le Rousseau des *Rêveries*, qu'on peut bien en effet considérer comme le coup d'envoi du lyrisme moderne. Cela ne ferait aucune sorte d'argument, si ne s'indiquait ainsi tout l'enjeu de l'Idée de la poésie comme prose, tel que l'a dégagée Benjamin de sa lecture de Hölderlin et du romantisme d'Iena. Et il y a là, j'essaierai de l'indiquer, un enjeu philosophique – c'est-à-dire politique – immense.

Cette première question – c'est une vraie question, pas une objection – communique avec une deuxième. Alain Badiou écrit dans le *Manifeste* ceci :

> « Toute suture est une exagération, car comme je l'ai répété avec Heidegger, la philosophie aggrave les problèmes. Suturée à une de ses conditions, elle lui prête des vertus que, de l'intérieur de l'exercice de cette condition, on ne saurait apercevoir. En isolant le poème comme figure unique de la pensée et du risque, comme instance destinale de la détresse et du salut ; en allant jusqu'à envisager, à la suite de René Char, un « pouvoir des poètes et des penseurs », Heidegger a excédé la juridiction poétique, qui, sauf quand elle « prend la pose », ce qui est hélas le cas de Char plus souvent qu'à son tour, ne légifère pas sur une telle unicité, et traite en particulier le mathème – mais aussi la politique et l'amour – d'un tout autre biais. Il n'a pas fait mieux au regard du poème que ceux – j'en fus – qui absolutisèrent philosophiquement la politique de l'intérieur de la suture marxiste, bien au-delà de ce que la politique *réelle* était en état d'énoncer sur elle-même » (p. 57).

La question que je me pose ici est de savoir si cette absolutisation, en mode philosophique, de la poésie – compte non tenu de la « pose » (à la Char, mais aussi à la Rilke, à la George, et combien d'autres) – n'a pas sa raison ailleurs que dans la seule poésie. Je n'indique rien ici en direction de la détresse propre à la philosophie, au moins vis-à-vis de la science (mais non pas, comme le suggère

Badiou, vis-à-vis de la politique). Il me semble plutôt que si une telle absolutisation a pu se faire, et elle s'est indéniablement faite, c'est sur le fond d'une relation de la philosophie, non pas à la poésie elle-même, si quelque chose de tel se laisse isoler, mais à la provenance supposée de la poésie ou à son élément natif – son origine et son essence : à savoir, c'est du moins l'hypothèse sur laquelle je me réglerai, le *mythe,* avec toutes les connotations religieuses, sacrées, sacralisantes – mais aussi très largement « politiques » – que ce mot implique.

Il me reste enfin une dernière question. Parce qu'il crédite la pensée de Heidegger d'avoir été jusqu'à aujourd'hui « la seule à capter ce qui était en jeu dans le poème, nommément la destitution du fétichisme de l'objet [ce qui implique pour Badiou la légitime « déconstruction du thème du sujet »], l'opposition de la vérité au savoir, et finalement la désorientation essentielle de notre époque », Alain Badiou, s'agissant du lien qui se noue, au titre de la suture au Poème, entre poésie et politique, fait remarquer deux choses :

1. que le « coup de génie » de Heidegger – l'expression est de Badiou – a été, entre autres, « de parvenir (...) au point où il est possible de *livrer la philosophie à la poésie.* Cette suture apparaît comme une garantie de force, car *il est vrai* qu'il y a eu un âge des poètes. L'existence des poètes a donné à la pensée de Heidegger, sans elle aporétique et désespérée, le sol d'historicité, d'effectivité, apte à lui conférer – dès lors que le mirage d'une historicité politique s'était concrétisé et dissous dans l'horreur nazie – ce qui devait être son unique occurrence réelle » (p. 54).

2. à propos de la rencontre de Celan et de Heidegger, que « la question de Heidegger 'pourquoi des poètes ?' peut devenir, pour le poète 'pourquoi des philosophes ?', et que si la réponse à cette question est 'pour qu'il y ait des poètes', on redouble la solitude du poète, dont l'œuvre de Celan fait événement d'avoir poétiquement demandé qu'on la relève ». Et Badiou ajoute : « Comment Heidegger pouvait-il briser le miroir du poème – ce que fait à sa façon la poésie de Celan –, lui qui n'a pas cru pouvoir élucider, dans l'ordre des conditions politiques, son propre engagement national-socialiste ? Ce silence, outre qu'il offensait de la façon la plus grave le poète juif, était aussi une irrémédiable carence philosophique, parce qu'il portait à son comble, et jusqu'à l'intolérable, les effets réducteurs et néantisants de la suture. Celan a pu là expérimenter ce que donnait, en bout de course, le fétichisme philosophique du poème ».

Dans ces deux remarques – où, au demeurant il me semble que Badiou accorde beaucoup à Heidegger, lequel n'a pas cru ne pas *pouvoir* élucider, dans l'ordre des conditions politiques, son propre engagement politique, mais n'a pas estimé tout simplement le *devoir* ou *y être tenu* –, dans ces deux remarques, donc, Badiou fait plus qu'incriminer seulement la suturation philosophique au Poème. Il incrimine, je n'ose pas dire : la suturation au politique de la suturation philosophique au Poème. C'est pour ma part ce que je penserais, ou tout au moins c'est là que je voudrais faire porter ma question. Mais il incrimine tout de même l'effet – ou le sens – politique de la suturation poétique.

Tel est donc ce que je voudrais remettre en jeu ici, ce lien de la poésie, de la philosophie et de la politique. Non pour mettre en cause le concept de suture, ou de suturation : je le crois opérant. Mais parce qu'il me semble que la suturation au Poème, telle que l'analyse Badiou, comme aussi bien la désuturation (par exemple platonicienne), ne concerne pas exactement la poésie, et surtout pas la poésie dans son exigence proprement moderne. Il y a là, si l'on veut, une sorte de malentendu, qui porte sur la poésie, c'est certain, mais également sur la politique – ou tout au moins sur un type déterminé de politique, voire un style, auquel la philosophie dont se démarque Badiou n'est pas étrangère.

Ce malentendu, j'y ai déjà fait allusion, on peut le désigner d'un mot : le mythe. La suturation, en réalité, ne se ferait pas ou ne se serait pas faite au Poème mais au Mythème. Et c'est de là que se serait engagée une certaine politique en effet très déterminée. C'est du moins ce que j'aimerais montrer. Mais on voit aussitôt l'ampleur de l'analyse qu'il faudrait conduire. C'est pourquoi je me contenterai d'énoncer quelques propositions, que j'espère pas trop sèches ou rigides mais qui resteront, c'est obligé, un peu elliptiques. Ou pragmatiques.

La première énonce que le destin qui a rapporté l'une à l'autre et aux autres, sur un mode essentiel, poésie, philosophie et politique, s'est noué deux fois dans notre histoire ou notre tradition et que, chaque fois, il y est allé de la philosophie dans sa possibilité même. Une première fois, ce n'est pas moins que lors de l'inauguration de la philosophie proprement dite ; une deuxième fois, c'est lorsque s'est entamé, sans doute irréversiblement, le processus d'achèvement – en tous sens – de la philosophie.

Si je restreins par conséquent toute cette longue histoire et son immense complexité à ces deux moments – où l'entrée en rapport, à mon sens, s'est faite sur un mode essentiel –, c'est parce que je crois pouvoir repérer dans les deux cas que si la poésie, elle-même dans un rapport déjà établi avec la chose politique, survient à la philosophie comme une *question* – ce qui, déjà, n'est pas rien –, cette question, peut-être tout à fait primitive, est tout simplement pour la philosophie celle de sa propre chance – de vie ou de survie –, en tant du reste que cette vie (ou cette survie) est à son tour liée à l'assurance d'une position hégémonique au sein du politique.

Ce qui permet de formuler cette thèse – un peu massive, je le concède –, c'est évidemment le texte platonicien ; mais c'est également la répétition, une certaine répétition, dans le discours hégélien, de la « scène » qu'avait léguée Platon à la postérité – répétition où s'indique que le destin dont je parle est en train de se nouer une deuxième fois, même si c'est de manière toute différente.

Je vais m'en tenir, sur Platon, à quelques rappels. Malgré tout, je les crois nécessaires ; et ils me permettront d'articuler une deuxième proposition.

Tout le monde a en mémoire au moins ceci : une légende, Nietzsche la rappelle encore, qui veut que Platon – comme Mallarmé le disait de Rimbaud – se soit opéré vivant de la poésie : il aurait brûlé, à l'instigation de Socrate ses poèmes tragiques. Et une scène qui est à bien des égards la « scène primitive » de la philosophie : l'expulsion rituelle, au Livre III de *La République,* du poète-acteur tragique, traité en somme, de façon très « spectaculaire », comme un *pharmakos.* Opération auto-mutilante, feu purificateur ou geste artificiel, dans tous les cas, c'est la philosophie qui s'organise et se met en œuvre (si l'on accepte d'accorder quelque crédit à l'arrière-fond sémantique du mot « opération »), qui naît des cendres de la poésie ou qui sanctionne d'un cérémonial politico-religieux le rejet de celui-là même, faut-il croire, qui la menaçait dans son projet le plus essentiel : c'est-à-dire, comme cela se révèle également au dernier Livre des *Lois* (le plus beau poème tragique, est-il dit alors, le voici, c'est cette constitution et c'est nous qui l'avons composée), est le projet politique lui-même : le projet de la *basiléia* philosophique, qui ne signifie pas, rappelle Heidegger en 1936, que les professeurs de philosophie doivent s'installer aux commandes de l'État, mais que la philosophie a pour vocation de veiller à ce que l'État soit institué *en vérité.*

Cela, donc, nous le connaissons, c'est inscrit dans notre mémoire philosophique – et pas seulement philosophique. Nous savons que la philosophie (proprement dite) se *décide,* au sens le plus fort, dans cette coupure d'avec la poésie, qui est au reste d'abord, on n'y insiste jamais suffisamment, coupure d'avec le théâtre (la poésie dramatique) et ce mode d'énonciation démoniaque qu'est, primitivement, la *mimèsis.* (Je le note en passant : à l'égard du lyrisme, en particulier de Pindare, Platon n'a pas, et de loin, la même sévérité. Platon, assurément, n'aime pas l'art. Et le rejette. Cela ne signifie pas forcément qu'il déteste la poésie, au sens où – pratiquement – nous l'entendons : la poésie qui n'est pas la « littérature »). Et nous connaissons, bien entendu, tous les enjeux : ils sont indissociablement pédagogiques, religieux et politiques. Ils concernent l'ancienne (l'archaïque) *paidéia* aristocratique (l'éducation par les exemples héroïques), une religion jugée mensongère et obsolète, un État sans principe fondateur ni projet véritable. La tâche que se donne ce qui prend ainsi naissance sous le nom de philosophie est en conséquence de redresser de tels errements : c'est une tâche *orthopédique,* sur la nécessité de laquelle désormais la philosophie ne cèdera pas souvent. Il y a là, de fait, tout un programme et, à la différence d'autres programmes esquissés à partir d'autres gestes de décision philosophique, vis-à-vis des sophistes par exemple, c'est un programme qui a réussi : en ceci au moins, l'exclusion pure et simple étant strictement utopique, que l'art (dont la poésie, mais peut-être pas toute) est resté définitivement subordonné. En Occident, l'art (mais pas forcément le Poème) sera toujours resté sous surveillance : d'une *poétique* au premier chef, c'est certain (mais pourquoi au juste, de l'enseignement d'Aristote, n'est-il resté sur ces questions que les développements consacrés à la tragédie ?) ; mais surtout de ce qui finira par s'appeler une *esthétique* – Heidegger ayant raison, je crois, de la dire en droit fondée dès l'appréhension platonico-aristotélicienne de l'art.

Mais Platon, quand il fait cette opération, s'autorise d'un plus ancien différend – d'une *palaia diaphora,* dit-il, et je ne pense pas que ce soit simplement pour se disculper. Après tout, il est vrai qu'Héraclite, par exemple, n'est guère tendre pour Homère. Où portait un tel différend ? Toutes les hypothèses ne sont pas également bonnes.

A Platon, presque certainement, revient en propre la haine du théâtre, qui est directement politique si l'on songe un instant à ce que représentait à Athènes l'institution de la tragédie. Nietzsche a vu juste. Mais si, en conséquence, ce qui revient à Platon est l'analyse de la *lexis* (des modalités de l'énonciation), la discrimination entre deux régimes du *legein,* le vrai et le faux, ou plutôt entre deux registres de la parole, le *muthos* et le *logos,* paraît bien être un héritage où Platon puise pour fonder l'impitoyable critique de ce qu'il appelle la *muthopoïesis* et assurer la position hégémonique de ce qu'il revendique sous le nom de philosophie. En réalité ce que Platon exclut – en-deçà du théâtre et de toutes les formes d'énonciation mimétique ou semi-mimétique –, c'est le mythe.

Une telle critique n'en est pas moins politique. Au contraire, ne serait-ce que parce qu'elle s'en prend directement à la *religion* (j'insiste évidemment sur ce terme) des Grecs. Et avec quelle violence. Mais justement, en cela même – et telle serait ici ma deuxième proposition –, elle associe définitivement, au titre de la *muthopoïesis,* la poésie dans sa plus haute destination à la religion. Du moins est-ce ainsi qu'on aura pratiquement toujours lu Platon. C'est pourquoi, au terme – ou presque – de l'enchaînement de la tradition, Hegel sera fondé à parler, s'agissant du moment grec, de la « religion de l'art », et les romantiques (Schlegel, Novalis) à vouloir instituer sur la poésie (sur la *Dichtung*) une « nouvelle religion ». Passés les deux mille ans de versification que vitupérait Rimbaud, c'est à cette vocation plus que politique – je dirai : *archipolitique* – que tentera de répondre, à nouveau, la poésie. Mais peut-être pour son malheur même, si cette vocation, en définitive, lui aura été dictée par la philosophie. Je pense à Hölderlin ; ou encore à Rimbaud.

Mais il aura fallu qu'entre-temps quelque événement se soit produit dans la philosophie elle-même. De là ma troisième proposition.

L'événement auquel je me réfère ici est la critique kantienne, dont les Schlegel, qui ne parlaient pas au hasard, estimaient qu'avec la Révolution française (dans l'ordre du politique) et le *Wilhelm Meister* de Gœthe (dans l'ordre du poétique) elle composait, dans l'ordre du philosophique, l'événement où s'annonçait un âge nouveau, un changement d'époque. Si l'on peut réserver un tel sort à la critique kantienne, c'est moins du fait que c'est une critique (et que, pour la première fois, la métaphysique se met elle-même en cause) que du fait que pour être telle, c'est-à-dire critique, la critique doit se remémorer le tout de la métaphysique *ab initio.* Sous ce rapport la critique est la première anamnèse philosophique de la philosophie et donc le premier retentissement après coup, dans la figure de la lucidité, de la décision platonicienne.

Là se noue par conséquent, une deuxième fois, le destin qui rapporte, l'une à l'autre et aux autres, philosophie, poésie et politique. Et cela immédiatement (en tout cas immédiatement après la parution de la troisième *Critique*) et de façon tout à fait prodigieuse, puisque c'est le romantisme – appelons ainsi, pour faire vite, tout ce qui se passe à Iena dans la dernière décennie du XVIIIe siècle –, où s'invente la destination proprement moderne de la *Dichtung* (et notre concept de la littérature, qui désormais inclut la poésie).

Bien entendu, il faudrait infiniment nuancer et procéder à des analyses qui soient à la mesure de la complexité des choses. Mais peut-être n'est-il pas impossible de donner simplement une vue, serait-elle schématique. Et pour donner une telle vue, je crois que l'on pourrait emblématiser par les trois noms des condisciples du *Stift* de Tübingen les trois possibilités qui se sont offertes dans l'espace dégagé par la critique kantienne. Elles ont délimité le territoire d'où nous provenons ; elles délimitent peut-être encore celui que nous arpentons aujourd'hui – ou dans lequel nous nous promenons, apparemment sans frontières ni directions.

Vous me permettrez de faire un moindre cas de ce qui, sous le nom de Hegel (je pense à la *vulgate,* Marx compris, qui fut si puissante), s'est offert comme une réaction pure et simple et par conséquent comme la reconduction, ou la réaffirmation, de la décision platonicienne : l'art est « chose passée », la poésie est le moment de la « dissolution » de l'art, notre intérêt et notre besoin d'absolu, dans le « triste empire du concept », ni l'art, ni même la religion révélée ne peuvent désormais les satisfaire : tout le « sérieux de l'existence » est passé dans les choses de la vie publique (dans la politique, si ce n'est dans l'administration) et dans l'accomplissement du Savoir qui les fonde en raison.

Cette version demanderait à être amendée : la certitude de Hegel n'est pas telle, jamais ; et sa déploration de la fin de l'art – la disparition de la vie, ou d'une certaine vie – n'est pas feinte. Heidegger est assurément justifié de soupçonner que la saisie hégélienne de l'art dépend de l'appréhension platonicienne de l'étant comme *eidos.* Hegel achève Platon, délibérément, et sanctionne le règne de l'Idée. Néanmoins l'*habitus* hégélien n'est pas du tout le même que celui de Platon : Hegel plaint réellement Schiller d'avoir dû « payer son tribut à l'époque » et d'être la victime de la relève philosophique (esthétique) de l'art. Schiller n'est pas Sophocle, ni même Shakespeare. Mais si deux de ses vers, à peine retouchés, peuvent *in fine* ponctuer la dernière section de la *Phénoménologie de l'Esprit* (le « Savoir absolu »), cela ne tient peut-être pas uniquement à un souci d'ornementation. Cet ultime recours au Poème – qui sait ? –, est peut-être abyssal.

Mais c'est davantage Schelling et Hölderlin qui me retiendront un instant : le premier parce qu'il résume assez bien, et jusque dans son aspect systématique, le projet romantique (celui-là même, me semble-t-il, que méconnaît Badiou) ; le second parce qu'il indique une autre voie, que peut-être lui-même n'a pas pu suivre, que peut-être encore nul après lui n'a pu suivre (encore que j'en doute), mais qui s'ordonne, c'est perceptible si on le veut bien, à une tout autre réélaboration du rapport entre philosophie, poésie et politique. Ce que Heidegger, cette fois, a gravement méconnu.

Le projet que formait Schelling s'est un jour rassemblé dans ces quelques lignes, qui ferment le *Système de l'idéalisme transcendantal* de 1800 :

> « Mais si c'est l'art seul qui est capable d'objectiver d'une façon complète et évidente pour tous ce que la philosophie n'est à même d'exprimer que subjectivement, on peut s'attendre (...) à ce que la philosophie qui, dans l'enfance de la science, était née de la poésie et avait été nourrie par elle et, avec la philosophie, toutes les sciences qui lui doivent leur perfection, refluent après leur achèvement, comme autant de courants isolés, vers l'océan commun d'où elles ont émergé. Quant au terme intermédiaire qui doit faciliter le retour de la science à la poésie, il n'est pas difficile de le deviner, car il a existé dans la mythologie, avant que ce fût produite cette séparation qui nous paraît aujourd'hui irréductible. Mais comment une nouvelle mythologie peut-elle surgir qui ne soit pas l'invention d'un seul poète, mais d'une génération représentant pour ainsi dire un seul poète, c'est là un problème dont on peut attendre la solution dans un avenir impossible à prévoir, cette solution devant être telle que la feront les futures destinées du monde et le cours ultérieur de l'histoire ».

Il faudrait à ces lignes un long commentaire. En particulier sur la nécessaire objectivation, en vue de l'accomplissement du système, c'est-à-dire de son effectuation réelle (historique et politique), du subjectif – de ce que l'idéalisme post-kantien appelle l'intuition intellectuelle ou l'intuition originaire : l'intuition méta-physique elle-même. Ce qui engage, pour Schelling, toute la difficile problématique du rapport entre le conscient et l'inconscient ou, cela revient pratiquement au même, entre la liberté et la nécessité. Mais ce que je voudrais simplement souligner, c'est que ce programme, qui reprend du reste – jusque dans les termes – ce texte énigmatique (de qui est-il : de Schelling ? de Hölderlin ? de Hegel ?) où, pour la première fois, était tracé le « programme systématique de l'idéalisme allemand », comporte une visée politique qui, un jour, se révélera désastreuse. Parlant de ce retour de la philosophie à la poésie par la médiation obligée d'une mythologie (d'une « nouvelle mythologie » ou d'une « mythologie de la raison », disait « Le plus ancien programme... » de 1796), le *Système* évoque du terme pudique de « génération » une création collective : en 1796, et c'était le même projet, il était question de *peuple* et l'on faisait appel à une nouvelle *religion.* Est-il besoin d'insister sur les conséquences désastreuses, passé un siècle de vulgarisation (en particulier universitaire), qu'auront cette revendication (un peuple) et cette volonté (une religion) ?

De toutes façons, dans les renversements du platonisme (dont Nietzsche n'a nullement le monopole), dans l'anamnèse – l'*Andenken* – et la nostalgie d'une Grèce plus archaïque et originelle, plus profonde et plus essentielle que l'Antiquité néo-classique qui gouvernait l'Europe depuis la Renaissance (et la gouvernera jusqu'à la Révolution, voire à l'Empire), dans l'idée que seul le peuple allemand – du fait d'abord de sa langue – est promis à retrouver la grandeur oubliée de ce commencement, il y a en germe une politique désastreuse. Et le désastre – c'est, j'en ai peur, l'évidence – est inscrit dans le projet d'une « nouvelle mythologie » : d'un « mythe de l'avenir », comme disait Nietzsche à l'époque où il écrivait son *Zarathoustra ;* ou d'un « mythe du XXe siècle », comme dira Rosenberg.

Rosenberg n'est évidemment pas Nietzsche. On peut – on doit – toujours sauver la pensée d'un grand penseur. (Je dis bien la pensée, que je ne confonds ni avec l'action, ni avec les choix politiques ou simplement les préférences, ni avec les conséquences que provoquent les mauvaises lectures, à commencer par celles dont sont comptables, de leur propre pensée, les penseurs eux-mêmes). Bataille aura raison, dans les années 30, d'opposer avec la plus grande vigueur Nietzsche et Rosenberg, même s'il reste beaucoup à dire sur le projet d'*Acéphale,* le groupe et la revue. Il n'empêche qu'il y a une responsabilité de la pensée. Et qu'elle est indéniable, sauf à l'aggraver encore.

C'est pourquoi il faut excepter Hölderlin – et l'impératif, ici, indique une urgence. Non seulement parce que c'est en poète et selon la poésie qu'il prend en charge la question du rapport entre la pensée, la poésie et l'histoire, qui est évidemment pour lui la question même de la possibilité de la poésie (comme ce le sera, de manière au fond très proche, pour Rimbaud et pour Mallarmé) ; mais parce qu'il y a également, dans Hölderlin, une méditation extrêmement rigoureuse de la différence entre l'enthousiasme (grec) et la sobriété (occidentale), une acceptation – tragique – de la loi de la finitude consécutive au « détournement catégorique » du divin, une exigence sans faille quant à la difficulté – pour ne pas dire quant à l'impossibilité – de l'appropriation ou de l'identification « nationelle » (du reste soulignée par Heidegger, il faut le reconnaître), qui interdisent en somme toute *Schwärmerei,* dans la forme de la fidélité à Kant, tout projet poétique exclusivement fondé sur l'effusion et toute mythologisation qui s'ordonnerait au projet du façonnement immanent d'une communauté. Malgré tout.

Malgré tout, parce qu'il y a d'autre part – à quoi servirait-il de le dissimuler ? – tout ce que Heidegger a également exploité : la nostalgie d'une Grèce en proie au « feu du ciel » et soumise à la présence du divin, l'apparence d'un « néo-paganisme », la sacralisation de la prédication poétique, la croyance en la réactivation possible des « légendes » et l'espoir de chanter « un jour... les aïeux de nos princes et leurs assises et les anges de la sainte patrie », c'est-à-dire de donner son chant propre – ou son mythe – à l'Allemagne.

Mais Hölderlin était trop républicain. Il avait aussi trop le sens de la transcendance, dût celle-ci n'offrir que le visage sans visage de son retrait. Et surtout, défaisant la prédication, il y a la désorganisation finale de l'œuvre, les remaniements aux limites du lisible, la littéralisation prosaïque du discours. L'acharnement contre l'hymne et la désolation des derniers poèmes. Tout ce que Heidegger n'a pas *voulu* lire ou – qui sait ? – n'a pas même vu...

Hegel n'y a rien fait : le romantisme a submergé la poésie européenne, la condamnant, pour plus d'un siècle, à toutes sortes de messianismes ou de prophétismes : républicains et progressistes, révolutionnaires et utopistes, nationalistes et passéistes. Le mouvement proprement moderne, les avant-gardes, ont subi sans exception cette surdétermination.

Là où cependant – à nouveau de manière emblématique – culmine le romantisme, en particulier dans ses implications politiques les plus graves, il me semble qu'on peut s'accorder à reconnaître que c'est dans Wagner. Et pas seulement, comme on sait, pour l'Allemagne. Ce serait là ma dernière proposition.

Le romantisme qui d'une certaine façon s'accomplit dans Wagner – Nietzsche finira par le mettre clairement en cause – est, il est vrai, privé de son assise métaphysique authentique : il y a une grande distance de Schelling à Schopenhauer. Mais il retient de l'esthétique romantique au moins ceci :

1. que l'œuvre d'art « de l'avenir », dans sa fonction proprement religieuse (c'est-à-dire politique), et sa vocation à l'auto-représentation ou à l'auto-célébration du peuple, doit se fonder sur le mythe : car seul le mythe est à même de donner à un peuple la langue et les figures où se parler et se reconnaître, c'est-à-dire s'identifier.

2. La grande œuvre, l'« œuvre d'art totale », a son modèle dans la tragédie ou dans le « drame sacré » chrétien (mais n'oublions pas que la messe, qui fascina

tant Mallarmé, était au nombre des grands modèles proposés par Schelling à la fin de sa *Philosophie de l'art*).

3. Que tout grand art, comme l'atteste l'art grec, repose sur l'opposition de deux principes esthético-métaphysiques ou de deux puissances, nettement identifiés depuis Schlegel, Hegel et Hölderlin, mais qu'il reviendra à Nietzsche de nommer définitivement – non sans produire aussitôt, là encore, l'effet de *vulgate* que l'on sait – le dionysiaque et l'apollinien.

Tout cela est en parfaite cohérence avec le projet, que je dirai moyen, du romantisme, quelle que soit la mutation philosophique survenue entre l'idéalisme spéculatif et l'utilisation wagnérienne de Schopenhauer. Or le plus clair résultat de cet accomplissement, c'est que la poésie, dès lors que l'œuvre vise à l'effusion communielle (à l'hystérie, dira Nietzsche) et cherche, en touchant pour ainsi dire le seul affect (l'émotion), à évoquer la plus vague intuition métaphysique, est purement et simplement asservie à la musique. On connaît les techniques d'écriture de Wagner. Le projet métaphysico-politique d'un nouveau *mythe* aboutit donc, paradoxe pur, à la secondarisation du *dire* ou, cela revient au même, à sa fausse essentialisation comme *melos* – infini. D'où peut-être le caractère exemplaire du combat mené par Mallarmé, défendant avec acharnement la primauté du Poème, c'est-à-dire du langage, et rachetant de la sorte, sur ce point, la grande faiblesse de Baudelaire. Mais d'où certainement le caractère exemplaire de toutes les tentatives poétiques, aient-elles dû en périr, qui ont renoncé à la démesure du projet métaphysico-politique total ou totalisant. J'ai évoqué Hölderlin, mais je pense également à ce testament de la *sobriété* qu'est la *Saison* de Rimbaud, cet « adieu » à la tentation romantique (pourtant dans la forme, nettement moins antipathique, de l'utopie révolutionnaire) qui est au fond le refus de ce que Rimbaud sut indissociablement nommer, comme s'il avait puisé son lexique dans Hegel et Schelling à la fois, la Science et la Magie.

Sommes-nous pour autant quittes du romantisme ? Malgré le monstrueux accomplissement de celui-ci (dont je m'empresse de dire que je n'incrimine *simplement* aucun de ses grands représentants) dans ce que je me suis résigné à appeler, faute de mieux, le « national-esthétisme », nous savons bien de quel poids a pesé sur nous une interprétation de la poésie, dans son rapport à la pensée et dans sa vocation politique (« historiale »), qui a singulièrement manqué de lucidité à l'égard de la thématique la plus profonde du romantisme, même quand elle s'exerçait à interpréter Hölderlin ou Trakl – voire, tardivement, Rimbaud (à contre-sens, il est vrai).

A l'égard de Heidegger, puisque c'est de lui qu'il s'agit, nous n'avons plus le droit de simplifier ni d'accuser sans plus. Mais il faut reconnaître – et c'est un impératif – que :

1. la compromission de Heidegger, passée une certaine déception (au demeu-

rant réelle, on ne peut pas en douter), a pu le conduire, dans sa tentative, absurde ou vaine, de « rectification » du national-socialisme (dans le sens, vous le savez, de sa « vérité interne » et de sa « grandeur » dévoyées), à prendre appui sans nulle précaution sur une lecture très orientée de Hölderlin. Au fond, ce n'est pas *juste,* même si Hölderlin, arrêté à un certain stade – ou à une certaine strate de son texte –, peut y prêter.

2. l'interprétation de Hölderlin, mais de Trakl aussi bien, est allée, jusque dans les derniers textes, dans le sens de ce que j'appellerai une « remythologisation ». On connaît la séquence : l'essence de l'art est la *Dichtung,* l'essence de la *Dichtung* est la *Sprache,* langue et parole indissociablement, l'essence de la *Sprache* est la *Sage,* le *muthos.* Heidegger pourra toujours dire, dans les années 50, que la *Sage* n'est pas la *Heldensage,* la saga des héros – et de fait, pas de Siegfried, l'anti-wagnérisme de Heidegger a toujours été solide, ce qui le distingue tout de même –, il n'empêche que *Sage* ne peut rien traduire d'autre que *muthos.* Et au fond, il y a là quelque chose de *douteux.*

L'essence de l'art serait le mythe. Cela nous lègue, au moins, une question.

Je crois qu'on est justifié à regretter, dans cet âge de l'histoire qui est le nôtre, une certaine « privatisation », jusqu'à l'hermétisme idiomatique, de la poésie – corrélative à un renoncement, sinon au penser, du moins à l'inscription politique ou, plus largement, historique. Il est vrai que l'Europe est commotionnée, ce qui se vérifie tous les jours. Mais pourrait-on penser, aujourd'hui, un Poème sans Mythème qui n'aurait renoncé, ni à se penser dans sa possibilité (ce qui revient sans doute à penser tout court), ni à pré-dire pour les hommes *ce qu'il faut* – c'est-à-dire à *répondre,* pour eux, en leur faveur, de ce qu'il faut. C'est toujours l'affaire de l'impératif.

C'est à une telle question que Celan, certainement, ne cessait d'essayer de répondre, jusque dans son combat pied-à-pied avec la surinterprétation heideggérienne de la poésie.

Fermerait-il, pour cette raison, « l'âge des poètes » ?

L'idée est soutenable. Dans les termes où j'ai essayé de travailler ce genre de question, cela voudrait dire que « l'âge des poètes » se ferme entre ces deux poèmes en effet désespérés que sont « Tübingen, Jäner » et « Todtnauberg ». Entre le renoncement à Hölderlin et la colère au silence – emphatiquement « poétique » – de Heidegger. Deux poèmes ultimes pour dire la fin de la poésie comme « œuvre de pensée ».

Je n'en suis toutefois pas si sûr et je voudrais, pour finir, expliquer d'où s'origine ma suspicion.

Il y a eu deux manières, dans l'Allemagne des années 30, de recevoir le romantisme : la première, la plus répandue alors, était de l'accueillir tout entier, mais peut-être sans le percevoir vraiment, sous le nom de Nietzsche : c'était la grande tradition allemande ; l'autre, plus rare, et peut-être même unique, fut de *traiter* le romantisme et de le prendre, philosophiquement, au sérieux.

Heidegger illustre, plus ou moins régulièrement, la première manière, et d'autant mieux – c'est là tout son sérieux philosophique – qu'il fera tout son possible pour combattre Nietzsche, situer l'idéalisme spéculatif (auquel il rattache, rigoureusement, le romantisme) et démarquer Hölderlin de cette implication historique, ou historiale. Sans toutefois renoncer au mythe ni à la vocation religieuse du Poème. En 1935, Heidegger pouvait affirmer que l'Histoire quant à son origine, relève de la mythologie et non de la paléontologie. Vingt ans plus tard, il pourra énoncer que le *muthos* ne cède au *logos* que parce que le divin se retire. Et en 1946, il écrivait encore ceci, à quoi jamais finalement il n'aura renoncé :

> « La 'réalité allemande' n'est pas dite au monde pour qu'en l'essence allemande le monde trouve sa guérison : elle est dite aux Allemands pour qu'en vertu du destin qui les lie aux autres peuples ils deviennent avec eux participants à l'histoire du monde (...). La patrie de cet habiter historique est la proximité de l'Etre.
>
> C'est dans cette proximité ou jamais que doit se décider si le dieu ou les dieux se refusent et comment ils se refusent et si la nuit demeure, si le jour du sacré se lève et comment il se lève, si dans cette aube du sacré une apparition du dieu et des dieux peut à nouveau commencer et comment. Or le sacré, seul espace essentiel de la divinité qui à son tour accorde seule la dimension pour le dieu ou les dieux, ne vient à l'éclat du paraître que lorsque au préalable, et dans une longue préparation, l'Etre s'est éclairci et a été expérimenté dans sa vérité. C'est ainsi seulement, à partir de l'Etre que commence le dépassement de l'absence de patrie en laquelle s'égarent non seulement les hommes, mais l'essence même de l'homme ».

Ces lignes sont détachées de la *Lettre sur l'humanisme.* Elles renvoient à Hölderlin, dont elles exploitent l'usage de *das Deutsche,* la « réalité allemande », comme dit la traduction, ou l'alémanité. Un peu auparavant Heidegger écrivait ceci, qui ne laisse aucun doute sur son interprétation :

> « Cette proximité 'de' l'Etre qui est en elle-même le 'là' de l'être-là, le discours sur l'élégie *Heimkunft* de Hölderlin (1943) qui est pensé à partir de *Sein und Zeit* l'appelle « la patrie », d'un mot emprunté au chant même du poète et en partant de l'expérience de l'oubli de l'Etre. Le mot est ici pensé en un sens essentiel, non point patriotique, ni nationaliste, mais sur le plan de l'histoire de l'Etre. L'essence de la patrie est nommée également dans l'intention de penser l'absence de patrie de l'homme moderne à partir de l'histoire de l'Etre. Nietzsche est le dernier à avoir expérimenté cette absence de patrie. Il ne pouvait lui trouver d'autre issue, à l'intérieur de la métaphysique, que dans le renversement de la métaphysique. Mais c'était là se fermer définitive-

> ment toute issue. En fait, Hölderlin, lorsqu'il chante le « retour à la patrie », a souci de faire accéder ses « compatriotes » à leur essence. Il ne cherche nullement cette essence dans un égoïsme national. Il la voit bien plutôt à partir de l'appartenance au destin de l'Occident.

On sait où cela venait, malgré tout, de conduire... Les dénégations n'y peuvent mais.

L'autre manière – le *traitement* du romantisme, à l'écart de Nietzsche – est celle de Benjamin, pourtant longtemps fasciné par le « cercle » de George et commentateur de Hölderlin dès la parution de la grande édition de Hellingrath, mais auteur, en 1920, d'une dissertation sur le concept de critique dans le premier romantisme.

En durcissant à peine les contours, on pourrait dire que le paradoxe est le suivant.

Ce que visait Benjamin dans le romantisme, il en a fait maintes fois l'aveu, c'est son cœur ou son noyau ésotérique, ce qu'il appelait son « messianisme » : le point, central à ses yeux, où venaient coïncider histoire et religion, c'est-à-dire où se manifestait le désir secret qui habitait le romantisme de fonder une nouvelle religion. A partir de l'art compris dans son essence, c'est-à-dire à partir de la *Dichtung*. Nous sommes en paysage connu. Or c'est le même Benjamin, lorsqu'il en vient dans les pages finales de sa dissertation à l'examen de ce que Schlegel et Novalis appelaient l'« Idée de l'art » (et donc à l'explicitation des concepts majeurs de la doctrine : poésie de la poésie, poésie universelle progressive, poésie réflexive, poésie transcendantale, etc.), qui finit par démontrer qu'en somme « l'Idée de la poésie est la prose ».

Bien entendu, il pense au sort que les romantiques réservaient au roman – au *Wilhelm Meister* en particulier. Mais il sait aussi qu'il interprète, au sens où l'interprétation était pour lui un devoir – un impératif –, comme il l'avait écrit à Scholem durant la phase préparatoire : « mais *il faut* interpréter (raisonnablement) les romantiques ». Or cette interprétation, elle vient en droite ligne de Hölderlin, mais pas le Hölderlin auquel nous a habitué l'interprétation – c'en est une aussi, mais pas la même – de Heidegger.

Voici ce que dit Benjamin :

> « Cette conception de l'Idée de la poésie comme prose détermine toute la philosophie romantique de l'art. Et c'est ce rôle déterminant qui explique la richesse de ses conséquences historiques. Elle ne s'est pas seulement répandue avec l'esprit de la critique moderne, encore qu'elle n'ait été reconnue ni dans ses présupposés ni dans son essence propre, mais elle s'est également introduite, sous une forme plus ou moins typée, dans les fondements philosophiques des écoles artistiques postérieures (...). (Et) surtout, c'est elle, cette conception philosophique fondamentale, qui a institué une relation particu-

lière à l'intérieur d'un cercle romantique plus vaste dont le trait commun (...) reste introuvable aussi longtemps qu'on ne le cherche que dans la poésie et non, tout autant, dans la philosophie. C'est d'un tel point de vue qu'apparaît dans ce cercle élargi, pour ne pas dire en son centre même, un esprit qu'on ne saurait comprendre à l'évaluer seulement comme poète au sens moderne du mot (si haut le prendrait-on), et dont le rapport avec l'école romantique, sous l'angle de l'histoire des idées, demeure parfaitement obscur si reste inaperçue la singulière unité philosophique qu'il y a entre lui et elle. Cet esprit, c'est Hölderlin ; et la thèse qui institue sa relation philosophique avec les romantiques est le principe de la sobriété dans l'art. Ce principe est l'idée fondamentale de la philosophie romantique de l'art – idée pour l'essentiel absolument neuve et encore agissante aujourd'hui à perte de vue ; la plus grande époque, peut-être, de la philosophie occidentale de l'art en porte la marque ».

Pour étayer cette thèse, où en somme il y va de l'essence de la littérature moderne, Benjamin cite longuement la célèbre ouverture des *Remarques* sur Sophocle où Hölderlin parle du « calcul » de l'œuvre. Et il rapproche cette intuition des innombrables déclarations de Novalis et de Schlegel : « La poésie d'art authentique est nombrable » ; « L'art est mécanique » ; « Le siège de l'art proprement dit est purement et simplement dans l'intelligence » ; « Le véritable auteur (doit être) un fabricant », etc., etc. Nous sommes donc au bord du Mathème, comme dirait Badiou, qui lui-même ne manque d'ailleurs pas de faire fond sur de semblables déclarations dans Rimbaud, Lautréamont ou Mallarmé : les « mathématiques sévères ». Mais le Mathème, si l'on suit Benjamin, n'est pas le « mathématique ». Il *est* le Poème lui-même, c'est-à-dire la prose. Pourquoi la philosophie, ou ce qu'il en reste, devrait-elle s'en « désuturer », si d'autre part – mais du même mouvement –, cela peut engager, comme en témoigna le premier Benjamin, une autre politique ? Et si la prose – j'entends : la poésie *comme* prose –, peut-être encore aujourd'hui, est « une idée neuve en Europe ».

*Jean LARGEAULT*
*Université Paris XII*

# QUELQUES REMARQUES A PROPOS DES NOTIONS DE L'ESPACE

L'espace et le temps sont des notions universelles. De là sans doute que la géométrie, science de l'espace, possède une valeur de discipline de contrôle. On peut conjecturer que l'idée d'espace provient de la nécessité des organismes d'avoir un milieu vital. Einstein y attribue une origine physique plutôt que biologique ; l'idée, selon lui, en a été imposée par l'expérience des intervalles ou des vides qui séparent les corps. Il y a plusieurs grandes sortes de parlers et de notions d'espace. L'une se rapporte à l'espace « concret » (visuel, tactile, auditif, bref à l'espace de la perception), une autre à l'espace ou à des espaces abstraits (géométries, mécanique), une autre à l'espace physique, celui de l'univers où nous sommes plongés.

Notre expérience même de l'espace comporte une multiplicité d'aspects. Nous rassemblons sous un mot des expériences très différentes. Cela reflète le fait originel que notre notion d'espace résulte de la contribution de plusieurs de nos sens, notamment visuel, tactile, auditif (nous localisons la cause d'un bruit, l'approche ou l'éloignement d'une voiture à l'accroissement ou au décroissement d'un son). Poincaré soutenait que le concours de tous nos sens est nécessaire à nous donner l'idée d'espace. Cela étant, et s'il est vrai, comme le croyait E. Meyerson, que l'espace est une réalité dont la notion est explicative, peut-être ne faut-il pas s'attendre qu'on puisse l'expliquer à son tour.

Les notions savantes d'espace se sont ramifiées, on le voit sur la pluralité des géométries et par le développement de la topologie, qui s'occupe de propriétés de configuration laissées de côté par les géométries traditionnelles.

## *I – Brève rétrospective des conceptions des philosophes*

Parménide introduit les idées métaphysiques d'être et de non-être ; elles reçoivent bientôt une interprétation physique, respectivement dans les atomes (composante la plus matérielle de la matière), et dans les intervalles (vide ou vides interatomiques). Le vide est un ancêtre du lieu aristotélien *(topos)*. D'autre part l'illimité ou l'indéterminé *(apeiron)* d'Anaximandre est à l'origine de l'espace-matière platonicien (la *chora* du *Timée*), et de la *hylè* ou matière aristotélienne. Aristote a deux notions spatiales, le continu ou étendue *(synéchès)* est du genre matière. L'autre composante, ou l'autre aspect de l'espace, est le lieu, la position ou la place, en tant qu'indépendant de la matière. Ainsi Aristote n'a pas de mot ni de notion qui corresponde tout à fait à ce que nous entendons par espace, c'est-à-dire des positions et la matière qui les occupe. Il décompose ce que notre langage ordinaire réunit. En tout cas la distinction du lieu et de l'étendue a fourni un cadre conceptuel pour les analyses ultérieures, notamment celles de Leibniz. Par « lieu » Aristote réfère à quelque chose d'indépendant de la matière qui occupe l'espace. Le lieu est supposé analogue à un récipient, le récipient étant un lieu transportable. Il n'est pas une partie de la chose. En effet, séparable du corps, il n'est pas sa forme ; contenant le corps, il diffère de la matière du corps (*Phys.* 209b).

Une position ou un lieu peut être occupé ou non. Si le lieu a une existence indépendante du corps qui l'occupe, l'espace, conçu comme ensemble des positions, a aussi une existence indépendante de la matière, constituée par l'ensemble des corps. En ce sens l'indépendance de l'espace par rapport à la matière semble impliquer l'admission de l'existence du vide ou de l'espace vide. Mais, par des raisons qui tiennent à la possibilité du mouvement, jugé incompatible avec l'existence du vide, Aristote réfute l'hypothèse d'un espace vide. Qu'est-ce que le vide ? Pour les Anciens, comme pour Descartes et ses contemporains, c'est un espace sans corps ou sans substance. On ne connaissait la matière que sous l'espèce de corps solides, liquides ou gazeux, et on ignorait les champs ou les rayonnements, la lumière exceptée (on pensait que la lumière est constituée de grains ou de corpuscules matériels, ce qui n'est pas faux). Pour nous le vide serait une portion d'espace sans corps ni rayonnements, condition probablement réalisée dans des régions interstellaires ou intergalactiques.

La question du vide se lie à celle de la dépendance ou de l'indépendance de l'espace par rapport à la matière : si l'on admet qu'il peut y avoir un espace sans corps, le vide existe ou peut exister, et l'espace est indépendant des corps. Si l'on suppose que l'espace consiste en les corps et que ceux-ci constituent l'étendue, il ne peut pas y avoir de vide, et l'espace n'est qu'un mot ou une expression commode pour désigner les corps qui peuvent l'occuper.

Descartes, qui identifie étendue et matière, rejette forcément l'idée d'un vide, selon lui contradictoire et inintelligible. S'il n'y avait rien entre les parois d'un vase, celles-ci fusionneraient. L'étendue et la matière étant identifiées l'une à l'autre, on ne peut parler ni de dépendance ni d'indépendance.

Newton opte pour l'indépendance : « L'espace absolu, sans relation à quoi que ce soit d'externe, reste toujours semblable à lui-même et immuable ». « Absolu » signifie indépendant, séparé de la matière. « Semblable à lui-même » : il est homogène et inaffecté par la présence de matière. L'homogénéité ou uniformité (égales propriétés partout), l'immuabilité et l'indépendance par rapport à ce qui est externe, caractérisent l'espace mathématique (euclidien, infini, sans courbure), substrat de la mécanique rationnelle de Newton développée par Euler, d'Alembert et Lagrange. Cet espace a une réalité indépendante des corps qui peuvent l'occuper ; un espace sans corps, donc un vide, n'est pas impossible.

Leibniz a une conception difficile. On la classe souvent parmi les conceptions dites relationistes, selon quoi l'espace consiste en les relations de position des corps entre eux. (L'espace, n'ayant pas de réalité en dehors des corps, dépend de de la matière).

Leibniz commence par analyser l'étendue en plusieurs sens. D'abord étendue et matière ne se confondent pas. Ensuite un bon nominaliste distingue entre concepts et choses. L'étendue abstraite, ou entité abstraite, l'*extensio,* doit donc être distinguée de l'étendue concrète, constituée par les corps étendus ou la solidité. Cette distinction est entre de l'abstrait et du concret : entre l'*extensio* ou étendue, singulier abstrait, et l'*extensum,* corps physique, terme général concret (cf. la différence entre « humanité » et « hommes », ou entre nombre et choses nombrées ou énumérées). Elle ne signifie pas qu'il y a deux étendues. *Nouveaux Essais,* II, chap. IV, parag. 4 : « Quoiqu'il soit vrai qu'en concevant le corps on conçoit quelque chose de plus que l'espace, il ne s'ensuit point qu'il y ait deux étendues, celle de l'espace et celle du corps ; car c'est comme lorsqu'en concevant plusieurs choses à la fois, on conçoit quelque chose de plus que le nombre, savoir *res numeratas,* et cependant il n'y a point deux multitudes, l'une abstraite, savoir celle du nombre, l'autre concrète, savoir celle des choses nombrées. On peut dire de même qu'il ne faut point imaginer deux étendues : l'une abstraite, de l'espace, l'autre concrète, du corps ; le concret n'étant tel que par l'abstrait... ». Il s'agit là de précision des catégories logiques, non point de théorie physique.

Leibniz a une troisième notion, celle de *qualitas extensa,* à la fois terme abstrait, puisque c'est une propriété des corps séparée de leurs autres propriétés par la pensée, et terme concret, la qualité étant saisie dans sa réalité, non pas hors de la matière. Ainsi dans la distinction des qualités premières et des qualités secondes, étendue, solidité, figure, mobilité sont des qualités premières.

Une quatrième notion est celle d'espace *(spatium),* idée innée qui exprime un ordre « non seulement entre des existants mais encore entre les possibles comme s'ils existaient » (*ibidem,* chap. XII, P. Janet éd., *Oeuvres philos. de Leibniz,* I, p. 112). Cet espace diffère de l'*extensio* concept discursif acquis par abstraction. L'espace est plus abstrait que l'*extensio* puisqu'il y est fait abstraction de toute qualité ; il n'est pas une qualité première comme l'étendue, puisque du spatial il ne retient que le rapport ou l'ordre. C'est l'élément intellectuel ou l'idée innée qui conditionne la possibilité de l'*extensio* comme réalité existant *partes extra partes*, et garantit le caractère à priori de la géométrie ; sans elle il n'y aurait entre le concret et l'abstrait que coïncidence contingente.

L'objet principal de ces discussions est de savoir si l'espace n'est pas une pure abstraction. Le « relationisme » donne l'espace pour une représentation mentale ou une expression linguistique. Aucun objet spécifique n'y correspond. Ou plutôt la réalité qui correspond à la représentation mentale ou au mot est constituée par les positions relatives des corps. Point de corps, point de relations. En conséquence l'espace lui-même n'est rien en plus des corps et de leur situation relative.

Il est douteux que Leibniz ait embrassé une conception aussi extrême, bien que, quand il repourfend l'espace absolu newtonien (Lettres à Clarke), il paraisse proche de ce nominalisme de l'espace : « L'espace en effet n'étant rien en dehors de l'ordre des corps entre eux, n'est rien du tout sans les corps que la supposition d'en mettre ». On se méprend sur cette conception si on omet le rôle éminent du possible ou du virtuel dans le système leibnizien. N'ayant de réalité qu'autant qu'il y a des corps en acte, l'espace a un caractère imaginaire ou virtuel. Cela n'est pas rien. En définissant l'espace par l'ordre des coexistants, « ordre entre les possibles comme s'ils existaient » (*Nouveaux Essais*, II, chap. XIII), Leibniz définit la spatialité comme un ordre implicite dans « le plan architectural que Dieu ou l'intelligence humaine ont de l'univers » (R. Poirier). Ni un cadre vide subsistant par soi comme le *sensorium Dei* des newtoniens, ni la forme à priori de l'intuition kantienne, mais l'ensemble des possibles avec leurs rapports de compatibilité ou d'incompatibilité logique.

A ces considérations se relie le problème du rapport du point et de l'étendue. Au point l'étendue ajoute la continuité. Il s'agit du rapport entre le discret (le point) et le continu (l'étendue), énigme majeure des mathématiques et de la métaphysique depuis Zénon. Pour Leibniz le point est extrémité, bord, limite. Cela n'est pas sans rappeler Aristote, qui pensait qu'on n'actualise de points dans un continu qu'en le cassant (par ex. s'il s'agit d'un continu linéaire, le point de coupure se dédouble et chacun des deux points auxquels il donne naissance va avec l'un des segments).

La position ou lieu est quelque chose de plus que le point. Étant extrémité ou séparatrice entre les positions de deux corps, le point peut être conçu comme position. « Le fait qu'un point a une position n'est que le fait de pouvoir désigner le lieu où un corps finit » (A des Bosses, 8.02.1708). Le point suppose déjà la position, autrement dit le lieu est antérieur au point.

Le lieu peut être sans étendue, alors il est un point ; il est aussi principe possible de quelque chose d'étendu, ce que n'est pas le point, qui est bord, et résulte du fait que des étendues ont des positions. Cela explique peut-être que Leibniz se range à l'opinion d'Aristote qui rejetait l'engendrement des courbes à partir de points, de surfaces à partir de lignes (par leur mouvement), de volumes à partir de surfaces. « Qui prend comme fondamental les concepts de plan et de solide se trompe-t-il et ne mérite-t-il pas plutôt l'éloge ? ». Il pense qu'on définit d'abord le solide, puis les surfaces, puis les lignes, puis les points, qui sont des extrémités. En effet si les points, les lignes, et les surfaces sont des extrémités, ils n'existent pas par eux-mêmes.

Pouvant être soit ponctuel soit étendu, le lieu contient virtuellement les propriétés de l'espace c'est-à-dire la ponctualité et l'extensivité, avec la continuité que cette dernière implique. Il est la source de l'espace, qui serait la diffusion ou la répétition des lieux.

Le remarquable est que Leibniz a doté le lieu d'une sorte de pouvoir génératif. L'étendue ou continu se présente comme l'explosion ou l'éclatement du lieu. On peut évoquer la physique, où une particule chargée est source d'un champ, la théorie des défauts des cristaux, où certains défauts (dislocations) sont des lieux d'accroissement (spirales de croissance associées à des dislocations-vis, whiskers) ou de désagrégation de la structure.

Le créateur de la dialectique exploite l'opposition du continu et du discret : « La détermination première ou immédiate de la nature est l'espace : l'universalité abstraite de l'extériorité à soi de la nature, son indifférence sans médiation. Il est la juxtaposition entièrement idéale car il est l'être extérieur à soi, et il est continu car cette juxtaposition est encore tout à fait abstraite et n'a aucune différence déterminée en elle. On ne doit pas parler de points de l'espace, comme s'ils en constituaient l'élément positif, puisque l'espace, étant donné son indifférenciation, n'est que la possibilité, non pas la position actuelle de l'existence *partes extra partes.* Il est donc absolument continu. Le point, être pour soi, est donc plutôt la négation de l'espace, négation posée dans l'espace ». Hegel oppose l'espace continu, qu'il appelle extériorité à soi ou existence *partes extra partes,* aux points qu'il appelle être pour soi. La continuité caractérise l'espace, la discontinuité, les points. « L'unité de ces deux moments, discret et continu, est la notion objectivement déterminée d'espace. Cette notion n'est toutefois que l'abstraction de l'espace, souvent considérée comme espace absolu ». Hegel emploie les mêmes mots que Newton, espace absolu pour l'espace mathématique, abstraction de l'espace physique. Le fond de ce concept est l'unité du discret et du continu, propriétés qui sont des opposés « dialectiques ».

La vision de la réalité qui règne de Descartes à Kant est « le triomphe du sens commun... ; fondée sur ce que tout homme peut voir de ses propres yeux ou à l'aide d'un microscope de médiocre puissance »[1]. La science a commencé au niveau des expériences de la vie courante ; au 19ème siècle elle dépasse ce niveau dans le domaine des instruments comme dans celui de l'imagination. Le non-euclidien, dans l'ordre imaginatif, représente le franchissement d'un seuil : la géométrie n'est pas une connaissance à priori de propriétés des figures sensibles. Intuitif et abstrait se séparent ; le développement de l'abstrait et l'élargissement de l'expérimentation par l'effet du progrès technique rendent possible que l'absurdité d'aujourd'hui se révèle vérité demain. La frontière entre sens et non-sens, que fixaient l'observation et le raisonnement naturels, s'effacent. (D'où le besoin de nouveaux critères de démarcation explicite). Dès le début, il était prévisible que la révision des concepts d'espace en géométrie entraînerait la révision du concept d'espace de la physique. C'était déjà l'objet des mesures géodésiques de Gauss, puis des spéculations de Riemann, avant de faire la substance de la Relativité générale.

*II – Le développement des géométries*

La diversité des géométries, l'explosion du nombre des notions « abstraites » susceptibles de se rapporter aux espaces dans lesquels on modèlisera éventuellement les phénomènes physiques ou naturels, provoquent du désarroi, en sorte qu'il est difficile de prolonger la rétrospective des conceptions de l'espace au-delà de Kant. (Je résume : Aristote regardait l'espace comme une cause : le lieu, position, cause formelle, et le continu, substrat de l'infini, cause matérielle ; Leibniz a une conception idéaliste de l'espace, avec relationisme dans la controverse avec Clarke, quand Leibniz veut démolir la notion d'espace absolu ; Kant attribue un à priori euclidien inné aux structures de l'intuition). Les progrès qui marquent le 19e siècle sont le fruit de l'imagination et du travail des mathématiciens.

On aurait envie de dire que l'espace et le temps se dispersent en une multitude d'apparences[2]. Faut-il penser que ce qui en reste consiste en des notions minimales, espace et temps comme cadres mal déterminés, dont nous ne pouvons nous passer, pas plus que nous ne pouvons nous passer de la causalité et de la finalité ? Ces notions nous semblent insuffisantes, nous avons du mal à y croire, sans qu'aucune théorie les ait vraiment renversées. (Nous parlons beaucoup de faillibilisme ; nous devrions commencer par reconnaître que mainte chose, que l'humanité avait cru comprendre, nous échappe).

A. Le fait des géométries non-euclidiennes. L'un des postulats d'Euclide énonce que deux droites d'un plan, qui font, avec une troisième qui les coupe, des angles internes de somme inférieure à 2 droits, se rencontrent de ce côté. On chercha à se débarrasser de ce postulat, en le démontrant. « La définition et les propriétés de la ligne droite et des parallèles sont l'écueil et pour ainsi dire le scandale des Éléments de la géométrie », écrivait D'Alembert, résumant l'opinion des géomètres depuis l'Antiquité. Les tentatives de démonstration sont soit directes, soit indirectes ou par réduction à l'absurde. La géométrie non-euclidienne naquit des essais de prouver le postulat par l'absurde (Saccheri, Lambert). Lobatchevski proposa une géométrie hyperbolique (la somme des angles intérieurs d'un triangle est inférieure à deux droits, et proportionnelle à l'aire) ; il n'existe pas de rectangles : si trois angles sont droits, le 4e est aigu ; il n'existe pas de triangles semblables non-congruents). Lambert étudia le cas du 4e angle obtus.

Les découvreurs du non-euclidien (Lobatchevski, Gauss, Bolyai) ne déduisent pas de contradiction qui permet de rejeter l'hypothèse à réfuter ; mais en poussant plus loin, peut-être finirait-on par en rencontrer une ? L'indépendance du 5e postulat ne sera établie que par un modèle, ce qui devait faire tomber l'objection des philosophes kantiens sur la non-représentabilité des géométries non euclidiennes.

B. Plus importantes peut-être sont les réflexions profondes de Bernhardt Riemann dans une thèse de 1854 (publ. 1868), « Sur les hypothèses qui fondent la géométrie ». Le problème de l'auteur est le rapport de nécessité entre les axiomes de la géométrie et le concept d'espace. Pour s'en rendre maître, Riemann part de la notion de multiplicité numérique n fois étendue, c'est-à-dire de variété à n dimensions, susceptible de déterminations diverses, et il regarde comment on particularise une telle notion en ajoutant des déterminations c'est-à-dire des axiomes, jusqu'au moment d'arriver à une définition de l'espace.

Afin de classer les géométries, Riemann considère la forme de la relation entre l'élément infinitésimal de distance ds et les coordonnées. Il envisage les cas où le carré $ds^2$ de l'élément linéaire s'exprime au moyen d'une forme quadratique des différentielles des coordonnées avec des coefficients qui sont des fonctions du point : $ds^2 = \Sigma\, g_{ij} dx_i\, dx_j$ (du moins est-ce la terminologie du 19e siècle, qui ne paraît pas correspondre à ce que les mathématiciens appellent tenseur métrique[3]). De là Riemann définit la mesure de la courbure de l'espace en un point, généralisant la géométrie différentielle des surfaces de Gauss. La courbure peut être constante ou variable suivant le point. Ainsi la sphère est à courbure constante. La rotation d'un vecteur transporté parallèlement à lui-même le long d'un lacet fournit une définition de la courbure. En dimension 2, il n'y a en un point qu'un plan tangent, donc un seul nombre suffit à définir la courbure. En 3 dimensions ou plus, il y a davantage de plans indépendants en un point, davantage de nombres sont nécessaires. Pour la sphère (dim. 2), si on part d'un pôle et si on suit les côtés d'un triangle sphérique dont chaque angle est droit, on revient au point de départ après avoir tourné de $\pi/2$. La courbure gaussienne K égale le rapport de l'angle de rotation à l'aire circonscrite, soit $(\pi/2)/(1/8)\, 4\, \pi\, r^2 = (1/r^2)$, où r est le rayon de la sphère. La courbure au sens du tenseur de Riemann exprime la propriété que les dérivées covariantes secondes ne commutent pas.

Dans les variétés à courbure constante, les figures ne se déforment pas par déplacement : dans le mémoire de Riemann, cette propriété de libre mobilité s'appelle « indépendance du corps relativement à la position ». Les géométries métriques correspondantes sont de trois espèces suivant que la courbure K est nulle (géométrie euclidienne, espace plat), positive (Riemann, géométrie elliptique ou sphérique), négative (géométrie hyperbolique : surfaces pseudo-spériques). Le point de vue de Riemann est sûrement incompatible avec la doctrine de Kant. Puisque les coefficients de la métrique dépendent du point, l'espace n'est pas métriquement homogène. Or un espace-forme de l'intuition est nécessairement homogène.

C. La considération des déplacements amène à penser qu'un autre concept que celui de distance peut être pris comme base de la géométrie métrique, celui de mouvement. Riemann caractérise la géométrie métrique par l'expression de la distance entre deux points infiniment voisins. On peut aussi prendre comme fondamentale les propriétés des mouvements de figures indéformables, envisagés comme transformations ponctuelles. (Dans une transformation ponctuelle, à chaque point de la figure initiale correspond un point de la figure transformée : par ex., rotation, translation, similitude). Cela renvoie à notre expérience des solides. En explicitant le caractère des mouvements de constituer un groupe, Félix Klein introduit dans la géométrie la théorie des groupes de transformations.

Les travaux de H. von Helmholtz, à partir de la physiologie de la vision, forment la transition entre le point de vue de Riemann et celui de Klein développé par Lie et Poincaré. Riemann avait établi que le mouvement sans déformation des figures dans l'espace n'est possible que quand celui-ci est à courbure constante. Helmholtz prend le chemin inverse, et son ouvrage s'intitule significativement « Sur les faits qui fondent la géométrie » (1868). L'ordre suivi par Riemann est plus typique du mathématicien qui se donne au départ une situation ou une entité générique, et qui cherche comment elle s'individualise. Helmholtz montre que la forme de l'élément linéaire choisi par Riemann est la seule compatible avec la libre mobilité. Pour Helmholtz les propriétés de la géométrie euclidienne (homogénéité et isotropie, soit libre mobilité et monodromie) ne sont que les lois des mouvements des corps solides indéformables. Un mouvement sans déformation n'altère pas la distance de deux points d'un corps solide. De l'hypothèse de libre mobilité Helmholtz déduit donc l'hypothèse de Riemann sur la forme de l'élément linéaire. En apparence la conception de la géométrie comme théorie de la congruence des corps solides rentre mal dans le courant de Gauss à Einstein, où l'attention se détourne des corps et des volumes qu'ils occupent, aux points et aux trajectoires (élément linéaire, géodésiques, lignes d'univers). Mais le point de vue des mouvements conduit aux groupes de transformations. Par ailleurs le fait mathématique que libre mobilité implique courbure constante a longtemps accrédité l'idée qu'une géométrie pour l'espace devait se trouver parmi celles à courbure constante, ce dont la Relativité généralisée apporte le démenti.

D. Helmholtz était donc tout près du point de vue des groupes de transformations de Klein et Lie. Klein découvre la possibilité d'un grand nombre de géométries, en dehors de celles d'Euclide, Lobatchevski et Riemann, surabondance assez impopulaire, parce qu'elle risque d'impliquer que n'importe quoi est possible, et de discréditer le sujet. L'importance de Klein réside plutôt dans une démonstration de consistance relative de la géométrie hyperbolique, et dans l'introduction des groupes de transformations (par ex., le groupe des isométries pour le plan euclidien, le groupe des transformations affines pour le plan affine). Ces transformations sont des automorphismes de la structure, par ex., du plan ou de l'espace : elles appliquent sur elle-même chacune des espèces d'objets de la structure en conservant les relations qu'entretiennent ces objets. Ainsi en géométrie métrique du plan un automorphisme fait correspondre à trois points colinéaires trois points colinéaires.

Une famille de transformations forme un groupe si le produit de deux transformations appartient à la famille et si chaque transformation a une inverse. Existe alors, entre les éléments de l'ensemble où agissent les transformations du groupe, une relation réflexive, symétrique et transitive, qui engendre un concept abstrait (de même que la relation de parallélisme entre droites donne lieu au concept de direction). Une opération de groupe, étant transitive (associative), conduit en effet à définir une espèce d'égalité ou d'identité qui est une équivalence, et les objets de chaque classe pour cette équivalence sont indistinguables. En géométrie les transformations portent sur des figures ou sur tout l'espace. Les éléments, par ex. d'une figure, qui sont conservés par l'action des transformations d'un groupe, s'appellent des invariants : ce sont les propriétés non-altérées par les transformations. Par ex. deux figures en géométrie euclidienne sont dites égales s'il existe une transformation f du plan ou de l'espace qui conserve la distance d entre points : $d(f(x), f(y)) = d(x, y)$ (isométrie ou déplacement, c'est-à-dire translation ou rotation : « rigid motion »). Au lieu de se donner un domaine d'objets et des relations, puis d'en chercher les propriétés, ce qui engendre un corps de théorèmes qu'on appelle une géométrie, on commence par se donner un groupe qu'on fait opérer sur divers domaines, et on regarde quels sont les invariants. Cela évoque la méthode des physiciens depuis Einstein : se donner d'abord des principes d'invariance, puis en déduire les lois de la nature. Au bout du compte, Klein définit la géométrie, la science qui étudie les propriétés de figures conservées par les transformations d'un certain groupe, autrement dit les invariants d'un groupe de transformations. Pour achever de déterminer une géométrie, reste à spécifier des éléments fixes ou des sous-espaces invariants par un sous-groupe des transformations (centre de rotation pour les isométries du plan, axe de rotation pour l'espace $R^3$).

On dira donc qu'il y a autant de géométries que de groupes continus de transformations, chacune ayant pour objet l'étude des invariants relatifs à un groupe, c'est-à-dire des propriétés que les transformations de ce groupe ne modifient pas quand on les fait subir à une figure. C'est l'ensemble de ces propriétés, pour un groupe particulier, qui constitue une géométrie. Par exemple les déplacements conservent longueurs, angles et sens des figures ; les similitudes conservent angles et rapports de longueurs ; les symétries (par rapport à un plan) conservent angles et longueurs, non pas le sens des figures, des figures symétriques n'étant pas congruentes. Le groupe des transformations comprenant déplacements, similitudes et symétries conserve angles et rapports de longueurs, c'est-à-dire la forme des figures. C'est le groupe principal de la géométrie métrique, et une propriété est dite géométrique si elle est conservée par ses transformations.

Un exemple d'élément invariant est l'intervalle de distance spatiale par un changement d'axes de coordonnées (transformation ponctuelle) en mécanique newtonienne. Les propriétés physiques y sont celles conservées inaltérées par le groupe de Galilée, de même que les propriétés géométriques en géométrie euclidienne sont celles conservées par les isométries. Dans un espace euclidien à 3 dimensions, un point se définit par trois nombres, ses coordonnées X, Y, Z, distanccs du point aux plans formés par les trois axes. Les coordonnées changent selon le système d'axes auquel on les rapporte, ils deviennent x, y, z, et les formules de transformation relient les anciennes coordonnées aux nouvelles. Ces relations font intervenir les 6 paramètres qui définissent la position relative du système d'axes. L'ensemble des transformations qui correspondent à toutes les valeurs possibles des 6 paramètres forme un groupe. Soit alors deux points : $(x_1, y_1, z_1)$ et $(x_2, y_2, z_2)$ dans un premier système, $(x'_1, y'_1, z'_1)$ et $(x'_2, y'_2, z'_2)$ dans un second système. Il y a une fonction des six coordonnées qui reste inaltérée pour toutes les transformations :

$$d^2 = (x_2 - x_1)^2 + (y_2 - y_1)^2 + (z_2 - z_1)^2,$$
$$= (x'_2 - x'_1)^2 + (y'_2 - y'_1)^2 + (z'_2 - z'_1)^2.$$

(Il suffit de faire $x'_1 = x_1 + vt$, $x'_2 = x_2 + vt$, $y'_1 = y_1$, $y'_2 = y_2$, $z'_1 = z_1$, $z'_2 = z_2$). C'est une expression du principe de relativité c'est-à-dire d'invariance par rapport aux transformations d'un groupe. Les principes de relativité galiléenne, lorentzienne, généralisée, sont des exemples de relativité : relativité de certains types de mouvement : par ex. différents états de mouvement inertiel sont indistinguables ou équivalents. Les états de mouvement accéléré (non-inertiel) ne sont pas physiquement équivalents en mécanique newtonienne. Les mouvements accélérés ne sont équivalents en Relativité généralisée que s'ils sont dus à la gravitation.

Il y a une hiérarchie des groupes, des propriétés non altérées par G étant altérées par un groupe de transformations plus étendu que G. Par ex. les groupes de transformations continues (homéomorphismes) de la topologie ne conservent pas les propriétés métriques : un cercle est homéomorphe à une ellipse, un tétraèdre à une sphère, etc. Les transformations du groupe de Lorentz ne conservent pas l'intervalle spatial mais l'intervalle d'espace-temps. Apparaissent d'autres invariants, tandis que les anciens peuvent disparaître : ce qui est invariant par un groupe donné pouvant cesser de l'être pour un groupe plus étendu ou plus général : la topologie, la géométrie métrique, la géométrie projective correspondent à trois groupes de transformations différentes : la topologie au groupe des homéomorphismes, la géométrie métrique euclidienne au groupe des isométries, la géométrie projective au groupe des projectivités. Lorsqu'on a une suite de groupes subordonnés, les transformations du groupe le plus général comprennent comme cas particuliers celles des groupes plus restreints. Par ex. le groupe des transformations affines inclut celui des similitudes, qui inclut celui des isométries. (Les propriétés conservées par le groupe le plus général G le sont par ses sous-groupes, qui ne contiennent qu'une partie des transformations de G.). Y correspond une suite d'inclusions de sens inverse entre les systèmes géométriques : tout théorème de géométrie affine étant un théorème de géométrie euclidienne, sans que la réciproque soit vraie.

E. La topologie comporte deux branches. L'une (topologie ensembliste ou des ensembles de points), est une abstraction de la géométrie et roule sur l'étude d'ensembles dotés d'une structure permettant de définir des concepts de voisinage et de continuité des fonctions. (Le voisinage d'un point sur la droite réelle est un intervalle plus ou moins grand ; et grossièrement une fonction continue varie peu quand son argument varie peu, ce qui est voisin à des images voisines). La structure en question s'appelle une topologie et elle est déterminée à partir des propriétés d'ensembles ouverts dans des espaces euclidiens. Un ensemble ouvert 0 n'a pas de bord : tout point de 0, si voisin soit-il de la périphérie de 0, est encore centre d'un voisinage qui ne contient que des points de 0. Par exemple l'intervalle (0,1) privé du point 1 est ouvert : quelque voisin de 1 que soit un point, il a encore à sa droite des points de l'intervalle. Un espace fermé contient tous ses points frontières.

La topologie générale ou ensembliste s'est développée à partir de l'Analyse classique et au contact de la théorie générale des ensembles (Cantor 1880). Elle reçut l'impulsion des travaux de M. Fréchet et de F. Haussdorff (1922). La topologie algébrique a des origines différentes. Autrefois (dans les années 1930), on l'appelait combinatoire parce qu'on y calculait les invariants (nombres de Betti, groupes d'homologie) à partir des matrices d'incidence, c'est-à-dire de coefficients qui schématisent le rapport de l'orientation des faces de dimension n-1 d'un polyèdre à l'orientation de chacune de ses faces de dimension n. Cette topologie est la continuation de l'Analysis situs au sens d'Euler (problème des sept ponts de Königsberg : est-il possible de passer d'une rive à l'autre en franchissant ces sept ponts exactement une fois chacun ?), mais on ne discerne pas tout de suite quoi entendre par « situs », situation, position, place, ou lieu, quand on se réserve la faculté de déformer continûment les figures. Risque de sembler bizarre qu'on parle de géométrie de position quand on néglige grandeur et distance.

La topologie semble parfois opposer les propriétés de structure (« Gestalt ») aux propriétés de situation (« Lage »). La caractéristique d'Euler est un invariant de structure ou de forme, elle n'est pas conservée quand on passe de la sphère (valeur 2) au tore (valeur 0) ; la caractéristique $2 = s - a + f$ s'attribue à la sphère intrinsèquement, indépendamment de la triangulation ou de la division polygonale[4]. Il en est de même pour le tore, auquel s'attribue 0 indépendamment de la manière de le diviser en polygones pourvu que toute arête soit commune à deux polygones exactement. Au contraire le coefficient d'enlacement de deux courbes fermées sans point commun dans un espace tri-dimensionnel n'est pas une propriété intrinsèque, sa valeur dépend de la situation des courbes dans l'espace. Une propriété de structure ne dépend pas de la manière dont la configuration est placée ; elle persiste quand on transforme topologiquement la figure sans transformer l'espace ambiant. L'orientabilité est une propriété intrinsèque, indépendante de toute immersion. Les propriétés dites de situation ne subsistent en général que quand on soumet tout l'espace à une transformation topologique. La propriété d'une surface d'être unilatère ou bilatère n'est pas intrinsèque. Exemple de problème de situation : à quoi reconnaître qu'un polygone est sans nœud, c'est-à-dire a la même situation qu'un cercle (problème des nœuds). Le théorème de Jordan est formulable de manière à exprimer une propriété de situation. La dualité d'Alexander met en rapport les propriétés de situation d'un espace E dans un espace F avec les propriétés de structure du complémentaire F – E. (cf. A. Lautman, *Schémas de structure*, 1938, chap. 2). Le point de vue de la structure ou des propriétés intrinsèques n'exclut pas la considération de la position ; celle-ci est prise par rapport à la configuration elle-même.

Dans la position, la configuration, ou la situation, la topologie retient, en tous les cas, des particularités qualitatives, des propriétés d'arrangement ou de forme. La géométrie métrique traditionnelle, avec ou sans axiome des parallèles, traite de formes – appelées figures – sous l'angle quantitatif. L'objet de cette topologie consiste dans l'étude de propriétés telles que l'orientabilité, la contractibilité en un point (connexité simple : toute courbe fermée dont le support est contenu dans cet espace est continûment déformable en un point : homotope à un point), la propriété d'une surface d'avoir un ou deux côtés, la classification des surfaces relativement à la propriété que les chemins fermés qu'on y trace sont ou non des bords (deux courbes sont homologues sur une surface si à elles deux elles sont le bord d'une région de la surface : alors elles appartiennent à la même classe d'homologie, et ces classes se construisent comme éléments du groupe d'homologie de la dimension 1), etc.

Les mathématiciens s'occupent à faire des classements. Pour classer les figures sous le rapport de ces propriétés, ils disposent d'une équivalence, l'homéomorphie, deux figures étant homéomorphes si elles sont transformables l'une dans l'autre par une application continue (la transformation est bijective et bicontinue, c'est-à-dire continue ainsi que son inverse). Par ex. une sphère $S^2$ (le bord d'une sphère pleine : $S^2$, surface de la sphère pleine, est close ou sans bord ; en effet elle est un bord et son bord est vide), un tétraèdre sont homéomorphes, une sphère et un ellipsoïde aussi, etc. C'est une équivalence topologique, et les propriétés conservées par homéomorphisme sont des invariants topologiques, autrement dit toute figure homéomorphe à une figure donnée possède les mêmes invariants (par ex. la même caractéristique d'Euler). Un tore ($T^2$) et une sphère ne sont pas homéomorphes, la surface du tore ayant un trou, celle de la sphère non. Une ligne droite est déconnectée si on y enlève un point. Une courbe simple (sans points doubles) fermée (dont les extrémités se rejoignent), partage le plan en deux régions (théorème de Jordan). Pour démontrer des résultats de ce genre, intuitifs mais très difficiles à prouver, on est amené à utiliser des notions de topologie des ensembles de points (ou « topologie générale »), et voilà comment les deux disciplines interfèrent.

En se référant à l'engendrement de l'espace à partir de la position, suggéré par Leibniz, nous pouvons conjecturer que Leibniz regarde les propriétés qualitatives des configurations de lieux comme plus fondamentales, pour constituer l'espace, que les données quantitatives ou métriques. La topologie a développé cette idée, d'ailleurs sous-jacente à certaines évaluations d'intégrales en Analyse classique : les conditions pour que l'intégrale d'une différentielle exacte dF soit nulle le long d'un chemin fermé imposent à F de n'avoir pas de singularité à l'intérieur de ce contour ; une intégrale de surface, second membre de la formule de Stokes, est invariante par toutes les déformations de la cloison qui s'appuie sur ce contour, tant que ces déformations n'altèrent pas ce contour ; l'intégrale d'une fonction holomorphe uniforme, lorsque le chemin d'intégration est le bord d'une surface où cette fonction a des pôles (lieux d'infinitude), est égale à la somme des résidus relatifs à ces pôles, etc.

Les exposés de vulgarisation donnent souvent de la topologie algébrique un tableau sommaire. On ne s'y borne pas à compter les trous d'une surface ou les courbes fermées qui divisent une surface donnée (la rendent non connexe). La topologie algébrique décrit la structure d'espaces topologiques en y associant des systèmes algébriques, ordinairement des groupes. Pour un tel espace E, le groupe associé G(E) reflète certains éléments de la structure géométrique de E, par ex. l'arrangement des trous, la connectivité, le nombre de coupures nécessaires à rendre E homéomorphe à un disque, etc. (une coupue va d'un point d'un bord à un point d'un autre bord). Avant d'arriver là, on commence par associer aux objets géométriques des entités algébriques.

La notion de groupe fournit donc, au niveau abstrait, un facteur d'unification ou de réduction de la diversité des géométries.

Du point de vue intuitif également, une unité est peut-être trouvable. La géométrie euclidienne correspond à l'espace tactile où les solides se déplacent sans se déformer : il est significatif que nos membres aient été pris comme unités de mesure : pouce, pied (et son dérivé, la toise ou six pieds), brasse, etc. ; mesurer un corps consiste à s'assurer qu'un autre corps, choisi comme étalon, lui est superposable. La géométrie projective correspond à l'espace visuel : la question à laquelle elle répondait était de savoir comment nous voyons les objets, quelle est la relation entre le figure et la chose vue. Par ex. nous ne voyons pas rectangulaire une table rectangulaire ; les angles ne sont pas toujours ce que nous voyons. Les propriétés qu'étudie la géométrie projective sont des propriétés descriptives (F. Enriquès : graphiques), par différenciation d'avec les propriétés qui impliquent des mesures de grandeur et appelées métriques : pour vérifier les premières nous recourons à la vue, ainsi pour s'assurer qu'une règle est droite, nous regardons si tous ses points donnent une seule image, etc. On pourrait dire que cette géométrie a pour objet des propriétés de position, par abstraction des propriétés métriques, mais la position y est entendue autrement qu'en topologie, étant celle de points, de droites, ou de plans, soumis à des opérations de perspective ou de projection. La topologie considère le continu et la continuité, qui sont l'essence même de l'espace considéré mathématiquement. Le continu quantitatif et numérique est l'objet de la topologie générale (notions de limite, d'ouvert, de fermé, etc.). Le continu considéré sous l'angle de propriétés qualitatives est l'objet de la topologie combinatoire. La synthèse de topologie et d'Analyse (topologie différentielle) met en avant la notion de singularité, que la physique a eu besoin d'introduire indépendamment : corpuscules comme singularités de l'onde, matière comme singularité de l'espace-temps, trous noirs, big bang, etc.

Enriquès proposait une autre classification : propriétés qualitatives (ordre et continuité) se rapportant au sens du toucher (Analysis situs) ; propriétés projectives (appartenance des points, des droites et des plans) se rapportant aux sensations de la vision ; propriétés métriques (congruence, parallélisme) se rapportant aux sensations à la fois tactiles et musculaires (correspondant à des mouvements : espace moteur de Poincaré, *La science et l'hypothèse* (SH), chap. IV, p. 83).

### *III – Que doit-on entendre par espace physique ?*

Ce sera la structure spatiale de l'univers. Ce sera aussi l'espace des physiciens, celui que suppose la science des phénomènes physiques et dont on conçoit que la connaissance vulgaire ne donne qu'une notion imparfaite et insuffisante. N'est-il pas naturel d'admettre que la connaissance sensible ou perceptive est une langue mal faite, qui n'est le support d'aucun consensus (*opinio, doxa,* etc.) ? On cherche dans la science une langue mieux faite, une base universelle de consensus. La caractéristique de la science, ce qui la distingue du langage ordinaire, c'est d'introduire des objets virtuels – ce que Poincaré, qui ne croit pas à l'ontologie des sciences, appelle des conventions.

Le monde du virtuel scientifique s'interprète de plusieurs manières. On peut n'y voir qu'un ensemble de symboles, une construction allégorique, une organisation de schémas abstraits ou théoriques permettant d'unifier et de prévoir les faits physiques, éventuellement identifiés à des ensembles de sensations. Les conventionalistes y voient des recettes commodes. Ils pensent qu'où la nature est muette, nous inventons des structures qui dépassent le donné. « Il n'y a pas de fait de l'objet » (Quine : « There is no fact of the matter »). Où il n'y a pas de fait, il n'y a point de vérité : les conventions remplissent ce vide de faits et de vérité. Elles ne sont ni vraies ni fausses. Ce sont des moyens, des instruments, des intermédiaires conceptuels.

D'autres, qu'on appelle platoniciens, pensent que ce monde théorique est la réalité. Meyerson juge que la science substitue à l'ontologie du sens commun ou du langage ordinaire une autre ontologie : c'est ce qu'on appelle réalisme. Un réalisme expérimental consiste à dire que nous introduisons des entités virtuelles dont ensuite nous découvrons l'existence réelle. Cela peut s'illustrer par les découvertes en électro-magnétisme, ou par l'atomisme. Les atomes ont d'abord été une hypothèse commode (à partir de Dalton), puis, vers 1910 ils ont acquis une réalité expérimentale : « Point de vue légitime mais insuffisant », d'après R. Poirier, qui remarque qu'il n'y a jamais d'intuition directe d'un objet théorique ; nous ne sommes en présence que d'effets plus ou moins lointains de causes hypothétiques. On ne passe pas d'une existence théorique à une existence expérimentale ; vient plutôt un moment où une hypothèse théorique reste la seule debout, les rivales s'étant éliminées. (On falsifie, on ne confirme jamais : Popper avant Popper).

L'idéalisme (par ex. brunschvicgien) oppose le langage usuel et la description mathématisée : ceci tuera cela. Cette antithèse stérile repose sur le postulat que l'objet est moins important ou moins intéressant que la pensée qu'on en a. On fait moins violence aux faits si on conçoit les mathématiques comme un langage universel indispensable. « Je ne crois pas », explique R. Thom, « qu'on puisse avoir une théorisation à validité universelle fondée uniquement sur des concepts exprimés par des mots du langage ordinaire, si ces concepts ne sont pas capables de s'exprimer mathématiquement, en termes d'entités fondamentales telles que l'espace et le temps »[5].

Le réalisme implique une métaphysique, dont l'idée sous-jacente est que le monde réel est l'image qu'une pensée surhumaine, analogue à la nôtre, peut avoir du devenir. A la limite nous devrions être capables de penser le monde comme Dieu lui-même le pense. « Dire que la science est profondément réaliste, c'est admettre qu'elle se prolonge implicitement mais d'une manière inévitable, en une métaphysique du réel »[6]. Un métaphysicien réaliste, s'il croit la réalité déchiffrable, s'attribuerait pour tâche de reconstituer la pensée de Dieu. (L'idéaliste aboutit aussi à Dieu, mais c'est pour mettre l'homme à la place).

Appliquons ce qui précède au cas qui nous occupe. Si on est réaliste, on attend de la science une notion ou une théorie de l'espace et du temps qui en restitue la vérité ou la réalité profonde, objective, le terme dernier accessible au savoir. On rencontre d'abord des constructions symboliques abstraites, celles de la géométrie d'une part, celles des théories physiques d'autre part, ou bien des théories qui évitent de supposer des causes physico-chimiques sous-jacentes aux phénomènes à décrire ou à expliquer ; elles s'en remettent à un modèle géométrique (« géométrisation de la physique » : Relativité, théories de jauge...): alors l'espace devient cause, et la géométrie n'est plus un simple langage de description ou de représentation. Elle assume un rôle causal. Aux causes efficaces ou causes-action s'ajoutent ou se substituent des causes formelles.

R. Poirier (*op. cit.*, p. 312-3) distingue divers types d'explication géométrique. Un sens formel : représenter par des expressions mathématiques dérivées d'une théorie géométrique. C'est le cas lorsqu'on schématise les forces par des vecteurs. Tout concept de physique est géométrique ou construit à partir d'éléments spatio-temporels (vitesse, force, énergie, etc.). Einstein observe que le champ de gravitation n'est ni plus ni moins objet géométrique que le tenseur électro-magnétique. Il est commode et correct de dire, avec Meyerson, qu'une théorie est géométrisée si les grandeurs sur lesquelles elle porte sont géométriques c'est-à-dire se réduisent en dernière analyse à de l'espace et à du temps. L'épistémologue cite la réduction cartésienne de la matière à l'étendue, l'explication de l'inertie des corps par la nature de l'espace, l'attribution des forces inertielles à l'effet du choix d'un repère (forces « fictives » de Newton, non-causées par une interaction de corps, et qu'on élimine par un changement de géométrie). Ainsi la gravité est éliminée localement (principe d'équivalence, etc.).

Ce caractère géométrique de la physique explique peut-être pourquoi, dans la physique, la matière est, depuis toujours, introuvable. « L'attitude qui considère en principe comme possible de saisir tous les rapports en employant exclusivement des notions de nature spatiale est bien ce qu'on entend actuellement par matérialisme (depuis que la matière a perdu son rôle de notion fondamentale) »[7]. En identifiant espace et matière, Platon et Descartes avaient eu un pressentiment des théories contemporaines.

En une acception plus spéciale, une théorie est géométrique si elle ne contient pas d'hypothèses de nature destinées à expliquer les lois de fonctionnement par un mécanisme sous-jacent. En ce sens le principe d'inertie, les transformations de Galilée, de Lorentz, sont géométriques. Autres exemples : la géométrisation de la thermodynamique par Caratheodory, les « théories formelles ou de principe » (Poincaré). Définir une notion de stabilité topologique des défauts des cristaux et l'étudier en termes d'une classification des groupes d'homotopie de l'espace des paramètres d'ordre est un exemple de théorisation de causalité formelle. Geoffroy Saint Hilaire considérait les faits de position comme des déterminants ou des invariants du plan des organismes. Les différences de position d'ensembles de cellules jouent un rôle dans la morphogénèse des embryons, et R. Ruyer jugeait improbable que l'action de substances chimiques (organisine de Dalcq, etc.) suffise à rendre compte de formation et de l'induction d'organes. Il y a des phénomènes qui paraissent n'avoir de raisons que mathématiques : la morphologie naturelle réalise directement des propriétés mathématiques.

R. Poirier conclut que la division du physique et du géométrique est plutôt arbitraire ; qu'elle a un sens important si l'on admet que les notions géométriques sont connues par une intuition spatiale et claire de l'esprit (Descartes, Kant) ; mais que si nous y voyons des êtres de discours, sans privilège d'objectivité ni de simplicité, elle perd sa valeur rationnelle et métaphysique. Les développements axiomatiques de la géométrie indiqueraient qu'elle ne porte pas sur des spécifications d'un donné préexistant, contrairement à ce qu'on pouvait croire quand on considérait que les démonstrations se rapportent à des figures intuitives. Si on voit dans l'espace une classe de données stipulées par axiomes, la géométrie se détache de l'espace physique. (C'est ce qui s'est produit au 19e siècle, sous l'impact de la découverte des géométries non-euclidiennes). Pour la philosophie, cette découverte a d'abord contraint à abandonner l'hypothèse que l'espace physique est une réalisation de l'espace euclidien à 3 dimensions. Tant qu'on croyait une seule géométrie non-contradictoire et possible, il allait de soi que les propriétés de l'espace de cette géométrie étaient celles de l'espace réel. Cette conviction perd son assise, quand il est établi que d'autres systèmes de lois géométriques sont logiquement corrects et non moins fondés. Une autre conséquence concerne la géométrie comme réservoir d'à priori rationnel. L'espace euclidien cesse de pouvoir être tenu pour une forme à priori de la sensibilité qui s'impose à nous en dehors de toute expérience. La diversité des géométries réfute l'idée du caractère de nécessité à priori du concept d'espace, et semble confirmer ceux qui soutiennent que les vérités géométriques sont d'origine empirique. Du moins la géométrie, à la différence de l'arithmétique, n'est pas créée par l'entendement.

Pour que la géométrisation de la physique puisse passer pour explicative, il faut concevoir la géométrie dans un esprit réaliste, donc diriger l'attention sur ce qui est axiomatisé (le contenu) plutôt que sur le caractère axiomatique et déductif des systèmes (la forme). Si on s'attache au caractère logique et formel des géométries, en écartant le contenu, par ex. les faits d'espace, la géométrie se vide d'ontologie. Pourquoi voir dans la polyvalence de l'abstrait un fait négatif ? La rencontre de plusieurs structures dans certaines théories géométriques (espaces fibrés, feuilletages, systèmes hamiltoniens) leur donne un poids ontologique, et l'idée leibnizienne ou spinoziste, que les possibles tendent à l'existence à proportion de leur richesse en attributs ou en perfection, acquiert quelque vraisemblance. Cela implique sans doute une finalité dans l'univers. Mais croire que tout dans la réalité peut se ramener à des relations quantitatives qu'on découvre par l'expérience ou l'expérimentation n'est pas un pari métaphysique moins aventuré. De plus en philosophie arrive toujours un moment où l'on doit choisir et s'engager. On attendrait en vain les preuves ou les démonstrations. Faute de prendre un risque on ne va nulle part.

D'ailleurs la topologie, à ce qui est indiqué sommairement ici, a beau passer pour abstraite (il est rare qu'on ne se meuve pas parmi les abstractions, parce que intellectuellement on ne peut pas considérer toutes les propriétés d'un objet à la fois ; on les sépare donc), elle part de réalités intuitives. L'homotopie vient de la contractibilité, de la possibilité de déformer continûment une aire sans en sortir ; l'homologie est issue de considérer la manière dont une surface est divisée ou non par des courbes fermées (celles qui sont le bord de quelque chose sont homologues à zéro ; cf. ci-dessus). S'il y a des formes privilégiées dans la nature, de quel autre point de vue que de celui de la topologie pourrait-on en rendre raison ?

Si on regarde l'espace comme une classe de données, on peut classer les espaces suivant la nature de ces données, par exemple ainsi : l'espace de la géométrie est qualifié soit par la nature des éléments dont il est la classe (espaces fonctionnels – dont les points sont des fonctions, espaces de points, espaces de vecteurs, espaces d'états – positions-vitesses, de configuration, etc.), soit par la nature des axiomes qui le caractérisent (topologique, métrique, affine...), soit par des propriétés distinguées de préférence à d'autres (continu, compact, n-dimensionnel, mesurable, etc.). L'espace lui-même est traité comme une abstraction. Tel serait le point de vue qu'adopterait un mathématicien « pur », M. Dieudonné par exemple. En fait les espaces des géomètres ne sont pas l'espace physique ; les géomètres étudiant certaines propriétés du continu mathématique et d'entités définies par lui ; la question si l'espace physique réalise telle ou telle de ces propriétés ne peut pas se décider par les mathématiques.

En physique l'espace est présenté plutôt comme une chose, une substance, à quoi on attribue des propriétés qui traduisent des expériences sur le mouvement (d'inertie, accéléré, etc.). Nous ne pouvons penser l'espace physique que d'une manière confuse et incomplète. En montrant la possibilité d'un espace fini et illimité (sphérique), et par l'hypothèse que l'espace est coextensif à l'univers, non pas antérieur à lui, les théories contemporaines nous débarrassent des antinomies de Kant, mais la courbure (en dimension supérieure à 2) et le rattachement du temps à un instant initial où la densité de matière est infinie, n'ont rien d'intuitif. La conclusion de R. Poirier, écrivant dans le contexte de Poincaré et de Duhem, à la lumière d'une épistémologie formaliste, semble être qu'il n'y a, dans les notions d'espace ou d'espaces des sciences mathématiques et physiques, aucun atome de rationalité intuitive ou métaphysique. A strictement parler, il n'y a pas de métaphysique dans les sciences et les formalismes n'en demandent pas. La science n'a pas besoin du sens. Dommage...

### *IV. La philosophie de l'espace*

La principale nouveauté au cours de la période qui s'ouvre à l'apparition du non-euclidien, est le conventionalisme. Plusieurs espèces en existent, l'une due à Poincaré, l'autre, postérieure à la Relativité généralisée, illustrée par les noms de Reichenbach et de Grünbaum. La thèse est que l'expérience ne révèle pas la géométrie de l'espace physique, tandis que la raison ou les mathématiques ne fournissent aucun à priori qui s'impose. Le conventionalisme est une attitude assez radicale, suggérée par le fait que nous ne connaissons pas de méthode pour définir les propriétés de l'espace à partir de l'expérience, ce qui étonne, s'agissant d'une notion suscitée par l'expérience elle-même, universelle et ubiquiste. La pluralité des géométries empêche de résoudre le problème « par le haut », entendons à partir d'une nature idéale, les à priori géométriques étant tous aussi valides les uns que les autres et aucun ne portant de marque qui le distingue. Évoquer le raisonnement bâtard du *Timée* serait inapproprié, puisque ce raisonnement allait vers quelque chose de préexistant. Nos théories, suivant l'épistémologie idéaliste, construisent leurs objets.

Poincaré a pu dire que le choix d'une géométrie est conventionnel : « Choisir une géométrie, c'est choisir un groupe ». Il pense à la classification kleinéenne des géométries. L'existence d'un groupe n'est pas incompatible avec celle d'un autre groupe. La vérité d'une géométrie n'est pas exclusive de la vérité d'une autre géométrie. (Une géométrie au sens de Klein consiste en un domaine d'objets D – domaine d'action pour un groupe de transformations G qui agit dans D). La réponse est en vue à la question si les hypothèses à la base de la géométrie sont des faits expérimentaux, des jugements analytiques, ou des jugements synthétiques à priori. Au premier cas, la géométrie ne serait pas une science exacte, elle serait révisable ; dans le second cas, ces hypothèses seraient nécessaires et il serait impossible de rien construire sur leur négation. Reste la possibilité que ces hypothèses soient des conventions, suggérées par les faits expérimentaux, et que le choix en soit soumis à des conditions de commodité ou d'utilité. « Si la géométrie était expérimentale, elle ne serait qu'approximative et provisoire. Et quelle approximation grossière ! La géométrie ne serait que l'étude des mouvements des solides, mais elle ne s'occupe pas en réalité des solides naturels, elle a pour objets certains solides idéaux, absolument invariables, qui n'en sont qu'une image simplifiée et lointaine... Ce qui est l'objet de la géométrie, c'est l'étude d'un groupe particulier, mais le concept général de groupe préexiste dans notre esprit au moins en puissance. Il s'impose à nous, non comme forme de notre sensibilité mais comme forme de notre entendement. Seulement parmi tous les groupes possibles, il faut choisir celui qui sera pour ainsi dire l'étalon auquel nous rapporterons les phénomènes naturels. L'expérience nous guide dans ce choix qu'elle ne nous impose pas ; elle nous fait reconnaître non quelle est la géométrie la plus vraie, mais quelle est la plus commode » (SH, chap. IV, p. 91 ; cf. aussi p. 109 : « Dans notre esprit préexistait l'idée latente d'un certain nombre de groupes... La géométrie n'est pas vraie, elle est avantageuse ». Il y a des groupes plus commodes ou plus avantageux que d'autres – par leur puissance générative ou parce que, n'étant ni trop gros ni trop petits, ils s'accordent le mieux avec les besoins de nos organismes). Une convention ne s'impose pas, elle émane d'une libre décision et elle n'est pas susceptible d'être vraie ou fausse. Le conventionalisme de Poincaré a des bornes ; les conventions ne sont pas arbitraires. Poincaré admet un à priori inné, la notion de groupe qui représente notre compétence géométrique, laquelle s'actualise en une performance, au contact d'un corpus de données physiques.

Dans un texte de 1891 (même recueil chap. III), donc antérieur aux *Fondements de la géométrie* de Hilbert (1899), Poincaré donne les axiomes de la géométrie pour des définitions déguisées (SH p. 67). Pense-t-il aux axiomes qui définissent (implicitement) les notions primitives ? (Les axiomes de l'axiomatique formelle sont des fonctions propositionnelles qui ne définissent pas univoquement les termes primitifs qui y figurent comme variables libres. Ces axiomes réunis forment un ensemble de relations qui définissent d'ailleurs le système de ces termes plutôt qu'aucun d'eux en particulier : ce sont des conditions, sur des variables de différentes sortes, pour que ces variables soient interprétables comme des entités géométriques de telle ou telle espèce). Il n'y a guère de sens à dire que des axiomes de ce genre sont des conventions. Poincaré et Hilbert ont en vue deux réalités différentes, le premier la géométrie appliquée, le second la géométrie euclidienne comme théorie mathématique[8].

Poincaré est allé jusqu'à dire que les axiomes des géométries sont des conventions nominales (des définitions de mots), et que la différence entre une géométrie euclidienne et une non-euclidienne peut se régler par un dictionnaire. Par ex. en géométrie lobachvskienne le mot « droite » peut servir à désigner une courbe (une géodésique d'un tel espace n'est pas rectiligne) ; en géométrie euclidienne on adopte une autre convention linguistique. Alors « demander quelle géométrie il conviendrait d'adopter c'est demander à quelle ligne il convient de donner le nom de droite » (*Valeur de la science*, chap. II, p. 60 et SH, p. 105). Cela réduit la différence à une question de signification de mots (« meaning variance » des philosophes analytiques). Là le conventionalisme aboutit au sophisme ou à la trivialité (si on appelle Ajaccio « Paris », « Napoléon est né à Paris » devient vrai ! « Tout n'est que langage », et ainsi de suite).

La critique et l'analyse des postulats de la géométrie se sont effectuées hors du cadre des théories kantiennes. Les géométries non-euclidiennes semblaient montrer que la raison n'est pas compétente pour l'espace et que les lois de celui-ci ne peuvent pas se déduire de la raison pure, puisqu'il n'y a pas d'unité de détermination. Gauss, Helmholtz, Poincaré jugent périmée la philosophie des mathématiques de Kant. Gauss cherchait par des mesures si l'espace qui nous entoure est euclidien. Helmholtz attribuait à la mécanique l'origine de nos lois géométriques : lois de déplacement des solides, lois cinématiques. D'autres ont nié que les géométries non-orthodoxes réfutent la doctrine kantienne. Celle-ci n'impliquerait pas qu'une seule géométrie soit logiquement fondée. C'est seulement que la géométrie euclidienne peut s'accompagner d'une évidence intuitive qui manque aux autres systèmes, logiquement légitimes, mais sans titre à passer pour des géométries. En effet le kantisme est compatible avec une pluralité de géométries, à condition que les systèmes non-orthodoxes ne s'accompagnent pas d'intuition : ce sont des constructions vides, dont les axiomes ne sont pas susceptibles de s'appliquer à une matière intuitive (la géométrie euclidienne seule coïncide avec la forme à priori de notre faculté de percevoir). C'est ce que soutient Renouvier, et que conteste Helmholtz, qui s'appuie sur les modèles pseudo-sphériques de Beltrami. Poincaré (SH, chap. IV, etc.), Eddington (*Temps, espace, gravitation*, introd.) pensent qu'on peut s'imaginer un espace non-euclidien (images dans des miroirs convexes ou concaves, reflet du contenu d'une chambre dans le bouton de porte en cuivre, etc.).

Une autre échappatoire aux objections des kantiens consiste en une interprétation idéaliste des géométries. Celles-ci, dit-on, ne s'appliquent pas à l'espace en soi mais consistent à postuler des métriques. Par ex. que la courbure de l'espace ne concerne pas l'espace en soi, mais la façon de le mesurer, elle est une propriété d'un réseau de mailles – des coordonnées – que nous jetons sur l'espace, lequel n'a pas de forme. Affirmer que l'espace impose une courbure aux corps ou aux rayonnements qui le peuplent est absurde – c'est ce que d'aucuns écrivaient avant la Relativité générale ; qu'il s'agit d'une détermination métrique artificielle, symbolique. Que chaque géométrie est une manière de géométriser l'espace, elle ne nous dit rien sur sa nature et ses propriétés géométriques réelles. La théorie d'Einstein, réaliste d'esprit et d'intention, exclut tout à fait cette interprétation conventionaliste.

Le conventionalisme peut passer pour une réponse à un problème de choix entre des théories rivales en l'absence de critères évidents. La nature, disait Hermann Weyl, répond rarement oui à nos questions, elle répond parfois un non inaudible... Pour la géométrie, nous ne pouvons pas spécifier d'expériences qui décideraient de l'issue : il y a une indétermination de la théorie face à une équivalence du point de vue de l'expérience. Les conventionalistes résolvent le problème en soutenant que les théories concurrentes ne sont pas incompatibles : c'est une affaire de règles de correspondance, c'est-à-dire de dictionnaire, et finalement de mots. Vers les 1920, cette conception tâche à prendre appui dans la relativité au sens des théories physiques, où certaines grandeurs ne sont pas définies en soi, mais dépendent du repère : vitesse en mécanique classique, longueur d'une barre en Relativité restreinte, gravité en Relativité générale. Mais ce relativisme est partiel et diffère du relativisme généralisé des conventionalistes. En effet le premier a pour contrepartie la comparabilité des observations et la mise au jour d'une structure du mouvement invariante par changement de repère.

De plus les descriptions équivalentes au sens de ces théories ne le sont pas avant la théorie ; elles ne le sont que dans le cadre de la théorie. Les grandeurs en question (par ex. la vitesse absolue) n'ont pas d'existence du tout ; elles sont éliminées.

Le conventionalisme de Reichenbach semble inspiré par des motifs épistémologiques, une conception vérificationiste du sens. Le conventionalisme de Grünbaum s'enracinerait dans le relationisme. Soutenir qu'un espace n'a pas de métrique intrinsèque et que celle-ci est imposée par la distribution de matière est une conception machienne, esquissée dans la critique de l'espace absolu newtonien par Berkeley : à l'espace absolu Mach voulait substituer des masses comme cause de l'inertie. Dans la Relativité générale l'équation entre les expressions qui représentent la courbure et celles qui représentent la matière-énergie indique un rapport d'action-réaction ou d'action réciproque. Einstein s'intéressait de préférence à l'action de la géométrie ou de l'espace sur la matière, tout en admettant que la présence de masses modifie les trajectoires, c'est-à-dire la structure géométrique de l'espace-temps (comme Riemann l'avait indiqué). Il pensait que la métrique de l'espace est objectivement déterminée par des données intellectuellement respectables. L'hypothétique, c'est la décision de représenter l'espace-temps par une variété riemannienne, plutôt que le choix d'une géométrie sur une variété métriquement amorphe. Le conventionalisme de Grünbaum, doctrine erronée, obscure et confuse, repose sur des contre-sens et des interprétations abusives. Au bout du compte on se demande à quoi bon des conventions s'il n'y a rien dessous ! (Pourquoi ne pas utiliser la maxime qui a tiré d'embarras les idéalistes en mainte autre circonstance : « De ce dont on ne peut pas parler, il n'y a qu'à se taire » ?).

*V. Les réflexions de René Poirier*

La science, si elle est explicative, devrait être une reconstruction des phénomènes, les réinventer et les prédéterminer idéalement : « Lorsqu'Aristote attribue au sage de connaître la nécessité des choses, il songe assurément à une nécessité intérieure et à priori, non pas à celle des phénomènes pris dans leur enchaînement empirique » (p. 377). Mais « comment y aurait-il des vérités à priori si les termes qui sont associés n'ont pas de sens antérieur à l'expérience ? » (p. 375). D'autre part il y a incommensurabilité entre les concepts scientifiques et les notions sensibles, entre l'énergie, le potentiel, la force et les images que ces mots évoquent. Les objets de la physique théorique sont des constructions abstraites, groupées parfois en lois harmonieuses (Relativité générale). Cet abstrait ne s'applique pas au concret par l'intermédiaire d'une intuition, comme le croyait Kant[9] ; il est mis en rapport avec les phénomènes moyennant un dictionnaire de règles de correspondance. Il n'y a point de raison législatrice garantissant l'adéquation de la chose et de l'entendement *(adaequatio rei et intellectus)*, comme le pensaient les rationalistes classiques ; en revanche les mathématiques proposent des formules, des expressions symboliques, des structures verbales, parmi lesquelles nous avons le choix, soit en fonction de leur apparence harmonieuse, soit guidés par l'expérience : « Nous choisissons celles qui ont avec l'expérience le contact le plus étendu » (R. Poirier, p. 376).

Il semble que dans les années 1920 R. Poirier, qui accepte à contre-cœur les analyses du conventionalisme idéaliste, anticipe la situation de l'épistémologie post-popperienne, où il est devenu banal de dire qu'il n'y a pas de différence entre les théories et les mythes. D'une étude minutieuse des théories géométriques et physiques il conclut que les théories de l'espace et du temps sont des constructions abstraites sans représentation possible d'une réalité. Comment le blâmer de chercher une réalité sous les constructions idéales ? Cette réalité, il ne la trouve pas. Pour l'auteur de l'*Essai,* les théories sont des réseaux de relations, elles forment un tissu verbal qui se distingue du langage ordinaire par sa plus grande cohérence et la stabilité de ses règles. Nous n'avons, ici et là, que des verbalismes, et celui de ces verbalismes qui est le plus réel est celui qui se rapporte à l'expérience immédiate. Les conclusions, parfois assez négatives, répondent aux attendus suivants : la nécessité est détruite par l'excès de richesse en abstractions parmi lesquelles aucun principe de choix ne s'impose ; les théories ont une apparence d'arbitraire et ne nous font pas pénétrer plus avant dans la nature des objets dont nous possédons des notions intuitives imparfaites. Indépendant par rapport à l'orthodoxie brunschvicgienne, R. Poirier ne trouve pas de raison d'abaisser la *doxa* devant l'*épistèmè ;* le réel, pour lui, reste celui de l'expérience immédiate. « Ne sacrifions pas la légende sensible de nos yeux pour la légende verbale de notre science ». Au terme de son enquête, l'auteur, écartant les spectres conventionalistes, esquisse un programme de philosophie de la nature : « Notre idéal ne peut être d'atteindre une connaissance d'un type plus haut, mais seulement de rendre la plus humaine possible notre image des phénomènes. Qu'est-ce à dire, sinon la plus adéquate à ce qu'il y a en nous de déterminé, à notre imagination sensible et à ses lois ? Abstrait et concret ne caractérisent pas deux sortes de signes, deux sortes d'éléments figuratifs. Loin d'être un idéal, l'expression purement algébrique des événements n'est donc qu'un pis aller ; il nous faut la revêtir d'un corps intuitif, appréhendable dans notre imagination. Or que sont les lois de celle-ci ? Celles mêmes de la perception brute, et nous sommes incapables de nous arracher à notre nature sensible, qu'il s'agisse de la forme ou de l'étendue de notre représentation. Nous ramenons tout à l'échelle de notre expérience primitive, et cette condition, étant inévitable, doit nous servir de norme. C'est pourquoi la continuité des phénomènes, l'existence d'un espacc ct d'un temps absolus et euclidiens nous semblent les réquisits les plus raisonnables d'une théorie physique idéale »[10].

## NOTES

1. A.N. Whitehead, *La science et le monde moderne*, 1926, tr. fr. 1929, p. 155.
2. R. Poirier, *Essai sur quelques caractères des notions d'espace et de temps*, 1932, p. 374.
3. Pour les géomètres d'aujourd'hui, les $dx_i$ sont des formes linéaires sur l'espace tangent $T_pM$ et vérifient $dx_i\ (X) = X_i$ (i-ième coordonnée du vecteur X). $e_i$ étant une base de $T_pM$, si $g_{ij} = (e_i.e_j) = 0$ ou 1 selon que i diffère ou non de j, le $ds^2$ est le carré de la longueur de X.

   Une géodésique sur une surface M est une courbe dont la courbure sur M est nulle en chaque point : la composante de l'accélération de la courbe suivant la direction normale à la courbe dans le plan tangent à M, est nulle.
4. La caractéristique d'Euler est un nombre qui caractérise les polyèdres convexes. Si s, a, et f sont resp. le nombre des sommets, des arêtes et des faces, $s - a + f = N$. Ce nombre est aussi égal à la somme alternée des nombres de Betti des dimensions 0, 1 et 2. L'intégrale de la courbure sur une surface orientable compacte est égale à $2\pi$ fois la caractéristique d'Euler (théorème de Gauss-Bonnet). On rencontre encore la caractéristique d'Euler d'une surface fermée lisse dans un autre contexte, où interviennent à la fois la topologie et la différentiabilité de fonctions, quand on définit un champ de directions sur une surface S, ce qui équivaut à définir un espace tangent en chaque point, c'est-à-dire une application v lisse de S dans $R^n$ : $v(x)$ de $T_x(S)$, quel que soit x. D'un point de vue local, l'intéressant réside dans les zéros ou singularités de $v(x)$, les x tels que $v(x) = 0$. Car si $v(x)$ est différent de 0, $v(x)$ est presque constant au voisinage, il n'arrive rien. Lorsque $v(x) = 0$, la direction de $v(x)$ peut changer violemment dans un petit voisinage

de x. Le champ peut avoir un puits, une source, une selle, une spirale, un dipôle, un vortex. Ainsi pour tracer un champ de vecteurs sur une surface compacte, on détermine d'abord la forme des points singuliers et on interpole le comportement du champ entre ces points. La topologie de la surface limite les possibilités. Par ex. sur la sphère on établit sans peine un champ avec deux points singuliers, ce qui n'existe pas sur le tore. Cela se relie au fait qu'il n'existe pas de système de coordonnées unique sur toute la sphère. Sur le tore un pattern tel qu'une selle (un col) et une source est possible, ce qui n'est pas sur la sphère. En particulier un tore a un champ sans zéros, impossible sur la sphère.
La notion d'indice quantifie le changement de direction autour d'un point. En dimension 2, $j = ind_x(v)$ indique le nombre de rotations de v autour d'un petit cercle tracé au voisinage de x. Alors un beau théorème (Poincaré-Hopf) dit qu'un champ de vecteurs lisse sur une variété orientable compacte M, et qui n'a qu'un nombre fini de zéros, est tel que la somme des indices de ses points singuliers $\Sigma$ j égale la caractéristique d'Euler $\chi(M) = 2 - 2p$ (où p est le genre de M). Ce résultat implique que la somme des indices ne dépend pas du champ de vecteurs mais de la topologie de la surface ! L'espace peut donc agir sur ce qui s'y passe.

5. R. Thom in J. Nimier, *Entretiens avec des mathématiciens,* 1989, p. 99.
6. R. Poirier, *op. cit.*, p. 227, et Introduction, parag. 2, p. 18.
7. A. Einstein, « La relativité et le problème de l'espace », in *La théorie de la relativité restreinte et générale,* 1954, rééd. 1976, p. 157.
8. Le problème de Poincaré est-il épistémologique : quel statut à des propositions ni empiriques ni analytiques ni synthétiques à priori ? L'idée de convention paraît sortir d'éliminer les réponses impossibles. Mais une convention suppose plusieurs contractants, et celles des conventionalistes se concluent avec un partenaire muet, la nature. En fait on ne peut pas imaginer n'importe quelle géométrie pour l'espace réel, des contraintes empiriques s'opposent à tel ou tel choix : on ne peut pas déformer arbitrairement la géométrie, si elle doit tenir compte de l'expérience, s'accorder avec les données physiques. R. Thom demande comment une physique correcte (vraie) peut s'exprimer dans une géométrie – non pas fausse puisque ni faux ni vrai ne sont pertinents en l'espèce, d'après le conventionalisme – mais incommode ? On répond à cela que la physique sera plus compliquée et incommode que de raison : le conventionalisme s'appuie sur le holisme (Duhem), où l'on soutient que seul l'ensemble de la construction est vrai ou faux (« testable », comme dit la langue de bois épistémologique), non point chaque hypothèse particulière. Ce genre de conventionalisme est familier aux lecteurs de Quine et des philosophes analytiques anglo-saxons.
Résumons. Il n'y a aucun sens à dire que les axiomes d'une géométrie (théorie mathématique) sont des conventions. Quelle est la géométrie physiquement vraie ? Là-dessus rien n'oblige à penser que le choix est conventionnel. La géométrie euclidienne est vraie localement ; mais la cinématique qui met en jeu des vitesses voisines de celle de la lumière (Relativité restreinte) repose sur la géométrie hyperbolique, etc.
9. Kant s'applique à donner à la notion d'espace un caractère psychologique en l'enracinant dans l'intuition. Cette tendance psychologique est également présente dans la thèse de Riemann, qui, à la suite de Gauss, s'interroge sur le sens physique de la géométrie, ques-

tion que Kant n'avait pas à se poser, étant convaincu de l'unicité de la géométrie. (Les historiens rapportent que Gauss avait fait procéder à des mesures de triangulation dans le Hartz afin de contrôler expérimentalement la validité de la géométrie euclidienne, laquelle pour Kant allait de soi). La valeur intuitive des théories est indifférente à l'idéalisme d'aujourd'hui, où la croyance que des concepts abstraits représentent une réalité est tenue pour une naïveté (réalisme « naïf », etc.). Peu importe d'ailleurs que les théories ne représentent rien, du moment qu'elles fournissent des recettes pour agir (le conventionalisme s'achève en pragmatique).

10. R. Poirier, *op. cit.*, p. 379.

## RÉFÉRENCES


- A. Einstein, *Comment je vois le monde*, Flammarion, 1935.
- M. Guéroult, L'espace, le point et le vide chez Leibniz, in *Études sur Descartes, Spinoza, Malebranche et Leibniz*, Olms, 1970.
- L. Rougier, *La philosophie géométrique de Henri Poincaré*, Félix Alcan, 1920.
- R. Thom, Quelques remarques sur la philosophie de Henri Poincaré, 1986.


### *A la mémoire de Henri Joly*

*J'avais rencontré Henri Joly à Grenoble en 1983, après plus de trente années sans le revoir, et j'avais été très touché qu'il garde un souvenir précis de nos conversations de l'époque où nous étions condisciples au lycée Louis-le-Grand. Cela m'a confirmé dans le sentiment qu'il possédait de rares qualités d'attention et de fidélité. Je reste douloureusement surpris devant le mystère du destin qui nous a ôté un ami irremplaçable.*

*Françoise LÉTOUBLON*
*Université de Grenoble III – UA 1230 du CNRS*

# LE TEMPS S'EN VA

Deux articles d'Henri Joly rédigés récemment et dont on attend la publication, portaient sur les conceptions grecques du temps : comparaison entre la conception paysanne du temps chez Hésiode et la conception philosophique élaborée par Platon ("Temps hésiodique et temps platonicien. Le temps du paysan et le temps du philosophe", cours public, Genève, 1984-1985, à paraître), analyse du discours rhétorique comme "discours d'avenir" dans les textes, de la période archaïque jusqu'à l'époque classique, et à travers la théorie qu'en fait Aristote ("Le discours d'avenir. Eléments pour une rhétorique grecque de la délibération", Athènes, juillet 1986, Congrès des Philosophies de Langue française, à paraître) ; il est aussi question des théories et conceptions du temps, plus incidemment, dans d'autres travaux d'H. Joly (par exemple dans l'article "Sur la tête de Gorgias"). Comme mes recherches sur les verbes de mouvement en grec (publication en 1985) m'avaient amenée depuis longtemps à une réflexion linguistique sur ces problèmes, il m'a semblé que le meilleur hommage que je pouvais lui rendre à l'heure actuelle porterait sur les conceptions du temps en Grèce à l'époque archaïque : on y trouvera l'expression d'une méthode linguistique qui se veut rigoureuse, mais aussi de plusieurs incertitudes, préférables sûrement à des affirmations erronées.

## 1. LA DYNAMIQUE DU TEMPS HUMAIN

Les textes anciens peuvent souvent servir de témoins des représentations et des mentalités du passé : à propos d'un problème comme celui de la représentation du temps, nous n'avons d'ailleurs pour les VIIIème-VIIème siècles avant J.C. aucun autre témoignage que celui des oeuvres d'Homère et d' Hésiode. Homère, en particulier, a été abondamment utilisé dans les études antérieures sur le sujet [1]. Mais, si l'on a abondamment exploité la citation d'un vers de l'*Iliade*, I, 70

[Κάλχας]
ὃς ᾔδη τά τ' ἐόντα τά τ' ἐσσόμενα πρό τ' ἐόντα,

exprimant à l'aide de trois participes du verbe "être", la division du temps connu par le devin Calchas en trois "stades" (littéralement "C. qui connaissait les choses étant, celles qui seront et celles qui étaient auparavant" : soit "le présent, le futur et le passé") [2] ainsi que l'analyse des expressions nominales du temps [3], il me semble que l'on en a conclu peut-être trop rapidement à une opposition simple entre le temps linéaire et fragmenté des hommes, connu seulement des devins, perçu par bribes successives par les humains ordinaires, et le temps cyclique des dieux.

Deux auteurs, partant d'horizons fort différents, H. Fränkel à partir de l'histoire des idées et de la littérature [4], G. Guillaume à partir d'une analyse du temps en linguistique générale, dans un cadre théorique qui lui est propre [5] ont aussi compris que le temps tel qu'il est perçu par les Grecs a un caractère *dynamique* et *afférent* : le temps est "à venir" et se déplace en direction du locuteur, centre de la perception. Guillaume justifie par sa théorie le futur grec, Fränkel montre que cette perception du temps "qui vient" domine toute la littérature archaïque grecque, une symétrie commençant à s'établir, à l'âge classique, entre le temps qui vient et le temps "passé", avec Sophocle [6]. Mais jusqu'à présent, il semble que l'on ait laissé de côté l'analyse de l'emploi des verbes de mouvement pour le temps, emploi pourtant idiomatique en grec dès l'époque homérique [7] comme il l'est dans de nombreuses langues, au moins dans le domaine indo-européen. Une étude linguistique systématique (c'est-à-dire n'excluant aucune occurrence, sinon par oubli involontaire) paraît pouvoir apporter une lumière nouvelle sur les représentations, et sur le développement de l'appréhension grecque du temps.

## 2. " Ἦλθεν / εἶσιν ἠὼς δυσώνυμος ": AFFÉRENCE DU TEMPS DANS LA LANGUE ARCHAÏQUE.

Le mouvement du temps est régulièrement - c'est-à-dire idiomatiquement - exprimé en grec, dès l'époque homérique, par le paradigme supplétif du verbe "aller", et en particulier, par l'aoriste ἦλθε(ν), dans l'*Iliade* avec le nom de la "nuit", νύξ , II, 387,

εἰ μὴ νὺξ ἐλθοῦσα διακρινέει μένος ἀνδρῶν

celui de l' "obscurité", équivalent visuel et signal de la nuit [8], VIII, 500,

ἀλλὰ πρὶν κνέφας ἦλθε,

dans l'*Odyssée* avec le nom de l' "*année*", ἔτος : I, 16

ἀλλ' ὅτε δὴ ἔτος ἦλθε περιπλομένων ἐνιαυτῶν,

VII, 261 = XIV, 28 ἀλλ' ὅτε δὴ ὀγδοόν μοι ἐπιπλομένων ἔτος ἦλθε
ou de l' "aurore", XV, 56

ὥς ἔφατ', αὐτίκα δὲ χρυσόθρονος ἤλυθεν ἠώς.

Par une analyse complète des occurrences de ἦλθον, nous savons que ce thème d'aoriste a une valeur de *deixis* spatiale "centripète", c'est-à-dire qu'il fait référence à une orientation du mouvement vers le lieu de référence de l'énonciation, appelé en grec "δεῦρο " ou " ἐνθάδε", en français "ici", à peu près comme notre verbe "venir", le verbe allemand *kommen* ou le verbe anglais *to come*. On n'aura donc aucun problème pour traduire la série d'exemples ci-dessus successivement, "si la nuit n'était venue disperser..." "mais auparavant vint l'obscurité,...","mais lorsque vint l'année..." "aussitôt vint l'aurore au trône d'or".

Un exemple de l'aoriste μολεῖν , substitut habituel de ἐλθεῖν et lui aussi "centripète" [9], avec ἠώς, confirme le caractère habituel de cette représentation, *Il*, XXIV, 781.. ἦ γὰρ 'Αχιλλεὺς

πέμπων μ' ὧδ' ἐπέτελλε μελαινάων ἀπὸ νηῶν
μὴ πρὶν πημανέειν πρὶν δωδεκάτη μόλῃ ἠώς.

En revanche, comme on connaît l'emploi normalement "centrifuge" de εἶμι dans la langue archaïque [10] , les exemples suivants paraîtront plus surprenants : *Od*., II, 89 avec ἔτος :

ἤδη γὰρ τρίτον ἐστιν ἔτος, τάχα δ' εἶσι τέταρτον

"C'est déjà la troisième année, bientôt *viendra* la quatrième", ne peut être rapproché que d'*Od*., I, 16, cité ci-dessus avec le même sujet et l'aoriste, *Od*., XIX, 571 avec ἠώς :

ἥδε δὲ ἠὼς εἶσι δυσώνυμος, ἥ μ' 'Οδυσῆος
οἴκου ἀποσχήσει

"Voici que vient l'aube maudite qui me tiendra éloignée de la maison d'Ulysse", à rapprocher d'*Od*. XV, 56.
Un emploi de l'*Iliade* peut aussi se rattacher à cette série, avec la valeur archaïque de présent de εἶσι , *Il*., XXIII, 226

Ἦμος δ' ἑωσφόρος εἶσι φόως ἐρέων ἐπὶ γαῖαν
[... ]
τῆμος πυρκαΐη ἐμαραίνετο, ...

"Tandis que l'Etoile du matin vient annoncer la lumière sur la terre..." (cette étoile est au jour ce que κνέφας est à la nuit, voir le commentaire de *Il.*, VIII, 500, ci-dessus).

Les langues indo-européennes qui connaissent l'opposition lexicale "aller / venir" l'utilisent d'une manière systématique pour l'expression du temps : quand le "temps" a une valeur précise, datable, quand il s'agit d'un point du temps, on utilise "venir" : fr. "*le temps vient / viendra / vint / (arrive / arrivera / arriva* ) de faire telle chose" (de même avec l'*année*, le *jour*, l'*heure* etc.) : les formes spécifiées du temps, limitations de la durée, admettent - ou exigent - le verbe "venir". de même en allemand : "*es kommt / kam die Zeit, zu... das Jahr, der Tag, die Stunde* ), en anglais : "*then comes / came the time when* (*the year, the day, the hour* ). Au contraire, les mêmes langues emploient "aller" ou les verbes correspondants quand le temps est envisagé dans sa durée [11] . Or les trois exemples cités ci-dessus de εἶσι impliquent une valeur "centripète","vient" ou "viendra", qui fait exception dans les emplois de ce verbe; ils ne peuvent s'expliquer que par la force des liens paradigmatiques qui ont dû unir très tôt εἶμι et ἦλθον comme le présent-futur et l'aoriste du même verbe[12] .

En contraste avec *Il.*, I, 70 qui exprime la division du temps de manière statique, en trois étapes qui "existent" successivement

| | | |
|---|---|---|
| τὰ πρὸ ἐόντα | τὰ ἐόντα | τὰ ἐσσόμενα |
| (πάρος) | (νῦν) | (ὕστερον) |

l'emploi du paradigme supplétif εἶσι / ἦλθε semble au contraire exprimer une *dynamique* propre du temps. Mais, d'autre part, le fait que le "temps qui vient" soit seul attesté dans ces syntagmes, et non le "temps qui passe" ou "s'en va" - comme pourtant les autres emplois de εἶμι le laissaient presque attendre - implique que ce temps dynamique est orienté dans une seule direction, sur un axe qui "vient" vers le sujet de l'énonciation. En grec archaïque, on voit le temps "venir à soi", on ne le sent pas "partir, passer, s'en aller".

Cette orientation confirme les conclusions tirées précédemment de l'analyse du participe ἐσσόμενα pour désigner le "futur" : en somme ; la coexistence en grec homérique des expressions εἶσι ἔτος, ἠώς et τὰ ἐσσόμενα reproduit à peu près l'opposition qui existe en français entre les expressions *futur* (statique) et *avenir* ( *à venir* : dynamique ) pour le même référent (cf. aussi all. *Zukunft* : dynamique, formé sur *kommen*, opposé au latin *futurum*, statique, formé sur *fui* ). Pour ἦλθε (dynamique) par rapport à τὰ πρὸ ἐόντα (statique), nous avons aussi les parallèles français *passé*, latin *praeteritum*, allemand *Vergangenheit*, tous dynamiques, mais d'orientation spatiale "centrifuge", montrant le temps passé comme s'éloignant du point de référence de l'énonciateur. La "chronogenèse" de Guillaume se trouve ainsi confirmée elle aussi : "Alors que le latin a vu seulement dans le futur une réplique inversée du passé... (en grec)...le temps naît dans le futur, arrive au présent, et s'écoule dans le passé" [13].

## 3. LE TEMPS DES DIEUX ET LE TEMPS DES HOMMES

La cohérence des emplois idiomatiques de εἶσι / ἦλθε pour le temps atteste donc une représentation dynamique du temps chez Homère. Si l'on compare cette représentation avec l'expression des trois étapes du temps au chant I de l'*Iliade*, on peut se demander si la divergence dans l'expression correspond à une divergence dans les représentations, et, si c'est le cas, en chercher une explication.

Trois explications semblent possibles (mais non compatibles entre elles, je crois).

On sait que la "langue homérique" n'est pas homogène, mais comporte des "couches", linguistiques et dialectales appartenant à des époques distinctes du développement de la langue grecque,"achéen" archaïque, éolien, la couche la plus récente, ionienne, représentant peut-être la forme littéraire du dialecte parlé par "Homère" ou les aèdes homériques : le vers 70 d'*Iliade* I pourrait appartenir aux couches linguistiques anciennes, les expressions comportant εἶσι / ἦλθε aux couches plus "récentes", plus proches d'un état parlé du grec. Dans cette hypothèse d'une stratification ou sédimentation du texte, l'expression du temps aurait évolué en même temps - ou avec un retard, pour nous impossible à déceler - que sa représentation : à la conception statique plus ancienne, représentée linguistiquement par l'exemple du chant I (généralement reconnu comme "ancien" [14] ) aurait succédé une représentation dynamique, linguistiquement plus productive, ou en tout cas numériquement mieux attestée.

Dans un article de 1965, E. Benveniste oppose le "temps linguistique" (la dénomination du temps dans la langue, puis dans le métalangage) au "temps chronique", mis en ordre de successivité dans l'expérience vécue de l'homme : l'exemple d'*Il.*, I, 70 pourrait correspondre au premier, les exemples de εἶσιν / ἦλθε au deuxième type. Dans cette hypothèse [15] le texte homérique attesterait la coexistence de ces deux points de vue sur le temps, sans contradiction et sans problème diachronique.

La troisième hypothèse explicative est d'ordre théologique : dans le chant I de l' *Iliade*, la représentation des trois étapes temporelles est explicitement attribuée au devin Calchas, ὃς ᾔδη "lui qui savait...", alors que les verbes de mouvement s'appliquent au temps vécu par les humains. La divergence d'expression pourrait peut-être alors s'expliquer par une opposition cohérente entre le Temps universel, connu des dieux et de leurs interprètes, devins et parfois poètes, et le Temps des hommes, sans cesse en devenir, soumis au processus d'écoulement permanent exprimé, quelques générations après Homère, par Héraclite [16] On comprendrait que le temps des dieux, qui ne "vient" ni ne "passe" puisqu'ils vivent dans l'αἰών, l'Eternité, sans vieillir ni mourir, soit exprimé par des participes du verbe "être", alors que le temps des hommes "vient" puis "est venu" [17]. Le problème de cohérence des représentations qui pourrait alors se poser est entre la conception statique du temps des dieux attestée ici et la conception cyclique dont on a trace ailleurs, par exemple dans une expression homérique formulaire comme περιπλομένων ἐνιαυτῶν [18] problème qu'il n'est pas possible d'aborder ici, où c'est l'expérience humaine du temps grec qui est en cause.

En tout cas, l'idée que les hommes et les dieux ne vivent pas dans le même temps, n'ont pas la même perception de la durée, si elle contraste avec la vision si courante chez Homère des *dieux à l'image de l'homme*, pourrait s'accorder avec certaines notations qui suggèrent une hétérogénéité radicale du divin, une différence métaphysique entre dieux et hommes : nourriture différente, liquide irriguant le corps sans équivalent humain, langage différent de celui des hommes, dieux immortels alors que la mort fait partie de la définition de l'homme : le texte homérique laisse parfois affleurer une enquête ethnographique qui caractérise les dieux par rapport aux hommes comme Hérodote fera pour les Scythes et les Egyptiens par rapport aux Grecs [19] : leur temps pourrait faire partie de ce qui caractérise leur "ethnos".

## 4. *LES JOURS S'EN VONT, JE DEMEURE* : LA NAISSANCE DU TEMPS QUI PASSE.

Si les occurrences homériques du paradigme supplétif εἶσιν / ἦλθε manifestent ce que Gustave Guillaume appelait l' *afférence* du temps en grec, ce que nous avons appelé son caractère centripète, quelques exemples homériques, qui semblent attester son "efférence" ou son caractère centrifuge, appelant les vers de Guillaume Apollinaire, doivent être analysés, et peuvent ouvrir la voie d'une analyse diachronique.

Dans un cas, *Il.*, II, 134, il s'agit du parfait de βαίνω dans un discours qui prétend insister sur le temps déjà passé sans résultat par les Grecs devant les murs de Troie [20] :

> ἐννέα δὴ βεβάασι Διὸς μεγάλου ἐνιαυτοί,
> καὶ δὴ δοῦρα σέσηπε νεῶν καὶ σπάρτα λέλυνται.

S'il s'agit d'une représentation efférente du temps qui passe ou s'en va, on traduira comme le fait Paul Mazon (éd. des Belles Lettres) "Voici déjà passées neuf années du grand Zeus, le bois de nos nefs est pourri"... Mais il n'est pas absolument sûr que l'on ait affaire ici à ce type de représentation : si l'on en croit au contraire la cohérence des emplois du type ἠὼς ἦλθε / ἔτος ἦλθε "l'aube est venue, l'année est venue " et si l'on tient compte de la valeur homérique du parfait [21], on peut supposer au contraire qu'un énonciateur qui a en tête neuf occurrences successives (réelles ou virtuelles) de "ἔτος ἦλθε", l'année est venue", les énonce globalement sous la forme de ce présent d'état qu'est le parfait. La représentation efférente ne serait alors qu'une illusion ou un effet de sens de la valeur d'état du parfait : le temps qui est actuellement dans l'état d'"être venu" paraît pour nous du temps *passé*. Pour le grec archaïque, il pourrait s'agir au contraire d'un temps "entièrement venu" (neuf années sont venues à nous l'une après l'autre et sont actuellement comme "empilées" dans la mémoire). Comme le français n'a pas d'expression afférente du temps passé, on ne voit guère comment exprimer cette interprétation possible du texte homérique, sinon en utilisant l'auxiliaire *voir* : "*nous avons vu venir neuf années... le bois... est pourri*". Un exemple de l'*Odyssée*, XVII, 190, pose un problème similaire

> ἀλλ' ἄγε νῦν ἴομεν· δὴ γὰρ μέμβλωκε μάλιστα
> ἦμαρ, ἀτὰρ τάχα τοι ποτὶ ἕσπερα ῥίγιον ἔσται.

"mais allons maintenant, car le jour est presque *passé*, et bientôt, le soir sera plus frais" ; en fonction de l'analyse qui précède, on proposera de gloser - n'osant parler de "traduction" - de la manière suivante "car le jour a presque fini de venir", "car nous avons presque fini de venir voir le jour".

Mais, si l'on peut à la rigueur réduire les deux exemples précédents à une sorte de norme homérique du temps qui vient, une occurrence d'un autre parfait est irréductible, attestant de manière indiscutable une représentation efférente ou centrifuge du temps, *Il.*, X, 252,

ἄστρα δὲ δὴ προβέβηκε, παροίχωκεν δὲ πλέων νύξ...

"les astres déjà sont avancés, et la plus grande partie de la nuit est passée". Le verbe οἴχομαι a constamment une orientation centrifuge [22], et le préverbe παρα- est aussi celui qui a constamment servi après Homère à l'expression idiomatique du "temps qui passe" (voir ci-dessous). Cet exemple, *hapax* homérique dans tous les sens du terme, se trouve dans un chant généralement considéré comme "tardif" [23].

On peut donc conclure que le caractère exceptionnel d'un exemple tardif, ou au maximum de trois exemples, d'une représentation homérique du temps qui "s'en va", ou plutôt "s'en est allé", confirme notre deuxième paragraphe : la mentalité archaïque conçoit généralement le temps dynamique comme du temps "qui vient".

## 5. L'ÂGE QUI VIENT

Si l'on peut à la rigueur concevoir un temps universel différent du temps humain vécu, l'*âge* est par excellence la forme et la trace du temps dans la vie humaine [24]. Aussi ne peut-on concevoir qu'un âge - la jeunesse, l'enfance... - "passe et s'en va " si l'on ne conçoit qu'un temps qui "vient" : Homère connaît des expressions à sujet animé pour "arriver à la jeunesse" [25] et une série cohérente d'expressions de l'âge, de la vieillesse et de la mort qui "viennent" : *Od.*, XIII, 60, Ulysse fait ses adieux à la reine Arétè,

Χαῖρέ μοι, ὦ βασίλεια, διαμπερές, εἰς ὅ κε γῆρας
ἔλθῃ καὶ θάνατος, τά τ' ἐπ' ἀνθρώποισι πέλονται.

"Salut à toi, reine, jusqu'à ce que viennent la vieillesse et la mort " atteste l'emploi afférent attendu de l'aoriste. *Il.* XVII, 202-203 pose un problème textuel : une famille de la tradition manuscrite (<u>h</u>) atteste pour le vers 203 εἶσι, leçon choisie par Aristarque, puis Allen-Monro :

ἆ δείλ', οὐδέ τί τοι θάνατος καταθύμιός ἐστιν
ὃς δή τοι σχεδὸν εἶσι ...

"Lâche, la mort n'est-elle pas honteuse pour toi, elle qui viendra bientôt". Le parallèle de l'*Odyssée* avec l'aoriste donne appui à cette leçon, contre le choix de la leçon ἐστι par la Vulgate et par Mazon-Chantraine (voir aussi *Il.* I, 29, γῆρας ἔπεισιν ).

6. TEMPS QUI VIENT, TEMPS QUI PASSE ET RÔLE DES PRÉVERBES APRÈS HOMÈRE.

Après Homère, peut-être à partir des trois expressions au parfait citées ci-dessus, se développe en grec une double conception du temps, centrifuge et centripète, dans une symétrie dont l'homme serait le centre, le temps vécu pouvant venir à lui ou en partir, à tous les temps grammaticaux : on pense aux représentations figurées de Chronos à deux têtes regardent dans les deux directions opposées [26].

L'emploi homérique de παροίχωκε, du préverbe ἐπι- avec ἦλθε [27] laissent pressentir le rôle important joué par la composition verbale dans l'expression idiomatique de cette dynamique du temps : à l'époque classique, les relations paradigmatiques ont fait passer à l'arrière-plan les oppositions déictiques entre les différents thèmes verbaux si importantes dans la langue archaïque, et c'est au préverbe qu'il revient désormais d'exprimer ces oppositions d'ordre sémantique : pour l'expression du temps en particulier, la langue oppose régulièrement ἐπι- et προσ- pour le temps qui vient "à παρα-, δια- et ἐξ- pour le "temps qui passe" : le détail des exemples (qui figuraient dans le *corpus* de ma thèse) ne me semble pas importer ici. Deux exemples du poète Théognis sont plus intéressants pour les problèmes qu'ils posent, qui ne sont pas d'ordre purement linguistique, bien que tous deux attestent la symétrie des représentations du temps, donc l'évolution capitale des représentations depuis l'époque homérique (200 à 300 ans séparent Théognis de cette époque) : I, 527-528

> Ὤ μοι ἐγών ἥβης καὶ γήραος οὐλομένοιο
> τοῦ μὲν ἐπερχομένου, τῆς δ' ἀπονισομένης

"Hélas ! ah, ma jeunesse, et vieillesse maudite,
l'une qui vient, l'autre qui s'en va !": les deux participes me semblent être des substituts poétiques du verbe courant ἰέναι, l'opposition lexicale importante

étant celle qui existe entre les deux préverbes : on dirait en prose τῆς ἐπιούσης "la jeunesse qui s'en va" / τοῦ ἐπιόντος "la vieillesse qui s'approche". L'autre exemple, II, 1241, me semble plus difficile :

> Χαιρήσεις τῇ πρόσθε παροιχομένῃ φιλότητι
> τῆς δὲ παρερχομένης οὐκέτ' ἔσῃ ταμίης.

J. Carrière, jugeant probablement l'opposition lexicale entre les deux participes plus importante que la présence du même préverbe *παρ(α)-* dans les deux occurrences, traduit "Tu évoqueras avec joie l'ancienne amitié disparue ; de celle qui t'arrive tu ne vas plus être le maître". (éd. des Belles Lettres ).

Il semble impossible, étant donnés les autres emplois du verbe et ceux du préverbe, de donner à παροιχομένη φιλότης un sens autre que "l'amitié passée". En revanche, si l'on s'en tient à l'interprétation habituelle des composés en παρα- pour l'expression du temps, il paraît surprenant de comprendre παρερχομένη φιλότης comme "l'amitié qui vient" ; si l'on traduit rigoureusement par "l'amitié qui passe" (au présent duratif : "qui est en train de s'en aller"), l'opposition étant aspectuelle et non lexicale à mon sens, serait-il impossible de comprendre la maxime de Théognis comme une réflexion, non sur l'opposition des liens affectifs présents et passés comme le fait Carrière, mais sur le fait que l'on ne "possède" bien que par la mémoire, et qu'en ce sens, l'on est maître des sentiments qui n'existent plus, non de ceux que l'on est en train de vivre et de "voir passer"? L'emploi de παρέρχομαι serait alors conforme à l'usage grec, sans que la valeur morale de la réflexion s'en trouve affaiblie à mon sens. Ce qui me gêne néanmoins est l'emploi de οὐκέτι, qui signifie habituellement "ne plus". Une autre solution serait de comprendre χαιρήσεις dans le sens "tu diras adieu "et de donner à τῆς δὲ sa valeur archaïque de démonstratif pronominal : les deux participes auraient alors le même référent, "tu diras adieu à l'amitié passée ; une fois qu'elle s'en est allée (littéralement au moment où elle passe), tu n'en es (littéralement : "seras") plus le maître" [27] .

Le lieu commun du temps qui passe attesté dans la poésie latine [28] et abondamment exploité entre autres dans la tradition française, semble donc naître récemment dans la poésie grecque archaïque (couches récentes de l'épopée, poètes lyriques) et s'affirmer ensuite à travers la symétrie linguistiquement établie avec l'expression du temps qui vient, elle très ancienne. Malgré des problèmes de détail dans les emplois poétiques et leur interprétation, les préverbes semblent avoir joué un rôle capital dans le développement des oppositions lexicales idiomatiques liées à ces représentations.

Nous avons examiné ici comme la langue grecque témoigne de l'appréhension collective et peut-on dire "inconsciente" du temps. On pourrait aussi tenter d'apercevoir comment les individus, à travers le témoignage de la littérature, réagissent au temps : un mathématicien philosophe a récemment [29] pris Achille et Ulysse comme emblèmes de deux attitudes face au temps, l'un vivant dans l'instant, l'autre tiraillé entre passé et avenir. Ce schématisme fait forcément violence à la réalité du texte homérique : Achille et tous les personnages de l'*Iliade* sentent peser sur eux le poids des dix années de guerre passées (voir ci-dessus) et aussi le poids du passé héroïque des "héros d'autrefois" qu'ils cherchent à imiter (Diomède évoquant son père Tydée, le vieux Nestor évoquant le jeune héros qu'il fut) ou le poids des recommandations qu'on leur a faites au moment du départ (les injonctions de Pélée pesant sur la mémoire d'Achille son fils). Leur appréhension de l'avenir est tendue dans une sorte de dilemme : rester et mourir à Troie ou rentrer au pays avant que les navires ne soient hors d'usage (voir le passage d'*Iliade* II déjà cité). Quant à Ulysse, s'il est vrai que dans le récit de l'*Odyssée*, on le voit conscient de ses responsabilités et désireux de rentrer dans son île, le temps passé chez Circé et Calypso après son départ de Troie ne semble pas avoir constitué pour lui un constant calvaire, et pourrait à lui seul autoriser une interprétation des Récits chez Alkinoos comme une invention fantastique destinée à l'autojustification du héros et de son emploi du temps : c'est l'interprétation d'un Ulysse épicurien choisie par Giono dans *Naissance de l'Odyssée*.

On pourrait aussi, en revenant à un examen très terre à terre du texte, examiner comment plusieurs des personnages de l'*Iliade* prennent conscience au moment de leur mort de l'écart entre la gloire militaire qu'ils étaient venus chercher à Troie et leur fin pitoyable : l'ironie du récit homérique [30] (sensible aussi à propos du destin des "grands" héros : Achille et Hector) confirme le caractère tragique déjà noté du temps humain. Le temps des dieux d'Homère est loin d'être serein, sans cesse troublé par de très humaines passions, colère, désir, jalousie..., mais pour eux, rien n'est grave parce que rien n'est irréversible : même Zeus et Prométhée sont susceptibles un jour de se réconcilier.

## NOTES

1. Voir essentiellement sur ce point Fränkel, 1931 ; Van Groningen, 1953 ; Treu, 1955 ; Acame, 1961 ; Verbeke, 1974.
2. Fränkel (1955, 1-6 et 15-19) ; Vidal-Naquet, 1960 ; Acame, 1961, 378-379. Pour l'emploi du verbe "être" au participe dans cette formule, voir essentiellement C. Kahn, 1973, en particulier 350 sqq.
3. Fränkel, pour χρόνος et χρόνιος (1955, 1-2), δήν, ἦμαρ, ἡμέρα, *ibid.* , 3-7. Malgré la prétention de son sous-titre, l'ouvrage d'Onians (1954) ne m'a pas semblé avoir d'autre intérêt que de rassembler quelques expressions nominales contenant ἦμαρ, et ne concernant le temps qu'indirectement.
4. Fränkel, 1955, 11 : "Diese Richtungsbestimmtheit gibt nun dem Zeitbegriff seine einzigartige Stärke. Die Zeit ist immer im Kommen und Ankommen, sie ist immer bewegt und tätig".
5. Voir Guillaume, *Architectonique du temps*, 1970, 42 à 66 sur la spatialisation grecque du temps.
6. Fränkel (1955, 15) : voir un exemple comparable d'Eschyle, *Euménides*, 462 cité par S. Acame (1962, 389).
7. Létoublon (1985, 34-36).
8. R. Dyer (1974), à partir des syntagmes prépositionnels contenant le nom de la nuit et d'expressions homériques diverses, montre que la nuit homérique est concrète, palpable : elle est épaisseur et obscurité, comme ses substituts ζόφος, κνέφας : l'évolution vers le sens temporel, abstrait, n'est pas encore accomplie chez Homère, cf. *op. cit.*, 35 :"Homer clearly writes at a transitional stage, whether in the language as a whole or in the epic conventions, as νύξ moves from meaning the tangible substance of the dark, similar to cloud, to being a temporal concept opposed to day". Nous croyons que les syntagmes avec un verbe de mouvement, à cause du parallèle avec ἔτος ἦλθε - ἔτος εἶσι, que l'on ne peut éviter, attestent l'ambiguïté de νύξ( et de κνέφας) chez Homère, à la fois épaisseur de l'obscurité et notion temporelle dans l'alternance des jours et des nuits : il est regrettable que Dyer n'ait pas tenu compte de ces locutions, d'autant plus que le titre de son article laissait attendre une étude des syntagmes verbaux.
9. Létoublon (1985, 113-118)

10.Id., 42-54.
11.Id., 34-35.
12.Id., 31-41.
13.Guillaume, op. cit., 43.
14.Voir Chantraine, 1942.
15.Je dois cette remarque à Jean Lallot, que je remercie.
16.Sur la philosophie du temps et du devenir et sur l'image du fleuve - image ambiguë, très loin d'avoir un sens univoque sur lequel les interprètes pourraient s'accorder - voir G. Vlastos (1954), C. Ramnoux (1959), C. Kahn (1964).
17.Sur le temps des dieux et le temps des hommes, voir Vidal-Naquet, 1960 (=1981), H. Joly,"Temps hésiodique et temps platonicien..." (Pour l'emploi du verbe "être", voir Kahn, *op. cit.* )
18. Πέλομαι appartient au même radical que κύκλος (Chantraine, 1968-1980), *Dict. Etym.*, sous les deux entrées).
19.Létoublon, 1983. Conférence présentée au colloque d'Athènes et article écrit sous l'impulsion d'Henri Joly.
20.Contrairement à une opinion assez courante, le récit de l'*Iliade* commence à la fin de la guerre de Troie, et la durée des dix années de guerre pèse sur la mémoire des personnages dans les deux camps.
21.Valeur analysée par P. Chantraine (1929).
22.Létoublon, 1985.
23.Chantraine, 1937 ; la forme οἴχωκεν elle aussi est aberrante, cf. Meillet, 1923.
24.Le souvenir de l'intérêt d'Henri Joly pour la réflexion sur les âges (voir son article sur Condillac, 1980) m'a poussée à conserver ce paragraphe que je voulais d'abord supprimer, en l'abrégeant toutefois.
25.Du type ἥβης μέτρον ἱκέσθαι, voir Létoublon (à paraître). Dans les épigrammes funéraires apparaît une nouvelle formule, avec la matrice métaphorique de la "borne" qu'est la vieillesse : cf. Kaibel, *Epigrammata Graeca*, 88 : ... γήρως τέρμα μολὼν πρὸς ἄκρον, "une fois arrivé à l'extrême borne de la vieillesse..." : la vie est ici conçue sur le modèle de la course dans un amphithéâtre, il faut alleer toucher le τέρμα, la borne à l'extrémité de la piste. Cette matrice métaphorique semble être un renouvellement de celle du "seuil de la vieillesse" que l'on rencontre à l'époque archaïque (par ex. *Il.* XXIV, 487 ... ὀλόῳ ἐπὶ γήραος οὐδῷ.).

26.Figuration qui justifie la confusion ou le jeu verbal sur *K*ronos et *C*hronos, mais seulement à date relativement récente : ou n'en trouve aucune trace chez les auteurs d'époque archaïque. L'image de Chronos bicéphale servait d'emblème à l'affiche de l'Université de Genève annonçant le cycle de conférences intitulé "*Comme le temps passe*" auquel H. Joly participa en 1984-1985.

27.Le *corpus* des maximes de Théognis pose d'ailleurs de nombreux problèmes d'ordre philologique et d'attribution, en particulier pour le livre II (voir l'introduction de J. Carrière à son édition, Paris, Belles Lettres, 1962).

28.Voir N. Baran, 1976 in *Aiôn* (recueil collectif édité par R. Chevallier).

29.Ivar Ekeland (1984). Cette opposition symbolique entre les deux héros pris comme deux types humains remonte d'ailleurs à l'antiquité, voir dans le présent volume l'article de S. Imhoof.

30.C'est cette ironie, préfigurant celle de Socrate, qui explique le goût de Joly pour Homère : "Merveilleuse Odyssée", tel est le titre qu'il a choisi pour un colloque en Norvège (article à paraître).

## BIBLIOGRAPHIE


— Acame S. (1961) : "La concezione del tempo nell'età omerico ed arcaico", *Riv. ital. di fil. e di istruzione classica*, 359-394.

— Baran N. (1976) : "L'expression du temps et de la durée en latin", in R. Chevallier, *Aiôn Le temps chez les romains*, Paris (Picard), 1-22.

— Benveniste E. (1965) : "Le langage et l'expérience humaine", *Diogène*, 51, 3-13, art. repris dans *Problèmes de linguistique générale*, tome II, Paris (Gallimard), 1974, 67-78.

— Carrière J. (1962) : *Théognis. Poèmes élégiaques*, Paris (Belles Lettres).

— Chantraine P. (1927) : *Histoire du parfait grec*, Paris ; (1937) "Remarques critiques et grammaticales sur le chant X de l'*Iliade*", *Mélanges A. Desrousseaux*, Paris, 59-68 .

(1942) : *Introduction à l'Iliade*, Paris, Belles Lettres.

— Dyer R. (1974) : "The coming of night in Homer", *Glotta* , 52.

— Ekeland I. (1984) : *Le calcul, l'imprévu, les figures du temps de Kepler à*

*Thom*, Paris, Seuil.
— Fraenkel H. (1931) : "Die Zeitauffassung in der frühgriechischen Literatur", *Beilagenheft zur Zeitschrift für Aesthetik und allgemeine Kunstwissenschaft*, 25, 97-118, repr. dans *Wege und Formen frühgriechischen Denkens*. München, 1955, 1-22 .

1951 : *Dichtung und Philosophie des frühen Griechentums*, New York (American Philological Association), 2ème éd., 1962, München .

1975 : *Early Greek Poetry and Philosophy. A history of Greek epic, lyric and prose to the middle of the fifth century*, Oxford (Blackwell), trad. en anglais.
— Giono J. (1938) : *Naissance de l'Odyssée*, (Paris (Grasset).
— Guillaume G. (1927) ; *Temps et verbe. Théorie des aspects, des modes et des temps*, Paris .

1945 : *L'architectonique du temps dans les langues classiques*, Copenhague .

1970 : Reprise en un même volume des deux ouvrages précédents, Paris (Champion).
— Joly H. (1980) : "Condillac et la critique de l'âge de raison", in J. Sgard - H. Joly, *Condillac et les problèmes du langage*, Genève-Paris (Slatkine) 1982, 7-25 (= *Revue Philosophique*, 72, 613-630).

"Temps hésiodique et temps platonicien. Le temps du paysan et le temps du philosophe", Cours public de l'Université de Genève, *Comme le temps passe*, 1984-85, à paraître.

"Le discours d'avenir. Eléments pour une rhétorique grecque de la délibération", Communication au Congrès des philosophies de langue française, Athènes, Juillet 1986, à paraître.

"Merveilleuse *Odyssée*" Communication au colloque d'Oslo sur *Le Merveilleux*, 1986, à paraître.

"Sur la tête de Gorgias. Le parler beau et le dire vrai dans *Le Banquet* de Platon", *Argumentation*, à paraître.
— Kahn C. (1964) : "New look at Heraclitus", *American Philosophical Quarterly, 1*, 189-203 ; 1973 : *The verb "be" in Ancient Greek* in Ser. *The verb "be" ans its synonyms. Philosophical and Grammatical Studies*, Part 6, J.M. Verhaar ed., Dordrecht-Boston ( Ereidel) Fund of Langage, suppl. vol. 16.
— Létoublon F. (1985a) : *Il allait, pareil à la nuit. Les verbes de mouvement en grec. Supplétisme et aspect verbal*, Paris (Méridiens-Klincksieck, Etudes et comm., n° 98)

(1985b) :"Les dieux et les hommes, le langage et sa référence dans l'Antiquité grecque archaïque", in *Language and Reality in Greek Philosophy*, Actes du

Deuxième Colloque de la Société grecque de philosophie, Athènes, 1983), K. Boudouris ed., Athènes, 92-99.

A paraître,"De la syntaxe à la poétique générative, ou Grammaire et mesure", communication au Colloque Pierre Chantraine, *La Langue et les textes en grec ancien,* Grenoble, sept 1989.

— Meillet A. (1923) : "Sur grec οἴχωκεν ", *BSL*, 24, 113-116.

— Onians R.B. (1954) : *The Origins of Europeans Thought. About the body, the mind, the soul, the world, time and fate*, Cambridge.

— Prior A. (1967) (1972 2nd ed.) : *Past, Present and Future*, Oxford (Clarendon Press).

— Ramnoux C. (1959) : *Héraclite ou l'homme entre les choses et les mots*, Paris (Belles Lettres).

— Snell B. (1975) :*Die Entdeckung des Geistes,* Göttingen (2nd ed.)

— Treu M. (1955) :*Von Homer zur Lyrik,* München (Beck, Zetemata, n° 12)

— Van Groningen B.A.(1953) : *In the grip of the past. Essay on an aspect of greek thought*, Leiden.

— Verbeke G.(1973) : "Le statut ontologique du temps chez quelques penseurs grecs", in *Zetesis. Album amicorum E. de Strycker*, Antwerpen-Utrecht, 188-205.

— Vidal-Naquet P. (1960) : "Temps des dieux et temps des hommes. Essai sur quelques aspects de l'expérience temporelle chez les Grecs", *RHR*, 157, 55-80, repris dans *Le chasseur noir* (Maspero), 1981, 69-94.

— Vuillemin J. (1984) : *Nécessité ou contingence. L'aporie de Diodore et les systèmes philosophiques*, Paris (Ed. de Minuit-Fondation Singer-Polignac).

*L. MARIN*
*EHESS*

# « C'EST MOI QUE JE PEINS... » : DE LA FIGURABILITÉ DU MOI CHEZ MONTAIGNE.

*Pour Henri Joly, à la mémoire de notre amitié de plus de quarante ans, ce fragment de séminaire consacré au mémorial dressé jadis par Montaigne pour son ami La Boétie.*

« C'est moi que je peins... », citation en forme fragmentaire d'une phrase de Montaigne extraite d'une adresse « au lecteur » qui précède en 1580 la première édition des deux premiers livres des *Essais* où les divers problèmes de la représentation du moi, de son identification et de sa mise en figure se sont trouvés – peut-être à la faveur d'une mort singulière – historiquement, c'est-à-dire inauguralement posés : ce sont eux que je voudrais parcourir entre la nuit et la lumière de la mort de mon ami.

Et tout d'abord la question de l'identification du « je » en « moi » posée par le travail de mise en forme et en figure de l'énonciation dans ce portrait que l'on appelle « autoportrait » et dans ce nom que l'on appelle « le nom propre » : le *pro-tractus*, le *pro-* ou le *pour-traict* du réseau d'énonciation dont il faut souligner, après Benveniste, que la caractéristique sémantique est sa virtualité, sa latence et sa puissance toujours en-deçà des signes qu'elle pro-duit et qui, en retour, la mettent en langage et en texte ; le nom propre et singulier et peut-être plus encore le jeu entre le pro-nom ou le pour-nom personnel « je » et son antonyme, son nom propre, Moi.

Si l'énonciation et plus particulièrement le sujet de l'énonciation dans sa virtualité fondamentale constitue le dispositif de présentation indépassable, incontournable de toute représentation de langage et d'écriture, et plus particulièrement de la représentation du Moi, poser la question de l'identification de ce sujet en *ego*, c'est se demander comment, selon quels processus, quelles opérations, quel travail, cette instance virtuelle et formelle de production de la langue dans son usage de communication peut se convertir dans la figure singulière d'un Moi unique et incomparable dans sa différence d'avec tout autre : c'est se poser la question de l'identification du Moi, de constitution du sujet en termes de reconnaissance et d'appropriation cognitive et pratique, voire ascétique de soi. Mais s'y rencontre immédiatement la double dimension opaque et transparente de la représentation. Identifier le Moi, mon moi, ce serait le « pourtraire » en essence et en vérité : dimension transitive, transparence représentationnelle ; vérité d'un portrait parfaitement ressemblant. S'identifier comme moi, se constituer, constituer le sujet en « un moi un » ouvrirait une dimension réflexive d'opacité dont la représentation du sujet comme moi émergerait, selon des processus et des opérations à définir, des virtualités du rapport à soi, de la présence de soi.

Montaigne pose, avec l'entreprise inaugurale des *Essais*, à la fin du XVIe siècle dans un contexte historique, social, personnel déterminé, l'antique question de la connaissance de soi. Il s'agit bien de la vieille injonction delphique ou démonique du « connais-toi toi-même », mais où le vieux motif de la connaissance de soi est saisi, voire transi, mais aussi amorcé, essayé comme *reconnaissance de soi*, dont il convient de maintenir l'ambivalence : reconnaissance de soi comme le même que celui que je connais déjà, comme le même qui, depuis toujours, est déjà connu ; reconnaissance de soi comme exploration des lisières et des frontières d'un lieu, un lieu que désigne généralement et singulièrement le réfléchi, *se* reconnaître : *reconnaî*tre, approcher, essayer ou éprouver ce « Lui » neutre, le Soi, ici nommé. D'un côté, une anamnèse du soi par le « je » pour devenir « moi », où l'on reconnaît le motif platonicien de la réminiscence d'une mémoire transcendante de soi, d'une idée transcendante de Moi oubliée et à recouvrer par l'ascèse du *gnôthi séauton* ; de l'autre, une exploration de ce lieu inconnu du soi pour le faire être moi par le geste, le parcours même qui consiste à l'essayer, à l'explorer. Ce motif de la reconnaissance du moi comme exploration ou essai, nous le rencontrons dans l'essai « de l'exercitation » (II, 6) lié à la « reconnaissance » du lieu de la mort, de « ma » mort, reconnaissance substituée à son impossible connaissance : reconnaissance du « fort » de ma mort dont l'extraordinaire récit du coma de l'accident de cheval sera l'épreuve exemplaire et dont un grand allongeail tardif sur la connaissance de soi est l'éblouissante conclusion. Nous rencontrons avec Montaigne le second motif dans le premier, se présenter à soi-même pour essayer de constituer la resprésentation du moi comme moi ; travailler et faire travailler les virtualités de l'autoprésentation pour constituer, par elles, la figure de moi, pour amener à la figure les puissances d'une figurabilité inconnue.

« C'est moi que je peins... », une citation fragment de l'adresse « Au lecteur » de la première édition des *Essais* en 1580 ; fragment d'un texte de présentation des *Essais* ou de ses deux premiers livres, fragment du dispositif de cadre ou de cadrage des *Essais* ; fragment d'un texte liminaire, d'un texte limite, texte-seuil (*limen*) d'entrée, de commencement de lecture des deux premiers livres et qui est aussi le texte d'achèvement de son écriture ; mais un texte qui n'est pas seulement de *limen* – de seuil – mais aussi de *limes* – de limite ou plus précisément qui relève de ce qu'était le *limes* : texte qui trace un sentier et un passage entre deux champs, qui chemine sur une bordure et d'abord entre les deux premiers livres des *Essais* et le troisième à venir, écrit le 1er mars 1580 peu avant le départ pour le voyage en Europe ; qui non seulement introduit à la lecture des deux premiers livres des *Essais* en achevant leur écriture, mais qui est aussi le chemin d'écriture vers le troisième livre, vers toutes les additions, les allongeails qui seront écrits dans les marges, entre les phrases des trois livres.

« C'est moi que je peins... », citation fragment, en un mot, qui met en abysme les présentations de la représentation, les dispositifs de cadre et d'encadrement du portrait de Montaigne par lui-même, qui fait entrer, fait essayer ou explorer les abîmes de la réflexion de soi.

Je voudrais relire ce texte très bref pour pointer un autre problème et signaler d'emblée l'incongruité de mon propos puisque la formule de Montaigne qui l'emblématise « c'est moi que je peins... » n'est, dans toute sa littéralité, qu'une écriture, une peinture écrite, une image textuelle.

Soit donc : « Au lecteur

« C'est ici un livre de bonne foi, lecteur. Il t'avertit, dès l'entrée, que je ne m'y suis proposé aucune fin que domestique et privée. Je n'y ai nulle considération de ton service, ni de ma gloire. Mes forces ne sont pas capables d'un tel dessein. Je l'ai voué à la commoditié particulière de mes parents et amis : à ce que m'ayant perdu (ce qu'ils ont à faire bientôt) ils y puissent retrouver aucuns traits de mes conditions et humeurs et que par ce moyen ils nourrissent, plus entière et plus vive, la connaissance qu'ils ont eue de moi. Si c'eût été pour rechercher la faveur du monde, je me fusse mieux paré et me présenterais en une marche étudiée et ordinaire, sans contention et artifice : car c'est moi que je peins. Mes défauts s'y liront au vif, et ma forme naïve, autant que la référence publique me l'a permis. Que si j'eusse été entre ces nations qu'on dit vivre nature, je t'assure que je m'y fusse très volontiers peint tout entier, et tout nu. Ainsi, lecteur, je suis moi-même la matière de mon livre : ce n'est raison que tu emploies ton loisir en un sujet si frivole et si vain. Adieu donc ; de Montaigne, ce premier de mars mil cinq cent quatre-vingt. »

Comme on le constate à la lecture et à l'écoute, les lieux de l'énonciation, je veux dire les places occupées, dans l'espace du texte, par les occurrences de la deixis, c'est-à-dire par les formes de la langue renvoyant à l'instance qui les a écrites, adverbes, pronoms personnels, démonstratifs ou possessifs, désinences verbales... ces lieux formant réseau et donnant à la surface écrite la consistance, cohérence et cohésion spécifique d'un texte singulier, cette topique des lieux de l'énonciation énoncée en écriture est tissée selon un double motif, celui du visuel et celui de l'écriture, celui de l'« imaginal », de l'autoportrait, celui de la lecture, du texte, du livre, double motif qui se lie à lui-même de façon si immédiate par sa dualité qu'il semble que, dans ce texte liminaire, la couture, pour employer un terme de Montaigne, de l'écriture et de la peinure ne s'y laisse plus discerner ou plutôt comme si le travail de l'écriture en soi consistait à ne plus la laisser ni lire ni voir.

| | |
|---|---|
| 1/ « c'est ici un livre de bonne foi, lecteur | 2/ je veux qu'on m'y voie en ma façon simple, naturelle et ordinaire |

car c'est moi que je peins

| | |
|---|---|
| 3/ Mes défauts s'y liront au vif et ma forme naïve | 4/ je t'assure que je m'y fusse volontiers peint tout entier et tout nu |

Ainsi lecteur je suis moi-même
la matière de mon livre.»

Adieu donc, de Montaigne, ce 1er mars de 1580. »

Cinq énoncés dans lesquels, dans son ouverture, sur son seuil, à sa limite, le livre vise à s'ouvrir à une visualité qu'il cèlerait dans ses signes et annonce ou énonce son désir de donner à voir son sujet (le sujet de l'énonciation) comme Moi : désir de figure et de peinture de figure, désir de figure qui est précisément figurabilité, figurabilité comme désir de figure dont serait animée une certaine manière d'écrire, de s'écrire, d'écrire soi, pour accomplir ce désir dans une représentation de Moi.

D'où le problème central issu de l'incongruité de ce propos : en quoi consiste cette manière d'écrire, ce travail d'écriture, ou plutôt quels sont les processus, quelles sont les opérations qui animent cette écriture pour manifester un désir de figure (de l'énonciation, du sujet de l'énonciation) et l'accomplir dans un texte écrit et sa lecture ?

D'où le problème complémentaire, et si l'on peut dire inverse, qui concernerait, lui, l'histoire de l'art : en quoi consisterait cette manière de peindre, ce travail de peinture, quels sont les processus, les opérations qui travaillent cette peinture pour manifester un désir de nommer (l'énonciation, la représentation, le sujet de l'énonciation-représentation) et l'accomplir dans un tableau peint et son regard ?

Pure et simple inversion : manière de poser la question de la figurabilité ou de la virtualité figurable dans un texte dit littéraire qui vise et désire *la figure* pour accomplir sa finalité ou sa destinée textuelle (le texte de Montaigne). Les *Essais* comme autoportrait, comme « miroir d'encre », permettraient de poser la même question de la virtualité, de la figurabilité dans la représentation de peinture : celle du peintre lui-même, l'autoportrait en peinture qui viserait et désirerait *un nom* pour accomplir sa finalité et sa destinée picturale, un nom propre.

Il semble bien que la notion même de figure (*schéma*) et d'instance de figures, de puissance de figure (*schèmatizein*) soit précisément au *lieu* de cet échange et de ce croisement entre voir et lire, entre texte et image, entre les deux médiums de l'énonciation écrite et de la représentation visuelle : au lieu de cet échange, très précisément en cette place où s'effectuerait cet échange, lieu qui n'est sans doute pas le contenant extérieur de cet échange, mais que la figurabilité, la puissance ou l'instance de la figuration « schématise » comme lieu, ce que précisément j'ai appelé, dans le texte que je viens de citer – et qu'est-ce que citer sinon produire un lieu ? –, « lieux d'énonciation », c'est-à-dire où la virtualité énonciative s'énonce en pro-duisant, en énonçant une figure, en forme de moi, du sujet qui s'énonce : ce réseau de lieux d'énonciation ou cette « topique » énonciative construit, « schématise », dans le texte ici considéré, le portrait du sujet en moi.

C'est ce lieu de la figurabilité et la schématisation de cette « topique » du figurable que je voudrais approfondir à partir de quelques textes extraits de l'écriture de Montaigne et que ma lecture digressive et citationnelle greffe sur le texte de « Au lecteur », un texte dont ne saurait être sous-estimée l'importance, la puissance matricielle, théorique – métaphysique – de par sa position, liminaire et limite, de cadre et d'encadrement dans les *Essais*, de par sa valeur méta-narrative et méta-discursive (ce n'est pas une esquisse de représentation de soi, mais une « réflexion » sur la représentation de soi), de par sa valeur d'*autoprésentation* de la représentation.

Essayons tout d'abord d'articuler brièvement cette topique, le schème de ce lieu dans « Au lecteur », texte qu'il faut relire, réécouter comme le parcours d'une *dunamis*, d'une force de transformation et de conversion dans les énoncés d'énonciation de la « figurabilité » en figuration.

« C'est moi que je peins... », « je suis moi-même la matière de mon livre » : lieu majeur de l'énonciation, l'autobiographie du moi comme signature. Les deux formules de Montaigne, au centre du texte et presque à sa fin, sont de forts moments d'une topique qu'il faut saisir dans le mouvement même de son énonciation successive. Non seulement s'y dessine l'échange du portrait et du livre, de la forme (« je veux qu'on m'y voie en ma façon (= forme) simple, naturelle et ordinaire ») et de la matière (« je suis moi-même la matière de mon livre »), mais encore s'y affirme par le parallélisme des formules, la double relation entre « je » et « moi ». Dans la première, « c'est moi que je peins... », « Moi » y apparaît comme « c'(ela) » présent qui polarise avec une irrépressible évidence l'activité d'un « je » qui ne se constitue que de cette activité de portraiture de lui-même posée par le surgissement de son objet : « c'est moi que je peins ». Dans la seconde, « je suis moi-même la matière de mon livre », le « je » apparaît d'abord pour énoncer son identification au moi dans son ipséité comme son nom propre : « je suis moi » (même), mais cette identification (et tous les processus complexes qu'elle implique) se trouve opérée par l'écriture d'un livre que le « je » pose comme sa propriété, dont il se pose comme l'auteur, « mon livre ». L'énoncé « je suis moi » n'est, en fin de compte, possible que sous la forme du livre, d'une écriture du « je » qui en informe la matière : « je suis moi = je suis mon livre ». Plus tard, au retour d'Italie, dans l'essai « du repentir » du Livre III, Montaigne en énoncera en toute clarté la fluente, la mobile identification : « Ici nous allons conformément et tout d'un train mon livre et moi. Ailleurs on peut recommander et accuser l'ouvrage à part de l'ouvrier. Ici, non ; qui touche à l'un, touche à l'autre ».

Autoportrait, autographie : le projet de Montaigne est inaugural en ce qu'il est la forme extrême de l'autographie du moi, du déploiement topique de son opacité dans la transparence même de sa représentation écrite.

Comme nous l'avons noté, quatre énoncés scandent et articulent cette présentation de la représentation : la phrase d'ouverture : « c'est ici un livre de bonne foi, lecteur » ; la phrase centrale : « c'est moi que je peins... », la phrase presque finale : « lecteur, je suis moi-même la matière de mon livre » et enfin les formules conclusives : « A Dieu donc, de Montaigne, ce premier de mars 1580 ». Entre ces quatre phrases qui dessinent les grandes mailles du réseau de l'énonciation-réception, et qui en articulent les topiques, une déclinaison du « je » se formule, déclinaison au sens grammatical du terme, de sa position, non marquée mais implicite dans la phrase d'adresse initiale au « toi » lecteur, jusqu'à sa nomination finale dans le lieu signifié par le toponyme et dans le temps calendaire, chronologique, historique : « de Montaigne, le 1er mars 1580 » ; et entre les deux, « je » au nominatif (« je ne m'y suis proposé »), à l'accusatif (« me »), au génitif (complément du « je » dans les possessifs « ma », « mon », « mes »), et enfin dans son nom propre « Moi », d'abord fléchi dans un génitif objectif « la connaissance qu'ils ont eue de moi »), puis, dans sa position pleine, dans les deux énoncés déjà évoqués de l'identification par autoportraiture et autoécriture « c'est moi que je peins... », « je suis moi-même la matière de mon livre... ». Autrement dit, l'*(Avis) au lecteur* fait assister, dans la lecture et par elle, il fait voir, en la donnant à lire, l'émergence de la représentation du Moi dans sa figure écrite-imprimée-publiée : le livre, et dans son nom d'identité socio-historique : Montaigne.

Dans ce réseau de l'énonciation-réception articulé par les quatre énoncés, un même temps règne, le présent, présent topique marquant la coïncidence temporelle entre l'acte d'énonciation et l'événement énoncé. Mais le premier énoncé et le second « c'est ici un livre de bonne foi... », « c'est moi que je peins... » cadrent un temps passé dominant, le passé de l'écriture des *Essais* par rapport au présent de l'avis « au lecteur », temps passé où se singularise un autoportrait virtuel, dont l'écriture, possible, a été exclue et refusée : « Si c'eût été pour rechercher la faveur du monde, je me fusse mieux paré et m'y présenterais en une marche étudiée ».

La seconde et la troisième phrases ouvrent dans leur intervalle un lieu textuel occupé par un futur, celui de la lecture : « Mes défauts s'y liront au vif... », et, de nouveau, un conditionnel : « Que si j'eusse été entre ces nations qu'on dit vivre encore sous la douce liberté... je t'assure que je m'y fusse très volontiers peint... ». Un conditionnel qui, à côté du futur et lui succédant immédiatement, ouvre le lieu d'une lecture potentielle d'un autoportrait virtuel, d'une figurabilité ou d'un autoportrait fictif du moi en « sauvage » : « je t'assure que je m'y fusse très volontiers peint tout entier et tout nu ».

Double « figurable », double schématisme d'un double lieu refusé et désiré d'une double figure virtuelle du moi à laquelle et à partir de laquelle l'autoportrait écrit tout au long des *Essais* et d'abord dans les deux premiers livres que l'adresse « au lecteur » présente, doit construire ou s'y constituer dans son identification propre.

C'est sur ce texte liminaire et limite, et pour cerner avec plus de précision encore cette notion de lieu de la figurabilité du sujet, que je voudrais greffer un autre texte écrit et inscrit par Montaigne sur un seuil, celui de sa bibliothèque, quelques neuf années auparavant. Il s'agit de l'inscription en latin que Montaigne fait peindre le jour anniversaire de ses trente huit ans, la veille du 1er mars 1571, à l'entrée de sa librairie lorsqu'il se retire de la vie publique. « L'an du Christ 1571, âgé de 38 ans, la veille des calendes de mars, anniversaire de sa naissance, Michel de Montaigne, las depuis longtemps déjà de sa servitude du Parlement et des charges publiques, en pleines forces encore, se retira dans le sein des doctes vierges où, en repos et en sécurité, il passera les jours qui lui restent à vivre. Puisse le destin lui permettre de parfaire cette habitation des douces retraites de ses ancêtres qu'il a consacrées à sa liberté, à sa tranquillité, à ses loisirs ! Privé de l'ami le plus doux, le plus cher, et le plus intime, et tel que notre siècle n'en a vu de meilleur, de plus docte, de plus agréable et de plus parfait, Michel de Montaigne, voulant consacrer le souvenir de ce mutuel amour par un témoignage unique de sa reconnaissance et ne pouvant le faire de manière qui l'exprimât mieux, a voué à cette mémoire ce studieux appareil dont il fait ses délices ».

Je voudrais extraire de cette inscription *mémorable* (seuil d'un lieu pour la mémoire, non pas lieu de la remémoration, mais lieu où la mémoire peut être constituée parce qu'il y a *ce* lieu du fait même qu'il y a parole), je voudrais extraire de cette inscription mémorable, donc, quelques fils sur le fond de l'*autoritratto*, du « retrait-portrait » , re-tiré du public, des charges officielles dans le privé du lieu ancestral, de la demeure familiale, dans le lieu de la position du moi comme nom de ce lieu (Montaigne).

Le premier fil, le premier thème est celui de la collocation en ce lieu, ou comme ce lieu, de la naissance et de la mort. Une rétro-naissance dans le monde des livres, de la bibliothèque, de l'écriture et de la lecture comme essai d'écriture où je m'écris en citant les auteurs. Rétro-naissance : *in doctarum virginum recessit sinu* : dans le sein, c'est-à-dire dans le pli, le repli virginal des muses. Annonciation-incarnation-nativité dans le monde de l'écriture autorisée et légitime du savoir et de la sagesse, répétition de la naissance car la retraite est inscrite en son jour anniversaire de la naissance. Et cette naissance à une autre vie, textuelle, de retraite s'y donne, en s'y conjuguant d'emblée avec son autre bord, la mort. Cette (rétro)-naissance est une (pro)-mort où la mort réelle (comme réelle, comme le réel indicible, inconnaissable) s'anticipe dans le retrait, dans le lieu de la bibliothèque qui est lieu ancestral, paternel ou plutôt grand-paternel (*istas sedes et dulces latebrasque avitasque*), lieu du nom, lieu comme nom toponyme, Michel *de* Montaigne où Montaigne se donne un nom qui renomme, par le lieu, le père et soi-même.

Ce dernier point me permet de tirer mon deuxième fil, celui de la position du « je » en « moi-comme-*il* ». Le sujet « je » s'écrit et s'inscrit comme un « lui » pour dire/écrire le geste décisif et initial, voire initiatique de l'écriture de soi : la retraite (la *recessio in sinu Musarum*) et en latin, la langue d'origine, langue *paternelle* d'origine de Montaigne. (Michel n'a-t-il pas été élevé et éduqué par Horstanus, médecin allemand qui ignorait le français et ne lui parlait que latin dès l'âge de deux ans ?) Ici s'opère une triple objectivation de soi, comme lui, comme écriture, comme latin : comment donc dire « je », comment écrire « je » pour écrire « moi » en français ? D'où cette inscription dans le lieu et le moment d'un seuil, d'une limite dans l'espace et dans le temps d'une vie, entre *negotium* et *otium*, public et privé et pour entrer dans la liberté, la tranquillité, le loisir, « propres ».

Le troisième fil que je tire du texte ou plutôt de la 2e partie du texte est celui de la mort de l'*alter ego* comme ouverture très singulière, ou circonscription de l'autre moi, ou découpe, plutôt, à la façon d'un *templum* augural, du lieu du Moi et de l'identification singulière de soi car les douces retraites paternelles ancestrales *consacrées* à soi, et, en leur centre, la bibliothèque, le studieux appareil, sont vouées à la mémoire de l'ami mort, La Boétie, en août 1562 (neuf ans auparavant).

Le privé du retrait, de la *recessio* qui est aussi désir du *ritratto*, c'est à la fois la sphère personnelle de l'*otium* (vs *negotium*) et la privation de l'« autre moi » mort. Du lieu ici se dessine temporellement la limite, la limite de la mort de l'autre, La Boétie ; apparaît ici le tracé d'un bord antérieur et d'un bord postérieur dans le temps de « moi », avant la mort de La Boétie et après elle.

Le lieu de « moi », *mon* lieu est l'inoccupable, l'inappropriable lieu de l'autre, de l'altérité, de la mort que l'inscription peinte sur le seuil de la bibliothèque en 1571 au jour anniversaire de « ma » naissance avait solennellement annoncée en consacrant livres, lecture et écriture à la mort de l'ami désormais devenu le *votum* des livres des *Essais* (c'est-à-dire de la représentation de moi) ; à la mort ou dans la mort de l'*alter ego*, La Boétie.

Au centre « géométrique » du premier livre des *Essais*, à l'essai 29 (le 1er livre comporte 57 essais), un lieu ni plein ni vide, un essai en instance, en imminence d'effacement, de retour au blanc neutre de la page, un essai qui n'est que la trace laissée par un livre, puis par des poèmes retirés, en cours de retraite et de retrait et dont ne subsiste plus dans l'ultime édition des *Essais* qu'une dédicace (un texte de présentation) à Madame de Grammont dont la première phrase est : « Madame, je ne vous offre *rien* du *mien*... ».

Et, précédant cet essai central, ni manquant ni perdu mais en imminence de défection, de défaillance, le présentant, le cadrant et l'introduisant l'essai 28 de l'Amitié dont voici l'attaque :

> « Considérant la conduite de la besogne d'un peintre que j'ai, il m'a pris de l'ensuivre. Il choisit le plus bel endroit et milieu de chaque paroi pour y loger un tableau élaboré de toute sa suffisance ; et le vide tout autour, il le remplit de grotesques qui sont peintures fantasques, n'ayant grâce qu'en la variété et étrangeté. *Que sont ici* (cf. *c'est ici* un livre de bonne foy) aussi à la vérité que grotesques et corps monstrueux rapiécés de divers membres, sans certaine figure, n'ayant ordre, suite ni proportion que fortuité ?
> « *Desinit in piscem mulier formosa superne* »
> Je vais bien jusques à ce second point avec mon peintre, mais je demeure court en l'autre et meilleure partie : car ma suffisance ne va pas si avant que d'oser entreprendre un tableau riche, poli et formé selon l'art. Je me suis avisé d'en emprunter un d'Étienne de la Boétie qui honorera tout le reste de cette besogne. C'est un discours auquel il donna nom *La servitude volontaire*... ».

Tout se passe donc comme si, par delà les raisons conjoncturelles du *retrait* de la *Servitude volontaire*, puis des 29 sonnets érotiques de La Boétie, l'écriture des *Essais* consistait en une prolifération « monstrueuse » d'un cadre, d'un dispositif de présentation, d'une puissance de figurabilité qui, sans cesse produisant de changeantes figures grotesques et corps monstrueux, envahirait le lieu réservé à la représentation de *l'alter ego* mort au point de devenir la représentation en supplément et en suppléance du Moi : représentation de moi comme *l'infini* travail du deuil de l'ami perdu, de l'autre moi mort par lequel – et c'est cela l'infinité ou l'indéfinité de l'écriture des *Essais* – s'opéreraient, dans une oscillation interminable, l'identification du Moi comme l'objet perdu et l'identification de l'objet perdu au Moi : oscillation ou rythme que retraceraient les extraordinaires états successifs de ce fameux paragraphe de l'essai « de l'amitié » :

1er état : « Si on me presse de dire pourquoi je l'aimais, je sens que cela ne se peut exprimer... »

2ème état : « Si on me presse de dire pourquoi je l'aimais, je sens que cela ne se peut exprimer qu'en répondant parce que c'était lui... »

3ème état : « Si on me presse de dire pourquoi je l'aimais, je sens que cela ne se peut exprimer qu'en répondant parce que c'était lui, parce que c'était moi... ».

Tout se passe donc comme si s'opérait une migration, un déplacement (et une transformation) du sujet de sa position de cadre au sujet représenté comme « moi » certes ; mais ce moi, substitué au portrait de l'ami (ou à sa représentation comme mort par son livre, ses poèmes, par le retrait de son livre, puis de ses poèmes), n'est autre qu'un cadre de portrait devenu autoportrait, ou plutôt un autoportrait qui n'est jamais et indéfiniment que son propre « cadrage », le cadrage de son lieu, la mise en figure de sa figurabilité – ou plutôt, à l'inverse – la mise en figurabilité de sa figure : comme si, en bref, s'opérait l'opacification radicale de toute transparence dans la représentation de soi.

Cet autoportrait ne peut être que le cadrage du lieu du moi car ce lieu fut – au moment de la mort de l'ami – *marqué* par La Boétie, l'ami, lui-même. Il fut marqué par lui de son écrasante, de son impossible exigence de venir y rejoindre dans sa mort, « moi ». Tout s'était joué à ce moment-là que nous trouvons rapporté dans une lettre écrite par Montaigne à son père et publiée là encore comme cadre, comme présentation, comme dédicace à la publication de la traduction par La Boétie de la *Ménagerie* de Xénophon. Ce texte sera la fin de celui-ci :

« Mon frère, me dit-il, tenez-vous auprès de moi, s'il vous plaît. Et puis, ou sentant les pointes de la mort plus pressantes et poignantes ; ou bien la force de quelque médicament chaud qu'on lui avait fait avaler, il prit une voix plus éclatante et plus forte, et donnait des tours dans son lit avec tout plein de violence, de sorte que toute la compagnie commença à avoir quelque espérance, parce que jusques lors la seule faiblesse nous l'avait fait perdre. Lors, entre autres choses, il se prit à me prier et reprier, avec une extrême affection, de lui donner une place de sorte que j'eus peur que son jugement fût ébranlé : même que lui ayant bien doucement remontré qu'il se laissait emporter au mal et que ces mots n'étaient pas d'homme bien rassis, il ne se rendit point au premier coup et redoubla encore plus fort : « – Mon frère ! mon frère ! me refusez-vous donc une place ? Jusques à ce qu'il me contraignît de le convaincre par raison, et de lui dire que, puisqu'il respirait et parlait, et qu'il avait corps, il avait par conséquent son lieu. – Voire, voire, me répondit-il lors, j'en ai, mais ce n'est pas celui qu'il me faut ; et puis, quand tout est dit, je n'ai plus d'être. Dieu vous en donnera un meilleur bientôt, lui fis-je. – Y fussé-je déjà, mon frère ! me répondit-il ; il y a trois jours que j'ahanne pour partir... ».

*Régine PIETRA*
*Université de Grenoble II – UA 1230*

# LES ÉTATS GÉNÉRAUX DE LA PHILOSOPHIE* : *L'ÉCOLE D'ATHENES* DE RAPHAEL

*« Poi ch'innalzai un poco più le ciglia*
*vidi 'l maestro di color che sanno*
*seder tra filosofica famiglia.*
*Tutti lo miran, tutti onor li fanno :*
*quivi vid'io Socrate e Platone,*
*che' nnanzi a li altri più presso li stanno*
*Democrito che 'l mondo a caso pone.*
*Diogenès, Anassagora e Tale,*
*Empedoclès, Eraclito e Zenone (...) »*

Dante 1

*L'École d'Athènes*[2] de Raphaël : il est inutile, croyons-nous, de décrire ce « tableau » fort connu. Plantons-en cependant le décor, et tâchons d'identifier les nombreux personnages dont le rassemblement constitue comme un panorama de la philosophie de l'Antiquité.

Mais, avant de parler de la fresque proprement dit, signalons que, sur la voûte, au-dessus de la fresque, un médaillon représente la philosophie : figure féminine, vêtue d'une robe aux couleurs des quatre éléments (bleu ciel, rouge, vert, jaune). Le bas de la robe s'orne de fleurs, produits de la terre, la partie médiane de poissons, produits de l'eau, et la partie supérieure des étoiles du firmament. Elle tient deux livres intitulés *Moralia* et *Naturalia*. Deux petits génies soutiennent l'inscription *Causarum cognitio* (Cicéron)[3]. On pourra remarquer encore, comme le met en évidence S. Valtieri, que la disposition des décorations sur la voûte répond aux schémas des « parcours » syllogistiques aux XVème et XVIème siècles[4].

Passons à la fresque. Nous reviendrons sur l'architecture, ici représentée, qui occupe plus de la moitié de la fresque et n'est donc pas à négliger. Dans la partie supérieure, de chaque côté de la voûte centrale, deux statues géantes : à gauche

* Ce titre évoque, pour moi, ces journées philosophiques de juin 1979 partagées amicalement avec Henri. Il m'a semblé convenir à cette fresque de Raphaël où se trouvent rassemblés tous ceux qu'il a étudiés et qu'il rejoint dans notre mémoire.

celle d'Apollon avec sa lyre, à droite, Minerve et sa lance. En dessous, deux bas-reliefs : sous Apollon, un combat d'hommes nus et une néréide qu'enlève un Triton ; ils disent la violence des désirs charnels dont Apollon doit se faire le guide[5] ; sous Minerve, des allégories plus confuses semblent symboliser l'activité de l'intelligence conduite par la divinité.

Les personnages sont au nombre de 58. Il n'a pas été toujours facile de les identifier, et les interprètes, là encore, divergent. En gros, on peut retenir trois types d'interprétation :

– la première en fait une composition de type essentiellement religieux (nous ne nous y appesantirons pas),
– la deuxième y voit un rassemblement de Sages de l'Antiquité (mais, selon les critiques, leur identification variera),
– la troisième, sans récuser la seconde, y voit plutôt une sorte de présentation des sciences et des arts.

La première interprétation mérite juste d'être signalée. Dans une gravure, publiée en 1550 (donc postérieure d'une quarantaine d'années à la fresque), Giorgio Mantuano intitule ce tableau : *Saint Paul disputant à Athènes avec les Epicuriens et les Stoïciens.* Scanelli a cru reconnaître dans les figures qui occupent le centre de la composition, saint Pierre et saint Paul prêchant l'Évangile aux Grecs. Ph. Thomassin, dans la planche qu'il grava d'après cette fresque, a même ajouté des auréoles aux figures. Pour citer encore une interprétation de ce type, H.B. Gutman prétendra que Raphaël suivait exactement la philosophie franciscaine du Moyen Age. L'ensemble tirerait son sens de Saint Bonaventure[6].

On peut indéfiniment gloser, au mépris de certaines évidences. Car, – et nous passons à la deuxième interprétation – il est visible que les deux personnages centraux tiennent tous deux, dans leur main gauche, un livre sur la tranche duquel est écrit d'une part *Timée*[7], d'autre part *Etica.* Il s'agit donc incontestablement de Platon et d'Aristote. Le symbolisme du geste qu'ils accomplissent de la main droite est facilement décryptable : Platon désigne le ciel, et Aristote les réalités de ce bas monde[8] : celui qui croyait au ciel et celui qui n'y croyait pas... ou du moins pas de la même façon. Dans les traits de Platon bien des commentateurs ont lu ceux de Léonard. Il est probable que Raphaël s'est inspiré d'un buste de Platon reçu par Laurent de Médicis et qu'il lui a emprunté la calvitie et le profil ; mais il l'a modifié en fonction de l'image que la Renaissance se faisait du Sage (longue barbe et longs cheveux). C'est, comme le dit Chastel[9], le thème du « grand Platon », figure du Sage aux résonances éthiques et religieuses. Le geste même exécuté par Platon ne se retrouve-t-il pas dans bien des personnages du maître florentin ? Mais, là encore, l'unanimité est loin d'être faite, puisque Beltrami exclut tout souvenir de Léonard dans la figure de Platon. Il en

verrait plutôt un dans le geste d'Aristote, analogue à celui du Christ dans la Cène. Les deux personnages du centre ont, pour ainsi dire, leur réplique dans les médaillons qui sont de chaque côté de la seconde voûte peinte sur notre fresque ; d'autre part, un homme tenant un livre, de l'autre, une femme qui pose sa main sur le globe terrestre.

Nous trouvons, du côté de Platon, un groupe de cinq disciples où on a prétendu reconnaître Speusippe, le neveu de Platon, Ménédème d'Erétrie, Xénocrate le chalcédonien, Phèdre et Agathon[10]. A côté de Socrate, assez facilement repérable et apparemment lancé dans une discussion dont il compterait les prémisses sur ses doigts, le plus cher des disciples, Xénophon, accoudé sur un sylobate ; Aristippe de Cyrène, vieillard la mine vénérable, Alcibiade vêtu de son armure, Eschine enfin[11], repoussant de sa main les sophistes (Diogène, Diagoras, Cratès) qui, à l'extrême gauche, font une entrée intempestive. Il va sans dire que la plupart de ces identifications, ainsi que celles qui suivent, demanderaient un point d'interrogation : (?). Mais, pour plus de commodité dans la désignation des personnages, nous les adopterons.

Au premier plan, toujours à l'extrême gauche, autour d'un piedestal, Zénon entourant un enfant de son bras, puis, couronné de pampres, Epicure (ou Démocrite) tenant un livre et sur l'épaule duquel se pose la main de Nausiphane (disciple de Démocrite). Entre ce groupe et le suivant, un enfant blond, Frederico Gonzara, duc de Mantoue[12], un contemporain de Raphaël. Viennent ensuite Averroès, coiffé de son turban (trait emprunté à Pinturicchio), un personnage qui avance la tête et le menton comme si, dit Vasari, il voulait allonger sa plume ; il prend en note ce qu'écrit Pythagore à qui un jeune garçon présente une tablette. Vêtu de blanc, un ami et protecteur de Raphaël, Francesco Maria delle Rovere, duc d'Urbain[13]. Le personnage debout, le pied appuyé sur un bloc de pierre, tenant dans ses mains un livre, a donné lieu à des identifications multiples : Anaxagore, Parménide, Xénocrate, Aristoxène[14].

Au centre de la composition, le coude gauche appuyé sur une pierre cubique qui lui sert d'écritoire, un personnage qui ne fut ajouté que plus tard. Il ne figure pas sur les cartons préparatoires. Il s'agit, sans doute, d'Héraclite (Vasari y a vu Saint Mathieu). Discret hommage rendu à Michel-Ange[15], dont Héraclite a les traits.

Sur les marches, dans une attitude peu conventionnelle, Diogène reconnaissable à son écuelle déposée à sa droite. Au premier plan à droite, entouré d'un groupe de disciples attentifs, traçant des figures à l'aide d'un compas, on a reconnu Euclide auquel Raphaël a donné les traits de Bramante, inspirateur sinon auteur de la composition architecturale[16]. Puis viennent tenant un globe terrestre et couronné, Ptolémée (faussement confondu avec un roi d'Égypte), et Zoroastre, qui soutient une sphère céleste. Il semble avoir les traits de Pietro

Bembo, le grand humaniste. A leur suite, à l'extrême droite, Raphaël s'est représenté lui-même coiffé d'un béret noir, accompagné de Sodoma (du Pérugin ?), dont certains prétendent qu'il a été dans cette fresque un collaborateur de Raphaël si efficace qu'il en est devenu le concurrent[17].

Au deuxième plan, à droite, un individu isolé avec un bâton (un cynique ?) puis Arcésilas (ou un stoïcien ?) ; enfin regardant avec scepticisme, celui qui, dans une pose inconfortable, s'applique à tout retranscrire (un éclectique ?), un pyrrhonien. On aurait envie de dire à bon escient : «peut-être», «cela se peut».

Sur les marches et semblant désigner à la réprobation l'attitude de Diogène, deux épicuriens : Aristippe et Epicure (?). Le peintre a souligné sans indulgence la coiffure sophistiquée de l'un et l'embonpoint sensuel de l'autre.

Près d'Aristote, deux personnages de dos qui mettent en pratique le péripatétisme, tandis qu'un groupe de fidèles disciples entourent, là encore, le maître. On a cru y reconnaître Zénon le stoïcien, à la barbe vénérable, Théophraste, l'héritier d'Aristote, Cléanthe, etc.

On a pu voir, dans cette fresque, une représentation des arts libéraux. Au premier plan, à gauche, la grammaire (l'homme couronné), l'arithmétique et la musique. A droite, la géométrie et l'astronomie. En haut des degrés, la rhétorique et la dialectique. Sur la tablette que le jeune enfant présente à Pythagore, le schéma d'une lyre d'harmonie à quatre cordes séparées par les intervalles musicaux compris dans l'octave : quarte et quinte[18]. Nous avons là une sorte d'abrégé des principaux rapports musicaux. Au-dessous, la tétractys : somme des quatre premiers nombres, nombre par excellence, nombre parfait, base de l'harmonie musicale comme de l'harmonis cosmique, bref de l'ordonnance de toutes choses[19]. Sous l'autorité de Pythagore, les affinités entre nombres, sons, géométrie, donc distribution spatiale, sont soulignées. Aussi avons-nous là comme l'une des images emblématiques de toute la composition. C'est sous le signe de l'ordre numérique que s'organise toute la fresque : « le doigt levé de Platon exprime l'orientation finale : de la science des nombres à la musique, de la musique à l'harmonie cosmique, de celle-ci à l'ordre divin des idées »[20]. On avait jusqu'ici négligé d'accorder une importance égale au tracé exécuté par Euclide : en l'étudiant, de façon précise, Simonetta Valtieri[21] montre, d'une part, qu'il y a un lien très étroit entre cette tablette et la précédente et que, d'autre part, ces triangles disposés en étoiles sont, non seulement un moyen pour construire, selon la perspective, une architecture harmonique, mais encore la réponse adéquate à l'exigence pratique qui contraint à construire une telle architecture sur des surfaces de dimensions égales à celles de notre fresque.

Ainsi se trouvent liées musique et architecture ; cela depuis le légendaire Amphion, en passant par Vitruve qui recommandait à l'architecte une éducation musicale, jusqu'à Le Corbusier qui écrit : « L'architecture et la musique sont sœurs proportionnant l'une à l'autre le temps et l'espace ; l'outil qui façonne l'enchantement c'est la proportion »[22].

Telle est la vision de la Renaissance. Nous sommes bien loin de la fiction du rhéteur carthaginois, Marcianus Capella. Ici les arts libéraux n'ont plus rien à voir avec l'allégorie. Ce sont des personnages réels qui sont représentés. En ce sens, comme le note Louis Réau[23], « *L'École d'Athènes* qui marque le suprême aboutissement des arts libéraux inaugure une véritable révolution iconographique ». Pour la première fois, en outre, les arts plastiques, autrefois considérés comme « mécaniques », revendiquent une place égale à celle des sciences et des arts libéraux. Si symboles il y a, ce ne sont que nombres et ceux-ci insèrent, dans leur réseau, toutes les sciences. Là est peut-être la leçon principale de *L'École d'Athènes.* Sous le patronage de Ficin[24], Platon et Aristote sont réconciliés ; ils marchent d'un même pas et tout converge vers eux ; les deux possibilités de la philosophie se rejoignent dans leur anticipation du Christianisme, qui les accomplit. Platon est bien le « divin Platon ». Nous avons là le manifeste de l'idéologie néoplatonicienne.

Avant d'en venir à ce qui fait l'un des intérêts, trop souvent négligé, de cette œuvre, à savoir sa composition, quelques mots pour mesurer l'impact d'une telle œuvre sur nous, aujourd'hui. Il s'agit bien sûr de ce que l'on appelle une peinture d'histoire. En ce sens elle apparaît davantage à lire qu'à voir. Elle vise à instruire, un peu comme un récit épique qui raconterait les hauts faits de tel ou tel héros. D'où son aspect à la fois académique et didactique. L'importance d'ailleurs de l'enseignement y est souligné à plusieurs reprises : de nombreux personnages lisent ou écrivent ; d'autres dessinent. Il y a, comme en condensé, toutes les formes d'enseignement : la présence charismatique de Platon et d'Aristote, la discussion (de Socrate), l'initiation du grammairien (alias Epicure), le séminaire d'exégèse avec Pythagore, la leçon au tableau noir avec Euclide. Certains « étudiants » contestent en s'isolant... d'autres s'indignent d'une telle attitude ; les plus jeunes ont une curiosité attentive, d'autres participent déjà aux débats d'idées. Comment ne pas penser à cette phrase de Socrate dans le Phèdre : *philomathês gar eimi tà mèn oûm Khôria kai tà dèndra oudén methélei didaskein hoi d'en toi astei anthrôpoi*[25].

En général de telles compositions suscitent rarement l'enthousiasme des amateurs et des connaisseurs de peinture. On dénonce la lourdeur du signifié qui réduit la peinture à être une mauvaise illustration d'idées. Quelle que soit la noblesse de la cause défendue, l'art perd sa spécificité, s'il n'est qu'instrument de sa célébration. En poussant les choses à la limite, on pourrait aller jusqu'à dire que lorsque la philosophie d'une peinture est bonne, celle-ci est mauvaise.

Voici de quoi soulever les objections de tous les sémiologues de la peinture. Elles ne sauraient nous dérouter. On accordera que l'intérêt que peut présenter une fresque comme *L'École d'Athènes* est loin d'être nul, et nous croyons l'avoir sous-entendu. Il y a là un matériau culturel non négligeable, et utile pour situer la peinture d'une époque et les courants qui la traversent : mais cet intérêt est intellectuel ; il n'est pas pictural. Nous sommes au niveau du document et nous pouvons alors déployer tous les trésors d'ingéniosité pour en tirer un langage qui nous parle et qui, en tant que philosophes, nous stimule. Mais, s'il s'agit de peinture proprement dite, nous savons que celle-ci ne dit rien : elle montre. Elle est jouissance de l'œil qui, bien sûr, comme le dit Cézanne, ne va pas sans le cerveau. Or, justement, cette jouissance « intellectuelle » est ici présente, peut-être trop. Aussi l'œil sensible n'y a-t-il guère sa place. Sans doute l'a-t-il perdu, car nous ne savons plus aujourd'hui, après tous les nombreux repeints, ce qu'il a pu en être des couleurs et des valeurs originales.

Abstraction faite des pigments colorés, restent les lignes et la composition, et celle-ci est loin d'être négligeable. Peut-être même ce qui, à première vue, ne constitue que le fond architectural est-il l'essentiel ? N'est-ce pas lui qui donne sa noblesse à l'ensemble ? Les trois arcades successives ouvrent le tableau en profondeur, en nous découvrant un ciel de plus en plus bleu, de plus en plus pur. L'habileté technique se fait l'instrument docile d'une signification spirituelle. La grandeur architecturale de l'espace où résonne la parole philosophique ouvre celle-ci à une autre dimension et transforme, comme le dit Venturi[26], ce qui pouvait être simple sommaire de la philosophie grecque en légende. Car, si nous regardons bien, rien de réel ici. Les lois de la perspective ne sont pas respectées. Il fallait cet irrespect et la ruse technique pour donner cohérence à l'ensemble ; c'est la multiplication des lignes verticales qui creuse l'espace et en indique la fuite. Inversement les lignes horizontales sont sans cesse coupées et, artifice génial, les marches obligent les lignes planes à donner une impression de montée.

On a dit souvent que Bramante avait apporté sa collaboration à Raphaël pour l'élaboration de ce fond. Il en a peut-être été l'auteur[27]. Ces architectures peintes sont fréquentes à l'époque. Burckhardt en a, pour la première fois, signalé la présence[28] et Francastel[29] souligne qu'il s'agit-là d'architectures imaginaires, précédant dans le temps les véritables réalisations architecturales. Tout se passe comme s'il était question de projets, les architectes faisant pour ainsi dire leurs gammes. Imaginaires ces architectures le sont encore dans la mesure où elles ne sont ni grecques ni romaines. Architectures fantasmées, où – fait remarquable – les vides s'intègrent aux volumes, les lumières aux ombres : espaces où la pierre parle à l'homme de l'homme « Par elle, disait Valéry de l'architecture, nous sommes, nous nous mouvons, nous vivons alors dans l'œuvre de l'homme »[30].

*

*  *

> « *Il n'y a pas d'art figuratif et non figuratif. Toutes choses nous apparaissent sous forme de figures.* Même en métaphysique les idées sont exprimées par des figurines, *alors vous pensez combien il serait absurde de penser à la peinture sans les images des figures. Un personnage, un objet, un cercle, sont des figures, elles agissent sur nous plus ou moins intensément. Les uns sont plus près de nos sensations, produisent des émotions qui touchent à nos facultés affectives ; d'autres s'adressent plus particulièrement à l'intellect. Il faut les accepter toutes car* mon esprit a autant besoin d'émotion que mes sens ».
>
> Picasso[31]

On a proposé de la composition de *l'École d'Athènes* des schémas explicatifs multiples[32]. Tous cependant s'accordent à penser que la fresque est construite selon des mathématiques précises mettant en jeu le nombre d'or et les rapports harmoniques, tels qu'ils sont indiqués sur la tablette de gauche. Ainsi, par exemple, dans son ouvrage sur *La géométrie secrète des peintres,* Ch. Bouleau montre que la fresque est composée sur le diatessaron, c'est-à-dire le rapport 3/4. Il divise donc la largeur en quatre et la hauteur en trois. Selon lui, « Raphaël, tout en connaissant l'ensemble des rapports musicaux, n'emploie dans ses grandes compositions que des rapports simples : les divisions 2/3 et 3/4 lui servent très souvent »[33].

On avait, jusqu'à présent, pris en compte la tablette « pythagoricienne » mais non la tablette de droite, « l'euclidienne ». Or celle-ci, comme l'a montré S. Valtieri, est tout aussi importante, puisqu'elle sert de modèle au fond architectural. Ainsi les deux triangles inversés qu'Euclide est en train de dessiner gouvernent le tracé des voûtes. Sur la diagonale centrale de ces deux triangles (le sommet du premier, en haut des deux colonnettes de la troisième voûte, la pointe du second sur la main gauche de Platon, point de fuite du tableau), on peut repérer un certain nombre de points remarquables qui servent de centre à des cercles qui cernent, de façon stricte, la composition. L'auteur conclut ainsi : « La Scuola d'Atena è il manifesto per eccellenza della cultura dell'Umanismo maturo, ricca di impliccazioni e di teoremi la cui dimostrazione è possibile sola alla cerchia degli « iniziati » e che noi potremo capire solo se non trascuriamo alcun postulato »[34].

Simplicité extrême des schémas ou constructions réservées aux seuls initiés ? On se gardera bien de trancher. D'ailleurs ces deux affirmations sont peut-être moins contradictoires qu'elles en ont l'air. Car si la philosophie qui gouverne ces rapports est complexe, liant microcosme et macrocosme, et cherchant à établir des correspondances subtiles entre les différentes disciplines, la mise en évidence d'un certain nombre de figures géométriques, qui incontestablement servent de support à la composition, n'offre guère de difficulté. On pourra objecter que, vu la diversité des schémas proposés, ceux-ci ne prouvent rien, puisqu'ils peuvent prouver n'importe quoi. A cela nous répondrons qu'ils prouvent seulement que la composition est scandée par des rapports multiples mais non complexes, la science véritable, ici comme toujours, se confondant avec la simplicité.

Il n'est pas dans notre intention de proposer un énième schéma de *L'École d'Athènes* qui ne paraîtrait définitif qu'à nous-même. Mais on ne peut pas, face à une peinture de ce type, ne pas souligner certains traits. Divisons notre fresque en deux dans le sens de la hauteur. Remarquons tout de suite que la ligne qui divise en deux le tableau dans le sens de la hauteur passe au-dessus de la tête des personnages, à la limite du panache d'Alcibiade. Sur les deux grandes diagonales qui traversent la fresque se situent des points précis. La diagonale, par exemple, qui va du coin gauche en bas au coin droit en haut suit le poignet de Platon, l'oreille et le nez de l'homme au livre, debout à gauche, le dessus du crâne et de l'oreille de Pythagore, le nez de son disciple attentif et traverse le petit rectangle (rectangle doré) du coin gauche. De façon plus empirique, nous pouvons constater que les différents groupes de personnages sont enclos dans des figures : les unes sont circulaires (le groupe pythagoricien, le groupe euclidien, le groupe central des disciples platoniciens et aristotéliciens) ; les autres sont rectangulaires : ainsi, à droite et à gauche de la fresque, deux rectangles superposés de dimensions semblables enferment d'une part ceux qui entrent et ceux qui partent, d'autre part le groupe accoudé à la colonne et le groupe des astronomes et des peintres.

Un certain nombre de vecteurs sont assez significatifs : celui, fléché vers le bas, qui lie les yeux de della Rovere et d'Héraclite et, en écho, celui fléché vers le haut, qui lie Diogène et ses accusateurs. Toute la composition est ainsi animée d'un mouvement circulaire de la gauche vers la droite. Je n'en donnerai qu'une preuve : la destruction radicale de toute la composition, transformée en véritable non-sens, lorsque, comme dans bien des clichés photographiques, hélas, la scène se trouve inversée : voir, par exemple, Panofsky, *La Renaissance et ses avant-courriers dans l'art d'Occident* (Paris, Flammarion, 1976, planche 154).

On pourrait, bien sûr, multiplier les tracés et dégager d'autres relations éloquentes. Certains l'ont fait et nous renvoyons à leurs travaux. Nous n'avons voulu que suggérer – le lecteur pourra maintenant repérer lui-même certaines connivences – que cette fresque illustre le triomphe du nombre, de l'harmonie, de l'équilibre, bref de la sagesse. Le fond et la forme s'identifient jusqu'à se confondre.

Une aussi stricte composition aurait pu, par son statisme, engender la monotonie. Elle y échappe cependant par l'extrême diversité des postures des personnages : la course (à gauche et à droite), la marche (Platon et Aristote – « si on les regarde longtemps ils paraissent marcher » disait Kant citant Mengs[35] –) l'immobilité figée. Certains acteurs sont assis, d'autres penchés (Averroès), d'autres courbés (Euclide), d'autres agenouillés, d'autres allongés (Diogène), d'autres montent les marches. Variété des postures, variété aussi des jeux de mains : c'est tantôt la main impérative de Platon et d'Aristote, tantôt la main réprobatrice d'Eschine ou protestatrice de Gorgias ou d'Aristippe. La main soutient (celle des astronomes) ou embrasse, écrit ou dessine. Les mains parlent autant que les regards, plus qu'eux sans doute. Mais celui de Raphaël en dit long par cette sorte de clin d'œil qu'il nous adresse.

La philosophie sur la scène. La philosophie en scène. Nous sommes au théâtre avec un décor en trompe-l'œil[37]. Les acteurs vont et viennent ; il nous est possible d'assister à leurs discussions et de nous y mêler. Récit-promenade comme celui de Socrate et de Lysias au bord de l'Illisus. Malgré leur caractère un peu massif, de telles peintures n'écrasent pas. La fascination n'opère pas et laisse le spectateur libre. Il est permis de se gausser, de crier au pompièrisme. Il est permis aussi d'aimer cela, avec un sourire complice de celui de Raphaël. « Aux bacchanales de la vérité, nul ne peut rester sobre ! »[38].

## NOTES

1. Dante, *Enfer*, Chant IV, Vers 130 à 158 : « Un peu plus haut, je remarquai le maître de ceux qui savent, assis au milieu de sa famille de philosophes. Tous l'admiraient en lui rendant hommage ; Socrate et Platon siégeaient les plus proches du maître ; au-dessus, je voyais Démocrite, qui attribue l'origine du monde au hasard, Diogène, Anaxagore et Thalès, Empédocle, Héraclite et Zénon ».
2. *L'École d'Athènes* de Raphaël fait partie de ce que l'on appelle « Les Chambres du Vatican » et, plus précisément, de celle nommée « Chambre de la Signature ». Cette vaste salle est décorée de quatre panneaux ; face au *Parnasse, L'École d'Athènes*, fresque de 770 cm, peinte vers 1509-1510. On trouve une copie de cette fresque à la Bibliothèque Sainte Geneviève, à Paris.
3. Nous emprunterons notre documentation à *Tout l'œuvre peint de Raphaël*, introduction par Zerner, documentation par Pierluigi De Vecchi, Paris, Flammarion, 1969.
4. Valtieri, S., « La scuola d'Atene : un manifesto dell' umanismo maturo », in *L'architet-*

*tura. Cronache e storia*, nº 190, août 1971, pp. 266 à 274.

5. Selon Müntz, E., (*Raphaël, sa vie, son œuvre et son temps,* Paris, Hachette, 1886, p. 333-4), la référence à Ficin est évidente. Dans les Commentaires sur *La République* de Platon de Ficin, on peut, en effet, lire qu'Apollon est le dieu de l'harmonie, le médecin des passions ; grâce à cette harmonie, nous triomphons de nos pires ennemis, la luxure et la colère.
6. Cité par Chastel, A., in *Art et humanisme à Florence au temps de Laurent le Magnifique*, Paris, PUF, 1959, p. 477, note.
7. Est-il utile de rappeler que le *Timée* est à l'époque l'un des rares ouvrages de Platon qui soit connu ? Peut-être faudrait-il parler aussi de Timée de Locres, auteur prétendu d'une vie de Pythagore, qui joue dans cette fresque un rôle important.
8. Idéalisme, d'une part, et réalisme de l'autre. Le geste d'Aristote a sans doute pour but de mettre l'accent sur les réalités pratiques et morales.
9. Chastel, *op. cit.,* pp. 73, 501.
10. Voir Passavant, J.D., *Raphaël Von Urbino und sein Vater Giovanni Santi,* Leipzig, 1839-45 et Paris 1860. Passavant dit que Raphaël fut peut-être guidé par des amis érudits, le comte de Castiglione ou Sadolet. Il aurait pris pour guide Diogène Laerce, ouvrage très répandu à l'époque. Passavant a donc essayé, à l'aide de Diogène Laërce, d'identifier les personnages. J'avoue que – Diogène Laërce en mains – je ne suis guère arrivée à voir sur quoi se fondaient ses déductions.
11. Le petit vieillard à la mine renfrognée dont la tête disparaît au trois quarts sous un énorme bonnet fourré et qui, les bras cachés sous un manteau, ne perd aucune des paroles de Socrate est, d'après Passavant et Müntz, un de ces humbles artisans (!) avec lequels le philosophe aimait à s'entretenir.
12. Frédéric de Mantoue, fils aîné de la princesse Isabelle d'Este. Sa beauté et ses heureuses dispositions entraînaient la sympathie de tous ; Vasari l'identifie dans ce jeune homme qui situé au-dessus d'Euclide-Bramante « ouvre les bras d'admiration et penche la tête » *La vie des excellents peintres,* (Dorbon-Aîné, 3e éd. Ch. Weiss, t. II, p. 595).
13. Neveu du Pape. Nature ardente et fougueuse, qui n'hésitait pas à se débarrasser de ses adversaires de ses propres mains. C'est lui que Carpaccio représente dans son admirable tableau *Jeune chevalier devant un paysage,* coll. Thyssen, Lugano.
14. D'après une dissertation publiée par un savant allemand, N. Naumann, les personnages représentés à côté de Pythagore seraient Terpandre et Aristoxène, les inventeurs de deux systèmes musicaux différents de celui du philosophe de Samos. Le groupe entier formerait donc une sorte de résumé de la musique grecque primitive. Cette interprétation a été très controversée.
15. Sur le caractère ambigu de cet hommage, voir l'article de Gombrich : « Rhétorique de l'attribution », in *Revue de l'art,* nº 42, 1978, p. 23 *sq.*
16. On a vu d'abord, dans ce personnage, Archimède, ensuite Euclide. Les traits du personnage sont ceux de Bramante, architecte, ingénieur, peintre, graveur, etc. Il fut ensuite le guide et le protecteur de Raphaël; Müntz nous dit que Raphaël reproduit ici ses mains osseuses, aux doigts noueux qu'une paralysie précocre (*cf.* Vasari) allait bientôt envahir. Redig de Campos a lu dans les signes dorés qui ornent le col de la tunique d'Euclide « RVSM. = Raphaël urbinas sua manu ». Nous aurions donc là la signature de l'œuvre.

Selon Julien Klaczko, la présence des quatre jeunes et le motif de la gradation mimique est le même que dans l'ascension de Saint Jean de Giotto (Santa Croce, Chapelle Peruzzi) : voir « Rome et la Renaissance dans la Camera delle segnatura », in *Revue des deux mondes,* 15 juillet 1894, p. 241 *sq.*

17. Voir l'ouvrage de Coppier, A.C., *L'énigme de la « Segnatura »* (Paris, H. Floury), qui démontre que *L'École d'Athènes,* dans sa majeure partie, est de la main de Sodoma : la rapidité visible d'exécution, le caractère bâclé ou répétitif de certaines figures ne sont pas dignes de Raphaël. Un conflit, lié à des circonstances historiques, aurait opposé les deux auteurs : leurs visages en porteraient la marque manifeste sur certaines retouches... Par ailleurs on a, pendant longtemps, vu dans le personnage qui assiste Raphaël, le Perugin.
18. « En haut de la tablette est inscrit le mot ΕΠΟΓ ΛΟΩΝ qui désigne dans le *Timée* un entier augmenté de la huitième partie (1 + 1/8), c'est-à-dire l'intervalle d'un ton mesuré sur la corde. Au-dessous, les mots diatessaron, diapente, diapason sont disposés de telle sorte que le diatessaron (rapport 3/4) relie 6 à 8 et 9 à 12, le diapente (rapport 2/3) 6 à 9 et 8 à 12 et le diapason (octave, rapport 1/2) 6 à 12 ». Ch. Bouleau, *La géométrie secrète des peintres,* Paris, Seuil, 1963, p. 99. S. Valtieri remarque que les restaurations successives ont modifié certains chiffres : voir « La scuola d'Atena. Proporzioni delle architectura, *Cronache e storia,* n° 191, sept. 1971, p. 344, note 10.
19. Sur l'importance de la tétractys, on pourra consulter : Kucharski, P., *Étude sur la doctrine platonicienne de la tétrade.* Paris, Belles-lettres, 1952. Voici le texte de la prière pythagoricienne adressée à la Décade : « Bénis-nous, nombre divin, toi qui a engendré les dieux et les hommes ! O sainte, sainte Tétractys, toi qui contiens la racine et la source du flux éternel de la création : le nombre divin débute par l'unité pure et profonde et atteint ensuite le quatre sacré ; ensuite il engendre la mère de tout, qui relie tout, le premier-né, celui qui ne dévie jamais, qui ne se lasse jamais, le Dix sacré, qui détient la clé de toutes choses ». Matila Ghyka, *Philosophie et mystique du nombre,* Paris, Payot, 1952, pp. 15-16. Aristote considérait ce nombre comme le nombre sacré. A travers ce symbole, dit Valtieri, Raphaël a exprimé l'accord entre les deux philosophies.
20. Chastel, *op. cit.,* p. 480.
21. Valtieri, *op. cit.,* p. 337.
22. Cité par Valtieri, p. 273.
23. Réau, *Iconographie de l'art chrétien,* Paris, PUF, 1955, t. I, p. 160.
24. Chastel, A., *Marcile Ficin et l'art,* Genève, Droz, 1954 ; Panofsky, *Essais d'iconologie,* Paris, Gallimard, 1967, p. 203 *sq.* ; *Platon et Aristote à la Renaissance,* colloque de Tours, 1976, Vrin.
25. « J'aime à apprendre, vois-tu. Cela étant, la campagne et les arbres ne consentent pas à m'apprendre quoi que ce soit, mais bien les hommes qui sont dans la ville » (230d).
26. Venturi, *Pour comprendre la peinture,* Paris, Albin Michel, 1950, p. 69 *sq.*
27. Sur l'évolution des conceptions architecturales de Raphaël, voir Valtieri, *op. cit.*
28. Burckhardt dans son *Cicerone* loue la richesse des architectures représentées dans la peinture de Véronèse et ajoute qu'elles ne sauraient cependant être comparables au grand atrium de *L'École d'Athènes.* Quant à Wölfflin, il ira jusqu'à dire que si on ôte à cette œuvre sa partie architecturale, toute la composition disparaît.

29. Francastel, P., *La réalité figurative,* Paris, Gonthier, 1965, p. 292 *sq.*
Dans son article déjà cité, Valtieri montre bien que Raphaël, lorsqu'il peint l'architecture, reste essentiellement peintre. En cela il prend ses distances par rapport au Pérugin, dont les architectures peintes restent encore traditionnelles.
30. Valéry, *Oeuvres,* Paris, Gallimard, t. II, p. 101.
31. *Picasso, 1930-35,* ed. « Cahiers d'art », Paris, 1936 (c'est nous qui soulignons).
32. Par exemple : Funk-Hellet, Ch., *Les œuvres peintes de la Renaissance italienne et le nombre d'or,* Paris, Le François, 1932.
33. Bouleau, *op. cit.,* p. 81 *sq.*
34. Valtieri, *op. cit.,* p. 344 : « *L'École d'Athènes* est le manifeste par excellence de la culture de l'humanisme accompli, riche d'implications et de théorèmes, dont la démonstration n'est possible que dans un cercle « d'initiés » et que nous ne pourrons comprendre que si nous ne négligeons aucun postulat ».
35. Kant, *Anthropologie du point de vue pragmatique* (trad. M. Foucault), Paris, Vrin, 1964, p. 34.
36. « En architecture comme en peinture, Raphaël a choisi la scénographie, c'est-à-dire la peinture en trois dimensions » : Valtieri, *op. cit.,* p. 273 (c'est nous qui traduisons).
37. Klein, R., *La forme et l'intelligible,* p. 294 *sq.*
38. Hegel, *Phénoménologie de l'esprit,* p. 40.

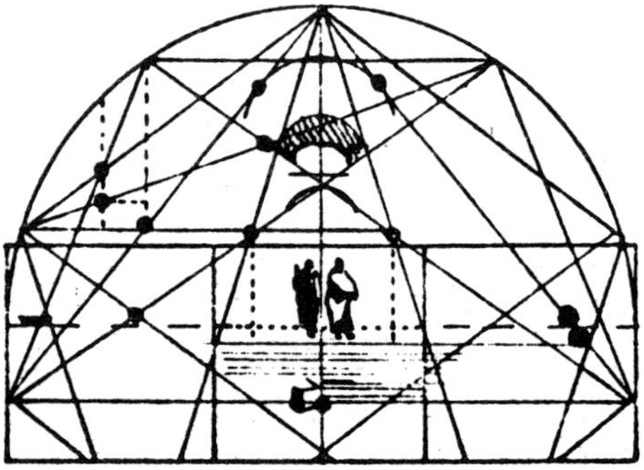

I – Tracé harmonique sommaire de *L'École d'Athènes,*
d'après Dr Ch. Funk-Helley, *op. cit.,* planche VII.

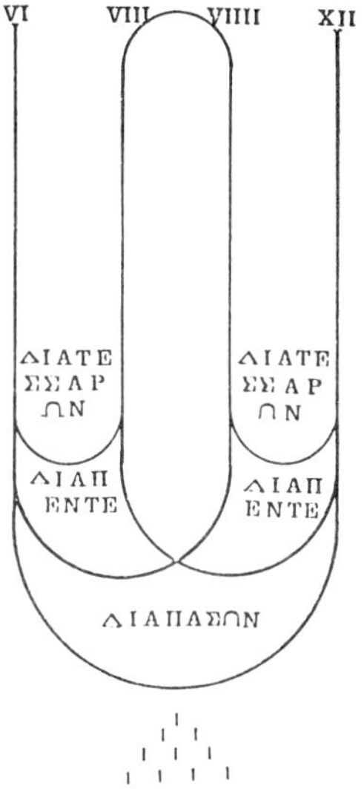


II – La table d'harmonie (on lit entre les cordes : diapason, diapente, diatessaron).
En bas : la tétractys.

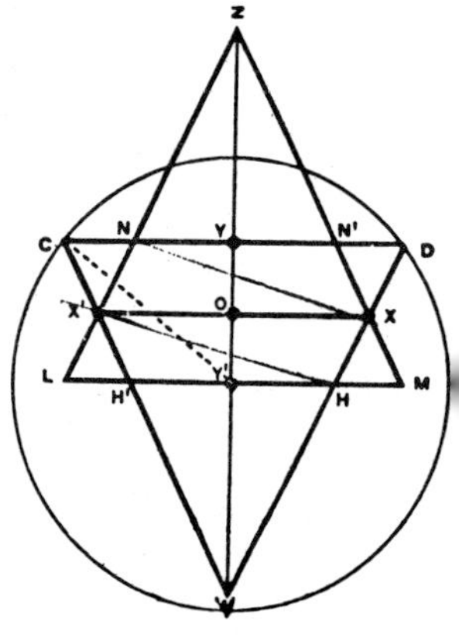


III – Schéma de l'architecture harmonique du temple (d'après S. Valtieri).
Le point Z se situe au milieu des deux colonnettes de la seconde voûte ; le point V, point de fuite, est sur la main gauche de Platon ; les points C et D se situent à l'extrémité postérieure de la première voûte, juste au-dessous des deux médaillons.

*Jean-François de RAYMOND*
*Grenoble II et Ambassade de Suède*

# PRÉLUDE A UNE BREVE RENCONTRE : LA CORRESPONDANCE DE RENÉ DESCARTES AVEC LA REINE CHRISTINE DE SUEDE

Ma pensée rejoint Henri Joly en retrouvant le souvenir de Descartes à Stockholm. Avec François Heidsieck, Henri Joly nous avait introduit, il y a 25 ans, aux *Méditations métaphysiques* de Descartes et aux *Méditations cartésiennes* de Husserl. Il nous exerçait à l'intelligence des textes qu'il faisait parler en révélant leur sens et en les replaçant dans une Histoire des idées et des questions qui nous ouvraient sur l'immensité du savoir. Son regard attentif valorisait nos modestes tentatives et encourageait notre mouvement pour aller plus loin. Ses études ont largement contribué par leur pénétration et le recours aux Sciences humaines à une interprétation féconde de la Grèce Antique dont il s'était fait l'archéologue philosophe.

La relation de Descartes avec la reine Christine de Suède dura trois ans, à partir de décembre 1646, avant d'être interrompue le 11 février 1650 par la mort du philosophe à Stockholm où il se trouvait depuis quatre mois. Descartes était entré par degrés en relation avec la Reine, par l'intermédiaire de Pierre Chanut, le Résident de France à la Cour de Suède, son ami et admirateur qui évoque devant elle les écrits du philosophe, puis par correspondance, enfin sur invitation. Ainsi se forme la rare figure d'un trio philosophique, dont la correspondance par échange de questions et de raisons témoigne de la qualité des esprits.

Descartes a 49 ans en 1646. Il vit depuis vingt ans réfugié aux Pays-Bas où il s'est trouvé en butte à des querelles théologiques. Le 4 octobre il se rend à Amsterdam, pour embrasser son ami et sa famille, qui s'embarquent pour Stockholm. L'échange de lettres qui suivra le départ de Chanut témoigne de leur fidèle amitié et de leur regret d'un éloignement qui ne les empêchera pas de s'entretenir de questions philosophiques.

La double correspondance que Descartes établit avec Chanut et, par lui, avec Christine, n'a pas été appréciée dans toute sa portée. On n'appelle guère l'attention sur les promesses de ces quelques lettres et de cette relation du philosophe d'Egmond avec le diplomate-philosophe et la Reine, qui conduisit Descartes à Stockholm, d'où il ne revint pas, et sur leurs conséquences pour l'évolution de la pensée de la jeune Reine.

Or la fille unique de Gustave Adolphe, orpheline à 6 ans, avait été éduquée par son précepteur, le savant et prudent Johannes Matthiae, luthérien ouvert au rapprochement des confessions, qui lui avait fait lire les Anciens, notamment les Stoïciens et les Pères de l'Église. La jeune fille avait manifesté très tôt une passion intellectuelle qui la portait spontanément à l'étude des langues et à la réflexion sur les critères de l'action. L'intérêt qu'elle manifesta pour la nouvelle philosophie que Chanut lui avait présentée, s'inscrit tout naturellement dans l'évolution de son esprit. Or, cette jeune Princesse qui régnait déjà depuis cinq ans, sera couronnée le 20 octobre 1650, un an après l'arrivée de Descartes à Stockholm, à 24 ans, et abdiquera en juin 1654 après avoir fait part trois ans plus tôt au Sénat de ses intentions – elle aurait confié son projet à Chanut dès 1646 ; elle abjurera en 1655 le luthéranisme pour le catholicisme avant de se retirer à Rome où elle mourra en 1689. Ces décisions étonnèrent l'Europe et infléchirent l'histoire de la Suède.

L'attention portée à cette correspondance ouvre la voie à la question rarement abordée, sinon par Cassirer et de rares auteurs suédois des cinquante dernières années[1], de savoir dans quelle mesure les Traités, les lettres et les entretiens de Descartes avec Christine dans la bibliothèque du Château des Trois Couronnes, ont pu exercer une influence sur les grandes décisions de la future Reine.

Il convient d'abord de rétablir l'identification des correspondants et la délimitation de leur correspondance car un interlocuteur en cache un autre : les lettres philosophiques adressées par Descartes à Chanut sont, en réalité, destinées à Christine. De plus, le rôle de l'intermédiaire ne saurait se réduire ici à celui de l'entremetteur socratique – Chanut redouble auprès de la Reine sa fonction d'Ambassadeur en tenant celui d'initiateur à la philosophie de Descartes.

La lettre adressée par Descartes, le 1er novembre 1646 à Chanut, ouvre la perspective des relations avec Christine. Après avoir remercié son ami d'avoir parlé avantageusement de lui à plusieurs personnes, le philosophe d'Egmond évoque une correspondance de Clerselier[2] lui annonçant que Chanut lui avait demandé les « Méditations françaises de Descartes » pour les présenter à la Reine de Suède. Descartes y consent, sans l'avoir recherché. Il tient à préciser à Chanut : « Je n'ai jamais eu assez d'ambition pour désirer que les personnes de ce rang sussent mon nom, et même si j'avais été seulement aussi sage qu'on dit que les sauvages se persuadent que sont les singes, je n'aurais jamais été connu de qui que ce soit, en qualité de faiseur de livres : car on dit qu'ils s'imaginent que les singes pourraient parler, s'ils voulaient, mais qu'ils s'en abstiennent, afin qu'on ne les contraigne point de travailler ; et pour ce que je n'ai pas eu la même prudence à m'abstenir d'écrire, je n'ai plus tant de loisir ni tant de repos que j'aurais, si j'eusse eu l'esprit de me taire. Mais, conclut-il, puisque la faute est déjà commise, et que je suis connu d'une infinité de gens d'École, qui regardent mes écrits de travers, et y cherchent de tous côtés les moyens de me nuire, j'ai grand sujet de souhaiter aussi de l'être des personnes de plus grand mérite, de qui le pouvoir et la vertu me puissent protéger ». L'objectif de la protection est ordonné à la recherche intellectuelle, qui réclame la tranquillité de l'esprit – l'ataraxie des Stoïciens – que visera Christine. Descartes remercie Chanut d'avoir parlé de lui à cette Princesse dont M. de la Thuillerie, l'ancien Ambassadeur de France, et d'autres, lui ont « décrit ses qualités d'une façon si avantageuse, que celle d'être Reine me semble l'une des moindres ». Sans doute estime-t-il, par analogie avec l'expérience de ses relations avec la princesse Elisabeth de Bohême à qui il avait dédié ses *Principes de Philosophie,* « les personnes de grande naissance, de quelque sexe qu'elles soient, n'ont pas besoin d'avoir beaucoup d'âge pour pouvoir surpasser de beaucoup en érudition et en vertu les autres hommes »[3]. Il craint cependant que ses écrits « ne méritent pas qu'elle (Christine) s'arrête à les lire » et, avertit-il Chanut, qu'elle ne vous sache point de gré de les lui avoir recommandés ». Sa réserve tient à ce qu'il ne s'agit pas là de questions pratiques : « Peut-être que, si j'y avais traité de la morale, j'aurais l'occasion d'espérer qu'ils lui pourraient être plus agréables ; mais c'est de quoi je ne dois pas me mêler d'écrire », ajoute-t-il, car il veut éviter de donner prise à de nouvelles critiques, outre sa réserve vis-à-vis des conseils de morale que l'on s'estime injustement fondé à donner aux autres. Il réitère à son correspondant sa confiance et ses sentiments – « l'admiration pour votre vertu et un zèle très particulier » – ainsi que son espoir de le revoir à l'occasion de son retour en France, car il ne croit pas se rendre jamais en Suède. Il ajoute : « On peut dire beaucoup de choses en peu de temps et je trouve que la longue fréquentation n'est pas nécessaire pour lier d'étroites amitiés, lorsqu'elles sont fondées sur la vertu ». Ce que Descartes jugeait ainsi pour ses rapport avec Chanut devait aussi valoir pour ses futures relations avec Christine.

Chanut confirme en retour[4] les qualités inestimables de Christine. Ce n'est pas là un discours de convention – les portraits les plus complets et les plus fidèles de la jeune reine Christine sont dus à Pierre Chanut[5]. Il précise : « pour la conduite de ses affaires, non seulement elle les connaît, mais elle en porte vigoureusement le poids, et elle le porte presque seule » – elle n'avait pourtant que 19 ans. En réalité, observe-t-il, « ici nous n'avons à rendre compte qu'à la Reine, et à prendre les réponses de sa bouche... Elle est si adroite que son âme et son peu d'expérience ne donnent aucun avantage à ceux qui lui parlent, son jugement suppléant à tout ce qui peut lui manquer dans l'usage des affaires ». Il ne manque à Christine que le loisir de se livrer vraiment à la Philosophie pour comprendre les *Principes* de Descartes et bientôt les *Méditations métaphysiques;*

Chanut ajoute : « Elle vous connaît tel que tout le monde vous doit connaître », et il témoigne « qu'il faut parler devant elle avec grande circonspection ».

Cet exposé de la situation introduit à une question sur laquelle la Reine lui avait demandé récemment son sentiment et que l'Ambassadeur-philosophe soumet à Descartes : « Quand on use mal de l'Amour ou de la Haine, lequel de ces deux dérèglements ou mauvais usages était le pire ? ». Il consulte son ami mais ne lui indique ni l'opinion soutenue par Christine, ni celle qu'il a lui-même défendue. Il transmettra l'avis de Descartes à la Reine, s'il confirme celui qu'elle a exprimé ; enfin il attend l'exemplaire des Méditations pour le lui présenter.

La réponse[6], deux mois plus tard, transforme la question en se présentant sous la forme d'une ample dissertation sur la nature de l'Amour, puis sur le point de savoir si la seule lumière naturelle nous enseigne à aimer Dieu, avant d'aborder les deux dérèglements sur lesquels Chanut avait interrogé Descartes. Elle distingue d'abord « l'Amour purement intellectuel ou raisonnable » et « celui qui est une passion », avec la conclusion qu'on aime ce que l'on juge digne ; puis « l'Amour de bienveillance » et « l'Amour de concupiscence, lequel n'est qu'un désir fort violent, fondé sur un Amour qui souvent est faible ». Or progresse Descartes, la seule lumière naturelle ne suffit pas à nous enseigner à aimer Dieu mais la considération de l'infinité de sa puissance, de sa providence, de sa création « remplit un homme qui les entend bien d'une joie si extrême que... il pense déjà avoir assez vécu de ce que Dieu lui a fait la grâce de parvenir à de telles connaissances » ; et « se joignant entièrement à lui de volonté, il l'aime si parfaitement qu'il ne désire plus rien au monde, sinon que la volonté de Dieu soit faite ». Dès lors, « il ne craint plus aucun mal et il ne refuse aucun bien licite, comme venant de la Providence divine », précise Descartes qui rappelle la condition de cette attitude : « il faut que l'âme se détache fort du commerce des sens pour se représenter les vérités qui excitent en elle cet Amour ». Ainsi, conclut-il, la seule définition de l'Amour est d'être « une passion qui nous fait joindre de volonté à quelque objet ». Il n'hésite pas à choisir pour exemple les sentiments de Chanut envers Christine : « Et si je vous demandais, en conscience, si vous n'aimez point cette grande Reine, auprès de laquelle vous êtes à présent, vous auriez beau dire que vous n'avez pour elle que du respect, de la vénération et de l'étonnement, je ne laisserais pas de juger que vous avez aussi une très ardente affection ». Quant au dérèglement de l'Amour, il « nous emporte à de plus grands excès et nous rend capable de faire plus de mal au reste des hommes », l'Amour ayant « naturellement beaucoup plus de force et plus de vigueur que la Haine... l'Amour déréglé n'épargne rien ».

Les détours de cette analyse qui présentent la conception de l'Amour selon Descartes, témoignent du soin pédagogique manifesté par le philosophe pour exposer la question dans toute son ampleur à son correspondant – le destinataire désigné comme porte-parole est chargé de transmettre le sens de la réponse au destinataire originel. Descartes assigne à Chanut un rôle métaphorique en s'adressant à travers lui à Christine. L'Histoire ne peut omettre de considérer cette analyse comme essentielle à l'ensemble de la contribution de Descartes à la formation intellectuelle et spirituelle de la reine Christine.

Le médecin français de la Reine[7], témoin de la joie que Chanut retirait de la lecture de cette dissertation, en rapporta la nouvelle à Christine qui demanda aussitôt à l'Ambassadeur de lui lire la dissertation de Descartes. Comment s'étonner que ces analyses aient contribué à stimuler le désir de la jeune femme d'en savoir davantage ? La Reine, qui voulait confirmer par ses réflexions ce qu'elle entendait, multiplia ses compliments envers l'auteur et interrogea longuement Chanut sur la personne et la vie de son ami : « Monsieur Descartes, autant que je le puis voir par cet écrit et par la peinture que vous m'en faites, est le plus heureux de tous les hommes ; et sa condition me semble digne d'envie. Vous me ferez plaisir de l'assurer de la grande estime que je fais de lui »[8]. Chanut fut impressionné par la facilité de son interlocutrice à pénétrer dans les sentiments de l'auteur ; cependant elle croyait que « n'ayant pas ressenti cette passion (l'Amour), elle ne pouvait pas bien juger d'une peinture dont elle ne connaissait point l'original », rapporte Chanut qui estimait néanmoins qu'elle comprenait parfaitement ce que Descartes disait de « l'Amour intellectuel », parce qu'elle pouvait au moins sentir en elle l'amour de la vertu. Elle exprima seulement son dissentiment sur la notion de Monde « fini », doutant qu'on put admettre l'hypothèse d'un Monde infini sans blesser la religion chrétienne. D'autre part elle voulait savoir « quelle est cette impulsion secrète qui nous porte dans l'amitié d'une personne plutôt que d'une autre, avant même que d'en connaître le mérite »[9].

Descartes fait part à Chanut de son admiration devant les observations de Christine et il répond le 6 juin, sur les questions du Monde infini et de nos inclinations secrètes. Le même jour, il rapporte à la princesse Elisabeth son échange avec la reine Christine, en n'hésitant pas à ajouter que la façon dont Chanut lui décrit cette Reine, la lui fait tellement estimer qu'il lui semble qu'elles seraient dignes de la conversation l'une de l'autre, « qu'il ne serait pas mal aisé à votre Altesse de lier une fort étroite amitié avec elle ». Il tente de tenir à son tour le rôle d'intermédiaire, promettant à Elisabeth de placer toujours, dans ses lettres à Chanut, destinées à répondre aux questions de Christine, « quelque chose qui donne à la Reine sujet de souhaiter l'amitié de votre Altesse, si ce n'est que vous me le défendiez ».

Cette correspondance, dont la curiosité philosophique de Christine est devenue l'objet, se poursuit en septembre avec une nouvelle question que la Reine charge

Chanut de soumettre à Descartes. « La Reine ayant été à Uppsal, où est l'Académie du pays, elle avait voulu entendre une harangue du professeur en l'éloquence qu'il estime pour le plus habile et le plus raisonnable de cette Académie, et qu'elle lui avait donné pour son sujet à discourir du Souverain Bien de cette vie ; mais qu'après avoir ouï cette harangue » de Freinsheimius le 17 septembre, elle avait dit que « ces gens là ne faisaient qu'effleurer les matières et qu'il en faudrait savoir mon opinion », rapporte Descartes à Elisabeth en ajoutant que « l'ami que j'ai en ce pays là », c'est-à-dire Chanut, lui conseille d'adresser son analyse à la Reine, « à laquelle il la présentera et dit qu'il est caution qu'elle sera bien reçue »[10]. Il annonce sans ambages à Elisabeth que pour demeurer bref dans son analyse il communique en même temps à Chanut une copie des lettres qu'il lui avait adressées en 1643 lorsqu'elle s'intéressait au *De Vita beata* de Sénèque, ainsi que le *Traité des Passions* – en recommandant à son correspondant de ne les montrer à Christine qu'à sa demande expresse.

Il écrit directement à la Reine, le même jour, répondant ainsi aux vœux de Chanut à qui il rappelle cependant ses réserves à l'égard de la publication de ses pensées touchant la morale pour des raisons de prudence et de convenance : d'une part « il n'y a point de matière d'où les malins puissent plus aisément tirer des prétextes pour calomnier ; d'autre part « il n'appartient qu'aux Souverains, ou à ceux qui sont autorisés par eux, de se mêler de régler les mœurs des autres ». S'il fait exception pour Chanut et Christine, c'est qu'il espère, « que ces écrits ne tombent point, s'il est possible, en d'autres mains ». Cette marque de confiance envers un ami sûr et une éminente correspondante dont on lui a garanti les qualités, est confirmée par l'envoi qu'il leur fait d'un «recueil de quelques autres lettres » plus explicites – celles qu'il avait adressées quatre ans auparavant à la princesse Elisabeth. Le motif invoqué relève de la sincérité de l'intention : « il (lui) sera peut-être plus agréable (à Christine), estime Descartes, de voir ce que j'ai ainsi écrit à une autre, que s'il lui avait été adressé ; pour ce qu'elle pourra s'assurer davantage que je n'ai rien changé ou déguisé en sa considération ».

Si on considère la bonté de chaque chose en elle-même, c'est Dieu qui est le Souverain Bien « pour ce qu'il est incomparablement plus parfait que les créatures ». Mais si nous rapportons à nous la question, alors, dit Descartes, « je ne vois rien que nous devions estimer bien, sinon ce qui nous appartient en quelque façon, et qui est tel que c'est perfection pour nous de l'avoir ». Il ne s'agit ni des biens du corps et de la fortune, car ils ne dépendent point absolument de nous ; et pas même de la connaissance, car elle est souvent « au-delà de nos forces » – « c'est pourquoi il ne reste que notre volonté dont nous puissions absolument disposer ». Le Souverain Bien consiste donc à « une ferme volonté de bien faire » et le « contentement qu'elle produit ». Descartes explicite combien la « ferme et constante résolution de faire exactement toutes les choses que l'on jugera être les meilleures et d'employer toutes les forces de son esprit à les bien connaître », nous met en état de disposer de notre volonté. C'est bien « cela seul qui, à proprement parler, mérite de la louange et de la gloire », précise le philosophe à la Reine de Suède.

Cette analyse n'a pas pu passer inaperçue à l'esprit de Christine qui ne pouvait manquer d'y retrouver une connotation comme un écho de ses convictions. Les critères de la gloire, de la louange, mais aussi le contentement la touchaient directement – et la désignation de la vertu comme le seul Bien digne de louange. Or, par une inspiration prémonitoire, le philosophe lance l'affirmation à laquelle Christine était la plus sensible : « votre Majesté fait plus d'état de la vertu que de sa couronne..., il ne me semble pas qu'il y ait rien que cette vertu qu'on ait juste raison de louer ». Comment Christine aurait-elle pu méconnaître cette apologie de la liberté et cette justification de la volonté lucide ? Non seulement le bon usage du libre arbitre promet « le plus grand et le plus solide contentement de la vie » ; mais cet usage de notre liberté nous divinise. En effet, « le libre arbitre est de soi la chose la plus noble qui puisse être en nous, d'autant, va jusqu'à dire Descartes, qu'il nous rend en quelque façon pareils à Dieu et semble nous exempter de lui être sujets ». La volonté est donc infinie en l'homme comme en Dieu ! Cette audace nouvelle enthousiasmait Christine préfigurant la maxime de ses grandes décisions – la question demeure de savoir si elle l'a interprétée selon les prémisses indiquées.

Cependant Descartes s'interroge sur l'accueil que la Reine réservera à ses écrits dont l'acheminement a d'ailleurs été retardé aux Pays-Bas. Sa crainte modère « l'extrême joie » que Chanut lui a procurée en lui transmettant l'intérêt que leur porte Christine. Certes, il estime que cette lecture ne sera pas infructueuse parce que la Reine « est l'une des plus importantes personnes de la terre, que cela même peut n'être pas inutile au public », et parce que « la considération de ces pensées fortifie l'esprit en l'exercice de la vertu, et qu'elle sert plus à nous rendre heureux qu'aucune autre chose qui soit au monde ». Cependant il souhaite recevoir sur ces textes l'avis de Chanut qui en fera part à Christine, car « la parole a beaucoup plus de force pour persuader que l'écriture » ; au moins ajoute-t-il « s'ils sont à mon avantage ». Il espère que Chanut continuera à lui procurer « la bienveillance de cette grande Reine, pour les vertus de laquelle vous m'avez fait avoir, dit-il, beaucoup de vénération et de zèle »[11].

L'attente durait depuis cinq mois. Enfin, la réponse arrive sous la forme d'une lettre personnelle de Christine au philosophe, le 12 décembre. La Reine le remerciait pour l'envoi de son analyse sur le Souverain Bien et de son *Traité des passions,* et elle lui témoignait combien ces écrits confirmaient l'estime que Chanut lui avait fait concevoir pour lui.

La Reine avait suivi attentivement la préparation de la paix de Munster, mais n'avait pas négligé la lecture des textes de Descartes ; elle avait lu à la chasse, le *Traité des passions de l'âme,* avant de le méditer à loisir. Chanut raconte de façon pittoresque cet intérêt suivi que Christine y porta de longues semaines, et le rôle de précepteur qu'elle lui assigna : « J'eus l'honneur, il y a deux mois de suivre la Reine en un voyage vers les mines d'argent et de cuivre[12]. Dans le loisir du chemin, elle se donna entièrement à la lecture. Je portai vos principes de la philosophie. Je lui lus la préface. Elle ouvrit le livre par endroits, et demeura fort pensive pendant quelques jours. Je connus ce qui la faisait rêver ; et comme j'osais bien lui dire qu'il me semblait qu'elle se trouvait en peine entre le désir de s'instruire dans cette Philosophie et les difficultés qu'elle aurait à l'acquérir, elle m'avoua que j'avais deviné ce qui lui donnait du souci ». Chanut rapporte comment il conseilla à la Reine de demander à Freinsheimius, « son historiographe, très honnête homme et savant » d'étudier les *Principes de Philosophie* de Descartes afin qu'il puisse la secourir dans cette étude, et comment Freinsheimius lui demanda son aide. La Reine consacrait son temps et ses efforts à son introduction suivie à la nouvelle philosophie, « de sorte, Monsieur, estime Chanut, que c'est aujourd'hui une des fonctions de la Résidence en Suède de lire et d'étudier votre philosophie »[13]. Il fallait à l'Ambassadeur cette obligation, car les occupations de sa fonction ne lui laissaient guère le temps « de divertir mes pensées à ces abstractions », selon son expression, Christine allait étudier elle-même la pensée de Descartes après l'avoir abordée avec son précepteur diplomate – « La résolution de la Reine de Suède est de prendre votre livre aussitôt que nous l'aurons achevé ». Cette lecture tissera un contrepoint dans la correspondance de la Reine avec Descartes car, ajoute Chanut, « lorsque dans le cours de la lecture nous ne serons pas assez forts ou assez adroits pour délier les nœux qui l'arrêterons, nous aurons recours à vous ». Il ne s'agit donc pas, chez Christine, d'un agrément de l'esprit ou de l'acquisition d'un savoir occasionnel, mais bien d'une détermination à comprendre une pensée dont les analyses correspondaient à ses préoccupations. Cet intérêt allait aboutir à sa conséquence naturelle. Chanut le laisse pressentir à Descartes en conclusion de sa lettre, où il lui transmet seulement les dispositions de la Reine à son égard : « Sa Majesté s'est fort enquise de votre fortune et du soin qu'on prenait de vous en France ; et je ne sais si, lorsqu'elle aura pris goût à votre philosophie, elle ne vous tentera point de passer en Suède ». Il préfèrerait évoquer cette éventualité de vive voix avec Descartes qu'il incite déjà à l'envisager – « Je serai, s'il plaît à Dieu, pour lors en France, où je vous pourrai dire plusieurs choses qui seront considérables, si vous mettez l'affaire en délibération. Il ajoute : « Je puis vous assurer que cette Princesse, qui n'estime rien au monde que la vérité et la vertu, fait un grand jugement de vous pour l'amour de l'une et de l'autre ». Il croit pouvoir conclure par un jugement encourageant : « Vous voyez que je ne suis point en une Cour où la malice et le déguisement soient en crédit ».

Ainsi cette relation épistolaire ordonne-t-elle les dispositions de chacun en les faisant converger vers la rencontre des esprits qu'elle a préparée.

Descartes confirme d'abord à Chanut, le 26 février 1649, son admiration pour cette Reine « perpétuellement agissante dans les affaires », qui s'est « souvenue, après plusieurs mois, dit-il, d'une lettre que j'avais eu l'honneur de lui écrire ». Il relève combien « elle écrit si nettement et si facilement en français », ajoutant : « Toute notre nation lui en est très obligée ». L'admiration – cette passion – qu'il lui porte, lui fait estimer « que cette Princesse est bien plus créée à l'image de Dieu que le reste des hommes, d'autant qu'elle peut étendre ses soins à plus grand nombre de diverses occupations en même temps ». Une nouvelle crainte à l'idée que Christine pourrait se lasser à la lecture de ses *Principes,* mais il nourrit l'espoir qu'elle y trouvera quelque satisfaction, avec l'assistance de Chanut et de Freinsheimius. De plus en plus attaché à l'aboutissement de son entreprise, sa sollicitude pédagogique traduit sa préoccupation d'auteur philosophique qui tient à être entendu : « Je vous aurais très grande obligation, demande-t-il à Chanut, si vous preniez la peine de m'avertir des lieux où je ne me suis pas assez expliqué ». Il précise ses dispositions : « Je serais toujours soigneux de vous répondre, dès le jour même que j'aurais reçu de vos lettres ». Certes la distance et le temps d'acheminement du courrier ne permettaient pas de dialogue immédiat – il fallait quatre semaines pour l'acheminement d'une lettre de Stockholm à La Haye, plus une semaine jusqu'à Egmond, si bien que la réponse ne parvenait pas au questionneur avant deux mois et demi, au mieux. Descartes fait d'autant plus confiance à son ami, qu'il a la tête métaphysique et qu'il est lui-même intéressé, de par ses fonctions de représentant de la France, à ces échanges entre la Reine de Suède et le philosophe français. Il lui confie : « Vous auriez bien plutôt résolu de vous-même les difficultés que vous rencontreriez, que vous n'en pourriez avoir d'ici la solution » – il lui faisait le soin d'expliciter sa pensée.

En répondant à Christine une lettre conventionnelle de remerciements pour celle qu'elle avait bien voulu lui adresser, Descartes va jusqu'à lui promettre son entière disposition et un zèle aussi parfait que s'il était « né suédois ou finlandais »[14]. Pressentiment ou approbation du philosophe qui est reconnu et consulté ? Il appréciait l'intérêt véritable que lui portaient des esprits bien nés, avec qui estimait-il les échanges ne peuvent qu'être fructueux et il était d'autant plus attaché à cette correspondance avec la reine Christine qu'elle constituait pour lui la première occasion d'entretenir de questions philosophiques un Prince régnant, jeune de surcroît et de lui transmettre directement des éléments fondamentaux de sa pensée.

L'évolution naturelle du trio philosophique qui correspondait ainsi depuis plusieurs mois, portait la Reine à chercher à dialoguer directement avec le philosophe. Il n'y a rien d'étonnant à ce que la jeune Christine, qui avait médité plusieurs ouvrages, se les était fait expliciter, voulût voir et recevoir le philosophe en personne, et que Descartes, malgré sa réserve à quitter sa retraite aux Pays-Bas, envisageât de s'aventurer en Suède pour rencontrer cette jeune Reine exemplaire, c'est-à-dire à ce que la satisfaction d'esprit l'emportât sur l'incommodité matérielle.

Chanut lui avait adressé, de la part de la Reine, l'invitation de se rendre en Suède[15]. Il lui fit savoir, rapporte Baillet, que « la Reine aurait souhaité de le voir au mois d'avril, afin de pouvoir le remettre dans sa maison d'Egmond l'hiver suivant, si le climat de Suède lui était trop rûde ». Elle était prête à consentir trois mois de délai « et toute la condescendance qu'il souhaiterait, pourvu qu'il accomplît le voyage de Suède »[16]. Chanut renforçait l'invitation d'autant plus qu'il envisageait de se rendre en France, trois semaines plus tard et que la Reine dépêchait l'Amiral Flemming en Hollande avec pour mission de ramener le philosophe.

Descartes lui répondra[17] le 31 mars, par deux lettres dont la première était destinée à être montrée à Christine. Il remercie la Reine pour son invitation : « Je tiens à une très insigne faveur d'apprendre... qu'il plaît à la Reine de Suède que j'ai l'honneur de lui aller faire la révérence », ajoutant que « les moindres de ses volontés sont des commandements très absolus ». C'est pourquoi il ne saurait suspendre sa décision, il demande seulement un délai en raison de son âge et parce qu'il n'est plus habitué depuis 25 ans à supporter les fatigues d'un long voyage, outre l'ordre qu'il doit mettre à quelques affaires. Il préfèrerait « prendre la saison la plus sûre et la plus commode... vers le milieu de l'été ». Il remercie Chanut pour son offre d'hospitalité.

L'autre lettre, destinée à son ami, contient des aveux qu'il n'avait pas exprimés à Christine. Descartes confie à Chanut l'embarras de sa délibération, devant la décision à prendre : « J'ai beaucoup plus de difficulté à me résoudre à ce voyage, que je ne me serais imaginé ». D'autre part il craint que l'infinité des occupations de la Reine ne l'empêchent de satisfaire son désir de savoir et de trouver le loisir de suivre ses analyses philosophiques. Christine fera-t-elle l'effort de se tourner vers la connaissance de la vérité, qui est « comme la santé de l'âme », à laquelle on ne pense plus lorsqu'on la possède ? Ou bien se laissera-t-elle aller, se demande Descartes, à une curiosité passagère, à ne vouloir « connaître autre chose de moi que mon visage, « comme d'autres » se souvient-il, qui « me voulaient seulement avoir en France comme un éléphant ou une panthère, à cause de la rareté, et non point pour y être utile à quelque chose ». Rien ne le retient vraiment, ni le risque des voleurs de grand chemin, ni celui d'un naufrage, sinon cette crainte. La seule considération de l'utilité de son voyage suffirait à le lui faire entreprendre, Christine ne serait-elle pas « en la haute fortune où elle est », et n'aurait-elle qu'une « naissance commune ». Se rendre utile en conduisant son prochain vers la vérité suffit à emporter la décision d'un voyage qu'il n'aurait pas projeté.

Il annonce sa décision[18] à la princesse Elisabeth, avec son projet de ne partir que « vers le milieu de l'été ; « je fais mon compte de passer l'hiver en ce pays là et de n'en revenir que l'année prochaine », espérant que la paix sera faite dans toute l'Allemagne et qu'il pourra lui rendre visite au retour, en passant « par le lieu où vous serez », annonce-t-il. Pourtant un mois plus tard, il retrouve son inquiétude devant la perspective du voyage à entreprendre, lorsqu'il écrit à Brasset[19]. A la différence d'Ulysse qui quittait les îles enchantées pour le pays « pierreux et infertile » qui était celui de sa naissance, « un homme qui est né dans les jardins de la Tourraine et qui est maintenant en une terre où... il y a plus de lait » qu'en la terre promise, « ne peut pas si facilement se résoudre à la quitter pour aller vivre au pays des ours, entre des rochers et des glaces ». Descartes ne connaît pas la Suède et l'évoque par opinion : « Je me persuade, note-t-il, que la beauté du lieu n'est pas nécessaire pour la sagesse, et que les hommes ne sont pas semblables aux arbres, qu'on observe ne croître pas si bien, lorsque la terre où ils sont transplantés est plus maigre que celle où ils avaient été semés ». Or, c'est un devoir de se rendre utile, et la Reine a « toute seule plus de savoir, plus d'intelligence et plus de raison que tous les doctes des cloîtres et des collèges que la fertilité des pays où j'ai vécu a produits », observe-t-il avec une satisfaction non dénuée de quelque ironie au souvenir de La Flêche et des docteurs scolastiques. Décidément l'esprit prime la nature. Il se dit prêt à s'embarquer dès qu'il aura reçu une nouvelle lettre de Chanut ; il annonce à Clerselier[20] sa décision, après ses premières hésitations : « Je me résouds au voyage auquel j'ai été convié... bien que j'y, aie eu d'abord plus de répugnance que vous ne pourriez peut-être imaginer ». Il confie au beau-frère de son ami : « je puis vous assurer que l'estime extraordinaire que je fais de Monsieur Chanut, et l'assurance que j'ai de son amitié, ne sont pas les moins principales raisons qui m'ont fait résoudre ».

Sur le conseil de Chanut, et se référant à son ami, Descartes écrit à Freinsheimius[21] – pour témoigner au bibliothécaire de la Reine, toute l'estime qu'il lui porte et lui confier directement une préoccupation essentielle que les années récentes aux Pays-Bas venaient d'attiser : « Ayant quantité d'ennemis... en qualité d'auteur d'une nouvelle philosophie, je ne doute point que quelques uns n'aient écrit en Suède, pour tacher de m'y décrier ». Il fait état du scrupule de provoquer quelque trouble que ce soit, non dans l'esprit d'une Reine « très sage et très claivoyante », mais dans son entourage. En effet, les Souverains ont grand intérêt d'éviter jusque aux moindres occasions que leurs sujets peuvent prendre pour désapprouver leurs actions ». C'est pourquoi, tient à préciser Descartes, « je serais extrêmement marry que ma présence servît de sujet à la médisance de ceux qui pourraient avoir envie de dire qu'elle est trop assidue à l'étude, ou bien qu'elle reçoit auprès de soi des personnes d'une autre religion, ou choses semblables ».

Descartes concluait ce témoignage sur ses intentions en ajoutant qu'il souhaitait plutôt mourir pendant le voyage « que d'arriver là pour servir de prétexte à des discours qui lui puissent être tant soit peu préjudiciables ». Il adjurait donc Freinsheimius de lui faire savoir la conduite qu'il devrait tenir – qu'il attende le retour de Chanut ou qu'il se mette en route dès qu'il aurait eu de ses nouvelles. La réponse parvint fin juillet à Descartes, le convainquant de partir pour Stockholm, comme en témoigne Brasset[22], à Chanut : « M. Descartes semble se disposer au voyage de Stockholm, pour prévenir les glaces... ». Il quitta Egmond le 1er septembre pour Amsterdam où il s'embarqua, « avec une coiffure à boucles, des souliers aboutissant en croissants et des gants garnis de neige », accompagné par son nouveau domestique allemand, Henry Schluter, qui connaissait le français et le latin. Descartes emportait l'ensemble des papiers auxquels il tenait. Baillet rapporte que plusieurs de ses amis, étaient impressionnés par « le pressentiment qu'il avait de sa destinée ».

Cette relation de Descartes avec Christine, Pierre Chanut et la Suède fut la dernière qu'il eut avec ce monde ; son voyage à Stockholm fut son dernier voyage. Sa correspondance, ultime état de sa pensée, revêt ainsi le sens d'un testament philosophique. Christine se trouvait d'emblée sur le plan où Descartes pouvait recevoir ses questions et où elle pouvait entendre ses réponses. La pertinence de l'échange témoigne de l'entente entre l'esprit de la jeune Reine et celui du philosophe. Or désireuse de donner à sa Cour l'éclat des Lettres et des Arts, elle voudra connaître ce nouveau philosophe dont la réputation lui était parvenue. Chanut, bon génie et fin diplomate, a introduit chacun des interlocuteurs à l'évolution de l'esprit du questionneur dont il rapporte les commentaires. S'il a tourné Christine vers Descartes, il a entretenu l'intérêt du philosophe pour la Reine. Il n'a pas joué un mince rôle dans l'invitation de la Reine à Descartes qu'il allait recevoir chez lui et dont il allait veiller les derniers jours, à trois cents mètres du Palais.

Comment la considération du Souverain Bien – Dieu et la volonté ! –, du contentement et de la gloire, de la primauté de la vertu sur la Couronne, n'auraient-elles pas éclairé cette jeune Reine et conforté les idées qu'elle reconnaissait en elle ? Cette courte correspondance porte sur l'essentiel ; elle prélude à la brève rencontre qui l'interrompra en la prolongeant en un dialogue, bientôt suspendu.

Cette relation épistolaire suscite la question, largement offusquée ou réduite, de l'influence qu'a pu exercer la pensée de Descartes sur l'esprit de Christine. Il n'est pas interdit de penser que la Reine cherchait à s'éclairer sur les grandes décisions qu'elle méditait et qu'elle ait pu trouver chez le philosophe la justification de son désir de changer de vie, comme elle l'écrira plus tard.

## NOTES

1. Ernest Cassirer, *Descartes, Corneille, Christine de Suède.* Trad. M. Francès et P. Schrecker, Vrin, 1942. Sven Stolpe, *Fran Stoicism till Mystik,* Bonniers, Stockholm, 1959. Sven Stolpe, *Drottning Kristina,* Bonniers, Stockholm, 1960. Curt Weibull, *Drottning Christina och Sverige,* Norstedt, Stockholm, 1970.
2. 10 août.
3. A Chanut, 1er novembre 1646.
4. 1er décembre.
5. Cf. *Mémoires de ce qui s'est passé en Suède et aux Provinces voisines, de puis l'année 1645 jusques en l'année 1655.* Tirés des dépêches de Monsieur Chanut, Ambassadeur pour le Roi en Suède. Par. Linage de Vauciennes, Paris, 1675, t. I, p. 240. Ce portrait avait été envoyé à M. de Brienne, Secrétaire d'État, le 1er février 1648. Il sera annoté par Christine.
6. 1er février 1647.
7. M. du Ryer.
8. Selon Baillet, *La vie de Monsieur Descartes,* T. 2, p. 310.
9. *Ibid.*
10. A Elisabeth, 20 novembre 1647.
11. 21 février 1648.
12. En octobre. Les mines de Falun, au Nord-Est, à 250 kms de Stockholm. Chanut dut retenir la Reine de descendre au fond des galeries.
13. Chanut à Descartes, 12 décembre 1648.
14. 26 février 1649.
15. Le 27 février, puis le 6 mars.
16. Le 27 mars. Cf. Baillet, *op. cit.*, T. 2, p. 371.
17. En réponse à la lettre de Chanut du 27 février.
18. Ce même 31 mars.
19. 23 avril.
20. *Ibid.*
21. Peu de temps après, au plus tard début juin. Cf. Descartes, *Oeuvres,* Adam et Tannery, T. V, p. 361.
22. 17 août.

*Dominique SAINTE ROSE*
*UA 1230 du CNRS*

# DU SENS, DE LA MÉTHODE

" ... ἀλλ' ἐκεῖνο ἴστωσαν οἱ ἐντυγχάνοντες ὅτι, αὐτὸς ὁπότε ἔλεγεν αὐτοὺς, ἀνάγκη ἦν τοῦτο πάσχειν τὸν ἀκροώμενον αὐτῶν ὅπερ ἐκεῖνος αὐτὸν παθεῖν ἠβούλετο. Εἰ δ' οἱ λόγοι αὐτοὶ ἐφ' αὐτῶν τοῦτο οὐ διαπράττονται, τυχὸν μὲν ἐγὼ αἴτιος, τυχὸν δὲ καὶ ἀνάγκη οὕτως ἔχειν.
῎Ερρωσω."

Lettre d'Arrien à Lucius Gellius.

Peut-être pourra-t-il paraître suranné et quelque peu désuet au goût du jour de rappeler que la philosophie a dans sa mémoire un lien étroitement constitutif avec son enseignement et comme tel, que les discours philosophiques sont tenus privilégièrement en ces lieux, aujourd'hui soumis à de fréquentes critiques et à de graves soupçons, que sont l'école, le lycée, l'université. Il n'y a guère encore très longtemps, une formule comme « La philosophie des professeurs »[1] accentuait résolument par son ton et son thème, la thèse selon laquelle la recherche et la créativité philosophiques, non seulement pouvaient mais devaient être indépendantes, voire même se tenir hors des institutions chargées jusqu'alors de transmettre son savoir et son histoire. Certes, et nous n'en doutons pas, il incombe à la philosophie d'être vigilante contre ses propres défaillances, d'être sans égard et sans complaisance pour ce qui dans la pratique notamment de son enseignement aurait pour effet de produire paradoxalement des liens communs philosophiques ; par exemple de substituer à la philosophie de Platon, sous la figure de l'idéalisme platonicien, un platonisme académique à force de commentaires ajoutés et de résumés synthétiques accommodants et faciles à transmettre. Mais, que l'exercice de la philosophie soit incompatible, comme recherche, avec l'acte d'enseignement, voilà qui nous paraît relever d'un préjugé sommaire et pour qui a pu le suivre, non pas en passant[2], mais assidument, l'enseignement de H. Joly apporte un net démenti aux affirmations précédentes.

Une récente enquête d'opinion[3], réalisée dans plusieurs pays européens, a montré que parmi les différents domaines culturels, jugés selon leur ordre d'importance aujourd'hui, la philosophie se trouvait reléguée à l'avant dernière place, cette dernière revenant à la théologie. Ainsi la modernité accorde sa préférence aux questions d'actualité traitées pragmatiquement plutôt qu'aux lentes digressions dialectiques, à l'attraction des nouvelles techniques plutôt qu'à l'étude des textes anciens, à l'image plus qu'à l'idée, à l'information documentaire ou anecdotique plutôt qu'à la connaissance problématique et critique, à l'expression plus qu'à la méditation... On comprend mieux dès lors pourquoi les détracteurs de l'enseignement en général et de l'enseignement philosophique en particulier n'aiment guère recevoir des leçons, aveugles en cela qu'ils ne cessent toujours de prétendre en donner, ignorant de même façon que la réception d'une leçon suppose tout d'abord la complicité de celui qui la donne avec celui qui la reçoit, selon le modèle originaire où se trouvent conjointement impliqués la poursuite de l'aimé par l'amant et le passage de l'ignorance à la science, car ainsi que l'indique l'épigraphe choisie par H. Joly pour sa thèse : "... ὅπῃ ἄν ὁ λόγος, ὥσπερ πνεῦμα φέρῃ, ταύτῃ ἰτέον."[4].

C'est en réunissant dans un même acte philosophique les qualités de l'enseignant, de l'historien et du chercheur, que l'auteur du « Renversement platonicien » a ouvert en territoire grec, terre première de la philosophie occidentale, un chemin passionnant mais difficile car sans concession. A la rigueur de l'érudition savante il a su ajouter la saveur de l'enseignement oral, sans avoir besoin d'opérer un retour aux Grecs car ne s'étant jamais tenu quitte d'eux, réitérant en cela même l'essence de l'entretien philosophique de la tradition greco-romaine comme leçon [διατριβή][5] et avant tout comme leçon de méthode[6], c'est-à-dire comme l'apprentissage d'un ensemble de procédures appliquées à lecture du sens en philosophie. Un tel parcours n'est évidemment pas sans avoir à surmonter des obstacles et c'est l'immense mérite du travail oral de cet enseignement que d'avoir recensé, méticuleusement et constamment, les antinomies majeures de l'enseignement de l'histoire de la philosophie dont on sait quelles peuvent se résoudre chacune par un double rejet : celle tout d'abord de l'enseignement et de la philosophie, celle ensuite de l'histoire et de la philosophie, enfin celle du texte et de son commentaire.

– *La philosophie peut-elle s'enseigner ?*

En quoi consiste l'apprentissage de la philosophie ? Qu'est-ce qu'il s'agit d'apprendre en matière de philosophie ? D'une part, n'étant pas un savoir déposé dans sa spécificité, consigné dans un domaine comme peuvent l'être le solfège ou l'algèbre, à la disposition de qui souhaiterait en faire l'appropriation définitive, n'étant nulle part en elle-même suffisamment concise et délimitée quant à ses objets, elle semble ainsi être inassimilable et ne pouvoir être enseignée, car sa permanence n'est autre que la diversité historique de ses figures dont aucune, à elle seule, ne peut prétendre être l'unique représentante. On ne peut apprendre la philosophie qu'historiquement, à travers ses apparences ; le but serait-il alors de parvenir en vain à l'érudition encyclopédique comme somme et totalisation de son histoire, ou à défaut de faire un choix, d'être par exemple, par préférence, platonicien ? D'autre part, la spontanéité philosophique issue des usages du langage, du bon sens, du sens commun, des appartenances, des façons de voir et d'agir, des croyances et des divers arts de vivre (imposés le plus souvent par les mouvements sociaux), de la curiosité du moment ou de l'inquiétude latente, peut-elle se permettre, sans risquer d'être dérisoire et dogmatique, d'opérer le court circuit qui consiste à éviter l'expertise des philosophies réfléchies qui sont l'histoire même de la philosophie ? Il s'agit donc ici d'éviter une philosophie spontanée, sans enseignement historique tout autant qu'une philosophie doctrinale et académique sans problématisation. Plutôt que d'opposer enseignement et philosophie il convient de distinguer le sens vécu du sens élucidé, le second relevant seul d'une étude : « Outre qu'il est difficile de retrouver le sens vécu qui n'a pas été vécu, il est impossible de procéder à la réduction du sens au sens vécu. Bien plutôt devrait-on penser désormais que le sens et le vécu n'ont jamais le même sens... »[7]. D'où le choix de H. Joly d'enseigner la philosophie en enseignant l'histoire de la philosophie, d'être ni platonicien ni antiplatonicien mais platonisant, c'est-à-dire, d'étudier Platon. Mais alors survient une seconde antinomie car comment rendre présente l'antiquité platonicienne ?

– *Le passé et le présent en philosophie*

L'historien de la philosophie peut-il éviter, s'il est trop précipitamment philosophe, d'oublier dans le passé de la philosophie ce qu'il peut y avoir de périmé, d'irréductiblement ancien, dans une lecture anhistorique du sens ? « ... l'histoire prétendue de la philosophie se donne souvent pour tâche, explicite ou non, de faire de la philosophie sans histoire »[8]. Mais aussi peut-il ne pas courir le risque en étant trop scrupuleusement historien de n'être qu'un visiteur du soir compilant des antiquités philosophiques vides de sens et réduites à l'obsolescence ? L'insistance à rétablir le passé du sens peut en effet recouvrir le sens d'un tel relativisme au sein d'une « histoire sans philosophie »[9].

La résolution de ces difficultés doit tout d'abord s'appuyer sur deux précautions préliminaires : d'une part maintenir le passé dans son étrangeté, avoir le souci de le mettre à distance afin d'éviter les projections rétrospectives qui sont toujours la source de fausses équivalences de sens, de l'autre rejeter à la fois le passéisme et l'anachronisme. Pour cela, « Il fallait donc, après avoir mis l'histoire de la philosophie à l'école de l'histoire, placer conjointement l'histoire de la philosophie à l'enseigne de la philosophie »[10]. D'où la mise au point d'une indispensable méthode pour redonner aux thèmes leurs cadres de pensées, ajuster entre elles les couches du temps et celles du sens, démarquer l'ancien et le nouveau dans les articulations complexes du redit et de l'inédit en philosophie. Cette méthode est triplement caractérisée : elle est récurrente, archéologique et structurale.

Montrer en quoi Platon est à la fois de son temps et du notre exige que l'on puisse tracer les lignes de partage et de déboîtement dans l'histoire, afin de délimiter les frontières entre ce qui est inactuel mais aussi archaïque déjà en son temps, entre l'innovation d'une philosophie en ce qu'elle abolit mais aussi ce qui, en elle, autorise de la relire selon des intérêts dûment précisés du présent. La méthode récurrente tente donc d'établir en priorité les discontinuités, les déplacements, les renversements du sens selon le modèle de l'épistémologie scientifique ; ce qui n'est pas sans poser comme question celle de la légitimité de l'analogie entre « ... le rapport de la philosophie à son passé et celui de la science au passé de la science »[11] .

En opposition avec la philosophia perennis, il convient de pratiquer une philosophie de terrain ; le modèle devient ici celui de l'archéologie. D'abord cerner les archaïsmes,donc l'étrangeté même du passé sédimenté selon des ordres stratigraphiques dont il faut mettre à jour les différents dispositifs, comme des couches superposées, afin de reconstituer les différentes étapes de la formation du sens et ceci selon des registrations soigneusement repérées et mises à jour : l'érotique, le juridique, le médical, le politique,le linguistique...,stratigraphie non pas à simplifier en quelques oppositions faciles, mais bien à compliquer en extension en replaçant les corpus spécifiquement textuel dans les cadres plus vastes des rituels, des pratiques non discursives comme les techniques, les recettes, les manières de faire, les mœurs, les croyances, les coutumes, les attitudes, le tout constituant de véritables archives. Ainsi le texte est à déchiffrer aussi dans son rapport au hors-texte, rapport d'emboîtement qu'il s'agit de recomposer.

La méthode récurrente met en évidence les ruptures, la méthode archéologique, les genèses ; il faut cependant ne pas omettre que « toute rupture est de structure »[12]. Le troisième aspect n'est pas moins important que les deux précédents, il permet d'opérer des regroupements terminologiques, des fréquences de sens, des constantes sémantiques, une véritable partition du vocabulaire dont le principe architectonique réclame une vue synoptique des ensembles problématiques, hypothétiques, assertoriques et apodictiques qui traversent systématiquement les textes. Sans cela l'enchaînement des thèmes, l'agencement des thèses, l'organisation des philosophèmes risquent de paraître bien peu pertinents mais aussi et surtout d'être considérablement simplifiés.

*– Le texte et son commentaire*

La condamnation platonicienne de l'écriture[13] vise avant tout la publication, autrement dit la publicité de l'écriture. C'est en effet à partir de ce fait que commence la versatilité du texte écrit « roulé en tous sens »[14] et l'histoire du commentarisme. Si on radicalise les différentes possibilités ouvertes par cette relation du texte à ses commentateurs, on se trouve devant plusieurs apories. Il est tout d'abord impossible par-delà les commentaires d'avoir l'ambition de retrouver un sens qui serait intentionnellement celui de l'auteur, de prétendre en somme mieux que lui dire ce qu'il a voulu dire, de se mettre à sa place. Mais il n'est guère possible d'interdire toute lecture nouvelle sous prétexte que tout a déjà été dit, pas davantage de croire quelque peu naïvement que ce qui reste à dire est l'essentiel. La solution trouvée par H. Joly est la suivante : « Ce n'est donc ni dans les textes, considérés comme l'espace réservé et comme refermé du sens, ni dans les commentaires pris comme les techniques exclusivement attitrées de leur déchiffrement que nous prendrons notre départ »[15]. On peut remarquer ici combien la méthodologie précédemment décrite trouve son efficacité afin de rendre aux textes leurs aspérités et leur originalité.

Telle a été la leçon constante de H. Joly à travers son enseignement d'histoire de la philosophie, avant tout une leçon permanente de méthode et ceci selon la tradition de la philosophie avec la prééminence de la transmission orale, exemple sans défaillance d'une philosophie en recherche et donc en acte dont l'essentiel n'est pas écrit, mais demeure vivant dans notre mémoire, car mis en œuvre dans notre travail philosophique quotidien. Si bien que nous croyons pouvoir dire aujourd'hui à propos de H. Joly ce qu'Arrien à Lucius Gellius écrivait à propos d'Epictète : « ... que du moins ceux qui se trouveront les lire (les discours philosophiques) sachent bien que lorsqu'il les prononçait lui-même, l'auditeur ne pouvait s'empêcher d'éprouver ce que cet homme voulait lui faire éprouver. Et si ces discours ne produisent pas d'eux-mêmes cet effet, peut-être en suis-je la cause, peut-être aussi faut-il qu'il en soit de la sorte. Adieu »[16].

## NOTES

1. F. Chatelet, La philosophie des professeurs, Grasset, 1970.
2. Epictète, Entretiens III, 9, II. «ὀλίγου χρόνου χρείαν ἔχει καὶ ἔστι παρερχόμενον αὐτὸ λαβεῖν;» « Cela demande-t-il peu de temps [la philosophie] et peut-on l'acquérir dans un entretien, en passant ? ».
3. *Le Monde*, 27 oct. 1989 : Regards sur la culture européenne.
4. Platon. Rép. III, 394d : « ... mais par où la raison comme un souffle nous porte, par là nous devons aller ».

5. Les διατριϐαὶ sont des Entretiens ou des Propos ou des Leçons philosophiques toujours en relation avec un enseignement, elles supposent un auditoire, une réflexion orale, des procédures d'éclaircissement, d'élucidation mais aussi d'objection, des exercices de lectures.
6. μέθοδος : poursuite, recherche.
7. H. Joly, Le renversement platonicien, pp. 16, 17.
8. *Ibid.*, Avant-propos.
9. *Ibid.*, Avant-propos.
10. *Ibid.*, pp. 376-377.
11. *Ibid.*, p. 377.
12. *Ibid.*, p. 16.
13. Sur ce point, cf. Platon, lettre VII, Phèdre 274b.278e.
14. H. Joly, *op. cit.*, p. 7.
15. *Ibid.*, p. 7.
16. Epictète, Entretiens, lettre d'Arrien à Lucius Gellius.

*Marianne SCHAUB*
*C.N.R.S.*

# AUTOUR DE L'AUFKLÄRUNG

Mon intérêt pour les philosophies de l'Aufklärung et singulièrement pour celle de Wilhelm von Humboldt se développa lors de mes cours à l'Université de Grenoble II[1]. Je m'en entretenais avec Henri Joly qui achevait son article sur « La philosophie entre le clair et l'obscur »[2]. Puissent ces quelques pages, écrites en écho aux conversations d'alors, évoquer la présence toujours vivace de sa mémoire.

Dans « La philosophie entre le clair et l'obscur » H. Joly explicite l'idée kantienne de « majorité rationnelle » avec une analyse sémantique donnant à voir en particulier comment l'articulation des références juridique, épistémologique et politique produit une définition rigoureuse des Lumières comme liberté inconditionnelle de savoir, comme un droit « sacré », inaliénable, de l'Humanité. Ce droit de l'Humanité à la Raison implique non seulement l'existence du Droit naturel mais sa nécessaire reconnaissance par le droit positif. Quand cet impératif est reconnu, le despotisme est modéré, le despote est éclairé ; de là dans l'article sur l'Aufklärung de 1784 « la mention historiquement et philosophiquement signifiante de Frédéric comme despote éclairé » ; son règne fait date en ce qu'il est précisément « l'expression philosophico-historique » de « la reconnaissance du savoir par le pouvoir et du Droit naturel à la Raison par le droit positif ». Ainsi émerge un nouvel espace, difficile à penser et à ménager, qui institue entre savoir et pouvoir un rapport public tel que raisonner ne doive pas empêcher d'obéir et qu'obéir ne puisse empêcher de raisonner. Et c'est « par cette fondation de l'Aufklärung » – souligne H. Joly – « que Kant croyait pouvoir faire tenir, pour son temps et les temps à venir, le progrès des Lumières ».

*– La crise du despotisme et le criticisme en histoire*

Quand Wilhelm von Humboldt, jeune disciple de Kant, réfléchit à son tour sur le rapport despotisme-progrès, il aborde le problème en se posant une double question philosophico-historique : comment fonder une continuité du développement, condition de possibilité d'un progrès de l'humanité et rendre raison du discontinu, des ruptures, des différences entre « mondes » successifs. D'autant que, depuis 1784, les temps ont changé et que la crise du despotisme a bouleversé le paysage politique à l'échelle européenne.

Pour l'essentiel, cette crise offre le spectacle d'un triple processus :
– en Prusse le nouveau monarque rompt l'équilibre précédemment établi, il

entre en conflit avec les Lumières et ne peut plus prétendre à la qualité d'« éclairé »[3] ;

- dans l'Empire un souverain éclairé, Joseph II, entreprend un ensemble de réformes et, de ce fait, entre en conflit avec les privilégiés qui le mettent en échec et suscitent même des insurrections en Hongrie et en Belgique ;
- en France le conflit amorce un procès révolutionnaire, à l'issue encore incertaine en 1791-1792[4]. Pourtant, c'est cette révolution qui devient non seulement un point de mire général mais l'événement décisif par rapport auquel il faut repenser la problématique du Progrès, du Droit et de l'État[5].

La réflexion humboldtienne se situe en référence directe à Kant et aux « batailles » philosophiques engagées pour les Lumières, pour le droit au Droit[6]. Humboldt entend appliquer les principes du criticisme à l'histoire mais en mettant l'accent plus nettement sur le politique que sur l'éthique. Bien qu'on ne puisse ici entrer dans une comparaison avec Kant, soulignons simplement par souci de clarté le déplacement thématique[7]. Civilité, culture, politique, droit, moralité sont autant d'aspects ou d'approfondissements d'un même procès de civilisation de l'humanité où le théologique traduit seulement des formes extérieures d'une foi dont l'authenticité ne s'exprime que dans l'éthique.

Le philosophe se propose de démontrer que l'universalité du Droit naturel et la particularité des conditions historiques loin de s'exclure ou de signifier en pratique un infranchissable fossé, entretiennent à travers la chaîne des générations un rapport tel qu'elles sont les coordonnées déterminantes du devenir humain. Les forces constitutives de cette trajectoire ne fonctionnent pas seulement comme force d'inertie mais aussi comme forces vives. L'universalisme des normes juridiques mais aussi de la culture humaniste, loin d'être un modèle théorique faisant du Droit naturel un idéal inapplicable, conduit à rechercher ses conditions objectives d'émergence, de maturation et d'application aux différents moments de l'histoire. Telle sera même la tâche par excellence de l'« historien-philosophe »[8]. Tâche décisive pour les Lumières.

Le despotisme en crise faisait vivre l'irruption d'un événement d'exception, de l'imprévu, du contingent en histoire. Pouvait-on néanmoins poser l'hypothèse que ce contingent obéit par delà les apparences à un développement déterminé par des forces dont les effets n'apparaissent pas immédiatement pour ce qu'ils sont ? Ou encore, pouvait-on transposer le modèle scientifique rationnellement fécond en physique dans le domaine des réalités humaines ? Humboldt avance la double hypothèse d'une continuité historique par delà tous les changements, déterminante à long terme et, dans ses grandes lignes du moins, accessible à la raison sous réserve d'une bonne méthode[9].

Tout d'abord, la succession des événements n'est pas purement extérieure ou contingente et l'ordre que tout naturellement l'esprit tend à y introduire ne traduit pas simplement le fonctionnement subjectif propre à l'esprit lui-même. Certes, la mise en ordre est constitutive de l'esprit auquel il suffit de suivre sa pente naturelle pour « rechercher inlassablement l'universalité et relier le singulier à un tout » ; procédant de la sorte il réunit « tous les traits épars en Un[10] tableau et sous son regard le cours changeant de toutes les destinées de la terre et de ses habitants deviendra Une grande Unité indissociable ». C'est du rapport de succession qu'émerge d'abord cette unité qui « rattache tantôt en réalité, tantôt en apparence chaque événement à la succession de tous les autres ». Mais la succession est un fait d'évidence constatable seulement parce que quelque chose est véhiculé, transmis. Or ce *quelque chose,* par nature transmissible, c'est « le trésor d'idées que le monde ancestral lègue à la postérité » ; transmission conservatoire par quoi « se maintient, envers et contre tout, ce qui seul demeure, perpétuel et impérissable, par delà la substance mortelle de ceux qui en furent les auteurs ».

Ainsi, à travers le transfert culturel de génération en génération, un continuum de pensée se manifeste comme *un fait patent et incontournable.* Il s'exprime comme un tout vivant, une vivante mémoire. Mais cette continuité fait également apparaître des modifications, des bouleversements tant dans les idées reçues et retransmises que dans les faits relatés. L'histoire de ces idées fait simultanément surgir l'idée d'Histoire en général et de détermination (causale/finale) en histoire, puisque « le trésor d'idées » est également narration de faits, expérience interprétative. C'est bien « en tenant ce fil conducteur que le plus souvent l'historien-philosophe[11] suit à la trace les révolutions du genre humain, qu'il comble grâce à ses hypothèses les lacunes laissées par la tradition, qu'il voit du passé surgir le présent, qu'à partir de celui-ci il entrevoit un nouvel avenir en gestation ». Mais qu'en est-il de ces déterminations ? Se révélant à travers un rapport de l'identique et du changeant, l'histoire se faisant conduit à s'interroger sur mobilité et stagnation, mouvement et repos, sur l'ordre même du narré.

Posée comme un tout en analogie au tout de la nature, cette histoire universelle de toute l'humanité oblige le chercheur à se poser la question d'une éventuelle finalité «« le gouvernement d'une puissance pleine de sagesse ») et/ou de causalité permettant ou non « un progrès uniformément régulier » (« gleich abgemessener Fortschritt ») compte-tenu de « l'activité spontanée de chacune des forces agissant selon les lois éternelles de leur nature » dans leur interaction mutuelle permanente.

*– L'historien-philosophe : de la probabilité en histoire*

L'« historien-philosophe » doit encore pouvoir faire la preuve que sa démarche n'est pas illusoire, que les idées maniées ne sont pas un leurre, « le fruit de son imaginaire ou de la seule raison, qui affuble souvent la réalité de ses propres spéculations ». Dans ce but, il lui faut mettre au point une méthode rigoureuse d'analyse du mouvement historique aussi bien fondée que celle du physicien dégageant les grandes lois de la mécanique. Donc une méthode analogue à celle de la physique. Entre cette moderne science de l'homme – pour employer une terminologie contemporaine – et la science de la nature il doit y avoir un rapport analogique – non pas métaphorique ou allégorique – d'où procède une analogie et de méthode et d'objet avec la physique[12]. Mais analogie ne signifie pas non plus identité, car les lois de la nature, « comme tout ce dont nous avons une théorie fiable, reposent sur des idées générales ayant trait aux grandeurs et aux rapports d'espace et de temps et sur des observations ne traitant pour la plupart que de ces objets ». Tandis que dans le domaine du savoir « où tout dépend des forces réelles[13]... seule la connaissance de l'individuel permet d'approcher de la vérité et ... chaque idée générale en éloigne proportionnellement à la masse d'individus dont elle est abstraite ». La méthode ne peut donc user de principes de la pure raison, il lui faut intégrer l'expérience, « notre seul maître » en la matière. Où trouver alors des principes expérimentaux assez « universels » pour établir des « lois » analogues à celles de la nature ?

Humboldt développe un argumentaire, trop long pour être repris ici, d'où découle la possibilité de rationaliser 1) la continuité à travers les changements ; 2) l'unité à travers la diversité qui s'exprime aussi à travers ; 3) l'interaction des effets de toutes les forces agissantes.

Mais, s'agissant de l'histoire des sociétés humaines, comment comprendre et appliquer les principes de conservation de l'énergie et d'interaction universelle ? Tout d'abord, en posant concernant les choses de la vie, la sphère des besoins comme la matrice de l'identité et du changement dans le flux ininterrompu de modifications : « ... les forces humaines prises dans leur ensemble demeurent les mêmes : la nécessité de leur conservation produit les mêmes besoins et partant de là comme du sentiment de plaisir que leur satisfaction procure, ce sont les mêmes inclinations, les mêmes désirs et les mêmes passions à peu de choses près qui se développent ». Comme le principe de conservation joue à l'échelle de la nature toute entière, celle-ci « dispose ... partout et toujours d'une même provision de moyens permettant de satisfaire les besoins humains ». L'argumentation conduit ainsi à montrer que « l'uniformité des forces en tant que causes permet de conclure à l'uniformité des effets et des événements à l'échelle du genre humain ».

Dans ces conditions les lois que l'historien-philosophe pourrait dégager ne s'appliqueront « aux destinées du genre humain en général » que sous deux conditions :

1) dans la mesure où les progrès d'une génération sont transférés simplement et entièrement à la génération suivante,

2) dans la mesure où les événements eux-mêmes sont de purs effets de ces forces.

Il s'agit donc ici de lois portant sur le ou les ensemble(s) d'idées en mouvement, dont il convient encore de préciser l'application aux circonstances historiques concrètes.

En effet, une fois établies les conditions de possibilité de rationalisation d'une histoire du genre humain, il faut encore pouvoir répondre à d'autres questions essentielles pour fonder l'idée de progrès des forces humaines et notamment à celles-ci : 1) la plus ou moins grande durée peut-elle générer des effets qualitativement différents, autrement dit : « La longue durée ferait-elle apparaître une plus grande perfection ou toujours la même quantité de forces, le même degré de jouissances mais se combinant en formes infiniment variées en perpétuel changement ? » ; 2) la multiplication des moyens inventés en ce siècle de lumière est-elle décisive « pour la formation d'une culture humaine supérieure et de procédés variés assurant la transmission de ces mêmes moyens à la postérité » ; de plus, est-elle irréversible alors que le passé a montré que « de grandes et promptes révolutions » ont « sinon entièrement ruiné, du moins pour longtemps privé la postérité de ces moyens » ? En conclusion, la croissance des moyens entraîne-t-elle un accroissement de perfection et de bonheur en quelque façon proportionnel à la masse des moyens disponible ? Autrement dit encore, la croissance a-t-elle des effets cumulatifs qui aboutissent à des changements qualitatifs pour la vie en société ?

Sans répondre directement à ces questions, réponses qui pour être des analyses sérieuses et non des conjectures plus ou moins intéressées, supposeraient sinon achevé du moins très avancé un projet programmatique dont l'ampleur est peut-être démesurée, Humboldt le reconnaît, l'auteur avance pourtant l'idée que ce projet en tant que tel conduira à une meilleure intelligence des capacités humaines et de leur rapport au monde environnant. Il est donc, de première importance pour le Prince comme pour tout politique éclairé de prendre connaissance de tout ce que cette intelligence peut apporter : en accroissant la connaissance historique elle permet de mieux cerner à un moment donné (à l'instant t sur la courbe de l'histoire) les contours du possible et de l'impossible, de distinguer le réalisable du vœu pieux. Bref, d'évaluer si les temps et les lieux sont mûrs pour que le Droit naturel devienne le concept régulateur du droit positif.

Étudier méthodiquement le mouvement de transfert (réception/modification) du trésor d'idées, ne peut manquer d'avoir une retombée pratique, politique, pour autant précisément que la diffusion des connaissances, des Lumières en général, ne peut manquer d'en avoir. C'est ce que le philosophe, dans un autre écrit du moment, se propose de démontrer par l'analyse de la Révolution française et de sa nouvelle Constitution, en même temps que cet « exemple » illustrera l'idée qu'universalité du Droit naturel et particularité des conditions historiques loin de s'exclure réciproquement entretiennent à travers la chaîne des générations un rapport tel qu'elles sont en fait les coordonnées déterminantes du devenir humain.

– *La nouvelle Constitution française : science et sens de l'Histoire*

Si *Des Lois du développement des forces humaines* se présente en quelque sorte comme un discours de la méthode de l'historien-philosophe, les *Idées sur les Constitutions* en sont une mise en application. *Humboldt* articule l'une sur l'autre deux analyses historiques : 1) la description des circonstances ayant produit des changements au long cours, qui vont aboutir en France à la Révolution et à la Constitution de 1791 et 2) la mise en évidence du rapport entre privilèges et formes de l'État.

L'*Esprit des Lois* fut pour les contemporains un modèle d'historicisation : *Montesquieu* avait analysé comment l'octroi de privilèges avait été à l'origine une récompense pour service rendu à la nation en lutte pour sa conservation et avait décrit comment leur hérédité s'était établi, comment la formation des «ordres» et des lignages répondait à diverses circonstances historiques. Il s'agissait bien là de droits acquis. Même si les conclusions politiques pouvaient diverger, la démarche conduisait à redéfinir pour le présent le bien-fondé de l'acquis.

C'est aussi ainsi que l'entendra Humboldt. Restera, donc, à définir quels rapports les droits acquis doivent entretenir avec les droits naturels pour la conservation de la nation. Humboldt inscrira l'universalité dans la relativité historique ni comme une norme idéale, qui hante l'esprit du juste, sensible à une interpellation divine, ni comme une abstraction éthique, qui doit céder au joug d'une réalité politique indépassable, mais comme un modèle dynamique en voie de maturation. Maturation signifie progression des forces humaines et celle-ci se renforce ou s'affaiblit selon des conjonctures variées ce qui suppose aussi à l'œuvre une sorte de « ruse de la raison » kantienne. Le progrès du genre humain intervient comme un effet complexe de forces diverses, rationnellement décelable à travers les changements produits et, bien que difficilement connaissable et formulable en tant que loi, il est néanmoins pertinent comme objet d'intelligence politique. Si un parallélogramme des forces est calculable, l'orientation des forces humaines est quant à elle globalement repérable, accessible à une science probabilitaire, « aléatoire » qui même si elle ne nous donne pas une connaissance exhaustive n'en fournit pas moins de nouvelles clés, qui ouvrent l'accès à une pédagogie politique efficace. Or, celle-ci, écrivait Humboldt dans le texte cité plus haut, même si elle ne peut « indiquer (aux gouvernants) quels sont exactement les moyens par lesquels ils peuvent atteindre sûrement leur but, les empêchera tout de même de courir après l'impossible, elle leur inspirera du respect pour l'objet de leurs soins, enfin elle les incitera peut-être à abandonner les rênes et à les remettre aux forces autonomes de la liberté, qui, elles seules, sont dignes de les prendre en main ».

La connaissance obtient ainsi son effet maximal : donner droit de cité aux forces de la liberté se comprend d'autant mieux que l'on distingue clairement qu'un droit acquis, n'étant pas « naturel », peut devenir irrationnel et par suite illégitime ; s'il n'est plus fonctionnel, s'il ne correspond plus à un service rendu à la société dans son ensemble, à la conservation de la nation, il perd simultanément rationalité et légitimité. Or c'est ce qui ne manque pas de se produire quand la forme de l'État se modifie et que cette mutation marginalise à la fois le service et le serviteur. L'acquis historique, n'étant pas par essence immuable, peut devenir historiquement caduc.

Humboldt repère précisément une mutation de cette nature dans le processus historique qui conduit de façon apparemment contradictoire à l'absolutisme monarchique. La description fait apparaître que plus de liberté devait jaillir de la concentration du pouvoir et de « la dépravation de la noblesse » : la domination exclusive du Prince « s'imposa et pourtant la liberté gagna ». Esquissant les modifications intervenues dans les rapports de pouvoir, l'auteur souligne l'évolution qui rend le peuple « plus soumis au Prince qu'à la noblesse » ; or le fait d'« être plus éloigné de lui (du Prince) donnait déjà un peu d'air : ses vues ne pouvaient plus être imposées immédiatement comme autrefois au moyen de la contrainte physique imposée par les vassaux, d'où était, en particulier, issu l'esclavage des personnes ». Ces relations plus complexes requièrent à leur tour de nouvelles médiations : « Un moyen devint nécessaire, l'argent... Tous les efforts tendirent maintenant à pressurer la nation pour lui faire rendre autant d'argent que possible ». Le développement de la sphère marchande répond au besoin d'augmentation des ressources et c'est là encore un point à souligner car « c'est ici que se trouve, en réalité, le fondement de tous nos systèmes politiques actuels... on rechercha la prospérité de la nation, et comme on concéda à celle-ci une plus grande liberté, en tant que condition indispensable à cette même prospérité ». L'instrumentalisation de la liberté s'exprima dans le principe suivant « lequel un gouvernement devait prendre soin matériellement et moralement du bonheur et du bien-être de la nation ». Or conclut l'auteur : « Il s'agissait, en l'occurrence, du pire et du plus oppressif des despotismes. En effet, comme les moyens de l'oppression étaient si bien cachés, si fort entortillés, les hommes se croyaient libres et ils étaient de la sorte dépouillés de leurs forces les plus nobles. Pourtant, le mal engendra à nouveau son propre remède : le trésor de connaissances découvert chemin faisant, la diffusion plus générale des Lumières enseignèrent à nouveau ses droits à l'Humanité et firent renaître la nostalgie de la liberté ».

On voit que la complexité des relations et des connaissances croît globalement dans une même société avec des effets interactifs pratiques et intellectuels, politiques et culturels. Y compris dans l'art de gouverner qui « était devenu si artificieux, qu'il exigeait une intelligence et une prudence exceptionnelles ». Les particularismes historiques et nationaux peuvent jouer alors une fonction discriminante déterminante : « c'est précisément dans le pays, où les Lumières avaient fait de la nation le plus acharné des ennemis du despotisme, que le gouvernement sombra dans la déliquescence et donna à voir les plus périlleuses de ses turpitudes. C'est, donc, ici que devait éclater, en premier, la révolution et dès lors aucun autre système ne pouvait suivre sinon ... le système de la raison, la Constitution idéale... (qui) aidera à relancer les Lumières, à ranimer l'ardeur d'une vertu agissante et, ainsi, à répandre leur rayonnement bienfaisant très au-delà des frontières de la France ».

Ainsi l'historien-philosophe peut rendre raison de la contingence apparente. La complexité croissante des relations sociales produit de nouveaux rapports et de nouveaux « acquis », le « despotisme » change de configuration : avec la contrainte économique marchande il y a simultanément plus de latitude mais aussi plus d'illusions. D'où toujours le rôle décisif des Lumières dans la prise de conscience des rapports de forces et dans l'exercice d'une liberté réelle, d'où aussi la fonction immédiatement pratique du « trésor des connaissances ».

Tout moment historique traduit et détermine en même temps la configuration d'un certain gradiant de libertés : le manque de liberté politique traduit une immaturité globale ou relative, un « sous-développement » des virtualités humaines. Or, si la liberté a pour condition de possibilité un haut niveau de culture, réciproquement « si les temps présents se signalent effectivement par la possession de la culture, de la vigueur et de la richesse, il faut leur accorder cette liberté qu'ils réclament ainsi à bon droit ». L'accumulation des connaissances, la culture moderne, préparent de fait et fondent en droit la transition historique de la force au Droit. Transition qui, plus ou moins progressive ou brutale selon les nations, est la modernité en mouvement.

Cette transition est considérée à la fois du point de vue de ses conditions de possibilité en général et de son illustration historique particulière qu'est la nouvelle Constitution française. La démarche consistera là aussi à dégager *un fait patent,* permettant de donner de la singularité française une définition claire et indéniable : « ... il existe à mon avis un fait patent, précis, reconnu de tous et qui à lui seul résume absolument et complètement l'ensemble des données nécessaire à un examen approfondi de toute l'entreprise. (...) L'Assemblée Constituante a entrepris de reconstruire de fond en comble l'édifice de l'État pour que le nouvel État réponde aux seuls principes de la raison ».

Donc deux données sont à apprécier quant à leurs effets historiques réels :

1) L'Assemblée Nationale voulait jeter les fondements d'une Constitution tout à fait nouvelle,
2) Elle voulait édifier celle-ci en toutes ses parties selon les purs principes de la raison, encore qu'adaptés à la situation particulière de la France. Pour l'instant, je considère cette Constitution comme parfaitement applicable ou même si l'on veut comme déjà appliquée à la réalité. J'affirme néanmoins qu'une telle Constitution ne peut être viable.

Cet édifice tout de raison sera critiqué essentiellement pour son *abstraction excessive* exprimée par le passage d'un extrême à l'autre, passage proprement spéculatif en ce qu'il peut caractériser un mouvement de l'esprit mais non un mouvement social, qui lui, loin d'être un fait de la seule raison, amalgame le rationnel au passionnel en figures variées selon les temps et les nations. « Seule est viable, la Constitution née de la lutte entre la puissance supérieure du hasard et la raison »[14]. La fonction pratique de la raison est d'orienter le cours des événements, elle n'a pas la puissance de forcer le cours du destin[15].

Ce n'est pas parce que le renversement révolutionnaire de l'Ancien Régime a été rendu à la fois compréhensible et légitime que le nouveau régime a les moyens d'une reconstruction à tel point révolutionnaire que deux systèmes en tous points contradictoires puissent se succéder[16]. La contradiction n'a pas de pertinence que logique, dans la réalité sociale le choix ne peut être réduit à une négation unilatérale car il ne renvoie pas simplement à l'opposition vrai-faux, voire légitime-illégitime ; le tiers, c'est-à-dire une médiation, n'est pas exclu mais requis. Dans cette optique, l'antagonisme est dépassé à travers un procès historique mettant graduellement en jeu l'ensemble des forces en présence. Opérer au moyen d'« abstractions » ne convient pas à une logique du vivant, à une dynamique de forces complexes. C'est en ce sens que la nouvelle Constitution, quelle que soit sa légitimité, ne paraît pas « viable ». « Les Constitutions », ironise l'auteur, « ne poussent pas sur les hommes comme les bourgeons sur les arbres : quand les temps et la nature n'ont pas préparé le terrain, tout se passe comme si on attachait des fleurs avec un fil ; les premiers feux de midi les flétrissent ».

Argumentation qui a pour Humboldt un double mérite, celui de reconnaître le droit au Droit tout en problématisant ses conditions concrètes de réalisation historique et celui de réactualiser la problématique du despotisme éclairé, tout en énonçant les conditions auxquelles le despotisme s'« éclaire ». Une démarche à double versant qui prend en considération la dualité de situation des deux côtés du Rhin. Mais elle ne prend tout son sens qu'avec la conception humboldtienne de l'État moderne : si l'Ancien Régime instrumentalisait la liberté au profit de l'État, l'État moderne doit être instrumentalisé au bénéfice de la liberté.

*– L'instrumentalisation de l'État*

Le seul véritable objet de l'État consiste dans la sûreté puisque tel est le but du Contrat fondateur. Fin et fonction de l'État s'épuisent en vue de cet objectif unique, telle est la thèse centrale amplement développée dans l'*Essai de définition quant aux limites de l'action de l'État.* L'État, quelle que soit sa puissance ou sa forme n'est pas destiné à s'autonomiser et à se perpétuer en tant qu'instance politique *immuable* mais à être un opérateur fonctionnel pour l'ensemble des membres de la société, c'est-à-dire pour *leur* sécurité. Celle-ci est condition de possibilité d'une liberté également garantie à tous par le Droit. L'État de droit n'est rien d'autre que *cela.* Mais *cela* est la négation de l'État absolutiste. En posant cette hypothèse et en mettant entre parenthèses la forme du gouvernement Humboldt théorise l'État en tant que puissance publique en général.

Face à la pesanteur et à la coercition exercée par la puissance publique, individus et individualités nationales constitueront l'élément moteur, le plus évolutif et créatif. La continuité historique qui intègre plus de facteurs extérieurs, de conditions imprévisibles, de « hasards » que de projets abstraits nourrit l'individualité des nations et plus les Individus-Nations sont actifs moins ils se laissent enfermer durablement dans un carcan devenu irrationnel, imposé d'en-haut ou bousculer d'un extrême à l'autre par des révolutions excessives. Mais les révolutions elles-mêmes n'obéissent-elles pas à ces jeux de « hasard » autrement dit à des conjonctures historiques dont la complexité déroute ?

En effet, si « Les révolutions politiques proprement dites, les changements de régime constitutionnel ne sont possibles qu'avec le concours de circonstances nombreuses, le plus souvent contingentes », le pouvoir souverain est par définition maître de l'ampleur des pouvoirs qui lui ont été octroyés ou délégués au cours de l'histoire et qu'il peut donc déléguer ou abandonner à d'autres : « ... tout gouvernant peut... en toute tranquillité – que l'État soit démocratique, aristocratique ou monarchique – étendre ou inversement restreindre les limites de son action et plus il évitera les innovations à grand spectacle, plus sûrement il atteindra son but ». En développant cette idée, qui relativise la forme du gouvernement (sa qualité) pour mettre l'accent sur la quantité de puissance publique dont dispose un gouvernement, tout gouvernement, Humboldt prend en quelque sorte l'absolutisme au piège : le pouvoir souverain, législatif-exécutif, détient la capacité constitutionnelle de faire varier l'étendue de son action, il doit pouvoir amoindrir ce qui, au demeurant, a été accrû par la monarchie absolue. Et, s'il s'amenuise lui-même, il procède à une réforme génératrice de réformes ultérieures s'engendrant les unes les autres de façon quasiment naturelle. Précisément : « nul autre genre de réforme ne peut donc être mieux adapté à notre époque, si celle-ci doit réellement pouvoir se targuer d'être l'âge privilégié de la culture et des Lumières ». Autrement dit, si le despotisme entend être *éclairé* et *moderne*, il doit commencer – et en principe il en a le pouvoir – par se convertir à... l'anti-despotisme ou à tout le moins à une réduction sensible de pouvoir.

Progresser sur la voie des réformes librement consenties signifient même qu'une société a atteint un degré de morale et de civilisation plus développé que celui où une révolution doit les arracher, d'où cet appel au sens moral du souverain : « Si, ailleurs, c'est le glaive brandi par la nation qui limite la puissance physique du souverain, ici, ce sont les Lumières et la civilisation qui l'emportent sur les idées et la volonté de ce dernier, bien que la transformation des choses paraisse être son ouvrage plutôt que celui de la nation. Bien que ce soit déjà un beau et grand spectacle de voir un peuple, pleinement conscient de ses droits d'homme et de citoyen, briser ses fers, ce doit être un spectacle infiniment plus beau et plus édifiant de voir un Prince rompre de lui-même les chaînes de la servitude et proclamer la liberté, non par un effet de sa bienveillante sollicitude mais pour remplir le premier et le plus pressant de ses devoirs, car il est plus sublime de voir agir l'inclination ou le respect pour la loi que s'exercer l'empire de la nécessité et du besoin. La liberté qu'une nation s'efforce d'atteindre par un changement de Constitution, est à la liberté qu'un État existant accorde, ce qu'est l'espérance à la jouissance, l'esquisse à l'achèvement ».

L'hommage ainsi rendu au Prince véritablement éclairé, autrement dit à la conscience morale comme facteur de culture et de civilisation, exprime au premier degré le thème des différences nationales (la France n'avait pas été gouvernée par le despotisme éclairé) et plus profondément il signifie qu'une révolution par en haut n'en est pas moins une révolution si elle fonde un État constitutionnel ou s'engage dans cette voie. Souligner ainsi qu'une autre voie que celle empruntée par la France devrait être possible en pays germaniques a son importance, plus important encore est de souligner à quel point en tous lieux l'état de la société est déterminant, plus déterminant que l'État ; au point qu'une crise politique profonde n'est résolue à un moment donné que par la société ou plus exactement par une société donnée, une nation, individualité historique porteuse de sens, de valeurs universelles.

L'instrumentalisation de l'État, appareil de sécurité, fonde un libéralisme émancipateur d'une société principe dynamique, pôle culturel, nourricier du Droit, de l'État de droit. Toute la négativité des contraintes – artifices mécaniques du despotisme ou légalité abstraite – le négatif de l'histoire, reflue du côté de l'État dont la fonction devient minimale : le minimum de coercition indispensable à la vie en commun d'hommes inégalement mûrs pour la liberté, l'universalité et la convivialité. En se diffusant dans la société, les Lumières résorberont les zones d'ombre de l'immaturité.

Avec Hegel la perspective s'inversera à nouveau, l'État redevient le principe générateur d'universalité, de Droit, il réassume son rôle de grande puissance vis-à-vis de la société « civile », de l'esprit d'une nation dynamisant l'Histoire. Quant aux Lumières, « moment » de l'histoire, croyance de l'entendement en lui-même, elles ne sauraient conduire à cette connaissance efficace, que seule la Raison (hégélienne) pourra atteindre. Comme l'écrivait Henri Joly, ce qui est en cause c'est « ... l'épistémologie des Lumières, l'esprit de la liberté et la liberté de l'esprit comme le clair contre l'obscur. Avec Hegel... l'Aufklärung s'achève et le romantisme commence ».

## NOTES

1. « La problématique de la langue dans l'Aufklärung, enjeux culturels et universalité scientifique » in *Recherches sur la philosophie et le langage,* n° 3.
2. « La philosophie entre le clair et l'obscur ou Kant et Hegel devant l'*« Aufklärung »* », in *Recherches sur la philosophie et le langage,* n° 3.
3. En 1786, Frédéric-Guillaume II succède au roi-philosophe, il prend le contre-pied de la politique frédéricienne à l'égard de l'Auflärung, orientation traduite dès 1788 par les deux édits de Wöllner : celui de juillet rétablit l'obligation d'une orthodoxie confessionnelle rigoureuse dans tout enseignement théologique ainsi que la stricte observance dans toutes les écoles des professions de foi des trois religions chrétiennes reconnues par l'État, celui de décembre sur la censure complète le premier en donnant tous les moyens nécessaires pour réprimer les publications des Aufklärer. A partir de 1790 les interdictions éditoriales se multiplient, Kant n'obtient pas l'autorisation de publier la deuxième partie de *La religion dans les limites de la raison* dans la Berlinische Monatsschrift et H. prudent ne fera paraître dans le même périodique qu'une petite partie de son *Essai de définition des limites d'action de l'État.*
4. On se réfère ici aux œuvres de philosophie politique d'H. de cette époque, cf. *Gesammelte Schriften,* Königlich Preussischen Akademie der Wissenschaften, éd. Albert Leitzman, reprint Berlin 1968, G.S., T. I œuvres de 1785 à 1795 ; *Idées sur les Constitutions, A propos de la nouvelle Constitution française,* 1791, *Des lois du développement des forces humaines,* 1791, *Essai de définition quant aux limites de l'action de l'État,* 1792 ; trad. fr. M. Schaub, à paraître.
5. Voir *Tagebuch der Reise nach Paris,* in G.S. T. XIV, trad. fr. M. Schaub, in *Le Nouveau Commerce,* cahier 64, 1986. Accouru à Paris assister en août 1789 aux « funérailles du despotisme français » en compagnie de son ancien précepteur J.H. Campe, H. est introduit par son mentor auprès de personnalités et d'institutions de premier plan : Mirabeau et l'Assemblée Nationale, Marmontel et les Académies, Sébastien Mercier et les établissements d'assistance publique.
6. H. qui avait commencé l'étude de Kant à partir de l'automne 1787, précisait modestement à ce propos dans une lettre à F.H. Jacobi (7 février 1789) : « Vous me tenez pour

une tête spéculative bien mieux armée pour le combat sur le champ de bataille métaphysique que je ne le suis. Vous le savez bien vous-même, j'ai été nourri et élevé dans la philosophie wolffienne et je me suis seulement faufilé dans le système kantien... » ; élevé dans les milieux de l'Aufklärung berlinoise, il eut parmi ses professeurs (sur cet enseignement voir G.S., T. VII) : J.J. Engel, disciple de Leibniz et de Wolff, éditeur jusqu'en 1777 d'un périodique défendant les Lumières, E.F. Klein, un des principaux collaborateurs de Suarez pour le projet de réforme du Code prussien en cours d'élaboration, C.W. von Dohm spécialiste des problèmes d'économie, connu pour son mémoire concernant l'émancipation des Juifs réalisée grâce à l'égalité des droits et des devoirs civils ; mémoire dont Mirabeau reprendra l'essentiel.

7. Ceci apparaît singulièrement dans les formulations et les références, H. se réfère constamment au trésor d'idées issu de la culture classique sans tenir compte de notions théologiques, il n'apprécierait pas la signification de la Révolution française en termes d'« Histoire prophétique de l'Humanité », comme le fera Kant dans *Le conflit des facultés.*
8. Voir plus loin, note 11.
9. H. expose cette démarche dans *Des lois de développement des forces humaines,* 1791.
10. Unité synthétique d'une individualité réelle toujours désignée par une majuscule.
11. « Philosophische Geschichtsforscher », l'historien-philosophe.
12. « En effet, si le cours des événements humains, abstraction faite de leurs enchaînements mutuels, ne présentait aucune unité ou loi uniforme ou bien si cette dernière devait reposer sur des choses qui passent la compréhension humaine, l'imagination s'empresserait dans sa folle course aux vaines chimères de mettre à la place de la vérité de simples hypothèses et le profit le plus substantiel qu'on retirera de l'entreprise sera de s'être convaincu qu'elle est irréalisable ». Question soulevé par Kant notamment dans le compte-rendu critique consacré aux *Idées en vue d'une Philosophie de l'Histoire de l'Humanité* de Herder.
13. Forces existant dans une réalité diversifiée, vivante et différentes en cela de celles qui jouent dans l'espace homogène des géomètres.
14. Le hasard est l'ensemble des déterminations non connues à fortiori donc non maîtrisées. « Des effets suivent de l'ensemble des particularités spécifiques du présent, ces forces mal connues... ne signifient pour nous que hasard. Les projets, que la raison s'efforcera ensuite de mettre en œuvre, recevront... encore forme et modification de l'objet auquel ils s'appliquent. De cette façon là, ils peuvent être durables et profitables. S'ils sont mis en œuvre de l'autre façon, ils resteront à tout jamais stériles ».
15. « La raison a bien la capacité de donner forme à un matériau déjà là, mais elle n'a pas la force d'en créer un nouveau. Cette force là gît dans la seule nature des choses, celles-ci agissent, la raison véritablement sage les éveillent simplement à l'action et cherche à en orienter le cours ».
16. « Une Constitution nouvelle doit succéder à celle qui l'a précédée. Un système conçu aux seules fins de pressurer autant que possible la nation, afin de satisfaire à l'orgueil et aux appétits somptuaires d'un seul, doit être remplacé par un système destiné à assurer la liberté, la tranquillité, et le bonheur de tout un chacun. Deux situations parfaitement contradictoires doivent ainsi se succéder. Où trouver alors le lien qui les relie l'une à l'autre ? ».

*Alonso TORDESILLAS*
*Aix-Marseille I*

# LIEUX DE PAROLE, TEMPS DU DISCOURS DANS LE *SUR LES SOPHISTES* D'ALCIDAMAS*

Dans la concurrence qui oppose les écoles de rhétorique issues des pratiques oratoires de Gorgias, Alcidamas, quand il prend parti pour l'improvisation orale contre l'éloquence apprêtée par écrit, fait figure, à l'instar de son maître, d'avocat des causes perdues. En effet, non seulement c'est le style de son adversaire Isocrate qui va devenir dominant dans la prose d'art, mais, qui plus est, Alcidamas se propose de défendre l'art de l'improvisation dans et par un discours écrit. Ainsi, le *Sur ceux qui composent les discours par écrit ou sur les sophistes*[1] se présente-t-il d'emblée comme l'éloge paradoxal, par écrit, de l'αὐτοσχεδιάζειν.

Cet écrit ne se borne cependant pas à être une simple réponse au *Contre les sophistes* d'Isocrate, et Alcidamas organise sa défense de l'improvisation autour d'une théorisation, peut-être philosophiquement la première, d'une notion clé, celle de καιρός. Dans le *Sur les sophistes,* en effet, Alcidamas se propose d'élaborer une théorie générale de l'argumentation[2] dans laquelle la notion de καιρός joue un rôle central puisqu'elle permet d'articuler l'espace où se déroule le discours et le temps de l'argumentation.

Les dix occurrences du terme καιρός ou de ses composés dans le *Sur les sophistes,* ainsi que celle qui se trouve au début de l'Ὀδυσσεύς[3], apparaissent dans des contextes concernant d'une part l'espace politique de la cité tel qu'il s'ouvre dans l'assemblée et le tribunal, et, d'autre part, l'espace de l'exhibition artistique tel qu'il se donne dans le spectacle. La séparation nette du discours improvisé et du discours écrit récité permet à Alcidamas de dégager trois sphères dans l'espace et dans le temps. Dans l'espace, le lieu d'exercice de la parole sera l'assemblée, le tribunal ou le théâtre ; et l'orateur, tenu de ne pas se tromper de καιρός (parag. 22), parlant selon le lieu, déterminera ce dont il parle selon le temps : le futur, le passé ou le présent. Et, comme le public n'est pas le même dans ces trois lieux et selon ces trois temps, il devra également prendre en compte l'auditoire. Ces trois éléments qui répartissent la rhétorique en délibérative, judiciaire et épidictique, la classent à la fois selon le lieu d'exercice de la parole et selon le temps sur lequel porte le discours. L'approche théorétique des discours improvisés et des

* Un premier état de cette recherche a été proposé, en août 1988, au XXIIe Congrès de l'Association des Sociétés de Philosophie de Langue Française et sera publié dans les Actes de ce Congrès.

discours écrits dans le *Sur les sophistes* dégage donc trois niveaux d'articulation : l'articulation de la philosophie avec la poésie et la rhétorique en prose ; celle de la rhétorique orale avec les pratiques politiques ; celle, enfin, du lieu social avec le temps de l'argumentation.

Au discours écrit revient l'espace clos des compositions rédigées à l'école, au terme d'un temps plus ou moins long mais toujours quantifiable[4]. Circonscrites dans cet espace privé, les techniques d'élaboration des discours écrits ne sont délivrées que devant un public restreint, choisi et de qualité et ne sauraient s'adresser à l'ensemble de la communauté politique. Les subtilités et la précision du style écrit sont étrangères à la sphère du δεινὸς ῥήτωρ et de tels orateurs « qu'on appelle sophistes » doivent bien plutôt être appelés « faiseurs d'écrits », c'est-à-dire *poètes* (parag. 1-2). Mais le plaisir que procure la représentation artistique ne saurait en aucune manière se substituer à l'utilité (le texte revient inlassablement sur ce thème) qui préside aux discours politiques et judiciaires[5] et c'est au discours improvisé et à l'orateur que revient l'espace ouvert de la scène politique : l'assemblée et le tribunal. C'est donc dans ce cadre que, lorsqu'Alcidamas tente de dégager les lignes générales de la genèse d'un texte en prose élaboré oralement, il organise sa théorie de l'argumentation autour de la notion de καιρός.

*

* *

Après avoir distingué le poète et l'orateur, Alcidamas définit son propos : justifier son point de vue concernant la supériorité de l'improvisation et montrer qu'écrire est plus aisé que parler. Dans ce cadre, le καιρός apparaît comme un trait caractéristique de la rhétorique d'Alcidamas. En effet, il n'appartient pas à n'importe qui de parler sur tout sujet de manière appropriée et sur le champ, embrassant d'un seul coup d'œil les opportunités des événements (τῷ καιρῷ τῶν πραγμάτων) et les désirs du public tout en prononçant le discours qui convient (parag. 3). Dans ce passage, l'utilité de l'improvisation ne désigne que le critère minimal du savoir parler qui caractérise tout citoyen s'adressant à d'autres citoyens puisque tout citoyen est, dans la cité, destiné à devenir orateur. L'essentiel réside donc dans cette capacité d'élocution rappelée à de nombreuses reprises[6], au point que le parag. 17 va jusqu'à dire que les écrits font obstacle à « tout écoulement facile » des discours improvisés. Pour le sophiste Alcidamas, comme pour son maître Gorgias, pour lequel celui qui dit dit un λόγος non un πρᾶγμα[7], il faut éviter de se retrouver à court de mots, de rester sans voix[8], et, perdant la face et l'intelligence[9], de sombrer dans le ridicule[10].

L'adoption de cette position fait que la technique de l'improvisation reporte sur le citoyen la maîtrise directe du *lógos* et a pour conséquence l'exaltation de la parole dite par rapport à l'action produite. A cet égard, les trois occurrences de la notion de *καιρός* dans cette première partie justificative du *Sur les sophistes* dégagent l'espace politique où joue le discours kaïrique et improvisé. Au parag. 9, lorsqu'Alcidamas oppose l'utilité du savoir parler à la rare eukaïrie du savoir écrire, il désigne clairement les lieux du discours improvisé : assemblées, tribunaux, échanges privés. Dans ces lieux, « parler sur le champ fait nécessité (...) et souvent surviennent des événements décisifs imprévus (*ἀπροσδοκήτως καιροὶ πραγμάτων*) dans lesquels ceux qui se taisent [c'est-à-dire les « faiseurs d'écrits », qui n'ont rien préparé sur le sujet] font figure indigne, alors que ceux qui parlent, nous les voyons honorés des autres comme ayant une *γνώμη* similidivine ». Ici encore le seul fait de savoir parler suffit à mettre en évidence ce caractère minimal de la citoyenneté qui s'exerce différemment dans des lieux différents et se manifeste éminemment dans l'attitude des maîtres de rhétorique, qui doit être en relation avec des occasions déterminées réclamant des prestations oratoires immédiates. A ce niveau, le *καιρός* intervient deux fois : dans le moment décisif qui réclame la prouesse de l'improvisation, et dans l'instant même de cette prouesse, dans la rencontre avec l'auditoire qui permet l'obtention du consensus public.

Cette position d'Alcidamas résulte de la permanence de l'enseignement sophistique dont l'exaltation du *lógos* et la valeur d'exploit de la prestation oratoire se donnent comme le moment de la consolidation du consentement politique, ainsi que le signale l'importance de l'auditoire relevée dans la deuxième série d'occurrences où se présente le terme *καιρός* (parag. 22, 28), qui marque bien ce moment de l'accord politique qui ne peut se produire qu'à l'instant précis de la performance de l'orateur par l'acclamation de l'auditoire. Le corps social se noue alors dans cette harmonie et la force de la persuasion se mesure au consentement de l'auditoire[11]. Et comme, pour obtenir ce consentement, l'orateur n'a à sa disposition, dans l'exercice de la rapidité de sa *diánoia* par rapport à la *gnṓmē* de ses auditeurs, que la seule persuasion face à des citoyens participant tous du droit à l'*agoreúein*, ceux-ci sont seuls juges de la correction de ses enthymèmes[12].

L'opposition des deux pratiques oratoires sur le plan de l'utilité publique revient donc à se traduire dans les termes d'un rapport kaïrique (parag. 27, 28), voué à l'échec, à de rares exceptions près, pour ce qui concerne la rhétorique écrite, métastable, ductile et efficace dans le cas de la rhétorique orale[13].

L'exemple paradoxal de la cité tyrannique (parag. 11) est, à cet égard, instructif. En effet, seule la cité tyrannique est à même de donner quelque force aux arguments en faveur des discours écrits, puisque seul le tyran dispose du pouvoir nécessaire pour s'accorder le temps de composer son *lógos* en privé avant de convoquer assemblées ou tribunaux et de l'exposer non à des citoyens mais à des sujets spoliés de tout pouvoir de décision. Dans l'assemblée d'une cité non tyrannique, répondre à l'appel du héraut[14] signifie au contraire exposer son propre *lógos* à l'argumentation publique, débattre sur ses opinions et, éventuellement, se laisser persuader par le caractère plausible d'autres argumentations et non par la violence, caractère intrinsèque des assemblées réunies par convocation tyrannique. Il en va de même dans les tribunaux, où les discours écrits suscitent la défiance des juges et où l'orateur doit désarmer la haine et l'envie du public[15].

Le modèle de cité prôné par Alcidamas se fonde, quant à lui, sur l'échange libre du *lógos* parmi les citoyens sans une intervention destinée à immobiliser l'intrinsèque fluidité d'une vie politique qui s'écoule librement comme le *lógos* lui-même et tient dans l'orbe de la suspicion tout ce qui n'est pas soumis au contrôle et à la réciprocité de la communauté politique[16]. On voit que cette affirmation de la *dēmēgoría* va au-delà d'une opposition entre deux techniques rhétoriques et que s'y joue l'image même du citoyen. La perpétuation du réquisit de l'improvisation, qu'elle soit véritable ou fictive, répond à cette définition d'un citoyen libre d'exercer son *lógos*[17] et s'explique par l'importance que les sophistes accordent à ce *lógos,* conçu, non comme ce qui dit la vérité, mais comme ce qui a la charge de la persuasion.

*

* *

C'est cette puissance du discours analysée sous son aspect d'improvisation qui fait l'objet de la deuxième série de justifications reliées au καιρός. Au parag. 22, se référant à la manière de composer de ses adversaires, qui rédigent leurs écrits bien avant l'*agōn,* Alcidamas affirme que, parfois, ils « faillissent aux καιροί » (τῶν καιρῶν ἁμαρτάνουσιν). Le contexte immédiat de l'expression et le contexte général de cette partie du discours montrent que, loin de désigner simplement l'absence de saisie de l'occasion qui se présente, la notion de καιρός prend ici un sens beaucoup plus technique[18]. Elle désigne cette opportunité dont le manquement se traduirait par une démesure ou une anomalie dans l'extension même des parties du discours. Il s'agit en effet d'élaborer un discours adéquat au sujet en usant du réquisit du καιρός comme d'un critère de sélection des *idéai,* des éléments constitutifs du discours, commandant l'*hermēneía*[19] et veillant à l'adaptation des enthymèmes[20] à la situation et des longueurs à l'attente de l'auditoire, ce qui préside à la *summetría* du discours. Tels sont en effet les critères minimaux de l'argumentation rhétorique tels qu'ils se résument au parag. 15 dans l'expression : τοῦ δὲ λέγειν μηδὲ μικρὰν δύναμιν. L'important n'est pas en effet dans ce qu'on dit, et c'est parce qu'il y va de la possibilité minimale d'être homme que les sophistes libèrent les mots de toute obligation sémantique et font de cette liberté la fonction fondamentale du langage.

Les parag. 18-21 développent cette théorie de l'exposition des arguments sous leur seul rapport au temps du discours. La démarche générale suivie par une argumentation réside dans l'énoncé d'une assertion qui est le résultat d'une série d'assertions placées dans un certain ordre, déclarées selon une certaine succession temporelle qui a égard aux situations, aux circonstances et aux moments. Analysé sous ce rapport à la temporalité, l'ordre des arguments est tel que non seulement ce qui est dit en premier sert à établir la suite, mais encore que la formulation d'un argument dépasse le présent qui apparaît comme l'axe de partage entre le passé et le futur, en sorte qu'au fur et à mesure que se déroule le discours, celui-ci se modifie et se modifie aussi la démarche générale de l'argumentation (cf. parag. 20). Ce départage s'effectue, dans l'improvisation, à partir d'un maintenant de l'élocution que les Grecs nomment du beau nom de *καιρός*[21].

Alcidamas recueille cette pointe comme une notion essentielle de l'analyse temporelle du discours rhétorique, à la fois moment décisif et fugitif qui donne lieu à la performance oratoire, et régulateur interne qui gouverne le déroulement du discours. *Καιρός* en vient alors à faire partie d'une terminologie relevant de la technique rhétorique, critère à la fois externe et interne du discours. Par là se trouve peut-être réalisée la première élaboration théorique de la notion de *καιρός* en son sens temporel au sein d'une théorie générale de l'argumentation dans l'héritage sophistique de Gorgias dont Denys d'Halicarnasse déplorait qu'il n'eût rien écrit de décisif sur le *καιρός*, bien qu'il fût le premier à écrire sur le sujet[22].

*

* *

Mais c'est précisément de ce même tronc sophistique que proviennent aussi les défenseurs des discours écrits. En effet l'importance accordée au rythme et à la musique, qui apparente le discours écrit davantage à la poésie qu'à la prose, est encore héritage des sophistes. Aussi Alcidamas accepte-t-il cette deuxième filiation, et, loin de s'en tenir au seul domaine de l'improvisation, il rend également compte de l'écriture, ouvrant pour elle un espace possible quoique décentré par rapport à l'espace politique. La *graphikē* émerge dans une dimension secondaire, accessoire et ludique. Elle est un jeu[23], un *παίγνιον* aurait dit Gorgias[24], qui n'entame en rien la supériorité de l'improvisation mais qui, consignant en clair les procédures propres à ce type d'argumentation, met en évidence la démarche générale d'une argumentation qui prend en compte l'usage de la temporalité pensée comme *καιρός*. Aussi est-ce dans les paragraphes où il est traité thématiquement du troisième genre de discours, le discours épidictique,

que nous retrouvons une dernière série d'occurrences concernant le καιρός[25].

*

* *

Improvisation et rédaction écrite n'ont donc pas à être opposées, mais ont une coexistence pacifique, en des temps et des lieux différents. L'espace de la cité ne peut être marqué que du flux de la *léxis* et sa constitution rend l'écrit aphone ; mais, hors de ses institutions les plus fortes – le tribunal, l'assemblée –, il laisse la place pour une dimension écrite qui ne souffre pas de limitation dans sa puissance (parag. 30), circonscrite qu'elle est dans le domaine du *paígnion,* qui, loin des clameurs de l'*agṓn* politique ne lui en demeure pas moins très proche. Avec Alcidamas se précisent clairement et le lieu et le temps et le genre et l'auditoire des discours. Délibératifs, judiciaires ou épidictiques, ceux-ci se déroulent à l'assemblée, au tribunal ou au théâtre, devant des citoyens, des juges ou des spectateurs. Développant une théorie générale de l'argumentation, il assigne aux deux premiers espaces un temps kaïrique, cependant qu'il réserve l'écrit a-kaïrique au genre épidictique et aux spectacles poétiques. D'un point de vue physique, il s'agit de ne pas perdre la face en perdant la parole devant une demande quelconque ; d'un point de vue logique, il s'agit de ne pas perdre le fil de la réponse, en organisant la longueur des parties du discours par rapport à son ensemble ; d'un point de vue épidictique, il s'agit de ne pas perdre l'auditoire, en accomplissant un exploit oratoire. Bien qu'il considère l'improvisation comme supérieure à l'écriture, l'opposition est moins nette que ne semblent le dire les commentateurs et Alcidamas semble prendre le parti de l'une ou de l'autre selon la situation. *Kairós* revient certes à l'improvisation, *akribeía* à l'écriture, mais la notion de *kairós* ressortit tant à l'ici et au maintenant du discours improvisé qu'à la temporalité interne du discours écrit, même si la manière dont le *kairós* sert de régulateur pour le discours écrit et agence sa structure n'est pas développée par Alcidamas et qu'il revienne à Isocrate et aux rhéteurs ultérieurs de la théoriser.

## NOTES

1. Les renvois au texte d'Alcidamas sont faits à partir de l'édition établie par G. Avezzù. Le Περὶ τῶν τοὺς γραπτοὺς λόγους γραφόντων ἢ περὶ σοφιστῶν sera désormais noté : Π.Σ.
2. Sur cette question, cf. M.J. Milne, *A Study in Alcidamas and his Relation to the Contemporary Sophistic,* Diss. (Bryn Mawr), Bryn Mawr, Pennsylvania, 1924, pp. 50-51 ; M.

Vallozza, « Alcidamante e i gradi della memoria *(Sugli autori di discorsi scritti* 18) », *Quaderni Urbinati* 56 (1987) 93-96, spécialement, p. 95, note 11.
3. Π.Σ. 3, 9 (2 fois), 10 (2 fois), 22, 28, 31, 33, 34 ; 'Οδυσσεύς 1.
4. Ainsi, Isocrate met-il une dizaine d'années à composer le Panégyrique (cf. Quintilien, 10, 4, 4). Il fait d'ailleurs souvent allusion au temps qu'il a mis à mettre au point ses discours (cf. *Pan.*, 14 ; *Phil.*, 84).
5. Cf. S. Gastaldi, « La retorica del IV secolo tra oralità e scrittura : *Sugli scrittori di discorsi* di Alcidamante », *Quaderni di Storia* 14 (1981), 189-225, spécialement, p. 194.
6. Π.Σ. 1, 10, 15, 17.
7. Cf. *De Melisso Xenophane Gorgia*, 980 b 1-5.
8. Π.Σ. 15.
9. *Ibid.*, 16 : γνώμη.
10. *Ibid.*, 11.
11. « La dialectique est la force de ce qui est crédible » dit le frag. 13.
12. Cf. l'article de G. Mazzara, « La rhétorique éléatico-gorgienne d'Alcidamas chez Diogène Laërce IX, 54 : sur les quatre fonctions du langage » dans les *Actes du Colloque de la Société d'Histoire de la Rhétorique*, Tours 15-20 juillet 1987. Dans la section intitulée : ἐρώτησις / προσαγόρευσις : *la rhétorique de l'improvisation*, l'auteur souligne fortement ce point.
13. Cf. M. Vallozza, « Καιρός nella teoria retorica di Alcidamante e di Isocrate, ovvero nell' oratoria orale e scritta », *Quaderni Urbinati* 50 (1985) 119-123, spécialement, p. 120.
14. Cf. Π.Σ. 11 : « lequel parmi les citoyens veut parler ? ». Le recours à cet exemple redouble celui de la cité tyrannique et repose, lui aussi, sur le ressort rhétorique d'un paradoxe basé sur l'exhibition du ridicule. Le parag. 11 relève comment le ridicule le plus haut frappe l'orateur qui, devant se présenter à la tribune, se pétrifie en logographe, et se retire, au moment de parler, pour consigner par écrit son intervention sur ces tablettes dont il ne se sépare jamais et qui conservent sa mémoire.
15. Cf. Π.Σ. 12-13, 22-23, 24, 33-34 ; voir également, H.L. Brown, *Extemporary Speech in Antiquity*, Diss. (Chicago), Menasha, 1914, pp. 39-41, et *ibid.*, note 153.
16. Cf. S. Gastaldi, *op. cit.*, p. 196 et p. 211, note 11.
17. Le caractère fictif de ce résultat est mis en lumière par S. Gastaldi, *op. cit.*, p. 212, note 12, et par H.Ll. Hudson-Williams, « Political Speeches in Athens », *Classical Quarterly* XLV (1951) 68-73.
18. Cf. M. Vallozza, 1985, *op. cit.*, pp. 121-122.
19. Π.Σ. 13, 16, 20, 25.
20. *Ibid.*, 3, 4, 18, 19, 20, 24, 25, 33.
21. Pour l'analyse de ce « régulateur discursif » et de son rapport à la contingence, cf. A. Tordesillas, « L'instance temporelle dans l'argumentation de la première et de la seconde sophistique : la notion de *kairós* », dans *Le plaisir de parler* [Actes du Colloque de Cerisy-la-Salle, 7-17 septembre 1984], sous la direction de B. Cassin, Paris, 1986, pp. 31-61.
22. *De compositione verborum*, 45, 12 (= 82 B 13 DK).
23. Π.Σ. 34 : παιδία.
24. *Éloge d'Hélène*, 21.
25. Π.Σ. 31, 33, 34.

## BIBLIOGRAPHIE SÉLECTIVE


– *Édition et traduction*

Alcidamante, *Orazioni e frammenti.* Testo, introduzione, traduzione e note a cura di Guido Avezzù, [« Università di Padova. Bollettino dell'Istituto di Filologia Greca ». Supplemento 6], Roma, « L'Erma » di Bretschneider, 1982.

*Oeuvres complètes d'Isocrate, auxquelles on a joint quelques Discours analogues à ceux de cet Orateur, tirés de (...) Alcidamas,* traduites en français par M. l'Abbé Auger, Paris, 1781, t. I, pp. 313-324.

– *Études*

Brown, H.L., *Extemporary Speech in Antiquity,* Diss. (Chicago), Menasha, 1914.

Brzoska, J., « Alkidamas 4 », *Real Encyclopedie* I, 2, 1533-1539.

Dörrie, H., « Alkidamas », *Der kleine Pauly,* I, 264-265.

Gastaldi, S., « La retorica del IV secolo tra oralità e scrittura : *Sugli scrittori di discorsi* di Alcidamante », *Quaderni di storia* 14 (1981) 189-225.

La Rue Van Hook, « Alcidamas versus Isocrates ; the spoken versus the written word », *The Classical Weekly* XII (1919) 89-94.

Mazzara, G., « La rhétorique éléatico-gorgienne d'Alcidamas chez Diogène Laërce IX, 54 : sur les quatre fonctions du langage », *Actes du Colloque de la Société d'Histoire de la Rhétorique,* Tours 15-20 juillet 1987.

Milne, M.J., *A Study in Alcidamas and his Relation to the Contemporary Sophistic,* Diss. (Bryn Mawr), Bryn Mawr, Pennsylvania, 1924.

Narcy, M., « Alcidamas d'Elée *RE* 4 », dans R. Goulet (éd.), *Dictionnaire des philosophes antiques,* Paris, Éditions du C.N.R.S., t. I, 1989, pp. 101-110.

Tordesillas, A., « L'instance temporelle dans l'argumentation de la première et de la seconde sophistique : la notion de *kairós* », in *Le plaisir de parler,* [Actes du Colloque de Cerisy-la-Salle 7-17 septembre 1984], sous la direction de B. Cassin, Paris, 1986, pp. 31-61.

Trédé, M., « *Kairós* : problèmes d'étymologie », *Revue des Études Grecques* 97 (1984) XI-XVI.

Vahlen, J., « Der Rhetor Alkidamas », *Sitzungsberichte der Akademie der Wissenschaften in Wien,* Philos.-Hist. Klasse, 63 (1863) 491-527.

Vallozza, M. « Καιρος nella teoria retorica di Alcidamante e di Isocrate ovvero nell'oratoria orale e scritta », *Quaderni Urbinati* 50 (1985) 119-123.

Vallozza, M. « Alcidamante e i gradi della memoria (*Sugli autori di discorsi scritti* 18) », *Quaderni Urbinati* 56 (1987) 93-96.

Wilcox, S., « The Scope of Early Rhetorical Instruction », *Harvard Studies in Classical Philology* 53 (1942) 121-155.

*Jules VUILLEMIN*
*Collège de France*

# LE COMIQUE COMME IDÉE DE LA TOQUADE A L'EXTRAVAGANCE ET AU RIRE DÉCHAÎNÉ : COMPARAISON ENTRE RACINE ET ARISTOPHANE

## I

La tragédie, selon Aristote, représente une violence au sein des familles et des alliances. Cette violence s'exerce en connaissance de cause ou dans l'ignorance et avec ou sans accomplissement. En combinant les termes de cette double opposition, on obtient les quatre espèces de la tragédie.

Remplaçons la représentation de la violence par la représentation d'une menace de violence qui singe la tragédie sur un mode mineur et qui a l'illusion pour origine. Nous définissons alors le genre comique. Nous en obtenons, formellement, les différentes espèces en combinant l'illusion avec l'un des termes de la double opposition : connaissance de cause ou ignorance, caractère temporaire ou irrémédiable.

Lorsque l'illusion qui cause la menace de violence opère dans l'ignorance et que le dénouement se charge d'en guérir la victime, l'espèce particulière du ridicule ainsi produit est plus proprement appelée *toquade*. Le sentiment qu'Orgon éprouve pour Tartuffe, celui de Philaminte à l'endroit de Trissotin ressortissent à cette espèce.

Dans son état ordinaire, ce genre de comédie comprend trois sortes de personnages. L'auteur de la menace de violence, Tartuffe, n'est pas, en lui-même, un personnage comique. Les agents qui donnent corps à cette menace, Orgon et sa mère, le font sous le coup d'une illusion temporaire et comique qui leur représente l'hypocrite comme un dévot. Enfin, les autres personnages cherchent à démasquer l'ennemi et à dessiller les yeux de ceux dont il se sert.

A chaque classe de personnages, nous associons un sentiment spécifique. Notre sympathie va au bon droit menacé mais finalement vainqueur, notre colère à l'imposture. Le ridicule est la punition de la crédulité. Un caractère est comique dans la mesure où, s'il menace l'ordre, c'est en conséquence d'une illusion qui désarme notre colère, la réduit en mépris et satisfait par le rire à l'activité ainsi frustrée de notre faculté de sentir.

## II

Lorsque l'illusion qui cause la menace de violence opère toujours dans l'ignorance mais durablement, sans qu'on puisse lui porter remède, on passe à une seconde espèce de comédie dont le ridicule propre est appelé *extravagance.* On peut retrouver, dans cette espèce, les trois classes de personnages qu'on rencontre dans la précédente. Mais les victimes désignées pour pâtir de la violence qui les menace, faute de pouvoir guérir l'agent dont l'illusion les menace, se défendent en se prémunissant contre ses effets et en dupant sa chimère comme il convient. On reconnaît la trame du *Bourgeois gentilhomme* et du *Malade imaginaire.*

Les espèces de la comédie, cependant, n'ont pas la consistance qu'on reconnaît à celles de la tragédie. C'est que les mécanismes qui permettent de métamorphoser la terreur en pitié se distinguent spécifiquement suivant que la violence s'exerce en connaissance ou ou ignorance de cause, et qu'elle s'accomplit ou non. En revanche, la dégradation de la colère en mépris qui libère le rire ne se spécifie pas réellement quand on passe de la toquade à l'extravagance et il y a tous les degrés du dessillement à la duperie.

L'action double, le salut des innocents et la punition des coupables, introduit toujours une impureté au théâtre. Il arrive que cette impureté relève les caractères ; mais le *Tartuffe* exige le grand art et l'artifice d'un dénouement convenu pour prévenir la confusion des genres. Pour éviter l'inconvénient ou le défi, dans les deux espèces de comédie qu'on a décrites, on élimine le personnage qui perpètre son forfait en abusant un agent crédule. Ou bien on le maintient muet dans la coulisse. Mais l'effet qu'il produit constamment sur l'action rend le spectateur d'autant plus attentif à cette présence invisible qu'il faudra bien justifier par quelque argument particulier.

## III

Les comédies simples sont celles qui se rangent sous une espèce définie et unique et pour lesquelles, par conséquent, la catégorie du comique est fixée. Par opposition, on appellera *complexes* les comédies qui, au lieu d'enfermer le comique dans une catégorie, nous font assister à sa métamorphose. Cette métamorphose est, en particulier, produite par le passage d'une espèce de comédie à une autre à l'intérieur d'une même action.

Un tel passage paraît mettre en péril la cohérence de l'action et des caractères. Si, par exemple, la toquade se métamorphose en extravagance, c'est que l'illusion de l'agent qui nous avait d'abord paru temporaire se révèle, en fin de compte, irrémédiable. L'unité d'action ne sera restaurée qu'à deux conditions.

Il faudra premièrement que ce changement soit dû à une fausse apparence dans la présentation de l'illusion et que cette fausse apparence résulte à son tour d'une association contingente entre l'illusion et sa cause. L'épreuve fait disparaître la cause et maintient l'illusion dont elle rejette la cause dans l'indétermination.

Cette première transformation a lieu sur la scène. Elle est objective. Mais elle appelle inexorablement un second mouvement, subjectif quant à lui, dans la conscience du spectateur. Car ce dernier s'est laissé prendre à une fausse apparence. Il a été, lui aussi, victime d'une illusion. La métamorphose comique le détrompe certes, mais non sans l'entraîner à son corps défendant dans le ridicule d'abord localisé sur la scène. Un premier mouvement de colère contre soi-même, pour s'être laissé berner, se dégrade en mépris, car la menace de violence est neutralisée. Le spectateur ne peut alors brider son rire qui lui revient réfléchi par la scène et annulant, à la limite, l'opposition des catégories de spectateur et d'acteur.

## IV

Le Perrin Dandin des *Plaideurs* est de la race à laquelle appartiennent le Bourgeois Gentilhomme et le Malade Imaginaire. Il est atteint d'une extravagance d'autant plus incurable qu'elle se nourrit de l'extravagance d'autrui :

« Ma foi, juge et plaideurs, il faudrait tout lier « (I, 8).

La justice démasquée, on jouera juge et plaideur conformément au canevas des comédies de deuxième espèce. On paiera l'un d'un substitut de procès. A l'autre on extorquera un vrai contrat de mariage. Sans guérir personne, l'heureux dénouement confortera les manies de chacun en les satisfaisant de simulâcres tels que le procès d'un chien. Dans sa *Préface*, Racine écrit : « Si j'appréhende quelque chose, c'est que des personnes un peu sérieuses ne traitent de balivernes le procès du chien et les extravagances du juge. Mais enfin je traduis Aristophane, et l'on doit se souvenir qu'il avait affaire à des spectateurs assez difficiles. Pour moi, je trouve qu'Aristophane a eu raison de pousser les choses au-delà du vraisemblable. Les juges de l'Aréopage n'auraient pas peut-être trouvé bon qu'il eût marqué au naturel leur avidité de gagner, les bons tours de leurs secrétaires, et les forfanteries de leurs avocats. Il était à propos d'outrer un peu les personnages pour les empêcher de se reconnaître ».

Mais comparons *Les Plaideurs* et *Les Guêpes.* Racine emprunte à Aristophane la première moitié de sa comédie – celle qui précède la parabase – et l'agrémente d'une fade intrigue d'amour. On a dit qu'avant d'être une comédie de caractères, *les Plaideurs* relèvent de la *Commedia dell'arte. Les Guêpes*, quant à elles, appartiennent à la comédie de mœurs et plus exactement à la comédie politique.

S'il est permis à un poète de cour d'imiter un poète libre et engagé, ce n'est pas sans qu'il l'édulcore.

Les adoucissements touchent d'abord l'espèce de la comédie, Racine pousse le comique au-delà du vraisemblable. Mais il respecte les bienséances en bornant l'invraisemblable dans les limites de la psychologie. L'extravagance excuse et elle explique le procès du chien. Les noms des personnages des *Guêpes*, Philocléon et Bdélycléon, celui qui aime Cléon et celui qui en a horreur ne laissent pas de doute sur l'identité du personnage réel que le poète comique veut démasquer, quoiqu'en dise le Second Serviteur, lorsqu'il déclare que « même Cléon, malgré l'éclat qu'il doit à sa veine, nous n'avons pas aujourd'hui l'intention d'en faire de la chair à pâté ». Racine plaisante dans l'abstrait des abus de justice ou plutôt des traits de caractères. Aristophane dénonce une perversion de la justice par les démagogues. En portant à trois oboles le salaire des juges, Cléon a installé à Athènes le règne des sycophantes, de la délation, de la terreur. C'est ce règne et son auteur que le poète démasque. Et, lorsqu'il passe les bornes du vraisemblable, ce n'est pas pour ridiculiser quelques travers individuels, c'est pour mieux démonter les mécanismes du gouvernement démagogique et instruire ainsi un autre procès dont sera juge la grande victime de ce gouvernement et pourtant prévenue en sa faveur, le peuple incarné par le chœur. « Pénible affaire, dira l'avocat du bon sens, et qui exige d'exceptionnelles facultés d'esprit, plus grandes, bien sûr, que celles qui sont nécessaires aux poètes comiques ; pénible affaire que de guérir cette affection devenue à la longue chronique et endémique dans notre cité ».

Le Léandre de Racine joue son père. Il avance de froides raisons (II, 13) :

« Si pour vous, sans juger, la vie est un supplice,
« Si vous êtes pressé de rendre la justice,
« Il ne faut point sortir pour cela de chez vous :
« Exercez le talent et jugez parmi nous ».

Bdélycléon, au contraire, qui a essayé de jouer son père en l'enfermant et en le surveillant, en vient à le persuader ainsi que son allié le chœur. Il lève d'abord l'accusation de tyrannie que ses adversaires ne manquent pas de porter contre lui[1]. Il montre à son père qui croit que les démagogues l'ont fait maître qu'il en est l'esclave et la dupe : « Paye-toi de mots ; ça cessera bien un jour ce splendide trône ; il faudra bien que l'on constate que tu n'est qu'un cul plein de crotte ».

Non seulement le procès du chien est amené, chez Aristophane, au terme d'un procès sur les duperies de la démagogie. Il symbolise un procès réel mené par Cléon contre Lachès, général, chef de l'expédition de Sicile, accusé de malversation. La morale de l'accusation se résume dans ces mots : « Il faut que vous le condamniez. Un seul buisson pour nourrir deux pies voleuses, c'est insuffisant ». Trompé par son fils, partisan de l'indulgence, Philocléon vote malgré lui l'acquittement, s'en désole. Bdélycléon le dédommagera en l'initiant aux plaisirs de l'existence matérielle. Le chagrin d'un acquittement extorqué fera ce que n'a pas fait sa déconfiture dans la joute oratoire. Voici Philocléon guéri de sa manie de juger.

La première partie des *Guêpes* obéit donc au canevas des comédies de première espèce, mais traduit dans les termes de la fiction. L'auteur du mal, le démagogue, ne paraît pas en personne. Tout ce qu'on représente sur la scène, ce sont les toquades de Philocléon et de Démos. Aristophane feint d'instituer Démos juge de la contestation entre le père et son fils. C'est en démasquant Cléon, mais Cléon absent de la scène et foyer réel de toute l'action, que Bdélycléon dessille les yeux de ses concitoyens. La parabase vient naturellement dissiper et interrompre la fiction en faisant l'éloge direct du poète pour s'en être pris courageusement au monstre, auteur de tant de maux pour la cité.

## V

L'espèce de la comédie oppose Racine et Aristophane. Les *Plaideurs* décrivent une extravagance, la première partie des *Guêpes* met en scène une toquade. Racine supprime le personnage instigateur de l'illusion. Les deux protagonistes d'Aristophane l'évoquent explicitement. La comédie racinienne est simple. La présence invisible de Cléon contraint Aristophane à une composition complexe.

La parabase donc met aux prises l'auteur comique et Cléon. Un tel morceau ferait un piètre dénouement de comédie. Outre qu'il éveille la colère plutôt que le rire, il abolit la supposition de la représentation distincte de la réalité que la comédie peut suspendre et amenuiser, mais qu'elle ne saurait entièrement abandonner sans franchir les limites du genre théâtral. Le chœur rentre donc à sa place. Mais l'épisode a permis une première et brève métamorphose de la comédie en apologie et en satire. Le rire est suspendu, le personnage caché mis à découvert, le mépris, pour un temps, s'efface et l'auteur de la violence suscite la colère.

Moment dangereux pour la comédie et pour le poète comique. Car ce sont les spectateurs qui ont porté Cléon au pouvoir. Ce sont eux que le chœur représente. En démasquant Cléon, Aristophane fustige ses électeurs. La comédie réclame une rechute d'autant plus rude que l'accusation s'est faite plus précise. Il faut éteindre le mouvement de colère et le tourner à nouveau en mépris.

Bdélycléon ne profite pas longtemps de sa victoire et de la conversion paternelle. Libre de sa passion judiciaire, Philocléon se livre sans frein à toutes les autres. Il enlève une danseuse, renverse l'éventaire d'une marchande, s'enivre et s'attire tant de plaintes qu'à la fin, de juge qu'il était, il se retrouve au rang d'accusé, tant il y a à redouter les fruits de tout changement de Démos. C'est que notre intelligence des hommes serait mal satisfaite si d'aussi parfaites victimes – et qu'on a sauvées malgré elles – pouvaient prétendre subsister dans un état de grâce dans lequel elles ne sont pour rien. Le rire cesserait de secouer notre faculté de sentir dont l'activité se trouverait entièrement frustrée, si Philocléon entrait soudain dans une voie de vertu et d'honorabilité où il a si peu mérité de figurer. L'expérience prouve assez que les peuples ne sont jamais sauvés et qu'ils retombent inexorablement dans leurs anciens errements. En attendant, on les livrera à la débauche, content seulement que l'abandon aux plaisirs est moins détestable que la délation, et que l'abondance est, après tout, moins sinistre que la guerre des cités et des classes.

La fable comique s'affaisse donc après la parabase. Dans la tragédie l'action, nouée, s'apaisait un moment pour rebondir par le fait d'une péripétie et atteindre son sommet avec le dénouement. Ramenée par la parabase à la suspension de la représentation et au principe de réalité, la comédie a déjà dénoué sa fable, mais la réalité exige de la représentation qu'elle descende d'un degré et ressaisisse le relapse dans un état plus médiocre. D'où le juge accusé. Car si l'illusion est au principe du comique, c'est une illusion que celle qui ferait croire que l'homme peut vivre sans elle. Tartuffe ôté, que devient Orgon ? Quel individu pourrait subsister privé de ses habitudes ? Détrôné de sa souveraineté dérisoire, qui est Philocléon ?

Les *Guêpes* sont une comédie complexe. Elle met en scène le héros sous le coup d'une toquade, que sa guérison change en extravagance. Or une comédie complexe a besoin de se déployer dans la fiction. La fiction permet d'abord de développer de façon systématique – qu'on pense à la représentation presqu'axiomatique du communisme dans l'*Assemblée des femmes* – les conséquences d'une illusion[2]. Parce qu'elle brise avec le principe de réalité, elle autorise un simple citoyen à signer un traité de paix séparée, à organiser un tribunal privé[3], à fonder une cité et donc à décrire les effets d'un principe ou d'une décision pris à l'état pur. Mais, une fois ces effets épuisés, la fiction permet encore et surtout d'examiner ce qui se passerait si l'on renonçait à leur principe, et c'est ici qu'elle est nécessaire à la comédie complexe. Les démagogues mis entre parenthèses, que deviendrait la vie civile ? La parabase sépare donc deux fictions : la victoire complète et la défaite complète de l'illusion démagogique. Entre deux états contraires du rire, conséquences des deux fictions opposées, elle instaure un répit de la représentation pour faire place au discours du juste milieu.

Racine est loin du compte quand, toujours dans sa *Préface*, il se sait quelque gré d'avoir réjoui le monde, sans qu'il lui « en ait coûté une seule de ces sales équivoques et de ces malhonnêtes plaisanteries qui coûtent maintenant si peu à la plupart de nos écrivains, et qui font retomber le théâtre dans la turpitude d'où quelques auteurs plus modestes l'avaient tiré ». Il emploie l'invraisemblable à policer le rire. Aristophane se sert de la fiction pour le déchaîner. Car la fiction représente l'homme incorrigible, et notre faculté de sentir qui croyait avoir satisfait son activité frustrée en riant d'un vice se trouve relancée de façon inattendue parce que le personnage passe au vice contraire.

La comédie complexe est ainsi faite : un jeune homme ne rêvait que chevaux et courses ; las de le voir incapable d'aligner trois mots étrangers au langage du turf, son père le traîne chez les philosophes ; bientôt guéri de l'équitation, voici le fils tout pénétré de l'apprentissage de la vertu : « à présent que cet homme m'a détourné de cette pratique et que je suis rompu aux fines maximes, aux raisonnements et aux médiations, je vais pouvoir prouver qu'il est juste de châtier son père » *(Les Nuées)*. Tel personnage est d'abord ridicule parce qu'il est crédule. Sa crédulité guérie, le voile se lève cependant qui cachait sa grossiéreté. Nous épluchons l'homme comme un oignon. L'activité de notre faculté de sentir, frustrée une première fois, n'a pas fini d'étouffer un dernier éclat de rire que nous nous apercevons que nous étions dupes. Nous avons ri parce que nous croyions Démos livré aux démagogues. Mais s'il en est libéré, c'est pour mieux se donner à toutes les violences d'une fantaisie indomptée. La cause n'était donc qu'un prétexte. L'homme récidive, mais dans le genre opposé. Notre faculté de sentir est à nouveau frustrée dans son activité par une cause nouvelle de mépris, mais la surprise augmente la frustration, car nous nous étions mépris sur les raisons. Et le rire repart de plus belle, troublé cette fois par le soupçon que nous ne savons pas exactement pourquoi nous rions, puisque la raison générale du mépris et de la frustration de notre activité n'est jamais assignée vraiment, assignée qu'elle est successivement par des circonstances opposées.

La toquade s'est métamorphosée en extravagance, mais l'extravagance ainsi produite se trouve abstraite de tout rapport avec les causes occasionnelles. Nous l'identifions donc avec la nature humaine en général et, par réflexion, au moment où nous revenons de l'illusion dont nous avons été nous mêmes victimes avant la parabase comme spectateurs, nous prenons conscience de notre rôle d'acteurs. Démos, c'est nous. L'extravagance du chœur est nôtre.

Cette indétermination où nous sommes quant à sa cause véritable déchaîne le rire, en le libérant, pour ainsi dire de l'asservissement des raisons et de l'intuition particulière sous laquelle il se manifeste. Un tel comique indéterminé réalise le sublime de la comédie par la conscience qu'il nous donne que toutes les déterminations empiriques sont inadéquates pour expliquer le ridicule. Bref, d'une façon tout à fait conforme au génie grec, la fable complexe nous révèle le rire comme idée. Une fois le ridicule renfermé dans les limites d'un genre, situation, mœurs ou caractère, pour ne pas dire dans les convenances du bon ton, on ne retrouvera plus ce déchaînement du merveilleux. Auprès d'Aristophane, Molière lui-même est un poète amputé et il fallait le philosophe des idées pour couronner le comique des idées. C'est en effet Platon qui, dit-on, composa l'épitaphe suivante : « Les Grâces, cherchant un temple qui ne dût pas périr, choisirent l'âme d'Aristophane ».

## NOTES

1. Aristophane, c'est vrai, a beaucoup vieilli et l'on se demande quel sens les Français d'aujourd'hui pourraient donner à la sortie de Bdélycléon : « On sait, dit-il, que vous ne voyez partout que complots pour la tyrannie, et cela dans les plus petits riens comme dans les plus grandes affaires ; la tyrannie dont, en cinquante ans, je n'ai pas entendu une seule fois le nom. A l'heure actuelle, c'est une marchandise encore plus commune que le poisson salé ; on la crie dans tous les coins du marché. Si l'on refuse des sardines, parce que l'on désire acheter des mulets de roche : 'Voilà un client qui fait son tour de marché ; c'est pour la tyrannie'. Si on demande un brin de ciboule pour mettre avec les anchois, la marchande d'herbes vous regarde de travers : 'Dis donc, tu veux de la ciboule : c'est pour la tyrannie ? Penses-tu que la ville d'Athènes soit à ta disposition pour te fournir de fines herbes ? ».
2. Henri Joly, à propos de la communauté des femmes, dans la *République*, a justement noté que Platon procède suivant « une logique hypothétique », qui n'est pas sans évoquer la logique parodique d'Aristophane (*Le renversement platonicien*, Logos, Epistème, Polis, 2e édition, Paris, Vrin, 1985, pp. 346 et 343).
3. Deux philosophes célèbres et que leurs doctrines ne rapprochaient pas s'entendirent, il y a quelques années, pour fonder un tribunal de cette sorte. Ce n'était pas sur scène et l'on ignore si la farce fut simple ou complexe.

*Les étudiants de philosophie*
*de Grenoble témoignent...*

Monsieur le professeur Henri Joly aujourd'hui disparu, c'est d'abord l'individu privé qui manque douloureusement à tous ceux qui ont eu la chance, quelque temps, de l'écouter, d'entendre dans le déchiffrement méticuleux et patient des textes anciens les leçons de sagesse et de bonheur qu'il savait, comme récompense de l'austère mais formatrice rigueur, faire briller soudain, évidentes à nos yeux. Son enseignement avait en effet la forme de ces rencontres heureuses dans la ville, au spectacle, dans la pratique d'un sport, en voyage, par lesquelles chacun pouvait juger de son amicale et éclairante présence. Ces cours « du » Maître – appellation familière et reconnaissante de ses étudiants – bien qu'il leur fût incontestable que ce grand professeur se voulait et était plus un initiateur qu'un maître penseur, obéissaient à une construction analogue à la structure des événements de la vie ; conduire des intelligences spontanément rétives sur des voies abruptes et souvent nouvelles et aménager, au détour d'un travail minutieux, la surprise d'un nouvel horizon révélé : là était l'art de l'harmonisation entre l'austérité et la joie.

Il y fallait un sérieux talent de mise en scène : une entrée en classe savamment différée, un regard de mise en demeure, des modulations calculées de la voix, des effets de langage ménageant une place à quelques expressions truculentes dans un propos par ailleurs si raffiné ; on pouvait ainsi, par l'engagement personnel de cet homme vivre ce que son commentaire sur les dialogues de Platon soulignait : que la bonne rhétorique, loin de devoir être méprisée, constituait le support nécessaire de la vraie pensée. De là sans doute cet intérêt si vivant, si communicatif pour ce qui pouvait, à première vue, passer pour éloigné de la philosophie, par exemple le théâtre ou les sports de montagne, plus généralement pour toute activité en laquelle l'effort de maîtrise de soi, accompagné d'une technique précise et savante, amène par un cheminement aride à la joie étonnée d'un monde métamorphosé.

C'était aussi, à l'intérieur même de la pensée, une confrontation, un va-et-vient constamment médité entre la réflexion philosophique et des champs théoriques différents. En premier lieu, relativement à l'objet pris en compte puisque cette recherche faisait se rejoindre, coexistence insolite à nos convictions d'alors, tel texte poétique ou juridique ou encore telle tragédie d'un côté, et de l'autre la pensée conceptuelle la plus élaborée explicitant selon leur pertinence des notions toujours centrales comme le sont notamment celles de justice, de signe, de personne, de vérité. Nous devions bien reconnaître là que la philosophie est à l'œuvre aussi bien à l'extérieur de ses propres systèmes. Mais, pareille articulation, Henri Joly nous invitait à la comprendre ensuite quant à la démarche du raisonnement, dans l'usage philosophique qu'il proposait des sciences humaines ; il devenait par conséquent manifeste au sujet de ces disciplines qu'il importait de se défier de l'alternative aussi habituelle qu'aporétique entre un ressentiment faussement dédaigneux et une vulgarisation stérilement tapageuse. Modèles et instruments de rationalité, les recours à la linguistique, à l'ethnologie, à l'histoire, contribuaient à préciser, affiner, rectifier, enrichir les textes et les concepts qui, dès lors, prenaient vie.

Art donc, « aux mille tours », des rencontres au service d'une formidable leçon de pensée. On ne peut en effet essayer de rendre hommage à cette exigeante formation sans évoquer un de ses contenus essentiels, sans rappeler du même coup combien il a permis à nos jeunes esprits d'éviter les écueils, si tentateurs en notre étude, du dogmatisme et du mysticisme. Expliquer sereinement que l'essence visée par le philosophe platonicien est, quoiqu'en dise le commentarisme traditionnel, d'abord caractérisée par la vacuité et la neutralité d'une Forme, c'était dire, comprendre et faire comprendre que la philosophie, en tant qu'exhortation à la rectitude, a sa finalité dans la présence au monde, à la société, à soi-même. Par là, le sérieux des penseurs ne pouvait plus signifier, pour nous, l'assurance hautaine d'une formule de vérité possédée, pas plus que le secret plein que peut avoir un initié, mais, au contraire, nous paraissait rendre possible, grâce à la structure qu'est l'Idée, la plénitude d'une vie droitement parlée, organisée, comprise.

La mort, en sa médusante bêtise, a pu interrompre ces alternances, ces conjonctions saisissantes et néanmoins méthodiquement agencées ; mais reste en nos vies la certitude continue d'une présence.

*Jean-Pierre CARLET*
*Dominique FALCY*
*Jean-Paul FALCY*
*Agnès RIBAUD*
*André RUBINO*
*Étudiants de la promotion 1969/74*

Ce n'est pas une tâche facile que de vouloir restituer le contenu d'un cours oral : comment retrouver l'intonation de la voix, la tension pressante d'une question qui nous était adressée, le ton d'aparté d'un développement à propos d'une intervention. Car chaque intervention était reprise et réévaluée philosophiquement, au point que son auteur était parfois lui-même le premier étonné d'avoir émis une opinion d'une telle portée philosophique ! Un cours est un échange permanent, un dialogue véritable et non un monologue, à peine coupé de quelques interventions, vite repris. Les deux cours que nous avons suivis sur les dialogues prééïdétiques, puis sur la notion de *Théoria* dans la philosophie grecque de l'Antiquité, réalisaient parfaitement cet idéal du dialogue où chaque interlocuteur est considéré comme un interlocuteur philosophiquement habilité, même si ce n'était souvent en réalité que par anticipation ou au prix d'une réinterprétation valorisante de l'intervention.

Bien sûr, le propre d'un cours étant de nourrir une diversité de réflexions philosophiques, de chemins de pensée divergents, chacun ne tend à y trouver et à n'en retenir que ce qu'il y cherche et le souvenir que nous en gardons n'est souvent que le reflet de notre propre cheminement philosophique. Ces cours ont été pour nous un élément important de ce cheminement car leur caractéristique était de ne pas porter sur le seul contenu, objet de l'enseignement, mais de toucher au cœur des problèmes qui constituent une réflexion sur la nature même de la philosophie. Question d'importance pour les apprenties-philosophes que nous étions. La philosophie cessait tout à coup d'être une entité abstraitement comprise et parcourant toutes les formes spéculatives de la réflexion. Elle existait historiquement incarnée et accompagnée de la certitude qu'on ne peut prétendre philosopher et véhiculer en même temps la thèse naïve d'une essence éternelle de la philosophie. Il nous est apparu clairement comme un devoir philosophique de faire apparaître le sens historique de l'objet de notre discours. Cette re-situation historique était marquée par un souci analytique très poussé. Il s'agissait de retrouver le contexte historique et social qui constitue le sens des textes philosophiques plutôt que (ou avant de) développer leur sens spéculatif. Dans le cours sur les dialogues prééïdétiques, prit place une *géophilosophie* de la Grèce Antique, d'Abdère à Athènes, en passant par la Sicile, montrant la répartition concrète des différentes familles de la pensée grecque ; prit place aussi une exploration des formes religieuses et poétiques du discours, puis une connaissance des structures et des lieux politiques de la prise de parole. Il s'agissait d'évoquer concrètement tout le monde réel qui était à l'arrière-plan du surgissement du discours philosophique, et dont, seule, l'exploration pouvait nous restituer le sens.

Le langage, en tant que véhicule du sens, était tout naturellement le lieu privilégié de cette analyse. Dans le cours sur la notion de *Theoria,* nous avons souvenir d'avoir opéré une analyse archéologique du *théoros* pour revenir sur les commencements dans la langue grecque du sens de la *théoria :* nous avons analysé le *théoros* comme personnage à fonction religieuse, comme spectateur de théâtre, comme voyageur-enquêteur et, enfin, comme sage. Cette archéologie des sens du terme de *théoros* ne s'est jamais réduite à une simple exposition de faits historiques mais elle était toujours animée de la volonté d'illuminer le sens du terme philosophique au moyen du sens archaïque. Nous avons ainsi concrètement compris qu'une notion philosophique n'est pas seulement une fonction dans un système et qui ne prendrait sens que par rapport à la totalité du système mais qu'elle est avant tout un terme du vocabulaire portant en lui toute une charge d'historicité qui n'est pas indifférente à son sens philosophique. Nous étions donc en conséquence fortement incitées à nous initier au Grec Ancien (ce qui, il faut bien l'avouer, ne dépassa guère pour nous le déchiffrement des termes grecs dans les ouvrages des commentateurs !). Mais nous étions persuadées que l'analyse concrète d'une philosophie ne pouvait s'opérer que dans sa langue.

C'est surtout cette méthodologie et cette rigueur d'analyse qui nous ont marquées et ceci d'autant plus qu'elles nous apparaissaient comme une méthode intégrable à toute forme de réflexion, quelles que soient les thèses philosophiques pour lesquelles nous avions pu personnellement opter. Ce n'était pas un enseignement auquel besoin est de s'opposer, à un moment ou un autre, pour conquérir l'autonomie de son propre point de vue philosophique. Il nous donnait, au contraire, la généreuse illusion que ce point de vue nous l'avions déjà conquis et qu'il s'agissait de développer une méthodologie sérieuse pour analyser les textes, et ceci dans un esprit quasi-scientifique, animé de la volonté de ne pas polémiquer avec des thèses philosophiques mais de s'imposer par la précision et la rigueur.

Mais cette rigueur n'excluait pas l'enthousiasme, bien au contraire, et cet investissement total dans le discours philosophique se conciliait parfois mal avec le cadre rigide de nos deux heures de cours et les faisaient souvent empiéter sur le cours suivant. Car nous étions invités à ne pas concevoir la philosophie uniquement comme un travail d'analyse, mais, selon la conception-même des grecs, comme un mode de vie qui donne sens à toutes les manifestations de la vie. C'est pourquoi les divergences d'opinions, et même le refus de la philologie étaient tolérés, pourvu qu'ils soient motivés philosophiquement, et surtout sous-tendus par un véritable désir de chercher et de penser, conçu comme besoin vital de l'homme et non simplement comme activité intellectuelle. De là naissait cette tension perpétuelle de la pensée caractéristique de la dynamique du cours, et aussi cette capacité d'accueillir et de considérer toutes les interventions. Cet enthousiasme de philosopher, qui nous manque le plus, surtout à ce moment où on cherche à se définir philosophiquement, le Professeur Henri Joly savait nous le communiquer...

*Véronique BLANCHARD*
*Evelyne BUISSIERE*
*Isabelle POULAIN*
*Étudiantes des années 1983/1984/1985*

Je n'ai pas connu personnellement Henri Joly, je n'ai pas non plus compétence pour juger son travail philosophique. Je ne parlerai donc, en un sens, ni de l'homme ni de l'œuvre. De quoi voudrais-je donc témoigner si ce n'est d'Henri Joly, *Professeur,* c'est-à-dire de cette alliance si fragile que réalisent certains à travers leur enseignement : l'alliance d'un savoir et d'une présence, d'une pensée et d'une vie. Du professeur je ne peux que deviner l'homme, je ne peux que pressentir l'importance et les contours du travail philosophique. Henri Joly n'était en effet ni de ceux qui se cachent derrière un texte impersonnel, dont la présence est gommée par un discours ronronnant, tournant à vide, et qu'un magnétophone pourrait de la même manière reproduire ; ni de ceux dont l'œuvre sert de constant faire-valoir et de mise en avant du « moi ». Je ne peux détacher ni l'homme de l'enseignement ni l'enseignement de l'homme.

Or, justement, cette question du rapport de la vie et de la pensée était le centre du cours sur Socrate. Henri Joly aimait à rappeler l'importance chez les Grecs et chez Platon en particulier de la question du choix de la vie, la question du *biosphilosophicos.* Je me souviens de l'intensité des moments du cours sur Socrate où l'on abordait, dans les traces de Nietzsche et de son homme-théorique, le problème de l'inversion socratique des valeurs de *bios* et de *théoria,* dans les traces de Dodds aussi, le problème du puritanisme de la connaissance chez Platon et de l'origine shamanistique de certaines pratiques socratiques. La parole devenait alors ce lieu par excellence de la belle affinité enfin retrouvée de la pensée et de la vie, elle s'animait et s'aggravait, se chargeait d'émotion, s'entrecoupait de silences, s'atténuait en un murmure qui la rendait encore plus précieuse. Dans les traces de Platon aussi et de son opposition entre l'oral et l'écrit cette parole était une parole vivante.

Pour l'étudiant de province que j'étais, assister à un cours d'Henri Joly constituait une véritable découverte. Découverte que l'érudition n'est pas forcément synonyme de cette sécheresse d'antiquaire, anonyme et neutre, contre laquelle Nietzsche partait en guerre. L'érudition peut être vivante et communicative. C'est que la technicité du savoir savait s'allier chez Henri Joly à la mise en évidence des enjeux concrets d'une pensée, voire à un certain goût de l'anecdote illustrative et humoristique. Il y avait chez cet homme une véritable fraîcheur du savoir qui nous dépoussiérait les grecs de ces discours lénifiants sur « la conscience socratique » ou sur « le ciel des idées platonicien », ces discours sur lesquels d'ailleurs il aimait parfois à ironiser. Il y avait chez lui le souci constant de mise en relation des problèmes posés par les Grecs avec notre propre modernité philosophique, voire sociologique et politique. Il s'agissait de sortir Socrate et Platon de cette espèce de muséification, de galerie de portraits, de musée Grévin d'une pseudo-histoire de la philosophie.

Pour ceux, qui, comme moi, ont fait partie de cette génération sur la scolarité de laquelle a pesé le grand ressentiment envers tout savoir et toute maîtrise, l'illusion d'une pédagogie science de la transmission indépendante de tout contenu transmis, pour ceux qui ont eu à subir les ravages et la gigantesque hypothèque qu'a entraînés une telle illusion, le cours d'Henri Joly faisait figure de véritable bouffée d'air pur, de régénération. Découvrir alors qu'il y a un plaisir du savoir inséparable d'une certaine souffrance et d'une certaine violence faite à soi-même, découvrir que le savoir est aussi une ascèse et pas toujours un jeu – n'en déplaise aux « pédagogues » – voilà qui pour nous n'allait alors pas du tout de soi. C'est aussi par la reprise de ces thèmes de manière interne ou externe aux cours proprement dits, c'est aussi par le rappel de ces vérités parfois difficiles à entendre parce que s'inscrivant à contre courant d'une démagogie générale du savoir, que l'enseignement d'Henri Joly a été précieux pour beaucoup. Certains virent dans cette attitude un moralisme encombrant et il est vrai qu'Henri Joly a de plus en plus insisté vers la fin de son enseignement sur ce que l'on pourrait appeler une véritable éthique du travail philosophique. Je crois qu'il faudrait parler chez lui de la conscience aiguë – sans doute déchirante – du fossé énorme se creusant entre un monde et l'autre, entre un monde qui s'écroule et dans lequel la vie philosophique et l'ascèse du savoir avaient un sens et un monde où le travail philosophique trouve de moins en moins sa place et son importance. J'ai vu dans le « durcissement pédagogique » d'Henri Joly comme une révolte contre cette tendance, comme le refus de céder un seul centimètre de terrain à l'ignorance et à la paresse, comme le maintien d'une exigence et d'un sérieux qui a toujours été celui du travail philosophique (et qui n'exclut pas le « savoir gai »). Je crois qu'il n'y a eu ni morale ni dogmatisme dans cette attitude mais bien plutôt la tentative constante et chaleureuse d'une véritable *initiation à la vie philosophique* et qui faisait d'Henri Joly ce qu'on aurait sans doute appelé autrefois *un maître en philosophie.*

Henri Joly ne cherchait pas dans son cours à faire parler son auditoire à tout prix. Dans son dernier article paru dans *Les Cahiers du symbolisme,* il s'en prend sévèrement au caractère monologique du dialogue platonicien : le dialogue ne serait qu'un monologue déguisé. On pourrait dire le contraire du cours d'Henri Joly : il se présentait le plus souvent comme l'exercice d'une parole solitaire, mais derrière ce monologue apparent c'était une invitation plus profonde au « dialogue » qui était faite.

Selon l'extraordinaire métaphore séminale de la fin du *Phèdre* de Platon, le bon usage du logos consisterait dans le transport des germes du logos dans l'âme du partenaire. Telle serait peut-être aussi la fonction d'un enseignement véritable. Permettons-nous alors de regretter que la germination se fasse si tardive et que le logos naissant ne puisse plus retourner à son inspirateur.

*Vincent COUSSEDIERE*
*Étudiant en 1985/1987*

## TABLE DES MATIERES

Le Groupe de Recherches sur la Philosophie et le Langage, **a déjà publié** :

## Cahier n° 1 (septembre 1981 - 148 pages - 45 F)

- Présentation du Groupe de Recherches, par Janine CHÊNE
- Lecture, lecteurs, lettrés, littérature, par Pierre BOURDIEU
- Les origines frégéennes de la distinction entre ce qui « se dit » et ce qui « se voit » dans le « Tractatus Logico-Philosophicus » de Wittgenstein, par Jacques BOUVERESSE
- Valéry, Wittgenstein et la philosophie, par Régine PIETRA
- Essai sur la rationalité et la pensée mythique grecques, par Henri JOLY
- Le « Récit scientifique » à l'âge baroque : l'exemple du récit de la découverte de la circulation du sang, par Jacques LAMBERT.

## Cahier n° 2 (juin 1982 - 180 pages - 57 F)

- Entre temps et récit : Concorde / Discorde, par Paul RICOEUR
- Le temps du conte et le non-temps de l'inconscient, par Monique SCHNEIDER
- Le rôle du récit dans l'avance en âge, par M. PHILIBERT
- La notion du sujet parlant, par Oswald DUCROT
- La peinture tirée du tombeau, par C. STANISLAS
- L'Etre (et le Néant) dans sa Lettre, par François HEIDSIECK
- Le corps-langage - Inscription, parole, phantasme dans l'hystérie de conversion, par Janine CHÊNE
- Le corps-langage - le corps anagrammatique, par Monique BROC-LAPEYRE.

## Cahier n° 3 (juin 1983 - 177 pages - 66 F)

- Vices et vertus des cercles (pour introduire aux problèmes de l'auto-référence), par Daniel BOUGNOUX
- La langue et le discours de la méthode, par Jacques DERRIDA
- Rêver de ses plaisirs. Sur l'onicrocritique d'Artémidore, par Michel FOUCAULT
- La philosophie entre le clair et l'obscur ou Kant et Hegel devant l'« Aufklärung », par Henri JOLY
- L'archipel et le signe (Sur la pensée kantienne de l'historico-politique), par Jean-François LYOTARD
- Secret, dissimulation et art de persuader chez Pascal, par Louis MARIN
- L'« Aufklärung » et la problématique de la langue : Enjeux culturels et université scientifique, par Marianne SCHAUB.

**Cahier n° 4** (juillet 1985 - 219 pages - 69 F)

- Les formes fondamentales de la prédication : un essai de classification, par Jules VUILLEMIN
- Connaissance des mots, connaissance des choses : théorie du signe et épistémologie à l'âge classique, par Ulrich RICKEN
- Le synthétique a priori et la science moderne, par G. GRANGER
- Platon, Aristote, Descartes, sur l'espace, par Jean LARGEAULT
- Logique médicale, par Anne FAGOT
- Lecture et identification dans l'histoire naturelle : Cuvier et le déchiffrement des organismes, par Jacques LAMBERT
- La recherche contemporaine sur le mythe : une révolution pas encore conçue, par Kurt HUBNER
- Wittgenstein critique de Frazer, par Jacques BOUVERESSE
- Identité, désignation et matérialisme, par Pascal ENGEL.

**Cahier n° 5** (2e trimestre 1985 - 175 pages - 69 F)

- La sophistique dans l'Antiquité : Grèce, Inde, Chine, par Régine PIETRA
- L'égalité du droit à la parole dans la démocratie grecque - la notion d'iségoria, par Janine CHÊNE
- Pourquoi Baubô a-t-elle fait rire Déméter ? par Monique BROC-LAPEYRE
- Épicure : un langage pour la sagesse, par François HEIDSIECK
- Remarques sur la logique du changement, par Frédéric NEF
- Le mot, la phrase, le roman et l'existence chez Flaubert, par Claude BOYARD
- Le langage des droits de l'homme, par Jean-François de RAYMOND.

**Cahiers n°s 6 et 7** (avril 1987 - 464 pages - 150 F)

Philosophie du langage et grammaire dans l'Antiquité - Actes du Colloque du 3 au 6 septembre 1985

Avant-Propos d'Henri JOLY

- Les mots et les choses : la philosophie du langage chez Démocrite par Aldo BRANCACCI
- Dire et savoir *(legein - eidenai)* chez Xénophane et Parménide, par Anna KÉLESSIDOU
- Observations concernant *legein* et *logos* chez Héraclite, par François HEIDSIECK
- Théorie et langage. Le langage comme *logos théorètikos*, par Georges ANTONOPOULOS
- Comment faire des choses avec des mots grecques. Les actes de langage dans

la langue grecque, par Françoise LÉTOUBLON

- Les mots et les formes dans le *Cratyle* de Platon, par Charles KAHN
- Platon entre le maître d'École et le fabriquant de mots. Remarques sur les *grammata*, par Henri JOLY
- Discours des vieillards et discours sur la vieillesse chez Platon et aujourd'hui, par Michel PHILIBERT
- Isocrate et le langage de la culture, par Jean-François de RAYMOND
- *Logos*-phrase et *logos*-texte chez Platon et Aristote, par Anna Maria THORNTON
- Structure sémantique et forme logique d'après l'analyse aristotélicienne des phrases d'action, par Pascal ENGEL
- Symbole et signe dans le *De Interpretatione*, par Curzio CHIESA
- Legomenon et Katègoroumenon chez Aristote, par Lambros COULOUBARITSIS
- Paradoxes linguistiques. A propos de *lexis* chez Aristote, par Denis ZASLAWSKY
- Pour une réinterprétation des catégories stoïciennes, par Claude IMBERT
- Remarques sur la classification des propositions simples dans les logiques hellénistiques, par Jacques BRUNSCHWIG
- Le problème de l'expression et de la communication dans le scepticisme grec, par Françoise CAUJOLLE-ZASLAWSKY
- Critique de la théorie du signe et langage chez Sextus Empiricus, par Venant CAUCHY
- *Elementa*. Remarques sur le rôle de l'écriture dans la linguistique antique, par Françoise DESBORDES
- *Pecus/pecunia*. Un acte de parole, par Claire FEUVRIER-PRÉVOTAT
- La sémantique de St. Augustin est-elle vraiment mentaliste ? par Frédéric NEF
- L'éclectisme et le développement de la grammaire hellénistique et romaine : les unités du discours, par François CHARPIN
- L'ordre de la langue. Observations sur la théorie grammaticale d'Apollonius Dyscole, par Jean LALLOT
- The treatment of the greek middle voice by the Ancient Grammarians, par A. RIJKSBARON
- Donat ou Priscien : Syntaxe et figure de construction dans la grammaire latine au XVIe siècle, par Bernard COLOMBAT.

**Cahier nº 8** (année 1987 - 145 pages - 69 F)

- Épistémologie du sommeil paradoxal, par Claude DEBRU
- Pierce, lecteur de Berkeley : L'esprit et les signes, par Claudine ENGEL-TIERCELIN

- L'individuation des états psychologiques et le statut de la psychologie populaire, par Daniel LAURIER
- La linguistique aux frontières de l'anthropologie et de la phénoménologie, par Françoise LÉTOUBLON
- La notion de système en Philosophie, par Daniel PARROCHIA
- Retour aux Grecs : *Réflexions sur les « pratiques de soi »*, dans l'Usage des plaisirs, par Henri JOLY

**Cahier nº 9** (année 1989 - 338 pages - 90 F)

- Henri Joly (1927-1988)
- La philosophie comme métaphore, par Henri JOLY
- Métaphores sporadiques et linéarité du signifiant chez Gorgias de Léontinoi, par Alonso TORDESILLAS
- Métaphora : le fonctionnement sémiotique de la métaphore selon Aristote, par Jean LALLOT
- Métaphore et *mathésis*, dans la *Rhétorique* d'Aristote, par Alain PETIT
- L'Euphorie de la langue, par Pierre RODRIGO
- La question du sens figuré dans l'interprétation de l'écriture, par François HEIDSIECK
- Métaphore et théorie des classes de noms chez Hobbes, par Martine PÉCHARMAN
- Le problème de la métaphore et la controverse sur l'imagination à l'âge classique, par Ulrich RICKEN
- La métaphore chez Nietzsche, par Monique BROC-LAPEYRE
- Nietzsche et le métaphorique : des métaphores, des concepts et des catégories, par Monique DIXSAUT
- La métaphore et les philosophes : quelques réflexions sur l'invention philosophique de la métaphore, par Silvana BORUTTI
- Symbole et métaphore, par Lambros COULOUBARITSIS
- La métaphore vive dans les langues mortes, par Françoise LÉTOUBLON
- Le sens littéral des métaphores, par P. ENGEL
- Les conditions d'acquisition de la métaphore chez l'enfant, par Joëlle GARDES-TAMINE
- Images et métaphores poétiques, par Régine PIETRA
- Dialogue de la musique et de la métaphore chez Michel Butor, par Jean SGARD
- Comique et jeu métaphorique, par Michel GILOT
- Le transfert à l'idiolecte : sur Paul Celan et l'antagonisme des langages, par Jean BOLLACK

**Cahier nº 10** (année 1989 - 92 F)

- Introduction : la sémantique formelle a-t-elle un intérêt philosophique, par Pascal ENGEL
- La sémantique kripkéenne et les doctrines logiques de Leibniz, par Maurice BOUDOT
- Peirce ou la version sémantique-sémiotique de la logique formelle, par Claudine ENGEL-TIERCELIN
- Comparabilité et incomparabilité des théories physiques, par Jules VUILLEMIN
- Can there be a substantive account of Truth ?, par Thomas BALDWIN
- The sorites paradox and its significance for the interpretation of semantic theory, par Crispin WRIGHT
- Adverbial modification and perception reports, par Martin DAVIES
- States of affairs, *BEDEUTUNG* and the contingent *A PRIORI*, par Graeme FORBES
- Sémantique et psychologie : la sémantique des attributions de croyance, par Pierre JACOB
- The ontogenesis of conceptual roles, par Andrew WOODFIELD
- Représentation du sens ou représentation des connaissances, par Daniel KAYSER
- Quelques propriétés formelles élémentaires des fantômes, par J. JAYEZ
- Événements et propositions : quelques aspects de la référence anaphorique en allemand, par R. BAÜERLE
- Conclusions sur la table ronde, par Frédéric NEF.

**Cahier nº 11** (année 1989 - 281 pages - 97 F)

- In Memoriam Henri Joly, par Régine PIETRA
- Avant-propos, par Régine PIETRA
- Paul Valéry devant les paradoxes de la philosophie, par Simon LANTIERI
- « Penser ce qui n'existe pas », par Ned BASTET
- Un système éclaté, par Florence De LUSSY
- Croisée de perspectives : Paul Valéry et Ortega y Gasset, par Monique ALLAIN-CASTRILLO
- Le Chef d'orchestre danubien furibond et Monsir Fallerië, par Monique BROC-LAPEYRE
- Alain et Valery, par Judith ROBINSON-VALERY
- Valéry, William James et le problème de « l'Expérience Mystique », par Paul GIFFORD
- Suivre Léonard ou la Question du récit, par Jeannine JALLAT
- Teste et l'Impossible réel, par Jean LEVAILLANT

- « Plus je pense, plus je pense » ou concerto pour cerveau seul, par Nicole CELEYRETTE-PIETRI
- Valéry et le Socrate de son *Eupalinos :* écrire ou ne pas écrire, par Silvio YESCHUA
- Valéry et le cratylisme, par Robert PICKERING
- Langage et inspiration poétique : le témoignage valéryen, par E.A. MOUTSOPOULOS
- Le fonctionnement théâtral du dialogue philosophique chez Valéry : *L'Idée Fixe,* par Huguette LAURENTI
- L'autre, l'obscur, du discours, par Shushi KAO
- Le Modèle valéryen de l'esprit à la lumière des sciences naturelles de nos jours, par Ülrike HEETFELD
- L'art de l'ingénieur et la pensée valéryenne, par A. KAUFMANN
- Construire, connaître, douter, par Vittorio UGO
- Le fort et le ban : Valéry ou la récusation de l'art moderne, par Jean-Charles GATEAU
- Valéry et l'esthétique du cinéma, par K.A. BLÜHER
- Langage musical/Langage poétique : Valéry à la recherche de son chinois poétique, par Brian STIMPSON
- « Océan sonore » : la genèse du *Cimetière Marin,* par M.T. GIAVERI.

Le Groupe de Recherche sur la Philosophie et le Langage tient à redire ici toute sa gratitude à ceux qui ont mis leur compétence, leur dévouement et leur patience dans la réalisation de ce volume : Madame E. Rostaing (Université III) et Monsieur Collomb de l'imprimerie de la Bibliothèque interuniversitaire et des Sciences Sociales.